第55卷

民商法论丛

CIVIL AND COMMERCIAL LAW REVIEW VOL. 55

梁慧星/主编

中文社会科学引文索引（CSSCI）来源集刊

法律出版社
LAW PRESS CHINA

目　录

【继承法】

【婚姻家庭】

【域外法】

【国际问题】

【资料】

专题研究

出卖人的违约补救权

武　腾

目　　次

引言

在我国，出卖人给付的标的物如果在质量方面不符合合同约定，买受人根据《合同法》第 111 条和第 107 条享有以修理、更换为主要形式的继续履行请求权、减少价款请求权、损害赔偿请求权、退货权及其他形式合同解除权等救济渠道。而《合同法》却没有为作为违约方的出卖人提供任何积极有效的利益平衡工具，甚至没有对第 111 条中买受人“根据标的的性质以及损失的大小合理选择”提供任何实质限制。这样一来，在买受人所具有广泛的救济手段面前，出卖人处于一种几乎被“解除武装”的被动境地。如果买受人轻率选择的救济手段对于出卖人来说是代价较高的，如果出卖人希望以更低的代价及时消除质量方面的不适约，出卖人的利益就难以得到有效保护。

从体系性衔接的角度来说,《合同法》第94条第4项和第148条第1句规定只有在合同目的不能实现的情况下,质量违约才能引起合同解除,那么在质量违约未造成合同目的不达的阶段,鼓励违约方及时补救违约,尽力挽救合同应是立法政策的题中之义。另外,《合同法》第158条明确规定在质量、数量违约的情况下,买受人在发现或者应当发现违约后的合理期间内必须通知出卖人,否则将丧失合同上的救济。这一规则的政策基础也应包括:出卖人尽早得知质量、数量的违约事实可以帮助其及时调查和补救违约,而这些是具有保护价值的利益。据此,与合同解除制度和合理期间通知制度的衔接,以及立法政策的连贯都要求承认和保障出卖人的违约补救利益。出卖人的违约补救权是一个从利益平衡角度看应当存在,从体系性角度看难以或缺的权利。本文将在详细介绍域外法经验的基础上,探讨在我国买卖合同法领域中,如何建构出卖人的违约补救权。①

一、域外法上保障出卖人补救利益的平衡机制

(一)德国法上出卖人的二次供与权

德国债法改革后赋予了买受人后续履行请求权(Nacherfüllungsanspruch),在出现瑕疵时首先要区分该瑕疵是可除去的(behebbar)还是不可除去的(unbehebbar)。② 只要瑕疵是可除去的,买受人所有其他法律救济,包括解除、减价和代替给付的损害赔偿(Schadensersatz statt der Leistung),原则上都必须以买受人为出卖人指定的适当后续履行期间(Nachfrist)徒过为前提条件。③ 这种后续履行的优位(Vorrang der Nacherfüllung)虽然不是法律的明文表达,但通过德国《民法典》第281

---

① 从域外法的经验来看,补救权或者补救利益的保障机制适用于债务人或者不履行方,显然不局限于买卖合同领域。但是买卖合同中出卖人的违约补救权可以作为这一制度最基础、最具代表性的分析对象,故本文将研究主题局限于此。

② Vgl. Dirk Looschelders, *Schuldrecht Besonderer Teil*, Carl Heymanns Verlag 2007, Rn. 83.

③ Vgl. Medicus/Lorenz, *Schuldrecht* Ⅱ *Besonderer Teil*, 15. Aufl., Verlag C. H. Beck 2010, Rn. 123; Dirk Looschelders, *Schuldrecht Besonderer Teil*, Carl Heymanns Verlag 2007, Rn. 82.

条和第323条等清楚地体现了出来。[1] 德国《民法典》第281条第1款第1句规定:"债务人不提供或者不按义务要求地提供已届期给付的,如果债权人向债务人指定的给付或者后续履行的适当期间无果(erfolglos),那么债权人可以在第280条第1款的条件下,请求代替给付的损害赔偿。"这便将该类损害赔偿的行使条件原则上奠定在出卖人未把握后续履行机会的基础上。[2] 类似地,德国《民法典》第323条第1款规定:"在双务合同中,债务人不提供到期给付或者所提供给付不适约(nicht vertragsgemäβ),债权人已向债务人指定给付或者后续履行的适当期间而无果的,(债权人 ——引者注)可以将合同解除(zurücktreten)"。[3] 这意味着该解除权的行使也原则上以出卖人未把握后续履行机会为前提(存在无须指定期间的例外性规定[4])。另外,根据德国《民法典》第441条第1款,"买受人可以通过对出卖人的表示(Erklärung)减少价款,以代替解除(statt zurücktreten)。不适用第323条第5款第2句所规定的排除理由。"[5]这也就把减价作为解除的代替手段,减价的行使除了个别例外(第323条第5款第2句)完全基于解除的行使条件而发生。这样一来,减价救济也要原则上以出卖人未把握后续履行机会为行使的前提条件。

布洛克斯(Brox)和瓦尔克(Walker)教授指出:在最后一次机会(letzten Chance)的意义上,可以认为出卖人享有了二次供与权(Recht

---

① Vgl. Dirk Looschelders, *Schuldrecht Besonderer Teil*, Carl Heymanns Verlag2007, Rn. 82.

② Vgl. Ernst, *Münchener Kommentar zum BGB*, *Band* 2, *Schuldrecht Allgemeiner Teil*, 5. Aufl., Verlag C. H. Beck 2007, § 281.

③ Vgl. Heinrich Dörner et al., *Bürgerliches Gesetzbuch*: *Handkommentar*, 2. Aufl., Nomos 2002, § 323.

④ 这主要体现在德国《民法典》第323条第2款。Vgl. Heinrich Dörner et al., *Bürgerliches Gesetzbuch*: *Handkommentar*, 2. Aufl., Nomos2002, § 323.

⑤ Vgl. H. P. Westermann, *Münchener Kommentar zum BGB*, *Band* 3., *Schuldrecht Besonderer Teil* Ⅰ, 5. Aufl., Verlag C. H. Beck2008, § 441.

des Verkäufer zur zweiten Andienung)。[①] 这种后续履行在可除去瑕疵的场合,相对于其他法律救济的优位,迎合了合同当事人权利实现(Rechtswirklichkeit)方面的利益:对于双方当事人来说,当瑕疵出现时,首先关心的是修理或者更换,而不是合同的解除或者价金的减额。[②] 德国法上近些年颇受关注的问题之一是买受人可否自行除去瑕疵,进而让出卖人承担该费用。这里的关键问题是出卖人是否被剥夺了后续履行的机会。[③] 另一个受到争论的问题是买受人在更换时是否需要支付使用费。[④]

不过,德国法上所谓出卖人的二次供与权对出卖人的补救利益保障较弱,这不仅体现在该制度主要是附随于后续履行期间的效果,而且反映在后续履行的方式究竟是修理还是代替物交付由买受人享有选择权(Wahlrecht)。买受人的选择权并不以第262条的选择之债为基础,而是一种选择竞合(elektive Konkurrenz)。也就是说,买受人并不受第263条第2款的拘束,而是可以在请求权消灭之前——在诚实信用的限度内——一直选择后续履行的另一方式。[⑤] 这也被称为买受人的变更权(ius variandi)。[⑥]

---

① Vgl. Brox/Walker, *Besonderes Schuldrecht*, 31. Aufl., Verlag C. H. Beck 2006, § 4 Rn. 40; Ina Ebert, Das Recht des Verkäufers zur zweiten Andienung und seine Risiken für den Käufer, *NJW* 2004, 1761.

② Vgl. Brox/Walker, *Besonderes Schuldrecht*, 31. Aufl., Verlag C. H. Beck 2006, § 4 Rn. 40.

③ Vgl. Stephan Lorez, Selbstvornahme der Mängelbeseitigung im Kaufrecht, *NJW* 2003, 1417; Jürgen Oechsler, Praktische Anwendungsprobleme des Nacherfüllungsanspruchs, *NJW* 2004, 1825; Carsten Herresthal, Thomas Riehm, Die eigenmächtige Selbstvornahme im allgemeinern und besonderen Leistungsstörungsrecht, *NJW* 2005, 1457.

④ Vgl. Timo Fest, Kein Anspruch des Verkäufers auf Nutzungsersatz bei Nachlieferung?, *NJW* 2005, 2959; Beate Gsell, Aufwendungsersatz nach § 284 BGB, *NJW* 2006, 125.

⑤ Vgl. Brox/Walker, *Besonderes Schuldrecht*, 31. Aufl., Verlag C. H. Beck 2006, § 4 Rn. 41; Medicus/Lorenz, *Schuldrecht* Ⅱ *Besonderer Teil*, 15. Aufl., Verlag C. H. Beck 2010, Rn. 125.

⑥ H. P. Westermann, *Münchener Kommentar zum BGB*, *Band* 3., *Schuldrecht Besonderer Teil* Ⅰ, 5. Aufl., Verlag C. H. Beck2008, § 439 Rn. 5.

然而,如果买受人依自身喜好选择的方式并不合理,将导致出卖人的二次供与权无法实现,出卖人将完全暴露在买受人的所有救济手段之下。那么如何对出卖人进行保护呢?在德国法上,主要通过以下途径:(1)根据第439条第3款,如果买受人选取的后续履行方式费用过巨,出卖人有权拒绝。(2)根据第439条第3款,考虑到物在无瑕疵状态下的价值、瑕疵的严重程度等,买受人的请求权可能限于另一后续履行方式。(3)根据第264条,如果有选择权的买受人怠于行使选择权,出卖人指定期间催告后,选择权转移给出卖人。(4)诚实信用原则的保护。①

实际上,在德国债法改革过程中,便存在赋予出卖人后续履行权(Nacherfüllungsrecht)的建议,不过并没有为立法者采纳。② 学者们对当前的立法设计予以持续性的批评。韦斯特曼(Westermann)教授在对德国《民法典》的《慕尼黑评论》(Münchener Kommentar)中指出,相比买受人,出卖人对何种后续履行方式更合适能更好地进行判断。③齐默曼(Zimmermann)教授也指出,从以下角度看这条路径不具有说服力:"出卖人的地位将强烈地受到买受人选择的影响,而另一方面,只要出卖人能够选择一项完全除去瑕疵的后续履行措施,买受人的地位就可以得到保障,合理利益得到满足。"他也认为通常是出卖人更容易了解到不同后续履行的机会并判断其有效性。④

无论如何,德国法上通过后续履行期间制度构建了保护出卖人补救利益的机制,尽管这一机制仍被认为没有起到充分保障出卖人主动补救利益的作用。相较于德国法上的出卖人二次供与权,美国法上的出卖人补救权对出卖人违约补救利益的保障要有力得多,而且也大大

---

① Vgl. Martin Schurhölz, *Die Nacherfüllung im neuen Kaufrecht, zugleich ein Beitrag zum Schicksal von Stück-und Gattungskauf*, Nomos 2005, S. 31 ff.

② Vgl. Martin Schurhölz, *Die Nacherfüllung im neuen Kaufrecht, zugleich ein Beitrag zum Schicksal von Stück-und Gattungskauf*, Nomos 2005, S. 29 f.

③ Vgl. H. P. Westermann, *Münchener Kommentar zum BGB, Band* 3., *Schuldrecht Besonderer Teil* I, 5. Aufl., Verlag C. H. Beck 2008, § 439 Rn. 1.

④ See Reinhard Zimmermann, *The New German Law of Obligations: Historical and Comparative Perspectives*, Oxford University Press, 2005, p. 100.

影响了国际公约和国际示范法中的规则。

(二)美国法上出卖人的补救权(right to cure)

美国《统一商法典》(UCC)第2-508条规定了补救的两种基本类型:合同履行期限届满前的补救与合同履行期限届满后的补救。UCC第2-508条第1款规定:"任何给付(tender)或者交付(delivery)因为不适约被出卖人拒绝时,如果履行期尚未届满,出卖人可以将其补救的意图及时通知买受人,并在合同期间内作出适约的交付。"第2-508条第2款规定:"对于一项出卖人有合理理由相信为可接受的(acceptable)不适约给付,如果买受人加以拒绝,无论是否有价款折扣(money allowance),出卖人可以在及时通知买受人之后,于另外的一段合理期间内交付代替的适约给付。"①

对于第一个基本类型,比较容易理解:在履行期届满前,出卖人只要将其补救意图及时通知买受人就应当可以采取补救行动。对于第二个基本类型,则要注意两个问题:(1)如何理解买受人"有合理理由相信物是可接受的",根据UCC第2-508条的官方评论,合理理由可以来自先前的交易经历、合同履行的进程、交易习惯以及合同缔结的周遭特殊环境等。② 詹姆斯·怀特(James J. White)和罗伯特·萨默斯(Robert S. Summers)教授认为:"在没有特殊情境的情况下,当出卖人交付的物是与合同要求不一致,但是功能相当(functional equivalent)时,出卖人便有合理理由相信它们将是可接受的。"③而且,出卖人是否有权进行补救与其是否事先知悉瑕疵并无必然联系。④ (2)如何认定"另外的合理期间"。此时也应当取决于周遭环境,包括买受人地位的改变以及不便利性,出卖人矫正不适约所需要的时间,还有出卖人通过

---

① *Uniform Commercial Code: Official Text and Comments*. Thomson/West, c2010, p. 2189.

② *Uniform Commercial Code: Official Text and Comments*. Thomson/West, c2010, p. 2190.

③ James J. White, Robert S. Summers, *Principles of Sales Law*, Thomson/West, 2009, p. 511.

④ James J. White, Robert S. Summers, *Principles of Sales Law*, Thomson/West, 2009, pp. 511-512.

转售所能抢救的货物残值等。[①]

尽管UCC明确规定的补救方式是交付另一适约之物，但是法院也普遍允许修理来代替完全的重新给付。[②] 值得一提的是，价款折扣(money allowance)，在实践中常体现为价款减额(price reduction)或者价额调整(price adjustment)。[③] 怀特和萨默斯教授总结道："足以补偿买受人在数量或者质量上欠缺的价格调整是商人之间最常见的补救方式。"尽管UCC第2－508条第2款貌似没有认可这种行为是补救的方式，但商事实践支撑着对这种方式的认可。[④] 同样认可这种补救方式的还有阿兰·施瓦茨(Alan Schwartz)和罗伯特·斯高特(Robert E. Scott)两位学者。[⑤] 可以说，在美国法上常见的补救方式包括三种：更换、修理和商事实践支持下的减价。

UCC第2－508条中出卖人补救权的主要功能和效果是限制买受人根据第2－602条享有的拒绝权(right to reject)和根据第2－608条享有的接受撤销权(right to revoke acceptance)。拒绝权和接受撤销权，是买受人实行解除合同的必经通道。对这两项权利加以限制意味着买受人将无法解除合同，而必须保留给付，并寻求以损害赔偿为主的其他救济。也就是说，补救权为出卖人提供了机会，使其通过积极补救来防止合同滑向解除，自身不被置身于买受人的全部救济手段之下。当然，并非任何补救都是买受人必须接受的。除了前述(1)有合理理

---

① James J. White, Robert S. Summers, *Principles of Sales Law*, Thomson/West, 2009, p. 513.

② James J. White, Robert S. Summers, *Principles of Sales Law*, Thomson/West, 2009, p. 514.

③ James J. White, Robert S. Summers, *Principles of Sales Law*, Thomson/West, 2009, pp. 510－512.

④ James J. White, Robert S. Summers, *Principles of Sales Law*, Thomson/West, 2009, p. 515.

⑤ 他们在《买卖法与缔约过程》(Sales Law and the Contracting Process)中提出这种观点。See Catherine Piché, The Convention on Contracts for the International Sale of Goods and the Uniform Commercial Code Remedies in Light of Remedial Principles Recognized under U. S. Law: Are the Remedies of Granting Additional Time to the Defaulting Parties and of Reduction of Price Fair and Efficient Ones? 28 *N. C. J. Int'l L. & Com. Reg.* 519(2003).

由相信物可被接受和(2)在合理期间内补救,出卖人还必须自负补救的费用。在买受人信赖被动摇(shaken faith),或者出卖人明显缺乏补救能力的情况下,买受人可以拒绝出卖人提出的补救。①

美国法上出卖人的补救权具有很强的效力。买受人不得拒绝一项适格的补救。如果买受人错误地拒绝允许或者接受出卖人的补救,出卖人的违约将被消除,买受人所有基于违约的救济将受到妨碍。与此同时,买受人将必须按照UCC第2-709条对不适约物的价款负责,或者按照第2-706条对转售价格与合同价格之差负责,除去不适约(nonconformity)节省的部分。②

美国法上的补救权与德国法上的二次供与权相比,类似之处是:(1)都赋予了出卖人修理、更换等补救不适约的机会;(2)如果买受人在没有正当理由的情况下拒绝给予这种机会,将很大程度上丧失依靠不适约的救济。不同之处在于,美国法上的补救权将主动性赋予了出卖人,其权利效果较强,而德国法上的二次供与权难谓一项真正的权利,主要是附随于后续履行期间制度的利益保护机制。③

(三)《联合国国际货物销售合同公约》对出卖人补救利益的保护

1988年生效的《联合国国际货物销售合同公约》(CISG)影响了许多国家、地区的立法和法律改革,④在比较法研究中占有重要地位。该公约也规定了保护出卖人补救利益的制度。

一方面,美国法上的补救权在改动很小的情况下被CISG第34条、第37条、第48条所继受。⑤ 另一方面,德国债法改革后的后续履行制度则比较接近CISG第46条中的代替物交付请求权和修理请求权,

---

① See James J. White and Robert S. Summers, *Uniform Commercial Code*, West Pub. Co., 1995, 4th ed., pp. 327-328.

② James J. White, Robert S. Summers, *Principles of Sales Law*, Thomson/West, 2009, pp. 516-517.

③ 对于二者效力的比较将在本文第四部分第二小节作进一步分析。

④ See Michael Joachim Bonell, The CISG, European Law and the Development of a World Contract Law, 56 *Am. J. Comp. L.* 6-8 (2008).

⑤ See James J. White, Robert S. Summers, *Principles of Sales Law*, Thomson/West, 2009, pp. 507-508.

以及第47条的买受人指定期间制度。也就是说,CISG既规定了出卖人的补救权,也规定了买受人的后续履行请求权,对两大法系的制度进行了整合。从保护出卖人补救利益的层面来看,指定期间的保障作用基本可以被补救权制度所覆盖。因此,接下来主要介绍CISG中出卖人的期前补救和期后补救制度。

CISG第34条和第37条规定了出卖人的期前补救。第34条是有关货物相关文件的补救。该条第2句规定:"如果出卖人在合同要求的时间之前交付(hand over)货物相关文件,其可以在该期间之内补救(cure)任何文件上的不适约,只要该权利的行使不引起买受人不合理的不便或者不合理的费用。"第3句规定:"然而,买受人保留公约上提供的任何主张损害的权利。"第37条是有关物的不适约的补救。该条规定:"如果出卖人已经在交付日之前交付货物,他可以在那日之前交付任何遗漏部分或者弥补任何货物数量上的不足,或者更换任何不适约的货物或者补救(remedy)任何已交付货物上的不适约,只要该权利的行使不会引起买受人不合理的不便或者不合理的费用。然而,买受人保留公约上提供的任何主张损害的权利。"①所谓不合理的不便或者不合理的费用,比如买受人已经将货物安装到生产线上,较长时期的修理相对于及时更换而言就可能会引起不合理的不便或者不合理的费用。②

CISG第34条的出卖人期前补救权与UCC第2-508条十分接近。实际上,在欧洲大陆的法律体系中,期前交付的场合出卖人也是有权补救瑕疵的。③ 虽然买受人对于提前交付并没有一般的受领义务,但即使买受人合法地拒绝受领期前给付,也并不导致出卖人状况更差;如果买受人受领了期前给付,则出卖人有广泛的补救权,即使一次补救

① 本文对CISG条文的引用均来自联合国国际贸易法委员会官网上的英文版,http://www.uncitral.org/pdf/english/texts/sales/cisg/V1056997-CISG-e-book.pdf,最后访问时间:2013年4月5日。下文不再注明。

② See Peter Schlechtriem, Ingeborg Schwenzer (eds.), *Commentary on the UN Convention on the International Sale of Goods*, Oxford University Press, 2005, p. 444.

③ See Peter Schlechtriem, Ingeborg Schwenzer (eds.), *Commentary on the UN Convention on the International Sale of Goods*, Oxford University Press, 2005, pp. 440-441.

没有成功,在期限到来之前仍有权在不给买受人带来不合理的不便和不合理的费用基础上,再实施补救。①

CISG第48条为期后补救规定了4款。第2~4款旨在处理买受人权利与出卖人权利的协调。第1款规定:"受制于第49条,出卖人即使在交付日之后,也可以以自己的费用补救任何义务履行的失败,只要这样做不会带来不合理的迟延,或者引起买受人不合理的不便或者带来买受人预付费用偿还的不确定性。然而,买受人保留公约上提供的任何主张损害的权利。"

CISG第48条第1款中"受制于第49条"的规定,开启了出卖人补救权与买受人解除权关系的持续争论。根据该条,买受人解除合同的权利优先于(priority over)出卖人通过后续履行进行补救的权利。因此,如果根据第49条第1款a项存在一项根本违约,或者根据第49条第1款b项买受人指定的额外期间徒过,出卖人就不能依据第48条第1款主张补救的合理期间。然而,问题是买受人的解除权到底在多大程度上排除(override)出卖人的补救权。② 与之相关的关键性问题是,一项瑕疵能够在一段合理期间内被补救的事实能否排除或者中止违约的根本性质。③ 下文将对如何在我国法上理解该问题作进一步分析。

值得指出的是,作为国际示范法的《国际商事合同通则》(以下简称PICC④)在大多数买卖合同法规则上与CISG保持一致,⑤但在补救

① See Peter Schlechtriem, Ingeborg Schwenzer (eds.), *Commentary on the UN Convention on the International Sale of Goods*, Oxford University Press, 2005, pp. 443-444.

② See Peter Schlechtriem, Ingeborg Schwenzer (eds.), *Commentary on the UN Convention on the International Sale of Goods*, Oxford University Press, 2005, p. 567.

③ See Peter Schlechtriem, Ingeborg Schwenzer (eds.), *Commentary on the UN Convention on the International Sale of Goods*, Oxford University Press, 2005, p. 567.

④ 其全称为UNIDROIT PRINCIPLES OF INTERNATIONAL COMMERCIAL CONTRACTS,载http://www.unidroit.org/english/principles/contracts/principles2010/integralversionprinciples2010-e.pdf,最后访问时间:2013年4月15日。

⑤ 有学者指出:"在二者处理同一问题的情形,商事合同通则的规定通常是原封不动地采用销售合同公约的对应条款,或者至少是实质上采用。商事合同通则的规定与销售合同公约不同,仅限于例外的情形。"[意]米切尔·波乃尔:"国际商事合同通则与国际货物销售合同公约",梁慧星译,载《外国法译评》1999年第2期。

权与解除权的关系上则采取了不同的处理方式。其第 7.1.4 条规定了不履行方的补救(cure by non-performing party)。第 1 款规定了补救的条件。第 2 款规定,补救的权利并不因解除的通知被排除(precluded)。该条评论提到,即使受损害方根据条款 7.3.1(1)和 7.3.2(1)正当地解除合同,解除的效力也被有效的补救通知所中止(suspended)。[①] 这意味着,起草 PICC 的各国学者对 CISG 上补救权与解除权关系的处理方式有所不满,试图重构相关规则。

由于 CISG 不仅借鉴了美国法上的补救权,也采纳了大陆法倡导的买受人后续履行请求权,因此出卖人期后补救权与买受人救济权便可能发生冲突。CISG 第 48 条第 2 ~ 4 款实际上为买卖双方建立起了一种基于诚信的沟通义务,[②]旨在解决买卖双方可能发生的权利冲突。第 2 款规定:"如果出卖人要求买受人告知其是否接受(accept)履行而买受人在一段合理期间内没有回应该要求,出卖人可以在其要求中指定的期间内履行。买受人在那段期间内不得求助于与出卖人履行相抵触(inconsistent)的任何救济。"第 3 款规定:"一项出卖人作出的将在一段指定期间内履行的通知被假定为(assumed)包含一项前款中要买受人告知(是否接受 ——引者注)决定的要求。"第 4 款则规定了出卖人在第 2 款和第 3 款中的要求或者通知只有被买受人收到时才发生效力。这些规则是有积极作用的。毕竟,买受人救济主张与出卖人补救权的矛盾可能主要体现为教义学层面的争论,在实践中,很大程度上只有在缺乏沟通的情况下才会出现真正的冲突。

关于 CISG 上补救权的效力,根据第 48 条第 2 款的规定,如果出卖人获得一个补救的合理期间,买受人不得在该期间内主张与出卖人补救行为相抵触的救济。这实际上中止了买受人相抵触救济的权利主张。而如果买受人拒绝接受出卖人的适格补救,买受人将丧失基于违约的救济,包括减少价款。根据 CISG 第 50 条的规定,"如果出卖人按

---

① 参见 http://www. unidroit. org/english/principles/contracts/principles2010/integralversionprinciples2010 - e. pdf,最后访问时间:2013 年 4 月 15 日。

② See John O. Honnold, Harry M. Flechtner, *Uniform Law for International Sales under the* 1980 *United Nations Convention*, 4th ed., Kluwer Law International, 2009, pp. 430 - 431.

照第37条或第48条的规定对任何义务不履行做出补救,或者买受人拒绝接受出卖人按照该两条规定实施的履行,则买受人不得减少价款。”减少价款在CISG上是一项具有质、价平衡功能的救济。在买受人拒绝接受出卖人的合法补救行为时,其不得减少价款。那么举轻明重,买受人也不得据此主张合同的解除来完全免除自身支付对价的义务。另外,买受人也不得主张代替履行的损害赔偿,否则第50条中的规定也将没有意义。总之一句话,如果买受人拒绝了出卖人的适格补救,实质上便不能再主张被出卖人补救行为所制约的救济。在这一效果上,与德国法、美国法的相关规则是基本一致的。

(四)日本债权法改革中的出卖人追完权

日本学者将德国法上的后续履行(Nacherfüllung)译为追完(追完),将后续修理(Nachbesserung)译为修补(修補),将代替物交付(Nachlieferung)译为代物供给(代物供給)或者代替物引渡(代替物の引渡)。[①] 在日本主流民法学者组成的民法(债权法)改正检讨委员会所编的《债权法改正的基本方针》(以下简称《基本方针》)中,编写了与后续履行请求权相似的制度——追完请求权。《基本方针》第3.1.1.57条第1款规定:“债务人为不完全履行时,债权人可以请求履行追完。”[②]根据《基本方针》中的解说,追完请求权是指在“不完全履行”的场合,针对有瑕疵之物的修补请求权、代物请求权、数量不足时的追履行请求权,以及再施工请求权等,根据契约的解释决定其具体的内容。[③] 可见,“追完”这一术语,是用来表达对不完全履行进行追加、补充,以达到完全履行状态的各种各样行为的总称。如内田贵教授所言:“使不完全履行成为完全之事物即为追完。”[④]对于追完请求权的性

---

① 渡辺達徳「ドイツ民法における売主の瑕疵責任」野澤正充編『瑕疵担保責任と債務不履行責任』(日本評論社、2009年)70頁。潮見佳男:『契約責任の体系』(有斐閣、2000年)64~65頁。

② 民法(債権法)改正検討委員会編『詳解・債権法改正の基本方針Ⅱ 契約および債権一般(1)』(商事法務、2009年)198頁。

③ 民法(債権法)改正検討委員会編『詳解・債権法改正の基本方針Ⅱ 契約および債権一般(1)』(商事法務、2009年)199頁。

④ 内田貴『民法Ⅲ 債権総論・担保物権』(東京大学出版会、2005年)128頁。

质，日本学者认为，其应当与履行请求权本质相同，是后者在“不完全履行”场合的具体表现；对于后者的排除原因，对其本身也能适用。①

《基本方针》第3.1.1.57条还规定了债权人有关代替追完的损害赔偿，以及追完的期间。该条第2款规定：“在第一款的场合，尽管债权人已为追完的催告，相当期间经过后债务人仍没有追完的，债权人可以请求代替追完的（追完に代わる）损害赔偿。”第3款规定：“在第一款和第二款场合，对债务人请求追完依照契约旨趣为不能合理期待时，债权人可以直接对债务人请求代替追完的损害赔偿。”②由此可见，代替追完的损害赔偿在一般情况下，要以债权人催告追完且相当期间徒过为前提，除非根据合同的旨趣不存在追完的合理期待可能性。这些规定意味着《基本方针》借鉴了德国法上的后续履行期间制度。

《基本方针》还规定了类似美国法补救权的追完权。其第3.1.1.58条第1款规定：“债务人实施了不完全履行时，在满足以下要件的场合，债务人有以自己的费用实行追完的权利：(1)债务人对于应追完的期间以及内容，无不当迟延地进行了通知。(2)所通知的追完期间以及内容依照契约的旨趣是合理的。(3)债务人的追完不给债权人造成不合理的负担。”第3.1.1.58条第2款还规定：“不完全履行构成契约的重大不履行的场合，债务人的追完权利不妨碍债权人的解除权利。”③根据《基本方针》中的解说，追完权是借鉴了UCC第2-508条、CISG第48条第1项、PICC(2004)第7.1.4条以及《欧洲合同法原则》(PECL)第8:104条等。④ 值得注意的是，日本《基本方针》采纳的仍是CISG上处理补救权与解除权关系的方式，即补救权相对于解除权处于劣位。至于追完权和损害赔偿的关系，《基本方针》第3.1.1.57条第4

① 民法（債権法）改正検討委員会編『詳解・債権法改正の基本方針Ⅱ 契約および債権一般(1)』（商事法務、2009年）200~201頁。

② 民法（債権法）改正検討委員会編『詳解・債権法改正の基本方針Ⅱ 契約および債権一般(1)』（商事法務、2009年）198頁。

③ 民法（債権法）改正検討委員会編『詳解・債権法改正の基本方針Ⅱ 契約および債権一般(1)』（商事法務、2009年）209頁。

④ 民法（債権法）改正検討委員会編『詳解・債権法改正の基本方針Ⅱ 契約および債権一般(1)』（商事法務、2009年）211頁。

款规定,债务人根据第3.1.1.58条实施追完的,可以免除代替追完的损害赔偿义务。[①] 这说明:债务人的追完权优先于债权人的代替追完的损害赔偿请求权,债务人依法发动追完权的场合,债权人将无法行使代替追完的损害赔偿请求权;债权人可以行使代替追完的损害赔偿请求权时,必定是债务人不实施追完或者不可能实施追完的场合。

具体到买卖合同场合,《基本方针》第3.2.1.16条第1款规定了标的物有瑕疵时买受人的救济手段(共4项):(1)无瑕疵物的履行请求(主要包括代物请求、修补请求等);(2)代金减额请求;(3)契约解除;(4)损害赔偿请求。[②] 第3.2.1.17条进一步规定了出卖人的追完权与买受人前述救济手段的关系。其中第3项规定:"关于第3.2.1.16条第1款第1项,代物请求与修补请求均为可能的场合,买受人按照其意思,可以选择行使任一权利。在前述场合,针对买受人的修补请求,出卖人能够通过给付代物来免于修补。针对买受人的代物请求,在瑕疵程度轻微、修补容易而且相当期间内为可能的场合,出卖人能够通过在该期间内实施修补来免于代物给付。"[③]可见,该项一方面规定了买受人有依其意思进行选择的权利,另一方面又规定出卖人可以提出不同的补救方法,在一定条件下优先于买受人的选择。

综上可见,日本债权法改革的过程中反映主流学者意见的《基本方针》广泛参考国外立法经验,重视出卖人补救利益的保障,从日本本国法的可兼容性出发,创造了"追完权"和"追完请求权"的范畴。《基本方针》一方面借鉴德国法上的后续履行请求权制度,另一方面创造了带有美国法经验色彩的追完权;其重视两大法系制度碰撞过程中的协调,设置了出卖人追完权与买受人救济手段具体关系的处理规则。这些制度设计的经验值得我们参考。

---

① 民法(債権法)改正検討委員会編『詳解・債権法改正の基本方針Ⅱ 契約および債権一般(1)』(商事法務、2009年)198頁。

② 民法(債権法)改正検討委員会『詳解・債権法改正の基本方針Ⅳ 各種契約(1)』(商事法務、2010年)71頁。

③ 民法(債権法)改正検討委員会『詳解・債権法改正の基本方針Ⅳ 各種契約(1)』(商事法務、2010年)76頁。

二、我国出卖人补救利益保障机制的缺失及实践需求

(一)利益平衡观及利益平衡机制的欠缺

"利益平衡是法律的理论基础和基本精神","立法对每一主体的利益保护'过'与'不及'都不符合现代社会的要求"。[①] 这不仅仅对劳动者、消费者这种相对特定的主体适用,对侵权人、违约方等不特定的主体也适用。有学者指出:"利益衡平是古今中外立法、司法的一个根本规则,是民法精神和社会公德的要求。舍却利益衡平,民法将不成其为民法。"[②]在《合同法》的近邻法立法过程中,存在不少强调利益平衡的呼声。比如劳动合同法立法过程中,就被认为存在过度保护劳动者的倾向。虽然劳动合同相比于一般民事合同以及商事合同,更应强调合同主体之间的不平等性,也应当对劳动者进行"倾斜保护",但是这种倾斜保护应当是有限度的。因为"劳动法的理念和精神是'基于不平等而促进平等'",[③]在劳动合同法中必须要注重劳动者与用人单位利益这两方主体的平衡。[④] 又如,在侵权责任法立法过程中,有学者便指出,民粹主义倾向一度严重,片面强调对受损害方的保护,[⑤]忽视了对一般行为自由的保护。实际上,侵权责任法立法中也应当注重对行为人自由和被侵权人利益的平衡。[⑥] 然而,很少有人追问:在我国合同法立法过程中,是否照顾到了不同主体的利益平衡呢?且不论消费者主体与商事主体的不同利益诉求,就违约方与受损害方这最基本的两造主体来说,《合同法》是否在权利义务的设计上平衡、妥当呢?

---

① 高其才:"现代立法理念论",载《南京社会科学》2006 年第 1 期。

② 屈茂辉:"中国民法典的基本理念",载《求索》2002 年第 5 期。

③ 参见冯彦君:"我国劳动合同立法应正确处理三大关系",载《当代法学》2006 年第 6 期。

④ 参见董文军:"我国《劳动合同法》中的倾斜保护与利益平衡",载《当代法学》2008 年第 3 期。

⑤ 参见赵蕾:"侵权责任法专题:它与我们利益攸关",载《南方周末》2010 年 1 月 14 日第 5 版。

⑥ 参见张新宝:"侵权责任法立法:功能定位、利益平衡与制度构建",载《中国人民大学学报》2009 年第 3 期。

在我国合同法发展的20多年中,尽管违约损害赔偿的归责原则从《经济合同法》上的过错责任发展为统一《合同法》上的无过错责任为主,[①]但是作为民事责任组成部分的违约责任体系构造一直延续。而伴随着违约责任体系构造被继承的还有一种责任观,即将违约方视为责任主体,是应当"听候发落"、单纯接受制裁的被动一方;任何对其利益的考虑均由受损害方"合理"斟酌。这样的责任观不仅影响着更为科学的违约救济观和违约救济体系的构建和成熟,而且导致违约责任设计倾向于一边倒地保护受损害方。

实际上,合同法固然强调对受损害方的救济,但同时不应忽视受损害方与违约方之间的利益平衡。这种利益平衡观缺失的直接反映之一便是,在我国《合同法》上——与德国法、美国法、CISG以及日本债权法改革中的《基本方针》均不同——既不存在保障出卖人二次供与权的后续履行期间,也不存在出卖人的补救权或者追完权。出卖人一旦陷入违约,完全处于"听候发落"的境地。对于德国法上限制买受人选择救济手段的其他规则,在我国法上除了诚实信用原则,也没有明确规定。由此不难判断:提供不适约物的出卖人,面对买受人的全部救济手段,缺乏维护自身补救利益的工具。

(二)实践中的需求

在司法实践中,面对买受人选择的救济手段,法院实际上往往要考量出卖人的利益。比如,在(2005)沪一中民四(商)初字第84号判决中,围绕手机的买卖纠纷,甲公司对系争2302台手机存在质量问题不持异议,但认为此质量问题可以通过维修解决,乙公司则认为返修率太高,应该退货。上海市一中院认为"乙公司主张退货的2302台手机中,有1407台手机尚未销售,原因很多,其仅以手机质量差已经丧失商业信誉为由主张退货没有依据;735台手机中有608台已经维修完毕,乙公司应予接受;余127台和另54台手机乙公司退回甲公司进行维修后,甲公司尚未返还给乙公司,对该181台手机,甲公司未举证证明其已修理完毕,现乙公司主张退货,本院予以准许,甲公司并应退换乙公司相应货款;其余106台手机有的由经销商退还给乙公司后乙公司为

① 参见韩世远:《合同法总论》,法律出版社2011年版,第590~592页。

要求甲公司维修,有的还在经销商处,现乙公司主张该106台手机退货,并无依据。”①

在这起案件中,法院对退货按照合同的部分解除来处理,限定条件比较严格,即需要退货的手机应存在“无法维修”的情况,实际上对于买受人退回出卖人维修,出卖人却没有及时维修并返还的181台手机,支持了退货要求。对于其他已经维修完毕,或者尚未经过维修尝试的手机,没有支持买受人的退货主张。出卖人对手机进行及时维修和返还对于妨碍买受人的其他救济主张,尤其是限制以退货的形式解除合同关系非常重要。由此可见,出卖人的及时、积极补救在法院看来是限制买受人救济手段的有效途径,尤其是出卖人的及时修理或者更换对买受人的退货主张具有明显限制作用。

保障出卖人补救利益的立场还体现在最高人民法院的司法解释中。2012年5月发布的《最高人民法院关于审理买卖合同纠纷案件适用法律问题的解释》(以下简称《买卖合同法解释》)第22条规定:“买受人在检验期间、质量保证期间、合理期间内提出质量异议,出卖人未按要求予以修理或者因情况紧急,买受人自行或者通过第三人修理标的物后,主张出卖人负担因此发生的合理费用的,人民法院应予支持。”根据该条,买受人可以自行修理,或者径行通过第三人修理标的物,并请求出卖人承担合理费用的要件是:(1)买受人在检验期间、质量保证期间、合理期间内提出质量异议;(2)出卖人未按要求予以修理或者因情况紧急导致来不及由出卖人进行修理。对该条可以进行反对解释,得出以下结论:买受人在检验期间、质量保证期间、合理期间内提出质量异议,在出卖人可以按照要求予以修理,或者不存在紧急情况的场合,买受人自行或者通过第三人修理标的物,后主张出卖人负担因此发生的相关费用的,人民法院不应予以支持。这样一来,出卖人的修理行为相对于买受人的自行修理以及第三人的修理行为原则上更具有优先性;司法解释通过限制买受人的修理费用请求权,实质上保护了出卖人的违约补救利益。

---

① 该案例来自北大法宝,http://vip.chinalawinfo.com/index.asp.,最后访问时间:2013年3月11日。

实际上,在实践中一概由买受人选择救济手段并不能达到圆满的纠纷解决效果,有时买受人难免恣意,有时买受人对于何种救济手段更为合理有效也缺乏明确认识。在买卖双方诚信沟通的情况下,固然可以减少或者避免冲突的发生,但恰恰存在不少买卖双方缺乏充分、诚信沟通的情况,诉争由此而生。此时,法院往往需要在个案中通过利益衡量维护出卖人的补救利益,上面的判例即体现了这一点。而最高人民法院发布的《买卖合同法解释》更是通过限制买受人的修理费用请求权,实质性地保护了出卖人的违约补救利益。这些司法实践中的做法启示我们:对出卖人的违约补救利益进行保障是实践中亟须的,在未来我国民法典的规则设计中应考虑如何构建这种保障机制。

三、体系性视角下出卖人补救利益保障的必要性

当前有关质量违约时的合同解除和违约通知规则广泛参考了国外经验,如果这些规则及其立法政策得以延续,那么为了与其进行衔接,也要求构建出卖人补救利益的保障机制。

(一)与合同解除条件衔接的要求

根据《合同法》第94条第4项,当事人一方迟延履行债务或者有其他违约行为致使不能实现合同目的的,对方当事人可以解除合同。又根据《合同法》第148条第1句,出卖人交付标的物质量不符合质量要求,致使不能实现合同目的的,买受人可以解除合同。这两条是质量违约导致解除权产生的基础规范。可以发现,在我国实在法上针对物的不适约问题,合同目的不达是通往合同解除救济手段的唯一管道。

如果奉行合同目的不达作为物的不适约场合唯一的合同解除标准,那么对不适约的及时补救便成为这种思路下不可或缺的搭配性制度。因为很多质量、数量问题可以通过修理、更换、补足等来加以消除,从而避免合同目的落空;只有物的不适约得不到及时补救,通常才会导致合同目的不能实现。也就是说,从物的不适约场合合同解除的严格条件可以推导出,立法政策支持当事人通过及时、有效地补救违约来挽救合同。

另外,如果买受人为了摆脱一项磋商糟糕的交易,而提出不当的救济主张,试图使得合同补救变得更为困难,自身解除权行使更加可能,

那么为防范买受人的不诚信做法，保障出卖人补救主张的优先性便更为必要。

（二）与违约通知规则衔接的要求

当前主要立法例都规定了买受人在发现或者应当发现违约的一段期间内应当通知出卖人，否则将妨碍其合同法上的救济。通知规则被公认为对出卖人的一项保护制度。如德国《商法典》第377条第1款规定："买卖对于双方均为商行为的，买受人应当在出卖人交付物之后，以按照有序的（ordnungsmäßigem）经营状态可能为限，不迟延地（unverzüglich）检验物，并且当瑕疵显现时，向出卖人不迟延地作出通知。"第2款规定："买受人怠于通知的，物视为被认可（genehmigt），但是在检验时不能识别的瑕疵不在此限。"第3款则规定："一项前述的瑕疵事后显现的，通知必须在发现之后不迟延地作出；否则，即使考虑到瑕疵，物也视为被认可。"①这些规定的目的，如卡纳里斯教授所言，是保护出卖人。② 如果买受人不作出或者迟于作出通知，按照德国《商法典》第377条第2款和第3款第2句，法律后果是"认可的拟制"（Genehmigungsfiktion），即物被拟制为被买受人认可，那么在德国法上买受人将失去后续履行请求权、解除权、减价权以及依据德国《民法典》第478条第2款的费用偿还请求权。③ 这样的不迟延通知规则正当性基础何在呢？在法院看来，除了可以促进快速清算，一项重要的制度功能是促进后续履行，因此是对商事活动有特殊价值的制度。④

类似地，UCC第607条第3款规定："如果一项给付已被接受（accepted），买受人在发现或者应当发现任何违约时，必须在一段合理期间内（within a reasonable time）向出卖人通知违约，否则排除其所有

---

① Vgl. Karlheinz Boujong/Carsten Thomase Ebenroth/Detlev Joost（Hrgs.），*Handelsgesetzbuch*，Band2，Verlag C. H. Beck/Verlag Franz Vahlen 2001，S. 474.

② Claus-Wilhelm Canaris，*Handelsrecht*，24. Aufl.，Verlag C. H. Beck2006，S. 437.

③ Vgl. Claus-Wilhelm Canaris，*Handelsrecht*，24. Aufl.，Verlag C. H. Beck2006，S. 448.

④ Vgl. Karlheinz Boujong/Carsten Thomase Ebenroth/Detlev Joost（Hrgs.），*Handelsgesetzbuch*，Band2，Verlag C. H. Beck/Verlag Franz Vahlen 2001，S. 478.

救济。"①这一条款在2003年有所修正,缓和了严苛的法律效果,但仍然保留了违约通知这一制度。近几十年来美国学者逐渐从政策基础的角度来观察和分析通知规则的适用。② 其中对法律实务最有影响的UCC评论之一——怀特和萨默斯教授所著的美国商法典评论,便对通知规则的正当根由总结道:"第一项也是最重要的理由是使出卖人能够校正、更换或者有机会补救,最终减少买受人的损失和出卖人自身的责任。"③

综合德国法和美国法来看,通知规则存在的主要根据之一就在于促进后续履行或者违约补救。而我国《合同法》第158条也明确规定了类似的通知规则,如果买受人不在约定期间或者合理期间内通知出卖人,物将被视为符合约定。这样的规则也需要类似的正当性理由支撑。如果说促进法律关系安定的作用更适宜由时效制度来一体担当,那么促进补救的进行应是通知规则合理性的主要支柱之一。毕竟,只有借助违约通知规则才能帮助出卖人实现及时补救,否则补救的困难及不合理性将伴随时间的推移和质量问题的累积而增加;也只有通过及时补救,才能降低违约带来的损失以及可能的整体效率损失,才能增加通知规则对出卖人保护的合理性。

总之,从与合同解除以及违约通知规则相衔接的角度来看,为了体系以及立法政策上的连贯,应当考虑构建保护出卖人补救利益的机制。

四、我国出卖人补救利益的保障技术——补救权的构造

根据前文介绍和分析可以发现,出卖人补救利益的保障是违约方

---

① See *Uniform Commercial Code: Official Text and Comments*, Thomson/West, c2010, pp. 151 – 152.

② See George Frank Hammond, Notification of Breach under Uniform Commercial Code Section 2 – 607(3)(A): a Conflict, a Resolution, 70 *Cornell L. Rev.* 525(1985); William H. Henning, William H. Lawrence, A Unified Rationale for Section 2 – 607(3)(A) Notification, 46 *San Diego L. Rev.* 573(2009).

③ See James J. White, Robert S. Summers, *Uniform Commercial Code*, West Pub. Co., 1988, 3rd ed., pp. 480 – 481. See also James J. White, Robert S. Summers, *Principles of Sales Law*, Thomson/West, 2009, p. 656.

与受损害方利益平衡的要求,也是与解除规则和通知规则相衔接、维护救济体系内部协调的要求,而《合同法》只规定了买受人对上述救济手段的"合理选择"权利,缺少对违约方补救利益的充分保障。尽管当前抓紧制定民法典的呼声高涨,[①]对体系性的建构和内部具体规范改进的建议也不少,[②]但罕有学者认真研究并提出构建违约方的利益保障制度,这是一种不足。接下来,本节将从术语的选择、权利的定位、要件论、效果论等方面深入阐述补救权的构造之路,以期为将来民法典编纂时违约救济体系的完善提供参考。

(一)术语的选定

在我国较早全面介绍补救权的是沈达明先生。他在 1995 年发表的《关于美国法上违约方的补救权》一文介绍了 UCC 第 2－508 条的内容和官方评论,指出"《法典》对'补救'(cure)一词没有下定义。按照学理是指修理、调准或替换不符合合同的货物,金钱补贴"。其介绍了这一制度的法律背景,并指出补救这个概念在各州采用《统一商法典》之前已经存在,但判例不够明确。UCC 第 2－508 条明文规定了补救权。其虽然规定在第二编货物买卖编,但这些规定能通过类推适用于其他合同领域。美国《合同法重述》第 2－237 条沿用 UCC 这一用词并把它适用于各种合同。[③] 他还提到:"严格说来,补救不是权利而是权力。按照 1919 年 Hohfeld 在《基本法律概念》一书上发表的理论,权利与义务是有相互关系的。没有乙方的义务,也就没有甲方的权利。权力是指改变法律关系的能力"。[④] 沈达明先生是较早全面介绍了美国法上的补救制度并且在翻译层面采用"补救"这一术语的。对于这种

---

① 2012 年 10 月举办的"瑞士债法百年暨中国民法立法国际研讨会"上,民法学者"一致认为我国应尽快制定民法典"。参见周芬棉:"应尽快制定民法典顺应国际化发展",载《法制日报》2012 年 11 月 6 日第 10 版。又可参见孙宪忠:"防止立法碎片化、尽快出台民法典",载《中国政法大学学报》2013 年第 1 期。

② 参见王利明:"我国未来民法典中人格权编的完善——2002 年《民法典草案》第四编评述",载《中国政法大学学报》2013 年第 1 期;苏永钦:"现代民法典的体系定位与建构规则——为中国大陆的民法典工程进一言",载《交大法学》2010 年第 1 卷。

③ 沈达明:"关于美国法上违约方的补救权",载《国际商务》1995 年第 4 期。

④ 沈达明:"关于美国法上违约方的补救权",载《国际商务》1995 年第 4 期。

“权力”的定位可以作进一步分析。

韩世远先生在其翻译的《欧洲合同法原则》第八章第8:104条,也将Cure by Non-Performing Party译为“不履行方的补救”。[①] 而其在梁慧星先生作为课题组负责人的《中国民法典草案建议稿》中,于违约责任一章起草了“违约方的补救”一条,借鉴了美国法、CISG乃至国际示范法上的补救权制度。该条第1款规定:“当事人一方不履行合同义务或者履行合同义务不符合约定的,如果履行期尚未届满或者其迟延并没有构成根本违约,则该方当事人可以自己承担费用,重新作出符合要求的给付。”第2款规定:“违约方依前款规定对违约进行补救的,应当同时符合下列条件:(一)违约方当事人毫不迟延地通知对方当事人其准备补救的方式和时间;(二)该补救在当时情况下是适宜的;(三)对方当事人对拒绝补救无合法利益;(四)补救是立即进行的。”第3款规定:“在收到有效的补救通知后,对方当事人所享有的与违约方当事人的补救行为不符的权利应予中止,直至补救期限届满。”第4款规定:“对方当事人在补救期间有拒绝自己对待履行的权利。”最后第5款规定:“尽管进行补救,受损害方当事人仍保留对延迟补救以及因补救所造成的或者补救未能阻止的损害要求损害赔偿的权利。”[②]韩世远先生也是较早从引介和借鉴国外法的角度,重视补救权制度,并使用“补救”这一术语的。[③] 不过在其之后的著述中,也见其将right to cure称为“救治权”。[④]

焦富民教授和陆一在《协作理念与债务人治愈权的构造》一文中,考察了PICC和PECL中的债务人“治愈权”,认为其价值基础在于“协作理念”,还认为协作理念已经被纳入立法实践。该文指出,关于“治愈”(cure)和“治愈权”(right to cure)存在不同中文翻译。而采“治愈”、“治愈权”之译法,一是符合中英文通行的译法,且在语

① 参见“欧洲合同法原则”,韩世远译,载http://learn.tsinghua.edu.cn/homepage/2001990002/IV03.8.htm,最后访问时间:2013年3月21日。

② 梁慧星主编:《中国民法典草案建议稿》,法律出版社2011年版,第183页。

③ 参见梁慧星主编:《中国民法典草案建议稿》,法律出版社2003年版,第180页。

④ 参见韩世远:《合同法总论》,法律出版社2008年版,第612页。

词意义上也可以包含有“补救”或“纠正”、“纠正权利”等含义，二是可以避免与民法上的“违约补救”、“采取补救措施”等相混淆，因此更为妥当。①

由上可见，我国围绕补救权的研究在术语层面存在分歧。不同译法的选取有不同的考虑，不排除各有一定的道理。但从立法论构建的角度来说，笔者认为，补救更适合作为将来民法典中的概念。

1. 不能因为某一制度借鉴自外国法，便在我国的立法论上套用外国法术语的直白翻译。cure 确实通常译为“治愈”，但补救权相对于治愈权或者救治权②更适宜作为合同法术语，作为合同法条文中的内容更容易为民众和司法实践所理解和接受。韩世远先生起草的条文即采用了这一术语。

2. “治愈”本身可能带来一种误解：违约既然被治愈，那么便不再需要赔偿损害。这个误解却是非常严重的，因为所谓“治愈”未必达到完全消除违约后果的地步，迟延损害已经产生，“治愈”本身的耗费也需要由违约方承担，因此“愈”的表达是一个可能引起严重误解的因素。而补救显然不会引起类似误解。

3. 如前所述，焦富民和陆一先生认为治愈权的概念可以避免与“补救措施”发生混淆；韩世远先生在《减价责任的逻辑构成》一文中，指出对我国法“在解释上”可以基于诚信原则肯定债务人的救治权。③ 也就是说，其在试图从法律解释层面承认债务人的补救利益时，也没有使用先前民法典建议稿中的“补救”一词。由此可推断，学者有时之所以回避“补救权”这一术语，可能源于以下顾虑：我国《合同法》上补救措施被规定为违约责任的具体方式，如果使用“补救权”恐怕容易使人产生误解吗？补救怎么既作为违约方的一项责任承

① 参见焦富民、陆一：“协作理念与债务人治愈权的构造”，载《扬州大学学报》（人文社会科学版）2009 年第 2 期。

② 比如在卫生法学上便存在“免费救治权”、“紧急救治权”的提法。参见蔡晓卫：“强制医疗关系中的相关问题研究”，载《中国医学伦理学》2004 年第 6 期；戴剑波：“公民医疗权若干问题研究”，载《天津大学学报》（社会科学版）2006 年第 6 期。在合同法上使用救治权的概念难免容易引起混淆和困惑。

③ 韩世远：“减价责任的逻辑构成”，载《清华法学》2008 年第 1 期。

担方式又可以成为违约方的一项权利呢？实际上，如果从法律解释层面研究补救权确实会存在这个问题。然而，补救权恰恰是一个无法在法律解释层面获得多大探讨空间的制度构造，补救权的研究主要应从立法论的层面出发。而在立法论层面引入这一制度时就完全有必要对现有的体系和概念作出一定更新，在概念选取时也不必担心与既有的、不妥当的法律概念发生重合。在现行法中，作为违约责任的补救措施正是一个冗余的构造。废除作为违约责任的补救措施，将其纳入继续履行之中，可以改善现行法中违约救济的配置，也可为建立出卖人补救权制度铺平道路。

接下来，简要阐述废除补救措施作为违约责任方式的理由：

1. 补救措施与继续履行存在实质重复。修理、更换和重作应当属于继续履行，补救措施是一项多余的表述。王利明先生曾指出："在学理上，常常将修理、重作、更换作为实际履行的具体形式，因为采取这些补救措施也是使违约方继续履行。"①崔建远先生也指出，修理、更换和重作"属于《合同法》第107条规定的'采取补救措施'的一个组成部分，并属于强制履行范畴。"②苏号朋先生也将修理、更换和重作认作"强制履行的具体形式"。③ 朱广新先生认为："虽然《民法通则》第111条、《合同法》第107条并行列举了'要求履行'或'继续履行'与'采取补救措施'，但这并不意味着'采取补救措施'是一种独立的违约救济措施。实际上，补救措施只是'继续履行'或'要求履行'这种违约救济权适用于瑕疵履行情形的一种特别表现。换言之，'采取补救措施'为'继续履行'的一种形式。"④实际上，未见学者在违约责任的具体形式部分中单独论述补救措施，学理上也没有认可补救措施具有独立于继续履行(或者强制履行)的任何实质内容。而司法实践中的做法也是

---

① 王利明等：《民法学》，法律出版社2011年版，第597页。

② 魏振瀛主编：《民法》，北京大学出版社、高等教育出版社2010年版，第464页。

③ 参见苏号朋：《合同法教程》，中国人民法学出版社2008年版，第289页。

④ 朱广新：《合同法总则》，中国人民大学出版社2012年版，第561~562页。

有时将更换或者修理作为补救措施,有时作为继续履行方式。[①] 因此,补救措施应当属于继续履行的范畴,其并不应该与继续履行并列存在。

2. 违约救济手段应当是具体内容、行使条件和法律效果明确的制度构造。无论是德国法、美国法、日本法还是 CISG,乃至国际示范法,从来就没有一个立法例在违约救济的具体方式上包含一项内容重复或者不清的"补救措施"。我国的这种制度设计很可能源自"防止挂一漏万"的立法思维,但却难谓严密可取的立法技术。"采取补救措施"的存在会导致违约救济手段无法构成具有明确性、确定性的制度体系,增加理解的歧义和法律适用的困难,故应当在民法典制定时予以废除。

综上可见,补救权这一术语本来得到了不少学者的支持,也更具合理性,但由于"采取补救措施"被《合同法》规定为违约责任的方式,导致学者产生了迟疑乃至分歧。此时,应当明确的是,补救权的构造是一个立法论层面的内容,从立法论角度出发,应该认识到采取补救措施是一个冗余、可能带来误解的构造,应该予以废除。在未来设计补救权时应坚持"补救"的术语选择。

(二)构造的基点:权利的定位

如前所述,韩世远先生在梁慧星教授负责的《中国民法典草案建议稿》中起草了"违约方的补救"一条。[②] 不过,从条文本身来看,出卖人提出补救是否构成一项权利尚并不明确,其效果主要在于"对方当

① 在湖南省长沙县(2010)长县民初字第 02438 号判决中,法院认为,围绕静力压桩机买卖,原告要求被告按照合同约定将"瑞克"油缸更换为"韶关伟光"油缸,被告已经及时采取补救措施,向原告发货 8 个"韶关伟光"油缸,并安排售后服务维修员前往更换"瑞克"油缸。在该案中,出卖人没有按照约定将具有特定品牌部件的设备进行交付,买受人要求予以更换,法院认定出卖人对部件的更换构成补救措施。在(2012)漯民四终字第 58 号判决中,原审法院认为甲公司故意不将印刷设备组装、调试好,明显违约。"根据《合同法》第 111 条乙公司要求继续履行合同,予以支持,甲公司应当继续派人对其设备进行调试,直到正常生产为止。"在该案中,对设备的调试等安装行为被界定为继续履行。可见,作为最主要的质量违约责任方式的修理和更换有时被理解为补救措施,有时被理解为继续履行,补救措施和继续履行在司法实践中难以发现本质区别。以上案例来自北大法宝,http://vip. chinalawinfo. com/index. asp. ,最后访问时间:2013 年 3 月 11 日。

② 参见梁慧星主编:《中国民法典草案建议稿》,法律出版社 2003 年版,第 180 页。

事人所享有的与其不符的权利应予中止”。但能够造成对方权利中止的,可能仅仅是提出补救这一事实行为,并不意味着必然存在补救权。所谓出卖人受保障的补救利益是否适宜构造为权利,其效果又应如何界定呢?接下来详细分析这一问题。

对于德国法上的二次供与权,杜景林和卢谌教授认为,这种二次供与权(两位学者译为二次服务权)虽然被冠以权利之名,但并非真正意义上的“私法权利”。他们认为:“本着传统的私法概念,如果将这称之为权利,那么这种权利仅能够表现为以买受人受领已经迟延之给付为内容的请求权。依此类推,若买受人于届期之时不支付合同价款,或者违反规定而仅支付一部分合同价款,那么买受人将因此而被赋予以一种请求权,一种要求出卖人于届期之后受领自己所支付合同价款的请求权;这显然已经突破了‘请求权’这一学理范畴所具有的以及所能够承载的传统功能”。[①] 笔者认为,所谓出卖人的“二次供与权”,并不是一种请求权,而只是伴随后续履行期间对买受人救济的限制,而呈现出的“出卖人补救利益受到法律保护”的状态。如果称之为权利,比较接近耶林所主张的“受法律保护的利益”这种层面的权利,[②]或者更准确地说,接近庞德所廓清的“法律上得到承认和被划定界限的利益,加上用来保障它的法律工具”这种所谓广义上的法律权利。但是,其并非“通过政治组织社会的强力来强制另一个人或所有其他人去从事某一行为或不从事某一行为的能力”这种狭义层面的法律权利。[③] 后者才是民法上最常见的权利类型。例如,在别人非法占有自己的物时,主张恢复对该物之占有的权利,不让别人进入自己房屋的权利,以及要求某

---

① 杜景林、卢谌:《现代买卖法瑕疵担保责任制度》,法律出版社2012年版,第108~109页。

② 耶林的这种见解对德国影响颇深。另一颇有影响的见解是温德沙伊德在萨维尼、普赫塔等学者基础上提出的“意思支配力”(Willensherrschaft)说。参见[德]迪特尔·施瓦布:《民法导论》,郑冲译,法律出版社2006年版,第133~134页;[德]迪特尔·梅迪库斯:《德国民法总论》,邵建东译,法律出版社2001年版,第62~63页。

③ 参见[美]罗斯科·庞德:《通过法律的社会控制》,沈宗灵译,商务印书馆1984年版,第42~43页。

人履行其依法承诺之事的权利等。[1]

不过,美国法上的补救权有较强的效果,不能作出类似的认定。根据美国法,在买受人行使拒绝权或者接受撤销权之后,买受人已经没有了一般性的“接受义务”,而出卖人的适格补救却能够为买受人创设一项接受(accept)的义务,并阻断买受人寻求解除合同救济的通道。如果买受人拒绝一项应当接受的补救,如前所述,其将承担违约责任。因此,伴随着出卖人适格补救的提出,出卖人便有权“要求买受人接受其补救”。不过,出卖人有权要求买受人接受补救并不是补救权本身的效力;补救权本身的效力是创设法律关系:买受人有接受出卖人补救行为的义务。沈达明先生提出美国法上的补救权其实是“权力”,正是基于这种洞见。笔者认为值得赞同。不过,沈达明先生所依据的霍费尔德的理论是对“权利”作狭义界定的,后者认为:“为权利这一术语在狭义、本义上寻找一个同义词的话,则‘请求权’(claim)最为相宜”。[2] 而抛弃所有物的权力、将自身利益让与他人的权力、向他人授予代理权的权力等支配某种法律事实的权力(power)均不能纳入权利的范畴。[3]霍费尔德的理论具有厘清法律基本概念的作用,但是在民法学上,对于这种支配法律事实或者形成法律关系的“权力”还是有另一番定位,如支配权、形成权等。如果按照德国学者对权利的分类,美国法上的补救权可以纳入“形成权”的范畴:出卖人提出适格补救,在买卖双方之间形成一种债的关系,出卖人有权要求买受人予以接受,买受人则有义务加以接受。

CISG对两大法系的制度进行了整合。一方面,CISG一般性确立了买受人的受领义务,即使出卖人提供了不适约之物,买受人在CISG上也不(像在英美法上那样)享有拒绝权,而只能在受领之后寻求第45条以下的法律救济;另一方面,CISG改造并保留了源自美国法的补救

① 参见[美]罗斯科·庞德:《通过法律的社会控制》,沈宗灵译,商务印书馆1984年版,第43页。

② 参见[美]霍费尔德:《基本法律概念》,张书友编译,中国法制出版社2009年版,第32页。

③ 参见[美]霍费尔德:《基本法律概念》,张书友编译,中国法制出版社2009年版,第53~54页。

权。这样一来,补救权尽管存在,但并不具有美国法上的权利效果,其丧失了创设受领义务的功能——买受人面对出卖人的后续履行或者补救,受领义务一直存在(除非其享有拒绝受领权)。此时补救权唯一的作用是中止买受人相抵触的救济主张。在这种情况下,其不能再认定为形成权,不过,仍然能在私法权利中找到其定位。按照德国学者卡尔·拉伦茨对权利的分类,CISG 上的补救权可以纳入"反对权"的范畴。反对权"使权利人能够使一个他人针对权利人的权利在一定程度上不起作用,并使他人接受他的影响或至少部分的影响。""一个针对形成权的反对权,它本身也是一个形成权。"①不过,主要的反对权类型还是"给付拒绝权"等针对请求权的反对权——抗辩权。② 这种权利分类也基本为我国法所继受。抗辩权是最为人熟知的能够使相对人权利的行使在一定程度上不起作用的私法权利。不难发现,对于 CISG 上的补救权,将其定性为一种抗辩权是较为妥当的。因为,此时补救权并没有创设一项买受人的受领义务,但发挥着中止买受人相抵触的救济主张的效力,比较符合抗辩权的规格。

至此可以发现,任何一个试图引入补救权的法律体系都必须思考以下问题:补救权在本国法上如何作为权利,又作为何种权利而存在?在基本继受了德国法权利体系分类的我国,这样的问题十分重要。

如前所述,补救权这个制度主要应在立法论层面进行探讨。而补救权的立法定位必须结合对买受人受领义务和拒绝受领权的定位。因为在现行法上,对债权人是否一般性存在受领义务仍有争论。③ 有待明确的问题是,如果出卖人起初提供的是不适约之物,那么买受人在何种条件下享有对后续履行的拒绝受领权,进而不再存在受领义务?对此有不同的设计思路。

1. 在将来立法上,如果采取严格设定拒绝受领权条件的思路,比如

---

① 参见[德]卡尔·拉伦茨:《德国民法通论》(上册),王晓晔等译,法律出版社 2003 年版,第 298 ~ 299 页。

② 参见[德]卡尔·拉伦茨:《德国民法通论》(上册),王晓晔等译,法律出版社 2003 年版,第 328 ~ 333 页。

③ 参见韩世远:《合同法总论》,法律出版社 2011 年版,第 434 页以下。

将《合同法》第 148 条中的“拒绝接受”条件改造为“拒绝受领”的条件，那么合同目的不达是质量违约导致拒绝受领权产生的前提。在这种情况下，拒绝受领权产生条件严格，受领义务在合同目的不达之前一直存在。那么，出卖人有广泛的空间来提供补救，因为买受人对于事后再提供的适约之物仍有受领义务，对于修补不适约的请求原则上也无权拒绝。此时，补救权的效力并非创设一项买受人的受领义务，而只能是中止买受人相抵触的救济主张。既然补救权不产生独立的义务，又必须针对相对方的一项权利主张并发生限制作用，那么便比较符合抗辩权的规格。补救权的法律效果在于：违约方的补救权，能够中止受损害方救济权利发生效力，违约方暂时没有按照受损害方的要求承担后果的义务，而可以按照其补救权中的具体方式对违约加以补救。只有在该补救行为失败的情况下，买受人的救济主张才重新发生效力。

2. 如果在未来立法中借鉴英美法上的拒绝权思路，将拒绝受领权的门槛设置的较低，比如除了微小的质量不符，任何不适约的交付都可以引发买受人的拒绝受领权，买受人进而不再承担受领义务。那么，补救权就可能发挥创设买受人再受领义务的功能，而不仅是限制买受人相抵触的救济主张。此时，补救权便是作为形成权而存在：中止买受人相抵触的救济主张，并且在买卖双方之间形成新的债之关系。

笔者比较倾向于第一种思路，认为第二种思路对现有的违约救济体系变更过大，缺乏必要性。详言之，英美法上的拒绝权制度和大陆法上的后续履行请求权制度存在功能上的可替代性。英美法上受损害方并没有权利请求违约方继续履行，但通过拒绝接受给付可以“迫使”违约方及时沟通、开展后续履行；大陆法尤其是德国法上，已经赋予了债权人后续履行请求权，不需要构建一项强大的拒绝权也能达到类似的效果。我国已经确立了受损害方享有继续履行请求权，这种制度设计并没有不妥之处；再赋予受损害方强大的拒绝权便会产生叠加效果，而且也过度保护受损害方的利益，并不可取。笔者认为，在未来立法中，继续履行请求权仍应占据主导地位，拒绝受领的条件应当严格化，买受人对于出卖人后续实施的补救或者继续履行原则上存在受领义务。如此一来，出卖人的补救权便难以具有创设买受人受领义务的效果，其作为一项权利只能针对买受人相抵触的救济主张，产生中止作用。也就是说,补救权适宜打造为一种抗辩权。下文有关补救权要件和效果的探讨将奠定在抗辩权的定位之上。

(三)补救行为的具体方式

补救行为的具体方式通常包括修理和更换,在承揽合同场合还包括重作。问题在于,我们应否借鉴美国法上的一些意见,将请求减少价款作为补救权的具体方式之一。如果按照日本法中追完权的界定,显然通过追补履行实现完全履行状态难以包含以合同变更为根本属性的减少价款。不过,如果从补救功能和法律效果的角度来看,出卖人主动提出削价可以成为一种有效的补救行为。

1.减价在农、矿产品的大宗买卖中是常见,且最可行的补救方式。比如,我国是煤炭贸易大国,而煤炭交易的一个特点就是按质论价。不符合约定品质的煤炭本身已经没有办法进行修理,进行更换也十分浪费和周折,此时根据交易习惯往往可以降低单价。司法机关对此也加以认可。江苏省徐州市中级人民法院在(2010)徐商初字第0062号民事判决书中认为,被告提供的"两批煤炭的低位发热量分别为:4905大卡和4912大卡,与合同约定的5400大卡相差甚远……给原告造成了巨大的经济损失。"后被告承认煤炭质量存在问题,多次派人协商并提出煤炭降价至每吨675元,实际上也分两次退还了原告购煤款200万元和209余万元,但原、被告双方最终未能就煤炭质量问题达成一致意见。[①] 该案中被告试图通过降低价款来实现质、价均衡,尽管未构成有效的补救,实际造成的损失也超出了降价所能弥补的,但却反映出在特定交易习惯的支持下,出卖人可以,且只适宜通过及时减价来进行补救。

实际上,美国学者也认为,虽然从UCC的条文解释来看,价格折扣(price allowance)并不是一项有效的补救方式,但交易习惯(trade usage)存在需要时则可加以认可。[②] 因此,减价能否成为一项有效补救

① 该案例来自北大法宝,http://vip.chinalawinfo.com/index.asp,最后访问时间:2013年3月11日。

② See John A. Sebert, Jr., Rejection, Recocation, and Cure under Article 2 of the Uniform Commercial Code: Some Modest Proposals, 84 *Nw. U. L. Rev.* 375(1990).

方式，关键还是要由交易习惯来决定。如果在农、矿产品买卖中出卖人及时通过减价请求，变更合同来实现质、价均衡，没有理由否认其作为一种有效的补救方式。

2. 从法律效果来看，减少价款作为一种补救方式也能引起中止买受人法律救济的效果。减价的最终实现取决于双方当事人之间的合意，[①]买受人请求出卖人减少价款，实际上是行使合同变更请求权。出卖人也可以主动提出减少价款。此时，出卖人发出变更合同的要约，买受人可以作出承诺。只要出卖人有效的要约到达相对人，则买受人相抵触的救济主张就中止发生效力。可见，在符合条件时出卖人提出减价也可以和提出修理、更换一样，具有中止买受人相应救济主张的效力。

综上，补救行为的具体方式除了修理、更换和重作，还应该包括在交易习惯支持下的减少价款。

（四）补救权的要件论

要构成一项有效的补救权，需要具备的要件包括：

1. 补救行为的无迟延性。无迟延性意味着，对物的不适约进行补救所需要的时间不能达到不合理的长度。对补救无迟延性的判断，早期的学说是从补救所需的时间是否给买受人造成不利益的观点出发，从具体案件中物品的种类、使用方法等诸多情事作客观性的判断。近期的学说则是更多受到 CISG 第 47 条第 1 项的影响，判断标准趋于更加具体化和明确化：从出卖人得知自身违约之时或者买受人发出不适约的通知之时起，预计出卖人不能在合理的期间内补救完成的，构成不合理的迟延。而合理期间的长度与 CISG 第 47 条第 1 项买受人为出卖人后续履行确定附加期间的合理长度判断基本一致。[②] 可以考虑的要素有：(1)履行期的长短。一般来说，契约缔结至履行期届满的期间越

① 笔者已经另文分析，认同减价实现的请求权逻辑，因为我国法上并没有将减价的行使条件奠定在解除权的行使条件之上，此时将减价按照形成权来打造，缺少规范基础，易导致买卖双方利益失衡。

② 松井和彦「売主の追完権に関する一考察——契約法に関する国際ルールを手がかりに」金沢法学第 45 巻第 2 号 199 頁(2003 年)。

长,该合理期间的长度也往往越长;反之亦然。(2)标的物的特性。需要组装的多配件机器设备,与市场上容易购入的简单物品相比,往往需要较长的补救期间。(3)契约本身的性质。如果是定期交易,销售的是季节性商品,那么较短的补救期间是重要的。(4)违约的程度和影响。违约情形严重且影响巨大,比如重要部件的欠缺或者故障导致整台机器无法运转,则合理期间往往应确定得较短。① 另外,补救行为的无迟延性要求补救通知也无迟延地作出,如果根据合同性质或者补救行为的性质,买受人需要作必要的准备,那么通知更应该及时地作出。

2. 补救行为的无不便性。这意味着不给买受人造成不合理的不便。比如不导致买受人生产的中断或者扰乱、不给买受人的客户带来受损害的危险等。② 另外,如果补救需要巨额费用,该笔费用也可能产生不合理的不便。在国际商会仲裁院(ICC Arbitration)1994 年第 7531 号裁决中,涉及一件有关中国卖家主张补救权的案件。来自中国的卖主 Y 和来自澳大利亚的买主 X 签订了有关脚手架的买卖合同。有 8 万件货物与样本相异,从而产生物的契约不适合。X 主张根据 CISG 第 49 条解除合同,Y 根据第 48 条主张补救——交付代替物以维持合同的继续。国际商会仲裁院指出,从给付的全部货物中分类筛选出 8 万件不适约的货物,需要 18000 美元的费用,这是本件买卖合同价款 46000 美元的约 1/3。据此 Y 的补救权不被支持,准许 X 基于根本违约解除合同。在这起案件中补救所需要的费用占到了买卖总价款的 1/3 左右,被认为造成了不合理的不便。③ 可见,过巨的补救费用,即使最终由出卖人承担也可能会成为补救权成立的障碍。

3. 补救的费用必须由出卖人自行承担,这一点无须赘言。

4. 如果买受人垫付费用,不能给买受人造成不能偿还费用的不安。通常来说,出卖人的主要补救方式是修理和更换,而修理和更换的费用

---

①　松井和彦「売主の追完権に関する一考察——契約法に関する国際ルールを手がかりに」金沢法学第 45 巻第 2 号 199 頁(2003 年)。

②　See Peter Schlechtriem, Ingeborg Schwenzer (eds.), *Commentary on the UN Convention on the International Sale of Goods*, Oxford University Press, 2005, p. 566.

③　松井和彦「売主の追完権に関する一考察——契約法に関する国際ルールを手がかりに」金沢法学第 45 巻第 2 号 199 頁(2003 年)。

也一般都由出卖人承担，买受人垫付属于例外情形。但值得考虑的是物品返送的费用、买受人予以协力的必要费用以及买受人事业中断的费用等，这确实有可能给买受人造成费用垫付的问题。[①] 如果买受人对于费用的偿还有正当的不安，尤其是基于出卖人的资信及补救中的表现，那么买受人可以要求出卖人提供一定的担保，[②]否则补救主张不发生补救权的效力。

5. 补救行为针对买受人提出的不一致救济主张。这是根据我国改造后的补救权所提出的构成要件。如果买受人没有提出任何救济主张，出卖人进行补救充其量是一种积极有效的义务履行行为，并没有发生补救权中止效力的余地。如果买受人提出的救济主张与出卖人欲发动补救权所实施的行为相一致，也无所谓抵触和中止的问题。

（五）补救权的效果论

在前述补救权的权利定位探讨中已经涉及补救权的效果。由于补救权的效果是保障违约方与受损害方利益平衡的关键构造，因此值得详述。

1. 补救权可以中止买受人内容相抵触的继续履行请求权。买受人提出修理请求时，在符合补救权要件的情况下，出卖人的更换提出、在交易习惯支持下的减少价款请求可以中止前者。此时，买受人的修理请求将中止发生效力，出卖人暂时没有义务进行修理。如果出卖人提出的更换和减少价款请求不满足补救权的成立要件，如存在不合理的迟延、将酿成不合理的不便或者偏离合理的价值减少程度，则不影响买受人修理请求权发生效力。同样的情形，也适用于买受人提出更换请求，而出卖人提出修理，或者交易习惯支持下的减价请求等场合。

2. 补救权可以中止买受人代替履行的损害赔偿请求权。在物的不适约场合，受损害方的损害通常包括物本身的价值下降、物因无法正常使用而带来的损失，有时还包括物本身的缺陷带来的人身、其他财产损

---

① 松井和彦「売主の追完権に関する一考察——契約法に関する国際ルールを手がかりに」金沢法学第45巻第2号199頁(2003年)。

② See Peter Schlechtriem, Ingeborg Schwenzer (eds.), *Commentary on the UN Convention on the International Sale of Goods*, Oxford University Press, 2005, p. 566.

失。其中,补救权可以影响的局限在"代替履行的损害赔偿"程度内。这一术语是德国债法改革后的术语,代替了旧法中"不履行的损害赔偿"(Schadensersatz wegen Nichterfüllung)。[①] 该制度也为日本债权法改革中的《基本方针》所借鉴,其主要适用于:(1)履行不可能,其他履行按照契约旨趣不可合理期待的场合;(2)不管履行期是否届至,债务人作出明确拒绝履行的意思的场合;(3)债务人不履行债务,债权人加以催告并指定相当的期间,债务人仍未履行的场合;以及(4)产生债务的契约被解除的场合。[②] 据日本契约责任说,该类损害赔偿的最大范围应以"履行利益的损害赔偿"为界,[③]也就是不超出假设完全履行所应当达到的状态。

如果买受人在发现物的不适约时不给予出卖人修理、更换等补救的机会,径行请求代替履行的损害赔偿,如请求修理费用或者购入新物的价款等,那么出卖人可以在符合补救权要件的情况下提出修理、更换,从而中止受损害方的上述损害赔偿请求权的效力。在出卖人提出补救之后,买受人当然可以基于履行迟延而请求损害赔偿;[④]在出卖人补救行为完成之前,买受人有关迟延损害的请求往往缺乏确定性,因此原则上出卖人的补救权对于这类损害赔偿也有限制作用。不过,如果标的物已经造成了买受人的人身伤害,或者其他财产损害,由于对这类损害赔偿不属于"代替履行的损害赔偿",且能够单独确定,故不应受出卖人补救权的制约。

3.补救权可以中止买受人的减价请求权。笔者已经另文分析,减价的实现应当重视当事人的合意和司法机关的主导作用,买受人提出的是减价请求,通常必须与出卖人达成合意才能实现合同变更的效果。此时,如果出卖人根据前述补救权的要件,提出修理、更换等其他补救

---

① Vgl. Martin Josef Schermaier, *Historisch-kritisher Kommentar zum BGB*, *Band* Ⅱ *Schuldrecht*: *Allgemeiner Teil*, Mohr Siebeck2007, § 280 - 285 Rn. 101.

② 民法(債権法)改正検討委員会編『詳解・債権法改正の基本方針Ⅱ 契約および債権一般(1)』(商事法務、2009年)257~258頁。

③ 潮見佳男『債権各論:基本講義Ⅰ 契約法・事務管理・不当利得』(新世社、2009年)86~87頁。

④ 内田貴『民法Ⅲ 債権総論・担保物権』(東京大学出版会、2005年)128頁。

方式,那么便中止了买受人的减价请求,后者也暂时不发生效力。

4. 补救权可以中止买受人的合同解除权。有关出卖人补救权和买受人基于根本违约的解除权的关系在 CISG 起草过程中引起了很大的争论。争论点主要是对物的不适约有补救可能性,且出卖人现实地提出补救时,是否应否认根本违约的存在;抑或物的不适约本身就可以客观地构成根本违约,无关补救的可能性。① 参与 CISG 起草的约翰·霍诺德(John O. Honnold)教授指出:"广泛一致的意见是违约是否根本应当根据(in light of)出卖人提出的补救来决定,而买受人的解除权不应废除(nullify)出卖人的补救权。"不过他也承认在公约起草中很难找到合适的语句来表述两者的恰当关系。② 与此相对,在著名 CISG 专家皮特·施莱希特里姆(Peter Schlechtriem)主编的 CISG 评论中,则认为"如果存在一项 CISG 第 49 条第 1 款 a 项上的根本违约……出卖人不能根据第 48 条第 1 款要求一个后续期间来继续履行(实际上为补救——引者注)。很显然,在这一点上存在国际性共识(international consensus)",不过该评论也指出"特别的担忧是如果瑕疵的客观严重性足以构成一项根本违约进而引发买受人的合同解除权,那么出卖人的补救权会被废弃(obsolete)"。③

尽管霍诺德教授评论中的立场和施莱希特里姆教授主编评论中的立场有所不同,但两者都认为补救权和解除权的冲突如果存在,很大程度上源自买卖双方缺少诚信的交流。④ 如前所述,CISG 第 48 条第 2 ~ 4 款为买卖双方确立了沟通义务,以避免可能发生的双方权利主张冲

① 松井和彦「売主の追完権に関する一考察——契約法に関する国際ルールを手がかりに」金沢法学第 45 巻第 2 号 199 頁(2003 年)。

② See John O. Honnold, Harry M. Flechtner, *Uniform Law for International Sales under the* 1980 *United Nations Convention*, 4th ed., Kluwer Law International, 2009, p. 426.

③ See Peter Schlechtriem, Ingeborg Schwenzer (eds.), *Commentary on the UN Convention on the International Sale of Goods*, Oxford University Press, 2005, p. 567.

④ See John O. Honnold, Harry M. Flechtner, *Uniform Law for International Sales under the* 1980 *United Nations Convention*, 4th ed., Kluwer Law International, 2009, p. 427. See also Peter Schlechtriem, Ingeborg Schwenzer (eds.), *Commentary on the UN Convention on the International Sale of Goods*, Oxford University Press, 2005, p. 568.

突。而在我国补救权的构造上,应当如何处理这项关系呢?

笔者认为,补救权在美国法上的产生,其初衷和主要制度功能就是限制买受人寻求解除合同的救济;在我国司法实践中违约方的补救,主要是以修理、更换等形式进行,目的也在于防止受损害方发动退货权。如果补救权反而要受制于合同解除权,这一制度的主要功能将会丧失。实际上,尽管有时违约看起来十分严重,但如果违约方能及时、有效补救,那么便不应认为构成根本违约;尽管有时违约并不严重,但违约方迟迟不加以补救,最后便可能发展为根本违约。认定违约的根本性,不可能不考虑违约方及时、有效补救的可能性,所谓"客观的严重性"就足以造成根本违约其实难以成立。正如联合国国际货物销售合同公约咨询委员会在第五号咨询意见中提出的,"如果不适约能够被出卖人或者买受人补救,而且补救不会给买受人造成不合理的不便,也不存在与履行时间的分量不调和的迟延,那么便不存在根本违约。"①

如果买受人基于违约匆忙提出合同解除,那么其很可能对出卖人将提出的补救方案缺乏认识和预计,此时出卖人的补救权正好可以发挥挽救合同的作用。如果买受人遭遇的违约是确凿地来不及补救或者补救已经明显不必要,那么出卖人提出的补救行为将不可能符合"无迟延性"或者"无不便性"等要求,因此补救权在要件成立层面就会受阻。换句话说,所谓劣位于解除权的"补救权"实际上是未符合前述构成要件的"补救主张"而已;我们为补救权发生效力所构造的要件足以化解这种权利主张的冲突,无须也不应赋予解除权相对于补救权的优位。

5. 如果买受人无正当理由地拒绝出卖人适格的违约补救,买受人再主张前述受到补救权制约的救济手段将不能发生效力。在德国法上,如果债权人应当给予而未给予债务人合理的后续履行期间,那么其将不得再主张减价、解除以及代替履行的损害赔偿;在美国法上,如果买受人无正当理由地拒绝出卖人的补救,出卖人的违约将消除,反而买

① CISG-AC Opinion No 5, The buyer's right to avoid the contract in case of non-conforming goods or documents 7 May 2005, Badenweiler (Germany). http://www.cisgac.com/default.php? ipkCat = 128&ifkCat = 147&sid = 147, 2013 - 05 - 17.

受人将承担违约的后果;CISG 上也存在类似情况。这些立法例的共同点是买受人受到补救权制约的救济手段将因其拒绝接受补救而不再有效。那么这种效果对于受损害方是否过于严厉呢?笔者认为,在我国法上,买受人拒绝出卖人的合法补救,法律效果并非是标的物视为符合约定,而应是买受人受到补救权制约的救济主张不能发生效力。如果事后出卖人仍然愿意承担买受人救济主张的后果,那么可以认为出卖人认可了买受人救济主张的效力,法律也并不进行干涉。毕竟,买受人没有正当理由地拒绝了出卖人的适格补救,其应当承担不利后果;事后能否再获得补救,应主要由出卖人考量和决定,这并不过分严厉。

结论

在出卖人违约之后再赋予其补救权,使其补救主张在一定条件下具有中止买受人不相一致的救济主张的效力——这乍看起来是不可思议的制度构想:出卖人在违约之后怎么还能有这份“待遇”呢?这岂不是违背了合同法救济受损害人的价值取向和制度目标了吗?……这些不可思议的感觉或者质疑背后其实包含了一种长期遗留的违约责任观,体现了违约方与受损害方利益平衡观的缺失。

在域外的大多立法例上,买受人在物的不适约场合有着广泛的救济权利,但是为了其救济主张的实现合理,各法律制度又分别对买受人救济主张施加了限制。在德国,这是伴随后续履行期间制度的出卖人二次供与权,在美国是针对买受人拒绝权的出卖人补救权,而 CISG 和日本债法改革中的《基本方针》对两者兼收并蓄。这些平衡机制保障了买受人救济主张过程中的“合理性”,平衡了违约方与受损害方的利益。在我国,仅仅规定由买受人“合理选择”救济手段,并不存在类似前述立法例的机制。但是,司法实践中存在对这种平衡机制的需求;与合同解除规则和违约通知规则的衔接也存在类似需求。因此,探讨如何构建出卖人补救利益的保障制度便十分必要。

本文对这种构造进行了细致的研究。(1)“补救”相对于“治愈”更适宜作为该保障机制的表达术语,而“采取补救措施”作为违约责任的具体方式实属冗余。(2)补救制度可以构造为补救权,其性质可以理解为抗辩权。因为我国法上难以构建类似美国拒绝权的制度,买受人的受领义务仍一般性存在,补救权的效力范围有所限缩:主要体现为中止买受人相抵触的救济主张。(3)补救的具体行为方式除了修理、更换和重作,在交易习惯支持的场合还可以包括减价。(4)一项补救权发生效力需要具备补救行为无迟延性、补救行为无不便性、出卖人自负费用、买受人对垫付费用的偿还无正当不安,以及针对买受人相抵触的救济主张这几项要件。(5)补救权可以中止买受人的继续履行请求权和减价请求权;至于损害赔偿,只能相对于"代替履行的损害赔偿请求权"发生效力;对于颇有争议的解除权,本文认为补救权最主要的功能就在于限制买受人的解除权主张,其对解除权的限制效果在合理构建补救权要件的情况下可以得到实现。(6)如果买受人无正当理由地拒绝一项适格的违约补救,其受到补救权制约的救济主张将不能发生效力。

(作者系清华大学法学院2010级博士研究生)

我国不动产物权登记对抗模式的理论困境及其克服

谢　潇

目　　次

一、楔子

众所周知，在不动产物权变动领域，大陆法系长期存在着法国民法所选择的意思主义与德国民法所采纳的形式主义之间的对立，①两种有关物权变动的理念在具体适用上存在不同，集中表现为意思主义倡导当事人意思的绝对效力，②当事人之间仅因其意思表示一致即可使物权发生变动；而形式主义更加注重交易安全，其奉行物权公示原则，物权变动须在物权公示之后方可生效。③ 在这样的理念差异下，法国民法在不动产登记领域逐渐形成了登记对抗模式，而在德国民法上则自1896年德国《民法典》以来便设定了登记生效模式，两大模式的差别在于登记在物权变动中的效力不同：前者仅产生对抗力，即获取登记

① 我妻栄『新訂物権法　民法講義Ⅱ』(岩波書店，1983年新訂第一刷)48頁。
② 我妻栄『新訂物権法　民法講義Ⅱ』(岩波書店，1983年新訂第一刷)49頁。
③ 我妻栄『新訂物権法　民法講義Ⅱ』(岩波書店，1983年新訂第一刷)49頁。

的不动产权利受让人享有对抗第三人的权利,后者产生的是物权变动的效力,即唯有经过登记,不动产权利才发生相应的变动。登记生效模式在德国、台湾地区及我国现行《物权法》的不动产领域得以原则性地确立,①但是我国《物权法》并非完全贯彻了形式主义的要求,其在登记理论上选择了类似于奥地利《民法典》的债权形式主义,②没有承认物权行为理论,只是在《物权法》第 15 条确立了合同与物权变动的二元区分。并且,我国在地役权和土地承包经营权领域均选择了"意思主义 + 登记对抗"的模式,③这更加表明我国不动产登记模式的复杂性。撇开我国的登记生效模式不谈,就登记对抗模式而言,其起源与历史、登记对抗模式与物权绝对性之间的抵牾,登记对抗模式与交易安全之间的关系等均是在理论上需要进一步明晰的问题。④

---

① 严格来说,德国民法上并无不动产的概念,在德国法上房屋等被作为土地的一部分予以对待,因此在德国《民法典》第三编"物权法"中只有关于土地的法律规范,房屋被视为土地的延伸而被规制。而在台湾地区,其"民法典"追随日本《民法典》采纳了不动产的概念,我国《物权法》也采纳了不动产的概念。在登记生效模式这一点上,德国以德国《民法典》第 873 条确立了登记生效模式,台湾地区"民法典"以第 758 条确立之,我国《物权法》第 14 条也原则性地规定了登记生效模式。

② 马俊驹、余延满:《民法原论》(第 4 版),法律出版社 2010 年版,第 303 页。

③ 我国《物权法》第 158 条、第 127 条、第 129 条规定地役权和土地承包经营权均在合同生效时设立,并且未经登记,不得对抗第三人。

④ 长期以来,我国理论界对形式主义之下的登记生效模式给予了极大的关注,这主要源于我国民法理论在发展过程中更多的是经由台湾地区民法学进而继受了德国民法学。在这样一个学说继受的过程中,以法国《民法典》为代表的登记对抗模式受到的关注自然要少一些。但是我国《物权法》的起草显然受到了采纳登记对抗模式的法国《民法典》,尤其是我国近邻日本《民法典》的影响,进而在登记生效的原则之外规定了登记对抗模式。但是从理论成熟度上,我国登记对抗模式理论多还停留在对登记对抗模式的简单批判上,尚未对登记对抗模式予以足够的重视。从文献的角度来说,对登记对抗模式进行较为深入研究的文献不多,但在既有文献中,于海涌的《法国不动产登记对抗主义中的利益平衡——兼论我国物权立法中物权变动模式之选择》(载《法学》2006 年第 2 期),李智、李凤章的《登记生效主义与登记对抗主义的比较考察》(载《贵州大学学报》(社会科学版)第 22 卷第 9 期),王轶的《物权变动论》(中国人民大学出版社 2001 年版),李永军、肖思婷的《我国〈物权法〉登记对抗与登记生效并存思考》(载《北方法学》2010 年第 3 期),肖思婷的《论我国法上不动产物权变动登记模式》(中国政法大学 2011 年硕士论文),孙鹏的《物权公示论》(西南政法大学 2003 年博士学位论文)具有相当的参考价值。

二、登记对抗模式之意思主义:一种历史偶然的产物?

从历史沿革的角度来看,1804 年法国《民法典》第 1583 条之规定确立了登记对抗模式的逻辑前提——物权变动的意思主义。第 1583 条规定:“当事人就标的物及其价金相互同意时,即使标的物尚未交付、价金尚未支付,买卖即告成立,而标的物的所有权亦于此时在法律上由出卖人移转于买受人。”[①]这种物权(或者说财产[②])的变动方式本身在客观上无任何迹象,无任何特别形式的宣称,只能被当事人之间的协议所确认,[③]可以说是单纯的、无外在要式以及相应履行行为的、仅以意思便可实现物权变动的一种立法设计。而正是因为这种物权变动的抽象性,使得与物权变动相关的第三人通常难以获致物权变动的相关信息,因而常限于不利地位(如成为一物二卖中的后买受人、从非权利人处购买物等)。尽管存在为学者所诟病的忽视第三人利益保护(及所谓交易安全之维护)的缺点,[④]但是法国《民法典》自拿破仑时代以来并未对其所采纳的物权变动意思主义改弦更张,[⑤]只是进一步强化其登记对抗模式,并且自 1885 年抵押誊记法开始,[⑥]直至 1955 年才建立了较为严密的不动产登记制度。[⑦] 而在比较法上,仅日本、西班牙选择了不动产变动之“意思主义 + 登记对抗”的模式,[⑧]可知登记对抗

---

① 李浩培译:《拿破仑法典》,商务印书馆 1979 年版,第 223 页。

② 法国民法法律体系中并无“物权”这一概念,而只有“财产”概念,但是法国学说理论中存在使用“物权”(droit reél)概念的现象,而使用财产权(droit bien)的情形反而少见。[参见尹田:《法国物权法》(第 2 版),法律出版社 2009 年版,第 6 页(再版序言)],因此本文统一使用物权这一概念。

③ 尹田:《法国物权法》(第 2 版),法律出版社 2009 年版,第 205 页。

④ 于海涌:“法国不动产登记对抗主义中的利益平衡——兼论我国物权立法中物权变动模式之选择”,载《法学》2006 年第 2 期。

⑤ 截至 2010 年,法国《民法典》也并未对以第 1583 条为代表的意思主义立法进行修改。参见罗结珍译:《法国民法典》,北京大学出版社 2010 年版,第 385 ~ 386 页。

⑥ 肖厚国:《物权变动研究》,法律出版社 2002 年版,第 213 ~ 214 页。

⑦ 于海涌:“法国不动产登记对抗主义中的利益平衡——兼论我国物权立法中物权变动模式之选择”,载《法学》2006 年第 2 期。

⑧ 肖厚国:《物权变动研究》,法律出版社 2002 年版,第 213 ~ 214 页。

模式的继受者并不多。法国在《民法典》中创立意思主义从法制史的线性发展来看是较为特殊的,因为法国虽然在法系归属上属于罗马法系,并且其南部地区也长期受罗马法的调整,[①]但是在物权变动模式的选择上,物权变动的意思主义的抽象性却偏离了罗马法传统。[②] 职是之故,诚有必要溯源至罗马法以展开对登记对抗模式的论述。

(一)罗马法

早期罗马法上的物权变动具有极强的形式主义特征,这在标的物为土地、奴隶和牛等在当时价值较高的物时尤为明显。[③] 罗马法上之物通常需要通过特定的程式才能实现权利,尤其是所有权的移转。这种特定程式包括要式买卖(mancipatio)和拟诉弃权:[④]前者是一种象征性买卖,需要有5位见证人,并且额外地需要一位手持天平的见证人,即"公平的称秤者"(libripens),然后由购买者递给持天平者一块铜,庄严地宣称:"根据市民法,这个奴隶(也可以说是土地、牛、房屋等)是我的,我用这笔钱和这把秤将他买下";随后持天平者以铜击秤,并将铜递给让与人,以象征是交付价金,这样一个要式买卖才告完成。[⑤] 而拟诉弃权则是在执法官前进行的转让,其乃"模拟所有权确定之诉以为取得物权之方法",[⑥]即意欲进行物之交易的双方在法官面前虚拟一个原物返还的诉讼,同时拥有所有权的一方表示愿意放弃物之所有权,同时再由法官将物之所有权判给另一方。要式买卖和拟诉弃权可谓罗马法上物权变动形式主义的典型表现,其十分讲究程序,条件亦十分苛刻,甚至在履行时稍有瑕疵(如见证人不是已婚的男性市民,或者当事

---

① [德]K.茨威格特、[德]H.克茨:《比较法总论》,潘汉典、米健、高鸿钧、贺卫方译,法律出版社2003年版,第118页。

② 尹田:《法国物权法》(第2版),法律出版社2009年版,第205页。

③ David Johnson,"Roman Law in Context",Cambridge University Press,2004,p.54.

④ [意]彼得罗·彭梵德:《罗马法教科书》,黄风译,中国政法大学出版社2005年版,第162页。

⑤ Henry John Roby,"Roman Private Law in the Times of Cicero and of the Antonines",Cambridge: at the University Press,1902,p.424.

⑥ 丘汉平:《罗马法》,中国方正出版社2004年版,第182页。

人所讲语言与规定有出入)，[1]这种烦琐的程序甚至令一向以严谨认真著称的罗马人都感到厌烦，自优士丁尼时代开始，才于市民法意义上的要式买卖与拟诉弃权之外，发展了让渡(tradizione)制度[2]和简约制度[3]以缓和要式之僵硬性。

罗马法上的物权变动模式之特点在于其强烈的形式性，决定物权变动与否的关键不在于当事人之间是否存在意思上的合致，而取决于形式上有无瑕疵，“在罗马内部的私法交易中，有效的是形式，而不是意志”。[4] 早期罗马法形式主义的物权变动模式在保障交易安全方面具有巨大功效：在要式买卖中的程式与拟诉弃权中的诉讼均是以公开形式进行，这无异于对物权变动进行了良好的公示，而且由于要式买卖中有多达6名的见证人，拟诉弃权中也有作为潜在见证人的、具有相当公信力的执法官存在，因此物权变动的虚伪性在早期罗马法中相对少见。这种对形式的极端推崇所彰显的乃是一种类似于宗教崇拜的对物权变动的重视，不过条件如此苛刻的物权变动方式显然难以适应商业交易中所强调的便利、迅捷要求，因此其在罗马法的后期发展中逐渐式微，为让渡等不受市民法烦琐程式束缚的物权变动方式所取代。诚如英国法学家梅因所言，罗马物权法的历史就是一个要式交易物与非要式交易物逐渐同化的过程，[5]先前的土地、奴隶等要式交易物在社会经济的变迁中逐渐抛弃了要式，转而追求更为自由的交易形式，以便适应商业上的需求；而受普罗库勒学派法学理论的影响，这种去形式主义的趋势自古典法开始，一直持续到了查士丁尼时期，以致到最后在罗马法

---

① 周枏：《罗马法原论》，商务印书馆1994年版，第332页。

② [意]彼得罗·彭梵德：《罗马法教科书》，黄风译，中国政法大学出版社2005年版，第159页。

③ [意]彼得罗·彭梵德：《罗马法教科书》，黄风译，中国政法大学出版社2005年版，第299～300页。

④ [德]罗尔夫·克尼佩尔：《法律与历史——论〈德国民法典〉的形成与变迁》，法律出版社2003年版，第210页。

⑤ Henry Maine, “Ancient Law: Its Connection with the Early History of Society and Its relation to modern ideas”, New York: Henry Holt and Company, 1906, pp. 121－122.

上几乎可以仅通过双方合意来宣布对所有权的转让。①

(二)登记对抗模式的前提:由自然法衍生之对意思的尊重

罗马法上的形式主义物权变动模式在自然法以及受自然法影响巨大的万民法的作用下,其形式主义特征逐渐走向缓和,而意思在物权变动中所起的作用越来越大。在这样的法律观念历史变迁中,古典自然法起着巨大的引导作用。古罗马的自然法理论带有浓厚的斯多葛学派风格,而该学派所倡导的自然法可以说是排除一切历史背景的、从人性中合理推衍出的永恒之法;②其基础建基于这样一种信念,即一切事物均可由其特点和目的推导出其自身所有之自然的、理性的规范。③ 斯多葛学派学说认为,个人是自足的主张,个人也拥有足够的理性去决定自己应该做什么,不应该做什么,④因而理性是个人一切行为的原因与根据。在古罗马人那里,所谓的自然其实乃是理性的孪生物,恰如恩斯特·利维所言,"对他们(即罗马人)来说。'自然'不仅是人或事物的物理属性所产生的东西,而且还是那种在(法律)制度框架内似乎与一种规范且理性的人类利益秩序相符合的东西,也因此是一种无须做进一步证明的东西",⑤可知理性不仅是被崇拜的对象,更是一种不证自明的、极具说服力的渊源。随着理性自然法思想的传播,理性所支配的意志逐渐在法律中获得了效力上的更高评价,并且这种评价理所当然地以自然理性作为逻辑上的归结点。例如古罗马法学家盖尤斯便在《日常事务》第2卷中论述道,"根据万民法,交付给我们的物为我们所有。因为没有什么比尊重想将其物转让给另一个人的所有权人的意志

① [意]彼得罗·彭梵德:《罗马法教科书》,黄风译,中国政法大学出版社2005年版,第160~161页。

② [法]雅克·盖斯旦:《法国民法总论》,陈鹏等译,法律出版社2004年版,第10~12页。

③ Roscoe Pound,"Jurisprudence" Volume Ⅰ, St, Paul, Minn, West Publishing Co., 1959, p. 468.

④ 张宏生、谷春德:《西方法律思想史》,北京大学出版社2008年版,第32页。

⑤ [美]E. 博登海默:《法理学:法律哲学与法律方法》,邓正来译,中国政法大学出版社1999年版,第15页。

(voluntas)更符合自然的公平(natualis aequitas)”。[①] 当然,这种在法律上受到尊重的意志必须是理性的意志,而这种理性意志的承载体当然就是罗马法所塑造的理性而稳重的家父形象,这也正好可以解释为什么罗马法认为妇女、儿童、奴隶、未成年人等之意志不可发生其所意欲的法律效力(如订立契约等)。不过,尽管意思在罗马法上的重要性越来越显著,但是仅凭单纯意思便可实现物权变动的规则最终仍然没有在罗马法中确立起来,因为物之所有权最终仍须“通过交付……被转移,而非通过单纯的简约被转移”,[②]单纯的意思仍然必须通过与交付等外观相结合才可以最终促成物权变动。

(三)意思主义:一种对传统的过分背离?

虽然随着罗马法在欧洲大陆上的复兴与理性主义的勃兴,尊重权利人意思的罗马法后期观念也的确影响了法国近代民法学;但是从法制史的角度观察,法国民法最终确立物权变动的意思主义实在有些令人费解。从法律渊源的角度而言,法国法主要继受的是罗马法和日耳曼习惯法,不过就物权变动这一点而言,罗马法和日耳曼习惯法并无太大差异,如上文所言,罗马法最终并未承认单纯意思可以导致物权变动,而日耳曼习惯法虽然在发展象征交付[③]的过程中无限地使意思逐渐具有了使物权发生变动的功效,但是仍旧于理论上预设了交付在物权变动中的重要作用,即使这种交付以占有改定、简易交付等形式进行而无明显外观,日耳曼法最终也没有承认单纯意思可以实现物权的转移。法国民法(包括北部习惯法地区和南部罗马法地区)在大革命以前也依循传统,强调交付导致物权变动。[④] 正如 Cass R. Sunstein 所言:

---

① [意]桑德罗·斯奇巴尼选编:《物与物权》(第2版),范怀俊、费安玲译,中国政法大学出版社2009年版,第89页。

② [意]桑德罗·斯奇巴尼选编:《物与物权》(第2版),范怀俊、费安玲译,中国政法大学出版社2009年版,第87页。

③ 肖厚国:“物权变动研究”,中国社会科学院研究生院2000年博士学位论文。

④ [法]弗朗索瓦·泰雷、[法]菲利普·森勒尔:《法国财产法》(上),中国法制出版社2008年版,第482页。

“无原因既无规则”,[①]那么,法国民法最终确立物权变动意思主义的原因是什么?

自功能主义的角度而观之,协议,尤其是契约所具有的方便交易、促进经济发展的功能是物权变动意思主义得以产生的原因之一。在资本主义社会之中,一切物质资料的生产、流通、分配等都是通过私人自治的方式实现,而连接各个自治的私人之间最为有效的方式乃是以契约为典型的协议。诚如法国19世纪民法学家多玛所言,协议具有维持市民社会自然运行所生之秩序的功能,通过协议,人们可以购买商品,出卖劳动力,与他人合伙,并且协议的灵活性还可以使每个人在上述活动中获得自己所意欲获得的各不相同的结果。[②] 经济活动的便捷性自然而然会倾向于将物权变动方式简化到极致;而协议的私人性、灵活性、相对性甚至隐秘性在各方面都对资本主义经济在便捷与效率上的要求都做出了令人满意的回应,协议本身的生效引致物权变动的制度设计将使物之交易以十分自由的方式得以实现,并且这种手续简单的物权变动方式能诱使物之交易的发生,从而进一步促进资本主义经济的发展。

而将该问题放置于历史维度之中进行考察,则会发现法国大革命时期财产所有状况的巨大变化是物权变动意思主义产生的又一诱因。以土地为例,法国大革命期间,国家所没收的教会土地、国王领地和逃亡贵族土地价值达到了420亿里佛尔的规模,[③]对国有土地的出售一直从大革命,历经督政府、执政府直至法兰西第一帝国时期,法国土地所有权的拥有者最终完成了从封建贵族到资产阶级和农民的转变。[④]而在法国大革命的背景下,政治、经济、社会各方面变化剧烈,稳定的法

---

① Cass R. Sunstein, “Legal Reasoning and Political Conflict”, New York: Oxford Press, 1996, p. 136.

② Jean Domat, “Civil Law in Its Natural Order”, translated by William Strahan, Boston: Charles C. Little and James Brown, 1850, p. 159.

③ 金重远:“法国大革命和土地问题的解决——兼论法国历史发展的影响”,载《史学集刊》1988年第2期。

④ 金重远:“法国大革命和土地问题的解决——兼论法国历史发展的影响”,载《史学集刊》1988年第2期。

律秩序付之阙如,更遑论完善的物权变动制度。直至法国《民法典》出台之际,为了最大限度地稳定现行财产状况,并为之前的财产变动提供合法化说明,法国《民法典》便选择了在实施上最为简便易行的物权变动方式,即直接通过意思表示一致的方式引致物权变动,这样便可以最大限度地将大革命期间纷繁复杂的物权变动状况予以合法化,从而稳定社会、经济秩序。

当然,就社会思潮方面而言,18 世纪的法国自然法学说极为兴盛,人文主义的思想将人的价值抬升到了极高的程度:卢梭提出了人民主权思想与人民自治思想;[①]孟德斯鸠则认为人作为"智能的存在物",应该自己处理自己的事;[②]伏尔泰赞颂人类天性,提出正是因为人们爱自己的天性才去悉心经营自己所生活的家庭,关心自己所居住的城市,热爱自己所生活的家庭。[③] 而作为法国《民法典》起草者的波塔列斯也认为"过度的统治是失败的统治",在设计抵押权等制度当中,应当抑制国家的过度参与,并对个人的注意力及智慧给予充分的信任与尊重。[④]启蒙运动对人性的肯定无疑为物权变动中仅以当事人意思即可使物权发生变动提供了哲学与伦理上的支撑。

不过以上三大原因均难以对法国民法创立物权变动意思主义作出圆满解释。在笔者看来,物权变动意思主义在当时乃是一种有悖罗马法传统与日耳曼法传统的制度创新,其虽然带有时代的烙印,但更多的是法学家们为了为现实交易提供便利而偶然创造出的一种制度。而登记对抗模式则是在修正传统物权变动方式的基础上,为了缓和物权变动意思主义所带来的交易安全风险而附加的一项制度,其产生同样具有偶然性。

---

① 徐国栋:"论卢梭在社会契约论思想史上的地位",载《法治研究》2011 年第 4 期。

② [法]孟德斯鸠:《论法的精神》(上册),张雁深译,商务印书馆 1961 年版,第 4 页。

③ 卢少鹏:"历史视野下的启蒙——论伏尔泰的自由观",载《江西社会科学》2006 年第 6 期。

④ 王茵:《不动产物权变动和交易安全——日德法三国物权变动模式的比较研究》,商务印书馆 2004 年版,第 113 ~ 114 页。

三、登记对抗模式的学说基础争鸣与理论困境

如上文所言,登记对抗模式乃是因物权意思主义的诞生而偶然产生的一项制度,其在历史沿革上与罗马法传统和日耳曼法传统均存在较大差异。基于我国从学说理论到法律文本再到司法实务均承认物权与债权的二分划分,因法国民法并未承认这一点,[①]则选取既承认物权与债权的二元划分,同时又在原则上追随法国奉行物权变动登记对抗主义的日本,不啻为最佳分析对象。

(一)学说对立状况

日本民法通说认为,登记是物权变动的对抗要件,而以不动产买卖为例,物权变动原则上自买卖契约生效时发生,[②]而不以登记为必要。虽然出卖人根据契约约定与法律规定负有与买受人协力完成不动产所有权变动登记的义务,但是由于该不动产所有权的变动并未公示,因此无法对抗善意第三人。围绕登记对抗模式中物权变动效力的问题,日本理论界提出了如下几种学说:

1. 债权的效果说

该学说认为,没有进行登记的所有权移转意思表示仅引致债权发生之法律效果,倘若在此之后发生了第二次进行了登记的让渡,那么第二次让渡才最终导致物权变动。[③]

2. 相对的无效说

该学说认为,没有进行登记的物权变动在交易当事人之间产生完全的物权变动效力,不过对第三人而言,物权并未发生变动。[④] 因此倘若第三人为善意者,则完全可以再行和出卖人缔结买卖契约并为登记,以彻底获得物之所有权。

---

① 法国《民法典》将德国《民法典》中有关物权与债权的规定为“财产权”与“取得财产的各种方法”,并未有明显的物权与债权的划分。

② 石外克喜『契約法』(法律文化社,1991年)152頁。

③ 松井宏與『民法の世界2・物権法』(信山社,2002年版)59頁。

④ 松井宏與『民法の世界2・物権法』(信山社,2002年版)60頁。

3. 不完全物权变动说

该学说认为，没有进行登记的物权变动在当事人之间以及当事人与第三人之间均只产生不完全的物权变动效力，完全的物权变动效力必须在登记之后方产生。①

4. 第三人主张说

该学说认为，没有进行登记的物权变动虽然在当事人之间以及对第三人均产生完全的物权变动效力，但是第三人却因之获得了主张当事人之间物权变动无效的权利。对这种权利的解释又在学理上分为两说：(1)否认权说。该说认为第三人主张当事人之间物权变动无效的权利是一种否认权，同时以主张登记欠缺之事实没必要。(2)反对事实主张说。该说认为第三人只需提出反对当事人之间的物权变动主张即可，而无须主张登记欠缺之事实。②

5. 法定证据说

该学说认为，登记乃是具有极强效力的法定证据。物权变动原则上仍然遵循意思主义，但是在发生不动产二重买卖的情况下，倘若出现后买受人先于前买受人获得登记外观的情形，则法官受此法定证据的拘束，必须作出后买受人获得所有权时间在先的事实认定。③

6. 公信力说

该学说从德国民法学中汲取了理论素养，认为登记公示制度的采用乃是为了使物权变动产生公信力，而传统上将登记称为对抗要件的做法是令人迷惑且没有必要的。④ 在此基础上，该说认为，可以运用日本《民法典》第 192 条所规定的即时取得制度（即善意取得制度）构建对抗理论，其逻辑为首先权利人向第一买受人的物权变动完成后，第一受让人取得权利，同时权利人成为无权利人，以此为前提，因信赖登记而与原权利人再为交易并进行了登记的第二受让人，如果是善意且无

① 松井宏興『民法の世界 2・物権法』（信山社，2002 年版）60 頁。

② 松井宏興『民法の世界 2・物権法』（信山社，2002 年版）60 頁。

③ [日]近江幸治：《民法讲义Ⅱ・物权法》，北京大学出版社 2006 年版，第 52 页。

④ 松井宏興『民法の世界 2・物権法』（信山社，2002 年版）61 頁。

过失的,则可以有效取得所有权。①

(二)分析与评论

以上学说是对登记对抗模式中物权变动效力的性质解释。私见以为,以不动产买卖为例,在债权效果说之下,不动产所有权买卖契约效力的发生并未导致物权变动,买受人仅享有请求出卖人协助自己完成不动产登记以便完成物权变动的债权,而没有真正享有不动产所有权。因此采债权效果说将于日本理论及实务通说相悖,因为债权效果说与物权意思主义是根本对立的,债权效果说之下的登记与其说是物权变动完成之后对抗第三人的对抗要件,不如说是使物权最终发生变动的生效要件。虽然一些持债权效果说的学者认为日本《民法典》第176条中所规定的引起物权变动的意思表示乃是物权性的意思表示,并在此基础上进一步提出该意思表示便是日本民法上的物权行为,②从而使债权效果说得以周延,但代价也是高昂的:这种理论以有悖生活常识的法技术方式在契约之外创造了一个没有外观的物权行为,并最终背离了传统意思主义。基于此,也有学者认为,日本《民法典》第176条上之意思表示的确是物权变动的意思表示,但是其通常体现为买卖契约订立意思中的效果意思,因此债权发生的意思与物权变动的意思是结合在一起的,并无必要作此区分,③所谓的物权行为仅是一种学者拟制。④

而相对无效说则有悖于物权的基本概念,因为物权乃是"直接支配一定的物并由此享受物之利益的,具有排他性的权利",⑤在相对无效说之下,欠缺登记要件的物权变动对第三人不发生效力,也就意味着从原物权人手中继受物权的新物权人所获得的物权是不具有排他效力的,仅对原物权人有效力的相对权;这显然与物权作为典型的绝对权、

① [日]近江幸治:《民法讲义Ⅱ·物权法》,北京大学出版社2006年版,第52页。

② [日]近江幸治:《民法讲义Ⅱ·物权法》,北京大学出版社2006年版,第38~40页。

③ 我妻栄『新訂物権法　民法講義Ⅱ』(岩波書店,1983年新訂第一刷)56、57頁。

④ 広中俊雄『現代法律学全集6·物権法』(第2版)(青林書院,1985年版)50頁。

⑤ 我妻栄『新訂物権法　民法講義Ⅱ』(岩波書店,1983年新訂第一刷)9頁。

对世权的基本性质[①]相悖。

不完全物权变动说则进一步认为，没有进行登记的物权变动(尤其是不动产所有权)在当事人之间与当事人与第三人之间均只产生不完全的物权变动效力，这种不完全的物权变动效力可以在通常情况下对抗第三人，但是倘若第三人是善意的，且从原物权人手中获得二次让渡且进行了登记，则真正的物权人反而因其仅有不完全的物权变动效力而无法对抗已经获得完全物权变动效力的第三人。

第三人主张说虽然在形式上颇具逻辑性，在承认物权变动的完全效力的基础之上，另行设定了一个类似于形成权的否认权，则缓和了物权绝对性与意思主义之间的矛盾；但是问题在于，否认权的存在是学者推导出的结论，而非法律的明文规定(法国《民法典》和日本《民法典》均无否认权具文)，并且该否认权由于在性质上类似于形成权，则理论上需要有除斥期间、行使方式等具体制度予以规制，因此不宜经由简单解释便于某一制度上附加一项效力强大的权利。

颇具匠心的法定证据说则造成了实体法与诉讼法的分裂，并且在司法效果上颠覆了物权变动的意思主义，其实质上是将登记设定为了物权变动的生效要件。

最后，就公信力说而言，登记具有公信力与日本民法的基本精神相违背，[②]同时用即时取得的原理来解释登记对抗效力似与即时取得本身的性质不符，因为"即时取得乃原始的取得新所有权也"，[③]是非基于法律行为的所有权取得的特殊方式，将这种特殊规则用于解释一般性的物权变动效力问题则有片面之虞。

从以上的论述中可以得知，登记对抗模式无法像登记生效模式那样形成一个较为完整的理论制度体系。倘若对登记对抗模式进行理论构建，则要么与物权和债权二分划分规则下物权的绝对性、对世性原则相悖，要么则需要引入形成权、即时取得等其他制度对登记对抗模式进行补正。因此，单纯从理论上来说，登记对抗因两大原因而无法成立：

---

① 王泽鉴:《民法物权》,北京大学出版社 2009 年版,第 30 页。

② [日]近江幸治:《民法讲义Ⅱ·物权法》,北京大学出版社 2006 年版,第 53 页。

③ 梅仲协:《民法要义》,中国政法大学出版社 2004 年版,第 537 页。

(1)在不借助外在制度改造的情形中,登记对抗模式的代价是将物权相对权化,这将在根本上危及民法体系,因而只能做反向解释,即不存在物权变动不登记则不能对抗善意第三人的可能;(2)在借助外在制度改造的情形中,即借助形成权与即时取得制度,第三人的确在事实上"对抗"第一受让人成功,但是此时登记对抗在性质上并无独立性可言,登记本身的效力无法得到确切的解释。登记对抗模式无法成为与登记生效模式并立的完整物权变动模式,在理论及制度上显得破碎而零散。

(三)登记对抗模式的缺点

有关登记对抗模式的理论解说远较登记生效模式丰富,但是各种理论学说在处理登记对抗模式内生的各种问题时,均难以获得令人满意的效果。其缘由在于登记对抗模式与物权的绝对性(或者说物权债权二元划分原则)、交易安全理念存在着内在的紧张关系。

1.学说体系之忧:登记对抗模式与物权的绝对性

有学者认为,登记对抗模式没有对债权与物权进行明确的区分,并在承认物权与债权二元划分原则的前提之下,认为仅凭特定当事人之间的具有兼容性的债权意思表示即可产生具有排他性的物权变动的法律效果在理论上是矛盾。① 不过从民法历史沿革的角度看,登记对抗模式诞生之初,法国民法并未对物权与债权进行严格区分,②严格来说,法国民法上只有相当于德国民法上物权的财产权,而债权则是直接通过规制契约等债因的方法而获致调整的。因此,在时间维度上,登记对抗模式早于物权债权的二元划分。那么,由后来坚持物权债权二元划分原则的德国《民法典》最终选择登记生效模式这一事实出发,真正值得思考的乃是登记对抗模式与物权绝对性原则能否共存的问题。

日本民法因其特殊的继受法经历,同时受到了法国民法与德国民

① 于海涌:《论不动产登记》,法律出版社2007年版,第42页。

② 直至今日,法国民法理论界仍存在对物权债权二元划分的质疑,如有学者认为物权事实上就是债权(对人权)的一种特殊类型,两者本质上都是人与人之间的权利,区别只是物权的内容体现为社会上所有物权人之外的人的"否定性给付",而债权的内容仅为特定债务人的给付。参见[法]弗朗索瓦·泰雷、[法]菲利普·森勒尔:《法国财产法》(上),中国法制出版社2008年版,第90~91页。

法的影响,[①]并将物权债权二元划分原则与登记对抗模式均引入其民法典中,但从日本实务现状来看,两者并没有做到完美融合。在不动产二重买卖中,判例多认为真正取得不动产所有权的乃是现行登记的后买受人,而前买受人所获得的所有权是残缺的,其无法对抗对不动产有正当利益的第三人,[②]也有承认第三人的否认权[③]或者物权变动相对于第三人无效的判例,[④]但均在事实上将仅通过意思表示实现变动的物权视为不具备对抗一切人的受限权利,可以说,日本判例的态度否认了物权绝对性而坚持了登记对抗模式。

而法国民法学界从德国民法学引入物权与债权的二元划分原则之后,也发现自拿破仑时代民法典所确定的所有权转移的"即时性原则"的确与物权的绝对性存在着无法克服的矛盾,[⑤]因此转而通过严格的公告制度,对原先的物权变动意思主义进行了限制,从而使这种矛盾得到了一定程度的缓和。[⑥]

从逻辑上看,登记对抗模式之下,因物权变动纯凭当事人之间的意思表示而引致,所以物权变动的情况通常仅为当事人知晓,这种物权变动因缺乏必要的外观而难以为第三人所知。就不动产二重买卖而言,在登记对抗模式之下,前买受人的物权的确受到了侵害,但基于保护善意第三人,维护交易安全的理念,民法被迫作出了法益衡量,承认前买受人的物权缺乏对抗善意第三人的效力。作为绝对权的物权人原本拥有对抗除自己以外一切人的强大效力;反观之,登记对抗模式一方面承认当事人经由单纯意思表示所获得的权利是物权,而另一方面却又涤

---

① 渠涛:《最新日本民法》,法律出版社 2006 年版,第 366 ~ 368、391 ~ 392 页。

② 牧野英一ほか監修,八木胖編集『新判例体系 · 民事法編 · 民法 4』(新日本法規出版株式会社,昭和 26 年版)一〇六ノ一六頁。

③ 牧野英一ほか監修,八木胖編集『新判例体系 · 民事法編 · 民法 4』(新日本法規出版株式会社,昭和 26 年版)一〇六ノ一五頁。

④ 松井宏興『民法の世界 2 · 物権法』(信山社,2002 年版)62 頁。

⑤ [法]弗朗索瓦 · 泰雷、[法]菲利普 · 森勒尔:《法国财产法》(上),中国法制出版社 2008 年版,第 478 ~ 479 页。

⑥ [法]弗朗索瓦 · 泰雷、[法]菲利普 · 森勒尔:《法国财产法》(上),中国法制出版社 2008 年版,第 480 页。

除了该物权对抗善意第三人的效力,从而实质上将物权降到了相对权的位格,十分自然地否认了物权的绝对性,违反了物权债权的二元划分原则。因此,日本与法国的现实做法绝非偶然,反而十分明晰地印证了登记对抗模式与物权的绝对性原则无法共存于同一法律体系这一事实。

2. 法律实益之惑:登记对抗模式与交易安全

登记对抗模式最为吸引人之处在于其全凭当事人之间的意思即可引致物权变动,从交易便捷性的角度上来讲,这将极大地促进社会商品经济的发展,最大限度地使潜在交易得以转变为现实交易,其可以成为市场繁荣的制度诱因。不过,登记对抗模式的这一优点同时也有其消极的一面,即它可能诱发大量商业不道德交易的出现,从而引发市场交易秩序的紊乱,降低市场参与者对交易的信赖程度。以最为经典之不动产二重买卖为例,甲作为出卖人向买受人乙出让了自己的一处房屋A,当此之时,双方意思表示真实且一致,达成了不动产买卖契约,此时乙成为了不动产所有权人;但从公示外观来说甲乙之外的一切第三人均会倾向于认为甲才是真正的不动产所有权人,又因为在登记对抗模式之下,不动产所有权的移转并不需要办理登记,则存在甲与乙为了节省办理登记的费用而决定根本不去办理登记。此时登记簿上的不动产所有人仍然是甲,此时第三人丙介入其间,其首先查阅了不动产登记簿,发现登记簿上载明不动产所有人是甲,但丙深知在登记对抗模式之下,登记并无公信力而只有公信力之一部分,即对抗力,[①]因此丙并不会对不动产登记簿上的信息持完全信任态度,但当丙发现甲事实上占有不动产A时(甲尚未将A交付给乙),则丙通常会产生相当的信赖,当丙基于这种信赖与甲完成了不动产交易,并且丙出于交易安全的考虑,与甲一并办理了不动产移转登记,则根据登记对抗原理,原先的真正不动产所有权人乙反而丧失了其对不动产A的所有权。此时将引发乙与丙之间的物权纠纷与乙与甲的债权债务纠纷,但乙终究会失去A的所有权,于交易目的角度下考量,乙的利益受到了损失。而倘若丙

① 七戸克彦「公示の原則と登記の効力 ドイツにおける不動産物権変動と登記」(THINK会報第95号,1999)42頁。

并无进行不动产登记的自觉,则在丙与甲成立合法有效的不动产买卖契约之后,乙要么以自己的真实不动产所有人身份对抗丙对A的求索,要么则先丙一步获得不动产登记,则可进一步对抗丙对A的权利主张,那么,即使丙最终可以从甲那里获得违约损害赔偿,但是丙的交易目的最终仍旧落空,其对一系列权利外观的信赖也被破坏殆尽。在上述乙与丙利益受损的情形中,不管最终谁丧失不动产A的所有权,必定有一方的交易积极性受到极大打压,这将使其在之后的交易中如履薄冰,更为重视查明标的物的真实权利状况。这将一方面极大地增加整个社会的交易成本,另一方面也使物权的归属处于极不稳定的状态,最终产生抑制市场交易活跃性的不良后果。

可以说,登记对抗模式所欲达致的目标与其实际可能产生的效果最终呈现出南辕北辙的趋势,其缘故在于交易迅捷性要求与交易安全性要求并不是简单的非此即彼、此消彼长的关系。交易安全在某种程度上是交易迅捷的前置性条件,因为唯有在交易安全得到保障的前提下,交易当事人才可放心大胆地进行交易,并且略去大量为交易安全而实施的各种保障性措施(如真实权利状况调查),从而十分迅捷地完成交易。登记对抗模式可以看作通过交易的便利化而意欲获得交易迅捷性,但因忽视了交易安全而最终产生抑制交易之负面效果的一种法律上的尝试。这种尝试在法制史上并不成功:法国在确立物权变动的意思主义原则之后,历经了一系列阵痛,其在历史沿革中不断强化不动产登记的效力,完善其物权公示制度,以致到今天登记对抗模式"在实务上和德国已经没有区别",①即在效果上,登记对抗模式已经与登记生效模式没有太大差异。而日本虽然在民法典中继受了法国的意思主义,并在不动产登记法中确立了登记对抗模式,但事实上日本自明治时代时起,其不动产登记法即同时受到普鲁士法与法国法的双重影响。②在历经地券制度、公证制度、不动产旧登记法颁布、新登记法出台的沿

① 王茵:《不动产物权变动和交易安全——日德法三国物权变动模式的比较研究》,商务印书馆2004年版,第160页。

② 大場浩之「ドイツにおける仮登記(Vormerkung)についての考察(1)・不動産物権変動論との関係を中心に」(早法81巻4号,2006)268、269頁。

革之后,日本最终所确立的乃是德国式的不动产登记制度,从而一方面在实体法上(日本《民法典》第176条、第177条)继受了法国法上的意思主义,另一方面又在作为程序法的不动产登记法上继受了德国式的登记方法。[①] 因此,诚如日本民法学者大场浩之所言,对于日本的不动产物权变动而言,不能仅以法国法为参照完成一系列问题的解释。[②] 这样一来,日本民法上的登记对抗模式呈现出较法国更为复杂的局面,更加难以将继受来的各种理论圆满地整合为自洽的体系。

从学说理论及法制沿革两个维度考量,登记对抗模式因其在交易安全维护上的先天劣势,而在其诞生国(法国)、继受国(日本)均招致了大量的批评并对之进行了优化与补正,同时,对于在法律上主要继受德国法的国家(如日本、我国)而言,登记对抗模式还存在与物权绝对性原则不兼容的问题。因此,对于继受德国法的国家而言,登记对抗模式诚非理想选择。

四、我国应当在不动产领域否弃登记对抗模式而行统一登记生效模式

尽管有学者认为,法国民法采取意思主义加登记对抗的物权变动模式在不断改进的公示制度下,能基本维护第三人的交易安全,[③]但是,诚如前文所谈到的那样,在效果上,登记对抗模式已经与登记生效模式没有太大差异。由此产生一个耐人寻味的问题:既然法国登记对抗模式之发展历程乃是一个不断接近德国登记生效模式的过程,那么作为典型继受法国家的我国是否有必要仍然在有些物权领域坚持登记对抗模式?

(一)我国现行法中的物权变动模式

在现行法律体系中,我国法学界在比较法那"魔女诱惑性的歌

① 大場浩之「ドイツにおける仮登記(Vormerkung)についての考察(1)・不動産物権変動論との関係を中心に」(早法81巻4号,2006)271頁。

② 大場浩之「ドイツにおける仮登記(Vormerkung)についての考察(1)・不動産物権変動論との関係を中心に」(早法81巻4号,2006)271頁。

③ 王茵:《不动产物权变动和交易安全——日德法三国物权变动模式的比较研究》,商务印书馆2004年版,第160页。

声”[①]的影响下，于学习欧陆法系的过程中，将登记生效模式与登记对抗模式共同继受入我国，使登记对抗模式与登记生效模式共存于我国《物权法》之中：我国《物权法》第9条原则上确立了不动产物权变动的登记生效模式，规定“不动产物权的设立、变更、转让和消灭，经依法登记，发生效力；未经登记，不发生效力”，但同时第9条也规定“但法律另有规定的除外”，即承认不动产物权变动存在其他模式，并在《物权法》第24条规定特殊动产物权变动实行登记对抗模式，第127条、第139条规定土地承包经营权实行登记对抗模式，第158条规定地役权实行登记对抗模式，第188条规定动产抵押权实行登记对抗模式，第189条规定动产浮动抵押实行登记对抗模式。除动产以外，在不动产领域明确实行登记对抗模式的则包括土地承包经营权和地役权。那么，采纳登记对抗模式的理由是什么？

在物权法起草过程中，就物权变动模式而言，究竟采用登记生效模式还是采纳登记对抗模式，理论上存在较大争议。有学者认为登记生效模式在物权变动上分为两个阶段，以买卖为例，第一个阶段，买卖双方只要合同生效，则物权发生变动，第二个阶段，在经过登记之后，该物权变动才对第三人产生效力；较之于登记生效模式而言，买受人可以较早获得物权，有利于维护买受人的利益。[②] 也有学者认为，采纳登记生效模式一方面会冲击现有的财产秩序，引发大量的物权纠纷，另一方面也会给当事人不认真订立和遵守买卖合同提供空间，从而影响合同效力的发挥，不利于保护善意一方当事人。而采纳登记对抗模式不仅可以克服登记生效模式的弊端，也有利于鼓励交易。[③] 不过支持登记生效模式的学者相对而言更多，甚至有学者由支持登记对抗模式转而支持登记生效模式。[④] 因此最终我国《物权法》的起草者原则上采纳了登

① ［日］大木雅夫：《比较法》，法律出版社2006年版，第14页。

② 全国人民代表大会常务委员会法制工作委员民法室编：《物权法立法背景与观点全集》，法律出版社2007年版，第207～208页。

③ 王利明：“试论我国不动产登记制度的完善”，载《求索》2001年第5期。

④ 如王利明教授在《关于物权法草案中确立的不动产物权变动模式》一文中认为“出于维护交易安全的角度考虑，应当采取登记要件主义”。参见王利明：“关于物权法草案中确立的不动产物权变动模式”，载《法学》2005年第8期。

记生效模式。接下来需要重点考察的是为什么在土地承包经营权和地役权上实行登记对抗模式。

(二)土地承包经营权与登记对抗模式

就土地承包经营权而言,全国人大法工委认为,其采纳登记对抗模式的理由有二:"一是农民承包的是本集体的土地,聚集而居的农户对承包地的情况是了解的;二是互换限于本集体组织内部,农户向本集体组织以外的人转让的情况也比较少。"①

这两大理由主要是从土地承包经营权是否需要将登记作为必要公示要件并进而采纳无登记公示则无物权变动的角度做出的回应。诚然,土地承包经营权不同于建设用地使用权等用益物权,其具有封闭性,并具体体现在两个方面:(1)从获取上来看,土地承包经营权是由本集体内部成员承包经营本集体所有土地而产生的物权,其所涉及的主体与客体均局限于本集体内部。(2)从流转上来看,根据我国《农村土地承包法》第33条的规定,在土地承包经营权流转环节,在同等条件下,本集体经济组织成员享有优先权,同时还伴随有苛刻的不得改变土地所有权性质和土地用途,权利受让方须具有农业经营能力等其他条件。因此诚如全国人大法工委而言,农户向本集体组织以外的人转让的情况系属例外。但是,私见以为,以上两大理由均是在对农村地区情况固有认识的基础之上所作出的推论,缺乏实证,尤其是数据分析上的支持。在笔者看来,随着经济社会的发展,尤其是在农村地区大量劳动力外出打工风潮已经持续近30年的情况下,农村地区的人口流动活跃程度已经远远超出立法者的想象,②某种程度上,费孝通先生所言之乡

① 胡康生主编:《中华人民共和国物权法释义》,法律出版社2007年版,第293页。

② 以中部某自然村为例,在2007年5月时,全村20岁以上、60岁以下共184人当中,有61人长期脱离农业劳动,常年在上海、浙江等经济发达地区从事非农业劳动;有47人主要在县城务工或附近乡镇从事季节性的非农业劳动;只有53人从未离开过村子。在该年龄段的184人中,直接或间接从事农业劳动的只有72人,其中还包括有外出务工经验而不准备再出去的27人。同时,该村的46名孩子不管父母是否外出务工,均在附近村庄或县城读中学、小学、幼儿园。参见王天营:"农村人口流动为我们带来了什么——基于一个村庄调查的思考",载《中国统计》2007年第11期。

土中国的“熟人社会”[①]已然解体,中国农村地区在经济高速发展及人口流动活跃度的提升中逐渐从“熟人社会”向“陌生人社会”转变。因此,认为聚集而居的农村居民了解承包地的基本情况是缺乏事实支撑的,因为在具有“陌生人社会”因素的中国农村地区,因土地承包经营权在发包方处的登记并无公信力,土地承包经营权的流转也不以登记为必要,所以纵然受让方为本集体成员,也很难说其对承包地的权利状况有清楚的认识。此外,因人口流动的因素,现今农村地区人际关系网远比“熟人社会”时期复杂,很难说土地承包经营权向本集体经济组织以外的人流转的情况是例外。即使有优先权的相关规定抑制土地承包经营权向集体外流转,不过考虑到优先权乃是一项权利,是否行使由本集体其他成员自由决定,因此综合两大因素(人际关系的复杂化与权利的自由处分)考虑,土地承包经营权向集体外部的人流转的情况不可谓之为例外。既然如此,则土地承包经营权仍然有进行公示的必要,以利交易安全之维护,并且唯有登记与实际权利状况相一致,才能真正做到纠纷之预防,[②]而要促使登记与实际权利状况达致几乎吻合之境,则实行登记生效模式为佳,因为登记对抗模式中的登记并非物权变动的生效要件,因此登记簿所反映的物权变动关系无法做到完整性与连续性。也有学者从现实出发,认为目前对农村土地承包经营权实行登记生效模式时机尚不成熟,因为土地承包经营权是一项细致而艰巨的工作,需要人力、财力、物力的大量投入。[③] 不过笔者认为,登记工作的困难对城市中的建设用地使用权及房屋所有权而言也是客观存在的,对此我们理应一体予以重视,通过建构统一的不动产物权变动登记生效模式以应交易安全维护的需求,而不应厚此薄彼,将土地承包经营权交易安全的保护置于次要地位。

(三)地役权与登记对抗模式

地役权采纳登记对抗模式的理由主要有两个:(1)地役权主要发

---

① 费孝通:《乡土中国》,上海世纪出版集团2007年版,第10页。

② 大西泰博「登記・占有と第三者」(早法七四巻三号,1999)399頁。

③ 王宗非主编:《农村土地承包法释义与适用》,人民法院出版社2002年版,第101页。

生在两个权利人之间，一般不涉及第三人，在发生第三人侵害土地权利的情况下，主要是对土地使用权的侵害，不涉及地役权的侵害，即使不登记也不影响当事人的权属；[1](2)地役权适用范围有限，就实务而言，其主要还是适用于我国农村地区，在我国农村尚未建立其完善的不动产登记制度的情况下，倘若将登记作为地役权设立的生效要件，则会给广大农村的群众造成不便，且会增加权利变动成本，造成不必要的负担。[2] 对于第一个理由，诚如学者所言，登记生效主义(要件主义)更符合法理，此举得以区分不作为之债的土地利用与地役权的土地利用，以防止法律关系的混淆，且另一方面没有对抗力的地役权会丧失物权请求权，这令没有登记的地役权是否是物权存在极大争议。[3] 故而在地役权领域，登记对抗模式仍然没有摆脱其与物权绝对性的抵触关系，诚如上文所提及的，登记对抗模式在理论上必然导致物权的相对权化，其实也就是债权化，最终的结果自然而然就是物、债二权界限的打破。只要我们认定地役权乃是具有对世性、绝对性的物权，则对其适用登记对抗模式必然会产生不作为之债与地役权混淆、物权请求权主张无理论支撑的问题。

而对于第二个理由，有学者认为地役权制度并非只适用于农村，事实上随着我国经济的发展，城市人口呈上升趋势，人地矛盾突出，在城市里设立地役权的需求可能更为迫切，现行农村不动产登记制度的缺陷不能论证地役权必须采取登记对抗主义的必然性，方便农民、节约成本的理由在农民与城市居民法律地位平等的前提下显得不惧说服力。[4] 诚哉斯言。而从国外实务来看，地役权的确并不限于农村地区。例如在德国法上，地役权之适用范围有三类，包括：(1)对他人土地真正的且在外部有某种表现的适用，如通行权、取水权等；(2)为外部不表现的地役权，常是对相邻关系某内容的特别构造(如负担土地之所

① 王利明："关于物权法草案中确立的不动产物权变动模式"，载《法学》2005年第8期。

② 胡康生主编：《中华人民共和国物权法释义》，法律出版社2007年版，第348页。

③ 王利明："关于物权法草案中确立的不动产物权变动模式"，载《法学》2005年第8期。

④ 程啸：《不动产登记法研究》，法律出版社2011年版，第15页。

有权人不得建造超过某一高度的建筑物);(3)就是解决营业竞争问题的地役权。[1] 而后两种地役权,尤其是解决营业竞争问题的地役权广泛存在于城市之中。例如,"百货商店的所有权人与其所有的邻居,约定一项——大多数情况下为有偿之——地役权,其内容为,在受负担之土地上,任何时候不得建造百货商店"。[2] 而从便利程度、费用方面论证登记对抗模式合理性的观点,更加欠缺说服力,因为在登记对抗模式之下,虽然登记成本可以节约,但是交易各方也丧失了相对廉价的信息获取渠道——查阅登记簿记载。在没有具有公信力登记的情况下,所付出的信息获取成本(如权利状况调查)和担保成本(如寻找保证人订立保证合同、进行公证)并不一定比登记费用少。当然,考虑到农村居民收入相对于城镇居民为少的现实,可以为农村地区的地役权等土地权利的登记设定较为低廉的价格,同时以人为本地设定较为便利的登记程序以便利农村地区的土地权利登记。

经由上面的论述,可知地役权与土地承包经营权实行登记对抗模式的理由并不充分,可以说我国《物权法》所呈现出的登记对抗模式与登记生效模式共存的现实并非建立在精致的理论逻辑基础之上,毋宁将之视为各法学观点妥协的结果。

(四)我国未来不动产物权变动模式应当统一为登记生效模式

物权与债权在概念上的二元分立是我国民法学建构的最为重要的根基之一,并且也是诸如知识产权、人格权、身份权等权利于概念建构中须予以参照的范本。诚如德国法学家耶林所言,"概念是有生产力的,它们自我配对,然后生产出新的概念",[3]法学概念本身具有自身的生命力,继受一个法学概念往往意味着继受一整套法学体系、法学方法论。因此,在我国因出台《物权法》而正式继受物权这一概念之后,我

① [德]J. F. 鲍尔、[德]R. 施迪尔纳:《德国物权法》(上册),张双根译,法律出版社2004年版,第711页。

② [德]J. F. 鲍尔、[德]R. 施迪尔纳:《德国物权法》(上册),张双根译,法律出版社2004年版,第711页。

③ Jhering, Geist des römischen Rechts auf den verschiedenen Stufen seiner Entwicklung, Breitkopf und Härtel, 1852, S. 29, 40. 转引自吴从周:《概念法学、利益法学与价值法学:探索一部民法方法论的演变史》,中国法制出版社2011年版,第39页。

们理应对在物权概念诞生前既已产生,同时不对物权与债权做清晰区隔的登记对抗模式持相当的批判态度。单纯从理论上来说,为了使学说体系、实务解释实现和谐,登记对抗模式理应否弃。此外,恰如日本民法学者深田静夫所言,登记的机能在于,将谁是权力者的事实予以公示,进而维持不动产秩序,保护交易安全,①而在登记对抗模式之下,登记并不如实公示不动产物权的权利归属情况,存在诱使不动产二重买卖、增加不动产买受人权利归属调查成本等不利于促成交易、维护交易安全的弊端。因此从实务的角度出发,登记对抗模式是否具有实益也存有疑问。综合来看,我国未来的不动产登记模式理应向统一的,不存在例外的登记生效模式方向发展。

不过,就我国现今有关登记生效模式的学说解释而言,笔者认为,仍存在一定问题。我国《物权法》确立的登记生效模式主要参考的是德国法系国家的不动产登记法律,同时予以考虑的便是以法国为代表的登记对抗模式(英美法国家的登记制度借鉴极少),而并未对登记生效模式予以进一步的类型化研究,②在涉及不动产登记的效力问题时,学者们大多借用德国民法学说,将不动产权利的登记解释为具有公信力,即"对于因信赖虚假公示而为物权变动的主体,将公示的权利关系按真实的权利关系处理,使形式与真实的权利关系相分离,并发生独立的效力"。③ 因而,所谓公信力的学说事实上是将登记解释为一种单纯的形式,只是这种形式具有自身独立的效力,即单纯拥有登记而无法证明该登记的无瑕疵原因的登记名义人也可径行被推定为真正权利人;同时,对于善意第三人而言,"凡信赖物权变动之征象,认为其有物权存在而有所作为者,纵令该征象与真实权利之存在不符,法律对于信赖

① 深田静夫『例解不動產登記法講義・理論編』(建築資料研究社,昭和59年)11頁。

② 参见全国人民代表大会常务委员会法制工作委员会民法室编著:《物权法:立法背景与观点全集》,法律出版社2007年版,第194~201页。

③ 孙鹏:《物权公示论——以物权变动为中心》,法律出版社2004年版,第273页。

该征象的人亦加以保护”,[①]以利交易安全。表面上看,公信力学说既有德国学说理论的积淀,又有实务操作上之可行性,似乎断无问题可言。

然而我国《物权法》第16条似乎并不支持这种学理解释。我国《物权法》第16条规定:“不动产登记簿是物权归属和内容的根据。不动产登记簿由登记机构管理。”通常的法律注释书都会依照德国民法学的既有路径,将这一条款解释为有关权利正确性推定原则的规定,即在不动产登记簿上记载某人享有某项物权时,推定该人享有该权利,其权利的内容也以不动产登记簿上的记载为准。[②] 不过这种权利推定原则以及演绎出的公信力原则从法条本身的规定出发并不能当然获致。以德国、台湾地区为例,德国《民法典》第891条明文规定:“在土地登记簿上,某项权利被为某人的利益而登记的,推定此人享有该项权利”,[③]第892条规定:“为以法律行为取得土地上的某项权利或此种权利上的某项权利的人的利益,土地登记簿视为正确,但对正确性的异议已被登记或不正确性为取得人所知的除外”[④];台湾地区“民法典”第759条之一亦明文规定:“不动产物权经登记者,推定登记权利人适法有此权利。因信赖不动产登记之善意第三人,已依法律行为为物权变动之登记者,其变动之效力,不因原登记物权之不实而受影响。”[⑤]因此德国和台湾地区乃是以成文法的形式明确设立了权利正确性推定原则和登记公信力原则。我国《物权法》并没有以明文方式确立权利正确性推定原则和登记公信力原则,有关不动产登记效力的条文仅以略微简陋的方式存在于我国《物权法》第15条及第16条之中。《物权法》第15条主要规定的是物权变动与原因的区分原则,涉及登记簿登记效

---

① 刘春堂:《判解民法物权》,台湾三民书局1987年版,第5页。转引自常昱、常宪亚:《不动产登记与物权法——以登记为中心》,中国社会科学出版社2009年版,第21页。

② 法律出版社法规中心编:《中华人民共和国物权法注释全书》,法律出版社2012年版,第73页。

③ 陈卫佐译注:《德国民法典》(第3版),法律出版社2010年版,第323页。

④ 陈卫佐译注:《德国民法典》(第3版),法律出版社2010年版,第324页。

⑤ 王泽鉴:《民法物权》,北京大学出版社2009年版,第568页。

力的条款事实上主要是《物权法》第16条,而从第16条自身所承载的信息来看,其所奉行的乃是完全迥异于权利正确性原则和登记公信力原则的他种原则:

1. 不动产登记簿是物权归属和内容的根据,而"根据"一词并不能当然梳理出德国式的权利推定逻辑,其反而更适于这样的解释路径:不动产登记簿上所记载的不动产物权登记是物权得以发生效力的基础,同时也是物权得以产生、变更和消灭的原因,倘若未经登记,则不发生物权效力。不动产登记簿上所为的不动产物权登记并非是推定登记名义人为真正权利人的基础,其毋宁是登记名义人就是真正权利人的表征与原因。

2. 经由上述结论进行推论,不动产物权登记既然是物权效力的基础与根据,那么就不存在登记名义人并非真正权利人的可能性,因为即使登记可能发生错误,由于登记名义的唯一性和不可重复性(如A地本来为甲所买,结果错误登记到了乙的名下;此时登记名义即为乙所占有,甲反而不能获得该登记名义),则登记中所记载的权利主体通常是明确而排他的。因此,即使发生登记错误,但因为不动产登记簿是物权归属和内容的根据,则因错误而获得不动产物权登记的登记名义人也是真正权利人,只是其获得该不动产物权欠缺合法原因罢了。此时,所谓的"真正权利人"(其实称其为不当得利请求权人更为恰当)因欠缺物权登记,因此根本不是物权人,不过其可以凭借登记之前自己具有合法原因的事实向虽然拥有不动产物权,但是对该权利的享有缺少前置性合法原因支撑的不动产物权人主张不当得利返还。

3. 不动产登记簿作为物权归属与内容的根据,具有绝对效力,未经合法有效判决并经执行或者有效的登记行政程序更改,登记簿记载即为绝对真实,纵使第三人向不动产物权人买受不动产时并非善意(即该第三人知道该不动产物权人对不动产物权的享有欠缺合法原因),则第三人也可以顺利得从不动产物权人处获得不动产物权,并且能够对抗原本应当获得该不动产物权的人。

以上推论并非奇谈怪论。事实上,这种赋予登记以绝对效力而非权利推定效力和公信力的登记生效模式古已有之,即登记的形式确定力原则下的登记生效模式。所谓登记的形式确定力原则,是指在不动产物权变动已经登记的场合，即使登记名义人欠缺物权合意的基础，其也可以通过登记而取得相应的权利的一项有关物权变动的原则，[①]该原则曾在中世纪盛行于汉萨同盟的各自由都市，并且为萨克森《民法典》和拜伦《民法典》所采纳。[②] 登记的形式确定力原则的特点在于承认登记的绝对效力，登记名义人仅凭登记即可取得物权，并且在登记名义人再行让渡不动产物权时，受让人无论善意与否，均可获得完全权利。[③]

将对我国《物权法》第16条条文及其推论与登记的形式确定力原则进行对比，可知两者在登记效力、登记名义人是否确定地获得权利、第三人问题上的处理上几乎一致，可以说我国的登记生效模式正是建立在登记的形式确定力原则之上。我国目前所确立的登记生效模式与德国、台湾地区并不完全相同，其所需要的法解释理论需要进一步的研究与探索。

综上所述，我国的不动产物权变动虽然原则上确立了登记生效模式，不过在地役权和土地承包经营权领域却又保留了登记对抗模式，而登记对抗模式本身只是物权债权尚未分化时期的产物，其在理论上原本便和物权绝对性原则不兼容，加之其在交易安全维护方面的确存在较大的缺陷，因此未来我国《物权法》修正的时候宜将不动产领域的登记对抗模式予以废除，代之以登记生效模式。不过我国的登记生效模式也并非完美无缺，从法解释学的角度而言，我国的登记生效模式因缺少配套的权利正确性推定规定、登记公信力规范乃至有效替代物权行为理论的学说理论，其所呈现出的学理基础与权利正确性推定原则和公信力原则相去甚远，反而与历史上的登记的形式确定力原则如出一辙。但登记的形式确定力原则本身只是物权行为理论及登记公信力理论成熟之前的过渡性产物，[④]其合理性似乎在历史沿革中被否定掉了。因此，倘若我国坚持将我国的登记生效模式发展为完善的、潘德克顿式

① 山田晟＝村上淳一『ドイツ法講義』(青林書院新社，1974年版)185頁。

② 山田晟＝村上淳一『ドイツ法講義』(青林書院新社，1974年版)185、186頁。

③ 山田晟＝村上淳一『ドイツ法講義』(青林書院新社，1974年版)186頁。

④ 山田晟＝村上淳一『ドイツ法講義』(青林書院新社，1974年版)186頁。

的且建立在权利正确性推定原则和公示公信原则基础之上的登记生效模式,则一方面于法律上须明确规定权利正确性推定原则和公示公信原则,另一方面于理论上则须进一步继受并消化登记公信力理论乃至物权行为理论中的部分合理内容,以便完善我国登记生效模式的规范体系与解释系谱。

(作者系厦门大学2013级民商法学博士生,主要研究方向:民法总论、物权法、海商法与保险法)

论抵押物的处分禁止

——《物权法》第191条解析

王伟伟

目　　次

引言

在抵押物转让的问题上,《担保法》、《最高人民法院关于适用〈中华人民共和国担保法〉若干问题的解释》、《物权法》的规定有所不同。具体而言,涉及如下条文:

《担保法》第49条规定:“抵押期间,抵押人转让已办理登记的抵押物的,应当通知抵押权人并告知受让人转让物已经抵押的情况;抵押人未通知抵押权人或者未告知受让人的,转让行为无效。转让抵押物的价款明显低于其价值的,抵押权人可以要求抵押人提供相应的担保;抵押人不提供的,不得转让抵押物。抵押人转让抵押物所得的价款,应当向抵押权人提前清偿所担保的债权或者向与抵押权人约定的第三人提存。超过债权数额的部分,归抵押人所有,不足部分由债务人清偿。”

《最高人民法院关于适用〈中华人民共和国担保法〉若干问题的解释》(以下简称《担保法司法解释》)第67条规定:“抵押权存续期间,抵押人转让抵押物未通知抵押权人或者未告知受让人的,如果抵押物已经登记的,抵押权人仍可以行使抵押权;取得抵押物所有权的受让人,可以代替债务人清偿其全部债务,使抵押权消灭。受让人清偿债务后可以向抵押人追偿。如果抵押物未经登记的,抵押权不得对抗受让人,因此给抵押权人造成损失的,由抵押人承担赔偿责任。”

《物权法》第191条规定:“抵押期间,抵押人经抵押权人同意转让抵押财产的,应当将转让所得的价款向抵押权人提前清偿债权或者提存。转让的价款超过债权数额的部分归抵押人所有,不足部分由债务人清偿。抵押期间,抵押人未经抵押权人同意,不得转让抵押财产,但受让人代为清偿债务消灭抵押权的除外。”

抵押物转让涉及抵押人、抵押权人与交易中第三受让人利益协调的问题。《担保法》、《担保法司法解释》、《物权法》就抵押物转让之问题在表述上存在较大不同,如何解释、处理三者的关系,是立法所遗留的“难题”。本文从法律解释的角度,对《物权法》抵押物转让规则进行探讨。

一、学理争议及作者“前见”

(一)“价金物上代位论”与“抵押权追及论”

《物权法》立法无法摆脱学理及传统的“羁绊”,即便立法语言显得如此不同,立法者的知识背景和思维定式也要发挥影响。因此,对《物权法》的解读不能摆脱法律学者共同体的语言而独自成立,至少回溯到问题及观点争论本身是有意义的。就抵押物转让的问题,我国学理有“抵押权追及论”与“价金物上代位论”两种不同的观点。

抵押权追及论属于经典民法理论的观点,法国、德国、瑞士、日本等国家的民法典均采纳此种观点。所谓“抵押权追及论”(以下简称追及论),即抵押权不因抵押物的转让而效力受到消极的影响,其可追及物之所在而继续有效。所谓“抵押权价金物上代位论”(以下简称代位论),即抵押权为一种价值权,其应因抵押物的转让而“羽化”,抵押权应存在于转让价金而非抵押物之上,抵押权人应就转让的价金实现权利,受让人取得无抵押权负担的“清洁物”。从本文开端所列条文可以看出,《担保法》大体可归入“代位论”,而《担保法司法解释》可归入“追及论”。

(二)与“价金物上代位论”商榷

持代位论的学者认为,追及论不利于抵押物的流通,其在抵押人与受让人之间就抵押权负担的分配有失公平:(1)追及论在抵押权人保护的问题上牺牲受让人的利益,使其面临受让物被物上执行侵夺的风险;(2)抵押权为价值权,其所支配的应为抵押物的交换价值,抵押权随抵押物转让而存在于转让价金之上,抵押物转让价金为抵押权之客体代位物;(3)追及论使抵押人获得抵押物转让价金及抵押贷款的双重利益。抵押人通过抵押物转让解除了对抵押权人的担保责任,而受让人却要承受抵押权负担,这在抵押人与受让人之间利益分配并不公平。①

本文认为,所谓代位论是值得商榷的。笔者提出以下几点,以期抛砖引玉:(1)登记公示的物上抵押权负担属于受让人知或应知的范围,而非公示抵押权对受让人不具有对抗效力。民事主体对于已知风险可以通过合同机制解决,追及论对受让人不利的观点忽视当事人的契约自由,有“杞人忧天”之嫌。(2)抵押权为价值权乃就抵押权的本质,非就其客体而言。抵押权作为一种对物权,其客体为具体之物,以抵押权的本质混淆抵押权客体显非恰当。代位论有“本末倒置”之嫌。(3)追及论并未使抵押人必然取得双重利益。代位论的一个误区是抵押物必然以其不存在抵押权负担之价值出卖,而这并非“事实”。例如,A 将一价值 100 万元之不动产抵押给 B,担保对 B 的 60 万元债务,A 后又将抵押物以 101 万元转让于 C,则 C 应如何支付转让款? 依代位论,C

---

① 关于抵押权价金物上代位论的观点有两篇较重要的论文,请参见朱庆育:“抵押物转让效力之比较研究”,载《政法论坛》2000 年第 2 期;并请参见梁上上、贝金欣:“抵押物转让中的利益衡量与制度设计”,载《法学研究》2005 年第 4 期。限于篇幅,具体细节本文不详述。

应支付101万元,但这并非事实。C起码可以与A合意扣除60万元的或有抵押权负担,以41万元的价格受让,并对60万元或有负担作出预先处理。[①] 抵押物转让在抵押人与受让人之间利益分配并不平衡的观点无法成立,而这正是价金代位论的主要论据。显然,代位论有“混淆是非”之嫌。(4)代位论着眼于抵押权的实现,但是,正常的交易秩序以债务人清偿为常态,抵押权以融资功能而非担保功能为常态。代位论颠倒生活秩序,着眼于抵押权之实现。代位论有“越俎代庖”之嫌。(5)抵押权因抵押物转让而消灭,这无疑扼杀抵押权的流通,而抵押权的流通可能并不比抵押物的不流通更不重要。代位论有“顾此失彼”之嫌。

代位论的主张新颖性有余,妥当性不足。不过,《物权法》关于抵押物转让的规定与《担保法》之“代位论”及《担保法司法解释》之“追及论”似乎均有不同,如何理解存在探讨的空间。对追及论的认同以及代位论的不认同是作者探讨《物权法》抵押物转让规则的“前见”。本文持“追及论”的观点,并以此为出发点对抵押物的转让规则进行解读。

二、抵押物法定处分禁止的相对不生效

(一)目的解释与相对不生效

《物权法》所规定的抵押物处分禁止,似乎应该具有绝对的效力。人们甚至可以说,这是一种物上的处分禁止。那么,违反处分禁止的转让应不能发生任何法律效力。然而,该法第191条同时有例外规定,即“受让人代为清偿债务消灭抵押权的除外”。该规定是对前句处分禁止的弱化,其中可能蕴含着立法者对抵押物转让的“本意”。物权法中也的确能够存在相对的处分限制。[②] 物权法中甚至存在较多关于相对

---

① 我国《担保法》、《物权法》似乎也以受让人全额清偿为基本的逻辑假设。实际上,抵押物转让也可能同时涉及受让人债务承担,即受让人受让抵押物同时进行债务承担,如抵押权人对债务承担可不予承认,则涉及债务承担内、外效力的问题。对此详见后文论述。

② 例如,共有人的优先购买权被认为是一种债权请求权。参见王泽鉴:《民法物权》(第1册,通则·所有权),中国政法大学出版社2001年版,第331页。

性法律关系的规定。抵押物处分禁止是否发生绝对的效力,需要探讨。

抵押物转让禁止的效力应从其规范目的出发理解。从“受让人代为清偿消灭抵押权除外”的规定来看,禁止抵押人转让的目的在于保护抵押权人清偿利益的实现,而这也正是抵押权人的正当利益所在。那么,能否基于这一点认为处分禁止仅仅具有相对的效力?是否存在仅仅对抵押权人有利的相对的处分限制?

在德国法上存在相对不生效的法律制度,即法律行为仅对某个特定的主体不生效,相对于该主体以外的人则为有效。[①] 德国《民法典》第135条规定:“如果处分的标的物违反了法律为保护特定人所作的禁止出让的规定时,其处分仅对该特定人不生效”。我国《物权法》抵押物转让规则中的处分禁止,也存在相对不生效的解释空间,即抵押人未经抵押权人同意转让抵押物,相对于抵押权人不生效,但相对于其他人仍为有效。

相对不生效的本质即在于不能对抗。抵押权人主张转让无效的,受让人要承担抵押权人实现抵押权的负担,其不能以买卖合同及其所有权人的法律地位对抗抵押权人。受让人相对于抵押权人以外的人是所有人,但相对于抵押权人,他的所有权不具有对抗效力,抵押权人可以诉请法院强制执行抵押物以实现其债权。申言之,处分禁止的实际效果,并不对抵押人与受让人之间的买卖合同发生影响,而仅仅使受让人承担抵押权人行使抵押权的负担,受让人有容忍的法律义务。抵押权人亦无权主张将抵押物返还抵押人。不能对抗和容忍义务即相对不生效的效力限度。相对不生效的解释有利于平衡抵押人、抵押权人和第三人之间的利益,也没有超出合理的文义限度,是符合解释逻辑的。

（二）相对不生效的限度

《物权法》第191条所规定的是一种法定的处分禁止。法定处分禁止与法律的禁止性规定应予区分,两者的法律效果并不相同。我国实在法虽没有相对不生效的法律制度,但法律行为违反法律的禁止性规定与法定处分禁止为不同的法律问题,这一点仍能以德国法为参照。

---

① [德]鲍尔·施蒂尔纳:《德国物权法》(上册),张双根译,法律出版社2004年版,第430页。

德国《民法典》第134条所规定的是法定禁止,第135条规定的是法定让与禁止。法律行为违反法定禁止绝对无效,违反让与禁止则相对的不生效。虽然德国法存在物、债二分,如果法定禁止针对处分行为,则一般作为其基础的债权行为也无效;而如果法定禁止针对的是债权行为,实现该债权行为的履行行为同样无效。① 与之不同,法定让与禁止构成法定的处分限制,违反法定让与禁止属无权处分。无权处分涉及的是物权行为,债权合同的效力不受影响。也就是说,债权行为有效,物权行为效力待定。按照德国《民法典》第185条第2款,物权行为经权利人同意或追认,以及相对无效所保护的权利消灭,则相对无效视为自始未发生(Wegfall)。② 虽然债权合同有效,但因让与禁止及处分行为效力待定涉及履行障碍的问题。如确定的不发生相对无效所保护的权利人的同意或追认,买卖合同陷入履行不能(Unvermoegen)。③

按照我国《最高人民法院关于审理买卖合同纠纷案件适用法律问题的解释》第3条的规定,抵押物买卖合同不因处分权受限而受到影响,买卖合同合法有效。对于该司法解释,笔者暂不置评,其作为有效的实在法规范是本文的论证前提。并且,买卖合同有效这一点与德国法是相似的。未经抵押权人同意的抵押物转让相对不生效,也是从履行的角度而言的。与德国法不同,由于我国法不承认物权行为,这里的相对不生效,并不是指物权行为相对不生效,而是经由履行而发生的法律效果相对不生效,即买受人经由履行取得的所有权人法律地位不能对抗抵押权人,相对于抵押权人不生效。申言之,虽然抵押物买卖合同有效,买受人取得抵押物所有权,但相对于抵押权人效力待定,一旦抵押权人行使抵押权,抵押物受让人不能以所有权人的法律地位对抗。如抵押物最终被执行,买卖合同陷入履行不能。受让人只能通过合同救济的途径向抵押人主张权利。

---

① Armbrüster, Münchener Kommentar zum BGB 6. Auflage 2012, BGB § 134, Rn. 8 – 10.

② Armbrüster, Münchener Kommentar zum BGB 6. Auflage 2012, BGB § 135, Rn. 50 – 51.

③ Armbrüster, Münchener Kommentar zum BGB 6. Auflage 2012, BGB § 135, Rn. 50.

另外,抵押物转让相对不生效,其根本目的在于保护抵押权人债权的实现,因而这种相对性的不生效也是有条件的。《物权法》明确规定:“抵押期间,抵押人未经抵押权人同意,不得转让抵押财产,但受让人代为清偿债务消灭抵押权的除外。”因此,只有在受让人未代为清偿的情况下,才相对不生效。如果受让人清偿债务,则不发生相对不生效。而一般而言,受让人对抵押人有价款给付义务,至少在其未向抵押人履行价款给付义务前,其代为清偿的可能性是存在的,这仅仅意味着履行相对人的变更。

(三)相对不生效与善意取得

如上所述,抵押人未经抵押权人同意转让抵押物构成无权处分,无权处分又涉及善意取得的问题。也就是说,抵押物受让人不知道或者不应知道物上抵押权处分禁令的存在,能否适用善意取得?

在德国法上,处分权受限原则上还不构成善意取得的适用条件,善意取得要求处分人为非所有人,对于处分权受限则不给予善意取得保护,但第135条第2款的处分禁止是例外。[①] 德国《民法典》第135条第2款规定,对于法定处分禁止有关善意取得的规则适用,即受让人可以善意取得。这里善意的客体为“相对性的处分禁止不存在”,即相对人不知道或不应知道处分禁止的存在。[②] 而这又区分为动产和不动产:对于不动产,如果处分禁止登记入不动产登记簿,则相对人无法善意取得;对于动产,因重大过失不知道处分禁止的存在,相对人无法善意取得。[③]

我国《物权法》第106条规定的是善意取得制度。我国的善意取得制度与德国法存在较大的不同:(1)我国《物权法》将善意取得视为例外,而将“所有权人追回”作为一般,这样的规定体现了立法者对于善意取得制度审慎采用的立法姿态;(2)我国的善意取得制度没有对

① Armbrüster, Münchener Kommentar zum BGB 6. Auflage 2012, BGB § 135, Rn. 46.

② Wendtland, Beck'scher Online-Kommentar BGB, Hrsg: Bamberger/Roth., BeckOK BGB § 135 Rn. 11.

③ Armbrüster, Münchener Kommentar zum BGB 6. Auflage 2012, BGB § 135, Rn. 48.

善意的标准作出明确的规定,也没有明确动产或不动产善意标准的不同,这和我国的不动产登记制度不完善,没有建立土地登记簿的绝对公信力有关;(3)我国的善意取得制度不是以处分人非为所有人作为善意取得的条件,而是以无处分权作为善意取得的条件。我国的善意取得制度与德国法从历史传统发展而来的善意取得制度已经有较大的不同。

德国法例外的在法定处分禁令的情形适用善意取得,而我国法将无权处分作为善意取得的一般条件,从比较法的角度而言,因抵押物处分禁令而适用善意取得应没有太大的问题。

这里一个需要注意的问题是,应区分针对抵押权的善意取得与针对处分禁止的善意取得,即抵押物受让人不知道抵押权的存在本身,与知道抵押权但不知道抵押权处分禁令,这两者应予区分。在前者,受让人因不知抵押权的存在而适用善意取的固然没有问题。在后者,能否以法律明确规定了处分禁令而排除善意取得的适用?难道不知道法定处分禁令也可以构成善意,适用善意取得?

对此,德国法的回答是明确的,即并不仅仅因为相对性的处分禁令的存在排除善意取得,恰恰相反,德国《民法典》明确规定善意取得于此适用。也就是说,在德国法上,即使存在针对特定主体法定禁止处分的规定,相对人仍可能善意,针对该处分禁止仍能适用善意取得。由此似乎也可得出一项一般性的结论,即任何人不得以不知道法律作为抗辩的法谚,并不直接否定相对人的善意,也并不直接否定善意取得的适用。

然而,罗马法"不知法律不免责"(Ignorantia juris non excusat)的法谚至少是有一定说服力的。① 因此,笔者还是不得不提出一项疑问,即受让人是否应该知道相对性的处分禁令的存在?其不知道相对性的处分禁令的存在是否具有可非难之处?能否直接以法定处分禁令的存在本身即否定善意取得的适用?这个问题应该至少是需要进一步澄清和

---

① "不知法律不免责"属于刑法上的认识错误问题。在德国刑法学理论上,其经历了不同的发展历程,并不是一种不需要论证的真理。参见[德]约翰内斯·韦塞尔斯:《德国刑法总论》,李昌珂译,法律出版社2008年版,第255页。

解释的。

德国《民法典》的条文没有具体的相对性处分禁止的规定，在德国的司法实践中，也没有关于违反法定处分禁止的案例。德国《民法典》第135条的作用主要在第136条的官方机构的处分禁止。[①] 在官方机构的处分禁止，德国联邦最高法院曾处理过一个涉及善意取得的案例。在该案中，原告申请对一家公司的财产采取强制措施，其后并对该公司发出了一般性的处分禁令。被告在处分禁令之前从该公司购买了两辆小汽车，并在处分禁令发布后继续完成交易。原告主张被告不能善意取得。本案一审法院驳回原告请求；二审法院支持原告的请求；联邦最高法院三审推翻了二审判决，并发回重审。德国联邦最高法院认为，二审法院关于被告重大过失的认定是不能成立的。在其论证理由中法官提到，根据《破产法》第106条的规定所发布的处分禁令，及其对动产所有权所造成的相对性的处分禁止，在对恶意判断意义的问题上，相对于第932条所规定的通常情况（Normalfall）而言实属罕见，要求交易相对人对此进行调查的要求，仅存在特别可疑情形的条件下，才能成立，而本案不属于这种情况。[②] 可见，在德国的司法实践中，法院至少并没有直接根据官方机构的处分禁令本身的存在而直接否定善意取得。可以推断，德国的司法实践也不会因法定的处分禁令本身即否定善意取得。

我国《物权法》及民商法并没有规定处分禁令与善意取得关系的问题。对于抵押物转让善意取得的问题，受让人是否善意需要结合其所承担的注意义务来判断。如上所述，抵押权负担本身与抵押物相对性处分禁令存在区别，善意的判断标准应有不同。如果受让人知道物上抵押权负担，应承担更多的知悉义务。但这是否意味着受让人承担抵押权人是否同意抵押物转让的调查义务？是抵押人有义务告知受让人抵押权人是否同意，还是受让人有义务询问甚至亲自作出调查？对

① Heinrich Dörner, Schulze u. a., Bürgerliches Gesetzbuch 7. Auflage 2012, BGB § 136, Rn. 4.

② BGH: Gutgläubiger Erwerb bei Verfügungsverbot des Konkursgerichts. NJW-RR 2000, pp. 576, 578.

此,一般认为,在交易中出卖方有瑕疵担保义务,出卖方应对转让标的之可转让性以及权利负担作出承诺。而如果当事人双方未对抵押物的可转让性及权利负担作出明确的约定,应认为出卖人承担默示的担保义务。应当认为,抵押人也对转让标的是否存在抵押权负担,以及抵押权人是否同意转让作出承诺。如果抵押人没有作出承诺,并且抵押物受让人信赖抵押物的可转让性,应不具有可非难性,能够善意取得。除非存在其他特殊的情形,否则,受让人不应承担更多的注意义务。简言之,仅仅是处分禁令本身的存在尚与抵押物的不可转让性不同,抵押权人可能同意抵押物的转让,而抵押权人是否同意属于抵押人的义务范围。

综合上述,通过相对不生效的解释,加之代为清偿的例外,以及善意取得的适用,抵押物转让禁止规则的实际意义有限。相对无效的解释在结果上与抵押权追及论接近。然而,由于《物权法》条文表述的不完善,无论抵押权人同意转让而发生的提前清偿还是不同意转让的代为清偿,都还存在需要进一步探讨的问题。

三、抵押物转让与"提前清偿"

(一)清偿主体的确定

按照《物权法》的规定,抵押人经抵押权人同意转让抵押财产的,应当将转让所得的价款向抵押权人提前清偿债权或者提存。然而,受让人应将转让的价款向抵押人给付,抑或直接偿付给抵押权人?《物权法》规定,"抵押人……将转让所得的价款提前清偿或者提存",从直接的文义及语法结构来看,抵押物转让所得价款似应向抵押人给付,再由抵押人向抵押权人提前清偿或者提存。

不过,问题并非如此简单。这里的不同在于,抵押物转让价款向抵押人给付,如抵押人被申请强制执行或宣告破产,则抵押权人转化为一般债权人而享有参与分配的受偿资格,抵押权人的利益遭受损害。提前清偿的目的本在于保护抵押权人,向抵押人清偿却可能事与愿违,实际将抵押权人转化为一般债权人。抵押权的功能即在于为权利人提供物权性的绝对保障,抵押权人同意抵押物转让,不应因此遭受权利效力贬损的风险。向抵押人清偿的解释与《物权法》的规范目的不符。

转让的价款直接偿付给抵押权人能够避免上述风险,是发生疑义时所应采取的解释规则。在此,买受人通过价款的支付,摆脱了物上抵押权的负担,而抵押权人也实现了自己的债权。抵押人不但清偿了债务,而且实现了抵押物的流通。这样一种支付方式对三方当事人似乎都有利。当然,如果抵押物上存在多个法律关系,抵押物受让人可能要向两个当事人分别履行给付义务。无疑辨别担保权人之间的利益分配关系是一种额外的负担,动产的情形更是有可能涉及质权等其他类型担保物权人的利益分配的问题。① 从操作层面而言,将转让价款提存则是一种简便的方法。

然而,转让价款直接向抵押权人清偿与《物权法》规定的直接文义不符。为避免争议,三方达成清偿协议,由抵押人和抵押权人作出同意受让人直接向抵押权人提前清偿的表示,更有利于清偿的顺利进行。

(二)转让价格异议及额外担保

1. 价格异议权

对于抵押物的转让,抵押权人可能对价款提出异议。也就是说,虽然抵押权人同意抵押物的转让,但不同意转让的价格。这涉及抵押权人同意限度的问题。如果认为抵押权人对抵押物转让的价款也要同意甚至有决定权,似乎对当事人的合同自由有较大的干涉,抵押权人的正当利益仅在于抵押权的实现。另外,从现实而言,也存在抵押人与受让人合谋侵害抵押权人利益的可能。从维护抵押权人利益出发,应该认为抵押权人对抵押物转让价款有异议的权利,也就是说,抵押人与受让人可以自由决定抵押物的转让价格,但是抵押权人可以表示异议。

《担保法》规定了抵押权人的异议权。按照《担保法》第 49 条的规定,“转让抵押物的价款明显低于其价值的,抵押权人可以要求抵押人提供相应的担保;抵押人不提供的,不得转让抵押物”。《物权法》并没

---

① 由于抵押物转让要进行物上负担清除,物上法律关系的复杂程度可能反而没有那么严重。但一物之上同时存在两个以上的担保权人的可能性是存在的。例如,抵押人 A 将抵押物转让给 C,抵押权人 B 同意且未进行提前清偿(抵押权人 B 信赖债务人的偿债能力),抵押物受让人 C 将抵押物的余额又设定抵押给 D(抵押权人 B 表示同意),而 C 又欲将抵押物转让给 E,D 不同意。此时,E 是否要对 B 提前清偿?

有规定抵押人的价格异议权。对此存在不同的解释:一种理解,既然物权法没有规定异议权,应认为抵押权人不再享有此项权利;另一种理解,如果抵押权人认为抵押物转让价格过低,仍然可以要求抵押人提供额外的担保。

《物权法》并没有规定取消《担保法》及《担保法司法解释》的法律效力,在不与《物权法》相冲突的限度内《担保法》及《担保法司法解释》应继续有效。虽然就同一规范对象,存在新法优于旧法的问题。但抵押权人的异议权已经司法解释所确认,如剥夺一项已经被确认的权利,应以法律的明确规定为据。既然《物权法》没有明确规定取消异议权,应认为继续享有。而如上所述,抵押人的价格异议权也有其合理性。

不过,《担保法》所规定异议权的可操作性不强,对于何为转让价格过低,缺乏确定合理转让价格的法律机制。日本民法上有关于抵押物受让人行使涤除权,而抵押权人认为价格不合理提出异议的权利,即如抵押权人认为抵押物转让价格过低而拒绝涤除,须拍卖或自己购买。[①] 可资参照。

2. 价格异议与追及权

抵押权人同意抵押物的转让,而对转让价格存有异议的情形,其实际效果与不同意转让相同。按照《担保法》第 49 条的规定,抵押权人认为抵押物转让价格过低,而抵押人不提供额外的担保,则“不得转让抵押物”。而《担保法司法解释》第 67 条规定:“抵押权存续期间,抵押人转让抵押物未通知抵押权人或者未告知受让人的,如果抵押物已经登记的,抵押权人仍可以行使抵押权;取得抵押物所有权的受让人,可以代替债务人清偿其全部债务,使抵押权消灭。受让人清偿债务后可以向抵押人追偿。”该司法解释为抵押物的转让,提供了一种不经抵押权人同意的解决途径。也就是说,抵押人可以按照《担保法》第 49 条的规定通知抵押权人,抵押权人认为价格过低,可协商额外担保的问题。如果抵押人提供额外的担保,则按照《担保法》抵押物转让自然没

① [日]近江幸治:《担保物权法》,祝娅、王卫军、房兆融译,沈国明等审校,法律出版社 1999 年版,第 174 页。

有问题。如果无法就额外担保达成协议,则按照担保法司法解释抵押人仍可以转让抵押物,受让人可以代替债务人清偿全部债务,否则抵押权人到期仍可以实现抵押权。

《物权法》同样规定,受让人代为清偿债务消灭抵押权的,抵押物可以转让,与《担保法司法解释》较为接近。不过,在受让人清偿限度的问题上,《物权法》与《担保法司法解释》似乎又有所不同。《物权法》就受让人全额清偿还是有限清偿的问题,没有明确,以抵押权价值为限清偿似更符合《物权法》立法者的"本意",对此将在后文详述。从现实而言,债权人一般要求抵押物的价值超过债权的数额,即存在所谓"抵押放贷限额"的问题。按照德国《抵押银行法》第 11 条第 2 款规定,"第一顺位的抵押放贷不得超出土地价值的 3/5"。[①] 我国《担保法》第 35 条规定,抵押人所担保的债权不得超出其抵押物的价值。除非抵押权人接受不足额担保或抵押物价值大幅降低,全额清偿与限额清偿的不同从现实而言也许并非那么迫切。

综上,如抵押权人对转让价格有异议,可要求抵押人提供额外担保,抵押人不提供,可通过拍卖或抵押权人自己购买的方式确定价格,否则,抵押物转让不得对抗抵押权人,但受让人可限额清偿消灭抵押权。

(三)同意转让与提前清偿的期限利益

抵押权人可能同意抵押物的转让,但并不愿意放弃期限利益。对于期限利益属于债务人抑或债权人,可以有不同的理解。就其本质而言,偿债期限是债务人清偿债务的宽限期,在此期间内债权人不得主张清偿。从这个角度而言,期限利益是债务人的利益。然而,债权人给予债务人宽限清偿的利益,并不是没有代价的,这就是债权人的利息权利。债务人的期限利益和债权人的利息权利构成一种隐性的对价关系。因此,债务人放弃期限利益并提前还款,不意味着债权人放弃期限利益,债权人应有权主张利息权利。我国《合同法》第 71 条规定:"债权人可以拒绝债务人提前履行债务,但提前履行不损害债权人利益的

---

① [德]鲍尔·施蒂尔纳:《德国物权法》(下册),申卫星、王洪亮译,法律出版社 2006 年版,第 21 页。

除外。债务人提前履行债务给债权人增加的费用,由债务人承担”。按照该条规定,债权人可以主张期限利益。

然而,我国《合同法》第208条规定:“借款人提前偿还借款,除当事人另有约定的以外,应当按照实际借款的期间计算利息。”《合同法》的规定没有顾及债权人的利息权利。对此的解释是,既然期限利益主要是债务人的利益,债务人应有主导权。同时,债权人可以将提前清偿收回的资金再次贷出并获取利息,以弥补自己的损失。而如果由债务人支付提前清偿的利息,则债权人将提前清偿的金额再贷出,将取得额外的不当利益。从消费者借贷角度而言,保护消费者的还款自由也应优先于银行等金融债权人获取利息的权利。通过所谓的预期借款利息权利“绑架”借款人甚至是违反善良风俗的。

因此,不保护债权人的利息权利更有合理性。抵押权人不得主张因提前清偿所导致的利息损失,但当事人可作另外约定。

四、抵押物法定处分禁止与“代为清偿”

按照《物权法》的规定,受让人代为清偿债务消灭抵押权的,抵押物的转让无须抵押权人同意。但是,受让人应何时进行代为清偿?如果在抵押物所有权转移之前代为清偿而消灭抵押权,则意味着买卖合同签订后,受让人放弃同时履行抗辩权而先履行,这意味着受让人的风险,最终他可能无法取得抵押物的所有权。相反,如果由出卖人先履行交付抵押物和转移所有权的义务,则意味着抵押人的风险。应该如何具体操作代为清偿的问题?

(一)遵守《物权法》的规定

《物权法》对抵押物的转让规定了烦琐却并不完善的规则,按照《物权法》的规定,抵押物的转让应按照如下“程序”进行:

例如,A将价值100万元的房屋抵押给B,担保对B的60万元的债务,后A将房屋转让给C。A与C可直接签订买卖合同,约定房屋以101万元的价格转让。此时,如果抵押权人同意抵押物的转让,则应提前清偿:可由C向A支付全部价款,并由A(风险!)提前清偿,余款41万元A自己保留;也可由C直接进行提前清偿,并将41万元余额向A给付。

如果B不同意抵押物转让，则转让依然有效，唯其对B相对不发生效力。A、C可主张同时履行抗辩权，在A偿债消灭抵押权之前中止履行。C也可以先向A支付101万元价款，并在债务到期前或债务到期后进行代为清偿以消灭抵押权。C代A清偿债务，可向A主张60万元的不当得利。由于C承担代为清偿及抵押权执行的风险，这对其非常不利。因此，C与A有强大动力预先对60万元的债务风险进行处理。

（二）对抵押权预先处理

抵押人与受让人也可以通过买卖合同预先对抵押权的实现进行处理，这里有两种模式：

1. 抵押人与受让人约定进行债务承担，即受让人取得抵押物所有权同时成为抵押权人的债务人。债务承担涉及债权人同意的问题。如果抵押权人同意，则抵押人可以脱离债权债务及抵押权法律关系。抵押权人之所以同意债务承担，在于其债权有抵押权保障。[①] 如果抵押权人不同意，则抵押人与受让人之间的转让依然有效，债务到期后，受让人可以代为清偿抵押人的债务以消灭抵押权，这属于履行其与抵押人之间债务承担协议。

例如，A将价值100万元的房屋抵押给B，担保对B的60万元的债务，A后又将房屋转让给C，转让未经抵押权人同意。A与C约定，债务到期由C偿还60万元债务，A立即取得41万的转让价款。由于B对债务承担未表示同意，所以A仍为B的债务人，而C相对于B为A的债务人。B的债权有抵押权担保，且多了潜在的清偿人，故该模式对抵押权人B并非不利。而抵押人也可以在内部摆脱债的关系，并取得抵押物的转让价值41万元。如果C到期不清偿所承担的60万元债务，则其受让的抵押物将被执行。A、B、C三方当事人的法律地位平衡，交易顺畅。

不过，如果B放弃抵押权而对A强制执行，则A面临不利地位。

---

① 有足额抵押权保障的债权人拒绝抵押物的转让，甚至是一种恶意行使权利的行为。当然，在不足额抵押及债务人仍有其他选择情形，不能轻易认为抵押权人恶意行使权利。

此时,其可以主张C返还60万元的不当得利,或追加C为被执行人,也可通过合同对此作出防范。

2. 抵押人与受让人以抵押物的全价进行转让,受让人对抵押人相对于抵押权人之债务不进行债务承担,但抵押人与受让人对抵押权实现的风险通过合同机制解决。

例如,在上例,A将价值100万元的抵押物以101万元的价格转让给C,C不承担A对B的债务。由于抵押物转让没有取得抵押权人B同意,履行相对于B不生效。A于债务到期后不清偿债务,B可执行转让给C的抵押物,实现抵押权。为规避抵押物被执行的风险,A与C可以通过合同机制预先解决这一问题。

这又有两种方法:第一种,由A向C提供担保,如果到期抵押物被执行,C可以代为清偿,并通过执行对A的担保权利弥补代为清偿的损失。如果B在抵押权之外而对A申请强制执行,则B的抵押权因60万元债权的实现而对C消灭。第二种,C只支付41万元给A,如A向B清偿60万元债务,则C向A清偿60万元价款;如A不清偿,抵押权人B到期申请执行抵押权,且C代为清偿,C与B之间的60万债权抵消。

综上所述,抵押物受让人代为清偿是一种不利的负担,其应对债务风险及抵押权做预先的处理以化解抵押权实现的风险,这属于当事人契约自由的范围,具体如何约定有多种可供选择的模式。

(三)代为清偿的限度

《担保法》第35条规定,抵押人所担保的债权不得超出其抵押物的价值。对于《担保法》禁止超额抵押的规定,很多学者提出批评,认为该规定过度干预当事人的意思自治。《物权法》并没有明确规定超额抵押禁止。有观点按照新法优先于旧法的原则,认为《物权法》并未禁止超额抵押。

在超额抵押,债权的数额高于抵押权担保的数额,受让人能否仅仅清偿与抵押权数额重合的部分而消灭抵押权?按照《物权法》的规定,"转让的价款超过债权数额的部分归抵押人所有,不足部分由债务人清偿……但受让人代为清偿债务消灭抵押权的除外"。如果对该规定作受让人全额清偿的理解,则存在这样的问题:债权人可以主张的正当利益以抵押物的价值为限，要求受让人全额清偿，超越了抵押权人的权利范围。但也可以认为，超额清偿是受让人为获得无物上负担清洁物所自愿支付的代价，其是否超额清偿法律并不强制。

从《物权法》与《担保法司法解释》的对比以及《物权法》本身的文义来看，抵押权人无须超额清偿。按照《担保法司法解释》第67条的规定，"取得抵押物所有权的受让人，可以代替债务人清偿其全部债务，使抵押权消灭。受让人清偿债务后可以向抵押人追偿"。该司法解释持受让人全额清偿的观点。《物权法》第191条的用语与之不同，其并未如《担保法司法解释》那样规定受让人"清偿全部债务"，也未规定受让人的追偿权。可以认为，司法解释的规定在于通过消灭债的关系从而消灭抵押权，其直接目的在于债务的全额清偿。而《物权法》在于直接消灭抵押权本身，受让人代为清偿仅仅为手段，去除抵押权负担后债的关系仍可能部分的存在。

因此，《担保法司法解释》全额清偿的观点不足采信，对《物权法》"代为清偿"的规定作限额清偿之理解符合逻辑，且较为公允，是发生争议时所应采取的解释。

结论

在抵押物转让问题上，有价金物上代位论和抵押权追及论两种不同的观点。代位论有诸多不合理之处。《物权法》以抵押权人同意和受让人代为清偿作为抵押物转让禁止的例外。从条文本身来看，糅合了代位论与追及论。然而，通过相对不生效的限缩解释，《物权法》的规定与抵押权追及论接近。同时，代为清偿和善意取得也为抵押物不经抵押权人同意而转让提供了较大空间。现有抵押物转让规则对抵押人、抵押权人和受让人利益的保护总体是平衡的。

然而，《物权法》现有抵押物转让规范仍存在较多不完善之处。虽然通过善意解释，可消除《物权法》现行条文的一些疑虑。但从立法论的角度，抵押物转让规则仍有待完善，应以追及论为原则，对《物权法》第191条作出修正。至于法定处分禁止与相对无效制度，也可考虑采纳。

（作者系法学博士，北京市社会科学院法学所助理研究员）

论以按份共有作为复数所有权的“理想类型”

——以《物权法》第103条为切入

唐　勇

目　　次

一、导论：共有之类型推定

（一）问题：《物权法》第103条与《民通意见》第88条之冲突

《物权法》（2007年）第103条规定的共有之类型推定，与《民通意见（试行）》（1988年）第88条的规定正好相反：依据前者，当共有类型存疑时，除非存在“家庭关系等”，应当“视为按份共有”；依据后者，当共有类型存疑时，则“应当认定为共同共有”。二者之抵牾，在法律适用上并不会造成困境，盖因《物权法》第103条属于新法、高阶法，故而《民通意见（试行）》第88条随之“废止”。① 然则，从评价法学角度，却

① 《最高人民法院关于废止2007年年底以前发布的有关司法解释（第七批）的决定》（法释〔2008〕15号）第24项，以其“与物权法有关规定冲突”为由，正式将其废止。

要追问:就同一问题(共有类型推定),《物权法》和《民通意见(试行)》缘何持截然相反的态度?[①] 进而,关于共有的类型推定本身,其意义何在,甚或是否有意义?[②]

《物权法》第103条延续了《民通意见(试行)》第88条对共有类型推定的关注,脱胎于《物权法草案》(全国人大常委会2007年公布,以下简称2007年草案)第102条、《物权法草案》(全国人大常委会办公厅2005年公布,以下简称2005年草案)第108条。[③]《物权法》颁布之前,有学者评析"2005年草案"第108条时,[④]基于按份共有与共同共有的"不可通约性"(即按份共有与共同共有以"共同关系"得以界分),否定了包括《民通意见(试行)》第88条在内的共有类型推定,雄辩地指出,"'视为按份共有'的推定规则实属赘文"。此观点殊值赞同,且对于从法律继受角度廓清共有类型的"二分法",具有积极意义。《物权法》最终保留了该类型推定规则,然则,官方机构公开出版的,且较

① 就类型推定不同规范相抵牾的情形,尚有比如一般保证与连带保证的推定,《担保法》第19条与《最高人民法院关于审理经济合同纠纷案件有关保证的若干问题的规定》第7条就该同一问题亦持相反立场。

② 单纯地从个别条文适用的角度,《物权法》第103条对《民通意见(试行)》第88条的否定,自是直接导致法律适用上的背反,然则,就该条文的教义学分析,显然不能限于其本身,而应将其置于《物权法》第八章"共有",乃至整个《物权法》的规则体系中,方得甄别此"朝令夕改"系属深思熟虑还是立法者的"恣意"。

③ "2007年草案"第102条规定:"共有人对共有的不动产或者动产没有约定为按份共有或者共同共有,或者约定不明确的,除共有人具有家庭关系等外,视为按份共有";"2005年草案"第108条规定:"共有人对共有的不动产或者动产没有约定为按份共有或者共同共有,或者约定不明确的,除共有人具有家庭关系等以外,视为按份共有"。两相比较,前者仅在措辞上将"家庭关系等以外"改为"家庭关系外",此变动亦为《物权法》第103条所采。

④ 原文为:"……按份共有与共同共有的分水岭,在于共同共有须有共同关系的存在,而就该共同关系又须贯彻类型强制原则,故而,就某一特定的物之上是否成立共有关系以及成立何种共有关系,首先即须探明各争执人之间有无法律所明定的共同关系的存在。而是否有共同关系,原则上不能动用推定规则的。换言之,若争执人所举证据不足以构成共同关系,即不得认定为法定共同关系存在,推定规则无适用余地……"参见张双根:"共有中的两个问题——兼谈对《物权法(草案)》'共有'章的一点看法",载《比较法研究》2006年第2期。

有影响的"立法理由书",回避了类型推定本身是否合理的问题,径直讨论应当"推定为按份共有"还是"推定为共同共有";[①]相关的"司法意见",虽然亦回避了推定本身是否必要的问题,然则吸取了学理上以"共同关系"界分按份共有与共同共有的观点,略作说明后进一步指出"……与《民法通则意见》第88条的规定相比,《物权法》本条的规定更科学"。[②] 总体上,不论"立法理由书"抑或"司法意见",对于《物权法》之共有类型推定规则均"点到为止",其背后的体系价值实有待发掘。

检索目前学理上对该条的评注,较为新颖、亦较值得关注的一种观点,首先也是从"善意解释法律"的角度,认可共有的类型推定规则以及第103条规定之"推定为按份共有",然有所不同者,其更强调本条与《物权法》整篇(尤其基本价值)的调谐,即认为"法律规定的这种前后变化,是物权法的效率导向在共有制度上的体现……和按份共有相比,共同共有是没有效率的共有,对共有人基础关系的重视和一致决的要求,使得共同共有更具稳定性而效率低下。因此,对没有约定或约定不明的共有类型推定为按份共有,符合此次物权法制定中'发挥物的效用'的立法目的"。[③]

以物权法的效率导向解释共有之类型推定,匠心独运,然则仍"言犹未尽",不仅在于作为"原则"的"发挥物的效用"与作为"规则"的共有之类型推定,彼此之间缺乏妥帖的"过渡",更表现为此时作为法政策的效率原则,存在与同位阶的其他法价值相冲突(比如"保护权利人的物权")之虞,甚或与其自身相背反,申而言之:一方面,"按份共有之

① 参见全国人大常委会法制工作委员会民法室编:《〈中华人民共和国物权法〉条文说明、立法理由及相关规定》,北京大学出版社2007年版,第189页以下。

② 黄松有主编、最高人民法院物权法研究小组编著:《〈中华人民共和国物权法〉条文理解与适用》,人民法院出版社2007年版,第323页。

③ 孙宪忠主编:《中国物权法:原理释义和立法解读》[陈鑫],经济管理出版社2008年版,第291页;亦见朱岩等:《中国物权法评注》[陈鑫],北京大学出版社2007年版,第324页。

多数决”相较于共同共有人的一致决，确实看似更加效率，[①]但有被诟病为“侵犯了持不同意见的‘少数派’共有人的持份权（物权）”之虞，以此为出发点论证按份共有比共同共有更效率，即有过度强调某单一基本价值之嫌；另一方面，共同共有乃至共有是否真的是没有效率的或效率低的，实有待进一步论证，[②]毕竟，现代共同所有权制度已然蔚为大观，远不同于视其为“纷争之源（mater rixarum），从而尽量避免发生共有或使之消灭”[③]的罗马法时代。

故此，在本文看来，就第 103 条的评介而言，孤立地看待共有之类型推定，过于“趋近”，而以抽象的法价值“审度”之，又过于“趋远”，从体系解释的角度，均执着于法典“条—篇”结构之一端，缺乏中间过程，故而有失偏颇，故应当恢复法典“章（节）”的中介价值，从“条—章（节）—篇”之序列中探求允当之解释。职是之故，我们要追问的是：关于第 103 条类型推定之解释，是否遗漏了本法第 8 章业已明示之趣旨？

（二）趣旨：共有类型区分的“可通约性”？

整部《物权法》应当是保守的，但其第 8 章可谓“新意连连”。就体例而言，《物权法》第 8 章承袭了《民法通则》，将共有分为按份共有和共同共有，并统一作了规定。早在《物权法》颁布之前，学者即对此种体例安排提出了中肯有力的批评，指出“就共有之种类而言，按份共有之成立，可基于不同的原因，且在种类上法律不作限制。反之在共同共有中，因其核心概念在于共同关系，且不限于物上的共同共有，故而立法对共同共有之类型，采类型强制主义，当事人在此领域所享有的自治

① 物尽其用正是“立法理由书”支持按份共有采多数决的理由；见全国人大常委会法制工作委员会民法室编：《〈中华人民共和国物权法〉条文说明、立法理由及相关规定》，北京大学出版社 2007 年版，第 175 页。

② 且不论合伙式共有，以婚姻、家庭式典型共同共有为例，“英国媒体 13 日公布一项最新研究表明，单身生活方式正以惊人的速度消耗着大量自然资源……有关专家呼吁，应该采取一些措施鼓励人们在大家庭中生活”，参见中国新闻网，http://www.chinanews.com/n/2003-01-14/26/263396.html，最后访问时间：2013 年 2 月 2 日；关于共有制度效率价值的分析，可参见唐勇：“共有制度研究——兼述民法典‘共有’章之编撰建议”，北京大学法学院 2011 年博士学位论文，第 9 章第 2 节“共有功能的范式转变”，第 95 页以下。

③ 周枏：《罗马法原论》，商务印书局 1994 年版，第 335 页。

空间受到限制。因此这两种共有之间,存在本质差异,很难做统一之规定",并对"立法者试图就这两类共有归纳一般性规则的努力"提出了质疑,"这种设计方式,不仅在各立法例中无先例可循,而且更混淆了这两类共有间的本质差异"。[①] 遗憾的是,前述意见未被立法采纳,相关讨论也未充分展开。正如有学者指出的,物权法最终"延续了《民法通则》的做法,将按份共有与共同共有以综合的方式规定在一起,并且设立了一些对二者共通的规则。这种做法在立法史上并非没有先例。我国台湾地区的'民法'、《瑞士民法典》都采用这种做法";[②]然而,此说法需予以甄别者,乃"以综合的方式规定在一起"有立法例,而"设立了一些对二者共通的规则",却如前述几"无先例可循"。

《物权法》第8章在结构体例上凸显按份共有与共同共有"可通约性"的"意图"或"创举",显而易见,凡该章第96条、第97条、第98条、第99条、第100条、第102条,均直接或间接否认了共有二分法下按份共有与共同共有规则的"泾渭分明",而强调其互比性甚至互通性,及至第103条将二者"携手",正式"通约"。这无疑给传统的共有二分法予以直接的冲击,然而,此一点却成了"白纸黑字"的"法教义",脱离该趣旨解释第103条乃至本章的其他条文,均意味着一定程度上的体系悖谬。

换言之,《物权法》第8章存在混淆共有类型区分的明显倾向,自有其"弊病",然则,其也为共有类型之"沟通"提供了"契机":"善意"地解释本法第八章"刻意""混淆"两类共有的趣旨,搭建"第103条第8章《物权法》整篇"之解释链条,即为本文之工作。

(三)进路:"实用主义"的民法继受

本文解决或解释问题的进路,将首先是"比较法"式的。不仅仅因为,"它提供了一些类比,提出了一些思路,为一些否则的话就无法解

---

① 张双根:"共有中的两个问题——兼谈对《物权法(草案)》'共有'章的一点看法",载《比较法研究》2006年第2期。

② 薛军:"《物权法》关于共同共有的规定在适用中的若干问题",载《华东政法大学学报》2007年第6期。

决的问题提供了一些明智的解决办法”;①更主要因为,比较法对于我国民法确有其特殊意义,它不单是一种“类比”,从法律继受的意义上,它又是“历史”,对于共有类型化而言,比较法此“二重性”更为凸显(下文将述及)。然而,本文对于比较法的态度,却终将是“实用主义”的,即更关切其效用与逻辑自洽,并不会视其为具有某种“命令性的”材料,相反,会将其退回“仅仅是类比”的位置。

(四)结构:以探求“理想类型”为主线

《物权法》颁布之前,共有理论争议在定性方面,主要集中在对合伙财产、业主的建筑物区分所有权以及集体土地所有权等性质的争论;在定量方面,主要讨论业主委员会的民事主体地位、合伙的民事主体地位、按份共有人的优先购买权等问题;边缘性的讨论,尚有讨论股权性质上也属于共有权或单独所有权(一人公司情形)。就共有类型化而言,各共有类型几乎涉及了私法的所有法域(民法总则、物权法、债法、商事组织法、婚姻法、继承法、亲属法、知识产权法等)。《物权法》颁布之后,其第八章除了立法体例上的“创新”,对各争议问题基本采取存而不论的态度,相关争议并未得到实定法上的裁决,因此,一个封闭的共有类型探讨并不可取,本文毋宁关切的对象是较为宽泛的“主体为复数的所有权”(“复数所有权”②)。

借助《物权法》第103条的类型推定以及第八章对共有类型“可通约性”的强调,本文将首先试图“正当化”此共有二分法之“崩解”倾向,

---

① “尽管如此,外国法系的功能一直都是建议性的,而不是命令性的”,参见[美]本杰明·卡多佐:《司法过程的性质》,苏力译,商务印书局1998年版,第76页以下。

② 学理上,使用“复数所有权”概念的为少数,且存在包含共有或排除共有的差异,比如有学者使用复数所有权主要指国家所有权和集体所有权,即狭义的复数所有权,见人民网:“与著名民法学家对话物权法草案”,“问:据我所知,最初起草物权法时还有一些问题争议很大,比如所有权是采用单一所有权还是采用复数所有权?请谈谈您[王利明]的看法”,载http://npc.people.com.cn/GB/14957/3669558.html,最后访问时间:2013年2月6日;认为国家所有权、集体所有权为单一所有权者,参见杨立新:《共有权理论与适用》,法律出版社2007年版,第31页;认为集体所有权主体为复合结构者,见崔建远:《物权:规范与学说——以中国物权法的解释论为中心》(上册),清华大学出版社2011年版,第392页;本文此处则采取广义的复数所有权,即与单一所有权相对应的所有权,以共同所有权为主,也包括建筑物区分所有权、集体所有权等。

且于日渐纷繁多样的复数所有权类型中,探求其“理想类型”,并初步检验其对特殊共有类型的解释力。进而,依循探求复数所有权“理想类型”之主线,本文主体内容分为以下六部分:(1)“导论:共有之类型推定”;(2)“共有类型区分体例之溯源”;(3)“共有类型区分的困境及类型趋同”;(4)“以按份共有作为复数所有权的‘理想类型’”;(5)“按份共有的体系解释价值”;(6)“结语:兼第 103 条之再释义”。

二、共有类型区分体例之溯源

共有,系“共同所有权”(静态)或“共同所有”(动态)的缩略,系指主体为复数的所有权或所有,故又可称为复数所有权或复数所有,以区别于单独所有权(单一所有权)或单独所有(单一所有)。然则,正如法谚所云,“两人或数人不可能分别拥有完整的权利(duorum vel plurium in solidum dominium esse non posse)”;[①]故此,需仰赖特定的法技术,以保护共有人的权利,并“治理”其内外部关系。众所周知,对于共同所有权,自《民法通则》以来,我国判例学说均采取并延续的法技术主要是类型区分理论(或曰“共有二分法”),即将基本的共有类型区分为按份共有与共同共有,适用不同的规则,分而治之。

就特性而言,按份共有,按照《物权法》第 94 条规定系“对不动产或者动产按照份额享有所有权”,而份额产生于所有权量的分割理论。通说认为所有权是可以分割的,并且区分为所有权质的分割和量的分割。[②]“将一个所有权分数的二分,甲乙各有其二分之一所有权时,为所有权之量的分割。将一个所有权分解为管理、处分、使用、收益各权能,甲有对于物之管理处分之支配的权能,乙有对于物之使用收益之经济的权能,两者之权能,依团体内部之组织法统一结合,而实现完全所有权时,为所有权之质的分割”。[③] 份额系对于物的所有权从量上切割

---

① “它只能被这样加以解释:数人对同一物不可能拥有完整的权利”;见[意]彼德罗·彭梵得:《罗马法教科书》,中国政法大学出版社 1992 年版,第 231 页。

② 史尚宽:《物权法论》,中国政法大学出版社 2000 年版,第 152 页以下;梁慧星、陈华彬:《物权法》,法律出版社 2007 年版,第 153、154、235 页;王利明:《物权法研究》(上),中国人民大学出版社 2007 年版,第 685 页以下。

③ 史尚宽:《物权法论》,中国政法大学出版社 2000 年版,第 152、153 页。

成不同比例的小份，这些各小份之间同种同质，将所有权的各项权能都比例地分配了，而不失仍为所有权。那么，共同共有是否即不按份额的共有？

共同共有，依据本法第 95 条规定并不能明确其内涵，尤其是其与按份共有的区分。通行教材认为按份共有与共同共有的主要区别，在于“共同共有是不分份额的共有”，①只有在共同关系终止，共有财产分割后，才能确定各共有人的份额；此外，有力说认为，按份共有与共同共有区分的关键，在于共同共有之成立，应以“共同关系”②之存在为前提。③ 所谓“共同关系”，是指“共同共有中，在各共有人之间必须首先或同时存在一层基础性的法律关系”，如夫妻关系、家庭关系等。④ “共同关系”作为概念并未为物权法所采，但这一层“特别关系”（本法第 99 条规定共同共有存在所谓“共有的基础”），确实也是物权法区分按份共有和共同共有的途径，⑤本法第 103 条“家庭关系等”亦是著例。

然则，不论是按份共有之“份额”（Anteil），抑或共同共有之“共同关系”，进而，对于共同所有权所谓的“二分法”，均表现出强烈的继受法技术“痕迹”。

立法体例上，共有之类型区分与同章规定，同于台湾地区“民法”

---

① 梁慧星、陈华彬：《物权法》，法律出版社 2007 年版，第 237 页；王利明：《物权法研究》（上），中国人民大学出版社 2007 年版，第 708 页。

② 对照德国民法典，有译者认为 BGB 第 741 条以下（Gemeinschaft）规定者应翻译为“共同关系”（见陈卫佐译《德国民法典（第 2 版）》）。就体系而言，倘若将 Gemeinschaft 译成“共同关系”，则相应的，按份共同关系（Gemeinschaft nach Bruchteilen）只是共同关系之一种，而按份共有（Miteigentum nach Bruchteilen）又只是按份共同关系之一种。个中差异，殊值甄别。

③ 张双根：“共有中的两个问题——兼谈对《物权法（草案）》‘共有’章的一点看法”，载《比较法研究》2006 年第 2 期；裴桦：“关于共同共有两个基本问题的思考——兼评我国《物权法》相关条款”，载《甘肃政法学院学报》总第 99 期，2008 年 7 月。

④ 张双根：“共有中的两个问题——兼谈对《物权法（草案）》‘共有’章的一点看法”，载《比较法研究》2006 年第 2 期。

⑤ 黄松有主编、最高人民法院物权法研究小组编著：《〈中华人民共和国物权法〉条文理解与适用》，人民法院出版社 2007 年版，第 323 页。

(第817～831条)和瑞士《民法典》(ZGB Art. 646—654a)[①],而异于德日意等国民法典。比较法上的此种体例安排,特殊之处在于,首先对共同共有作出一般性的规定,再将其与按份共有规定于一处。从时间先后上不难看出,系瑞士《民法典》首创。就继受性而言,“自晚清制定《大清民律草案》开始,中国即基本照搬瑞士民法关于‘公同共有’的一般规定,仅在形式上作了点变动,即将瑞士《民法典》的三个条文按照符合中国人的逻辑层次分解为六个条文(《大清民律草案》第1063～1068条)”;[②]“我民法仿瑞士民法之例,于共有标题之下,分为分别共有(Miteigentum nach Bruchteilen)及合手的共有(Eigentum zur gesamten Hand)。前者单称共有,后者称为公同共有”。[③] 唯有如此,可知物权法中共有的立法体例系仿效瑞士立法,只不过有“超出”瑞士立法之处,即尝试对两种共有设置一般性规则。

任何论证均须有特定的起点,本文既以比较法为视角,故当首先就继受母法上的类型区分体例作一探究。

(一)瑞士法共有的立法体例

究瑞士立法,瑞士《民法典》(ZGB)在共同所有权(Gemeinschaftliches Eigentum)一节,区分规定了两种不同类型的共有,即共有(Miteigentum, Art. 646 - 651)和“总有”(Gesamteigentum, Art. 652 - 654)。其中,“总有”的具体关系称“Gemeinschaft zur gesamten Hand (Gesamthandschaft)”,[④]其名为“总有”,实系合有也。

瑞士法上的这两种共有可通过以下两个角度予以区别:[⑤]1. 关系来源不同:(1)总有可基于法律规定或合同成立,并以存在基础关系

---

① 此外,还有俄罗斯民法典。参见俄罗斯《联邦民法典》“第十六章 共有”第244～259条,黄道秀译,北京大学出版社2007年版。

② 参见俞廉三、刘若曾编:《大清民律草案》(第4册),宣统三年修订法律馆铅印本,第30～40页;转引自李启成:“法律近代化过程中的外来规则与固有习惯——以祭田案件为中心”,载《中国社会科学》2008年第3期。

③ 史尚宽:《物权法论》,中国政法大学出版社2000年版,第153页。

④ Vgl. *Tuor/Schnyder/Schmid*, Das schweizerische Zivilgesetzbuch, 13 Auflage, Zürich 2009, SS. 913, Nr. 2.

⑤ a. a. O. *Tuor/Schnyder/Schmid*, SS. 913 - 921.

(Grundverhältnis)为前提,且只能依照法律明确规定的形式,即实行类型强制(Numerus clausus);就基础关系而言,法律(瑞士《民法典》ZGB和瑞士《债法典》OR)仅认可婚姻共同体(eheliche Gütergemeinschaft)、继承共同体(Erbengemeinschaft)、家庭(Gemeinderschaft)、普通合伙(Kollektivgesellschaft)、两合公司(Kommanditgesellschaft)和简单合伙(einfache Gesellschaft);除此之外,不得形成总有。(2)共有的成立则不需要特别的共同关系,仅依照法律或法律行为即可成立。2. 共有人权能不同:(1)在总有的情形,共有人的关系非常紧密,以至于无法说是“你的”或者“我的”,因此,所有共有人共同享有权利和共同承担义务,即合手。(2)在共有的情形,存在抽象的份额,且份额相当于所有权,共有人得自由处分份额,并依照份额管理、利用和处分共有物。综言之,前述虽为粗略的轮廓,但基本能勾勒出这两种共有适用的规则,可谓泾渭分明。

瑞士法上共有的立法体例,可通过以下图1[①] 予以明了。唯需进一步说明者,有如下两点:(1)根据1965年生效的瑞士《民法典》第四部分修正案,重新引入[②]楼层所有权(Stockwerkeigentum),其为共有(Miteigentum)的一类,相较于一般共有或单纯共有,称其为“专业共有(qualifiziertes Miteigentum)”。[③] (2)除前述一般共有和专业共有外,还有所谓共有的“特殊形式(Sonderformen von Miteigentum)”,包括“非独立的共有”(unselbständiges Miteigentum)和“调整的或不稳定的共有”(modifiziertes Miteigentum oder labiles Miteigentum);其中前者在实践中比如远距离供热装置、停车场或小路;后者指在银行业务中寄存有价证券(和贵金属)的情形,适用瑞民第727条和瑞债第484条,其中瑞债第484条第2款优先于瑞民第650条、第651条。[④]

---

① *Schmid/Hürlimann-Kaup*, Sachenrecht, Zürich 2009, S. 180.

② *Müller*, Zur Gemeinschaft der Stockwerkeigentümer, Bern 1973, S. 14.

③ *Hosell/Vogt/Geiser*, Zivilgesetzbuch II (Basler Kommentar zum Schweizerischen Privatrecht), Basel 2007, Vor. Art. 646 – 654a Nr. 6.

④ Vgl. *Tuor/Schnyder/Schmid*, Das schweizerische Zivilgesetzbuch, SS. 920, 921.

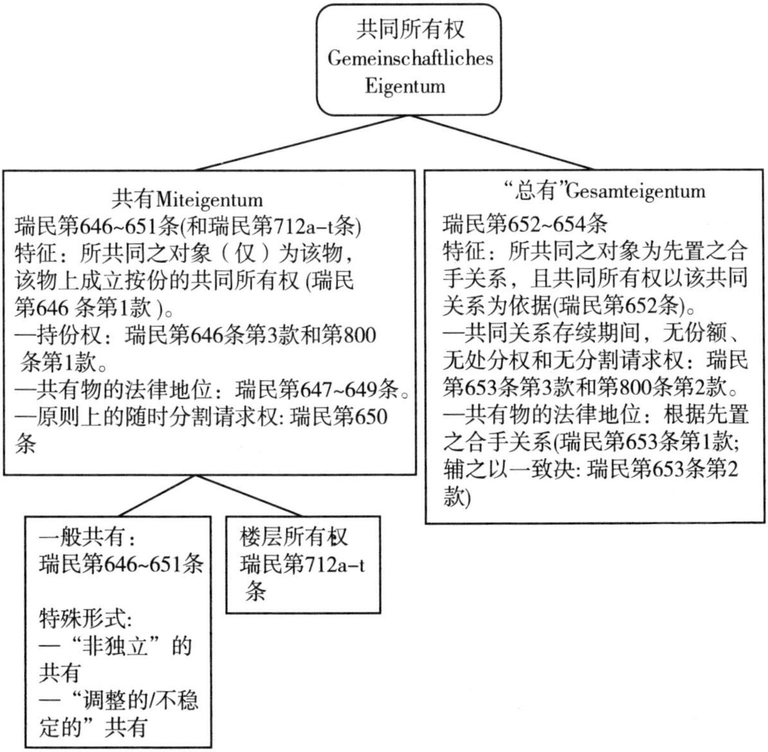

图 1

(二)瑞士法共有体例的渊源

就渊源而言,瑞士法上的共有源自罗马法,"总有"源自日耳曼法。① 共有(Miteigentum)源自罗马法,自无他说,近代包括法国、意大利和日本等国皆规定有罗马法意义上的共有制度,确系同源。然瑞士立法上的总有,据胡贝尔(*Huber*)的叙述,究其来源,名义上是由 Johann Kaspar Bluntschli(1808～1881)担任苏黎世(州)(私法)法典编

① a. a. O. *Tuor/Schnyder/Schmid*, S. 913, Nr. 1. *Auch Meier-Hayoz*, BeKomm, Vorbem. zu den Art. 646 – 654 ZGB, Nr. 11(原文指出共有源自罗马法和共同法"das gemeine Recht"); *Schmid/Hürlimann-Kaup*, Sachenrecht, Zürich 2009, S. 164.

撰者时(1854 ~ 1856)引入苏黎世立法,系源于 Bluntschli 和 Beseler,[①]亦即可谓源自德国法;然而,胡贝尔又指出,其实总有在此之前,就“已经作为所有权的一个特殊类型,出现在苏黎世(Zürich)、沙夫豪森(Schaffhausen)和格劳宾登(Graubünden)这三个州的立法中了”,并且其内涵都与德国法学界的认知相同。[②] 据此,瑞士立法上的总有,具体师出谁人之手虽难确定,但认定其在立法和学说上与德国法上的合有(总有)系属同宗,[③]应大体无疑。

就瑞士《民法典》(ZGB)和德国《民法典》(BGB)关于共有的具体规定而言,瑞士学者从比较法的角度,作了总结:[④]“德国法,同瑞士民法典一样,将共同所有权区分为共有和‘总有’。并且,在很大程度上,两者规定的具体规则也是相同的,或者说至少是相似的。不过,德国民法典采用了另一种立法技术:将共有债之关系(共有人之间因共有构成法定之债),一般性地规定于 BGB 债编第 741 ~ 758 条之‘共同关系(Gemeinschaft)’,并以‘按份共同关系(Bruchteilsgemeinschaft)’指称,或‘单纯的权利共同关系(schlichte Rechtsgemeinschaft)’。而 BGB 第 1008 ~ 1011 条之‘共有(Miteigentum)’仅仅作了很少的特殊规定,以作为 BGB 之‘共同关系’规定的补充或调整。共有,以及住宅所有权,系法定的按份共同关系之特殊形式。不同的是,BGB 既未对合手共同关系(Gesamthandgemeinschaft),也未对合有(总有)作出一般性的规定,而以适用各个别的合手关系规则为已足。”简言之,大体上可以认为瑞士法和德国法上的共有制度,区别主要是立法技术不同,而渊源、趣旨和具体规则上,差异并不大。学说上,基尔克(v. Gierke)、冯·图尔(v. Tuhr)、拉伦茨(Larenz)、弗卢梅(Flume)、Saenger、Engländer、Schultz 诸

---

① 此处应当指的是普鲁士法学家 *Georg Beseler*(1809 ~ 1888)。Beseler 被认为是德国法上合手原理(Gesamthandlehre)的奠基者,其后 *Gierke*(1841 ~ 1921)之 Genossenschaftstheorie 则为集大成者。Vgl. *Buchda*, Geschichte und Kritik der deuschen Gesamthandlehre, Marburg 1936, S. 166.

② Vgl. *Huber*, System und Geschichte des Schweizerischen Privatrechtes (Dritter Band), Basel 1889, SS. 149, 150.

③ 尤其是德瑞古法都可向共同法(gemeines Recht)时期追溯。

④ Basel-*Hosell/Vogt/Geiser*, ZGB II, Vor. Art. 646 – 654a Nr. 29.

氏关于共有的相关论著,亦为瑞士学者所追溯引用。①

比较了德国民法典,同样有必要比较同是德语国家的奥地利,以及经常相提并论的法国民法典和意大利民法典。就此,学者也作了总结:②"奥地利普通民法典(ABGB)在其继承法(Erbrecht)的结尾,即第825~858条,规定了详细的共有规则,其最重要的适用情形即是继承共同体。ABGB对于合手共同体和合有(总有),同意大利民法典(der *italienische Codice civile*)和法国民法典(der *französiche Code civil*)一样,都没有作出规定。意大利民法典(CC it.)在第1100~1139条详细地规定了按份共同关系('*communione*');同时,CC如同德国法和奥地利法,也为ZGB对共有规则的变更和补充(连同1963年颁布、1965年1月1日生效的联邦楼层所有权法),提供了样本。"

准此以言,比较法上,唯德国法与瑞士法的共有制度,在立法和学说上均相互契合;且一脉相承;但亦能查知,合有(总有)在欧陆诸多法典中系属德瑞"特色",一定意义上是"少数派"。③

三、共有类型区分的困境及趋同

瑞士(德国)法上的共有立法体例及其类型区分理论,自清末变法引入中土,经《大清民律草案》、《中华民国民法典》、《民法通则》至《物权法》,渐成我国民法理论与司法实践之"通识"。然则,此"通识"自引入之初,即未曾充分体现其作为纯熟法技术应有的"精湛",相反,及至今日,仍因其可操作性不强,而持续表达着某种"食洋不化"。

(一)共有类型区分的困境:"水土不服"

将共有区分为按份共有和共同共有,理论上明晰雅致,然则司法实践中屡显"南橘北枳"。民法学理上对于共有类型区分的态度,径采"拿来主义",较少有反思或质疑。相反,法理学、法律史学和刑法等相

---

① Vgl. Schneider, Das schweizerische Miteigentumsrecht, Bern 1973, S. 6 ff.; *R. Haab/A. Simonius/W. Scherrer/D. Zobl*, Kommentar zum schweizerischen Zivilgesetzbuch IV. 1, Zürich 1977, S. 113 ff.

② Basel-*Hosell/Vogt/Geiser*, ZGB II, Vor. Art. 646 – 654a Nr. 30.

③ 我国在比较法上较为关注的欧盟国家当中,唯有德国法上设共同共有制度,其在欧洲统一私法过程中,相较于奥地利、法国和意大利等国,显然是少数派。

邻法学，对于民法整体继受下的共有规则却均有过较为严肃的"审视"，颇能从法律继受角度阐释共有类型区分在学理和司法实务上的"尴尬"。现就相关论述，举其要者，拾掇如下：

1. 类型区分实为类型闭锁

将复数所有权人为地区分为按份共有和共同共有，非此即彼，使得复数所有权中的一部分难以归类，从而不能按照"要件+效果"模式予以规制，尤其是一些传统的复数所有权类型，比如法律史上讨论的祭田。①

"家族设置祭田，专供祭祀祖先之用"，其思想渊源可上溯至周代宗法制下的尊祖敬宗睦族，并随南宋《朱子家礼》而成传统中国之成例；②及至晚清仿效西学，引入西方法制，尤其民法共有制度，其遂面临法治之"考问"。祭田因其目的特殊、使用方式特别，且原则上当永续存在，而较难简单归入按份共有或公同共有。据考证，民初大理院在司法审判中"通过创设判例要旨的方式，将祭田定性为公同共有物，以公同共有法理为标准，对传统祭田习惯进行取舍，实际上对祭田习惯进行了改造"；③大理院的尝试，受到了柯凌汉、史尚宽等先生的批评，④认为判例将祭田等视为公同共有物，经共有人一致决即得处分，将废弃设置祭田以祭祀祖先之本意。也有研究指出，"公同共有是所有权的一种类型，而祭田派下对祭田并不拥有完整的所有权。因为根据传统祭田

① 法律史上的相关讨论，可参见李启成博士的系列文章，氏著："法律近代化过程中的外来规则与固有习惯——以祭田案件为中心"，载《中国社会科学》2008年第3期；"功能视角下的传统'法'和'司法'观念解析——以祭田案例为例"，载《政法论坛》2008年第26卷第4期；"民事权利在近代中国的生成——以大理院审理祭田案件为中心的实证考察"，载《比较法研究》2010年第6期；"'误读'抑或'创造'——近代中国'公同共有'语词考"，载《北大法律评论》2012年第13卷第2辑。另以祭田制度为博士学位论文者，参见尹伟琴："民国祭田法律制度研究"，华东政法大学2010年博士学位论文。

② 李启成："法律近代化过程中的外来规则与固有习惯——以祭田案件为中心"，载《中国社会科学》2008年第3期。

③ 李启成："法律近代化过程中的外来规则与固有习惯——以祭田案件为中心"，载《中国社会科学》2008年第3期。

④ 参见柯凌汉："祭产与书田之性质"，载《法律评论》第16卷第14、15期合刊，1948年8月；史尚宽：《物权法论》，中国政法大学出版社2000年版，第184页。

民事习惯,祭田派下仅有祭田的收益权,而无处分权。在诉讼实践中,南京国民政府时期法院允许祭田派下分割或出卖自己的祭田股份,从这个角度而言,国家法有时又将祭田认同为按份共有物”。[①]

不仅民国时期,即便是我国现代社会,司法实践中共有类型区分仍然表达着某种“闭锁”,比如对于部分民间复数所有权形式(比如“搭伙”)难以归类,司法实践中存在削减案件事实以符合按份共有或共同共有等特定法律概念之现象。正如,有学者曾总结某基层法院处理一民间复数所有权类型——“搭伙”纠纷案时指出,“《民法通则》上只有‘合伙’的概念,没有‘搭伙’的概念……法官很难说‘搭伙’在制定法上是个什么东西,他无法在制定法上找到适当的处理根据”,[②]法官最终通过“裁剪事实”的方式,“从‘搭伙’的概念开始,转到‘入伙’,最后以确立‘合伙’的合法性结束”,[③]重审中仍然坚持了此一类型认定,并“罔顾”“中级人民法院在给基层法院的信函中所作的暗示……它提出的两个问题(共有以及该牛在共有时的市场价格)相加实际暗示了另外一种可能——‘按份共有’”。[④] 确如上述,本案中,共有类型区分不仅不能起到理论简洁的作用,其所附带而来的“闭锁”,更是不经意成了法官“削足适履”的工具。

2. 共有类型区分对相邻法实践的导向模糊

不仅民事审判实践面临类型区分的困扰,刑法实例中亦受此映射。民法本应当为刑法提供财产法上的基本判断,然而,现实司法实践中,同样是利用民事共有理论,却表现出了明显的背反。以“刘汉福等抢劫案——丈夫伙同他人抢劫夫妻共同财产案”[⑤]与“王菊牙盗窃自己与

---

① 尹伟琴:“民国祭田法律制度研究”,华东政法大学2010年博士学位论文。

② 苏力:《送法下乡——中国基本司法制度研究》,中国政法大学出版社2000年版,第208页。

③ 苏力:《送法下乡——中国基本司法制度研究》,中国政法大学出版社2000年版,第208页。

④ 苏力:《送法下乡——中国基本司法制度研究》,中国政法大学出版社2000年版,第211页,注〔14〕。

⑤ 参见《刑事审判参考》2001年第4辑(总第15辑)。

他人共有的耕牛案”[1]之对照分析为例,[2]两者争议焦点几乎完全相同,虽然二者均认定指控罪名成立,但在犯罪数额的最终认定上差异较大:前案刘汉福就共有财产全额承担罪责,后案王菊牙案却仅就原告份额承担罪责。从审判理由来看,体现的也主要是民事共有理论的通说,尤其是按份共有和共同共有的区分:按份共有有明确的份额,并且可就份额单独计算;而共同共有并无明确的份额概念,具有不可分性;正如通说所言,共同共有不同于按份共有,在共有关系存续期间并无份额,但不分份额,意味的并不是分不出份额来,而是更不区分“你的”、“我的”,[3]即在财产归属问题上,共同共有关系较按份共有关系更为紧密;[4]那么,基于这种更为紧密的财产关系,却导致前案所认定的犯罪数额在比例上远重于后者,类型区分的导向“模糊”始见一斑。

3. 实务中对于突破共有二分法的呼吁

共有类型区分,不仅意味着法律适用上的复杂,也意味着类型闭锁,并存在对相邻法模糊的导向,无怪乎有审判工作人员直截了当地提出了对共有二分法的质疑,并呼吁:“共同共有制度在现代社会已经没有生命力,只是一个历史的存在,所有形态的共有本质上都是按份共有,物权法中无须保留共同共有制度。此外,两分法是一种非此即彼的‘公式化’思维模式,依据两分法,无论何种共有,要么属于按份共有,要么属于共同共有,如此一来,一方面容易引发诸多关于共有性质的无谓争论,以合伙财产共有为例,关于其性质,我国学者有五种不同观点,即共同共有说、按份共有说、具体分析说、双重属性说、合有说,徒增法律适用和理解的困难;另一方面又缺

---

① 案例及相关审判意见来源:www. vip. chinalawinfo. com,最后访问时间:2013 年 2 月 2 日。

② 两案法教义评介,具体可参见唐勇、马愓司、马瑟尔 · 库西勒:“刍议侵犯共有财产犯罪——从一组刑事审判实例切入”,载卜元石主编:《域外中国法评论》(第 2 辑),上海人民出版社 2012 年版,第 274 ~ 299 页。

③ 此一点,在刘汉福案中受害人的言行当中表现尤为清楚,“案发后,被害人张某多次以口头或书面方式要求无罪释放刘汉福,称刘汉福所抢 10 万元现金,是她与刘汉福共有的家庭财产,刘汉福有支配权,刘汉福搞的是假抢,并未侵犯她的财产权益,如果知道此案系刘汉福所为,她绝对不会报案,即使刘汉福拿走那 10 万元,她也没有意见”。

④ 即相较于按份共有,共同共有人之于共有物,更接近于“本人财物”。

乏包容性,对调整新型的共有形态往往无能为力”。①

（二）共有类型区分可操作性弱的深层次原因

上文已述及,按份共有与共同共有的“分水岭”一为份额,一为共同关系,份额尚可经由所有权、股份、合伙份额等获致大致可靠的理解,并且份额已较难界分按份共有与共同共有,盖因学理上也逐渐认可共同共有亦存在份额,或者至少是潜在的份额。② 故此,“共同关系”实际上成为了类型区分的关键。

而对于何者为“共同关系”,虽然学理上以家庭关系等作为比照,却仍显语焉不详。何以家庭关系即是“共同关系”,而形成按份共有的法律规定或合同约定即非“共同关系”？本法第103条规定在无法区分某共有为按份共有还是共同共有时,“除共有人具有家庭关系等外,视为按份共有”,而其中的“等”③字使得条文含义有很大的模糊性,也使得家庭关系并不能与“共同关系”(或“基础关系”)直接对应。

恰是“共同关系”的模糊性,传递至共同共有本身,复传递至共有的类型区分,使得其可操作性不强。“共同关系”的模糊性,实际是系属我国共有类型区分继受上的“遗漏”,④其核心是日耳曼法上的“合手

---

① 胡田:“共有‘两分法’质疑”,载《南昌大学学报》(人文社会科学版)2010年第41卷第2期。

② 比如裴桦即明确指出“共同共有同样是按份额共有”,对“学者间常以‘不分份额’和‘平等享受权利’作为共同共有的特征”之看法,作出了批评;裴桦:“关于共同共有两个基本问题的思考——兼评我国《物权法》相关条款”,载《甘肃政法学院学报》总第99期,2008年7月。台湾地区学说亦承认共同共有有潜在的份额,参见谢在全:《民法物权论》(上册),中国政法大学出版社1999年版,第276页;瑞士法上强调所谓“verborgene oder latente Teile”;而在德国法上,还讨论对于共同共有,其份额究竟是仅存在于整个共同共有财产上,还是组成共有财产的单个物上也有份额,持肯定说者 Staudinger-*Langhein* [1996], BGB §741, Rz 241 [nicht in Bearb 2002]。

③ 对于共同共有包括夫妻共有、家庭共有和继承共有等类型,争议不大,主要是对于合伙财产是否属于共同共有,还是按份共有,目前仍有争议。比如魏振瀛先生主编《民法》(第四版)(北京大学出版社、高等教育出版社2010年版)即将合伙财产列入共同共有范围(第277页),而梁慧星、陈华彬先生《物权法》则未将合伙财产视为现行法与通说认可的共同共有主要类型(第241页以下)。

④ 唐勇:“共有制度研究——兼述民法典‘共有’章之编撰建议”,北京大学法学院2011年博士学位论文,第9章第2节“共有功能的范式转变”,第56页注[209]。

规则（Gesamthandlehre）"（或"合手理论"），然则，我们未必需要通过进一步继受合手规则，补强共有类型区分理论。

换言之，在本文看来，此一继受"遗漏"未必不是"福"，[①]盖因合手规则是如此的"地方性知识"[②]（日耳曼），使得其相较于"普适性"程度较高的罗马法规则更难继受。并且，其本身业已造成了体系解释上的困难，[③]正如德国物权法专家施蒂尔纳在评价中国物权法时指出的，"有些让人吃惊的是，中国继受了德国法上的共同权利拥有（Gesamthänderische Rechtsinhaberschaft）形式，近期以来在德国法上，共同共有被认为在学理上是不成功的，人们试图在民事合伙中采用假定部分权利能力的方式来避免共同共有结构（Gesamthandskonstruktion）所带来的困难[④]"。[⑤]

（三）共有类型在实务和学理上的趋同

"独木不成林"，实践上的不便利、少数派立法例、地方性知识、共同共有的结构困难，均不能单独成为否定类型区分的论据；相反，它们应当共同依顺于本法第八章"混淆"类型区分的倾向。此外，尚有必要从法律继受角度，略微考察一下继受母法本身对类型区分的反思和动向，以为增益。

实际上，即便在德瑞法上，共有的两种类型，也并非真的就是泾渭分明，一如德国法上绵延数百年的共有和总有之争一样，或曰继受法

---

① 唐勇："共有制度研究——兼述民法典'共有'章之编撰建议"，北京大学法学院2011年博士学位论文，第9章第2节"共有功能的范式转变"，第56页以下。

② 法制是"地方性知识"，这也决定了法律移植的困难；恐怕也是基于其地方性，才有学者一再重申"关于法律移植，我确实认为法律移植不大可能"，参见苏力：《送法下乡》，"世纪末日的交待（自序）"，第III页。

③ 唐勇："共有制度研究——兼述民法典'共有'章之编撰建议"，北京大学法学院2011年博士学位论文，第9章第2节"共有功能的范式转变"，第115页以下。

④ 参见《（德国）联邦法院民事裁判集》（BGHZ），第146卷，第341页以下；《新法学周刊》（NJW），2002，第1207页；K. Schmidt文，载《新法学周刊》，2001，第933页；卡纳里斯文，《企业与公司法杂志》（ZGR），2004，第69页；Jauernig/Stürner，《德国民法典评注》（BGB），第12版，2007，第705条，边码1处有进一步证明。转引自［德］霍尔夫·施蒂尔纳："德国视角下的中国物权法"，王洪亮译，载卜元石主编：《域外中国法评论》（第1辑），上海人民出版社2009年版，第59页。

⑤ ［德］霍尔夫·施蒂尔纳："德国视角下的中国物权法"，王洪亮译，载卜元石主编：《域外中国法评论》（第1辑），上海人民出版社2009年版，第59页。

(罗马法)和本土法(日耳曼法)之争,德瑞现代共有法在按份共有和共同共有的区分上,学说上仍然有不同的见解,甚至可谓一直存在,或者说出现了按份共有和共同共有趋同的趋势。暂且不论那些未采共同共有规则的国家之共有立法,和德国古法上对罗马法共有的弹性解释,[①]下面单就德国瑞士现代法上的一些争议,从不同角度对这种共有二分法的相对化作一个框架式的描述。

1. 通说之外

按照德国现代法理论,共有(Miteigentum)不同于合有,前者为"Freihand",后者为 Gesamthand(合手)。[②] 共有的持份权本身就是所有权,[③]抽象份额(Anteil)等同于所有权,原则上可自由处分。按照 Larenz 的观点,[④]共有分为物权法关系和债法关系,其中共有(Miteigentum)为物权的种类和方式,[⑤]而共有人之间的关系(Gemeinschaft)为债之关系,即共有物的使用权、管理权和分割请求权皆属于债权。基于此,通说有效地将共有持份权塑造为所有权,即份额所有权原则上与个别所有权(Alleineigentum)并无区分,这就有力解释了德民分别规定 Gemeinschaft 和 Miteigentum 的缘由。而按照我国通说,共同共有是不分份额的共有,[⑥]但在德国法上,就共同共有是否存在份额,有不同看法:除德民在继承编提到了"应继份"概念外,而学说上对于共同共有财产整体,也认为存在成分(Bestandteil)意义,[⑦]而不仅是对整个共同共有财产存在份额概念,对于组成合手财产的单个物上亦存在份额(Anteil)。[⑧] 而瑞士法上就总有(Gesamteigentum),也明

① 主要是罗马法学派不承认德国古法上的复数所有,其中以 Dunker 氏为代表和终结者。

② Staudinger-*Langhein*, BGB §741 – 758, Rz 9.

③ München-*Schmidt*, BGB §741, Rz 2.

④ *Larenz*, Schuldrecht II, S. 415.

⑤ *Langhein* 指出,说份额和所有权本质相同(wesensgleich)然而"本质"(Wesen)和"方式"(Art)本身在概念上是模糊的。Sehen Staudinger-*Langhein*, BGB §741, Rz 255.

⑥ 梁慧星、陈华彬:《物权法》,法律出版社2007年版,第237页;王利明:《物权法研究》(上),中国人民大学出版社2007年版,第708页。

⑦ Staudinger-*Gursky*, BGB §1008, Rz 2.

⑧ Staudinger-*Langhein*[1996], BGB §741, Rz 241[nicht in Bearb 2002].

确提出合手共同体亦有份额,不过是所谓“潜在的份额”(verborgene oder latente Teile)。当然,瑞士法上这种明确的份额概念,究竟有多大意义,恐怕仅是在共同共有关系不复存在时方会显现出来。此外,共有与合有不同者,通说还认为合有一般具有较强的主体法意义,而共有,不过是个别所有权的简单联合。合有往往以“群体”(Gruppe)作为权利主体,①尤其以夫妻和合伙著例,然共有并未能向主体法发展,而是基本停留在物债领域。但就主体法而言,这一区分也逐渐被实践塑型所突破。

2. 实践塑型

新型按份共有不断产生,并冲击着按份共有和共同共有原本清晰的边界:新型按份共有不断产生,比如建筑物区分所有,在瑞士法和德国法上皆引起了长期的讨论;德国现代法上,认为就“按份共有也可用于设立分时居住权(Timesharing)”;②而从德国《民法典》第963条“蜂群联合(Bienenschwarm)”形成按份共有的规定,不难看出法典本身对于按份共有塑型实践(Gestaltungspraxis)的尊重。③ 这些新产生的共有类型中,最是建筑物区分所有引起的冲击为大。这一在德国法和瑞士法上通说皆认为其为按份共有之特殊类型,而予特别立法(或补充立法)的制度,形式上却更符合共同共有的类型强制说;④此外,德国法上,还“有点让人质疑”⑤地“承认住宅所有权共同体的部分权利能力”,⑥使

---

① Staudinger-*Langhein*, BGB §741 – 758, Rz 9.

② [德]M. 沃尔夫:《物权法》(第20版),吴越、李大雪译,法律出版社2004年版,第28页。

③ Staudinger-*Langhein*, BGB §741 – 758, Rz 25.

④ 实际上,笔者认为与其说共同共有采类型强制,莫如说物权种类都采类型强制,即物权法定主义,共同共有采取类型强制,而按份共有除了一般规定(德国法上是最严格的类型强制)之外,对于附合、混合、埋藏物发现和蜂群联合,甚至可能为未来立法所采的分时度假产权,也是类型强制。

⑤ [德]霍尔夫·施蒂尔纳:“德国视角下的中国物权法”,王洪亮译,载卜元石主编:《域外中国法评论》(第1辑),上海人民出版社2009年版,第60页。

⑥ 《(德国)联邦法院民事民事裁判集》,第163卷,第154页;Bork对此作出了批评,载《经济法杂志》(ZIP),2005,第1205页;现在参见2007年版的《住宅所有权法》(WEG 2007)第10条第1款以及第6条,第8条;第11条第3款以及第4条;第27条第3款。转引[德]霍尔夫·施蒂尔纳:“德国视角下的中国物权法”,王洪亮译,载卜元石主编:《域外中国法评论》(第1辑),上海人民出版社2009年版,第60页注25。

得按份共有在民事主体法上也同共同共有一样具有了一定的地位;而比较法上,并未继受共同共有制度的日本民法上,是承认业主全体之团体性的。①

3. 规则互动

德国现代共有法在学说上,也存在着两种不同的解释倾向:②一种是倾向于将按份共有解释成共同共有,即将按份共有中的抽象份额(der ideelle Anteil)解释成一种接近于成员权(Mitgliedschaftsrecht)的权利,做这种尝试的学者包括 Saenger(氏著《共同体和权利分割》③),Buchda(氏著《合手原理》④),Fabricius(氏著《权利能力之相对化》⑤)和 Hilger(氏著《种类期货之按份共有》⑥);另一种则相反,即倾向于将共同共有解释成按份共有,做这种尝试的学者有 Engländer(氏著《一般权利共同体》⑦),拉伦茨(氏文"关于权利共同体之规则"⑧)和 Schulze-Osterloh(氏著《合手关系的原则》⑨)。

关于"按份共同关系非为成员权法律关系,合手非为调整的按份共同体"⑩之论断,也并非无他说,仍有观点认为"合有不过是调整了的共有",⑪而此一观点,又回到了 Duncker(1843)⑫观点之趣旨。而关于

---

① 日本《建筑物区分所有权法》第3条。

② Vgl. *Schnorr*, Gemeinschaft nach Bruchteilen, S. 3 & Z. 8.

③ Saenger, Gemeinschaft und Rechtsteilung, Marburg 1913, S. 92.

④ *Buchda*, Geschichte und Kritik der deuschen Gesamthandlehre, Marburg 1936, S. 292 ff.

⑤ *Fabricius*, Relativität der Rechtsfähigkeit, München 1963, SS. 141, 145.

⑥ *Hilger*, Miteigentum des Vorbehaltslieferanten gleichartiger Ware, Göttingen 1983, S. 60ff.

⑦ *Engländer*, Die Regelmäßige Rechtsgemeinschaft, Berlin 1914.

⑧ *Larenz*, Zur Lehr von der Rechtsgemeinschaft, JherJb. 83 (1933), 108ff.

⑨ *Schulze-Osterloh*, Das Prinzip der gesamthänderischen Bindung, München 1972, S. 131 f.

⑩ Staudinger-*Langhein*, BGB §741 – 758, Rz 25.

⑪ München-*Schmidt*, BGB §741, Rz 6.

⑫ 即第一位对总有文献历史进行总结的学者,在1843年将总有的概念终结了;Seh. *Duncker*, Das Gesamteigentum, Marburg 1843. Vgl. *Buchda*, Geschichte und Kritik der deuschen Gesamthandlehre, S. 146. Auch *Gierke*, Deutsches Privatrecht Band 2: Sachenrecht, Leipzig 1905, S. 379.

共同共有的存废问题,即沿袭总有存废的讨论,似乎在德国法上也并没有销声匿迹。上文已述及,德国物权法专家施蒂尔纳教授似乎即继承了罗马法学派的传统,明确指出共同共有不值继受。

复考察瑞士现代法上的学说,尤其是法律修订,某种程度上也强烈地彰显了共有二分法的相对化,限于篇幅,聊举数例:(1)瑞士法上"共有的法学构造本身极富争议",首当其冲的就是 Mit-和 Gesamteigentum 在概念上的争议,由此,该国学者也是向德国 Saenger,Engländer,Gierke 诸氏的学说追溯。[①] (2)瑞士 1963 年对共有权进行了修订,插入了许多新条款,使得按份共有规则得以扩展,并具有了合伙法的"脾性"(einen gesellschaftsrechtlichen Einschlag erhalten);另外,诸多按份共有规则对婚姻法具有巨大的实践意义(ZGB 第 200 条第 2 款,第 201 条第 2 款,第 205 条第 2 款,第 248 条第 2 款,第 251 条)。[②] (3)如同我国《物权法》第 103 条,瑞士法在学说上也承认按份共有之推定,即"共同所有权通常是指按份共有,这一判断也适用于存在疑问时的推定",[③] 即如对一种共同所有权系共有还是总有(合有)存在疑问时,推定其为共有。

(四)小结

行文至此,经由实践操作上的不便利、少数派立法例、地方性知识、共同共有的结构困难,以及继受母法上类型区分的论争与类型趋同的倾向,附丽于本法第 8 章探求按份共有与共同共有共同规则的意图,本文大体完成了对于共有二分法系统之"破"。就本文的"立"论而言,在"导论"部分业已述及,即探寻复数所有权的"理想类型"。鉴于本文突破共有二分法的实质是否定共同共有作为与按份共有并列的类型,顺理成章,下文之"立论"在于证成按份共有为复数所有权之"理想类型",形成新的类型序列。

---

① Vgl. *R. Haab/A. Simonius/W. Scherrer/D. Zobl*, Kommentar zum schweizerischen Zivilgesetzbuch IV. 1, S. 118.

② *Tuor/Schnyder/Schmid*, Das Schweizerische Zivilgesetzbuch, S. 914, Nr. 10.

③ a. a. O. *Tuor/Schnyder/Schmid*, S. 914, Nr. 5.

四、以按份共有作为复数所有权的"理想类型"

狭义上的复数所有权,以按份共有与共同共有为外延,上文已述及,虽有争议,但基本上可以涵盖按份共有、夫妻共有、家庭共有、继承共有、合伙共有;广义上的复数所有权,则可将建筑物区分所有权、集体所有权、非一人之公司产权、分时度假产权、国家所有权等亦纳入评价视野。取缔"共同共有"之概览价值后,若均分而治之,不仅不能实现理论的简洁、可操作性,更会增加体系解释的成本,甚或将因"莫衷一是"而危及物权法与民法、公司法、婚姻法等母法或邻法的调谐。理论上的直觉,是探求林林总总,并不断扩充的复数所有权"族类"中,何者得为"理想类型",进而依据"理想类型"形成类型序列,抑或"一般法+特别法"之涵摄结构,以上达民法基本价值,下通特别法赋值。

(一)作为方法的"理想类型"及其意义

作为方法的"理想类型"①(Ideal Type,Idealtypus),系由马克斯·韦伯提出之文化科学认识经验实在的特有方法,用以解决"一般概念如何能够达到个别性"之问题。② 后常为法学方法论所援引,③逐渐成为法学理论类推、类比或类型化思考的理论源泉之一。拉伦茨即借鉴马克斯·韦伯的"逻辑的理念类型",提出了"规范的理念类型"概念,其主要观点是在通过类型方法掌握经验或规范甚至公理的过程中,"理念类型",或称"纯粹的类型"、"模范型"、"原型",起着基础性作用,"借助模型使其各该'典型'流程更为清晰,借着与'纯粹的'类型相

---

① 对于Ideal Type或Idealtypus,存在不同的译法,比如韩水法、莫茜译为"理想类型",见[德]马克斯·韦伯:《社会科学方法论》,韩水法、莫茜译,中央编译出版社1998年版,第15页;吴从周亦译为"理想类型",参见[德]亚图·考夫曼:《类推与"事务本质"——兼论类型理论》,吴从周译,严厥安校,台北学林文化事业有限公司1999年版,第41页;陈爱娥则译为"理念类型",见[德]卡尔·拉伦茨:《法学方法论》,陈爱娥译,商务印书局2005年版,第338页;本文采"理想类型",仅引用原文(译文)时,采其他称谓。

② [德]马克斯·韦伯:《社会科学方法论》,韩水法、莫茜译,中央编译出版社1998年版,第16页。

③ [德]卡尔·拉伦茨:《法学方法论》,陈爱娥译,商务印书馆2005年版,第338页以下;[德]亚图·考夫曼:《类推与"事务本质"——兼论类型理论》,吴从周译,严厥安校,台北学林文化事业有限公司1999年版,第41页。

比较,更能理解现实生活中遭遇到的混合形式”;关于如何获取理念类型,“韦伯自己也把它称为一种‘思想的作品’,其系借单方面地强调一种或若干种观点,并结合多数‘(能配合这些观点的)或多或少存在,有时甚至根本不存在的个别现象’而取得者”;韦伯的理念类型,比如“自由的市场经济”和“彻底的控制经济”。①

在法学方法论上,类型或理想类型是类推、类比的工具。而类推或类比本身,又是立法和法律适用的核心之一。就类推而言,正如考夫曼指出的,“法原本即带有类推的性质”,鉴于相同性难题(相同问题相同处理)是所有法律思维的核心难题,而“在现实世界中,根本没有任何事物是二者完全一模一样的,因此随之必须以一个被证明为重要的观点作为标准,将不同的事物相同处理”,由此,“相同的难题便汇入类推的难题中”。② 卡多佐法官也曾从英美法上遵循先例等角度,一再强调“哲学意义上”类比(类推)在法律传统、法律传统和法律续造中的核心位置“……你可以随意称这种过程(指法律归纳、推理——引者加)是一种类比的过程……这种方法从到弱分等级,一头指的是三段论,而另一头指仅仅是指类比”;③再如他强调英美法规则的类比性时总结道,“构成我们普通法制度的是,将我们从一些法律原则和司法先例中推导出来的法律规则运用于新组合的境况,并且,为了获得统一性、一贯性和确定性,只要这些规则对于发生的所有案件并非明显不合情理和不便利,我们就必须运用这些规则;在尚未慎重地适用这些规则的时候,我们没有自由因为我们认为这些规则不像我们本来可能设计的那样便利和合乎情理而拒绝这些规则,并放弃对这些规则的所有类比”④。

而类推(类比)得以实现的媒介即是类型,在法秩序的层面上,类

---

① 卡尔·拉伦茨:《法学方法论》,陈爱娥译,商务印书馆2005年版,第338、339页。

② [德]亚图·考夫曼:《类推与“事务本质”——兼论类型理论》,吴从周译,严厥安校,台北学林文化事业有限公司1999年版,第4页。

③ [德]本杰明·卡多佐:《司法过程的性质》,苏力译,商务印书馆1998年版,第28页。

④ [德]本杰明·卡多佐:《司法过程的性质》,苏力译,商务印书馆1998年版,第41页。

型被证实是"法理念与生活事实间的中介,所有法律思想最后都围绕在这个中介周围:它是规范正义与事物正义之间的中介"。[①] 拉伦茨进一步指出抽象概念的思考与类型化思考,第一步都是抽象化思考,即"由有关的具体事物中区分出一般的特征、关系和比例,并个别赋予其名称",然而,"在抽象概念的思考中,这些特征就此被确定孤立的要素,而借着一再放弃这些要素,就构建出越来越一般的概念,类型思考则不然,它让类型的构成要素维持其结合的状态,仅系利用这些要素来描述(作为要素整体的)类型。借着这种方式,它尝试在思想掌握的阶段,也还能够维持类型(借直观取得的)形象上的整体性。此何以大家常会听到下述说法:类型几乎处于个别直观及具体的掌握与'抽象概念'两者之间;'它比概念更具体'。"[②]

成文法系通过要件和效果"抽象"生活,其合理之处在于,尽可能保证相同问题相同处理,这既是概念的功能,也是体系化的目标。然而,律条体系本身应保持适度的开放性,以应对真实生活的变化,尤其是,"当抽象——一般概念及其逻辑体系不足以掌握某生活现象或意义脉络的多样表现形态时,大家首先会想到的补助思考形式是'类型'"。[③] 然而,类型化本身也有弊端,即其对认识法秩序的内在脉络,仍属有限,原因在于"类型与具体事物的趋近","诸如主观权利、债之关系、合伙类型等法的构造类型,其总是指涉彼此相关的部分规整",而"部分规整必须与更广泛的规整(诸如契约法或整个私法)配合,而至少在这些广泛规整的基础原则又必须与整个法秩序的原则及评价标准协调。仅是建构类型尚不足以掌握此等脉络关联"。[④]

由此,单纯的类型化思考并不足以承担法律的"发现"或适用,而需要辅助以类型序列方法,并强调"理想类型"的中介作用,本文所指

---

① *Kaufmann*, Analogie und "Natur der Sache", S. 58.

② [德]马克斯·韦伯:《社会科学方法论》,韩水法、莫茜译,中央编译出版社1998年版,第338页。

③ [德]马克斯·韦伯:《社会科学方法论》,韩水法、莫茜译,中央编译出版社1998年版,第337页。

④ [德]马克斯·韦伯:《社会科学方法论》,韩水法、莫茜译,中央编译出版社1998年版,第347页。

的“理想类型”，其抽象或“纯粹”程度要高于拉伦茨的“类型”概念，而低于法理念或法原则，而介于二者之间，更接近于“模范型”、“原型”、“典型”，因而具有承上启下、起承转合的媒介作用。

就关系而言，毋宁说，由抽象概念建立起来的“理想类型”，由于个别要素的欠缺，或“或多或少”的差异，呈现出不典型性，这种不典型性需要通过类型化方式描述，借此尽可能地去“发现”法律，而不是教条式地“发明”法律；“理想类型”和类型此二者，既区分又“趋近”，类型凭借“理想类型”与体系（价值）相联，“理想类型”凭借类型与真实生活相联，前者形成对内约束，后者对外形成开放，使得稳定的共识与真实生活相调谐。“理想类型”和类型的关系，不仅体现在某一具体制度中，就立法而言，也构成一般法和特别法的关系。此外，以“理想类型”为中心，可使得各不同的类型呈现排序的可能，从而形成拉伦茨意义上的“类型序列”，进而也“使过渡及混合类型的掌握成为可能”，①以周延抽象概念“一刀切”、类型“非此即彼”的弊端。

（二）作为“理想类型”的按份共有

上文介绍了法学方法论上“理想类型”的要旨及其工具意义，那么，复数所有权（共有）的“理想类型”是什么呢？不论从法律史抑或现代法角度，本文均主张将按份共有一般化，回到罗马法。

罗马法上按份共有系共有的一般法，罗马法通过份额，并结合一系列法规则（自由处分份额与随时分割请求权），成功地将按份共有打造成为几乎与单独所有权无异的物权类型，在向组织法蔓延的道路上，按份共有无疑是最为“纯粹”的类型：盖因其已“层叠物权法、债法以及成员权法等多重视角”，②且因各国继受罗马法备其“普适”、日趋精巧，由其作为共有的“理想类型”，其他类型都是这一类型某特定要素“或多或少”的改变。与之（按份共有）相较，所有权本身也是“理想类型”，参照所有权形成了他物权和共有；法人也是“理想类型”，参照法人，形成了非法人组织；请求权和支配权也是“理想类型”，通过二者“受预告登

① ［德］马克斯·韦伯：《社会科学方法论》，韩水法、莫茜译，中央编译出版社 1998 年版，第 346 页。

② Staudinger-*Langhein*, BGB § 741, Rz 1.

记保障,因此也可以对抗第三人的请求权之类的中间形式,就比较可以理解"。[①] 与之(按份共有)相较,共同共有则因其"共同关系"模糊、过于"日耳曼"("地方性知识")和固有的结构困境,不宜作为复数所有权的理想模型,且其与按份共有"并列",不仅规则上不能沟通,且会成为所有权理念"透过"按份共有"涵摄"建筑物区分所有权、集体所有权等其他复数所有权的屏障。

申言之,就目前我国通说按份共有和共同共有的区分而言,并未形成类型序列,而是"分而治之";分而治之的弊端在于"……独立地观察某个类型,与独立地观察某个生活片段一样,并不能发现'法秩序',容易'一叶障目,不见泰山',独立地观察共有的某个类型,比如我国法上经年不休的关于建筑物区分所有权的争论,关于合伙财产归属性质的争论,若局限于个别性或人为区隔性的讨论,无非是将这些共有规则'特别化',并冠以所谓'新型权利'之名,而行'流放'之实罢了"。[②]

(三)新的类型序列

学说上的类型序列,[③]典型者如"共有—合有—总有",然则自总有概念终结之后,类型序列便无从考察,此处不妨尝试将总有替代为"法人",形成"共有—合有—法人"序列。之所以可以将法人作为序列的另一端,原因在于共有主要可以通过两种方式"单独所有权"化,一种方式是份额或者分割共有物,一种方式是按份共同体结合为法人形成单独所有权,故向前向后又可以形成"单有(单独所有权)—共有—合有—法人"序列,在一人公司情形下,单有也可以成为"形成中的法人",反过来,法人按照通说也是单独所有权的形态,如此,便可以从结构上形成循环序列(图2):

---

① [德]马克斯·韦伯:《社会科学方法论》,韩水法、莫茜译,中央编译出版社1998年版,第347页。

② 唐勇:"共有制度研究——兼述民法典'共有'章之编撰建议",北京大学法学院2011年博士学位论文,第9章第2节"共有功能的范式转变",第102页。

③ 唐勇:"共有制度研究——兼述民法典'共有'章之编撰建议",北京大学法学院2011年博士学位论文,第9章第2节"共有功能的范式转变",第100页以下。

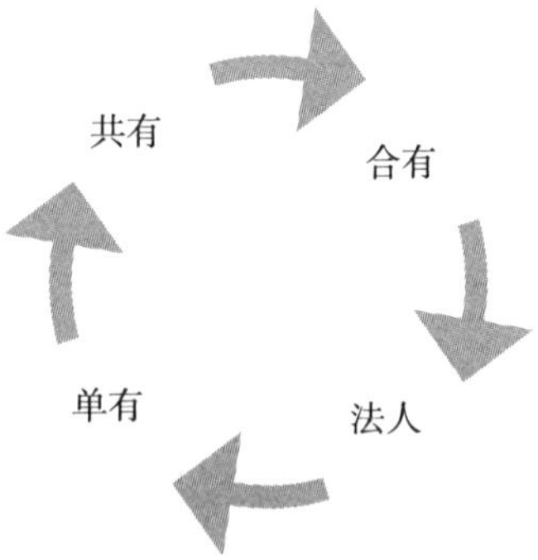

图 2

上述结构,符合“建构类型系列的准则”,即“类型之中特定要素‘越强’(或越弱),则该类型就越接近系列的两端”,①并且,严格意义上,仅属于共有的“外部结构”,我们仍需要对共有各类型本身进行“序列化”构造。此外,本文对于“合有”作为一个独立的类型,持不同看法,而坚持按份共有一般化或“理想类型”化,将按份共有作为序列的起点,首先梳理出其基本规则或要素,以将其作为“理想类型”,下文图3根据要素变更的情况,先作一个基本的分类。

图3 提炼出按份共有的基本要素,即主体、份额和共有物,其中按份共有人之间并未形成独立的民事主体,其基础关系,原则上基于法律行为,以“共同体”(Gemeinshaft)方式享有所有权,称之为“要素1”;份额为共有人所有权的“载体”,通过份额共有人得以支配共有物,共有人得自由处分份额,并得随时要求分出份额,称之为“要素2”;共有物为共有的客体,原则上为独立的“物”,称之为“要素3”。

以上三大要素,原则上都可以加以“或多或少”的调整,但并不改变共有制度的内在法秩序和体现的法价值。就程度而言,只能按照主体、份额和共有物的层面(包括形成原因和客体)予以排序,并无明显的递进关系,故形成的新序列是“单独所有——一般共有—调整的共

① [德]卡尔·拉伦茨:《法学方法论》,陈爱娥译,商务印书馆2005年版,第366页注[81]。

有——法人",其中调整的共有,可以进一步分为"调整要素1的共有—调整要素2的共有—调整要素3的共有",此种排序本身所起的作用是周延,而非递进。

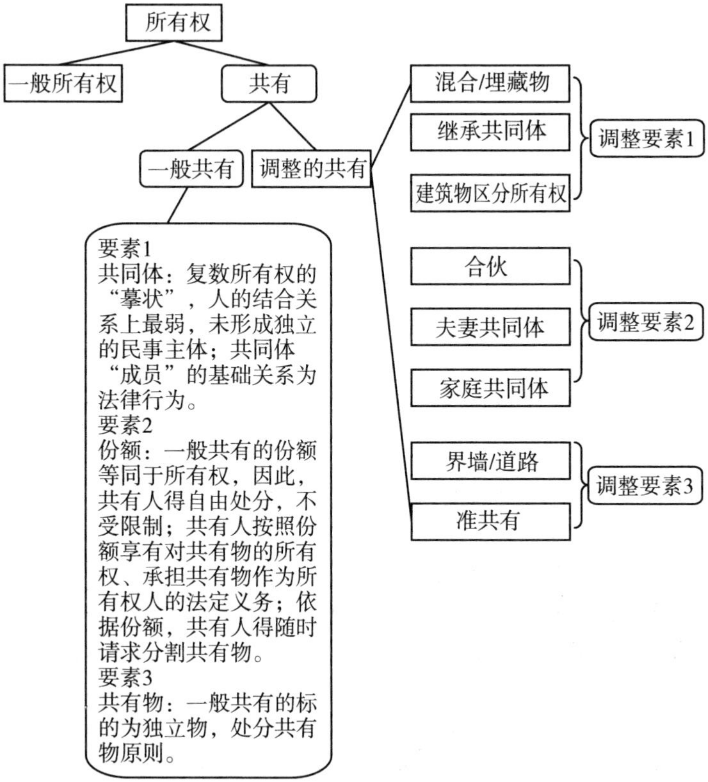

图3

另外一种方式,可以将特别共有按照目的来分,分为暂时的共有(或称为临时的共有,多基于事实发生)和维持的共有,前者包括因混合加工、继承形成的特殊共有,后者包括家庭婚姻合伙形成的共有,由此,形成的序列是"暂时的共有——般共有—维持的共有",依此形成的新序列是"单独所有—暂时的共有——般共有—维持的共有——法人"。

本文提出共有的序列,在于将共有各类型的法价值与按份共有,进而与所有权予以无差别处理,以将"埋没"或"隐藏"的共性凸显出来,就具体效用而言,使得处理不同组织形式的财产归属问题上能起到比照作用,厘清误解。具体到本文中所引的刘汉福/王菊牙两案,其在犯罪数额认定上自然应当是无差别的,即要么同增要么同减。当然,如减去份额,则在刑法上还需要讨论盗窃自己之物,是否构成犯罪,因为份额本身,等同于所有权,而原则上盗窃罪所侵犯者系他人之物,即所有权。盗窃自己之物者,比如甲将其摩托车(价值人民币 10 万元)借给了乙,乙骑着摩托车去超市购物,放在了超市旁的小巷内,甲正好路过,趁四下无人,将车锁撬开,并用备用钥匙发动机器,将其窃回己处,此一场景被超市对面住宅楼上的丙全程看到,丙立即电话报警,甲被抓获,试问甲是否构成盗窃罪?然则如此,已然超出本文的范围,故不为详述。

准此以言,本文通过两方面掌握共有的各类型:外部体系上,由"单有—共有——法人"形成循环序列,以厘定复数所有权的体系价值,并为三者彼此之间的转化提供解释基础;内部体系上,重塑罗马法"一般法—特别法"模型,[①]将按份共有一般化,进而将罗马法模型具体化为"一般共有—调整的共有"模型,使得共有体系更具开放性,亦即由一般共有(按份共有)对上承载体系价值,对下涵摄特别共有,作为私法体系和不同特殊共有类型的"中介",并在横向上与法人制度相呼应。

(四)小结

理论上,在破除共有二分法、取缔共同共有的概览性之后,肯定按份共有为复数所有权的"理想类型",并无障碍,[②]并得形成新的复数所有权序列,也能实现与本法第八章设置共有类型共同规则之倾向的圆融无碍。然则,从理论验证的角度,仍有必要对此按份共有这一"理想

---

① 唐勇:"共有制度研究——兼述民法典'共有'章之编撰建议",北京大学法学院 2011 年博士学位论文,第 9 章第 2 节"共有功能的范式转变",第 100 页。

② 《物权法》对于按份共有的塑型仍有一定的不足,尤其本法第 97 条规定的"多数决",殊不值赞同,具体分析,详见唐勇:"共有制度研究——兼述民法典'共有'章之编撰建议",北京大学法学院 2011 年博士学位论文,第 9 章第 2 节"共有功能的范式转变",第 55 页。

类型”及其类型序列予以检验。

五、按份共有的体系解释价值

本部分是对此种“一般共有—调整的共有”模型的具体化，即尝试从调整的共有角度，重新整理争议共有类型。然限于篇幅，本文仅选取国家所有权和集体所有权作为检验对象，考察本文主张之复数所有权新结构的解释力和适用力。

(一)国家所有权

公共所有权，或可称为“公有”，学理上认为其应当与共有区分开来：公有包括国家所有权和集体所有权，性质上为单一制的所有权，不同于共有，后者却是复数主体共同享有所有权的所有权形式；“公有财产已经脱离个体的人而存在，既不能分割为个人所有，也不能由个人按份享有权利”①。② 申言之，一般认为，公共所有权不同于私人所有权，“公共性是其本质属性”，不能套用私人所有权的逻辑；有学者还进一步指出“将以自由主义为基础的私人所有权的理念适用于国家所有权或者集体所有权这类公共所有权是无益的，甚至是有害的”。③

然而一个很重要的背景是，民法学者投入了大量的精力在研究公共所有权。④《物权法》颁布前，是否将公共所有权纳入《物权法》规定

① 是否确实不能经由个人按份享有权利，值得商讨。

② 参见杨立新：《共有权理论与适用》，法律出版社 2007 年版，第 10 页。

③ 张建文：《转型时期的国家所有权问题研究：面向公共所有权的思考》，法律出版社 2008 年版，第 455 页。

④ 就物权法专著而言，大部分都要专门阐释国家所有权和集体所有权，《物权法》颁布之前，比如钱明星先生《物权法原理》第 169 页以下；《物权法》颁布之后，比如崔建远先生《物权法》第 183 页以下。就论文而言，更是举不胜举，比如：佟柔先生的“论国家所有权”(1987 年)，王利明先生的博士论文“国家所有权问题研究”(1991 年)，龙翼飞先生的博士论文“论国家所有权制度发展中的若干问题”(1991 年)，王军先生的博士论文“国家所有权的法律神话”(2002 年)等；关于集体所有权的论文，同样是多如牛毛，比如杨代雄先生“农村集体土地所有权的程序建构及其限度”，高飞先生“论集体土地所有权主体之民法构造”，金锦萍先生“农村集体土地所有权的困境与出路”等。

范围引起了巨大争议和广泛讨论,①《物权法》最终于第4条和第45条以下专门规定了国家所有权和集体所有权及其保护。《物权法》颁布后,有学者对《物权法》中公共所有权的配置进行了系统的反思,从我国改革开放30年来民事立法的发展,尤其是公私法划分理念的角度出发,有力地指出《物权法》规制公共所有权系调整对象的模糊和扩大,大量公法规范进入物权法可能会给我国未来民法典的制度再度形成新的障碍。② 本文并不能系统地检讨公共所有权的物权法地位,只限于在承认《物权法》规范公共所有权既定事实的前提下,提一些粗浅的看法,以调谐公私法规则之间的冲突。

首先,公私法划分是否意味着公法和私法不能规范同一对象?学说上界定公法和私法的学说,主要包括利益说(Interessentheorie),公私法区分的依据是涉及公共利益还是私人利益;隶属说(Subjektstheorie),该说认为公法的根本特征在于调整隶属关系,而私法的根本特征在于调整平等关系,该说曾长期处于主导地位;主体说(Subjekttheorie),根据主体说,如果某个公权载体正是以公权载体的身份参与法律关系,则存在公法关系,该说在德国法上是通说。③ 我国学者在讨论时也基本认为这些学说对界定公私法有所助益。④ 然而,这些学说往往都有各自的缺陷,以德国通说主体说为例,“主体说虽然能够避免遭遇对其他学说提出的批评,但这一点也是有代价的。采主体说,有一个关键的问题依然没有得到回答,那就是:在什么时候,主体行使的是公权,且行使的方式足以表明国家是在上述定义的意义上参与法律关系的?”⑤此外,显

① 争论始末参见刘贻清、张勤德主编:《“巩献田旋风”实录:关于〈物权法(草案)〉的大讨论》,中国财经出版社2007年版。

② 参见尹田:“民法调整对象之争:从《民法通则》到《物权法》——改革开放30年中国民事立法主要障碍之形成、再形成及其克服”,载《法学论坛》2008年第5期;氏著:“评我国《物权法》对国家财产权利的立法安排”,载《浙江工商大学学报》2008年第1期。

③ 参见[德]迪特尔·梅迪库斯:《德国民法总论》,法律出版社2004年版,第11、12页。

④ 参见尹田:“民法调整对象之争:从《民法通则》到《物权法》——改革开放30年中国民事立法主要障碍之形成、再形成及其克服”,载《法学论坛》2008年第5期。

⑤ [德]迪特尔·梅迪库斯:《德国民法总论》,法律出版社2004年版,第12页。

然,不管是利益说、隶属说还是主体说,似乎都忽略了一个基本的认识,即公私法二者存在调整对象上的重叠,当然,此种调整对象指的是真实世界的事件,而不是理论抽象化的载体,最典型的即侵权和犯罪的关系,同样一个行为,构成犯罪者往往同时也构成侵权,本文所引刘汉福/王菊牙案,既受公法规范(刑法)调整,也受私法规范(侵权法)调整,是为著例。倘若承认就同一行为,可以同时由公私法分别调整,那么问题即是二者规范的边界何在?如何防止冲突?

实际上,二者并无冲突。就刘汉福/王菊牙案而言,从法理上,被害人(受害人)基于《物权法》和《侵权责任法》得向犯罪嫌疑人(侵害人)主张物权请求权和侵权损害赔偿请求权,得从民事层面上"恢复"利益受损状况;其与公诉人或自诉人控诉犯罪嫌疑人承担盗窃或抢劫的刑事责任并不冲突,并原则上可同时进行。就关系而言,民事法律关系更为基础,为刑事责任的认定提供"法律事实"层面上的依据;相对于民事法律关系,刑事责任(比如罚金、没收等财产责任)更似"特别法"赋值,刑事规范以"自有标准"从广泛的民事生活中"捡拾"需要规范的对象,二者关系就该调整对象而言,更似一般法与特别法,而非"非此即彼"的对立关系。当然,"公法"规范并非恣意的,其首要的责任即"说明理由",从私法角度看,相关公法不仅是"特别法",更是理由说明书。

上文意在指出,公私法划分恐并非简单的"非此即彼"关系,而亦是或更多是重叠关系,从这一角度,物权法或许同样可以就公共所有权给出一个"纯粹"物权法的视角,更确切而言,公共所有权,要么为法人所有权,要么为共有。更由于公共所有权本身权利主体的复数性,系一国自然人和法人数目的极限(集体所有权和公法人除外),自然其应当位于复数所有权序列的某一顶端,这也决定了即便是承认公民对公有财产的"份额",该份额的可转让性也是极度有限的。但并非份额本身毫无意义的,实际上,从私法角度看,对于财产的份额决定了份额权利人有参与共有物管理、使用和收益等的权利,即便在有公法赋值的情况下(比如对公有财产国家原则上并不直接行使所有权各项权能,而是根据"统一领导、分级管理"的原则,按财产的性质、用途,把财产分别交给相应的机关、企业、事业单位,这些单位在授权范围内行使所有权的权能)，[①]也应当享有一定的决议权，要求执行者说明理由的权利，以及再自然不过的知情权！

而在没有"份额"概念的情况下，国家所有权似乎与平民百姓没有关系，无怪乎有学者感慨："长期被说成是'公有财产'主人的公众一旦有了知情权、监督权乃至政府命运决定权时，却发现他们的那一份(着重号为引者所加)资产已被偷光，那是产生的问题，有谁能保证像曼德拉与德克勒克那样一个'历史性的握手'就能化解？历史不能假设，但可以联想"。[②]

(二)集体所有权

集体所有权所引起的争议相较于国家所有权略小，但现实冲突并不弱于国家所有权(国有企业改革)，最典型者即是对集体土地的征用，个中体现的集体土地所有权人"虚位"现象，村民集体与地方政府的冲突和村民个体与村民集体组织的冲突，尤为突出。

不仅民法学者尝试集体土地所有权的民法构造，[③]行政操作中，早在2005年9月，重庆即开始农村土地制度的变革，尝试土地经营权入股设立公司，以解决集体产权的低效率，"现行的农村集体土地所有制，是集体共有产权，不是按份共有，农民不能退出，退出就要放弃产权；集体共有产权归少数人控制，如果缺乏民主监督，必然造成腐败和产权制度的低效率。重庆的改革正是为了克服集体产权的弊端，为农民建立一个土地整合和退出的机制"，重庆该项尝试于2008年8月被紧急叫停。[④] 民法学者探讨集体所有权的民法构造，较为典型的争论是集体所有权的性质，究竟是单一所有权、法人所有权还是共有。限于篇幅，本文主要检讨以下两种观点：

---

① 钱明星:《物权法原理》，北京大学出版社1994年版，第173页。

② 卞悟:"二十一世纪末中国的经济转轨和社会转型"，载《二十一世纪》2002年9月号(总第6期)；张建文:《转型时期的国家所有权问题研究:面向公共所有权的思考》，法律出版社2008年版，第457页。

③ 比如高飞:"论集体土地所有权之民法构造"，载《法商研究》2009年第4期。

④ 胡星斗:"十七届三中全会将推广重庆'土地新政'?"，载 http://www.caogen.com/blog/Infor_detail.aspx? ID=112&articleId=10524，最后访问时间:2013年2月2日。

1. 集体所有权是单一所有权。[①] 显然,集体所有权系我国法上的特有现象,它区别于国家所有权,主体复数特征是区域性、乡村性。有学者已经指出,《物权法》第58条和第59条(《民法通则》第74条)在权利主体问题上的矛盾性,即集体财产所有权究竟是归属于集体组织还是集体组织成员,“集体组织作为所有权的主体,该所有权的主体是单一的,该所有权为单一的所有权,即单独所有权或曰个体所有权。集体组织成员作为所有权的主体,该所有权的主体是复数的,该所有权为共有权,而非单独所有权。在通说将集体所有权作为单独所有权看待的背景下,称集体组织和全体集体组织成员一起作为集体所有权的主体,在逻辑上存在障碍”。[②] 就文义解释而言,《物权法》第59条第1款确实给出了一个“复合结构”,既归集体(集体组织)所有,又归集体成员所有;[③]而《民法通则》第74条实际上也是这样的复合结构,只是将“劳动群众集体所有”换成了“本集体成员集体所有”。在没有形成法人的概念下,从逻辑上,认为集体所有系单一所有权,确实存在障碍。

2. 集体所有权是总有,或所谓总同共有。[④] 我国法所继受的总有理论,并不同于德国法固有理论。我国法理上的总有系所有权“质的分割”,对于共同体财产之管理处分之支配权力属于共同体,应得依照团体成员全体之同意或经基于团体规约之多数决;使用收益,属于成员,各成员之权能,依照量的分割而享有,团体成员资格之丧失,不能直接面对物而成立;日本民法上的入会权(日民第263条规定“有共有性质的入会权”[⑤])即属总有权。[⑥] 学者认为,“将集体所有权理解为总

---

① 杨立新:《共有权理论与适用》,法律出版社2007年版,第10页。

② 参见崔建远:《物权法》,中国人民大学出版社2009年版,第185页以下。

③ 根据贺雪峰先生所著《地权的逻辑——中国农村土地制度向何处去》一书,集体组织权利和农民土地权利之间恰恰会形成一种悖论,强化哪一方面,或许都难谓周全;参见贺雪峰:《地权的逻辑——中国农村土地制度向何处去》,中国政法大学出版社2010年版,第10页以下。

④ 参见孟勤国:《物权二元结构论——中国物权制度的理论重构》,人民法院出版社2009年版,第166页;韩松:“论总同共有”,载《甘肃政法学院学报》2000年第4期。

⑤ 参见王书江译:《日本民法典》,中国法制出版社2000年版。

⑥ 史尚宽:《物权法论》,中国政法大学出版社2000年版,第153页。

有,在法律技术上并无障碍”,虽然国内通说认为总有已经向法人转化,但“不妨放弃集体组织的法人名分”,因其存在和发展“也不取决于财产因素,农村集体经济组织即使欠下巨额债务,也不存在破产清偿问题,法人资格没有多大的实际意义”。[①] 这一解释不无道理,障碍却在于实定法上并无总有的概念,并且,总有就其团体性质是否必然优越于法人,尚有疑问,同时,总有除却团体性之外,其同样在成员之间形成“量的分割”,能否与普通共有截然区分,亦存在疑问。

(三)小结

何以难有定论?而且愈辨愈“不明”?恐其原因在于不同制度之间壁垒森严,在一些基础性的问题上缺乏沟通,“非此即彼”的逻辑大于“或多或少”的逻辑。本文认为,还是应当从类型序列的角度把握现实生活中的类型,尤其是其中的混合形式,就共有或者与共有类似的制度而言,可以选择按份共有、尤其“份额”,作为“理想类型”,将其以法技术的方式,贯穿复数主体权利的类型序列。如此,一般共有人的份额,合伙份额,公民对公有财产的权利,集体组织成员对集体财产的权利,甚或法人成员对法人财产的权利,便形成“或多或少”的排序,而非“非此即彼”的排斥。或许可以减少无谓的争论,亦得防止一般意义上主体虚位带来的危害。若非如此,如何解释在不认可股东对公司财产享有某种类似份额权利的情况下,股东代位诉讼的提起?若非如此,如何解释“保护国有资产,人人有责”?

六、结语:兼第 103 条之再释义

在初步检验了按份共有作为“理想类型”对复数所有权的解释力之后,我们不妨回过头来,重新审视本法第 103 条所表达的“法教义”:本条规定的“类型推定”,所运用的方法依傍于法学的核心方法,即“类推”(或类比),其实质是将按份共有视为共有的“一般法”或“理想类型”,毋宁是“重申”了本法第八章破除共有二分法的倾向,唯有补全“第 103 条”与“《物权法》整篇”之中介(即本法第八章之趣旨),方能

① 孟勤国:《物权二元结构论——中国物权制度的理论重构》,人民法院出版社 2009 年版,第 166 页。

得其要义;径以"发挥物的效用"之法价值予以解释固不足取,固守共有二分法、孤立地对复数所有权各类型分而治之,亦流弊不浅。

梅因(Maine)通过研究印度"村落共产体",在其名著《古代法》中指出,"真正古代的制度很可能是共同所有权而不是各别的所有权,我们能得到指示的财产形式,则是些和家族权利及亲族团体权利有联系的形式"。[①] 然而,共有并没有被扫入历史的"故纸堆",并且,即便是在向来对团体主义保持警惕的法国法上,也日渐察觉到,共有作为一种所有权现象,已经不再是"例外的、不寻常的",其存在"根本不可能是暂时的"。[②] 共有,其所揭示的法价值亦要比想象中复杂,正如康德就"物权意志",以土地为例所提示的,"每一部分土地可以原始地被获得,这种获得的可能性的依据,就是全部土地的原始共有性"。[③]

然而,共有之趣旨,其实一直是简单的、直接的,并且,似乎自罗马法以来"未曾变过":

"因为我的意志作为人的意志,从而作为单个人的意志,在所有权中,对我来说是成为客观的了,所以所有权获得了私人所有权的性质;共同所有权由于它的本性可变为个别所有,也获得了一种自在地可分解的共同性的规定。至于我把我的应有部分留在其中,这本身是一种任意的事"。[④]

(作者系中央民族大学法学院讲师)

---

① [英]梅因:《古代法》,沈景一译,商务印书局1959年版,第176、177页;其进一步指出,"在这里,罗马法律学不能对我们有所启发,因为正是被自然法理论所改变后的罗马法律学把下述的印象遗留给我们现代人,即个人所有权是正常状态的所有权,而人的集团所共有的所有权只是通则的一个例外"(第177页)。

② 参见尹田教授关于法国现代法之共有的介绍,氏著:《法国物权法》,法律出版社2009年版,第273页。

③ [德]康德:《法的形而上学原理——权利的科学》,沈叔平译,商务印书局1991年版,第77页。

④ [德]黑格尔:《法哲学原理》,范扬、张企泰译,商务印书局1961年版,第64页。

赔礼道歉民事责任方式的源流、承担与执行研究*

王　竹

目　次

从1979年《刑法》第32条,到1986年《民法通则》第120条和第134条,再到1997年新《刑法》第37条,以及2009年通过的《侵权责任法》第15条,在刑事之外、[①]民事之内,赔礼道歉作为一种“主要”的民事责任方式已经被法律规定并在实务中适用了30多年。但是,在20世纪我国民法学研究中,却几乎没有对赔礼道歉进行过真正的展开,也鲜见理论上的质疑。直到最近几年,我国民法学界在《侵权责任法》的

* 基金项目:本文系国家社科基金青年项目“我国侵权法上公平责任适用研究”(11CFX037)和教育部人文社会科学重点研究基地项目基金“侵权责任法的若干疑难问题研究”(12JJD820015)的中期成果。

① 1979年《刑法》第32条和1997年《刑法》第37条对赔礼道歉的规定都是以“对于犯罪情节轻微不需要判处刑罚的,可以免予刑事处分”,这与刑法理论认为的刑事责任方式不包括赔礼道歉是一致的。

起草过程中,才逐渐地认识到这一民事责任方式的另类性。随着民众人权意识的高涨和民法学者宪法意识的提高,[①]比较法上,尤其是我们的近邻日本、韩国和我国台湾地区宪法法院近年来作出的关于道歉民事责任方式是否违宪的判决,[②]使赔礼道歉这一民事责任方式逐渐引起学术界的关注,成为近年来研究的热点。鉴于学界相关研究成果已经形成了较为完整的比较法图景和多样化的解决建议,笔者希望通过探究中国法上赔礼道歉民事责任方式的源流,并结合学界已有的研究成果,对赔礼道歉的承担和执行问题提出自己的见解,供学界和司法实务参考。

一、赔礼道歉作为法律责任方式的源头是1957年社会主义爱国公约运动

参与制定《民法通则》的学者指出,赔礼道歉作为一种民事责任形式,是总结了我们经验(包括老区的经验)而制定的。[③] 也有学者认为,赔礼道歉责任方式具有极强的中国特色,是我国特定历史时代的产物。[④] 那么,这个"历史时代"到底是什么时候呢?

(一)解放前和新中国成立初期司法实践中的赔礼道歉不是法律责任方式

有学者认为,赔礼道歉早在新中国成立之前,在解放区司法调解中即是行之有效的方法。[⑤] 尽管这种描绘并无不当,但无形中会误导读者乃至其他学者的研究起点,认为赔礼道歉在解放前就是一种民事责

---

① 王竹:"《侵权责任法》立法程序的合宪性解释——兼论'民法典'起草过程中的宪法意识",载《法学》2010年第5期。

② 相关比较法的详细分析,参见王泽鉴:《人格权法——法释义学、比较法、案例研究》,台北2012年自版,第506~513页。

③ 顾昂然、王家福、江平等:《中华人民共和国民法通则讲座》,中国法制出版社2000年版,第245页。

④ 姚辉:"论人格权法与侵权责任法的关系",载《华东政法大学学报》2011年第1期。

⑤ 魏振瀛:"论请求权的性质与体系——未来我国民法典中的请求权",载《中外法学》2003年第4期。

任方式，并在新中国成立之初得到了延续和坚持。

但在学者以陕甘宁边区1943～1948年的相关文献为基础，对陕甘宁边区调解工作基本经验的总结中，并未将“赔礼道歉”这种责任形式作为经验总结。仅仅是在少数案例中，当事人经过调解，主动的赔礼道歉。[①] 而1959年《人民司法》杂志专辟“司法工作十年总结”征文选载栏目，在所有刊载的征文中，笔者仅检索到一篇征文涉及赔礼道歉。而且情形与陕甘宁边区类似，结案方式为调解，有过错的一方主动作了检讨，并向受害人一方道歉。[②] 这种在司法工作总结中的轻描淡写使笔者产生了怀疑，即在新中国成立前和新中国成立初期的司法实践中尽管存在赔礼道歉的适用，但可能并非是作为法律责任方式，而是当事人主动或者经过调解后实施的自愿行为。

（二）第一次民法典起草及当时的学说并未将赔礼道歉作为民事责任方式

1958年出版的《中华人民共和国民法基本问题》是20世纪50年代我国唯一出版的民法教科书。该书一方面认为侵权行为是债的发生根据，另一方面又认为侵权行为人对受害人所负的是赔偿义务，这种义务又被认为是法律制裁，因而叫做侵权行为的民事责任。[③] 可见，当时我国民法学界所认为的侵权责任方式应该仅限于损害赔偿一种。而在第一次民法典起草的相关草案，侵权责任采纳的是传统民法的恢复原状与损害赔偿责任方式，对于人格权的保护仅限于物质性人格权，在民事责任上也仅限于损害赔偿，[④]自然就没有将赔礼道歉规定为民事责任方式。这种理论和立法上赔礼道歉作为民事责任方式的缺失，印证

① 参见杨永华、方克勤：“陕甘宁边区调解工作的基本经验”，载《法律科学》1984年第2期。

② 参见营口市人民法院：“一只小母鸡”，载《人民司法》1959年第6期。

③ 中央政法干部学校民法教研室编著：《中华人民共和国民法基本问题》，法律出版社1958年版，第179、332页。

④ 参见“债篇通则第一次草稿”第34条，“债权篇通则草稿”第11条，“债的通则第二次稿（另案）”第69条、第76条，“损害赔偿（或改为：因侵权行为所产生的债）[第三次草稿]”第1条、第11条。参见何勤华、李秀清、陈颐编：《新中国民法典草案总览》（上），法律出版社2003年版，第180、201～202、225～227、243～245页。

了笔者关于司法上赔礼道歉不是作为民事责任方式被适用的猜测。

（三）赔礼道歉作为法律责任的源头是1957年社会主义爱国公约运动

1957年,在开始全党第三次整风运动之后,就开始对工人、农民等进行社会主义教育,即全民整风运动。在这一运动中积累的各地经验中,当时被认为是最好的方式,便是发动人民群众开展群众性自我教育和自我约束的社会主义爱国公约运动。[①] 在中国共产党第八届中央委员会第三次扩大会议上,邓小平同志在《关于整风运动的报告》中指出:"各地农村中都有一些'大法不犯、小法常犯'的不良分子。对于这些人,如果由地方法院处理就不胜其烦,但是不加处理,对于生产秩序和社会秩序又有很大妨害。可以考虑由社员代表大会或者乡人民代表大会定出切实可行的公约,由上一级政府批准,加以约束,并建立调处委员会负责公约的执行。违反这些公约的,可以授权合作社或者乡政府,给以适当处罚。"[②]根据这一精神,社会主义爱国公约运动在全国普遍开展起来,而人民法院在该运动中起到了重要的指导作用。[③]

社会主义爱国公约是人民群众进行自我教育、自我监督和自我约束所共同订立和遵守的行为准则,基本内容包括服从中国共产党和人民政府的领导、走社会主义道路、遵纪守法、发扬共产主义道德风尚等。爱国公约由人民调处委员会来监督执行。人民调处委员会是人民自我教育、自我监督和自我约束的群众性组织,是各地在发动群众、依靠群众制定社会主义爱国公约的同时,根据各地的具体情况建立起来的。

---

① 这次社会主义爱国公约运动在形式上可以视为对新中国成立初期作为抗美援朝运动产物的爱国公约运动的延续,后者为前者的广泛制定奠定了社会运动基础。参见王永华:"建国初期的爱国公约运动",载《党史博览》2007年第4期

② 邓小平:《关于整风运动的报告》,人民日报出版社1957年版,第15页。

③ 这一时期最高司法机关和地方各级人民法院出版和编纂了大量的指导性书籍,参见中华人民共和国司法部办公厅编:《推行社会主义爱国公约和开展调处委员会的工作》,法律出版社1958年版。福建省高级人民法院编:《爱国公约和人民调处工作》,福建人民出版社1959年版。山东省高级人民法院编:《做好人民调处工作》,山东人民出版社1959年版。安徽省高级人民法院编:《跃进中的安徽人民调处工作》,安徽人民出版社1959年版。安徽省高级人民法院编:《推行社会主义爱国公约》,法律出版社1960年版。

人民调处委员会通过说服教育、群众辩论和辅之一定处罚的方法，调解人民内部纠纷，处理违法违约的不良行为。处罚方法，各地并不一致，一般来说，大致有赔礼道歉、警告、家庭管教、具结悔过、退赃、赔偿损失、罚劳动日等。[①] 可见，赔礼道歉最早是作为违反社会主义爱国公约的处罚方法进行明文规定的。[②] 因此，1957 年开始普遍推行的社会主义爱国公约运动才是赔礼道歉作为法律责任方式的源头。

（四）赔礼道歉从自愿行为转变为法律责任的过程意义

从新中国成立前和新中国成立初期的自愿道歉到 1957 年社会主义爱国公约运动中作为法律责任的赔礼道歉，这一转变过程说明赔礼道歉在新中国成立之初的司法实践中取得了良好的社会效果，是社会主义法制体系与中国传统美德的完美结合。这一转变过程也为“文革”之后赔礼道歉的成文化以及后续在我国法律体系中的不断发展奠定了较好的群众基础和社会基础。

二、赔礼道歉作为民事责任方式在《民法通则》上的确立过程

（一）谁是赔礼道歉的“近亲”？——赔礼道歉相关民事责任方式探寻

笔者希望通过同时展示赔礼道歉在承担方式和适用范围两个方面的“近亲”在《民法通则》上的确立过程，来更好地展示赔礼道歉作为民事责任方式在《民法通则》上的确立过程。

1. 赔礼道歉在承担方式上的“近亲”——具结悔过与训诫

查《民法通则》通过之前的《现代汉语词典》，“赔礼”是指向人施礼认错。“道歉”是指表示歉意，特指认错。[③] 赔礼道歉是并列短语，合并到一起连用，应该理解为向人施礼，表示歉意，并认错。笔者认为，赔礼道歉作为一种习惯用语，已经融合为一体。不能只赔礼，不道歉；而

---

① 张富文：“新中国初期社会主义爱国公约运动初探”，载《北京社会科学》2009 年第 6 期。

② 参见赵德魁、孙承基、阎为群：“对有关调处工作的几个问题的意见”，载《法学》1958 年第 7 期。

③ 《现代汉语词典》，商务印书馆 1983 年版，第 221、860 页。

道歉,也不以施礼为必要。

综观《民法通则》第134条的内容,与赔礼道歉最为接近的责任承担方式是责令具结悔过。"具结"这个词,并非现代日常用语,是指旧时对官署提出表示负责的文件。[①] 在法律意义上,是指对自己的行为愿意承担法律责任的表示。[②] "悔过",是指承认并追悔自己的错误。[③] 两个词联结起来,就是"具结悔过",应该理解为"悔过"基础上的"具结",即承认自己的行为,追悔自己的错误,并向权力机关出具保证性的文件,一旦违反自己的承诺,愿意承担法律责任。作为一种民事制裁措施,"责令具结悔过"是法院强制侵权行为人承认自己在进行民事活动中的错误,并认识到这种错误的违法性和危害性,表示愿意悔改并不再犯。多适用于故意侵害他人人格权的行为,也可适用于某些故意或重大过失侵害他人财产权的行为。[④] 责令具结悔过可以使行为人吸取教训,警戒今后不再重犯。[⑤]

对比赔礼道歉和具结悔过可以看出,二者的共同点是当事人都承认错误,差别是赔礼道歉是向对方表示认错,而具结悔过是向权力机关出具保证书表示不再犯。按照《民法通则》第134条的规定,赔礼道歉是民事责任方式,责令具结悔过则是民事制裁方式,民事责任的不承担将导致法院的强制执行,而民事制裁方式的不执行将导致行政责任,但二者的强制性是一致的。

根据1964年《最高人民法院关于训诫问题的批复》的规定,训诫应当由人民法院用口头的方式进行,根据案件的具体情况,一方面严肃地指出被告人的违法犯罪行为,分析其危害性,并责令他努力改正,今后不再重犯;另一方面也要讲明被告人的犯罪情节尚属轻微,可不给予刑事处分。尽管训诫并非与赔礼道歉在承担方式上类似的责任方式,

---

① 《现代汉语词典》,商务印书馆1983年版,第615页。

② 沈玮玮:"从甘结到具结悔过:传统民事司法信任的转变",载《安徽大学学报》(哲学社会科学版)2010年第3期。

③ 《现代汉语词典》,商务印书馆1983年版,第503页。

④ 张新宝:《中国侵权行为法》(第2版),中国社会科学出版社1998年版,第196页。

⑤ 杨立新:《侵权法论》(第4版),人民法院出版社2011年版,第225页。

但因其是由人民法院对其进行的口头教育，与责令具结悔过往往同时适用，同时训诫也可以有力地促使侵权人认识到自己的错误，主动赔礼道歉，因此也与赔礼道歉具有间接的关联性。

2. 赔礼道歉在适用范围上的“近亲”——消除影响、恢复名誉与停止侵害

赔礼道歉一般是与其他责任形式合并适用的。[①] 从适用范围来看，消除影响、恢复名誉与赔礼道歉均主要适用于精神性人格权，三者对于受害人都能够提供精神上的抚慰。尽管公开的赔礼道歉能够在一定程度上消除影响、恢复名誉，因此在解释论的立场上，赔礼道歉是消除影响、恢复名誉的手段或方式之一，通过赔礼道歉达到消除影响、恢复名誉的效果。[②] 但是，诸如刊载澄清声明或将判决书予以登报公布实则属于消除影响、恢复名誉的另一种手段，其与赔礼道歉存在本质的区别，不可将二者简单等同。[③]

停止侵害与赔礼道歉并非直接相关的两种民事责任方式，之所以在立法中与赔礼道歉并列规定而常被同时适用，是因为作为一种立法习惯，停止侵害常常与消除影响、恢复名誉一并规定，这造成了停止侵害与赔礼道歉间接的相关性。

（二）赔礼道歉在《刑法》起草过程中作为非刑事责任的成文化过程

根据上文的分析，笔者选取具结悔过和训诫作为赔礼道歉在《刑法》起草过程中的参照标记，来探寻赔礼道歉作为一种非刑事责任的成文化过程。

1. “文化大革命”之前

1950 年 7 月 20 日原政务院公布的《人民法庭组织通则》第 7 条第 1 款规定：“县（市）人民法庭及其分庭有权逮捕、拘禁并判决被告死刑、徒刑、没收财产、劳役、当众悔过或宣告无罪。”这是我国刑事立法中第

① 佟柔主编：《中国民法》，法律出版社 1990 年版，第 49 页。

② 姚辉：“赔礼道歉与‘最后的手段’”，载《法制日报》2010 年 8 月 11 日第 11 版。

③ 姚辉：“论人格权法与侵权责任法的关系”，载《华东政法大学学报》2011 年第 1 期。

一次规定“悔过”,但未规定赔礼道歉。

5天后中央人民政府法制委员会公布的《刑法大纲草案》(1950年7月25日)第三章“刑罚”第17条规定了11种刑罚的种类,包括死刑、监禁、劳役、没收、罚金、褫夺政治权、褫夺亲权、禁止从事一定业务或职务、公开批评教育、赔偿损失和认错道歉。[①] 可见,我国最早的《刑法草案》是将训诫(即“公开批评教育”)、赔偿损失和认错道歉作为刑罚进行规定的,而该草案没有规定具结悔过。

1954年9月30日《刑法指导原则草案》(初稿)第二章“刑罚”第9条“刑罚的种类”第3款规定:“对于不必要判处刑罚的轻微的犯罪,可以适用训诫、责令悔过道歉或者一个月以下拘役的行政处罚。”[②]该草案第一次将训诫、悔过和道歉定位为非刑罚方式。

这一体例在随后的草稿中被修改,1956年11月12日《刑法草案》(第13稿)第三章“刑罚”重新将训诫作为刑罚,专设第二节“训诫”,仅有第34条一个条文,分为两款,第1款规定:“训诫是对犯罪分子的公开谴责。”第2款规定:“对于被判处训诫的犯罪分子,人民法院应当把判决在他的居住地或者犯罪地向群众公布。”[③]这种对于训诫的执行方式与后来学术界的理解差异较大。一般认为,训诫由人民法院在法庭上对不法行为人进行公开批评和谴责,当庭以口头形式进行。[④] 而公布判决的方式,更类似对消除影响、恢复名誉的执行。[⑤]

此后的1957年6月27日《刑法草案》(第21稿)改变了这种体例,重新将训诫从刑罚中剔除,在第一节“刑罚的种类”第33条中规定:

---

① 高铭暄、赵秉志编:《新中国刑法立法文献资料总览》,中国人民公安大学出版社1998年版,第141页。

② 高铭暄、赵秉志编:《新中国刑法立法文献资料总览》,中国人民公安大学出版社1998年版,第171~172页。

③ 高铭暄、赵秉志编:《新中国刑法立法文献资料总览》,中国人民公安大学出版社1998年版,第195页。

④ 杨立新:《侵权法论》(第4版),人民法院出版社2011年版,第225页。

⑤ 参见《最高人民法院关于审理名誉权案件若干问题的解答》(1993)第11条。

“对于情节轻微的犯罪分子，不需要判处刑罚的，可以予以训诫。”[①] 1957年6月28日《刑法草案》（第22稿）第32条保持了这种规定的体例和内容。[②] 此后的历次草案也将非刑罚方式规定在第三章“刑罚”第一节“刑罚的种类”，以下对于体例不再赘述，重点关注条文的变化。

1962年12月《刑法草案》（第27稿）第30条规定：“对于情节轻微的犯罪分子，不需要判处刑罚的，可以根据案件的不同情况，予以训诫或者责令具结悔过、取保、赔礼道歉、赔偿损失。”[③]该条文将非刑罚的种类恢复到了《刑法指导原则草案》（初稿）规定的种类，还增加了“取保”这一新类型。1963年2月27日《刑法草案》（第30稿）第31条延续了第27稿的内容和体例。[④] 随后的“文化大革命”中断了《刑法》起草工作长达15年。

2.“文化大革命”之后

“文化大革命”后恢复起草的1978年12月《刑法草案》（第34稿）第26条规定：“对于情节轻微的犯罪分子，不需要判处刑罚的，可以根据不同情况，责令具结悔过、取保、赔礼道歉、赔偿损失。”[⑤]该条文除了文字上的调整外，取消了“训诫”，但也未重新将训诫规定为刑事责任。《刑法草案》修订组在1979年2月（第35稿）第27条的文字上略作修订，但规定的非刑罚种类不变。[⑥]

1979年3月31日《刑法草案》（第36稿）第30条规定：“对于犯罪情节轻微不需要判处刑罚的，可以根据案件的不同情况，予以训诫或者

---

① 高铭暄、赵秉志编：《新中国刑法立法文献资料总览》，中国人民公安大学出版社1998年版，第230页。

② 高铭暄、赵秉志编：《新中国刑法立法文献资料总览》，中国人民公安大学出版社1998年版，第258页。

③ 高铭暄、赵秉志编：《新中国刑法立法文献资料总览》，中国人民公安大学出版社1998年版，第287页。

④ 高铭暄、赵秉志编：《新中国刑法立法文献资料总览》，中国人民公安大学出版社1998年版，第315页。

⑤ 高铭暄、赵秉志编：《新中国刑法立法文献资料总览》，中国人民公安大学出版社1998年版，第371页。

⑥ 高铭暄、赵秉志编：《新中国刑法立法文献资料总览》，中国人民公安大学出版社1998年版，第406页。

责令具结悔过、赔礼道歉、赔偿损失,或者由主管部门予以行政处分。”[①]这一稿的新变化是,恢复了“训诫”这种非刑罚方式,并增加了主管部门的行政处分方式。《刑法草案》(第37稿)第31条文字上略有调整,保持了第36稿的主要内容和体例。[②]《刑法草案》(第38稿)第32条再次作出个别文字修订,[③]并提交第五届全国人民代表大会第二次会议表决通过,该条文最终确定为1979年《刑法》第三章“刑罚”第一节“刑罚的种类”第32条:“对于犯罪情节轻微不需要判处刑罚的,可以免予刑事处分,但可以根据案件的不同情况,予以训诫或者责令具结悔过、赔礼道歉、赔偿损失,或者由主管部门予以行政处分。”从而在《刑法》上实现了赔礼道歉法律责任的成文化。

3. 规律总结

从对上述具有代表性的12稿《刑法草案》相关条款变化的分析可以看出,几乎所有重要《刑法草案》都对非刑罚种类条款进行了修订,其中在种类上进行修订就多达7次。可见,非刑事责任始终是草案起草者的关注点,训诫、责令具结悔过和赔礼道歉作为非刑罚种类被最终规定在1979年《刑法》,并非偶然或者随意之举,而是经过了长期思考和反复修改的。相比之下,“文革”之前的《刑法草案》中,训诫的地位更为突出,赔礼道歉和具结悔过则“三进三出”,这和当时国家公权力的全面主导是相关的。“文革”之后的《刑法草案》中,训诫起初被取消,后来才被加入进来,而赔礼道歉和具结悔过的地位则较为稳定,显示出非刑罚方式在市民社会中作为矛盾自我解决方式的地位不断提升。

(三)赔礼道歉作为民事责任方式确立于第三次民法典起草

20世纪60年代新中国第二次民法典起草过程中,没有涉及侵权法的内容。1980年开始的第三次民法典起草,反思“文革”时期的经验

---

① 高铭暄、赵秉志编:《新中国刑法立法文献资料总览》,中国人民公安大学出版社1998年版,第441页。

② 高铭暄、赵秉志编:《新中国刑法立法文献资料总览》,中国人民公安大学出版社1998年版,第469页。

③ 高铭暄、赵秉志编:《新中国刑法立法文献资料总览》,中国人民公安大学出版社1998年版,第502页。

教训，不但对人身权（主要是人格权）进行了详细列举，在侵权责任部分也对各种侵害人身权的行为规定了多种民事责任。《民法通则》第134条列举的停止侵害、排除妨碍、消除危险、消除影响和恢复名誉、赔礼道歉五项民事责任方式，均始于1980年8月15日《民法草案（征求意见稿）》（以下简称“第一稿”）。从第三次民法典起草四次草案的侵权责任部分的条文来看，停止侵害民事责任方式仅在侵害姓名权、肖像权、名誉权的情形中进行列举，消除影响和恢复名誉、赔礼道歉这两项民事责任主要是针对侵害人格权设计的，而排除妨碍和消除危险则主要是针对侵害财产权设计的。下文将以第三次民法典起草的四次草案以及《民法通则》中的侵权责任部分和著作权部分的草案为蓝本，以赔礼道歉为中心，同时分析赔礼道歉、停止侵害、消除影响和恢复名誉这四项民事责任方式的确立过程，以期探求赔礼道歉民事责任的源流。

1. 赔礼道歉和停止侵害、消除影响、恢复名誉立法过程考察

赔礼道歉、停止侵害、消除影响、恢复名誉立法模式变化表

规定位置	侵害姓名权、肖像权、名誉权（荣誉权）				侵害宗教信仰、民族习惯				民事责任方式（民事制裁方式）列举			
责任方式	赔礼道歉	停止侵害	消除影响	恢复名誉	赔礼道歉	停止侵害	消除影响	恢复名誉	赔礼道歉	停止侵害	消除影响	恢复名誉
“第一稿”		√	√		√	√	√		√			
“第二稿”		√	√			√①	√		√			
“第三稿”		√	√			√	√		√	√	√	√
“第四稿”		√	√		未规定				√	√	√	√
民法通则	√	√	√	√	未规定				√	√	√	√

通过上表可以发现，赔礼道歉仅仅在“第一稿”中曾经被用来作为侵害宗教信仰、民族习惯侵权行为的民事责任方式，随后一直被冠以“责令”的民事制裁用语，作为民事制裁方法规定，②这与我国民法理论

① 原文是“排除侵害”，参见何勤华、李秀清、陈颐编：《新中国民法典草案总览》（下），法律出版社2003年版，第483页。

② “第三稿”之后为“民事责任方法”，参见后文。

对侵权民事责任的制裁性和补救性的双重定性有关。[1]

恢复名誉作为民事责任方式的出现颇有些蹊跷,在第三次民法典起草的四次草案中,民事责任部分一直没有关于恢复名誉的规定,但在著作权部分规定的侵害著作权的民事责任为排除侵害、恢复名誉和赔偿损失三种。[2] 恢复名誉作为一种民事责任方式被列举则是始于1981年7月31日的《民法草案(征求意见第三稿)》(以下简称"第三稿")。

容易被忽略的是,不论消除影响和恢复名誉这两种民事责任方式的适用如何变换,停止侵害却几乎始终与赔礼道歉同时规定。也就是说,我国侵权法上对于侵害人身权(包括著作人身权)的民事责任方式组合是"停止侵害、恢复名誉、消除影响、赔礼道歉",其中"恢复名誉"和"消除影响"可能因为具体侵权行为类型的特点而有所保留,但停止侵害和赔礼道歉始终是我国侵权法上侵害人身权(包括著作人身权)的民事责任方式的骨架。

2. 赔礼道歉在《民法通则》第134条中的确立过程

在"第一稿"中,赔礼道歉被规定在第一编"总则"第七章"民事制裁"第68条:"人民法院、仲裁机关或其他国家机关在当事人的权利受到侵害的事实查明后,可以根据违法行为的性质和后果,采取下列的民事制裁方法:一、罚款;二、收缴非法所得;三、赔偿损失;四、具结悔过;五、责令赔礼道歉;六、通报批评。"第69条紧接着规定:"前条规定的民事制裁方法,可以单独适用,也可以合并适用。"[3]从这两个条文我们已经可以看到:(1)该条文明显受到当时新通过的1979年《刑法》第32条的影响。通过上表的分析可以看出,对于侵害姓名权、肖像权、名誉权和荣誉权等人格权,在《民法通则》通过之前,我国民事立法传统上

---

① 关于我国《民法通则》第六章"民事责任"对"惩罚说"和"担保说"这两种学说混合继受的考察,请参见王竹:《侵权责任分担论》,中国人民大学出版社2009年版,第91~93页。

② "第一稿"第417条第2款,"第二稿"第380条第2款,"第三稿"第392条第2款,第372条。参见何勤华、李秀清、陈颐编:《新中国民法典草案总览》(下),法律出版社2003年版,第425、486~487、545、610页。

③ 何勤华、李秀清、陈颐编:《新中国民法典草案总览》(下),法律出版社2003年版,第380页。

最为稳定的民事责任方式是停止侵害和消除影响,而不包括赔礼道歉和恢复名誉。[①] 而"第一稿"第68条将责令赔礼道歉与罚款、收缴非法所得、赔偿损失、具结悔过和通报批评一起规定为了民事制裁方式,且不包括停止侵害、消除影响和恢复名誉这三种民事责任方式,这充分说明了第68条一方面延续了第一次民法典起草将损害赔偿作为民事责任方式的传统,另一方面也说明该条的主要内容是从1979年《刑法》第32条规定的非刑罚种类中借鉴过来的。即当时的民事制裁,可以理解为非刑罚种类。可以作为佐证的是,1979年2月2日颁布的《最高人民法院关于贯彻执行民事政策法律的意见》第二部分关于财产权益纠纷问题(四)赔偿问题第一段规定:"赔偿纠纷,一般应由当事人所在单位或有关部门处理。需要法院处理时,人民法院应本着有利安定团结的精神,根据党和国家的政策法律,分清是非责任。对有错误的要进行严肃的批评教育,责令其检查,赔礼道歉。造成经济损失的,应负责赔偿。……"该条文是民事司法解释中第一次如此规定具结悔过、赔礼道歉和赔偿损失。(2)《民法通则》第134条的结构已经基本形成。[②] 但在内容上,除了赔偿损失和赔礼道歉之外,罚款、收缴违法所得、具结悔过和训诫(即"通报批评"),后来都作为非民事责任规定在《民法通则》第134条第3款中。(3)具结悔过和赔礼道歉两种责任方式被相邻规定,显示出内容上的相关性。这种体例后来也一直被坚持,直到《民法通则》第134条区分民事责任方式和民事制裁方式。

1981年4月10日《民法草案(征求意见第二稿)》(以下简称"第二稿")第一编"总则"第八章"民事制裁"第62条列举了12种民事制裁方法,包括:(1)责令排除妨碍;(2)责令返还原物、恢复原状;(3)责令赔偿损失;(4)收缴非法所得;(5)罚款;(6)责令赔礼道歉;(7)责令具结悔过;(8)训诫;(9)剥夺某项民事权利;(10)责令停业或搬迁;

---

① 这和部分学者认为赔礼道歉和恢复名誉这两种责任方式主要是针对侵害名誉权侵权行为设计的看法有所不同,但或许正是这样的原因,《民法通则》的起草者在第120条中增加了这两种民事责任方式。

② 考虑到《民法通则》第134条第2款"以上承担民事责任的方式,可以单独适用,也可以合并适用"的规定,并非本文探讨的重点,下文将略去对该款条文的历史回顾。

(11)查封或撤销登记;(12)民事拘留。[①] 该条文的特点是:(1)在“第一稿”的基础上,增加了传统民法上作为物权请求权的排除妨碍、返还原物、恢复原状,民事责任方式的内容更加丰富。(2)增加了剥夺某项民事权利、责令停业或搬迁、查封或撤销登记、民事拘留等民事制裁措施,为《民法通则》第 134 条第 3 款的规定打下了结构基础。(3)“具结悔过”改为“责令具结悔过”,并与“责令赔礼道歉”交换位置。这次换位为未来《民法通则》第 134 条第 1 款和第 3 款以赔礼道歉为界埋下了伏笔。(4)在本次民事责任方式的大增补中,没有规定消除影响、恢复名誉。尽管消除影响和停止侵害一起,在“第一稿”第 453 条和第 454 条中,就已经作为侵害人格权和侵害宗教信仰、民族习惯的侵权责任方式被特别规定,[②]并为“第二稿”所延续,[③]但二者均未作为民事制裁方式进行列举,可见当时的草案起草者,应该是对民事制裁方式和民事责任方式有所区分。

1981 年 7 月 31 日“第三稿”在立法体例上出现重大变化。“第一稿”和“第二稿”设第一编“总则”,第二编财产所有权,第三编合同,第四编侵权损害的责任,第五编智力成果权和第六编财产继承。其中,第一编总则包括第一章任务和基本原则,第二章公民,第三章法人,第四章法律行为,第五章代理,第六章期限和计算,第七章诉讼时效,第八章民事制裁和第九章适用范围,内容较为庞杂。“第三稿”设第一编任务和基本原则,第二编民事主体(实际上包括民事主体和代理,按照“第二稿”讨论中的建议取消了法律行为),第三编财产所有权,第四编合同,第五编智力成果,第六编亲属、继承,第七编民事责任和第八编其他规定(包括期限、诉讼时效和适用范围)。对比可知,“第三稿”第七编民事责任是“第二稿”第一编总则第八章民事制裁与第四编侵权损害的责任合并的结果,这种结合在第三章“承担责任的范围和方法”中体

① 参见何勤华、李秀清、陈颐编:《新中国民法典草案总览》(下),法律出版社 2003 年版,第 445 页。

② 参见何勤华、李秀清、陈颐编:《新中国民法典草案总览》(下),法律出版社 2003 年版,第 429 页。

③ 参见“第二稿”第 350 条、第 351 条。参见何勤华、李秀清、陈颐编:《新中国民法典草案总览》(下),法律出版社 2003 年版,第 483 页。

现得尤为突出。

“第三稿”第486条规定了12种民事责任方式:(1)责令排除妨碍、停止侵害、消除危险;(2)责令返还原物;(3)责令恢复原状;(4)责令赔偿损失;(5)收缴进行非法活动的财物和非法所得;(6)罚款;(7)支付违约金;(8)责令修理、更换、重作;(9)责令赔礼道歉、消除影响、恢复名誉;(10)责令具结悔过;(11)告诫;(12)责令停业、停产或者搬迁。① 该条文的特点是:(1)在定性上,将民事制裁改为民事责任,因而在编章体例上移动到第七编的最后一章,这确立了《民法通则》第六章“民事责任”第四节“承担民事责任的方式”这一编章结构。(2)增加停止侵害、消除危险和消除影响、恢复名誉四种民事责任方式,这印证了上文对“第二稿”区分民事责任和民事制裁的判断。(3)区分返还原物和恢复原状,并予以分别规定,确定了这两种民事责任未来在《民法通则》第134条第1款中的相对位置和体系位置。(4)增加违约责任方式,即支付违约金和修理、更换、重作。需要指出的是,“第三稿”第七编“民事责任”第一章“通则”第456条规定:“公民、法人侵害社会主义公共财产,或者侵害他人的人身、财产,以及违反合同造成损害的,都应当承担民事责任。”②在内容和体例上已经相当于《民法通则》第六章“民事责任”第一节“一般规定”第106条。而第二章“确定责任的规定”③在内容上相当于《民法通则》第六章“民事责任”第三节“侵权的民事责任”。可见新增加的违约责任方式,预示着《民法通则》第六章“民事责任”第二节“违反合同的民事责任”的酝酿。(5)将“训诫”改为“告诫”,“责令停业或搬迁”改为“责令停业、停产或者搬迁”,删除了查封或撤销登记和民事拘留两种制裁方式。1982年5月1日《民法

① 参见何勤华、李秀清、陈颐编:《新中国民法典草案总览》(下),法律出版社2003年版,第556~557页。

② 何勤华、李秀清、陈颐编:《新中国民法典草案总览》(下),法律出版社2003年版,第553页。

③ 参见何勤华、李秀清、陈颐编:《新中国民法典草案总览》(下),法律出版社2003年版,第553~556页。

草案(征求意见第四稿)》(以下简称"第四稿")第442条[①]保持了"第三稿"的体例和内容。

从上文回顾的第三次民法典起草的四次草案来看,尽管《民法通则》是以"第四稿"为蓝本制定的,但第134条最终的变化还是较大的,主要体现在:(1)将训诫、责令具结悔过、收缴进行非法活动的财物和非法所得、罚款、拘留作为民事制裁规定在第134条第3款。这里最大的变化是将责令具结悔过归入民事制裁方式,而将赔礼道歉作为民事责任方式,使得二者成为民事责任与民事制裁的分界线。质言之,责令具结悔过的重点在于"具结"而不在"悔过",通俗地说,就是"对公",而赔礼道歉则是"对私"。(2)将排除妨碍、停止侵害、消除危险分为三种独立的民事责任方式,排列顺序也调整为停止侵害、排除妨碍、消除危险。这种排列顺序与《民法通则》第83条规定的相邻关系民事责任方式的顺序保持了一致,印证了立法者作出调整的意图性。(3)将赔偿损失插入到修理、重作、更换和支付违约金之间,应该理解为草案起草人认为修理、重作、更换与恢复原状更为接近,而赔偿损失和支付违约金则分别为侵权责任和违约责任的金钱填补民事责任方式。(4)将赔礼道歉和消除影响、恢复名誉分为两项,并调整了二者的顺序。[②] 一方面赔礼道歉重新获得了独立的民事责任方式的地位,另一方面消除影响和恢复名誉被确立为同一种民事责任方式。[③]

3. 赔礼道歉在《民法通则》第120条中的确立过程

在"第一稿"中,赔礼道歉还作为侵害宗教信仰、民族习惯民事责任方式被特别列举,但从"第二稿"开始该种民事责任方式就被删除,

---

① 参见何勤华、李秀清、陈颐编:《新中国民法典草案总览》(下),法律出版社2003年版,第619页。

② 从这次顺序的调整来看,《侵权责任法》第15条再次将二者的顺序调整为赔礼道歉在前,也可以视为一种立法传统的恢复。

③ 从此后的立法实践和司法实践来看,消除影响和恢复名誉的捆绑模式并非完美,《侵权责任法》未能将二者再次区分开,是一种立法技术上的遗憾。

此后随着"第四稿"这种侵权行为类型的删除,[①]《民法通则》中也就没有规定这种具体的侵权行为类型。就此问题,笔者考虑,一方面是立法者逐渐认识到不宜在《民法通则》中对侵害宗教信仰、民族习惯的侵权责任作出规定,另一方面也应该是认为"赔礼道歉"不宜用于处理此类侵权行为。非常值得关注的是,从"第一稿"到"第四稿",侵害自然人姓名权、名誉权、肖像权和法人的名称、名誉、信用等权利的民事责任方式中,赔礼道歉和恢复名誉竟然长期缺失,而仅仅主要规定停止侵害和消除影响,并附带性的规定可以赔偿损失。[②] 赔礼道歉和恢复名誉进入此类侵权行为类型的侵权责任方式行列,是在《民法通则》第120条。

1985年8月15日《民法通则(征求意见稿)》第96条第1款规定:"侵害公民人身权利、智力成果权利的,应当停止侵害,消除影响,恢复名誉。造成经济损失的,应当赔偿损失;虽然没有造成经济损失,情节严重的,应当给以适当的经济补偿。"由于恢复名誉在第三次民法典起草过程中是作为对侵害著作权的救济,所以正是该条对侵害人格权和知识产权条文的合并,才使得恢复名誉率先被纳入对人格权的保护方式中。

《民法通则(草案)》(1985年11月13日稿)中,侵害人格权和侵害智力成果权的侵权行为一分为二,值得关注的是,该稿第103条用"消除影响"替换了"第一稿"到"第四稿"中的"恢复名誉":"侵害公民、法人的著作权、专利权、商标权、发现权以及不属于专利权范围的科技成果权、发明权的,应当停止侵害,消除影响,赔偿损失。"可见,立法者认识到,侵害知识产权一般不涉及名誉侵害。而恢复名誉则继续保留在了该稿第102条第1款中:"侵害公民的肖像权、名誉权的,应当停止侵害,赔礼道歉,消除影响,恢复名誉。造成经济损失的,应当赔偿损

---

① 参见"第一稿"第454条,"第二稿"第351条,"第三稿"第471条。参见何勤华、李秀清、陈颐编:《新中国民法典草案总览》(下),法律出版社2003年版,第429、483、554页。

② 参见"第一稿"第453条,"第二稿"第350条,"第三稿"第470条,"第四稿"第431条。参见何勤华、李秀清、陈颐编:《新中国民法典草案总览》(下),法律出版社2003年版,第429、483、554、617页。

失;虽然没有造成经济损失但情节严重的,应当给以适当的经济补偿。”并且在此基础上增加了赔礼道歉的民事责任方式。由于这一变化并无明确的理论准备,具有一定的偶然性。[①]

1986年2月《民法通则(草案修改稿)》第117条第1款坚持了这一规定体例:“公民的姓名权、肖像权、名誉权、荣誉权受到侵害的,受害人有权要求停止侵害,赔礼道歉,消除影响,恢复名誉,并可以要求赔偿损失。”最后提交审议的《民法通则草案》保持了这种体例和内容。[②]

(四)对赔礼道歉民事责任方式在《民法通则》上确立前后的学说考察

1.与赔礼道歉在《民法通则》上确立相应的学说发展过程

从佟柔教授在《民法通则》颁布前后主编的两本民法教材相关内容的对比,能够较好地佐证上文的立法史考察。1987年出版的佟柔先生主编《民法原理》(修订本),定稿于“《民法通则》正在制定”而尚未通过之时的1985年10月,[③]较好地保留了当时学者依据“第四稿”规定的民事责任方法而作的诠释。(1)在体例上,第三章“民事法律关系”新增了第七节“民事责任”,这与“第三稿”和“第四稿”设立民事责任编是相吻合的。(2)从理论上将民事责任分为财产责任和非财产责任,后者列举的类型是“具结悔过、赔礼道歉等”,这与“第四稿”将二者均作为民事责任方式且邻近规定是相关的。[④] (3)将民事责任区分为合同责任与侵权责任,并将“具结悔过和赔礼道歉等责任形式”限定于侵权责任之中,这与“第四稿”民事责任编尚未将违约责任纳入有关。[⑤] (4)在该节第四部分“民事责任的形式”中,按照如下的顺序较为详细地阐述了八种民事责任形式:“(一)损害赔偿;(二)违约金;(三)慰藉金,或称为抚慰金;(四)排除妨害、恢复原状、消除危险、返还原物;

---

① 参见后文对当时学说部分的考察。

② 转引自张谷:“作为救济法的侵权法,也是自由保障法”,载《暨南学报》(哲学社会科学版)2009年第2期。

③ 参见佟柔主编:《民法原理》(修订本),法律出版社1987年版,“修订说明”。

④ 佟柔主编:《民法原理》(修订本),法律出版社1987年版,第43页。

⑤ 佟柔主编:《民法原理》(修订本),法律出版社1987年版,第47页。

(五)罚款;(六)具结悔过;(七)恢复名誉、消除影响、赔礼道歉;(八)停止侵害。""(七)恢复名誉、消除影响、赔礼道歉"的用语,是从"第三稿"开始的。在"第三稿"和"第四稿"中,罚款和具结悔过均作为民事责任方法列举。①

1990年出版的佟柔先生主编的《中国民法》,对《民法通则》第134条第1款规定的10种民事责任与传统民法的差别,作出了权威说明:"实际上,我国《民法通则》第一百三十四条关于承担民事责任的方式的规定,已经使侵权行为的法律后果远远超出了'债'的范畴。这些规定所体现的基本指导思想,就是要采取各种切实可行的措施,以加强对合法权利的保护和对不法行为以及其他致害原因的控制。这种指导思想的一个基本理论依据,就是对民事责任的制裁性和补救性的双重性质的认识。"②在关于法律补救性质的论述中,将赔偿损失和返还财产作为财产给付义务,将赔礼道歉和消除影响作为精神上的填补方式,以使得受到侵害的权利恢复到法律上的完好状态。③

2. 当时关于《民法通则》上规定赔礼道歉民事责任方式的学说争议

应该指出,在《民法通则》第120条和第134条规定赔礼道歉民事责任之前,理论上并未对赔礼道歉这种民事责任作过详细的立法论探讨,这种情况与公平责任的横空出世具有类似性。④ 从现有的文献和笔者对参加了《民法通则》起草的学者的访谈可以间接地看出当时存在"肯定说"和"否定说"两种不同的看法:

金平教授持肯定说。据他介绍,决定将赔礼道歉纳入《民法通则》的规定主要是基于对我国国情和彻底化解民事纠纷这两点考虑。而且,理论和实务界大都认为赔礼道歉在保护公民、法人的合法权益、教

---

① 佟柔主编:《民法原理》(修订本),法律出版社1987年版,第47~49页。

② 佟柔主编:《中国民法》,法律出版社1990年版,第562页。

③ 佟柔主编:《中国民法》,法律出版社1990年版,第563页。

④ 参见王竹:"我国侵权法上的'公平责任'源流考",载《甘肃政法学院学报》2008年第2期。

育不法行为人、缓解矛盾、促进安定团结等方面起着积极的作用。①

持反对说的学者不在少数。据“民法通则(草案)座谈会”会议秘书处1985年12月10日的第九号会议简报(主题是“对第六章民事责任的意见”)记载,在赔礼道歉被写入《民法通则》草案之后,佟柔教授和杨荣新教授提出:“赔礼道歉”只有当事人主动才有意义,作为承担民事责任的方式不当。② 魏振瀛教授也指出:“(赔礼道歉)能否采取判决的形式,我认为一般不采取为好。”③

可见,学者对于赔礼道歉写入《民法通则》,从一开始就不是没有保留的。但或许是由于赔礼道歉从新中国成立前的解放区到新中国成立后长期在调解过程中被使用,并发挥了较好的效果,具有一定的社会基础,而当时单位和政法机关对个人的控制力和威慑力都较强,也很少出现执行难的问题,因此就被保留下来,最终规定在了《民法通则》中。

三、未来民法典应该坚持将赔礼道歉作为民事责任方式进行规定

对赔礼道歉进行正本清源式的研究,是为了更好地厘清头绪,并探讨未来民法典是否应该继续坚持将赔礼道歉作为民事责任方式进行规定。当然只有肯定的答案,才是对赔礼道歉民事责任的承担和执行展开研究的逻辑前提。

(一)赔礼道歉作为民事责任方式在《民法通则》上确立的历史意义

王泽鉴教授认为,新中国经历了各种社会动荡和政治变故,这种时代背景不可避免地将特定历史时期的若干社会职能或政治上的价值取向加于民法通则之上,赔礼道歉这种责任承担方式或多或少也受到意识形态上“拨乱反正”的影响,尤其在纠正各种错误的政治运动、“平反昭雪”、调和人民内部关系的过程中,将赔礼道歉这种原本属于道德范

① 参见黄忠:“认真对待‘赔礼道歉’”,载《法律科学》2008年第5期。笔者于2011年11月24日拜访金平教授访谈时,向金平教授确认了上述观点。

② 转引自张谷:“作为救济法的侵权法,也是自由保障法”,载《暨南学报》(哲学社会科学版)2009年第2期。

③ 顾昂然、王家福、江平等:《中华人民共和国民法通则讲座》,中国法制出版社2000年版,第245页。

畴的责任上升为法律责任，以法律的强制力作为其实现的最终保障。①笔者对此表示赞同，并认为赔礼道歉作为民事责任方式在《民法通则》上的确立，具有如下三个方面的历史意义：

1. 政治意义：解决人民内部矛盾，促进社会团结。从《民法通则》制定当时的社会认识来看，赔礼道歉主要适用于人民内部矛盾。按照当时的认识，人民内部问题，一般来说都是属于思想认识问题和是非问题。对这种性质的问题，只能采取民主的方法、讨论的方法和说服教育的方法加以解决。调解人员在查清双方当事人争议的事实和焦点后，摆事实，讲道理，论利害，对当事人晓之以理，打通其思想，在自愿的基础上进行调解。对需要赔礼道歉、退还原物、赔偿损失的错误一方，也要通过批评与自我批评的方法，劝导的方法，促使其提高觉悟，进行自我检讨，从思想深处真正认识到自己的过错。只有这样，才能既坚持了原则，又不伤感情；既解决了争端，又加强了团结。② 可见，赔礼道歉作为一种人民内部矛盾的解决方式，应该尽量坚持双方自愿的原则。

2. 社会意义：提高人民群众道德水准，推动社会主义精神文明建设。在社会主义爱国公约运动中设立人民调解委员会的目的之一，是为了推动社会主义精神文明建设。各地人民调解委员会在调解民间纠纷中，一般都根据不同情况，做耐心细致的思想工作，动之以情，晓之以理，使当事人在提高思想认识的基础上，作出自我批评和检讨，主动向对方赔礼道歉，或者返还原物、赔偿损失等，最后达到相互谅解。正因如此，所以调解纠纷的过程往往也就是进行具体的政治思想教育的过程，非常有利于提高当事人和广大群众的道德意识。③ 可见，赔礼道歉民事责任方式承载了提高人民群众道德水准，推动社会主义精神文明建设的目的。

3. 法律意义：辅助精神损害赔偿制度，对侵害人格权的情形进行全

① 参见王泽鉴：《人格权法——法释义学、比较法、案例研究》，台北2012年自版，第512页。

② 薛林：“论人民调解委员会”，载《新疆社会科学》1983年第4期。

③ 柴发邦、李春霖：“改革与完善人民调解制度”，载《政法论坛》1986年第1期。

面救济。在《民法通则》制定过程中，精神损害赔偿制度的争议较大。①例如佟柔教授便主张："在我国社会主义条件下，人和人格尊严不可侵犯，更不能用金钱进行赔偿；如果人身权利遭受侵害并未造成财产损失，就应该通过其他方法对致害人进行处理，如刑事、行政等手段。在少数情况下，可以采取物质抚慰的办法，但不能用金钱赔偿。这是社会主义社会制度的反映。"②《民法通则》第120条采用了"赔偿损失"，而非明文规定精神损害赔偿，实际上是回避了这种争议，但这种规定因为明显不同于第119条的经济损失赔偿，因此应该被理解为是精神损害赔偿。赔礼道歉民事责任作为一种精神抚慰的辅助手段，能够更好地对侵害人格权的情形进行全面的救济。

(二)赔礼道歉民事责任在《民法通则》上确立之后的立法发展与特点

1. 赔礼道歉民事责任在《民法通则》上确立之后的立法发展

在《民法通则》通过之后，赔礼道歉作为法律责任方式，在刑法、民法、知识产权法和行政法领域中均有规定。

刑法领域，1997年《刑法》第37条保留了对非刑事责任的规定："对于犯罪情节轻微不需要判处刑罚的，可以免予刑事处罚，但是可以根据案件的不同情况，予以训诫或者责令具结悔过、赔礼道歉、赔偿损失，或者由主管部门予以行政处罚或者行政处分"。

民法领域，立法上一般按照《民法通则》第120条的体例，同时规定停止侵害、恢复名誉、消除影响、赔礼道歉和赔偿损失五种民事责任的一体保护模式。1993年的《消费者权益保护法》第43条将这种一体保护模式扩展到了消费者的人格尊严和人身自由领域。2009年年底通过的《侵权责任法》第15条，沿袭了《民法通则》第134条的规定模式，在顺序上将"赔礼道歉"提前到了"消除影响、恢复名誉"之前。③尽管并未作出任何官方解释，但可以推断出这一顺序上的改变，至少意

---

① 参见顾昂然、王家福、江平等：《中华人民共和国民法通则讲座》，中国法制出版社2000年版，第236页。

② 佟柔主编：《民法原理》，法律出版社1983年版，第221页。

③ 这一变化是在"公开征求意见稿"中出现的。参见"中华人民共和国侵权责任法(公开征求意见稿)"，载中国人大网，www.npc.gov.cn，公布日期：2009年11月6日。

味着起草机关并不认为赔礼道歉是一种无关紧要的补充性的民事责任方式，其在《侵权责任法》上的作用不会有所降低。在司法解释中，1993 年《最高人民法院关于审理名誉权案件若干问题的解答》第十点回答部分规定："人民法院依照《中华人民共和国民法通则》第一百二十条和第一百三十四条的规定，可以责令侵权人停止侵害、恢复名誉，消除影响，赔礼道歉、赔偿损失。"2001 年《精神损害赔偿司法解释》第 8 条第 1 款规定："因侵权致人精神损害，但未造成严重后果，受害人请求赔偿精神损害的，一般不予支持，人民法院可以根据情形判令侵权人停止侵害、恢复名誉、消除影响、赔礼道歉。"第 2 款规定："因侵权致人精神损害，造成严重后果的，人民法院除判令侵权人承担停止侵害、恢复名誉、消除影响、赔礼道歉等民事责任外，可以根据受害人一方的请求判令其赔偿相应的精神损害抚慰金。"

知识产权法领域，立法上一般只规定停止侵害、消除影响、赔礼道歉和赔偿损失四种民事责任，其原因在于恢复名誉一般不适用于知识产权法领域。1989 年颁布的原《技术合同法实施条例》第 28 条第 1 款最早适用了这种四种民事责任一体保护模式。1990 年《著作权法》第 45 条，从保护著作人身权角度，在《民法通则》第 118 条规定停止侵害、消除影响和赔偿损失三种民事责任基础上，增加了"公开赔礼道歉"的民事责任方式。2001 年《著作权法》修订时，将"公开"二字删除；2010 年修订时，未涉及该条规定。1991 年原《计算机软件保护条例》、2001 年《计算机软件保护条例》和 2006 年《信息网络传播权保护条例》也有类似规定。①

行政法领域，1994 年《国家赔偿法》第 30 条将消除影响、恢复名誉和赔礼道歉这三种民事责任方式对名誉权、荣誉权的保护扩展到了国家赔偿领域，其没有规定停止侵害的原因在于该法是事后救济法，不具有积极预防功能。2010 年《国家赔偿法》修订，一方面将三种民事责任的适用范围扩展到了所有致人精神损害的适用国家赔偿的侵权行为类型，同时增加了"造成严重后果的，应当支付相应的精神损害抚慰金"的规定。1986 年《治安管理处罚条例》第 42 条规定："公安机关对公民

① TRIPs 并无赔礼道歉的要求，可以将其视为一种较高层次的保护。

给予的治安管理处罚错误的,应当向受处罚人承认错误,退回罚款及没收的财物;对受处罚人的合法权益造成损害的,应当赔偿损失。”这些责任方式相当于是赔礼道歉(即承认错误)、返还财产和赔偿损失。该条例1994年修订时未涉及该条规定。2005年颁布的《治安管理处罚法》第117条将这一条文规范化为“公安机关及其人民警察违法行使职权,侵犯公民、法人和其他组织合法权益的,应当赔礼道歉;造成损害的,应当依法承担赔偿责任。”1997年《行政监察法》第23条第3项规定:“监察机关根据检查、调查结果,遇有下列情形之一的,可以提出监察建议:……(三)给国家利益、集体利益和公民合法权益造成损害,需要采取补救措施的;……”2004年《行政监察法实施条例》第22条规定:“行政监察法第二十三条第(三)项所称‘补救措施’,是指消除影响、恢复名誉、赔礼道歉、给予赔偿等补救措施。”2010年该法修订时,保留了该规定。行政法中的内部管理领域,1993年原《国家公务员暂行条例》第48条规定:“国家行政机关对国家公务员处理错误的,应当及时予以纠正;造成名誉损害的,应当负责恢复名誉、消除影响、赔礼道歉;造成经济损失的,应当负赔偿责任。”《法官法》第45条、《检察官法》第48条和2005年《公务员法》第103条均规定了造成名誉损害的,应当赔礼道歉、恢复名誉、消除影响;造成经济损失的,应当给予赔偿。2001修正的《法官法》和《检察官法》保留了这一规定。

2. 赔礼道歉民事责任在《民法通则》上确立之后的立法特点

综上所述,赔礼道歉民事责任方式在《民法通则》上确立之后的立法发展中,具有以下的立法特点:

(1)立法的成长性。从上述立法过程的回顾可以看出,我国现行法上凡是对“赔礼道歉”作出了规定的,此后就没有删除该规定的先例。甚至在法律没有规定的情况下,对应的法律实施细则还将赔礼道歉解释到立法本意之中,典型的如《行政监察法实施条例》第22条。

(2)适用的广泛性。赔礼道歉不但适用于平等民事主体之间的侵权行为,还适用于不平等的法律关系类型,如公务员、法官和检察官系统内部管理错误处理侵权行为、国家侵权和违法治安管理处罚侵权行为类型等。

(3)民事责任性。《刑法》第37条规定的予以训诫或者责令具结悔过、赔礼道歉，既不是行政处分，也不是刑事处分，而是人民法院对其采取的一种教育措施。① 按照《民法通则》第134条的区分，赔礼道歉是民事责任方式，而训诫和具结悔过则是民事制裁方式。行政法领域的相关规定，实质上是行政法中的民事责任规定。可见尽管刑法、行政法和民法领域都有规定，但在整个法律体系中，“赔礼道歉”均是作为民事责任方式规定。

可见，作为一种民事责任方式，赔礼道歉已经成为我国整个法律体系和法律责任体系中的重要组成部分，并具有一定的立法成长性，这促使我们进一步思考赔礼道歉作为民事责任的正当性。

（三）未来民法典将赔礼道歉作为民事责任方式的正当性

根据学者的总结，赔礼道歉不应当作为侵权责任形式的主要理由包括：(1)它违背了保障良心自由的宪法原则。(2)它超出了现代社会中可以施加司法强制的事项的范围，试图对于人的内心世界进行强制。(3)它违背了道德主观主义。即强调每个人是其自己的道德立法者。(4)它是法治万能主义的一种表现，即认为各种社会问题一遇到法治便会迎刃而解，法治似乎成为一贴解决各种社会问题的灵丹妙药。②笔者认为，否定赔礼道歉民事责任方式的理由中，最为核心的仍然是赔礼道歉的合宪性问题。

尽管不断有学者介绍和引用近邻法域如日本、韩国和我国台湾地区宪法法院作出的涉及道歉合宪性的判决和司法解释，但在笔者看来，这种比较法上的质疑之所以能够引起学者的注意，更多的还是这些判决和司法解释超过了我们对具有文化接近性的临近相关法域内心自由程度的预期。笔者认为，赔礼道歉责任方式的合宪性不容置疑。这一方面是因为我国《宪法》并未对良心自由作出明文规定，较为接近的言论自由作为一种表达的自由也无法涵盖这一内容；另一方面是因为如前所述，赔礼道歉作为民事责任方式已经被立法规定并在司法实践中被适用了30余年，已经形成了稳定的合宪性信赖。不仅如此，赔礼道

① 沈玮玮：“从甘结到具结悔过：传统民事司法信任的转变”，载《安徽大学学报》（哲学社会科学版）2010年第3期。

② 周友军：“我国侵权责任形式的反思”，载《法学杂志》2009年第3期。

歉还符合我国的民事立法传统,并为多部现行法律所明文规定,在司法实践中也取得了良好的效果。更为重要的是,赔礼道歉这种责任形式也符合《侵权责任法》第 1 条规定的“促进社会和谐稳定”的立法目的,而该立法目的也应该成为未来民法典的立法目的之一,这是其他民事责任方式难以完全替代的。

正如王泽鉴教授所言,将赔礼道歉作为一种承担民事责任的方式明文规定,乃是基于传统观念和当前社会需要。[①] 鉴于未来民法典中赔礼道歉民事责任主要适用于侵权责任领域,笔者在此仅从实现《侵权责任法》立法目的的角度,提出几点补充性意见:

1. 赔礼道歉作为民事责任方式,能够更好地保护民事主体的合法权益。一方面,对精神性人格权的救济难以仅仅依靠精神损害赔偿来实现;另一方面,赔礼道歉在一定程度上能够缓和新型人格利益的出现所带来的人格权范围扩张问题。实务中出现的不少所谓新型人格权案例,如悼念权、亲吻权等,大多数都要求赔礼道歉。在这样的案例中,通过赔礼道歉来保护一般人格利益,能够较好地缓和这些新型人格利益的扩张所带来的立法需求张力,解决实务需求。

2. 赔礼道歉作为民事责任方式,能够在一定程度上化解保险制度对侵权法带来的冲击,保持侵权责任的道德调整效力,预防侵权行为的发生。商业保险制度和社会保障制度对侵权法的影响主要集中于损害赔偿制度领域。[②] 为了实现《侵权责任法》预防和制裁侵权行为的目的,有必要保留非损害赔偿责任方式,而赔礼道歉在预防和制裁侵权行为,尤其是侵害人格权领域作用不容忽视。

3. 赔礼道歉作为民事责任方式,能够较好地实现“促进社会和谐稳定”的立法目的。将赔礼道歉作为民事责任,能够缓和矛盾、促进当事人之间的和睦团结,[③]谋求和谐的目的需要鼓励赔礼道歉的运作。[④]

---

① 参见王泽鉴:《人格权法——法释义学、比较法、案例研究》,台北 2012 年自版,第 528 页。

② 黄忠:“认真对待‘赔礼道歉’”,载《法律科学》2008 年第 5 期

③ 王利明:《人格权法研究》,中国人民大学出版社 2005 年版,第 685 页。

④ 黄忠:“认真对待‘赔礼道歉’”,载《法律科学》2008 年第 5 期。

这尤其是在农村熟人社会,更为重要。例如,有的农村出现用广播和贴大字报的方式侵害他人名誉权,如不适用赔礼道歉,要么引起受害人心里憋气甚至选择自杀的悲剧,要么就引起争斗。适用赔礼道歉,实有必要,具有不可替代性。

综上所述,笔者认为,至少在如下几类案件中,赔礼道歉民事责任方式的适用,将比单独适用精神损害赔偿起到更好地彰显社会正义、促进社会和谐的效果:(1)涉及侵害死者人格利益的案件;(2)侵害未成年人或者精神病人的案件;(3)故意侵害生命健康权的案件;(4)轻微人身伤害案件;(5)熟人社会(如农村、大型国企家属区)发生的侵害人格权的案件;(6)受害人一方看重赔礼道歉的案件。

(四)应该区分作为民事责任的赔礼道歉与作为道德义务的赔礼道歉

民事责任意义上的赔礼道歉是以道德为基础的,但其在本质上不是道德责任,仍然是一种法律责任。[①] 对此有学者认为,赔礼道歉作为一种责任承担方式的合理性值得怀疑,建议将其从法律责任还原为道德责任。[②] 这说明有必要区分作为民事责任的赔礼道歉与作为道德义务的赔礼道歉。《民通意见》第162条第2款规定:"当事人在诉讼中用赔礼道歉方式承担了民事责任的,应当在判决中叙明。"可能由于当时解释技术的原因,该款司法解释在表述上欠精确性。既然尚未判决,就不能认为赔礼道歉是对民事责任的承担,实质上是一种道德义务意义上的赔礼道歉。对此,《最高人民法院关于广西高院请示黄仕冠、黄德信与广西法制报社、范宝忠名誉侵权一案请示的复函》([2000]民他字第8号)处理得更为妥当:"……故请告知范宝忠和广西法制报社,依照法律规定,其应当承担侵权的民事责任。希望范宝忠和广西法制报社通过赔礼道歉、消除影响以及给黄仕冠、黄德信一定经济补偿等方式争取达成和解,使黄仕冠、黄德信主动撤诉。"区分作为民事责任的赔礼道歉与作为道德义务的赔礼道歉的目的在于,就赔礼道歉民事责任的承担和执行,仅在判决被告承担作为民事责任的赔礼道歉情形下,

① 王利明:《人格权法研究》,中国人民大学出版社2005年版,第685页。

② 姚辉、段睿:"'赔礼道歉'的异化与回归",载《中国人民大学学报》2012年第2期。

才有讨论的意义。

四、赔礼道歉民事责任的承担

学界已有研究更多的关注赔礼道歉的强制执行。笔者认为,应该仔细研究赔礼道歉民事责任的承担问题,并以此作为探讨赔礼道歉民事责任执行的基础。

(一)赔礼道歉作为民事责任方式的适用前提

笔者认为,赔礼道歉民事责任方式的适用存在如下三个方面的前提:

1. 赔礼道歉的适用以造成精神损害为前提,但不以造成严重精神损害为限。应该指出,《民法通则》严格区分了侵害生命健康权(即第119条)和侵害姓名权、肖像权等(即第120条)的侵权责任,[①]因此第120条规定的精神损害赔偿制度无法适用于第119条规定的侵害物质性人格权的侵权行为类型,更难以扩展到第117条对侵害财产权和第118条对侵害知识产权的规定。后来学者通过对第120条进行扩大解释,[②]将精神损害赔偿扩展到了侵害身体权的情形,进而扩展到整个物质性人格权领域。[③]《精神损害赔偿司法解释》第8条第1款和第2款分别规定了精神损害赔偿的适用标准,进一步扩展了其适用范围,并且规定了无论是否适用精神损害赔偿,都可以适用赔礼道歉的责任形式。鉴于《侵权责任法》第22条规定:"侵害他人人身权益,造成他人严重精神损害的,被侵权人可以请求精神损害赔偿。"笔者认为,对于赔礼道歉的适用,以造成精神损害为前提,但不以造成严重精神损害为限,这种观点与《人身损害赔偿司法解释》第8条也保持了一致。

2. 赔礼道歉的适用以原告请求为限,实行严格的当事人主义。要特别注意的是,《侵权责任法》第3条对当事人主义进行了明确:"被侵权人有权请求侵权人承担侵权责任。"因此,赔礼道歉必须要由原告提

---

① 梁慧星:"中国人身权制度",载《中国法学》1989年第5期。佟柔主编:《中国民法》,法律出版社1990年版,第493页。

② 杨立新:"论公民身体权及其民法保护",载《法律科学》1996年第6期。

③ 参见王竹、方延:"身体权学理独立过程考",载《广州大学学报》2012年第5期。

出,法院不宜主动要求被告赔礼道歉。[①] 但被告主动提出愿意赔礼道歉或者当庭赔礼道歉的,法院可以在征求原告意见的基础上,根据案件的实际情况,在精神损害赔偿数额的确定上予以考虑。

3. 赔礼道歉的适用以被告自愿为前提。鉴于赔礼道歉在执行中的种种困难,以及赔礼道歉在我国司法实践中适用的社会文化基础主要是在调解过程中,笔者建议,法院更宜在调解中以道德义务的方式实现赔礼道歉。被告在案件审判过程中,已经表示不愿意赔礼道歉的,应该增加精神损害赔偿数额,而不宜判决赔礼道歉,以避免不必要的执行困难。因此,后文探讨的赔礼道歉的执行问题,将仅限于被告承诺赔礼道歉,但事后反悔的情形。其他类似情况还包括,侵权人在法庭上道歉,事后公开反悔;或者在法院主持下书写了道歉书,但在判决生效后反悔等。

(二)赔礼道歉作为民事责任方式的适用范围

通过上述考察可以看出,《民法通则》的立法者对赔礼道歉侵权责任的适用范围是有明确限制的,主要是侵害精神性人格权造成精神损害的情形,除具有人格象征意义的特定纪念物品,一般的财产损害情形不宜适用赔礼道歉责任方式。

有学者提出,赔礼道歉责任只能适用于法律规定的情况,[②]笔者认为还可以通过司法解释对范围进行扩展。但在既无法律规定,也无司法解释规定的情形下,不宜判决赔礼道歉,只能在案件审理或者调解过程中引导被告进行道德义务意义上的赔礼道歉。就立法或者司法解释进行扩展的范围,笔者认为,不宜包括专利法、商标法等纯粹的财产性的知识产权,而应该包括如下类型:

1. 侵害宗教信仰、民族习惯等宪法上基本权利的侵权行为。需要特别指出的是,由于《民法通则》最终没有坚持对侵害宗教信仰、民族习惯的侵权行为类型作出规定,但这种侵权行为类型却正是我国民事立法上列举赔礼道歉作为具体侵权行为、侵权责任方式的源头。《消费者权益保护法》第43条又对"侵害消费者的人格尊严或者侵犯消费

---

① 王利明:《人格权法研究》,中国人民大学出版社2005年版,第686页。

② 丁建军:"浅谈民事责任中的赔礼道歉",载《法律适用》1997年第2期。

者人身自由的,应当……赔礼道歉,并赔偿损失”的规定附加了“经营者违反本法第二十五条规定”的限制,而《消费者权益保护法》第25条规定的“经营者不得对消费者进行侮辱、诽谤,不得搜查消费者的身体及其携带的物品,不得侵犯消费者的人身自由”又不包含对侵害宗教信仰、民族习惯的情形,这使得在立法上长期缺乏对这种特别需要适用赔礼道歉责任方式的侵权行为类型的规定。无论未来《人格权法》是否将其纳入规定,司法解释都应该将赔礼道歉的适用范围扩展到包含该类侵权行为。类似地,对于宪法上的基本权利的侵害,也可以适用赔礼道歉的责任方式。

2. 赔礼道歉在适用过错推定责任和无过错责任侵权行为类型中的适用。有学者认为,赔礼道歉在侵权法上的适用,一般适用于过错责任领域。在贯彻无过错责任原则和适用公平责任的领域,不会有赔礼道歉的适用。[①] 笔者认为,过错推定责任领域赔礼道歉能否适用的关键,主要是侵害物质性人格权是否可以要求赔礼道歉的问题。从精神损害救济的全面性出发,笔者倾向于认为过错责任与过错推定责任在该问题上并无实质性差别。在无过错责任领域,赔礼道歉则仅可与惩罚性赔偿责任一并适用,[②]因为后者实际上仍然是因故意侵权行为类型。而在公平责任领域,则更应该通过适用赔礼道歉来达到促进社会和谐的目的。

3. 赔礼道歉在合同法上的适用。尽管在合同法上适用精神性损害赔偿存在较大争议,最高人民法院更是在《关于审理旅游纠纷案件适用法律若干问题的规定》(法释[2010]13号)第21条明文规定:“旅游者提起违约之诉,主张精神损害赔偿的,人民法院应告知其变更为侵权之诉;旅游者仍坚持提起违约之诉的,对于其精神损害赔偿的主张,人民法院不予支持。”但笔者认为,在各类服务合同中,如果因违约或者缔约过失造成精神损害,即使基于学理上论证的困难不能请求精神损害赔偿,也

① 崔建远:“论归责原则与侵权责任方式的关系”,载《中国法学》2010年第2期。

② 如《侵权责任法》第47条规定的情形。

可以要求赔礼道歉,[①]对权利人进行最基本的精神抚慰。

（三）赔礼道歉民事责任的当事人

1. 请求赔礼道歉的权利人

笔者认为,请求赔礼道歉的权利人应该仅限于自然人而不包括各类机构主体,[②]这与机构主体不能请求精神损害赔偿的理由是类似的。[③] 因此,《民法通则》第120条第2款规定的"法人的名称权、名誉权、荣誉权受到侵害的,适用前款规定"应该排除对赔礼道歉的适用。事实上,机构主体可以要求侵权行为人消除影响、恢复名誉来实现其目的。

《侵权责任法》第18条第1款第1句规定:"被侵权人死亡的,其近亲属有权请求侵权人承担侵权责任。"因此,请求赔礼道歉的权利人除了被侵权人,在被侵权人死亡的情况下,还包括死者的近亲属。参考《人身损害赔偿司法解释》第3条第3项的规定,对死者遗骨、遗骸的侵害,赔礼道歉的对象为死者近亲属。[④]

对非完全民事行为能力人的侵害,应该由其法定代理人提出赔礼道歉的要求,但赔礼道歉应该对被侵权人直接作出。被侵权人不能理解道歉意思的,则应该对法定代理人或者近亲属作出。

2. 赔礼道歉的义务人

赔礼道歉的义务人,既可以是机构主体,也可以是自然人。机构主体作为义务人的,应由其法定代表人或负责人作出。自然人是完全民事行为能力人的,道歉应该由本人作出,这是因为赔礼道歉的道德性决定了其个人性,由他人代为赔礼道歉并非该民事责任的本意。如果自然人是非完全民事行为能力人的,道歉应该由其法定代理人代为作出。该非完全民事行为能力人能够认识其错误的,应该与其法定代理人一并道歉,但其不道歉并不影响赔礼道歉的法律效果。

---

① 事实上,原《旅游投诉暂行规定》(1991年)、《电信条例》(2000年)和新旧《中国旅游饭店行业规范》(2002年/2009年)都有关于赔礼道歉的规定。

② 葛云松:"赔礼道歉民事责任的适用",载《法学》2013年第5期。

③ 这一点在《民法通则》起草时就十分明确,参见顾昂然、王家福、江平等:《中华人民共和国民法通则讲座》,中国法制出版社2000年版,第235页。

④ 葛云松:"赔礼道歉民事责任的适用",载《法学》2013年第5期。

(四)判决赔礼道歉时应该确定的具体事项

1. 赔礼道歉的形式

一般认为,赔礼道歉是指侵权行为人向受害人承认错误,表示歉意,以求得受害人的原谅。赔礼道歉主要采用口头道歉和书面道歉的形式。口头道歉由加害人直接向受害人表示。书面的道歉以文字形式为之,可以登载在报刊上,张贴于有关场所,或者以信件的方式转交受害人。① 笔者认为,在互联网上侵害人格权案件日益频繁的今天,应该加强通过互联网对赔礼道歉进行执行的制度设计,这同时也是当今社会大众获取信息的最主要渠道之一。② 另外,为了及时地抚慰受害人,判决赔礼道歉的,在判决书生效后 15 日到 30 日内执行为宜。

2. 赔礼道歉的内容

有学者认为,赔礼道歉的内容应该明确包括五项要素,即承认损害事实的发生,向受害人承认自己的行为构成违法,承认应该承担损害赔偿责任,对于自己的行为表示后悔,对于给受害人造成的损害表示悔恨,向受害人保证将来不再做出类似行为。③ 笔者认为该观点具有较强的启发性,但应该做一定的调整:(1)违法性的判断本身并非赔礼道歉的重点,改为承认自己存在过错为宜。(2)是否承担赔偿责任与赔礼道歉本身并无直接联系,也可能出现只赔礼道歉,不赔偿损失的情形。(3)根据前文对具结悔过与赔礼道歉的区分,“保证不再作出类似行为”更应该归入具结悔过。因此,笔者认为,赔礼道歉的基本内容为:承认是自己的侵权行为造成了被侵权人的损害事实,承认自己主观上的过错(是故意的,不能说成过失),对于发生的侵权行为表示后悔,对于造成受害人的损失表示遗憾。在基本内容的基础上,应原告的要求,或者法院认为有必要,或者被告主动愿意,可以增加保证不再作出类似行为及其他内容。另外,应该借鉴我国台湾地区“司法院”释字第

---

① 杨立新:《侵权法论》(第 4 版),人民法院出版社 2011 年版,第 222 页。

② 事实上,如果法院判决能够全面公开并上网,就不存在通过互联网公开判决书的问题了。

③ 王立峰:“民事赔礼道歉的哲学分析”,载《判解研究》2005 年第 2 辑。

656 号解释，由法院确保道歉内容不得损及道歉人的人格尊严。[①]

3. 公开道歉中公开范围的确定

由于公开道歉同时具有消除影响和恢复名誉作用，如果被侵权人要求公开道歉，法院也认为公开道歉不违背公序良俗，则应该首先由被侵权人主张公开的范围，侵权人如果认可该范围，则按照双方达成一致的范围确定。侵权人主动扩展道歉范围，也需要由被侵权人同意，以避免道歉的同时扩大影响，对被侵权人造成二次伤害。当事人双方对于道歉的公开范围无法达成一致的，应该由法院根据造成影响的范围确定公开的范围，但也应考虑被侵权人的意见，不能依职权扩大公开的范围。

（五）履行赔礼道歉的判断标准

一般认为，赔礼道歉要取得原告的谅解。[②] 因此，对于赔礼道歉民事责任是否履行的判断标准在被侵权人一方，应以其主观标准为主。在被侵权人一方的主观标准过高或者无理取闹的例外情况下，法院应该适用客观标准，主要考虑以下两个方面：

1. 作出道歉的诚恳性。赔礼道歉必须是自愿且无条件的，不能部分道歉，或者有条件或者有保留的道歉。道歉的内容和形式都应该符合公序良俗与诚实信用的要求。

2. 接受道歉的个人性。道歉原则上应该是对单个主体作出，在多个被侵权人的情形，可能因为主观标准不同而作出不同判断，被侵权人可以要求更为诚恳或者特别形式的道歉，不能仅仅因为其他被侵权人的接受而认为不接受道歉的被侵权人要求过高。

五、赔礼道歉民事责任的执行

在司法实践中，出现了“判前不敢，判后不愿”的疑难问题。所谓“判前不敢”，即行为人因为害怕在诉讼过程中赔礼道歉而被认定为对侵权事实和主观过错的自认而不愿道歉。所谓“判后不愿”，即行为人

---

① 王泽鉴：《人格权法——法释义学、比较法、案例研究》，台北 2012 年自版，第 526 页。

② 张新宝：《侵权责任法》，中国人民大学出版社 2006 年版，第 373 页。

在判决生效后,主观上不愿意赔礼道歉,比较常见的是基于面子的考虑,有的则是对判决本身不认可。尽管在比较法上证据问题是研究的热点和立法的重点,但就笔者的观察,在中国法实务上,特别是近年来"大调解"的推动,在调解程序中经过法院的沟通进行赔礼道歉的案例不在少数。鉴于学者已经对相关证据问题进行了探讨,提出了在诉讼外的赔礼道歉不构成自认,在诉讼中的赔礼道歉可以作为减轻侵权人责任的考虑因素的观点,①同时考虑到这些实质上是对道德义务意义上赔礼道歉的探讨,笔者不做赘述。下文的重点放在对"判后不愿",即赔礼道歉民事责任执行问题的解决上。

(一)"发表谴责声明"并非合适的替代执行方式②

葛云松教授近期提出了以"发表谴责声明"方式替代执行赔礼道歉的思路,颇具有创造性。但笔者认为,这种执行方式欠妥,故在此予以简要回应。

1. 葛云松教授对现有主要执行方式的总结

葛云松教授将学者提出的赔礼道歉强制执行方式分为三大类、共五种可能,总结如下:第一大类:间接执行,即执行法院可以处以罚款、拘留甚至判处刑罚。第二大类:替代执行,由侵权人承担相应的费用,包括三种:(1)由执行法院以一定的方式将判决书的主要内容公布。(2)执行法院以侵权人的名义草拟道歉声明(或者由受害人草拟、经法院审定),并公布于特定场合或者媒体。(3)葛云松教授的"独创",即执行法院通知受害人草拟一份谴责声明,经法院审定后,公布于特定场合或者媒体。第三大类:赔偿执行,即执行法院可以要求侵权人支付一定的赔偿金给受害人,以代替赔礼道歉。鉴于葛云松教授已经对其他四种方式进行了评析,并重点论证其"独创"的"发表谴责声明"方式的合理性,而其他学者也已经对其他四种方式进行了论证,笔者在此主要对"发表谴责声明"方式的合理性进行评述。

---

① 黄忠:"赔礼道歉的法律化:何以可能及如何实践",载《法制与社会发展》2009年第2期。

② 以下葛云松教授的观点参见葛云松:"民法上的赔礼道歉责任及其强制执行",载《法学研究》2011年第2期。

2. 葛云松教授提出的“发表谴责声明”替代执行方式

葛云松教授提出的“发表谴责声明”方式是一种替代执行方式，认为替代行为是否可以达到与被执行人亲自履行相当的效果，对此应以社会的一般观念为判断标准。一个人受到他人的冒犯或者侵害后，如果获得对方的真诚道歉，自然可以减轻甚至消除精神上的不快。如果受害人可以义正词严地把对方责备一番，而对方只能洗耳恭听，受害人的不快情绪通常可以得到一定的发泄，从而舒缓心情，并认为这一点是社会一般观念所认可的。所以，在侵权人拒绝道歉时，赋予受害人以公布谴责声明的方式来达到相当的弥补精神损害的效果，并由侵权人负担费用，应认为是一种合理的替代执行方式。

3. “发表谴责声明”无法达到替代执行赔礼道歉的目的

笔者认为，“发表谴责声明”无法达到替代执行的目的，具体理由如下：

(1)对侵权人进行谴责本身就是被侵权人的权利，将其作为一种赔礼道歉的替代执行方式，相当于就不执行赔礼道歉了。事实上，即使立法不规定，法院也没判决被侵权人对侵权人发表谴责，从言论自由角度看，只要被侵权人在谴责声明中发表的言论是真实的，在不涉及侵害对方隐私和不违背公序良俗的情况下，就不构成侵害对方名誉权，自然可以为之。如果将其作为赔礼道歉的替代执行方式，无异于容忍了赔礼道歉的不执行。

(2)谴责的尺度与达到的效果难以把握，本身也缺乏公信力。对此，葛云松教授也提出：“这种替代执行方案需要谨慎为之。受害人的谴责声明应当经过法院审定，以避免其采用过激的言辞。法院审查时，应注意谴责声明的内容与侵权的情节、过错程度等相适应。”笔者认为，如果谴责的内容是谴责对方没有进行赔礼道歉，那么实际上仍然没有起到赔礼道歉的效果。如果谴责的内容是对方的侵权行为，那么和公布判决书或者道歉书的内容类似。而且这两种情形相比，谴责声明毕竟是受害人的一面之词，还更缺乏公信力。

(3)谴责本身只是使受害人一方“出了口气”，也无法实现赔礼道歉民事责任的本意。葛云松教授也认识到，这种谴责声明会包含道德上的负面评价，包含了羞辱的因素，但是至少侵权人无须言不由衷，法律只是要求其忍受而已,因此并不构成对其人格尊严的过度侵害。但无论被侵权人如何的谴责,侵权人一方就是坚持不赔礼道歉。如果侵权人一方委婉的作出不接受谴责"以正视听"的反向声明,不但无法实现赔礼道歉的目的,反而会使得问题变得愈加复杂,更偏离了设计赔礼道歉民事责任的本意。

因此,"发表谴责声明"的建议尽管颇具创造性和启发性,但的确并非合适的替代执行方式。

(二)赔礼道歉的不可强制执行性

葛云松教授对其他四种赔礼道歉执行方式的评估,笔者基本上是认同的。那么,如果"发表谴责声明"这种创新性的执行方式也不能解决赔礼道歉的强制执行问题,我们是否应该重新审视赔礼道歉本身是否就可以被强制执行呢?

1."赔礼道歉"可以被强制但却无法被强制执行

从履行赔礼道歉民事责任的诚恳性要求来看,各种所谓的赔礼道歉的强制执行,只能是替代性的进行了"强制",但根本无法"执行"达到该民事责任本身的意图效果。这是因为,赔礼道歉本身就包括自愿的要求,这种自愿可以扩展到包括经过劝导和受到其他因素(如制裁或者面临承担更高额精神损害赔偿等)影响后的愿意,但不包括被"强摁头"的情形。

2."赔礼道歉"的替代执行不是赔礼道歉本身的执行

除了葛云松教授提出的"发表谴责声明"的替代执行,另外两种替代执行方式俱为由侵权人承担费用的方式:(1)法院可以决定将含有责令侵权人赔礼道歉内容的判决书登报。① (2)行为人在判决前已经表示同意赔礼道歉,并由其写出道歉书,法院作出判决后其反悔,可以通过刊载道歉书的方式实现赔礼道歉。② 这两种替代执行方式,更多的是起到了消除影响和恢复名誉的作用,实质上也不满足诚恳性的要求。而且,有的涉及隐私或者商业秘密的侵权行为,也不宜通过这种方式来执行。

---

① 魏振瀛:"论请求权的性质与体系——未来我国民法典中的请求权",载《中外法学》2003年第4期。

② 王利明:《人格权法研究》,中国人民大学出版社2005年版,第686页。

3. 民事责任并非均可实现强制执行

笔者认为，对赔礼道歉能否强制执行的讨论建立在一个预设的前提之下，即所有的民事责任均可以强制执行。而这个前提可能本身是存在问题的。以赔偿损失和承担违约金责任方式为例，如侵权人没有责任财产可供执行，这两种责任方式就无法执行。停止侵害、排除妨碍和消除危险也存在事实上不可能或者费用过高而不能强制执行的情形。返还财产以原物的存在为前提，恢复原状和修理、重作、更换均以事实上可能和费用可接受为前提，消除影响、恢复名誉则以事实上可能为前提。既然实务中能够容忍《民法通则》第134条第1款列举的另外9项民事责任方式客观上不能强制执行的情形，也就应该容忍赔礼道歉无法强制执行，即责任人经过劝导仍然不愿意赔礼道歉的情形。因此，应该将这种责任人事先承诺后又反悔，内心不愿意赔礼道歉的情形，作为一种赔礼道歉不能被强制执行的客观障碍对待。

(三)违背承诺不赔礼道歉应该承担违约责任

1. 赔礼道歉与精神损害赔偿的同质性

在《民法通则》通过之时，就有学者将第134条第1款规定的10项民事责任方式按其性质分为三类，即停止侵害、排除妨碍、消除危险属于排除障碍一类；返还财产、恢复原状、修理、重作、更换、消除影响、恢复名誉属于恢复原状一类；赔偿损失、支付违约金、赔礼道歉属于损害赔偿一类。[①] 在后续的研究中，学者也建议，如果被告拒绝道歉，则应当增加损害赔偿的数额。如果赔礼道歉不与精神损害赔偿的数额发生一定的联系，则很难促使被告作出道歉。[②] 可见，赔礼道歉所修补的，并非受到侵害的人格权本身，而是人格权人的精神创伤。赔礼道歉与精神损害赔偿的目的相同，性质上也具有相似性，并且具有紧密的关联。[③] 鉴于其类似于精神损害赔偿的作用，因此可以把赔礼道歉视为

---

① 徐开墅："论民事活动中的法律责任"，载《政法论坛》1987年第5期。

② 王利明：《人格权法研究》，中国人民大学出版社2005年版，第687页。

③ 葛云松："赔礼道歉民事责任的适用"，载《法学》2013年第5期。

精神损害赔偿的变态。① 因此,赔礼道歉其实与精神损害赔偿具有同质性,其推论是,在赔礼道歉无法被强制执行时,可以通过精神损害赔偿予以救济。

2. 违背承诺不赔礼道歉应该承担违约责任

如前所述,赔礼道歉的执行,将仅限于被告承诺赔礼道歉,但事后反悔的情形。而侵权人在判决作出后,拒不履行赔礼道歉的民事责任,应当被视为该民事责任客观上无法执行。这种情况下,笔者建议,应该将被告承诺愿意赔礼道歉的行为视为与原告自愿订立了以赔礼道歉为内容的合同。将事后未按约定赔礼道歉的行为认定为违约行为,由责任人承担违约责任。

尽管我国现行法律和司法实务对违约精神损害赔偿持一定的否定态度,但笔者认为,以赔礼道歉作为主要内容的合同,其目的在于抚慰精神痛苦,较之以获取精神享受的旅游合同等因未能获得精神享受并遭受精神痛苦更应该例外承认允许精神损害赔偿。而且,该精神损害赔偿的数额,可以在被告承诺事后赔礼道歉的情况下,由法院根据案件情况,确定如果不依照约定进行赔礼道歉,承担的额外精神损害赔偿的数额。

3. 在判决书上的具体行文方式

为了避免违约精神损害赔偿的争议,同时为了避免另行提起违约诉讼而陷入新一轮的诉讼负担,在具体的操作上,笔者建议可以参考《最高人民法院关于审理名誉权案件若干问题的解答》第十一点回答部分的规定,在判决书中写明:"被告××在本判决发生法律效力之日起××日内,向原告××进行赔礼道歉。逾期不进行赔礼道歉的,向原告支付精神损害赔偿××元。"这种判决行文方式与"人民法院可以采取公告、登报等方式,将判决的主要内容及有关情况公布于众,费用由被执行人负担"的替代执行方式是类似的,因此既不突破人民法院的现有司法实务操作,也能够较为简洁地解决赔礼道歉的执行问题。

(作者系法学博士,四川大学法学院副教授,中国人民大学民商事法律科学研究中心侵权法研究所副所长)

---

① 崔建远:"债法总则与中国民法典的制定",载《清华大学学报》(哲学社会科学版)2003年第4期。

公司章程"选出"公司法之理论机理及其自由限度*

吴飞飞

目　　次

"2005年公司法在有限责任公司股东表决权、股权转让、股权继承、股份有限公司利润分配等方面规定了公司章程'另有规定的,从其规定',从而排除公司法条款的适用,把公司自治或者说股东意思自治的领域扩展到了股东固有权部分,在很大程度上冲击了传统公司法中如股权平等、由资本决定表决权等刚性原则。"①此种由公司章程"选出"公司法规则适用的制度安排,秉持了公司合同主义的公司自治理念,尊重了商事主体的自我规范权能,使我国公司法的自由主义精神得到进一步彰显,正如学者所言:"公司章程'选出'公司法的视角转换已经使公司法规则发生了基础性的变迁。"②

---

* 项目基金:2009年教育部人文社科青年基金项目:《法律制度与中国经济发展的实证研究》(项目编号:09XJC820010)阶段性成果。

① 钱玉林:"公司章程'另有规定'检讨",载《法学研究》2009年第2期。

② Lucian Arye Bebchuk, *Limiting Contractual Freedom in Corporate Law: The Desirable Constraints on Charter Amendments*, 102 Harv. L. Rev. 1989, p. 1821.

一、公司章程"选出"公司法正当性之审思

公司章程"选出"公司法的研究旨趣之繁盛,肇始于1985年特拉华州最高法院审理的Simth v. Van Gorkom一案,在该案中,"特拉华州最高法院认为,商业判断原则只适用于在掌握充分信息的基础上做出商业决定的场合。"①这个看似传统的商业判断案件,在素有"公司天堂"之美誉的特拉华州引起了强烈反响,"业界认为该法院对信义义务的解释太过严苛"。②特拉华州立法部门为了缓和由该案所引发的来自公司管理层的苛责,维持其在美国各州公司法竞争中的翘楚地位,在其公司法典中授权公司可以自行作出决定以免除管理层违反注意义务所应承担的赔偿责任。尽管有关该案所争议的核心要旨是要解决现代公司所有权与经营权两相分离所催生出的代理成本问题。然而,特拉华州立法部门授权公司可以自行规定与公司法之信义规则相别异的自治规则,却为公司章程"选出"公司法之制度实践打开了一道自由主义的庭景。而公司何以能够通过章程作出与公司法规则相异的规定,并非仅仅是一个对于既成制度实践的理论证成问题,更是一个导引制度进化的思维匡正问题。

(一)公司法的合同主义解释路径

"在公司合同主义看来,公司仅仅是法律的虚拟之载体,其发挥着连接与公司相关主体之间各项合约的功能效用。"③而作为公司组织与行为规范的公司法在公司合同主义者那里,仅仅是一个开放式的标准合同。尽管,公司合同主义理论"就社会科学的方法论角度考察,它可能只不过是一项研究范式的革新,但在经济学界,它显然具有极高的地位,因为它打通了经济学渗透法学界,尤其是公司法学界的通道。"④公

---

① [美]弗兰克·伊斯特布鲁克、丹尼尔·费舍尔:《公司法的经济结构》,张建伟、罗培新译,北京大学出版社2005年版,第120页。

② 罗培新:"公司法的合同路径与公司法规则的正当性",载《法学研究》2002年第4期。

③ Jensen & Meckling, *Theory of the Firm: Managerial Behavior, Agency Costs and Ownership Structure*, 3 J. FIN. ECON. 1976, pp. 305 - 310.

④ 罗培新:《公司法的合同解释》,北京大学出版社2004年版,第8页。

司法作为一个开放式的标准合同,其之所以存在是源于其具有充当公司合同范本、补充公司合同漏洞、为公司合同植入非效率化目标的价值意蕴。[①]详言之,首先,公司法导源于法律对商人实践的法律体认,是对商人在商业交往过程中不断试错所形成的智慧之集成与总结,公司法的存在一方面降低了当事人之间缔约时选择合同条款所耗费的社会成本,另一方面国家以中立的第三方之名义所供给的合同范本在一定程度上能够抑制由其他主体提供无法避免的偏私性与无效力性;其次,商事主体之间在订立公司契约之时,限于能力、知识、信息以及对未来公司运作的盲目愿景,难以细致入微地在契约中配置合约主体之间的权利与义务关系,亦经常遗漏未来内部纠纷解决机制之配置,对于这些由商事主体有限理性所决定的合同漏洞,公司法所规定的模本化的结构性条款、分配性条款和信义条款,能够供商事主体在订立公司契约时进行参考与选择,从而起到填补公司合同漏洞的效用;最后,根据科斯定理,"建立企业是有利可图的主要原因似乎是利用价格机制是有成本的"。[②]按照科斯的理解,公司所存在的最根本原因在于其相对于市场价格机制所具有的成本优势,这从一个侧面反映出商人建立公司之最核心目标在于逐利。在公司契约的议定主体仅限于公司之内部参与人员,甚至是仅仅限于少数强势主体之时,逐利性目标容易导致公司在追求营利性的同时,忽略甚至侵损其他相关主体的既有与预期利益,而公司法中对弱势主体的权利倾斜性配置条款以及公司社会责任条款等涉他性条款的设置,具有矫正公司对效率化目标追求的社会偏差、平衡各个相关主体之间利益格局之价值品性。[③]

申言之,公司法作为开放式的标准合同,是补充而非取代由公司主体之间自愿达成的私人契约。而公司章程作为公司当事人之间所自愿章订的契约机制,在效力上应优先适用于公司法之规则条款。处在这

---

① 参见罗培新:《公司法的合同解释》,北京大学出版社2004年版,第74~79页。

② [美]奥利弗·E.威廉姆森、西德尼·G.温特编:《企业的性质——起源、演变和发展》,姚海鑫、邢源源译,商务印书馆2007年版,第25页。

③ See Paul J. Gudel, *Relational Contract Theory and Concept of Exchange*, 46 Buffalo L. Rev. 1998, pp. 763 – 796.

种认识视角之下的公司法规则应主要为任意性规则,而非强制性规则,而公司亦可以通过公司章程之规定而选择或者排除适用公司法之条款。尽管在部门学者看来,“公司合同理论是一种可爱的理论,但不是建立在经验的基础之上的”,[①]公司合同理论中的合同,更像是一个比喻,就像社会契约论中的契约一样,它不是一个严谨的法律概念也不能完全地解释公司现象。[②]然而,公司合同主义理论毕竟向我们呈现了一种重新认知公司与公司法二元关系的全新视角,这种对于公司与公司法的认识视野并非一概地排斥公司法中的国家强制,这正如戈登教授在其《公司法的强制性结构》中所言:“即便是遵循公司合同主义者的视角,市场本身的缺陷也足以使公司法的强制性规范获得正当性根基。”[③]对于公司合同主义理论的正确践行路径应是,缩减公司法中的强制性规则条款,增加补充性与赋权性规则的比重,同时允许公司通过章程条款来合理地、有限度地“选出”公司法规则的适用。正如蔡立东教授所言:“公司法中的强制性规范对公司当事方自由缔约的限制,不能构成否认公司合同存在的依据,也不能构成否认公司制度主要根源于公司当事方缔约自由的理由。”[④]

(二)公司法规则的单一滞后性与商业社会的复杂多变性二元矛盾之破解

“法律是对现实生活的回应,法律的许多制度都旨在保护权利和预期的安全。”[⑤]然而,法律的这种对于社会现实的回应并非是即时的、全面的,相反,从现实到法律存在一个抽象提纯的时间过程,这一规范与总结的时间过程的存在决定了法律与其所对应地复杂多变的现实生活相比具有单一滞后的内在缺憾。“随着现代社会经济的发展,公司

---

① Melvin Aron Eisenberg, *Contractarianism Without Contracts: A Response to Professor Mc Chesney*, 90 Colun. L. Rev. 1990, p. 1332.

② 胡田野:《公司法任意性与强制性规范研究》,法律出版社2012年版,第189页。

③ Gordon, *The Mandatory Structure of Corporate Law*, 89 Columbia Law Review, 1989, p. 1549.

④ 蔡立东:《公司自治论》,北京大学出版社2006年版,第78页。

⑤ [美]博登海默:《法理学——法律哲学与法律方法》,邓正来译,中国政法大学出版社1999年版,第241页。

作为最活跃、最有影响力的市场主体,其变革速度之快令人惊异:公司内部的创新层出不穷,公司组织呈现出千差万别的个性。”[①]然而,“公司法的事务经常并不是属于需要高度优先解决的问题,因为他们本质上倾向于非政治性并且不大可能与政治感觉需要立刻解决的危机有关。”[②]公司问题的非政治相关性的一大表现就是与公司相关的事务多为个体之间的经济纠纷,具有单一的线性结构,尽管就其所关涉的利益总量而言十分庞大,但鉴于其影响面的非波连性,[③]国家立法机关往往不会急于出台拟或修订与商业实践相脱节的公司法律规则。

公司法规则的单一性、滞后性与复杂多变的商业社会实践形成强烈的二元矛盾,这种二元矛盾的法律体现即是商事主体在进行商事活动时,要么无法可循、要么选择架空公司法,这在一定程度上导致了公司法实践品性的弱化。然而,“公司法律的不周延性与滞后性并没有成为公司组织发展的桎梏”。[④]这可以部分归因于公司法中所规定的“在公司章程中可以规定”、“公司章程另有规定除外”等以章程自治为特征的大量任意性条款的存在。泰格·利维教授在其著作《法律与资本主义的兴起》中说:“法律不能替代生活事务中的自然理性,而起草契约之各项规定的委员会则强调其任务不是制定法律,而是重新表述自明的原则。”[⑤]对于作为“地方性知识”的公司事务而言,商事主体比立法者在某些方面更清楚自己需要怎样的游戏规则,而章程则是商事主体自我规范的表现之一。公司经营运作的制度机制的健全性与灵活性业已成为公司之间进行竞争的核心竞争力之一,而在公司法千篇一律的规则范式之下,允许商事主体通过章程对其内部治理结构、相关权

---

① 常健:“论公司章程的功能及其发展趋势”,载《法学家》2011 年第 2 期。

② [加]布莱恩·R. 柴芬思:《公司法:理论、结构和运作》,林华伟、魏旻译,法律出版社 2001 年版,第 251 页。

③ 根据社会冲突理论,与生存权相关的社会问题,其影响面往往较广,且具有很大程度的牵连性与波及性,而商事活动主体的经济权与生存权相比,则具有单发性,波连性相对较小。

④ 常健:“论公司章程的功能及其发展趋势”,载《法学家》2011 年第 2 期。

⑤ [美]泰格·利维:《法律与资本主义的兴起》,纪琨译,学林出版社 1996 年版,第 241 页。

益分配和责任追究机制等进行自我规范,使商人之制度创新才能足以有赖以发挥的空间。而导源于商人创新实践的效率化、科学化制度安排,又可以为公司法所认可与吸收,而为全体公司所参考借鉴,这正如蒋大兴教授所言:“章程自治行为的法律化——产生了公司法”。[①]章程之创新与公司法形成良性互动,一方面可以保证商事经营的灵活性,另一方面也使公司法成为“有源之水”、“有本之木”,保证公司法规则及时地新陈代谢。公司章程与公司法的二元互动关系,在美国特拉华州表现得尤为突出,特拉华州公司法向以不确定性而著称,其公司法规则条款中多授权性与任意性规范,并将众多公司事务交由公司通过章程自行作出规定,如前已述及的该州允许公司通过修改章程免除董事因违反信义义务所应承担的赔偿责任。此外,该州很多公司通过章程自主设计的反敌意收购措施,在经过一定时间的博弈与应用以后亦为其公司法所采纳。[②]并且,“公司章程对公司规则的灵活设计导致纠纷的复杂化,吸引了越来越多优秀律师和法官的参与,司法实践对于公司章程设计的检验与认可进一步推动公司立法的发展与完善。”[③]

即便基于历史主义视角考察,亦是商人创造了公司法,而非是立法者抑或是法学家创造了公司法。伯尔曼曾说:“商法最初的发展在很大程度上——虽然不是全部——是由商人自身完成的。”[④]“回顾西方公司法历史发展的轨迹,我们可以发现,(公司法)作为传统商法的一部分,它实际上经历了一个从商人主导到国家主导的不断转变的过程。”[⑤]尽管现代公司法律制定中的商人角色已经愈渐模糊,立法者、法

① 蒋大兴:《公司法的展开与评判——方法、判例、制度》,法律出版社2001年版,第286页。

② 对于公司章程与公司法之二元互动,最为典型的例子是产生于公司章程特殊安排的“驱鲨剂”条款已经在不少国家(或地区)呈现出法律化倾向。美国《示范商事公司法》第8.06条确认了交错选任董事制度,而英国《公司法》允许发行用来防御收购行为的无投票权股票,即是“驱鲨剂”条款法律化的表现。参见张舫:《公司收购法律制度研究》,法律出版社1998年版,第197页。

③ 常健:“论公司章程的功能及其发展趋势”,载《法学家》2011年第2期。

④ [美]伯尔曼:《法律与革命》,贺卫方、高鸿君、夏勇、张志铭译,中国大百科全书出版社1993年版,第141页。

⑤ 曾宏伟:“公司法变迁中的商人角色”,载《中外法学》2011年第4期。

学家、部分利益集团业已成为公司法规范最重要的制定与影响主体,但无可否认的是,由商人参与公司法规则的创设,是最具适用性的一条法律生成路径。这也是为什么美国公司法的立法权至今归属于各个州,而未制定联邦层面的统一公司法的原因之所在,在州的层面上,"公司自身是最佳公司治理范式的发现者和体验者"。①正如 Make J. Roe 教授所言:"如果一项规则能被管理者与股东接纳,其就能在特拉华州通行。如果拟议的一项规则对两者都有害,就不会在特拉华州得到推行。"②相对于联邦层面而言,州层面的利益博弈主体比较单一,借此公司管理者与投资人等商人角色能够在公司法规则制定过程中发挥更大程度的影响作用,而与公司法相对应的公司章程亦能获得更大的自由空间。

二、限制公司章程"选出"公司法规则之因由

"私法自治概念不应被误解为一个不受国家法律影响的领域,相反,法律行为自由系存在于一个国家法律所给定的范围之内。"③章程自治作为公司自治的一种表现形式,彰显了私法自治的精神,给予了商人更多的自由安排商事生活的空间,然而,自由是一个社会语境下的概念,"仅指涉人与他人之间的关系,对自由的侵犯亦来自于人的强制。"④尽管对章程的遵守是对契约精神的尊重,但是章程作为一种长期关系合同,其不可避免的漏洞足以成为限制其无边界地"选出"公司法的理由。此外,章程章订与修缮主体的非周延性与公司行为影响的扩散性之冲突,亦使国家不得任由公司通过章程"选出"公司法的第三方保护性条款。

---

① 罗培新:"科学化与非政治化:美国公司治理规则研究述评——以对《萨班斯—奥克斯利法案》的反思为视角",载《中国社会科学》2008 年第 6 期。

② See Mark J. Roe,"Delaware's politics", p. 2459. 转引自罗培新:"科学化与非政治化:美国公司治理规则研究述评——以对《萨班斯—奥克斯利法案》的反思为视角",载《中国社会科学》2008 年第 6 期。

③ [德] 迪特尔·施瓦布:《民法导论》,郑冲译,法律出版社 2007 年版,第 298 页。

④ [英] 弗里德里希·冯·哈耶克:《自由秩序原理》(上册),邓正来译,三联书店 1997 年版,第 5 页。

(一)章程民主合意之欠缺

“在对公司组织的各种制度和财产权利予以确立的公司法与公司章程之间,公司章程作为公司内部的治理规则,其地位与意义在现代公司运作中愈加显得重要。”[①]公司章程之所以能够成为公司之组织宪章,在于其是由公司的“最高权利机关”——股东大会(或者创立者大会)制定或修改,这就决定了其一方面是公司内部民主决策机制的产物,另一方面其体现的是公司之所有者——股东的集体意志。质言之,民主决策与所有者意志是公司章程“选出”公司法正当性根基之所在。

然而,公司章程有初始章程与后续之分,初始章程是经全体股东或者发起人一致同意制定,可以视为股东或者发起人之间达成的合同,“不像初始章程,后续章程修改不需要全体股东一致同意,因此不应视为合同,后续章程‘选出’公司法是如此复杂,以至于甚至是激进的自由市场和非干预主义者都认为应对其做出必要的限制”[②](后续章程则一般只需要股东以绝对多数票同意即可[③])。相应地,公司章程民主合意之欠缺在后续章程中体现得尤为明显。在初始章程制定时,首先,全体股东或者发起人一致同意的决策机制在一定程度上保证了公司章程的民主性;其次,公司出于自身长远发展考虑以及受限于外在市场压力,亦不太可能在章程中规定对其他投资者不利之条款。而后续章程则不同,首先,其不存在一致同意的民主决策机制,民主同意机制的缺乏使其只能被视为一种不完全的合同;其次,因为公司内部信息的不对称分布、控制股东拟或管理层的欺诈行为以及股东出于种种原因的被迫同意等,使后续章程的股东合意存在着真实性与充分性的缺憾。其中第二点股东合意的欠缺在现代公司中表现得最为普遍,如公司在召开股东大会之前,通常会向股东发出一份内容庞杂、专业性较强的投票

---

① 常健:“股东自治的基础、价值及其实现”,载《法学家》2009年第6期。

② Lucian Arye Bebchuk, *Limiting Contractual Freedom in Corporate Law: The Desirable Constraints on Charter Amendments*, 102 Harv. L. Rev. 1989, p. 1823.

③ 各国公司法为避免公司章程修订过程中决议僵局的出现,一般规定由董事会提出章程修改议案,由股东会以多数票(一般要求绝对多数,如2/3以上)通过。参见罗培新:“公司法强制性与任意性边界之厘定:一个法理分析框架”,载《中国法学》2007年第4期。

征集书，而作为仅仅期待获得金融利益而非管理利益的普通投资者显然无力去辨识其中真意，并且出于“搭便车”心理的理性冷漠，也使其不愿“多此一举”地花费精力和时间去甄别股东大会决议之事项。即使是被认为能够积极参与公司治理的机构投资者，亦未能摆脱其与公司管理层之千丝万缕的瓜葛而秉公持正地使用其投票权；又如，公司管理层与控制股东很可能意识到其他股东会对章程修订之决议内容持否定意见，因此，“他们可能将某项股东所期待的议案作为诱饵，将它与其他议案‘打包出售’，或者提出另一项更加不受股东欢迎的议案，出于‘两害相权取其轻’的考虑，股东也极可能接受章程修改的议案。”①

即使是在初始章程中，出资人的集体同意尽管存在着民主的保障，然而，“民主本身并不是一种终极的价值或绝对的价值（an ultimate or absolute value），而对它的评价也必须根据其所达致的成就来进行，民主很可能是实现某些目的的最佳方法，但其本身却不是目的。”②随着公司经营活动的开展，公司内部权利义务结构会随之发生改变，过往的具有时空性特质的“另有规定”之章程条款，亦难以解读现今的公司内部之主体间关系。一言以蔽之，“由于股东意志上的瑕疵，允许管理层通过股东投票‘同意’而决定或修改上述规则（章程‘选出’公司法之条款），可能造成严重背离公平正义之效果。”③

（二）第三方意志的非关照性

“在人类社会的大棋盘上，每个个体都有其自身的行动规律，和立法者试图施加的规则不是一回事。如果他们能够互相一致，按同一方向作用，人类社会的博弈就会如同行云流水，结局圆满。但如果两者相互抵斥，那博弈的结果将苦不堪言，社会在任何时候都会陷入高度的混

① 罗培新：“公司法强制性与任意性边界之厘定：一个法理分析框架”，载《中国法学》2007 年第 4 期。

② ［英］弗里德里希·冯·哈耶克：《自由秩序原理》，邓正来译，三联书店 1997 年版，第 128 页。

③ 汤欣：“论公司法的性格——强行法抑或任意法”，载《中国法学》2001 年第 1 期。

乱之中。"[①]"公司是具有独立人格的客观存在,这种存在从根本上说是由经济基础和实然规则所决定的,它本质上反映了人与人之间的社会现实关系。"[②]现代公司无论是公众公司拟或是闭锁公司,其都不再仅仅是股东所有之物,个人财产权利的社会化,昭示着公司活动触及范围的宽泛化。利益相关者理论的兴起,并与股东本位主义成为现代公司理论的两大主要矩阵,使公司不得不重新界定自己的社会角色,在追求股东利益最大化价值之外,多一份社会价值关怀。"公司治理体制决定着在公司中谁有权做出投资决策、做出何种投资决策、做出何种类型的投资决策以及如何分配这种投资所产生的收益。"[③]然而,无论是股东会中心主义治理模式,还是董事会中心主义治理模式抑或是经理中心主义治理模式,都在一定程度上存在着公司决策中的第三方缺位情况。

有关公司章程性质属性的契约说、自治法说、宪章说、权力法定说、秩序说等,[④]都异曲同声地认为公司章程的制定与修改权限最终应归属于所有者——股东或者出资人。债权人、消费者、雇员、社区、环境等利益相关者统归于公司章程制定与修改的局外人。影响界面的宽泛化与决策主体的单一化之二元冲突,实际上孕育了公司法中绝大多数强制性条款的正当性基础,正如克拉克教授所言:"对契约关系的政府管制,仅限于其涉及第三方之权益时才具有意义。"[⑤]公司法中的大量的涉他性条款,如公司社会责任条款、职工参与公司治理条款、债权人保护条款等多是以强制性条款的面目出现。"公司法中的市场和效率取向无疑居主导地位,但在特定的时期,它可能还被要求负载效率以外的

---

① 亚当·斯密语,转引自青木昌彦、周黎安:《比较制度分析》,上海远东出版社2001年版,第1页。

② 吴越:"公司人格本质与社会责任的三种维度",载《政法论坛》2007年第6期。

③ [美]玛丽·奥沙利文:《公司治理百年——美国和德国公司治理演变》,黄一义、谭晓青、冀书鹏译,人民邮电出版社2007年版,"导论"第1页。

④ 参见朱慈蕴:"公司章程两分法论——章程自治与他治理念的融合",载《当代法学》2006年第5期。

⑤ See Clark, *Contracts Elites, and Traditions in the Making of Corporate Law*, Columbia Law Review, p. 1714.

目标，甚至是政治目标。”①如在社会民主氛围极其强烈的德国，雇员长期占据着公司董事会的一半席位，这源于其“强大的社会民主会强化管理者——员工联盟，弱化出资人与管理者之间的联系。”②再如日本，“稳定的就业状态，已是日本和平状态的一个关键组成部分”。③相应地，公司对于员工的终身雇佣制也就在日本的公司法中得以固定下来。

从系统论的角度而言，每个公司乃是整个社会系统中的一粒原子，所有公司的加总也只是一个分子。而公司的经营与运作却关乎整个国家与社会的繁荣与稳定。隶属于公司事务的章程制定与修缮，在微观意义上而言，是公司之私事，而从宏观层次上而言，却关乎他者与社会。因此，公司章程“选出”公司法之事宜，限于章程之制定与修改主体之一元属性，凡属涉他性条款，应做出必要之限制。

三、公司章程“选出”公司法之边界厘定

“制度变迁是人类施加给人类交互作用关系的结构性变化，目的是为了达到某种合意的目的。”④公司章程“选出”公司法规则之制度变迁，体现了国家与作为私人的公司之间、公司股东之间、股东与管理人员之间以及公司与社会第三方之间所达成的某种合意。而此种合意，因为存在民主决策之不足、真意之欠缺、第三方参与性不足等问题，也就产生了对其进行限制的必要性。国家干预公司事务的正当理由一般基于两种：⑤第一种以提高公司运营效率为因由的干预；第二种是基于提高社会公平与实现社会理想之目标而为的干预。就公司章程“选出”公司法之限制而言，亦应限于效率增进与正义实现之目的。

---

① 罗培新：《公司法的合同解释》，北京大学出版社 2004 年版，第 78 ~79 页。

② ［美］马克·罗伊：《公司治理的政治维度：政治环境与公司影响》，陈宇峰等译，中国人民大学出版社 2008 年版，第 3 页。

③ ［美］马克·罗伊：《公司治理的政治维度：政治环境与公司影响》，陈宇峰等译，中国人民大学出版社 2008 年版，第 126 页。

④ ［美］道格拉斯·诺思：《理解经济变迁过程》，钟正龙、邢华等译，中国人民大学出版社 2008 年版，第 71 页。

⑤ 参见［加］布莱恩·R. 柴芬斯：《公司法：理论、结构和运作》，林伟华、魏旻译，法律出版社 2001 年版，第 136 页。

(一)具有维持并增进公司整体福利之目的

伯利与米恩斯在其不朽之作《现代公司与私有财产》中阐述道:“行使公司修正其章程的保留权力,必须有利于公司的整体利益,并在公司各个集团之间按照他们所显示的权益,将当时情况下的利益或损失进行公平地分配。”①美国《示范公司法》中规定:“公司章程细则之修改,还必须在总体上遵守真正为了公司利益的原则。”②同理,公司章程“选出”公司法之条款亦不能偏离为公司整体福利提升之目的。无论是公众公司与闭锁公司,抑或是股份有限公司与有限责任公司,都存在着控制集团利益与公司整体利益偏离的症结。具有制定与修缮公司章程之权力的股东大会在控制集团的操纵之下很可能沦为一个有名无实的“橡皮图章”。而“章程作为一个相对独立的东西,是公司控制者的权利来源”。③据此,通过在制定或者修改公司章程的过程中,利用股东大会之名义“选出”公司法之部分规则条款极有可能成为公司内部利益集团盘剥公司利益的一种“正当”途径。

然而,章程“选出”公司法之正当目的又是一个非常模糊而含混的判断标准,可以说,公司内部的利益集团可以为任何一项“选出”事宜罗织出一系列冠冕堂皇的理由,并且有能力使股东信服。加之,公司之经营业绩因受多种综合因素影响,亦不可能对章程之规定事宜表现出直接的市场反映。若此,目的性限制则沦为一条不具备可操作性的具文。因此,目的限制原则的具体程序与标准之确立实属必要。具体而言:(1)详尽的信息披露与事前说理制度的应用。公司内部信息的不

① [美]阿道夫·A.伯利、加德纳·C.米恩斯:《现代公司与私有财产》,甘华鸣、罗锐韧、蔡如海译,商务印书馆2007年版,第274页。

② 在多数大陆法系国家,立法要求公司章程表现为单一的文件,如法国、德国、日本、韩国、中国等。而在英美法系国家,公司章程通常由两个文件组成:一个是章程大纲或者组织大纲、设立章程、外部章程等;另一个是章程细则或者运作章程、内部规则、内部章程等。通常,章程大纲规定公司的外部事务或者外部关系,而章程细则主要调整公司的内部事务。具体内容参见朱慈蕴:“公司章程两分法论——公司章程自治与他治理念的融合”,载《当代法学》2006年第5期。

③ 参见邓峰:“作为社团的法人:重构公司理论的一个框架”,载《中外法学》2004年第6期。

对称分布,是现代公司所有权与经营权两相分离所产生的制度性产物。公司章程的制定与修缮,最根本的是要保证股东之知情权,因此,对于与"选出"之条款相关涉的详尽信息应以书面之形式于股东大会召开之前告知股东,以保证股东掌握赖以行使其权利的信息基础。同时,公司管理层应就"选出"事宜之原因与利弊于股东大会召开之际向股东进行陈述,并就股东之质疑给与答复。(2)利益受损股东同意与补偿情况。"股东权本质上属于股东的私权,而股东与公司又分属于不同的人格……"①原则上来说,公司不具备通过章程来限制或者剥夺股东权的正当性依据,但是,如若此种剥夺与限制是出于公司整体利益考虑,并一体适用于全体股东,则应认定其法律上的有效性。反之,若是章程通过"选出"公司法所限制与剥夺的是公司部分股东的私权,则原则上必须征得此类股东的同意,方才具有合法性。如 1976 年欧共体《公司法第 2 号指令》第 42 条规定:"为贯彻该指令,各成员国的法律应当确保处于相同地位的全体股东获得相同的对待"。②然而,公司主体之间的相互关系并非同于市场交易主体之间的形式平等关系,而是一种具有团结性的科层关系。在特定时点上,出于维护公司整体利益之需,牺牲部分股东利益实属无奈而必需之举。并且在公司中"股东的权利在于对公平交易的期望,而不在于能够去实施一系列假定的法律权利。③利益被限制与剥夺股东之同意是章程条款具有法律效力之前提,在特殊情况下,只有存在实质上出于维护公司整体利益之目的,而有限制与剥夺之必要,利益受损股东之同意方属非必要之条件。并且,必须通过一定的利益补偿机制来弥补利益受损股东之实际与预期利益之损失。如在 Davis v. Louisville Gas &Elec. Co. 案件中,法官在司法判决中写道:"只要有证据表明多数股东采取的对抗少数股东的行动,主要为了自身利益而损害少数股东利益,并且他们又未能通过公司

---

① 钱玉林:"作为裁判法源的公司章程:立法表达与司法实践",载《法商研究》2011 年第 1 期。

② 参见钱玉林:"公司章程'另有规定'检讨",载《法学研究》2009 年第 2 期。

③ [美] 阿道夫·A. 伯利、加德纳·C. 米恩斯:《现代公司与私有财产》,甘华鸣、罗锐韧、蔡如海译,商务印书馆 2007 年版,第 282 页。

商业实力或其他能够考虑的方式来给与少数股东相应的补偿,那么这种行为就应该予以禁止。"①并且,还应保障少数股东退出公司渠道的畅通性,因为"只有少数股东无法脱离公司,或脱离公司成本过高,控制股东滥用控制权才能对其自由构成现实的压制"。②

一言以蔽之,公司章程"选出"公司法无论是发生在章程制定过程中,还是存在于章程修正案之中,都必须以维护并增进公司之整体福利为目的,唯此,"选出"之条款才具有其正当性根基。另外,目的性限制之条款还具有维持公司决策秩序之价值功用,因为,目的之合法与合理性,秉持了"资本多数决"之公司决策效力理念,避免了股东因章程有违股东合意而随意主张章程之内容对其无效,使公司之决策反复,亦使公司之经营陷入僵局。正如学者所言:"一个社团的成员大会以必要的多数决通过的变更章程事项,对于那些没有投票、投反对票或者投弃权票的成员,也具有约束力。"③

(二)结构性规则限制性"选出"、信义规则④不可"选出"

对于公司章程"选出"公司法规则的具体限制,国内外学者存在不同的认知路径。有的学者主张,公司法中的赋权性规则与补充性规则可以被"选出",而强制性规则不能被"选出";⑤有的学者则主张公司之初始章程"选出"公司法规则具有合意性基础,而后续章程"选出"公

① Davis v. Louisville Gas &Elec. Co. 案,142 Atl. 654(特拉华章,1928年),转引自[美]阿道夫·A. 伯利、加德纳·C. 米恩斯:《现代公司与私有财产》,甘华鸣、罗锐韧、蔡如海译,商务印书馆2007年版,第276页。

② 蔡立东:《公司自治论》,北京大学出版社2006年版,第180页。

③ [德]迪特尔·梅迪库斯:《德国民法总论》,邵建东译,法律出版社2001年版,第165~167页。

④ 在传统公司法理论中,信义规则仅涉及公司董事等高级管理人员,而资本多数决原则的适用,使控制股东具有压榨小股东的能力与动机,且随着类似大股东压榨小股东案件的发生,信义规则的适用范围随之扩展于公司之控制股东。

⑤ 具体内容参见罗培新:"公司法强制性与任意性边界之厘定:一个法理分析框架",载《中国法学》2007年第4期。

司法因为合意性的欠缺,其效力有待商榷。[1]对于第一种主张,其“受到德国法强制性规范与任意性规范区分的影响”,[2]将公司法规则体系界分为赋权性规则、补充性规则与强制性规则。但是此种分类方法之前提是公司法之条文语词意蕴明朗,宜赋权、宜补充抑或宜强制各就其位。而细究我国公司法之条文设置,大量本应以赋权性、任意性面目出现的条文,却以“应当”、“必须”等强制性字眼出现。[3]如若按照强制性条款不可“选出”的认知路径来理解,则可以“选出”之规范仅局限于本应可以由股东合意决定之事项,“选出”亦不存在实质性意义。对于第二种主张,其深受公司合同主义理论之影响,尊重股东之合意性基础,在公司法任意性渐彰的今天,有其积极一面。然而,公司作为一个团体组织,参与人之间不可避免地存在利益层面的异质性分化,这也是“资本多数决”原则所产生的内在决定性素因。首先,“原始章程和修改章程不是不同的章程而是同一个章程,认为两者基于不同的法理,会导致同一章程在不同阶段具有不同性质,以及章程不同的内容依据不同的法理进行设置和修改的局面,很容易造成理论和实践的混乱。”[4]其次,如若因为后续章程合意之欠缺而允许异议股东事后否认其效力,则公司之决策持续性与稳定性难保,为公司僵局出现埋下隐患。最后,如若对初始章程与后续章程之“选出”事宜做区分对待,则会造成大量已经存在的公司和将来设立之公司在法律适用上的二元分化现象,影响公司法的公平性价值。

对于公司法规则之性质界分,笔者认为美国法学家艾森伯格教授的方法对于公司章程“选出”公司法之规则筛选较为可用。艾森伯格教授依据规范对象的不同,将公司法规则分为:结构性规则、分配性规

---

① See Lucian Arye Bebchuk, *Limiting Contractual Freedom in Corporate Law: The Desirable Constraints on Charter Amendments*, 102 Harv. L. Rev. 1989;钱玉林:“公司章程‘另有规定’检讨”,载《法学研究》2009 年第 2 期。

② 董慧凝:《公司章程自由及其法律限制》,法律出版社 2007 年版,第 233 页。

③ 如我国现行《公司法》中关于最低注册资本额、股份有限公司发起人人数等的限制,实属非必要之举,却仍旧以强制性条款的外观示人。

④ 吴建斌:“合意原则何以对决多数决——公司合同理论本土化迷思解析”,载《法学》2011 年第 2 期。

则和信义规则三类,[1]结构性规则(Structural Rules)主要涉及公司中不同机构、部门之间的职责权限配置,以及机构、部门之权力运行程序范式;分配性规则(Distributional Rules)主要规定公司经营利润分配问题;而信义义务规则(Fiduciary Rules)则主要规范公司之管理层与控制股东所应承担的信义义务。就分配性规则而言,为保证公司经营运作的灵活性,各国普遍允许公司通过章程作出与公司法相异的变通性规定。我国现行公司法已经承认其章程自治之有效性,如《公司法》第35条规定:股东按照实缴的出资比例分取红利;公司新增资本时,股东有权优先按照实缴的出资比例认缴出资。但是,全体股东约定不按照出资比例分取红利或者不按照出资比例优先认缴出资的除外;[2]第167条第3款规定:股份有限公司按照股东持有的股份比例分配,但股份有限公司章程规定不按持股比例分配的除外。

对于结构性规则而言,相对比较复杂,就公司类型而言,有限责任公司具有较强的人合性,并且影响界面相对较小,其公司内部部门机构之间的职责权限划分可以由公司通过章程做自主化的个性安排。而对于股份有限公司尤其是上市公司而言,其主体数量庞杂、利益异质化特征明显,且代理成本问题更为严重,法律对于规制相对于有限责任公司而言更为严格,故一般不可以通过章程"选出"其结构性规则。但对于股份有限公司与上市公司而言,亦并非全面禁止其通过章程对公司法之结构性安排做自主性设计,只不过是可以变通的环节相对较少。如"在美国公司中普遍设立的CEO、CFO等职位,并不是由法律规定的;而联合利华公司仿效古罗马的执政官实行双董事长制,也不是法律规定的。"总体而言,即具有平衡公司内部主体间之权力生态关系的、具有权力倾斜性配置体征的结构性规则不可以被选出。前已述及,按照科斯对企业性质的理解,公司乃是一种与市场机制相对应的以科层制

① See Eiesnberg, *The Structure of Corporation Law*, 1461 - 1529, Columbia Law Review, 1989.

② 尽管现行《公司法》第35条条文用语是"全体股东约定不按照出资比例分取红利或者不按照出资比例优先认缴出资的除外",而未表述为"公司章程另有规定除外",但是在实践层面上,公司多是将上述异于公司法之利润分配办法规定于章程条款之中。

为特征的资源配置方式。“市场优先用来调解非专用性资产，混合签约形式随着资产专用性的逐步形成而出现，而科层制(纵向一体化)专门用来处理双边依赖性特别大的交易”。[①]对人力资本与物质资本进行统筹协调的科层制顺利运转的前提是内部权威机制的建立，而权威的存在则意味着公司内部主体间权力结构的差序化。公司经营权与所有权的分化以及股东之间资本实力的差异，都使公司内部主体间关系出现实质性的不对等特质。而如果任由这种不对等存在，则公司这项制度终将不复存在。公司内部主体间之权力结构关系事关公司内部生态之平衡与可持续性，因此，法律有必要对公司内部主体间权力进行倾斜性配置，而此种权力的倾斜性配置方式亦多是以强制性规范的面目出现。如布莱恩·R.柴芬斯教授所言：“如果一套法律规范可以被股东和管理者放弃或者一个有组织的投资者可能会利用各种策略使其自利决议通过，对立法而言，一个可能解决的方法就是将有关法律修订为强制性的规定。”[②]各国公司法中关于股东大会法定职权、中小股东保护等规定皆属于此种类型的规则。具体到我国公司法而言，累积投票制度、股东派生诉讼制度等制度安排皆因具有平衡公司内部主体间之权力结构关系之本旨，而不能任由公司通过章程予以“选出”。反之，一旦允许公司通过章程之规定排除具有权力倾斜性配置之意蕴、保护弱者利益之目的公司法规则，“任由自治所形成的摧毁力冲击公司当事方的利益格局，部分当事方必然因利益被无情践踏，而不敢参与公司游戏，公司的包容性将因之被摧毁，最终公司自治将被自己所毁灭”。[③]

对于信义规则而言，尽管有学者认为，股东摒弃对公司管理人员违反信义义务之责任的追究，会增加公司股东整体之福利，因为在他们看来市场机制足以对管理者形成有效的制约。[④]然而，“立法者和富有经

① ［美］奥利弗·E.威廉姆森、西德尼·G.温特编：《企业的性质——起源、演变和发展》，姚海鑫、邢源源译，商务印书馆2007年版，“导论”第9页。

② ［加］布莱恩R.柴芬斯：《公司法：理论、结构和运作》，林伟华、魏旻译，法律出版社2001年版，第261页。

③ 蔡立东：《公司自治论》，北京大学出版社2006年版，第162页。

④ See Fichel & Bradley, *The Role of Liability Rules and the Derivative Suit in Corporate Law: A Theoretical and Empirical Analysis*, 71 Comell Law Review, 1986. pp. 278 – 280.

验的法官却对此并不完全认同。他们认为,一个理性的、信息充分的投资者绝对不会轻易同意在公司章程中作出这些修改,特别是作出限制甚至免除董事信义义务的决定。”①任何一个股东都希望选择勤勉而忠实的人为其经营自己的公司,任何一个小股东都希望大股东能像照顾自己的利益一样照顾他(她)的利益。而信义条款或者说信义义务之设置,正是股东这种期许的制度性保障。尽管来自资本市场、产品市场、劳动力市场以及公司并购的压力对公司管理层与控制股东能够形成一定的束缚力。然而,如前所述,公司经营之市场效应并不能即刻得到反映,即使能到的即刻反映,也难以保证不会发生管理层或者控制股东以牺牲公司利益之代价来博一己终生之富贵的情况。信义规则在崇尚自由主义精神的美国亦未发生任何实质性的消解,William E. Nelson教授经过考察发现,信义义务在美国1920年到1980年漫长的时期内并未发生任何重大变化,其仍旧是法律规范所赖以存在的底线,以确保由私人所投资的公司之管理人员能够诚实而勤勉的行事。②此外,从法律的适用环境而言,在美国有着发达的社会信用机制与市场约束机制,这两种力量能够在一定程度上对公司管理层以及控制股东形成外在约束,即便如此,刚刚过去的次贷危机,以沉痛的代价向我们表明,市场机制不足以保证管理层与控制股东会以负责任的行为方式来经营公司,信义义务之设置,应该是并将继续是减少代理成本、平衡股东利益的必要性手段。而作为发展中国家的中国,社会信用机制不健全,市场约束力量亦尚未成熟,信义规则不仅不应被公司通过章程之规定“选出”其适用,而且应在公司法中做进一步强化和具体化之安排。

(三)涉他性规则不可“选出”

公司法中还存在另一种不可以被公司通过章程予以“选出”的规范,即具有“保障交易稳定,保护第三人信赖的规范”。③现代公司系由

① 罗培新:“公司法强制性与任意性边界之厘定:一个法理分析框架”,载《中国法学》2007年第4期。

② William E. Nelson, The Law of fiduciary Duty in New York, 1920 – 1980, 53 SMU L. Review. 2000, p. 285.

③ 董慧凝:《公司章程自由及其法律限制》,法律出版社2007年版,第234页。

一系列物质与人力资本提供者所组成的合同束，而现有的公司制度安排受制于传统的私有财产逻辑，仍旧仅仅将物质资本的提供者——股东视为公司的所有者，相应地具有公司内部宪章性质的公司章程之制定与修改权限亦仅归属于股东与出资人，而不包括债权人、雇员、消费者等众多利益相关者。公司法作为规范公司行为的一种游戏规则，其制定与修改权限之所以要归属于作为中立第三方的国家，保护利益相关第三方利益就是其中考虑因素之一。遵循公司合同主义立场，公司之章程乃公司内部人之间所订立之合同，其条款之效力亦应具有相对性。合同的相对性意指“当事人之间之羁束状态而言”，①换句话说即合同关系能且仅能对缔约之当事人产生法律上的约束力。②公司法之规则条款，对于公司内部人而言，可以分为束己性条款与涉他性条款，束己性条款主要规范公司内部组织规则、权益分配以及责任承担等事宜，而涉他性条款则主要涉及公司与债权人、雇员、消费者、社会等关系之事宜。公司法中的涉他性条款多是国家出于保护公司利益相关者之权益考虑而设置，尽管很多条款之功能效果未能如愿，但是其废立与选择之权力应归之于国家而非公司。这就如德国的“共决制”公司治理结构，“19 世纪以来，德国在三个不同的层次上发展了职工共同管理制度：行业劳资合同、职工代表参与管理制度以及职工代表参与监事会与董事会。其中，1972 年颁布了《职工代表共同管理办法》，职工参与企业决策的作用日益明显和重要”。③德国公司亦不可以通过章程之规定“选出”其职工参与公司治理的“共决制”安排。

四、结语

“如果说自由是企业的精髓和灵魂，那么自由主义就是公司法的精髓和灵魂。”④然而，“在公司法修订的过程中，我们听到了自由主义

---

① 李宜琛：《日耳曼法概说》，商务印书馆 1994 年版，第 72 页。

② 尽管随着债权的物权化、责任竞合等趋势的发展，合同的相对性已经日渐模糊，但是其理论的解释力并未消失。

③ 董慧凝：《公司章程自由及其法律限制》，法律出版社 2007 年版，第 238 页脚注。

④ 施天涛：“公司法的自由主义极其法律政策——兼论我国《公司法》的修改”，载《环球法律评论》2005 年第 1 期。

的声音,但自由主义还仅仅只是'打湿了我们的脚底',尚未形成可以振动耳腔的骇浪。"①构筑于股东自治基础之上的章程之治尚未能在公司法的藩篱之中生长出来。"是市场,而不是政府,有足够的智慧在不确定的世界中引导企业。法制改革应当注意法律进化的机制和市场,而不应当仅仅注意商事法的条文本身。"②公司法中的"章程另有规定除外"条款为商人进行自我规范,参与公司法律规则塑造打开了一个突破口。公司法规则建构中的商人角色再次得到重视,"上帝的归上帝、凯撒的归凯撒",让商人在合理的限度内选择与创新自身的游戏规则,将是我国公司法进一步发展的方向之所在。

(作者系西南政法大学经济法学院2012级博士研究生,主要研究方向为公司法)

① 蒋大兴:《公司法的观念与解释Ⅰ法律哲学&碎片思想》,法律出版社2009年版,第87页。

② 胡田野:《公司法任意性与强行性规范研究》,法律出版社2012年版,第280页。

有限责任公司股东优先购买权之再解析

杨　光

目　次

一、股权转让及限制

（一）股权转让概述

1. 股权转让法律关系概述

股权转让，是指公司股东依照法律或者公司章程的规定将自己的股权转让给他人的行为。这里的"他人"，既包括有限责任公司的其他股东，也包括股东之外的第三人。因此，股权转让的方式包括两种：一是股权的内部转让，即股东将股权转让给公司的其他股东；二是股权的外部转让，即股东将股权转让给股东之外的第三人。与股权转让有关的规则，多为实体性规则，比如股权转让的效力、股权转让的主体资格等；但是也包括一些程序性规则，比如公司内部的股东变更登记（《公司法》第 74 条）和股东工商变更登记（《公司登记管理条例》第 31 条）等。

对于股权转让的法律特征，有学者概括出以下三项："（1）股权转让是一种股权买卖行为,并且认为股权转让中包含着债权行为和物权行为;(2)股权转让不改变公司的法人资格;(3)股权转让是要式行为"[①]。笔者赞同第二个和第三个法律特征,但是对于第一个法律特征,笔者认为需要做进一步说明。

2. 股权转让行为是准物权行为

笔者认为,股权转让的整个过程包括两类法律行为,即债权行为(股权转让合同)和准物权行为(股权的转让)。因此,股权转让行为不等同于股权买卖行为,股权转让的性质应当是准物权行为,即债权的转让。以下从两个方面来说明。

(1)股权的性质

股权的性质应当是债权,而非通说所认定的新型民事权利。

理论界对股权的性质认识不一,约有所有权说、债权说、社员权说、股东地位说和新型民事权利说五种学说,通说为新型民事权利说。[②]新型民事权利说认为,股权是各种不同性质权利的组合,"股权中综合了物权、债权以及人身权等内容;或者说,股权是财产权和人身权的有机结合"。[③] 具体而言,"股权所体现的物权因素,在于公司经过法定清算程序终止存续后,股东有权决定公司剩余财产如何进行分配或归属;股权所体现的债权因素,在于股东在公司存续期间对于公司经营收益分配的请求权;股权所体现的人身权因素,在于股东在公司存续期间参与公司的重大决策和管理、知情权以及制定和修改公司章程的权利"。[④]

这种观点没有深入揭示股权的本质,因此存在缺陷。股东通过向公司出资而取得公司的股权。股权既体现股东与股东之间的法律关系,也体现股东与公司之间的法律关系,需要明确的是,这两种关系都以特定的人为权利主体、以特定的人为义务主体,因而都是一种相对关

① 赵旭东主编:《公司法学》(第2版),高等教育出版社2006年版,第334、326～327页。

② 赵旭东主编:《公司法学》(第2版),高等教育出版社2006年版,第317～319页。

③ 周友苏:《新公司法论》,法律出版社2006年版,第232页。

④ 周友苏:《新公司法论》,法律出版社2006年版,第232页。

系。由于相对关系就是债的关系，[①]因此股权所体现的法律关系就是债的关系的组合，更确切地说，就是合同关系的组合。

合同关系分为两类：一类是各当事人的权利和义务方向相反、互相对立的合同关系，即对立性合同关系，在对立性合同关系中，一方的权利就是另一方的义务；另一类是各当事人权利方向相同、义务方向也相同的合同关系，即平行性合同关系，在平行性合同关系中，任意一个当事人都享有请求其他当事人和其他当事人的代理人告知相关事项的权利，而其他当事人和其他当事人的代理人有告知的义务。

股权所体现的两种法律关系分别对应着对立性合同关系和平行性合同关系：①股东与公司之间的法律关系是对立性合同关系，股东享有请求公司披露信息、分配红利、召开股东会等权利，公司则承担相应的义务。公司终止后的剩余财产分配请求权，实际上是股东所享有的原有股权的同态转化，本质上是原有股权所派生的一种权利。②股东与股东之间的法律关系是平行性合同关系，比如公司股东在向股东以外的第三人转让股权之时，应当通知其他股东。在特定情况下，平行性合同关系的告知义务是由公司（而非其他股东）来履行的，此时公司应当视为承担告知义务的股东的代理人，比如公司向未参加股东会的股东告知股东会决议的内容。

新型民事权利说中认为股权中包含“人身权因素”（即股东参与公司管理的权利）的观点，实际上是一个伪命题，不能成立。若承认股东可以参与公司事务的管理，则股东就是在管理他人的事务，并且管理的后果由公司承担，这实际上是一个行为后果（股东与第三人之间的行为后果）直接归属于第三人（公司）的法律行为，本质上是代理行为。代理是民事主体能力之延伸。因此，此时股东的地位或者是基于法定代理人的身份而为管理，或者是基于意定代理人的身份而为管理。但实际上，股东此时既不是法定代理人，也不是意定代理人。原因有两个。

---

① 传统民法理论认为相对法律关系和债权债务法律关系并不等同，然而笔者认为，除了债权债务法律关系之外，尚难以列举其他以特定人为权利主体、以特定人为义务主体的法律关系。因此，相对法律关系与债权债务法律关系实为同一概念。

第一,公司是民法拟制的民事主体,当然具有完全民事行为能力,可以通过自己的行为享有权利、承担义务。同时,公司既然是完全民事行为能力人,则在公司为一定民事行为时,无须法定代理人(比如监护人)的协助。所以,公司应当自己管理公司事务。因此,若认为股东是基于法定代理人的身份而享有参与公司管理的权利,不存在法理依据。

第二,若认为股东此时的身份是意定代理人,也不能证明股东有参与公司管理的权利。首先应当明确公司代表人和公司代理人之间的区别。首先,公司代表人在以公司名义做出民事行为时,是公司本身的机关,不是独立的民事主体,其人格被公司人格吸收;而代理人是独立的民事主体,其人格独立于公司人格而存在,不是公司的机关。其次,公司和代表人之间的关系,属于公司内部法律关系[这里需要注意,传统公司法理论认为,公司作为一方当事人可以参加公司内部法律关系和公司外部法律关系,但实际上,由于公司是一个拟制的独立民事主体,而股东大会、董事会、监事会、经理和工会等是公司这个独立民事主体的内部组成部分,相当于自然人的“器官”(organ),不具有独立的法律地位。因此公司不应当成为其内部法律关系的当事人。但本文为了更清楚地阐明所论述的问题,并与通说保持一致,下文仍然采用“内部法律关系”和“外部法律关系”的说法,但其具体意义应当在此阐明],不是两个民事主体之间的关系,代表人代表公司与第三人发生的民事关系是两个主体之间的民事关系,只存在两个意思表示,即公司的意思表示和第三人的意思表示,代表人的意思表示此时被包含于公司的意思表示之中;而公司和代理人之间的关系,是公司外部法律关系,是两个平等主体之间的关系,代理人代理公司与第三人发生的民事关系是三个主体之间的民事关系,存在三个意思表示,即公司的意思表示、第三人的意思表示和代理人的意思表示,此时代理人的意思表示应当被单独评价。最后,代表人的行为,就是公司的行为,当然由公司承受代表人行为带来的法律后果;代理人的行为,并非公司的行为,公司之所以承受代理人行为带来的法律后果,是基于代理制度的规定。因此,二者仍然存在着本质上的区别。此外,虽然代表人和代理人所为法律行为的效果相同,即由公司承担,但是在代理人侵害公司利益时,公司可以直接追究代理人的责任;而在代表人侵害公司利益时,由于代表人的行为被视为公司的行为,公司不能自己追究自己的责任,因此需要公司的股东来追究代表人的责任,主要表现为利用《公司法》第 152 条规定的派生诉讼。

有鉴于此,如果认为股东管理公司事务是基于意定代理人的身份,则会产生如下悖论:一方面,若股东此时是意定代理人,则当股东代理公司为法律行为时,应当同时存在两个意思表示(即股东的意思表示和公司的意思表示);另一方面,新型民事权利说中认为的“股东能够管理公司事务”,实质上是股东通过召开股东会作出决议的方式实现的,但股东会的决议只有通过法定代表人的职务行为才能够得以实现,由于法定代表人的人格被公司的人格吸收,因此此时只存在一个意思表示(即公司的意思表示)。所以,若认为股东是基于意定代理人的身份而享有参与公司管理的权利,也不存在法理依据。

其实,公司的意思表示是依靠自然人作出的,这里的“自然人”,实际上就是公司的法定代表人。股东可以选出公司的法定代表人,但是不能代替法定代表人管理公司。正因为如此,只有法定代表人的行为,才是直接管理公司事务的行为,才能够被视为是公司的行为,由公司承担其管理的后果;股东、董事所作出的决议,是间接管理公司事务的行为,不能够由公司承担其行为的后果。如果股东被选为法定代表人,其参与公司事务的管理并不是基于其股东的身份,而是基于其法定代表人的身份;如果股东被选为公司的意定代理人而使得公司对其行为负责,由于代理和代表之间的区别,这也不是股东参与公司事务管理的行为,而是两个民事主体之间的行为,在代理法律关系中,股东的身份应当被忽略,应仅仅将其视为“公司的代理人”。

所以,法定代表人不是由股东会和董事会授权而管理公司的,因为股东会和董事会根本不存在管理公司的法理依据,因此“无权可授”。法定代表人的权利来源,是由于其法定代表人的身份,并基于法律规定而来的。

实际上,新型民事权利说中的“人身因素”,本意上指的是民法中的社员权。社员权是团体中的成员对团体财产的权利,是共有权、总有权的行使方式。公司的财产由公司所有,股东对其不享有权利;在公司终止后,虽然股东享有剩余财产的所有权,但由于此时股权已经不复存在,因此股东也不能称之为“股东”了,确切的称谓应当是“公司原股东”。

因此,股权的性质就是债权,不是多种性质权利的组合。股权的转让就是债权的转让,《公司法》关于股权转让的规定是《合同法》中关于债权转让规定的特殊规定,二者是特殊法与普通法的关系,在具体案件中,《公司法》的规定应当优先适用。

(2)股权转让行为的性质

股权买卖合同是法律行为的组合,其法律意义在于保证股权的转让;转让股权行为的法律意义才是实现股权的转让。

第一,股权买卖合同的订立包括由要约、承诺两个法律行为。《合同法》第13条规定,当事人订立合同,采取要约、承诺的方式。传统观点认为,要约、承诺不是独立的法律行为,只是合同这个法律行为的组成部分。但是,如果按照该观点,对要约、承诺性质的认定会产生矛盾。

“契约系由双方当事人两个意思表示趋于一致而成立,在前之意思表示,称为要约,在后之意思表示,称为承诺”,[①]此外,我国《合同法》第14条[②]和第21条[③]也将要约、承诺的性质认定为意思表示。而法律行为属于表示行为,一个意思表示是一个法律行为的构成要件。[④] 因此,民法理论一方面认为要约、承诺是一个单独的意思表示,二者应当各自作为一个单独法律行为的构成要件,那么,若认为要约、承诺是合同的组成部分,合同就包含了两个意思表示;另一方面又将合同认定为一个单独的法律行为,仅仅含有一个意思表示。

要解决这个矛盾,应当先明确民事行为的构成要件。法律是对行为的规范,而民法规范的对象仅仅是平等法律关系主体的行为。因此,在社会生活中,某些行为可以发生民法上的效力,由民法加以规范;某些行为不发生民法上的效力,民法无从加以规范。前者可称之为民事

---

① 王泽鉴:《民法总则》(增订版),中国政法大学出版社2001年版,第250~251页。另见崔建远主编:《合同法》(第5版),法律出版社2010年版,第43、50页。

② 《合同法》第14条:“要约是希望和他人订立合同的意思表示。”

③ 《合同法》第21条:“承诺是受要约人同意要约的意思表示。”

④ 王泽鉴:《民法总则》(增订版),中国政法大学出版社2001年版,第258页。

行为,后者可称之为非民事行为。在民事行为中,有些行为从外观上无法判断行为人追求民事效力的意思,因此,这些行为无效果意思,是事实行为;有些行为可以判断行为人具有追求民事效力的意思,这些行为有效果意思,是法律行为。因此,民事行为的构成要件有两个:一是民事效果;二是效果意思。要约具有民事效果,即要约一旦生效,要约人便受其约束;要约也具有效果意思,即要约人愿意受要约约束的意思。承诺具有民事效果,即承诺一旦生效,合同便成立,承诺人受其约束;承诺具有效果意思,即承诺人愿意受合同约束的意思。因此,要约、承诺符合民事法律行为的构成要件,都是单独的民事行为。

民事行为可分为单方法律行为和双方法律行为。传统观点认为,该分类是以主体的个数为标准进行划分的,"前者乃依当事人一方之意思表示,即可成立之行为也;后者乃由多方意思表示之合致,始可成立之行为也",①因此合同是双方法律行为,要约、承诺是该法律行为的组成部分,不是一个法律行为。实际上,对于法律行为进行分类,目的在于区分单一法律行为的性质,而非区分单一法律行为与多个法律行为,并且,"法律行为乃实践私法自治的主要手段,即使得当事人得依其意思形成私法上权利义务关系",②所以,行为是意志的体现,一个行为是一个行为人单个意志的体现。不同主体所体现出的不同意志的外部表现,应当是多个法律行为,而不是一个法律行为。民事行为是含有民事效果的表意行为,需要两个构成要件,即民事效果和效果意思。要约和承诺均符合这两个要件,因此都是单独的民事行为,而不是某个法律行为的组成部分。

在民事行为中,有些表示行为只需要相对人不作为即可实现行为人的效果意思,此表示行为只是行为人的单个意志;有些表示行为需要相对人特定行为的配合才可实现行为人的效果意思,此表示行为也是行为人单个的意志,而不是行为人和相对人的共同意志。在后一种情况下,行为人和相对人行为的互相配合,保障了一方当事人意志的实现,比如在买卖合同中,出卖人给付标的物、买受人受领标的物的行为

① 郑玉波:《民法总则》,中国政法大学出版社 2003 年版,第 298 页。

② 王泽鉴:《民法总则》(增订版),中国政法大学出版社 2001 年版,第 249 页。

保障了“买受人取得标的物”这个意志的实现;出卖人受领价金、买受人给付价金的行为保障了“出卖人取得价金”这个意志的实现。由此可见,单方法律行为和双方法律行为的区别标准不在于主体的个数,而在于实现行为人的意志是否需要相对人以特定行为予以配合。要约和承诺不需要相对人的行为来保障行为人意志的实现,因此都是单方法律行为;但是合同履行中的给付、受领行为,都需要相对人的行为来保障行为人意志的实现,因此都是双方法律行为。

第二,对于股权买卖合同而言,其目的在于保证权利(即股权)的转让,而非实现权利(即股权)的转让,这是因为股权买卖合同并不能决定股权的命运。

股权是一种财产权,财产权可以转让。财产分为可占有的财产和不可占有的财产。①可占有的财产就是民法上的物。民法上的“物”可分为有体物和无体物,前者如房屋、土地,后者如水、电、热、气。该种分类的目的其实在于表明无体物与有体物一样,都能够作为民法上的“物”。但是这样的分类并没有解释能够作为民法上的“物”所要满足的决定性要件。其实,能够成为民法上的“物”,关键不在于“有体”还是“无体”,而在于该物是否能够“被占有”。无体物之所以能够成为民法上的“物”,正是由于占有手段的多样化,使得无体物能够“被占有”,从而使得民法上的“物”由有体物延伸到无体物,范围不断扩大。②不可占有的财产则包括财产权和智力成果,其中财产权即包括他物权和债权。财产权与民法上“无体物”的区别在于后者可以通过一定的手段加以占有,如对水的占有是通过蓄水池、水管来实现的,对电的占有是通过输电线来实现的;而后者不能通过特定手段加以占有,只能通过特定手段予以表彰,如股权通过出资证明书、股东名册予以表彰,著作权通过在作品上署名予以表现。股权作为债权,是一种可以转让的财产权,是不可占有的财产。在一般的买卖合同中,标的物是可占有的财产,但股权不是可占有的财产,因此,股权的转让不是买卖合同,而是权利的转让行为。

股权买卖合同是引起财产权转让的原因。传统观点认为,债权人在合同给付期到达之后,才享有请求债务人履行合同义务的权利,按此观点,如果债权人在合同给付期到达之前为一定行为使得债权减损,那么债权人此时如何保护自己的债权就存在问题。因此,在合同中,债权人在未到给付期之前应当享有一种维持请求权(即维持该债权债务关系的权利,如对于预期违约的救济便是维持请求权的表现之一),在已到给付期之后享有给付请求权。但是无论是维持请求权还是给付请求权,都是请求他人为一定行为的权利,需要债务人的行为来保障权利的实现,即发生通过债务人的特定行为而取得该权利的效力。因此,对于股权买卖合同而言,其作用只是使得债务人(即意欲转让股权的股东)对股权的转让做了一个"保证",即债务人保证会将股权转让给债权人,否则应承担违约责任,但是债权人最终能否得到股权,还需要以债务人是否做出了转让行为来加以认定。

第三,转让股权的行为是一种处分行为,从而区别于作为负担行为的股权买卖合同这个法律行为的组合。处分行为与负担行为的区别在于处分行为变动了行为对象上的权利,这里的"处分"仅限于法律处分而不包括事实处分;而负担行为则是为相对人设定一种权利的行为。股权的转让使得股权的所有权发生了变动,而没有另外为相对人设定某项权利,因此,转让股权首先是一个处分行为,通过转让股权,使得债务人现实取得了股权的所有权。

处分行为又包括准物权行为和物权行为,二者的区别在于准物权行为的处分对象是物以外的其他财产,而物权行为的处分对象是物。如上文所述,股权的本质是债权,是物之外的其他财产,因此转让股权的行为是一种准物权行为。转让股权的行为作为一种准物权行为,其目的在于实现权利(即股权)的转让。

(二)股权转让的限制:从比较法的角度

从比较法的角度观察,各国基于一定的原因都对股权转让附加了一定的限制。在有限责任公司的背景下,由于其具有人合性和资合性、股东人数较少且注重股东之间信任关系的特点,法律也对有限责任公司的股权转让予以一定的限制。

1. 某些国家和地区规定有限责任公司股权的转让必须经过持有一定比例的股东同意,如我国台湾地区"公司法"第111条规定:"股东非得其他全体股东过半数之同意,不得以其出资之全部或一部,转让于他人",[①]又如法国《商事公司法》第45条第1款规定股权的转让必须征得3/4以上股东的同意;而某些国家规定股权的转让必须经过股东会同意,如日本《有限公司法》第19条第2款规定:"股东将其全部或者部分出资份额转让给非股东的人的情形下,须取得股东会的同意";还有的规定股权的转让应当先经过公司的同意,在公司同意后,还要经过股东的同意,如《澳门商法典》第367条规定:"一、公司对股之生前转让享有优先权;公司不行使该权时,各股东根据其股之比例对该移转享有优先权;但章程另有规定时除外……"

2. 多数国家的公司法基于"私法自治"的理念,规定股东可以在公司的章程或者协议中自由作出股权转让的限制性规定,如美国《示范公司法》第6.27条第1项、美国《特拉华州有限责任公司法》第18-702条第1项、意大利《民法典》第2469条、巴西《公司法》第36条、德国《有限责任公司法》第17条第3项、韩国《商法》第556条第1项、法国《商事公司法》第47条等。

3. 有的国家规定了股权转让的特殊程序要求,如德国《有限责任公司法》第15条第3款规定:"股东让与出资额的,需要以公证的方式订立合同",又如英国《1985年公司法》第183条第1项规定若公司意欲登记股权转让后的权利归属情况,必须取得转股文契,或者符合特定法律规定的例外情形。

4. 有些国家的有限责任公司法虽然也规定了股权转让的限制,但其目的在于通过对股权转让的限制来反映有限责任公司所具有的人合性特点,比如《香港公司条例》第29条和新加坡《公司法》第十八节。

当然,对于有限责任公司股权转让的最为明显的限制,就是优先购买权。"各国公司法或公司章程从保护有限责任公司的人合性和封闭性出发,均对有限责任公司的股权转让作出限制,优先购买权即是此种

---

① 除另有说明以外,本文所引用的国外立法例均摘自赵旭东主编:《境外公司法专题概览》,人民法院出版社2005年版,第449~458页。

限制手段之一”。①

有限责任公司股东的优先购买权是优先购买权的一种。完整的优先购买权制度，还包括典权人的留买权（台湾地区“民法典”第919条）、地上权人的先买权（台湾地区“土地法”第104条）、按份共有人的优先购买权（《民法通则》第78条）、承租人的优先购买权（《合同法》第230条）和合伙人的优先购买权（《合伙企业法》第23条）等。

从笔者目前掌握的材料来看，很多国家或地区的公司法均规定了优先购买权，比如我国台湾地区“公司法”第111条第2款和第3款、日本《有限公司法》第19条第3款、美国《示范公司法》第6.27条第4项、美国《特拉华州有限责任公司法》第18－702条第1项之〔1〕、德国《有限责任公司法》第15条第5项、法国《商事公司法》第45条、《澳门商法典》第367条之一、《意大利民法典》第2469条以及俄罗斯《有限责任公司法》第21条等。

我国《公司法》对于有限责任公司股权转让的限制，集中体现在第72条、第73条。这两条主要是对优先购买权的规定。这表明，我国《公司法》与世界上大多数公司法一样，也将优先购买权视为对股权转让的主要限制，从而使得优先购买权成为平衡有限责任公司人合性和资合性的有力工具。

（三）优先购买权的法律规范评述

1. 优先购买权法律规范分析

我国1993年《公司法》将优先购买权规定在第35条，其中第1款规定：“股东之间可以相互转让其全部出资或者部分出资。”第2款规定：“股东向股东以外的人转让其出资时，必须经全体股东过半数同意；不同意转让的股东应当购买该转让的出资，如果不购买该转让的出资，视为同意转让”。第3款规定：“经股东同意转让的出资，在同等条件下，其他股东对该出资有优先购买权。”

1993年《公司法》的规定存在一些不足之处。比如，该条没有规定股东同意股权转让的时间及程序，也没有规定股东行使优先购买权的

① 于江华：“有限责任公司股东优先购买权问题研究”，载《政法论坛》2003年第4期。

时间和程序。再如该条文没有规定股东如何知晓其他股东向第三人转让权利;该规定还与1993年《公司法》第40条的规定产生了冲突。第40条规定,修改公司章程必须经过代表2/3以上表决权的股东通过。第22条规定了公司章程的记载事项,其中包括股东的姓名或名称(第4项)和股东的出资方式和出资额(第6项)。而股东向第三人转让股权,会使得上述两项内容发生改变,从而需要修改公司章程,此时是否应当经过代表2/3以上表决权的股东通过也存在疑问。

我国2005年《公司法》将有限责任公司股权转让分为三类,分别是公司内部转让、向公司外部转让①和人民法院强制执行程序转让。按照《公司法》第72条、第73条,我国对于股权的公司内部转让采取的是自由主义原则,第72条第1款规定,“有限责任公司的股东之间可以相互转让其全部或者部分股权”,第72条第4款规定,“公司章程对股权转让另有规定的,从其规定”。因此,除非有公司章程的特殊规定,否则有限责任公司的股东之间可以自由转让各自持有的股权。

对于向公司外部转让,《公司法》规定了三个方面的限制,第一个方面是第72条第2款第二句规定的转让股权股东的通知义务。第72条第2款规定“股东向股东以外的人转让股权,应当经其他股东过半数同意。股东应就其股权转让事项书面通知其他股东征求同意”,因此,股东如果要将自己持有的股权转让给股东以外的人,应当就股权转让事项书面通知其他股东征求同意。

第二个方面是第72条第2款规定的其他股东的同意权,即“股东应就其股权转让事项书面通知其他股东征求同意,其他股东自接到书面通知之日起满三十日未答复的,视为同意转让。其他股东半数以上不同意转让的,不同意的股东应当购买该转让的股权;不购买的,视为同意转让”。这种同意权分为两个层次:第一个层次是股东个人的同意权,即股东在接到通知以后,有30天的考虑期间,可以作出同意或者不同意的答复,若股东在30天内未答复,则视为同意转让;第二个层次是股东整体的同意权,即必须有过半数的股东表示同意转让,股权转让才可以进行下去。若超过半数的股东不同意股权的转让,则不同意股

① 公司内部转让、公司外部转让的辨析已经在前文中阐明。

权转让的股东应当购买该股权,否则视为同意转让。这两个部分之间相互影响:第一个层次的同意权是第二个层次同意权得以实现的基础;而第二个层次同意权的实现与否有可能改变第一个层次同意权的结果,因为如果过半数的股东不同意股权的转让又不购买被转让的股权,则视为同意股权的转让,这实际上改变了第一个层次同意权的实现结果。这里采用"股东多数决"而非"资本多数决",是因为,"股权转让事宜是基于股东处分其财产而在股东之间发生的合同性质问题,而不是公司资本运营过程中的内部决策问题;他需要考虑的是每个股东的意志,而非大股东的意志"。① 这里还存在一个问题,即没有规定不同意股权转让的股东应当购买该股权时的条件。笔者认为,为了防止转让股权的股东故意抬高转让价格使得其他股东无力购买所转让的股权,也为了防止其他股东故意压低购买股权的价格使得转让股权的股东利益受到损害,此处的购买条件仍然应当解释为"同等条件"。

第三个方面是对于优先购买权如何行使的规定,即"经股东同意转让的股权,在同等条件下,其他股东有优先购买权。两个以上股东主张行使优先购买权的,协商确定各自的购买比例;协商不成的,按照转让时各自的出资比例行使优先购买权"。只要过半数的股东同意股权的转让,其他股东(无论是否同意股权转让)的转让都享有优先购买权。这里所说的"过半数"的股东,可以由以下三类股东之部分或者全部构成:明确表示同意股权转让的股东、30 天内未答复的股东、不同意股权的转让又不购买股权的股东。法律之所以作此规定,目的在于表明优先购买权的目的是限制股权的转让,而非禁止股权的转让,从而防止股东的出资被锁定在公司内部。股东可根据协商的比例或者出资比例行使优先购买权。

对于人民法院强制执行程序转让,第 73 条规定:"人民法院依照法律规定的强制执行程序转让股东的股权时,应当通知公司及全体股东,其他股东在同等条件下有优先购买权。其他股东自人民法院通知之日起满二十日不行使优先购买权的,视为放弃优先购买权。"该条文只规定了应当保障其他股东优先购买权的行使一项限制,并且规定行使的

① 安建主编:《中华人民共和国公司法释义》,法律出版社 2005 年版,第 110 页。

期限为20天。

除此之外,新《公司法》并未规定优先购买权的行使时间和程序,也没有回答而股东向第三人转让股权,从而需要修改公司章程时,是否应当经过代表2/3以上表决权的股东通过的问题。对于后一个问题,应当持否定的观点。

2. 优先购买权法律规范的缺陷

通过以上对优先购买权现行规范的分析,可以看出我国对于优先购买权的规定存在缺陷,主要表现在三个方面。

(1)注重程序性规定,忽略实体性规定。《公司法》仅规定了优先购买权行使的前提和期限,即经过怎样的程序,在多长时间内,股东才能行使优先购买权;没有规定优先购买权的性质、何时成立、行使的效力及各方当事人之间的权利义务关系。这就使得优先购买权的理论存在漏洞,导致产生了诸多问题。

(2)即使是程序性规定,也存在许多漏洞。最明显的就是没有规定优先购买权行使期限的起算时间。此外还包括"同等条件"的认定,优先购买权人能否部分行使优先购买权等。缺少明确完整的程序性规定,使得权利人如何行使优先购买权缺乏明确的指引,难以形成统一的调整模式,无疑增加了纠纷产生的可能性,同时也为股权转让中的违法行为埋下了伏笔。

(3)从宏观层面而言,法律条文的规定存在缺陷,根本原因在于制定法律时缺乏一套系统的关于优先购买权的理论加以引导。现今对于有限责任公司股东优先购买权的研究,均局限于具体的单个问题,这样的研究方法有其固有的不足。如果没有从宏观上对优先购买权予以整体的界定的分析,难免陷入"只见树木,不见森林"的尴尬境地。这样,在对具体问题研究时就会走弯路,曲解了优先购买权制度原本的价值内涵。比如,按照通常的理解,《公司法》第72条第3款由于出现了"优先购买权"的字眼,被认为是有关优先购买权的明确规定,但如果从优先购买权由产生至行使这样一个整体演变过程的角度观察,第72条第2款也是关于优先购买权的规定,只是被人为地与优先购买权割裂开了。因此,只有将优先购买权制度进行宏观上整体的探讨,才能认清其本来面目,更好地解决理论和实务中存在的问题。

国外法律在这方面已经进行了有益的尝试。比如美国《特拉华州有限责任公司法》第 18－702 条对股权转让后受让人的地位作了明确的规定；德国《有限责任公司法》第 16 条、第 17 条对受让人取得股权的条件和转让股权的形式要件作出了详细的规定；《澳门商法典》第 367 条之五对拟转让股权的价格评估作出了规定；英国《1985 年公司法》第 183 条对股权转让的形式要件和公司进行股权登记的前提条件作出了细化的规定；美国《示范公司法》第 6.27 条第 2～4 项对股权转让限制性规定的效力、目的、内容作了详细的规定。这些详尽的规定使得优先购买权制度更具有可操作性，使股权转让行为更加规范。

优先购买权是对股权转让的限制，是正常股权转让程序中加入的一个“外来干扰因素”。在明确了股权转让法律关系的前提下，为了正确的理解优先购买权对股权转让所产生的特定影响，必须对优先购买权从权利的性质、产生、所形成的法律关系、权利的效力、行使等方面进行整体的探讨。将这些探讨所得的结论与股权转让法律关系进行结合，才能使得在股权转让法律关系中由于优先购买权的存在而产生的问题得到更合理的解决。

二、优先购买权的再认识

（一）优先购买权的性质

优先购买权的性质问题是探讨优先购买权的起点。对于优先购买权的性质，有期待权说、形成权说、物权说和债权说。但笔者认为，优先购买权的性质是系列性权利的组合，不是一种单独的权利。

1. 期待权说

通说认为，期待权是与既得权相对的一个概念，是指因具备取得权利之部分要件，受法律保护，具有权利性质的法律地位，为一种“取得权利之权利”，[①]“期待权不是传统的民法概念，其是从单纯的权能或法律地位发展起来的一种新型的权利，法律没有具体规定期待权的一般

① 王泽鉴：《民法学说与判例研究》（第 1 册），中国政法大学出版社 1998 年版，第 183 页。

定义,实际上,期待权首先是从学术理论上发展起来的”。[①] 据此,认为优先购买权是期待权的学者认为,“在这样的一种法律关系中,标的物所有人(即转让股权的股东——笔者注)未将标的物出卖,则优先购买权人的权利尚未现实化、只处于期待状态”。[②]

笔者认为,将优先购买权认定为期待权至少存在两个问题。(1)通说对于期待权的定义存在缺陷。通说混淆了可期待的权利与可期待某种权利之权利。期待权是一种可期待某种权利之权利,是一种法律地位,权利人基于这样一种法律地位,可以期待满足特定条件以后,能够享有另一个权利。这里所说的“另一个权利”,指的才是可期待的权利。此时可期待的权利是尚未发生的权利,而期待权是已经发生的权利。无论是“可期待的权利”还是“可期待某种权利之权利”都是一种独立的权利,有其自身的取得要件。不能将二者混为一体。通说认为“期待权只具备取得权利的部分要件”不成立,因为这里所谓“取得某种权利的部分要件”中的“权利”指的是可期待的权利,而期待权是可期待某种权利之权利,此时的期待权已经取得了“某种权利的全部要件”,是一个完整的权利。因此,在没有认清期待权定义的前提下,轻易将优先购买权认定为期待权,依据不充分。

(2)若优先购买权为期待权,不能解释为什么享有优先购买权的股东可以强制转让股权的股东与其订立股权买卖合同。期待权说关注的仅仅是在股权买卖合同订立的情况下,优先购买权人尚未得到股权的状态。但是股权买卖合同的订立是股权得以转让的基础,股东之间本来不存在转让股权的合同关系,正是因为优先购买权的行使,才在股东之间产生了转让股权的合同关系。因此,优先购买权的内容应当首先包括一种强制缔约的权利。期待权说只关注了优先购买权的其中的一部分,有失偏颇。

2. 形成权说

形成权是指形成权者依照自己之行为,使自己与他人共同之法律

---

① [德]卡尔·拉伦茨:《德国民法通论》,王晓晔等译,法律出版社2002年版,第264、294页。

② 张新荣:“试论优先购买权及其法律保护”,载《法学》1989年第9期。

关系发生变动之权利。形成权说认为,优先购买权无论是法定的还是约定的,性质上皆属形成权,即优先购买权"仅以一方的意思表示,形成以义务人和第三人买卖合同同样条件为内容的合同,无须义务人(所有权人或者出卖人)的承诺,不过此项权利附停止条件,待义务人出卖标的物与第三人时,才能行使"。① 或者认为"优先购买权的意愿一旦表示,或者说其他股东一旦作出以相同的条件购买拟转让出资的意思表示,就意味着原拟受让人丧失受让股份的权利。因此,优先购买权从法理上应当属于民法上的形成权。"②

在对于优先购买权性质的探讨中,形成权说占有重要的地位。但笔者认为,形成权说仍然存在不小的缺陷。(1)若认定优先购买权为形成权,不符合优先购买权的定义。形成权是权利人"仅以一方的意思表示"而得以实现的权利。优先购买权的实现,除了需要依照权利人一方的意志所形成的股权买卖合同以外,还需要股权转让人的转让行为。因此,将优先购买权笼统地认定为形成权不妥。

(2)若认定优先购买权为形成权,不能实现优先购买权的目的。优先购买权的目的在于使有限责任公司的股东优先于股东之外的第三人得到股权。如果按照形成权说,转让股权的股东和行使优先购买权的股东之间存在股权买卖合同,但是转让股权的股东与第三人之间也存在合同关系。由于转让股权的股东可以任意选择履行一个合同,而不履行另外一个合同,这就不能保证行使优先购买权的股东必然取得股权,从而使得设置优先购买权的目的不能实现。因此,在强制缔约权之外,行使优先购买权的股东必须还要有优先受领股权的权利,这个权利是形成权说所无法包含的。

3. 物权说与债权说

优先购买权可分为物权性先买权和对人的先买权两类。按照德国学者的解释,对人的先买权,就是债权性先买权,仅在先买权利人与先买义务人之间成立法律关系;而物权性先买权为一项物权,故得针对第

---

① 王泽鉴:《民法学说与判例研究》(第1册),中国政法大学出版社1998年版,第520页。

② 周友苏:《新公司法论》,法律出版社2006年版,第289页。

三人产生效力。对人之先买权客体,可为任何客体。而物权性先买权,仅针对土地而成立。①

我国学术界对于优先购买权是物权还是债权存在争议。主张优先购买权是物权性先买权的观点认为,“优先购买权是一种物权,具有法定性,发生对抗第三人的物权效力,应当在物权法中予以规定,权利人优先于他人享有购买权,而他人是不特定的多数人,这显然不是债权所具有的特征,而是一种对世权”。② 该论述虽然是针对共有中的优先购买权得出的,但是由于共有中的优先购买权和有限责任公司中的优先购买权法理基础相同,也可以作为探讨有限责任公司优先购买权性质的参考。主张优先购买权是债权性先买权的观点认为,“土地法”上优先承买权,仅有债权之效力,故耕地的所有权已转移于他人者,不得对于承买耕地之他人,主张优先承买权,仅能对其请求损害赔偿。③ 还有学者主张优先购买权既具有物权的效力,也具有债权的效力,即具有双重性质。④

上述观点都不完善。主张优先购买权是物权性先买权的学者,忽略了优先购买权需要转让人的给付行为才能实现的事实。因此,优先购买权的权利人不能直接支配标的物,该权利不是物权。而且,在我国民法学不承认物权行为无因性理论的前提下,忽视强制缔约的权利可能导致物权行为的瑕疵。相反,主张优先购买权是债权性先买权的学者,虽然指出了行使优先购买权的权利人享有强制缔约的权利,但是忽视了优先购买权人优先受领的权利。正如前文所论述的那样,该观点不能保障行使优先购买权的权利人优先取得股权,不能实现优先购买权的目的。双重性质说的观点也不是十分确切,物权和债权是基于同一标准对权利进行的分类,是对立的、互不相容的两个概念,一个权利不可能既是物权又是债权。

---

① [德]鲍尔:《德国物权法》,张双根译,法律出版社2004年版,第465页。

② 王利明:“共有中的优先购买权”,载《民商法前沿》第1~2辑。

③ 许尚豪、单明:《优先购买权制度研究》,中国法制出版社2006年版,第141页。另见郑玉波:“论先买权”,载《法令月刊》第25卷第12期。

④ 孙宪忠:《德国当代物权法》,法律出版社1997年版,第170~171页。另见杨立新:《共有权研究》,高等教育出版社2003年版,第413页。

4. 优先购买权是系列性权利的组合

一个权利主体，既可以享有一个权利，也可以同时享有多个权利。学界在探讨后一种情况时，往往将其认定为单一的权利。但实际上这种权利是由多种权利组合而成，应当被称为权利的组合，如著作权、担保权人的优先受偿权和股权。学界往往在定义此类权利组合性质的时候，将其定义成多重性质的权利或者新型的权利，比如认为某种权利既具有物权性又具有债权性、某种权利既是形成权又是请求权、股权是独立的新型民事权利等。笔者首先想说明的是，民法理论将权利按照一定的标准分类，目的在于准确的界定某一项权利的性质，依照同一个标准可以将权利分为若干种类，各种类的权利彼此之间互不包容，一项权利只能归属于一个种类。认为一个权利属于同一标准分类下的若干种类，法理上是说不通的。

认识优先购买权的性质，首先明确优先购买权发生的法理依据，在有限责任公司中，在表面上，股东优先购买权是股东为自己创设的权利，而实际上是其他股东为某一个股东创设了优先购买权，而这个股东又和其他股东一起，为另一个股东创设了优先购买权，因此，优先购买权是股东彼此之间互相为他人创设的权利。公司为拟制的民事主体，有自己的权利能力和行为能力。股东通过向公司出资，创设公司。公司必须由自然人代替表达意志，进行民事法律行为，参与民事法律关系，这里的“自然人”就是法定代表人。由于法定代表人是由股东指定的，因此，股东实际上通过指定法定代表人来使得公司得以形成自己的意志。股东创设公司的目的在于营利，优先购买权就是保障股东得以营利的权利。

优先购买权关系是转让股权的转让人与受让人之间的关系，由于双方都是特定主体，因此优先购买权关系是一种相对关系，即民法上债的关系。债的效力包括维持请求效力和给付请求效力。前者指在给付期未到之时，债权人可以请求债务人维持现有的债权关系，不得单方面减少自己的债务；后者指给付期已到，债权人可请求债务人为给付行为。因此，优先购买权关系也包括维持请求效力和给付请求效力。维持请求效力指的是在转让股权的股东与第三人订立买卖合同之前，不应当否认其他股东的优先购买权人资格；给付请求效力指的是在转让股权的股东与第三人订立买卖合同之后,其他股东可行使优先购买权,请求转让股权的股东实现自己的优先购买权。这里的维持请求效力表现为"优先购买权人"资格维持权,是优先购买权所包含的第一项权利。

优先购买权虽然是股东以公司名义为自己创设的权利,但实际上规范的是股东与股东之间的行为。如前所述,股东与股东之间的法律关系就是平行性合同关系,在平行性合同关系中,任意一个当事人有请求其他的当事人及其他当事人的代理人告知相关事项权利,而其他的当事人及其他当事人的代理人有告知的义务。所以,此时意欲转让股权的股东有向其他股东告知股权转让事宜的义务,从反面来说,就是公司的其他股东享有要求转让股权的股东告知其与第三人之间出卖协议内容的告知请求权。这是优先购买权所包含的第二项权利。该权利对于转让股权的股东而言是一项法定的义务,既不是其发出的要约,也不是要约邀请。

股权转让的行为是权利转让的行为,是一种准物权行为,而不是买卖合同。股权买卖合同是引起股权转让的原因。公司的其他股东接到股权转让的通知以后,可以以相同条件向转让股权的股东发出要约,转让股权的股东必须承诺,这是一种强制缔约权,是优先购买权所包含的第三项权利。

鉴于债权的平等性,在转让股权的股东与其他股东订立合同之后,并不能保证其他股东一定得到股权。因此,为了实现优先购买权的目的,需要保证其他股东先于股东以外的第三人取得股权,因此,还需要赋予其他股权优先受领股权的权利,这是优先购买权所包含的第四项权利。

以上四种权利体现了优先购买权的给付请求效力。之所以认为资格维持请求权、告知请求权、强制缔约权和优先受领权是四项权利,而不是优先购买权的四项权能,是因为权能和权利之间存在差异。权能是权利的表现,针对的是同一客体;权利是行为人为一定行为的资格,针对的是不同客体。前者如所有权所表现出的占有、使用、收益、处分权能,针对的都是标的物这一相同的客体;而资格维持请求权、告知请求权、强制缔约权和优先受领权针对的客体分别是某种资格、股权转让的事宜、缔约行为和股权,针对的是不同客体,因此应当是权利而不是权能。

因此,优先购买权是一系列权利的组合,包括资格维持权、协议内容告知请求权、强制缔约权和优先受领权。缺少任何一个权利都不能构成完整的优先购买权的权利组合。

作一总结。优先购买权包含四项权利,即资格维持请求权、告知请求权、强制缔约权和优先受领权。资格维持请求权开始于股东身份取得之时,其效力在于保证股东作为优先购买权人的地位不受侵害,并保证意欲转让股权的股东不得无正当理由缩小自己所承担的维持义务。资格维持请求权是一种静态的权利,往往被忽略,但实际上,该权利具有重要意义,是保证后述三项权利得以实现的前提。

告知请求权的行使依赖于转让股权股东的行为,始于意欲转让股权的股东与第三人签订股权转让合同之时。

强制缔约权开始于公司其他股东知晓股权转让事宜之时。按照优越地位的不同,可将民事权利分为民事优先权和民事优位权,前者为优先行使某种资格之权利,后者指将自己的意志强加于相对方的权利,如免除自己的债务、为对方设定债务等。强制缔约权的性质是狭义的形成权,是一种民事优势地位。强制缔约权的效力在于使得股东之间强制性的产生股权买卖合同,无论转让股权的股东同意与否。正是由于强制缔约权的这种效力,使得行使该权利的股东具有一种优越地位。因此,强制缔约权是民事优位权。

优先受领权开始于股东之间合同签订之时。该权利的效力在于使得公司其他股东先于第三人取得该股权,是优先购买权得以最终实现的最本质的权利。

综上所述,优先购买权开始于股东身份的取得,实现于(消灭于)股权的优先受领。以股东与第三人签订股权转让合同为分界线,之前体现优先购买权的维持请求效力,之后体现优先购买权的给付请求效力。

(二)优先购买权的实现过程

在明确了优先购买权的性质之后,接下来应当探讨优先购买权如何实现。权利只有得到实现,才能为权利人带来利益,发挥权利的功能。优先购买权的实现过程,实际上是优先购买权从产生到消灭的一个连续、发展、完整的过程。

1.优先购买权的产生

优先购买权何时产生,有观点认为,优先购买权的产生始于转让股权的股东与第三人签订买卖合同之时;也有观点认为优先购买权的产生始于过半数股东同意股权转让之时,即"优先购买权必须是在合意转让的情况下才可能发生。如果其他的股东不同意向公司外的第三人转让出资,优先购买权就无从产生"。①

笔者认为,上述观点并不准确,股东的优先购买权应当产生于股东身份取得之时。原因如下有四个。(1)从优先购买权产生的法理基础来看,优先购买权是股东之间为彼此设定的一项保障其他股东盈利的权利,自然应当伴随股东身份的取得而产生。

(2)若认为优先购买权产生于股东与第三人签订买卖合同之时,则不能解释如下的疑问,即为何此时仅有其他股东享有优先购买权,而第三人不享有优先购买权?回答这个疑问,目的在于证明优先购买权在股东与第三人的股权买卖合同签订之前即已存在。股东与第三人签订买卖合同,该合同无任何瑕疵,则按照合同的效力,彼此应当履行各自的义务,满足对方的权利,因此第三人应当取得股权,但此时其他股东的优先购买权阻碍了第三人取得股权,这就证明了优先购买权必须先于股东与第三人的合同存在,才能对抗该合同的效力。

(3)上述的观点忽略了作为优先购买权组成部分的资格维持权。在股东与第三人签订股权转让合同之前,优先购买权人享有维持自己作为"优先购买权人"资格的权利,这是优先购买权的资格维持请求权。资格维持请求权是优先购买权必不可少的组成部分,若认为优先购买权在股东与第三人签订股权转让合同之后产生,则股东就无法享有资格维持请求权,与优先购买权的性质不符。

(4)认为优先购买权的产生始于过半数股东同意股权转让之时,也存在疑问。股东与第三人股权转让合同的签订先于过半数股东的同意。在过半数股东同意之前,股权转让合同可能已经履行完毕。在此

① 周友苏:《新公司法论》,法律出版社2006年版,第288页。

情况下，如果认为股东过半数同意之后才产生优先购买权，则当其他股东行使优先购买权时：①若承认第三人可以取得股权，则优先购买权中的优先受领权便不能实现；②若否认第三人可以取得股权，则否认的依据是什么——是合同无效还是转让行为无效——难以说明。实际上，由于此时当事人之间意思表示真实，标的确定、可能、合法，当事人具有完全民事行为能力，因此无论是合同和转让行为都是生效的，应当承认第三人可以取得股权，如此一来，就会产生上述第①项中的矛盾。所以，认为优先购买权的产生始于过半数股东同意股权转让之时，会产生矛盾的结论。

因此，优先购买权产生于股东身份的取得之时，而非股东与第三人签订买卖合同之时或者过半数股东同意股权转让之时。

2. 优先购买权何时行使

对于优先购买权何时行使的问题，有观点认为，虽然优先购买权始于股东身份之产生，但是只有在股东与第三人签订股权买卖合同之后才可以行使。

该观点割裂了权利的发生和权利的行使，不具有合理性。权利是规定权利主体在一定范围内能够为一定行为的概念，即法律确认的特定行为的资格。权利主体享有某种权利之时，必然能够为一定的行为，否则就不能称之为享有权利。

在股东与第三人签订股权买卖合同之前，优先购买权人行使的是优先购买权中的资格维持权，在股东与第三人签订股权买卖合同之后，优先购买权人行使的是告知请求权、强制缔约权和优先受领权。因此，在股东与第三人签订股权买卖合同之前，权利人已经开始行使优先购买权。

因此，优先购买权产生之时，即是可行使优先购买权之时。不应当将优先购买权的产生和行使分割开来。

3. 优先购买权的行使期限

学界对于优先购买权的行使期限，也进行了探讨。首先需要说明的是，这里所探讨的优先购买权的行使期间，主要是针对其中的强制缔约权而言的。强制缔约权产生于股东告知转让事宜之时，是一种民事优势地位。民法基于一定的理由规定某些权利，使得一方当事人可以将自己的意志强加于相对人,强制缔约权便是其中之一。针对强制缔约权,若不规定一定的行使期限,难免使得享有该权利的股东久久不行使权利,妨碍股权的转让,违反民法所遵循的意思自治原则。

优先购买权的行使期限,我国《公司法》并没有作出规定。但《澳门商法典》第367条之四将公司行使优先购买权的期限规定为45天,将股东行使优先购买权的期限规定为15天。瑞士《民法典》第681条规定先买权人欲行使先买权的,须在知悉契约的缔结和内容之日起的3个月内行使该权利。①

有观点认为,《公司法》第72条中的"30日"和第73条中的"20日"可以被视为强制缔约权行使的期间。但是反对的观点认为,将这2个期限规定为优先购买权的行使期限并不妥当。原因在于这2个条款中规定的期限与强制缔约权行使的期限所设计的价值不一致。首先,第72条中所规定期限的目的在于使公司的其他股东尽快表明其是否同意股权的转让,从而结束股权转让的不确定状态。其次,第73条中期限虽然是股东行使强制缔约权的期限,但该期限的目的是为了保障民事执行程序的尽快了解,保障诉讼当事人的利益,这与在公司正常运营情况下为了保证公司人合性而设计的强制缔约权的行使期限在目的上显然大相径庭。最后,上述条文中的期限均规定较长,不符合商事交易情况下对于迅捷性的要求。②

还有观点认为,可以借鉴承租人优先购买权的规定,将该期限规定为"3个月"。《合同法》第230条规定,"出租人出卖租赁房屋的,应当在出卖之前合理期限内通知承租人,承租人享有以同等条件优先购买的权利",而《民通意见》第118将该"合理期限"规定为"3个月"。提前3个月通知,实际上就是让承租人在这个期限内考虑是否行使优先购买权。"由于股东的优先购买权和承租人的优先购买权在制度设计上的同源性,采用该期限较为合理",该观点进一步认为"3个月"期限起算的时间,应当是股东接到通知之日,以使得股东更及时的行使

① 许尚豪、单明:《优先购买权制度研究》,中国法制出版社2006年版,第325页。

② 潘福仁主编:《股权转让纠纷》,法律出版社2007年版,第106~108页。

权利。①

笔者认为，鉴于商事交易迅捷原则的要求，确实应当对强制缔约权的行使确定一个明确的期间。但是该期限具体的时间长短——是“30日”、“20 日”、“3 个月”还是“15 天”——是立法者的价值判断问题，应当交由立法加以规定。

三、问题的延伸与分析：以优先购买权为系列性权利为基础

（一）股东与第三人之间合同的效力

优先购买权行使以后，存在两个股权买卖合同关系，分别是股东和第三人之间的股权买卖合同关系，以及股东之间的股权买卖合同关系。对于后一个合同的效力，不存在疑问，均认为是完全生效的合同。有争议的是第一个合同的效力，存在完全有效合同说、完全无效合同说、可撤销合同说以及效力待定合同说。笔者认为，在区分有效和生效的基础上，股东与第三人之间的合同应当是完全生效的合同，而不是完全有效的合同。

1. 合同与协议的辨析。协议性是合同的本质属性，但是并非所有的协议都是合同。所谓协议，是指合意，即各方当事人意思表示的契合。协议可分为两类：一类是契合关系，即表示人为双方，且双方的意思表示方向相反，一方表示人的意思表示需要对方的配合方能实现的关系，契合关系可以不发生法律效力，如情谊行为，也可以发生法律效力，如买卖合同；另一类是平行关系，即表示人为多方，且各方的意思表示方向相同的关系，如合伙合同、公司章程等。

民事主体的法律地位平等，可以自由表达自己的意志。当两个或两个以上的民事主体的意志发生契合时，民法为了保障主体之间这种互相契合的意志发生法律效力，从而保障意思自治，创设了“合同”这一概念。因此，所谓合同，就是平等主体的协议，即按当事人的意志发生法律效力的协议。

一般认为，合同通常发生债权，该观点并不全面，合同还可以发生其他的效力。（1）终止合同的合同，是平等主体之间意思表示的契合，

① 潘福仁主编：《股权转让纠纷》，法律出版社 2007 年版，第 109 ~ 110 页。

但是在该合同生效后,当事人之间原来的债权关系消灭,不再是特定人之间的关系,而是互以对方为不特定人的绝对法律关系。(2)物权合同和准物权合同,也是平等主体之间意思表示的契合,既可发生债权,也可发生债权以外的财产权利。如动产质押合同(物权合同),其效力是使得质权人取得质权(发生物权),同时质权人必须保管质物(发生债权)。发生债权的合同是狭义的合同;发生债权的合同与后两类合同统称为广义的合同。

民法一般将合同分为诺成合同和实践合同,该分类存在不足。诺成合同的相对概念应当是非诺成合同。诺成合同是经过要约、承诺即可成立的合同,包括无须交付标的物即可成立的狭义合同和终止合同的合同;非诺成合同是经过要约、承诺不能成立的合同,包括狭义合同中的实践合同、物权合同和准物权合同。因此,实践合同是非诺成合同的一部分,将合同分为诺成合同和实践合同,仅在狭义合同中才有合理性。

2. 民事行为的效力问题。前文指出,民事行为的成立,本质是判断某行为是否是民事行为,需要两个要件,即民事效果和效果意思。任何行为均有效力,或为事实上的效力,或为法律上的效力,民事行为的效力问题探讨的是法律上的效力。若该民事行为合法,即发生积极的效力;若该民事行为违法,即发生消极的效力。对于积极效力而言,首先应当许可行为人追求实现效果意思(可能性),其次是实现效果意思(现实性)。前者可称之为许可效力,后者可称之为实现效力。

以民事行为的完成和生效是否存在时间间隔为标准,可以将民事行为分为即时生效的民事行为和非即时生效的民事行为。即时生效的民事行为完成时,即实现了效果意思,许可效力和实现效力同时发生;非即时生效的民事行为完成时,效果意思尚未实现,但若该行为没有被撤回,则将来有可能实现效果意思。如要约、承诺行为,在行为做出之后,达到相对人之前,尚未实现效果意思,若该行为未被撤回,并到达相对人,则实现了效果意思。

因此,对于非即时生效的民事行为而言,其有效和生效不在同一时点发生。在该行为完成之时,法律若肯定行为人所表示的效果意思,则允许其追求该效果意思的实现,此为行为有效;法律若否定行为人所表示的效果意思，则不允许其追求该效果意思的实现，此为行为无效。此后，若该效果意思得以实现，则行为生效；若该效果意思最终未实现，则行为不生效。若该行为生效与否不能确定，为效力未定。行为人追求实现效果意思是对自己人身和财产的支配，而人身、财产是行为的标的，因此，只要标的确定、合法、可能，就应当允许行为人追求，行为即有效。行为人实现效果意思，需要行为人和行为本身两方面要件。对于行为人而言，指的是行为人适格；对于行为本身而言，指的是意思表示真实，标的合法、确定、可能。

3. 合同的成立和生效。与其他法律行为相比，合同的成立和生效具有特殊性，即合同成立与合同的生效实际上是在同一时点上完成的。首先，买卖合同是诺成合同，合同的生效也要求要约生效和承诺生效，由于二者生效时间存在先后顺序，诺成合同的生效实际上是承诺的生效。其次，行为的成立，是事实判断，只要该行为符合民事行为的特征，即认定为民事行为成立；行为的生效，是价值判断，该行为必须符合法定条件，才能实现效果意思。合同是协议的一种，是按缔约人的意志发生法律效力的协议，因此，判断合同的成立，不以当事人是否达成协议为标准，而是以该协议是否具有合同性质为标准。当事人是否达成协议，是判断协议是否成立的标准，而非判断合同是否成立的标准。所谓“协议是否具有合同性质”，是指协议内容被法律确认，按照缔约人的意志发生法律效力。因此，合同发生法律效力之时，即是合同成立之时。因此，合同的成立与生效同时完成。合同就是将缔约人的意志用法律加以确认，从而发生法律效力。一般所说的合同不生效、无效、效力待定，实际上是协议的不生效、无效、效力待定。

4. 股东与第三人之间的买卖合同关系。该买卖合同成立时即生效，本质上是一种协议。协议是当事人意思表示的契合，股东和第三人通过要约、承诺行为达成协议。当事人适格，意思表示真实，作为标的之股权确定、可能、合法。要约、承诺的效果意思均已实现，不存在效果意思实现与否的不确定性。因此，应当认定为股东与第三人之间签订的合同为完全生效的合同。

(二)行使优先购买权的条件探讨

1."同等条件"的界定

"同等条件"针对的是优先购买权中的强制缔约权,是享有优先购买权的股东行使优先购买权的前提条件之一,同时也决定了意欲转让股权的股东与享有优先购买权的股东之间的合同内容。因此,对"同等条件"含义的界定具有十分重要的现实意义。

在理论与实务中,对于"同等条件"的内涵,有三种观点:(1)"股东与第三人协议中所订价格说"。(2)"股东与第三人协议中所订条件说",即所谓"条件"是指股权转让方索取的对价,主要是股权转让的价金,也包括其他附加的条件。[①] (3)折中说,即认为在一般情况下应当采纳第二种观点;但是在特殊情况下应当采纳第一种观点,这些特殊情况包括第三人为从给付时、转让股东将待转让的股权整体出卖时、第三人延期付款时和以评估价格转让时。[②]

按照第一种学说,如果享有优先购买权的股东同意购买所转让的股权,只需表示出愿意以意欲转让股权的股东与第三人所签订的合同中所约定的价格购买被转让的股权即可,接着就可以行使强制缔约权;按照第二种学说,股东若要行使强制缔约权,不但要同意意欲转让股权的股东与第三人所签订的合同中所约定的价格条款,对于其他实质性条款如数量、时间、地点也不能表示出异议,这样才可以行使强制缔约权;而第三种学说为前两种学说的综合。

笔者认为,所谓"同等条件",主要指的是价金相同,但是为了保证价金的支付,还应当包括支付价金义务的履行方式、履行期限和履行地点等条件相同。因此,第二种学说更为可取。

2.优先购买权能否部分行使

首先需要说明的是,这里探讨的"部分行使优先购买权",实际上是一个伪命题。因为权利是一个整体,要么行使,要么不行使,不可能被部分行使,比如有限责任公司的股东在认购新发行的股份的时候,认购新发行的股份的10%是行使优先认购权,认购新发行股份的50%、

① 安建主编:《中华人民共和国公司法释义》,法律出版社2005年版,第111页。

② 潘福仁主编:《股权转让纠纷》,法律出版社2007年版,第106~107页。

80%，甚至100%都是在行使优先认购权，而不是所谓的"部分行使权利"，就像人走路一样，一次跨出去1米算是"走了一步"，一次跨出去0.5米难道就不是"走了一步"吗？因此，在这里所说的"能否部分行使"，实际上应当改为"能否分割行使"。探讨此问题的实质，应当是股东行使优先购买权以后，与转让股权的股东之间存在的合同中"数量"条款的含义。但在下文的论述中，为了保证行文的一致性，笔者仍然使用"部分行使优先购买权"的表述，但是其真正意义已经在这里阐明。

对于此问题，在理论界与实务界存在着肯定说与否定说。

肯定说认为股东可以部分行使优先购买权，理由是：①（1）《公司法》并未禁止股东部分行使优先购买权，根据私法原理，法无禁止即可为；（2）部分行使优先购买权赋予有限责任公司股东一种选择的权利，即可以考虑在多大程度上行使优先购买权从而保证公司的人合性，在多大程度上不行使优先购买权从而接纳第三人成为公司股东；（3）部分行使优先购买权可以使得资金不是十分充裕、不能全部购买所转让股份的股东取得一定数量的股份，保证公司的人合性；（4）从利益衡量的角度来看，除转让股权的股东以外，其他股东通过行使优先购买权巩固其在公司中的地位，是一种多数人所享有的既有利益，而第三人加入公司，是少数人享有的或有利益，法律应当优先保护多数人的利益和既有利益，因此，应当允许股东部分行使优先购买权，在最大程度上保证原股东地位的巩固。

否定说则认为不应当赋予股东部分行使优先购买权的权利。其根本理由在于：②（1）若赋予股东部分行使优先购买权的权利，会对"同等条件"这个优先购买权行使的先决条件产生不利影响。因为"同等条件"既包括价格，又包括数量等其他合同所应当含有的条款，若股东得以部分行使优先购买权，会使得"数量"条件无实际意义，损害了"同等条件"的完整性。（2）若股东得以部分行使优先购买权，那么剩余的未购买的股份如何处理也存在问题，会造成公司股份的贬值，损害转让股

---

① 赵旭东主编：《公司法学》（第2版），高等教育出版社2006年版，第337页。

② 赵旭东主编：《公司法学》（第2版），高等教育出版社2006年版，第337～338页。另见赵旭东主编：《新公司法案例解读》，人民法院出版社2005年版，第173页。

权的股东基于“同等条件”应当享有的利益。

笔者认为,优先购买权能否部分行使,不应当绝对的加以肯定或者否定,而应当遵循转让人的意思。

(1)在转让人同意转让部分股权的情况下,自然应当认为优先购买权可以部分行使。

(2)在转让人不同意股权部分转让的情况下,笔者认为不能够部分行使优先购买权。原因如下:

首先,若此时享有优先购买权的股东与转让股权的股东之间所建立的合同中的“数量”条款能够对转让股权的股东与第三人之间所建立的合同中的“数量”条款加以改变,则所谓的当事人“可以部分行使优先购买权”这个命题可以成立;反之则不能成立。然而,在上文探讨“同等条件”的内涵时,本文已经明确认为所谓“同等条件”就是指转让股权的股东与第三人之间所签订的合同中存在的所有条款,不仅仅包括“价格条款”,并且对其合理性进行了论证。因此,在这样的前提下,笔者认为“数量”条款不能够加以变更,否则会产生否定说所担忧的剩余的股份无法合理处理,转让股权的股东的利益无法得到保障的情况。

其次,对于肯定说所主张的“保护多数人利益和既得利益”,笔者同样认为不能赞同。原因在于,所谓的“多数”或“少数”只有相对意义,在转让股权的股东是多数人,而享有优先购买权的股东是少数人时,如果也要遵循保护“多数人利益”的原则,恐怕此时的“肯定说”就当转化为“否认说”了;对于“既得利益”的问题,且不说享有优先购买权的股东是否会行使强制缔约权从而取得“还未既得”的利益,仅仅从转让股权的股东角度而言,其与第三人之间签订合同以后,应当接受的股权转让的价金,也应当符合这里的“既得利益”定义,为什么就不加以保护了呢?另外,肯定说还主张部分行使优先购买权是对“资金不充足的股东的保护”,这混淆了市场竞争的影响与法律对公司人合性的保护各自体现的价值。市场竞争机制就是一个优胜劣汰的机制,谁的实力雄厚,谁就在竞争中占得了先机,股东以外的第三人购买有限责任公司股东的股权,目的或者在于取得公司的控制权,或者在于参加该公司的分红,或者在于其他目的,这均属于正常的市场交易行为,如果在这样的条件下有限责任公司的其他股东基于法律规定,行使优先购买权并阻碍该交易行为的进行,自然应当由第三人来承担由此导致的交易风险。同样的,如果公司的其他股东因为自己的财力问题,不能行使优先购买权,此时的交易风险也应当由这些股东自己来承担,而不应当转嫁给第三人。如果《公司法》真的认为“资金不足”应当予以保护的话,那么在股东因为自己的资金不足只能获得有限责任公司少量的股权,从而使得自己所提出的决议由于未达到所要求的股权多数而被否决的情况下,就也应当对这些“资金不足”股东加以保护。这明显是不合理的。如果连“资金不足”都可以受到法律保护的话,交易市场中的各个主体怎么还能有竞争逐利的驱动力呢?由此,肯定说的出发点存在着不足,不应当被采用。

最后,从转让股权的股东的角度看,允许此时部分行使优先购买权也是不合适的。诚如上述,优先购买权制度的设计目的,不是阻止有限责任公司股权的对外转让,而是对股份的受让人做了限制,无论受让人是谁,转让股权的股东应当得到的投资收益都要加以保护。允许优先购买权部分行使,使得转让股权的股东原本可以得到的转让价款打了折扣,同时还会使得剩余的股份难以出手,造成了转让股权的股东对于自己的股份“卖又卖不出,留又不想留”的尴尬境地。

(三)强制程序中的优先购买权行使

以上探讨的是在正常交易情况下优先购买权对于股权转让产生的影响。在《公司法》的规定中,还有一种特殊情况,即第 73 条规定的人民法院的强制执行程序。

在强制执行程序中,法院为了保护执行程序申请人的利益得到满足,应当尽快地使股东所持有的股权变现,按照《公司法》第 73 条的规定,即应当尽快促成股权的转让。此时股权的受让人,当然既可以是公司其他股东,也可以是股东以外的第三人。如果此时享有优先购买权的股东行使了优先购买权,必将对第三人在执行程序中能否获得股份产生影响。在实践中,法院使得股权得以转让的最重要方式是通过拍卖程序并通过“跟价法”来实现。因此,在本部分,主要以强制执行程序中通过拍卖的方式为例,进行论述。

对于采用拍卖方式来进行的执行程序中优先购买权的行使,除了《公司法》第 73 条的规定以外,尚有《最高人民法院关于人民法院民事执行程序中拍卖、变卖财产的规定》(法释[2004]16号)(以下简称《规定》)第16条,该条第1款规定"拍卖过程中,有最高应价时,优先购买权人可以表示以该最高价买受,如无更高应价,则拍归优先购买权人;如有更高应价,而优先购买权人不作表示的,则拍归该应价最高的竞买人",该条第2款规定"顺序相同的多个优先购买权人同时表示买受的,以抽签方式决定买受人"。

有观点认为,按照《公司法》和《规定》,在有限责任公司的股权通过拍卖方式强制执行的程序中,享有优先购买权的股东可以与其他竞买人一起参加拍卖,价高者得;也可以在其他竞买人的拍卖程序已经完结以后,再参与竞价。无疑,这样的规定虽然赋予了享有优先购买权的股东极大的保护,但是对于交易的安全和第三人(此处指股东以外的其他竞买人)的保护,都有十分不利的影响,不符合民法保障平等主体间意思表示自由的基本原则,应当予以摒弃。

笔者认为,《规定》第16条的内容有其自身的考虑,即维护股东的优先购买权。为了保障其他竞买人的利益,保证公平拍卖,可以在拍卖公告中写明此次拍卖有优先购买权人的参加,以提醒其他竞买人注意可能存在的潜在竞争对手,当然,在拍卖现场,对于享有优先购买权的股东应当安排特定的座位,并加以明示。而关于优先购买权人的信息,应认定为《拍卖法》第46条第5项中的"需要公告的其他事项"从而加以公告。同时,为了保障民事诉讼中受害人的利益,可以在委托拍卖合同中按照《拍卖法》第44第3项的规定约定合理的"委托人提出的保留价"。如此,便可以缓和《公司法》和《规定》所带来的不合理性。

此外,对于法院通知的时间,应解释为"拍卖程序开始之时",从而可以使得股东尽快地作出是否行使优先购买权的决定,保证执行程序的效率。

最后,在实践操作中,优先购买权人应该与其他竞买人在同一场合、同一地点参加竞买,即将优先购买权人也视为竞买人之一。对于第16条第1款规定的"拍卖过程中,有最高应价时,优先购买权人可以表示以该最高价买受,如无更高应价,则拍归优先购买权人;如有更高应价,而优先购买权人不作表示的,则拍归该应价最高的竞买人",应当进行解释为赋予了优先购买权人一种"相同报价权",即在竞买人的报价过程中,若其他竞买人报出了拍卖以来的最高价格,而优先购买权人愿意以该价格购买的,则应当同样报出该价格,若其他竞买人此时愿意继续竞价,则可以继续报出更高的价格;若优先购买权人不愿意以该价格购买的,则可以不做出报价,从而使报出最高价的其他竞买人获得该股份。

四、结论

在股权转让中规定优先购买权,是为了保障有限责任公司的人合性,体现了有限责任公司兼具人合性和资合性的特点以及二者之间的冲突。

整体的股权转让程序由股权买卖合同和转让股权行为构成,前者的目的是保证股权的转让,是法律行为的组合;后者的目的是实现股权的转让,是一种权利转让的行为。由于股权的性质是债权,因此,转让股权的行为属于处分行为中的准物权行为。股权之所以被界定为债权而不是通说所认为的一种独立的新型民事权利,是因为股权体现的是相对性法律关系,即股东与股东之间的关系和股东与公司之间的关系。在新型民事权利说认为股权包含的三项权利中,利润分配请求权是债权,公司终止时剩余财产分配请求权是股权的派生权利,而所谓的"社员权"是一个伪命题,不具有法理依据。

世界上很多国家都规定了对于股权转让的限制,其中优先购买权最为突出。我国《公司法》也和其他国家一样,规定了优先购买权。优先购买权规定在《公司法》第 72 条、第 73 条,但现行《公司法》对于优先购买权的规定并不完善,主要表现为注重程序性规定,忽略实体性规定;程序性规定也存在不少的漏洞;但最主要的原因还是在于制定法条之时没有在理论上对优先购买权进行系统的分析,现有的探讨仅仅局限于具体的个别问题。

在对优先购买权进行系统的分析时,首先应当明确优先购买权的性质。对于此问题,存在期待权说、形成权说、物权说和债权说,但实际上优先购买权是一系列权利的组合,包括资格维持请求权、告知请求权、强制缔约权和优先受领权。优先购买权包括维持请求效力和给付请求效力,维持请求效力表现为资格维持请求权,给付请求效力表现为告知请求权、强制缔约权和优先受领权。这四项权利各自体现不同的效力,共同构成优先购买权这个整体。

优先购买权产生于股东身份取得之时,而非股东与第三人签订股权买卖合同或者过半数股东同意股权转让之时。优先购买权产生之时即优先购买权可以行使之时,不应当将权利的产生和行使分割开来,因为权利是行为资格,构成权利,必然能够被行使。对于优先购买权的行使期间,我国法律没有明确规定,有观点认为应当采用《公司法》、《合同法》或《民法通则》所规定的期限。也有观点认为应当借鉴其他国家和地区的法律规定,将其规定为15天。但实际上这是一个立法者的价值判断问题,应当交给立法者解决。

股东与第三人签订的股权买卖合同是完全生效的。要约和承诺均是单独的法律行为,是单方法律行为。单方法律行为和双方法律行为的区分标准不在于主体的个数,而在于是否需要相对人为一定行为予以配合。法律行为的成立是指某行为符合民事行为的特征,是事实评价,成立要件包括民事效力和效果意思;有效是指许可行为人追求实现效果意思,有效要件包括标的确定、合法、可能;生效是指效果意思的实现,是价值判断,生效要件包括行为人适格,意思表示真实,标的合法、确定、可能。对于合同而言,合同的成立和生效在同一时点上完成。

优先购买权行使所要求的"同等条件"指的是股东与第三人协议中所订的条件,而不是仅仅指股东与第三人协议中所订的价格。优先购买权不能够部分行使。对于法院强制执行程序中的优先购买权行使而言,有观点认为《公司法》和相关司法解释的规定不能够平等保护优先购买权人和其他竞买人,但实际上,相关规定的目的在于保障优先购买权的行使,并可以通过在实践中采取有效措施防止不公平竞买的发生。

(作者系中国人民大学法学院2012级经济法专业博士研究生)

判解研究

房屋买卖居间合同中“跳单”行为研究

——1 号指导案例评析

童　航

目　　次

洞见或透识隐藏于深处的棘手问题是艰难的,因为如果只是把握这一棘手问题的表层,它就会维持原状,仍然得不到解决。因此,必须把它“连根拔起”,使它彻底地暴露出来;这就要求我们开始以一种新的方式来思考。①

一、导论

任何学术研究都应根植于一定的社会背景,没有谁可以超越;任何有价值的研究成果都应该对社会有所贡献,直接或者间接地作用于一

① [英]维特根斯坦:《札记》。转引自[法]皮埃尔·布迪厄、[美]华康德:《实践与反思——反思社会学导引》,李猛、李康译,中央编译出版社 1998 年版,第 1 页。

定的媒介来推动社会的发展。

(一)问题背景

本文选题确定的直接动因是最高人民法院于2011年12月20日发布的第一批指导案例中的1号指导案例《上海中原物业顾问有限公司诉陶德华居间合同纠纷案》(以下简称陶德华案),①由此促使笔者思考这一案例背后的社会因素、司法实务因素和理论研究的程度等。

1. 房屋中介市场乱象丛生,居间人和委托人之间存在双边道德风险

近年来,随着二手房交易日趋频繁,买卖双方通过中介公司进行房地产交易已经成为一种普遍的形式。然而,受制于房屋中介法律规范的不完善等因素,当前的房屋中介市场可谓乱象丛生。主要表现为:经纪执业人员良莠不齐,无证经营严重;中介参与炒房,收费不合理,行业间竞争过度;信息不透明,甚至发布虚假信息等。②

此外,房地产买卖居间合同本身就是信息不对称的产物,居间人利用自身的信息优势向市场发布信息,从而为委托人创造了缔约机会,进而取得居间报酬请求权;与此同时,委托人在合同履行过程中获取了居间人提供的信息,基于"经济人"的基本假设,委托人往往会货比三家或者私下与卖方签订合同,以逃避支付居间费用。可知,居间人和委托人都可能利用不同时间段的信息优势获取不正当利益,纠纷就由此产生。

2. 房屋买卖居间纠纷案件数量不断增加,审判实践中的裁判难题日益凸显

近年来,我国二手房地产市场在多种力量的推动之下持续繁荣,带动了不动产交易市场的疯狂扩张,导致这一行业竞争日益加剧;同时,

---

① 参见胡云腾主编:《最高人民法院指导性案例参照与适用》,人民法院出版社2012年版,第5~7、26~31页。

② 参见陶建群:"房屋中介市场'探营'",载http://www.people.com.cn/GB/shehui/1063/2083666.html,最后访问时间:2012年11月2日;"房产中介市场隐忧丛生",载http://esf.nanjing.soufun.com/newsecond/news/3020222_999.htm,最后访问时间:2012年11月2日;徐立凡:"政府治理房屋中介需立规矩",载《京华时报》2011年5月22日;"治理房屋中介市场混乱利剑:不折不扣执行监管",载《经济参考报》2012年8月31日。

又缺乏完善的不动产交易市场准入机制和行业管理规范机制，导致委托人与中介机构的纠纷不断增加。主要表现为两个方面：(1)中介机构对委托人进行欺诈，导致委托人利益受损而产生纠纷；(2)委托人(主要是购房者)为了逃避居间报酬的支付义务，往往会私下与卖房者达成交易或者选择其中一家中介机构进行交易，使得其他中介机构认为其权益受到侵害而产生纠纷。本文以山东省青岛市中级人民法院近4年共受理房地产介机构居间合同纠纷案件为例进行说明，从2008年到2011年该院受理此类纠纷案件共535件，其中2008年101件、2009年114件、2010年156件、2011年164件。案件数量呈现逐年增长态势，2011年收案数是2008年收案数的约1.6倍(见图)。[①]

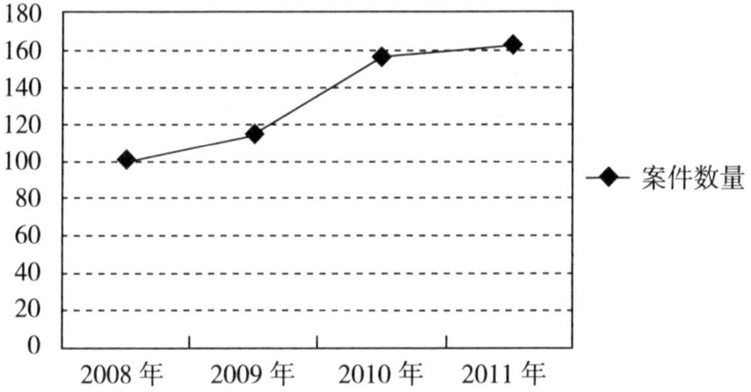

青岛中院4年居间合同案件受理情况

此外，房屋买卖居间纠纷历来是审判实践中的难点，由于居间合同的特殊性以及长期以来对一些基本问题未形成统一认识，居间纠纷处理中的执法不统一现象仍然比较常见，尤其是对当前房地产交易中频繁出现的"跳单"现象如何认定、处理，实务界分歧较大，[②]这在一定程

① 参见袁巍、刘尊知、张坚、孙付："着力解决中介难题 促进市场健康发展——山东省青岛市中级人民法院关于房地产居间合同纠纷案件的调研报告"，载《人民法院报》2012年10月25日。

② 参见袁巍、刘尊知、张坚、孙付："着力解决中介难题 促进市场健康发展——山东省青岛市中级人民法院关于房地产居间合同纠纷案件的调研报告"，载《人民法院报》2012年10月25日；"宝安法院分析涉房产居间合同纠纷案件的特点并提出四点建议"，载 http://www.bafy.gov.cn/article_show.php?artid=1621，最后访问时间：2012年12月2日。

度上也影响到当前整个新兴房地产中介市场的健康发展和规范建设。

3. 当前理论研究的薄弱性,未对“跳单”现象作出恰当的理论解释

根据笔者的检索,2000年至2011年间在CSSCI期刊上发表的以居间合同为主题的论文只有1篇,即税兵的《居间合同中的双边道德风险——以“跳单”现象为例》(载《法学》2011年第11期),更不用说对居间合同中“跳单”行为的研究。这一不正常的法学研究遗忘现象亟待矫正。幸运的是,1号指导案例发布以来,学界已经开始对这一问题进行了一定程度的剖析和关注。①

但是,学界对这一问题的关注并未作出体系化和系统化的合理解释,对1号指导案例的研究更多的是从规范的视角进行研究,而忽视了这一现象背后的道德因素、信用因素以及经济因素等。为此本文将以陶德华案为素材,同时使用类似的其他素材。通过对这一指导案例以及相关案例的分析检讨,以期揭示出“跳单”行为的本质,并提出合法“跳单”和违约“跳单”界分的具体裁判标准。

(二)论证思路

本文拟对房屋买卖居间合同中的“跳单”行为进行研究,对这一问题的研究应立足于利益相关人、审判实务人员对该问题的基本认识,故而对这一行为现象和原因的社会分析是研究的起点。对现象的充分认识和挖潜,是为了认清行为的本质。自然地,对“跳单”行为本质的分析尤为关键。类型化思维有助于拓展研究的深度和广度,是一重要的法学研究思维,对“跳单”行为进行类型化分析也是如此。

“跳单”行为属于法律行为,这一行为的表现常常游离于合法和违约之间,即存在不确定性。对该行为不确定性的揭示是本文的一点贡献,这一不确定性是由多种因素共同作用造成的,理应进行法价值的剖

① 可参见隋彭生:“居间合同委托人的任意解除权及‘跳单’——以最高人民法院《指导案例1号》为例”,载《江淮论坛》2012年第4期;于立,冯博:“最高人民法院首个指导性案例的法律经济学分析——‘跳单案’案例研究”,载《财经问题研究》2012年第9期;2012年4月27日,由中国法学会法律信息部、中国人民大学法学院共同主办,中国人民大学法治信息研究中心承办,北京金杜公益基金、《法制日报》社评论部协办的金杜明德法治沙龙第6期将主题聚集为“聚焦最高人民法院第一批指导性案例”,载http://www.lawinnovation.com/html/xjdt/6717.shtml,最后访问时间:2012年11月2日。

析。此外,通过对实务案例的考察分析进一步增强本文结论的解释力。

任何理论的建构都应服务于司法实践,故而对“跳单”行为的构成要件和法律后果进行理论和实务的对接性研究,从而使得本文对司法实践具有更明确的指导价值。其间,对“跳单”行为所对应的法律规范进行分析应是其前提,即需对房屋买卖居间合同的复合型构造进行研读。

基于以上论证,本文最后提出的结论遵循的是解释论思路,即本文拟对《合同法》第425条进行目的性扩张解释,让委托人在拒绝缔约时负担必要的告知义务;并对《合同法》第426条的居间报酬的取得规则和第427条的居间报酬附条件规则作出平衡各方利益的合理解释。

二、“跳单”行为的现象论

“跳单”行为本不是规范意义上的法律用语,但应是对“跳单”现象进行解释说明的最佳用语,即如果我们选择淡化或者仅仅以居间违约来进行说明,将会导致这一现象的虚化,甚至很难看清楚“跳单”现象的七彩世界以及“跳单”行为的本质。为此,本部分将首先阐述“跳单”现象的产生和发展史,并对当前的“跳单”现象的表现形式进行归纳;接着从当事人立场和司法裁判立场对“跳单”现象进行规范性和非规范性的实证考察。

(一)“跳单”现象概述

“跳单”现象不是从来就有的,其是历史的产物,并在“线性时空观”①下不断发展。对“跳单”现象的历史性追溯,旨在深入研究“跳单”行为的本质。

1.什么是“跳单”现象?

对“跳单”现象的历史性追溯首先应明确“跳单”现象的基本内涵和外延,这是概念思维的基本运用。如此,方能在万千历史中牵引出“跳单”现象的历史发展过程。

在中介行业,委托人“跳单”是常见的现象。所谓“跳单”现象,是指委托人(包括卖方和买方)在接受中介公司的服务并获悉相关信息

① 参见熊赖虎:“时间观与法律”,载《中外法学》2011年第4期。

后,跳过原先中介公司,私下达成买卖协议或者通过另一个中介公司达成交易,不向原先中介公司支付中介费用的一系列行为和事实的集合现象。① "跳单"作为一种社会现象,由于其连接着居间方和委托人的利益,并涉及道德、法律规范和政策等因素,使其呈现出复杂态势。

由于"跳单"现象这一用语的非规范性特征,对其基本内涵和外延进行描述性界定时,理论上我们应把握以下三点:

(1)"跳单"现象是一系列行为和事实的集合。"跳单"现象不是单一现象,而是由委托人的意思行为和相应的法律事实所构成的集合现象。需要注意的是,行为和事实是以居间合同的缔结为起点,以禁止"跳单"条款所规定的期限或者合理的期限为终点。

(2)"跳单"现象的发生很大程度上取决于居间报酬的高低、服务质量以及相应规范的规制程度等因素。任何社会现象都不可能凭空产生,这是辩证唯物哲学的基本观点,"跳单"现象也不例外。每一个民事主体进行民事活动时,其不仅期望获得相应对价的产品,更期望能够享受每一个过程,那么居间人的服务态度和质量就显得尤为关键。同时,理性人在市场上进行交易时,追求自身利益的最大化是一常态,如果相应规范缺失或者居间报酬过高,往往会促使委托人无视契约严守,而选择"跳单"。并且这种现象发生时,由于缺乏相应的证据,众多中介公司往往束手无策。

(3)"跳单"行为是"跳单"现象的核心,是"跳单"现象进入司法裁判领域的抽象化。由于"跳单"现象所导致的利益关系已经通过居间违约的诉求进行了司法裁判领域,法官在面对这一现象时,一种裁判方法就是运用格式条款规范、居间违约规范等进行严格裁判,淡化"跳单"的非规范色彩;另一种裁判方法是对"跳单"现象进行剥离,从中抽象出核心要素,即"跳单"行为,以此为媒介纳入居间合同规则的范畴。第一种方法所遵循的严格规范路径,所作出的裁判结果极易导致利益

---

① 参见邵文龙:"房地产买卖中'跳单'行为的司法认定及责任承担",载《人民司法》2012年第2期;吴京:"二手房买卖中'霸王条款'与'跳单'行为的认定",载《人民法院报》2011年9月15日。

失衡，陶德华案中一审法官的判决理由就反映了这一点。[①] 第二种裁判方法通过对“跳单”行为的揭示以及合法“跳单”和“跳单”违约构成要件的分析，很好地处理了此类纠纷，既保护中介公司合法权益，促进中介服务市场健康发展，维护市场交易诚信，又促进房屋买卖中介公司之间公平竞争，提高服务质量，保护消费者的合法权益。

2.“跳单”现象的历史演变

在房地产中介市场，“跳单”是由来已久的现象，也是业界共同探讨的问题。“跳单”现象是房地产中介市场的伴随物，其随着房地产中介市场的产生而产生；产生以后便从“母体”中剥离出来成为一种独立的社会现象，但其仍然受制于房地产中介市场的发展。基于这一朴素认识，笔者认为，“跳单”现象的历史演变可分为三个阶段，即产生、依附与独立阶段。

第一阶段（1978～1992年）：产生阶段，其特点有二：（1）委托人“跳单”的个体化倾向；（2）“跳单”现象隐藏于社会现象之中。既然“跳单”现象随着房地产中介市场的产生而产生，那么自然应首先将目光聚集于房地产中介市场的发展史。从实质上来说，房地产中介是社会分工、商品交换以及专业化协作的结果，是社会发展的必然产物。[②] 新中国成立初期，政府采取了一系列措施取缔非法中介活动，同时在各地设立信托机构，保护正当中介活动的开展。1950年11月14日中央政府贸易部颁布了《关于取缔投机商业的几项指示》，在全国各大城市对从事中介活动的各类代理行、货栈、交易所等采取了一系列限制和改造措施，股票和期货经纪活动被取缔，证券交易所以及各类物资交易所被逐渐关闭。随后的“土地改革”政策和“三大改造”政策的不断深入执行，使得中介人和中介活动在中国从城市到农村几乎销声匿迹，仅存的是政府特许的少数特定法人组织（如物资委托行等）从事中介业务。

---

① 参见张宁：“房屋买卖居间合同中规避‘跳单’条款的效力和‘跳单’行为的认定”，载《法律适用》2010年第8期。

② 参见王德起：《房地产中介》，山东人民出版社2001年版，第2页。由于本文的重心是新中国成立以后“跳单”现象的演变史，故对古代房地产中介现象以及随着伴随的类似“跳单”现象不作过多的论述，有兴趣的读者可以阅读本书中的相应内容。

在随后的几十年间里,由于我国推行的是高度集中的计划经济体制,根本上否认了市场的作用,中介人及中介活动甚至正常的个人商业活动都一直是被制裁、打击的对象。一直到1978年党的十一届三中全会以后,各地的各类市场才逐渐开始焕发生机和活力,中介人开始重新登上了社会经济生活的大舞台,但由于受传统观念的影响,中介活动并没得到较快的发展。① 这一阶段所成立的房地产中介公司以提供咨询和评估服务为主,例如,1988年12月成立的首家咨询类中介机构——深圳国际房地产咨询股份有限公司以为市场主体提供信息咨询、分析预测、广告策划等服务为主。② 二手房交易更多的是通过自然人来进行,由于此类居间服务是基于当事人之间的熟人关系,故而"跳单"现象发生的机率并不高。但是,我们并不能排除由于某些委托人个人诚信问题或者居间人的欺诈等原因而导致委托人选择"跳单"(由于这一阶段自然人居间信息的缺乏,我们只能作如上合理假设,缺乏这一观点的资料佐证是为一大遗憾)。

第二阶段(1992~2008年):依附阶段。这一阶段的特点是"跳单"现象依附于居间合同规则的司法裁判影响着相关主体的利益关系。1992年,中共十四大提出建立社会主义市场经济体制以后,国家通过颁布一系列关于中介活动的法律法规、规章条例等,从法律上明确了中介人及中介活动的合法地位,并通过一系列政策和措施等,大大促进了中介业的发展。随着二手房交易市场的不断发展,由于中介市场的不规范或者服务低下等原因促使委托人"跳单"的情形开始不断出现(当然,促使委托人选择"跳单"的原因是多方面的,下文将详细论述)。这一阶段"跳单"现象更多存在于媒体领域和社会生活领域。③ 当委托人

① 参见王德起:《房地产中介》,山东人民出版社2001年版,第6页。

② 参见王德起:《房地产中介》,山东人民出版社2001年版,第7页。

③ 参见张文章:"'跳单'困扰房产中介",载《中国消费者报》2001年4月18日;林伟、卢然:"'跳单'跳得我心痛",载《福建工商时报》2001年7月25日;居然:"看房实名制　难遏二手房交易'跳单'行为",载《福建日报》2008年4月3日。

或者居间人因此类利益纠纷诉诸司法途径,法院在处理此类纠纷时,基本上将"跳单"现象直接纳入居间合同规则的范围,运用格式条款规范和居间报酬规范进行"三段论"的推理判决,而并未从"跳单"现象中抽象出"跳单"行为这一核心要素。① 由此可知,这一阶段的"跳单"现象依附于居间规则和房地产中介相应规范,并通过传媒手段和众口相传的途径活跃于社会生活领域。

第三阶段(2008 年 ~):独立阶段。这一阶段的特点是从"跳单"现象中剖离出"跳单"行为这一非规范用语,多角度地解读"跳单"现象的各个层面。2008 年以后,我国二手房地产市场在多种力量的推动之下持续繁荣,带动了不动产交易市场的疯狂扩张,导致这一行业竞争日益加剧;同时,又缺乏完善的不动产交易市场准入机制和行业管理规范机制,导致委托人与中介机构的纠纷不断增加。纠纷数量的增加某种程度上也会使得类型更为复杂化,个案的特殊性可能会更加明显。此时,如果仅仅依赖规范性的居间规则和严守契约原则,所作出的判决极易出现不公正现象,进而危害委托人和中介公司合法权益,也不利于中介服务市场健康发展。为此,应对社会生活领域的"跳单"现象进行具体剖析,剥离出"跳单"行为这一核心要素,并对此进行类型化的规范分析和利益衡量。这一阶段以一号指导案例的发布为代表,陶德华案中二审法院在裁判理由中对"跳单"违约的论证说明了司法实务开始对这一非法律规范用语进行类推运用,这也标志着"跳单"现象正式从房地产中介市场中相对独立出来,以一种特殊的姿态影响着房地产中介市场的健康发展。值得注意的是,这一阶段,理论界和实务界也开

① 相关案例可参见江苏省无锡市锡山区人民法院(2005)锡民终字第 341 号民事判决书、北京市东城区人民法院(2005)二中民终字第 02300 号民事判决书、泉州市丰泽区人民法院(2002)丰民初字第 943 号民事判决书、福建省厦门市思明区人民法院(2005)厦民终字第 1610 号民事判决书、江苏省无锡市锡山区人民法院(2005)锡民终字第 341 号民事判决书、云南省昆明市中级人民法院(2004)昆民四初字第 51 号民事判决书、天津市塘沽区人民法院(2001)塘民初字第 677 号民事判决书。

始对“跳单”现象和“跳单”行为展开规范分析和实务探讨,[①]这也是“跳单”现象独立化的标志。

3.“跳单”现象的具体表现

既然“跳单”现象是一复杂的社会现象,那么对其具体表现的类型梳理有助于更好地认识“跳单”行为的本质。按照“跳单”行为的初始发生时间,可以将“跳单”现象具体分为居间合同订立时、居间合同履行过程中以及二手房买卖交易过程中。具体来说:

(1)居间合同订立时所产生的“跳单”现象。这是指中介公司在安排委托人和卖房者见面后,一方(多为买家)就会想方设法或是尾随、或是直接找到卖方的住址,撇开中介与卖家私下进行交易。[②] 此时,买家多为故意,其利用了中介公司所提供的信息,但不愿意承担中介公司继续提供服务的居间报酬支付义务。

(2)居间合同履行过程中所产生的“跳单”现象。中介公司在安排买卖双方见面后,往往会当场与委托方签订《房地产求购确认书》或者《二手房买卖居间合同》等居间合同文本,合同中约定了双方的权利、义务以及违约责任,禁止“跳单”条款往往也在其中。此后,中介公司根据委托人的要求会提供更为详细的信息或者多次提供看房服务等。在这一过程中,“跳单”现象又可分为以下三种具体情形:一是委托方

---

① 可参见税兵:“居间合同中的双边道德风险——以‘跳单’现象为例”,载《法学》2011年第11期;周峰、李兴:“房屋买卖居间合同纠纷中‘跳中介’现象的法律问题研究——以居间合同的信息匹配属性与复合型构造为视角展开”,载《法律适用》2011年第10期;张宁:“房屋买卖居间合同中规避‘跳单’条款的效力和‘跳单’行为的认定”,载《法律适用》2010年第8期;刘尊知:“居间合同纠纷案件若干实务问题探讨”,载《山东审判》2009年第6期;曹亚萍:“居间人损害赔偿责任探讨”,载《山东审判》2006年第3期;吴京:“二手房买卖中‘霸王条款’与‘跳单’行为的认定”,载《人民法院报》2011年9月15日第07版;邵文龙:“房地产买卖中‘跳单’行为的司法认定及责任承担”,载《人民司法》2012年第2期;张英周:“‘独家委托条款’的效力与恶意‘跳单’行为的认定”,载《人民法院报》2011年11月2日第07版。

② 参见居然:“看房实名制 难遏二手房交易‘跳单’行为”,载《福建日报》2008年4月3日。

可能会因居间方收费过高或者服务质量低下而选择“跳单”;[①]二是委托方可能会货比三家而选择报价低的进行交易而“跳单”,陶德华案就属于此种情形;三是委托方可能仅仅为了逃避居间报酬的支付而“跳单”等。

(3)在二手房买卖交易过程中所产生的“跳单”现象。理论上,买卖双方在签订正式买卖合同的同时,就应当支付中介佣金,而在实际操作中,为了确保房屋产权顺利过户、交易安全完成后才支付佣金,而跳单后拖欠、拒付佣金的现象往往是发生在最后的程序。[②]

(二)“跳单”现象的实证考察

上文已经考察了“跳单”现象的历史演变和具体表现,接着对“跳单”现象中的当事人立场和司法裁判立场进行深入分析,这是“跳单”行为现象论的双重视角,为下文“跳单”行为本质的揭示提供更为充分的铺垫。

1.“跳单”现象中的当事人立场

“跳单”现象的当事人立场包括委托人和居间人,由于居间关系中两类主体所处的地位差异,在面临“跳单”现象时,其所持的立场自然不同甚至对立。

(1)委托人立场

对于委托人来说,之所以选择“跳单”,其原因是多方面的。原因的多样性导致了委托人立场的价值偏差,价值偏差的普遍性使得“跳单”现象从个体行为演变成群体行为,群体行为反过来又会影响个体行为。如此,“跳单”现象中的委托人立场可以区分为两个阶段。

第一阶段,个案中的朴素立场。这是由个体的合理需求或投机心理所诱导的。一种情形是,基于基本的诚信原则和严守契约原则,委托人按照预定的合同履行相应的义务是一社会常态。但在很多情况下,由于禁止“跳单”条款的非协商性特点,以及居间人所要报酬与提供服

---

① 参见李咏:“武汉房产中介跳单现象频发 顾客抱怨佣金过高”,载《楚天都市报》2009年12月16日。

② 参见广东省广州市中级人民法院(2011)穗中法民五终字第2957号民事判决书。

务的落差等因素,使得委托人产生心理预期的“失落感”,进而将这样的内在意思外化为“跳单”行为,其内在的立场是“禁止‘跳单’条款加重了其责任、侵害了其意思自由,居间报酬与提供服务的不对等性等”。另一种情形是,委托人仅依赖“利益最大化”原则,而将社会契约置之不理,更没有基本的尊重他人劳动意识。这种情形之中,委托人往往为了掩饰内心的真实立场,可能以居间人的“过错”或者服务低下为借口,可能直接将其内在意思外化而恶意“跳单”,其内在的立场很显然是为了节省居间费用而“跳单”。

第二阶段,个体行为叠加基础上的群体互动立场。每一个理性人基于基本的道德底线和对法律的尊重,大部分人在选择“跳单”时往往是需要冒很大的风险。但当“跳单”现象成为中介服务市场的普遍现象时,个体行为在当今互联网的浪潮中会自然地淡化风险。如此,个体行为的相互叠加使得这一现象成为一种独立的社会现象,“独立”的合理性外衣之下所形成的群体互动立场进而加剧了“跳单”现象的流动性风险。这样一种群体互动立场可以具体表述为:个体基于各种原因而进行“跳单”的行为通过互联网等媒体的传播演化成一种群体行为,这种群体行为一旦形成,就会自然地与每一个类似场景下的个体进行内在的思维互动、印证进而影响个体行为决策。这种立场揭示尽管在具体决策过程中还是得依赖个体的行为,但其所超越的时空界限以及对个体决策所产生的影响力使得这一立场的独立成为可能。这种可能也是为了更好地揭示“跳单”现象中的委托人立场,进而为“跳单”行为理论的建构提供基础。

(2)居间人立场

居间人对于“跳单”现象的基本立场几乎是一致的,这是因为委托人的“跳单”行为直接导致了该笔居间报酬的丧失,进而影响居间人的收益。但是,我们仔细分析“跳单”现象产生的原因会发现居间人的立场还是存在细微的差别。这种差别体现在委托人是主动“跳单”还是被动“跳单”。

在委托人主动“跳单”的情况下,委托人利用了居间人所提供的居间信息并享受了一定的居间服务,委托人基于某种理由而选择“跳单”。福柯提醒我们说:“当我们要谈论‘作品’时,在此处和彼处的意义并不相同。作品不能被看作是一个直接的、确定的或一个同质的单位。”①这一洞见说明了对于主动“跳单”现象，在委托人处和居间人处的意义是不相同的。此时，对于居间人来说，委托人的“跳单”行为侵害了居间人合法取得居间报酬的权利，这一典型立场是由居间人的服务性质所决定的。居间人所收集的信息中必然包含着可以货币化的价值，当居间人将这种信息提供给委托人时，丧失信息优势的那一刻就产生了可期待的报酬或者必要费用的请求权；同时，居间人在居间活动中所提供的带领看房、提供咨询、帮助办理过户手续等居间服务本身就属于应获得劳动报酬的社会劳动。

在委托人被动“跳单”的情况下，委托人的“跳单”行为是由居间人诱导所致。这是指居间人通过提供虚假信息或者在居间服务过程中进行多次交易等行为，使得委托人产生被“欺骗”的感觉，委托人此时可能明确告知居间人终止居间协议，并通过其他中介公司达成同一房源信息的交易。居间人此时以居间合同中禁止“跳单”条款之约定要求委托人支付居间报酬。这一情形下，居间人的立场是“试图通过委托人认同格式条款的有效性来追求其自身利益最大化得目的”。这种情形大多存在于非独家委托的情形，也可能存在于独家委托的情形。这一非典型立场扭曲了居间规则的正当性，不利于中介服务市场的健康发展。

2.“跳单”现象的司法裁判立场

“跳单”现象涉及居间人的报酬请求权和委托人的自由选择权，当两者发生冲突或者某一方觉得己方利益受到侵害时，往往会诉诸法院。于是，这一现象便进入了司法裁判领域，法官势必运用法解释学的方法对这一现象进行规范化解释或者纳入规范化的解释范围。法官面对由此产生的纠纷所要思考的问题包括：(1)客户与中介公司签订的类似《房地产求购确认书》的合同的法律性质问题；(2)规避“跳单”条款的法律效力问题；(3)多家中介参与同一交易仅一家成交，未成交中介

① Michel Foucault, *The Archaeology of Knowledge*, trans. A . M. Sheridan, New York: Pantheon Books, 1979: 28.

(被绕开的中介)是否有权以“跳单”为由要求委托人支付佣金或违约金。[①] 这三个问题的核心是规避“跳单”条款的法律效力问题,对此存在以下四种观点。

(1)禁止“跳单”条款属于无效条款

这一观点认为,房屋卖家居间合同中如果存在“跳单”的条款,那么就侵害了委托人的自由选择权。但是大多数房地产中介机构所事先拟制的居间合同或者《看房确认书》等为格式合同,其中包含的禁止“跳单”条款明显加重了委托人的责任,排除了委托人的主要权利,因此根据《合同法》第40条之规定,应认定为此类条款无效。[②] 司法实务中,有些法官据此判决中介公司败诉,并考虑委托人是否存在主观故意。举例说明,江苏某法院认为:“某地产销售公司与史某之间签订的《房产居间服务(看房)合同》属于格式合同,其中约定的史某不得以任何理由在6个月内与房主私下交易,否则均按违约处理的条款属于格式条款,应属无效。”[③]

笔者认为,我们在探讨禁止“跳单”条款的法律效力时,不能仅仅局限于条款本身,不能简单地以格式条款的一般理论进行“涵摄”,而应置于“跳单”现象的范域之中。我们知道,“委托人绕开居间人的频繁‘跳单’行为源于信息不对称条件下的道德风险”,这是很重要的一点。在居间人报告缔约机会后,容易诱导委托人的机会主义倾向,既要获取合同利益,又想逃避居间报酬的给付义务。[④] 为此,居间人所拟定的相关条款,实质是在信息优势丧失的情况下为了维护自身合法利益所作出的一种自我保护措施,其并未违反《合同法》第52条及第53条

---

① 参见张宁:“房屋买卖居间合同中规避‘跳单’条款的效力和‘跳单’行为的认定”,载《法律适用》2010年第8期。

② 参见陈忠仪、丁慧:“加重对方责任、排除对方主要权利的格式条款无效”,载《人民法院报》2005年5月23日;李金升:“二手房居间‘跳单’案例对房产中介的影响分析”,载《上海房产》2012年第2期。

③ 参见刘凡:“如何认定居间合同中的‘跳单’行为”,载《江苏法制报》2011年9月15日。

④ 参见税兵:“居间合同中的双边道德风险——以‘跳单’现象为例”,载《法学》2011年第11期。

之规定，自然不存在《合同法》第40条之适用问题，因此这一观点是不能成立的。

（2）只要禁止“跳单”条款没有违反《合同法》第52条之规定，就应认定为有效

这一观点认为，既然禁止“跳单”条款系双方当事人的真实意思表示，并不违反我国法律、行政法规的强制性规定，那么就应认为为合法有效。① 因此，禁止“跳单”条款作为违约责任条款，只要委托人违反之，就应承担违约责任。例如，在一起居间合同纠纷案中，中原地产公司向江湧提供了出卖人鲍锐、陈丽霞出卖其物业广州市白云区金钟横路白兰一街28号402房的信息，并促成江湧与鲍锐、陈丽霞签订了《房屋买卖合同》，同时，在该合同中以经纪人的身份与江湧、出卖人鲍锐、陈丽霞达成了支付报酬的约定。……江湧称，涉案的房屋完成交易是在合富置业地产公司的促成完成房屋买卖。对此，法院认为，居间合同是居间人提供了订立合同的机会或者提供了订立合同的媒介服务。现根据中原地产公司与江湧、鲍锐、陈丽霞签订的《房屋买卖合同》所约定的事项，足以证明中原地产公司向江湧提供了涉案房屋出售的信息，且促成江湧与鲍锐、陈丽霞签订了《房屋买卖合同》，因此，中原地产公司已履行了居间人的义务。至于江湧就涉案的房屋是否通过中原地产公司进行交易，并不影响江湧应向中原地产公司支付涉案的中介服务费。江湧以涉案房屋是由合富置业地产促成交易完成，不同意支付中介服务费的陈述，不予支持。最终判决被告违约。②

笔者认为，这一观点存在两个问题：一是即使“跳单”条款属于无效条款存在根本的错误，但这一条款却可能依据《合同法》第54条的规定，因显失公平而被变更或撤销。而且居间人要求以居间报酬作为委托人支付违约金的标准，其需要证明委托人存在违约行为，还需要计算其实际损失。但在多人居间场合，委托人最终仅选择一家中介公司

---

① 参见刘尊知：“居间合同纠纷案件若干实务问题探讨”，载《山东审判》2009年第6期。

② 参见广东省广州市中级人民法院（2011）穗中法民五终字第2957号民事判决书。

进行交易,其对其他中介公司是否存在违约行为本身就有疑义,而且其他中介公司的实际损失只能依据《合同法》第427条享有必要费用的返还请求权。[①] 二是这一观点并不考虑禁止"跳单"条款的特殊性,仅以所谓的意思自治和未违反《合同法》第52条之规定进行裁判。事实上,在存在非独家委托的情况下,委托人货比三家,选择中介费用低且服务好的中介公司进行交易,并不构成"跳单"违约,如陶德华案中,如按照一审判决,陶德华将为同一房源信息支付两次中介服务费用,明显加重了其负担,侵害了其自由交易的选择权。

(3)委托人违反禁止"跳单"条款,准用《合同法》第45条第2项,认定为有效

委托人避开中介机构,直接与对方当事人接触、磋商并订立合同,在这种情况下,委托人系为自己的利益不正当地阻止了中介机构收取报酬的条件的成就,应准用《合同法》第45条第2款的规定,视为中介机构收取报酬的条件已经成就。[②] 具体而言,如不付中介费的委托人是买方时,买方不同意继续交易、不按约定办理按揭贷款等;如不付中介费的委托人是卖方时,卖方不同意继续交易,不同意交房,不同意按约定办理提前还贷、不同意按约定配合买方办理按揭贷款等;又或者买卖双方自行协商解除合同。[③] 此时,应视为中介费的支付条件已成就,由委托人向中介方支付中介费。

这一观点与上述第二种观点的基本原理类似。根据其主张,委托人只要出现绕开房地产中介的"跳单"行为就构成条件成就的拟制,居间人的报酬请求权转化为违约责任请求权,显然陷入了规范分析的"本本主义陷阱"。条件成就或不成就的拟制,是公平原则的产物。依照我国《合同法》第45条第2款的规定,就拟制的主观要件而言,阻止

---

① 参见税兵:"居间合同中的双边道德风险——以'跳单'现象为例",载《法学》2011年第11期。

② 周晓晨:"论房地产居间的法律规制——以《城市房地产管理法》修订为契机",载《中州学刊》2010年第3期。

③ 参见冯国鸿:"关于仲裁审理房产中介居间合同纠纷案件中的若干法律问题的调研报告"(上),载广州仲裁委员会主办编:《仲裁研究》(第28辑),法律出版社2012年版,第87页。

条件成就或不成就的人，须为因条件成就或不成就而受益的人。主张这种观点的学者忽略了一个十分重要的合同法规则，即居间合同的委托人与第三人并不存在强制的缔约义务。何谓“恶意阻止条件成就”？一般来说，“恶意阻止条件成就”是指委托人的内心真意与居间人所提供的信息和服务相匹配，可以与第三人达成交易，但并未通过该中介公司签订合同，从而致使居间人的报酬请求权不成就。这一问题的关键在于，居间合同规则赋予了委托人完全自由的缔约权，这一权利尽管受到居间信息和服务的影响，但居间人的行为对其并不具有强制力。综上可知，委托人“恶意不签订合同”并不符合居间合同规则的基本法理，且未认识到“恶意”跳单与“恶意不缔约”的区别，故而《合同法》第45条第2款关于条件拟制的规定在居间合同范畴内并没有适用余地。[①]

(4)区分违约金和佣金，禁止“跳单”条款属于违约责任条款

这一观点认为，禁止“跳单”条款是关于客户绕开中介机构的违约责任条款，即中介机构提供居间信息并履行居间服务(主要是指带领看房的介绍和报告服务)后，委托人却以各种手段逃避佣金支付义务；其实质是指该中介机构对于该笔交易的达成具有直接且重要的影响力，而不是指只要中介机构提供了居间服务，无论委托人与第三人是否达成交易，都可获得佣金。[②] 因此，委托人如果不存在逃避佣金的恶意，即使绕开居间人与第三人缔结合同，也不构成违约。这一观点区分了违约金和佣金，认为佣金只是违约金的判断标准，禁止“跳单”条款属于违约责任条款。

相对来说，这一观点较前三种观点有所进步。但这一观点依旧存在缺陷，其以委托人主观状态之善意或者恶意来判断是否构成违约。然而，主观善意和恶意的判断并不是那么简单，在实践中往往很难操作；而且，其对于善意跳单是否一律合法未作出说明。实践中，委托人

---

① 参见税兵：“居间合同中的双边道德风险——以‘跳单’现象为例”，载《法学》2011年第11期。

② 张宁：“房屋买卖居间合同中规避‘跳单’条款的效力和‘跳单’行为的认定”，载《法律适用》2010年第8期。

往往会以各种理由说明其“善意”,法官则应结合具体情况进行判断,势必会因自由心证的差异而可能对同一类型的“跳单”作出截然不同的判决。

以上四种观点都有一定的合理性,也存在各自的不足,其根本原因是未认识到“跳单”现象独立之后的特殊性,其特殊性的本质因素就在于“跳单”行为的不确定性。此外,由现象展开到本质揭示也是理论建构的正确路径。那么,接下来对“跳单”行为本质的论证就是顺理成章的脉络。

三、“跳单”行为的本质论

当“跳单”现象进入司法裁判领域时,其已经不是单纯抑或复杂的社会现象,而是一个具体的司法裁判命题,对其所涉及的利益关系所作出的判决必然需要在规范领域内进行解释说明,以调整社会关系,满足社会需求。自然地,对“跳单”现象的规范研究不能仅作现象层面的描述,而应深入“跳单”现象的内部,探析其本质要素。

(一)影响“跳单”行为本质的因素

一种理论的建构不能仅从某一现象或者行为本身出发,对其影响因素的分析是理论建构的必要条件。从理论上来说,影响“跳单”行为的因素包括信息占有的不对称性所产生的双边道德风险因素以及信用规范缺失所诱使的意思自治冲突因素。

1. 道德因素:信息占有不对称所产生的双边道德风险

“双边道德风险”(Double Moral Hazard)是信息经济学上的一个术语,它是指在现实交易过程中,由于“委托人和代理人都有各自的信息优势、劣势,双方都不可能完全掌握对方的所有行为,而信息的变化更为交易方增添了道德风险的契机,双方行为的理性选择是偏离帕累托最优的水平。”①近年来,国内外学者运用委托代理理论研究发现,②风

---

① 殷林森:“双边道德风险、股权契约安排与相机谈判契约”,载《管理评论》2010 年第 8 期。

② 委托代理理论的核心问题是代理人的逆向选择和道德风险问题,前者又称隐藏信息,后者又称隐藏行动。Myerson 建议把所有“由参与人选择错误行动所引起的问题”均称为道德风险。参见[美]艾里克·拉斯缪森:《博弈与信息:博弈论概要》,王晖等译,北京大学出版社、三联出版社 2003 年版,第 184 页。

险(创业)投资、薪酬奖励、特许经营、服务(研发)外包等合同中存在着大量的双边道德风险问题。[①] 事实上,在居间合同领域,由于委托人和居间人在不同的时间段因占有信息存在不对称性,此种信息不对称所产生的双边道德风险往往会成为居间合同诉争的根源。围绕双边道德风险背后的利益诉求,居间人的报酬请求权与委托人的自由选择权也会出现规范性冲突,此种规范性冲突是"跳单"现象进入司法裁判的必然冲突。鉴于此,有必要重新审视居间合同的规范特性,将之于道德因素和经济因素进行结合,拓展居间合同的应用空间,重构居间规则的理论基石。

居间合同并非一时性合同,其在履行过程中会产生信息不对称现象:在委托人选择居间人之前,委托人往往是基于内心的某种需求,却没有充分的相应选择,而居间人凭借其居间资格和能力占有大量的居间信息。此时,居间人居于信息优势者地位,委托人处于劣势。于是,委托人寻求居间人的服务便成了正常的市场需求。在居间人根据委托人的要求报告缔约机会、提供房屋买卖信息等信息之后,就同一房源信息而言,该特定的居间人便在这一瞬间丧失了信息优势地位,由委托人取而代之。按常理而言,居间人提供居间信息之后理应取得相应的对价。但是,居间合同规则规定委托人与房屋卖方签订房屋买卖合同是居间人取得报酬的法定条件。换言之,居间人能否取得报酬取决于委托人的内心意愿,并且委托人就此后的缔约过程并没有向居间人报告的法定义务(这是居间合同单边主义的典型体现,其赋予了居间人较高的道德义务,而对委托人则较为宽容)。当委托人取得信息优势地位之后,信息不对称所蕴含的巨大利益,极易使委托人产生道德风险,体现为机会主义倾向。由于信息不对称的摇摆性,居间人也可能利用其信息优势,或者隐瞒重要事实,或者捏造虚假信息……为此,有必要对居间合同履约过程中的双边道德风险做一细致分析。

(1)居间人的道德风险

在房屋买卖居间合同领域,道德风险的存在具有某种必然性,信息

---

① 相关文献综述,参见刘新民、温断刚、丁黎黎:"风险投资中的双边道德风险规进研究",载《科技管理研究》2010年第5期。

优势地位的摇摆所带动的“利益驱动”如若缺乏有效的约束机制,则自然会产生机会主义倾向。对于居间人来说,其道德风险主要体现为违反忠实义务,对委托人进行诱导或隐瞒性欺诈,从而不当地谋取居间报酬。

《合同法》第425条第2款对居间人违反忠实义务的法律后果作出了规定。尽管该条款要求居间人承担“损害赔偿责任”,但在实践中由于委托人寻求居间服务时往往具有时间和空间上的难以自为性,如若最终为购得的房屋不存在重大的瑕疵,往往会选择“息事宁人”。如此,就使得居间人的经济人角色更为膨胀。具体来说,居间人的欺诈行为可以分为积极欺诈和消极欺诈:①积极欺诈情形。居间人的积极欺诈往往具有诱导性,故又称为诱导欺诈。积极欺诈主要是指居间人故意向委托人提供虚假信息,诱使委托人与第三人签订房屋买卖合同,从而获取不正当利益。例如,当委托人看中某处房源后,致电一家报价较低的中介公司,往往会被告知该房源已售,然后业务员就不停推荐其他房源。房源已售或不存在,价格、面积严重失实,图片、房源信息等资料介绍失实现象屡见不鲜。[①] 这严重损害了委托人的利益。[②] 在另一起案件中,居间人明知委托人租用房屋的目的是用于餐饮经营,但却没有向委托人如实报告房屋不能用于餐饮经营的事实,法院最终认定其构成欺诈。[③] ②消极欺诈情形。消极欺诈在司法实践中的最常见情形是居间人故意隐瞒与缔约有关的重要信息,故而又称为隐瞒性欺诈。例如,在一起案件中,委托人是一香港居民,因其要求的房屋类型为办公楼,导致最终无法办理过户手续。而居间人作为一家运营多年的专业房地产中介机构,在提供居间服务过程中,未能就如此重大信息对委托人进行提示,导致委托人买房的目的不能实现,法院最终认定居间人未

---

① 参见河南省焦作市中级人民法院(2010)焦民一终字第41号民事判决书。

② 2011年4月1日起,我国第一个专门规范房地产经纪行为的部门规章《房地产经纪管理办法》落地实施,其中第25条规定:中介机构必须与业主签订书面委托协议方可发布房源,保证房源信息的真实性,中介机构要如实地标示房源信息,不得故意隐瞒房屋信息或展示虚假房源。

③ 参见上海市卢清区人民法院(2010)卢民四(民)初字第99号民事判决书。

能履行告知义务。[①] 此外，居间人如果故意隐瞒自己不具有境外就业中介机构经营许可证的情况，却仍与委托人签订境外就业中介服务协议书，法院也判定其构成消极行为的欺诈。[②] 以上两种案例都属于消极欺诈的典型情形。

实务中，对于积极欺诈由于居间人所提供的虚假信息具有明显夸大的特性，其认定往往比较容易；而对于消极欺诈，到底隐瞒哪些事实构成居间人欺诈？这一居间人欺诈的核心问题并未形成明确的观点。消极欺诈往往表现为居间人对于委托人的要求，基于其所拥有的房屋信息进行自身利益的最大化匹配，在匹配过程中可能会选择性地告知委托人某一特定房屋买卖的信息，其对于“某些”信息的沉默在何种情况下属于欺诈？这一实质性问题，立法者很难进行规范建构，法官的个案认定具有决定意义，即“所有的法院都必须面对的问题是，在什么时候存在告知对方对谈判有重要意义的信息的义务。通常的法律规定在此领域无能为力。”[③]基于个案的特殊性，居间人的告知义务应参酌交易习惯和居间过程、居间合同文本进行认定。一般来说，如果居间人所隐瞒的信息对委托人与第三人的缔约具有直接的影响力，那么就属于消极欺诈。例如，如果委托人明知自己不符合办理按揭贷款的条件，却以居间人未予提示为由，认为其没有履行告知义务，该项诉请将难以得到法院的支持。[④] 在另一起案件中，法院认为，委托人“与居间人介绍而来的承运人达成运输合同协议之时，其对承运人的品性、服务质量等方面是不得而知的，在此情形下，其只能依靠居间人的服务作初步甄别判断。”[⑤]居间人对承运人信息的隐瞒，即违反了告知义务。

---

① 参见上海市黄浦区人民法院(2009)黄民四(民)初字第210号民事判决书。

② 参见山东省青岛市中级人民法院(2010)青民二商终字第234号民事判决书。

③ [德]海因·克茨:《欧洲合同法》(上卷),周忠海等译,法律出版社2001年版,第287页。关于欺诈如何认定的问题,西奥菲勒斯·帕森斯的评述十分有趣,他认为给欺诈下定义有害无利,这“将会使那些诡计多端的人得到他们所想要的,因为该定义会准确地告诉他们怎样避免被法律逮到。”参见[美]亨利·马瑟:《合同法与道德》,戴孟勇等译,中国政法大学出版社2005年版,第218页。

④ 参见上海市卢湾区人民法院(2010)卢民四(民)初字第517号民事判决书。

⑤ 参见北京市房山区人民法院(2009)房民初字第2202号民事判决书。

还应明确的是,判断居间人是否构成欺诈,须以居间人存在欺诈的故意或者重大过失为前提。如果居间人由于其一般过失而未获悉某重要的缔约信息,不能认定为构成欺诈。例如,居间人对于《国务院关于坚决遏制部分城市房价过快上涨的通知》是在居间服务过程中获悉,而且由于该通知具有公开性,故而居间人不构成欺诈。[①] 无论是积极欺诈还是消极欺诈,此种道德风险均须以居间人的主观状态为前提。

(2)委托人的道德风险

居间人的道德风险可以规范化为积极欺诈和消极欺诈两种情形;而委托人的道德风险并未纳入居间合同规则的范畴,其只能依赖诚实信用原则进行判断。诚实信用原则作为民法的"帝王原则",其原则性特点决定了其司法运用的严格性。"作为强制性规范,诚实信用原则将道德诉求外化为法律规则,俨然为制止道德风险行为的防火墙,以至于被奉为合同法中的帝王条款。"[②]然而,由于我国居间合同规则的单边主义倾向,赋予了居间人较高的道德义务,将委托人的道德义务交给社会舆论和司法裁判。社会舆论的弱者保护倾向和居间人报酬请求权的条件下,助长了委托人的机会主义倾向,也弱化了诚实信用原则的裁判功效。

《合同法》第 6 条规定:当事人行使权利、履行义务应当遵循诚实信用原则。然而,居间合同中的委托人道德风险往往极为复杂。首先,委托人自身的需求、居间合同缔约之前所获得的信息等都会影响委托人的缔约意愿;而个体行为叠加基础上的群体互动立场极易诱导委托人的"跳单"倾向。其次,委托人往往会选择多家中介机构,多人居间行为的参与使得委托人的信息优势更加明显,而居间人的报酬请求权是以居间行为的原因力为裁量标准,难以量化;[③]最后,居间合同规则未赋予委托人相应的告知义务,极易诱导居间人和委托人之间的猜疑

---

① 参见广东省广州市中级人民法院(2012)穗中法民五终字第 3273 号民事判决书。

② 税兵:"居间合同中的双边道德风险——以'跳单'现象为例",载《法学》2011 年第 11 期。

③ 参见汤文平:"多人居间行为共同原因性研究——从'指导案例 1 号'切入",载《政治与法律》2012 年第 12 期。

性。当前居间服务市场上频发的“跳单”现象，最能凸显其客观存在的道德风险问题。

2. 规范因素：信用规范的缺失所诱导的意思自治冲突

在现代市场经济秩序和现代多元化社会中，个人自治的领域是非常广泛的。但任何自由都是有限制的，在“跳单”现象领域，禁止“跳单”条款对委托人意思自治的限制以及居间合同规则赋予的委托人自由选择权之间的冲突本应通过协商途径予以解决。然而，由于当前信用规范的缺失，无论是委托人还是居间人，都存在以各自利益最大化的倾向，于是必然会产生彼此之间内心意思的冲突。

信用规范的缺失，其实质是国家立法的漏洞，规范制度不能适应社会发展变化的需要。在正常的社会状态里，“每个人都有义务对一切人实行尊重，每个人都有权利向一切人请求尊重；这一关系作为法律上的共同关心中的一切共同生活以及各项法律关系的基础，是法律上的根本关系。”①因此，个人自由应受制于共同的价值准则，并遵守共同的价值规范。如果某一重要价值规范没有形成规范化的法律制度，设定具体的权利、义务和违反后的法律责任条款，仅仅依赖当事人的内心道德准则，那么极易导致当事人之间的意思自治产生冲突。在“跳单”现象中，当事人的信用是至关重要的因素，信用的缺失会诱导当事人的意思自治风险；当居间人或者委托人的意思自治领域侵入对方领域时，必然会导致彼此的利益失衡。

(1)居间人意思自治的扩张

我国《合同法》第426条第1款规定：“居间人促成合同成立的，委托人应当按照约定支付报酬。对居间人的报酬没有约定或者约定不明确，依照本法第六十一条的规定仍不能确定的，根据居间人的劳务合理确定。因居间人提供订立合同的媒介服务而促成合同成立的，由该合同的当事人平均负担居间人的报酬。”这一条款规定了居间人的报酬请求权，这一请求权的前提是“居间人促成合同成立”。那么在居间合同的履行过程中，居间人为了获取这一请求权的最大期待可能性，其很可能会通过欺诈或者多重买卖等手段来侵害委托人的利益或者扩大其

① 陈卫佐译注：《德国民法典》(第3版)，法律出版社2010年版，第11页。

同一房源信息的货币价值。[①] 此时,居间人的意思自治已经侵入委托人所有的合法正当领域,当委托人发觉其利益存在受损风险时,其自然会采取自我保护措施——当其自行终止与前一居间人的居间协议,就同一房源信息与卖家直接达成协议或者通过其他居间人达成买卖协议时,这一"跳单"行为就在居间人和委托人之间交织出利益关系。

我们注意到,尽管《合同法》第425条第2款规定:"居间人故意隐瞒与订立合同有关的重要事实或者提供虚假情况,损害委托人利益的,不得要求支付报酬并应当承担损害赔偿责任。"这一条款可以纳入信用规范条款,是诚实信用原则在居间合同领域的运用。然而,在实践中,居间人在提供居间信息时所隐瞒或者虚构的事实往往具有半真半假性,委托人在居间合同的履行过程中往往很难发现。当前我们房地产居间市场的不规范性、不透明性也助长了居间人的自我意思,促使其不断扩张意思自治领域,以获取最大的利益。值得警惕的是,居间人的这一意思自治的扩张性在某种程度上也对委托人意思自治的扩张性产生"示范"作用,两者的相互作用,使得"跳单"现象更为"嚣张"。

(2)委托人意思自治的扩张

居间规则的特殊性主要体现为委托人给付义务的附条件性和居间报酬请求权的不确定性,这一特殊性取决于委托人的缔约意愿。不难想象,当居间人丧失信息优势时,如果法律不赋予其一定的自我保护权利,那么对于居间人来说是非常不公平的。从这个角度来说,居间人在《看房协议书》或者《房地产求购确认书》等居间合同中设定禁止"跳单"条款是一种自我保护措施。然而,我国居间合同的立法架构,仅考虑到了如何防止居间人的道德风险(体现在《合同法》第425条,这一条款仅规定了居间人的如实报告义务规则,并未涉及委托人的必要告知义务),忽视了委托人的意思自治也具有天然的扩张性。

委托人的意思自治扩张主要表现在两个方面:一方面,委托人一旦成为信息优势者,其会自然地寻求扩大信息优势——通过对比同一房源信息的其他中介公司的报价、通过与房屋所有人直接接触、通过查阅

① 参见金育松:"诚信与房地产经纪公司的发展",载《面向21世纪的房地产经纪业——全国房地产经纪行业发展峰会论文集》,2006年3月。

其他资料等手段进行。另一方面,“跳单”现象的群体叠加现象会通过熟人、网络、报刊等渠道影响委托人的最终决策。委托人在居间关系的延续进程中,基于其所受让并扩大的信息优势,又缺乏相应的制裁措施,那么其个人意思的膨胀使得“跳单”现象更为普遍。在这一过程中,当前房地产中介服务市场的不规范性、居间人的信用缺失等现象也加重了委托人的“跳单”倾向。值得注意的是,当前整个社会群体行动更为倾向于委托人作为消费者的弱者面孔,也使得委托人在内心更为意动,其本存的道德约束感也会松动,“跳单”行为的频繁化陷入了恶性循环。

(二)“跳单”行为的本质及其类型

随着“跳单”现象的层层展开以及对影响“跳单”行为因素的剖析,“跳单”行为的本质已经蠢蠢欲动。然而,拨开“跳单”行为之后,仍需要运用类型化思维来巩固之而不伤及“跳单”行为的本质。

1.“跳单”行为的本质

齐泽克说:“存在意味着符号化,意味着融入话语秩序之中:只有被符号化了的事物,我们才能说它存在。”①“跳单”现象进入司法裁判领域,其必然需要借助一定的“符号”融入规范化的法律制度之中。“跳单”行为就是这样一种“符号”,这一“符号”的本质是什么?现行学说存在两种观点,分别是意思自治说和侵害居间方合法报酬权利说。

(1)“跳单”行为本质的两种学说及其评析

意思自治说建立在禁止“跳单”条款无效的基础上,这一学说认为,禁止“跳单“条款加重了委托人的责任,排除了委托人的主要权利,其侵害了委托人的自由选择权,应认定为“跳单”条款无效。② 既然这一格式条款被法律判定为无效,那么委托人就可以自由选择居间人或者绕过居间人直接与卖方达成买卖协议。这一学说强调“在认可意思自治的前提下,法律行为其实就是私人被法律体制授权在一定的情况

① [斯洛文尼亚]斯拉沃热·齐泽克:《实在界的面庞:齐泽克自选集》,季广茂译,中央编译出版社 2004 年版,第 161 页。

② 参见陈忠仪、丁慧:“加重对方责任、排除对方主要权利的格式条款无效”,载《人民法院报》2005 年 5 月 23 日。

下制定调整私人之间的利益关系的法律规则。”[1]认为每个人的意思自由不能因单方意思而受到限制，不能以格式文本加重对方的责任。

侵害居间方合法报酬权利说是建立在禁止“跳单”有效的基础上的，这一学说认为，“跳单”行为是严重的违约行为，其不仅是对居间人所付出劳动的漠视，也破坏了委托人和居间人之间的基本信任，是对社会基本契约的践踏，其实质是对居间人合法报酬取得的期待权的侵害。[2] 这一学说是对严守契约思想的贯彻，强调当事人之间的合意应当受到法律的保护。法律应当否定不断出现的各种“跳单”行为，以保护居间人以居间信息和服务的付出来合理收取报酬的权利。

笔者认为，以上两种学说都有一定的合理性，也存在各自的缺陷。无论是意思自治说还是侵害居间方合法报酬权利说都是单纯地站在一方当事人的立场上，将各自的利益绝对化，忽视了“跳单”现象的复杂性。具体来说，意思自治说根本不考虑居间人所提供的居间信息和居间服务，曲解了格式条款理论所蕴含的自我保护思想；而侵害居间方合法报酬权利说严守契约理论，如果发生某一居间人所提供的居间信息为非独家信息，委托人货比三家选择某一家报价低且服务好的情形时，如果按照这一理论，那么委托人需要对其他居间人支付报酬和违约金。此时，以一社会常态思维也会发现是极其不公平的，其并未考虑委托人应当具有一定的意思自主性。

（2）我的观点：“跳单”行为游离于违约与契约的正当终止之间

既然意思自治说和侵害居间方合法报酬权利说都不能对“跳单”现象作出合理的解释，那么“跳单”行为的本质到底应当是什么？笔者认为应立足于“跳单”现象的特殊性及其影响因素，并吸收以上两者学说的合理因素，提出“跳单”行为本质上具有不确定性这一学说。

由于“法律概念的模糊性来自其所反映事物的性质、状态向立法

---

① 薛军：《批判民法学的理论建构》，北京大学出版社 2012 年版，第 115 页。

② 参见周峰、李兴：“房屋买卖居间合同纠纷中‘跳中介’现象的法律问题研究——以居间合同的信息匹配属性与复合型构造为视角展开”，载《法律适用》2011 年第 10 期。

者呈现的不稳定性。”①这种不稳定性使得这些法律概念具有某种程度上的不确定性，特别是其与具体的权利义务结合在一起时。“跳单”行为本身就不属于规范概念，其纳入规范调整领域后，必然会存在不确定性。“跳单”行为的不确定性，是指就“跳单”本身来说，看似违反了反“跳单”条款的规定，属于违约行为；但该格式条款的具体适用并不是简单的逻辑演绎，而应结合具体实际进行认定，可能违约，也可能合法，即该行为本身是游离于合法与违法之间。

为了更好地论证这一理论，笔者将从居间活动的信息匹配价值、居间关系的延续性特点、委托人的缔约意愿以及居间人和委托人之间的举证责任分配四个方面来展开论述。

第一，就居间活动的信息匹配价值来说，居间人所持有的居间信息具有货币价值的可期待性。由居间合同规则所调整的居间关系不是单纯的劳务性关系，而是以居间信息为主、居间服务为辅的复合型关系。对于居间人来说，其主要依赖居间信息所匹配的结果——促使合同成立来获取报酬，当居间信息匹配结果失败时，只能获得应付出居间服务所对价的必要费用。事实上，“居间活动的信息匹配价值有深层次的市场需求基础，即居间信息的效率性和安全性。当前条件下，房屋市场交易信息发布也有许多公开途径，但是消费者仍然愿意选择专业居间机构的信息，具体原因有三：①居间信息供给的直接、全面、有效性，居间方供给的信息是便利直接的交易参考信息，可以迅速使委托人直接了解与交易相关的全面信息要素（即可以全面知晓交易对方、房屋实际状况等信息），作为交易决策参考的有效信息资源；②居间信息安全性，居间信息具有一定的专业保障性，在众多的信息发布途径中，由专业居间机构确认的信息已经取得当前市场的主流信赖，且选择居间服务可以为自身取得法律上的安全保障；③居间服务收费的特殊性，居间不是普通劳务服务，以促成交易为报酬支付条件，即只要不最终决定缔

① 徐国栋：《民法基本原则解释——以诚实信用原则的法理分析为中心》（增删本），中国政法大学出版社2004年版，第19页。

约,消费者一般无需为居间服务付出费用。"[①]居间信息的这一特点决定了当委托人获取这一信息时,就存在支付报酬的可能性。据此我们可以得出如下结论:"跳单"行为的发生在某种程度上肯定是利用了居间人所提供的信息,但其信息匹配价值的程度是具有不确定的。当委托人仅仅利用某一中介公司的居间信息而绕开中介公司与卖家签订合同时,此时信息匹配价值是最高的,委托人应当承担违约责任,向居间人支付报酬和违约金;当委托人对比了多家中介公司的同一房源信息而选择报价低且服务好的中介公司时,其他中介公司的信息匹配价值是比较低的,仅仅可以获得必要费用的请求权。

第二,就居间关系的延续性特点来说,"跳单"行为在一定的期限内存在多种表现形式。居间合同非一时性合同,居间方所提供的信息不能进行无限延伸,而应限定在一定的范围之内。在委托人和居间人所签订的房屋买卖居间合同中,一般都会对居间服务的期限进行约定,或者是3个月,或者是6个月。在约定的期限内,委托人可以通过各种途径拓展居间信息的深度和广度。如此,委托人在对比初始居间信息和拓展过程中,由于其享有随时终止权,这一权利的"随时性"特点与居间关系的特定期限一结合,赋予了委托人充分的时间去决定是否履行居间合同。而且,在居间关系的不同阶段,委托人基于其自身利益或者受群体立场的影响而产生的"跳单"行为必然呈现多种样态。不同样态所涉及的具体情形的差异,使得"跳单"行为不能单纯地以居间违约规则来规制。

第三,就委托人的缔约意愿而言,委托人的主观意愿对"跳单"行为具有某种意义上的决定作用。这是因为"委托人对于居间人所介绍之契约,并不负担必须订立之义务,委托人得拒绝契约之订立,并得随时撤回居间契约"。[②] 委托人的主观意愿可以区分为善意和恶意。然而,无论是善意还是恶意,由于涉及委托人的内心状态,往往很难进行取证。那么,对主观意愿进行客观化描述是一比较正确的路径。当委

① 周峰、李兴:"房屋买卖居间合同纠纷中'跳中介'现象的法律问题研究——以居间合同的信息匹配属性与复合型构造为视角展开",载《法律适用》2011年第10期。

② 梅仲协:《民法要义》,中国政法大学出版社2004年版,第427页。

托人获取交易信息后，其就掌握了居间关系的主动权。具体来说，当某一居间信息非某一中介机构所独享，委托人对比了不同中介公司的报价，选择其中一家进行交易，那么其对其他中介机构所构成的“跳单”行为当然是正当善意的；而当委托人利用居间人所提供的信息后，直接绕开中介机构与卖家签订房屋买卖合同，其可以认定为“恶意”。[①] 也就是说，委托人的主观意愿不同，所产生的“跳单”行为的归属也不同，可能合法，也可能违约，即存在不确定性。

第四，就居间人和委托人之间的举证责任分配来说，委托人获取缔约性利益与居间方提供的信息服务之间的因果关系认定存在不确定性。由于居间人的报酬请求权的获得取决于委托人之间合同的成立，那么委托人之间合同成立是否由居间人所提供的信息服务所促成便是诉讼过程中委托人和居间人争论的焦点。委托人“跳单”后往往会否定其所缔结的合同与居间人提供的信息服务存在因果联系，比如通过其他中介机构、通过自然第三人来达成交易；而居间人需要证明委托人接受其所提供的居间信息后在一定的期限内委托人利用了该信息的基本事实，由此来证明因果关系。法院在面对基于不同立场所产生的因果关系认定差异时，需要进行具体分析。根据具体的情形，可能认定因果关系成立，那么委托人就应承担违约责任；可能认定因果关系不成立，那么委托人的“跳单”行为就是合法的。事实上，即使是合法的“跳单”行为或多或少都可能利用中介机构所提供的居间信息，只是此处所认定的因果关系不符合必要的相关性。

综上可知，“跳单”行为作为一具体法律行为，其本身并不包含可归责性，其形式的“违约性”外衣仅具有宣誓意义；其内在本质具有不确定性，游离于合法和违约的集合之间，故应结合具体案情和事实进行个案衡量。

2.“跳单”行为的类型

尽管“跳单”行为在本质上不具有任何规范色彩，但当其进入司法裁判领域时，需要对其进行具体认定。这一认定过程会对“跳单”行为

① 参见杭州市上城区人民法院(2009)杭上商初字第688号民事调解书。

进行道德化和类规范化的加工处理,而类型化思维[①]能够实现“跳单”行为的快速归类。

根据不同的标准,可以将“跳单”行为划分为不同的类型。如,根据委托人的主观意愿,将“跳单”分为善意“跳单”行为和恶意“跳单”行为;根据其是否构成违约,可以将其分为合法“跳单”行为和违约“跳单”行为。

(1)善意“跳单”行为与恶意“跳单”行为

善意“跳单”行为和恶意“跳单”行为的区分是认定“跳单”行为最终责任的重要依据。恶意“跳单”行为,是指委托人在一个中介公司接受了居间服务,在获悉相关信息后,为逃避佣金而跳过原中介公司,私下达成买卖协议的行为。这是比较典型的恶意“跳单”行为。善意“跳单”行为,是指委托人获取某一中介公司的居间信息后,最终并未实质利用该信息而与卖家达成协议的行为。

如何区分善意和恶意,是一非常重要的问题。当前对于个人主观意愿的判定趋向于客观化,这是因为每个人的内心真意是无法以文本的形式予以呈现的。根据合同履行过程中,委托人和居间人的具体行为以及所留下的文本和痕迹,通过证人证言或者合同的解释予以探究当事人的内心真意,是一正确的方法。具体来说:①若存在合法有效独家委托协议的,中介在约定期限内为委托人订约提供了关键房源信息,委托人利用该信息通过其他中介或直接与出卖人完成交易的,可认定委托人构成恶意“跳单”行为;②若不存在独家委托协议,委托人利用中介提供的关键信息,跳过中介公司直接与出卖人私下完成交易,又不能证明通过其他合法途径获取房源信息的,可推定委托人利用了中介提供的信息完成交易,认定构成恶意“跳单”行为;③若委托人是通过其他中介完成交易的,则要审查委托人与其他中介之间有无居间合同、是否实际履行、佣金实际支付及房源信息合法来源情况。若其他中介公司只是名义居间人,委托人实为逃避居间报酬义务,应认定构成恶意

① 可参见童航:“类型化思维在法学上的价值及其应用——以形成权为例”,载葛洪义主编:《法律方法与法律思维》(第8辑),法律出版社2012年版,第151~163页;刘士国:“类型化与民法解释”,载《法学研究》2007年第5期。

“跳单”行为。①

这一“跳单”行为分类一方面为合法“跳单”和违约“跳单”的认定奠定了基础,对于“跳单”行为的法律后果中具体责任的承担具有重要意义。

(2)合法“跳单”行为与违约“跳单”行为

合法“跳单”行为和违约“跳单”行为的区分是“跳单”行为进行法律规则的界限。合法“跳单”行为属于个人意思自治的范畴,违约“跳单”行为可归于违约责任条款。这一区分在现实中并没有那么简单,理论集合的对立性本身就存在流动的空间,法官必然需要结合具体的要件进行判断。

如何区分合法和违法,是规范分析的重要内容。法律条文的规范性并不是指所有的社会事实都可以简单地进行“是与非”的判断,经典的“三段论”方法也需要对“大前提——小前提——结论”进行符合逻辑的论证。在居间合同的履行过程中,委托人的“跳单”结果仅仅具有违法性的形式外衣,其内在的实质需要结合居间合同中所涉及当事人的具体行为和居间合同的文本进行判断。刺破“跳单”行为的形式外衣,直指“跳单”行为的本质因素,分析“跳单”行为本质的各个层面,是判断合法“跳单”行为和违约“跳单”行为的重要方法。

这一“跳单”行为分类决定了当事人最终是否需要承担违约责任,并对“跳单”行为的法律后果具有绝对的影响力。

四、“跳单”行为的解释论

任何理论的建构或者本质的揭示都应能通过某种途径推进社会的发展,“跳单”行为理论也不例外。“跳单”行为理论的司法裁判运用需要分析其构成要件,并对法律后果进行合理且合法的判断。

(一)前提:居间合同的复合型构造

“跳单”行为所涉及的权利、义务和最终责任的认定应纳入居间合同规则之内,那么对居间合同规则的分析则属于认定“跳单”行为构成

---

① 参见张英周:“‘独家委托条款’的效力与恶意‘跳单’行为的认定”,载《人民法院报》2011年11月2日。

要件及其法律后果的前提;而当前房地产居间合同义务构成的复合性特点对于认定“跳单”行为的法律后果具有重要意义。

1. 居间合同规则的复合性

现行《合同法》仅用 4 个条款就构成了居间合同的全部规则,第 424 条规定了居间合同的定义,可以延伸出居间合同的订立规则;第 425 条属于居间人的如实报告义务规则;第 426 条居间人报酬请求权的取得规则;第 427 条属于居间失败后必要费用的请求权规则。这些规则围绕着委托人和居间人的关系而展开,共同作用于居间关系的全过程,呈现出规则的复合性态势。由于居间合同的订立规则并不存在任何特殊性,可以一般合同订立的规则进行解释,且在房地产居间合同中不存在任何争议,故而本文将对其他条款所包含的居间规则进行阐述。

(1)居间人的如实报告义务规则:《合同法》第 425 条

居间人关于订约事项,应就其所知,据实报告于各当事人。[①] 我国《合同法》第 425 条第 1 款规定:“居间人应当就有关订立合同的事项向委托人如实报告。”这是法律赋予居间人的基本义务。在报告居间中,居间人根据委托人的需求,应告知其第三人的信用状况以及具体标的的价值、位置、环境等情况。而且,居间人对于所提供的居间信息负有某种程度的调查义务,但这并不是指所有的事项都应进行一一确定,而是指对于委托人与第三人所签订的合同具有重大影响的信息负有核实义务。例如,在某居间服务过程中,由于居间人未告知国家的限购政策并对委托人的购房资格情况进行必要的调查核实,法院认定其提供的中介服务显然存在瑕疵。[②] 这是因为国家的限购政策对于委托人是否具有购买资格具有直接的影响,故而属于重要信息,居间人理应告知。在媒介居间中,居间人的如实报告义务具有双向性,不仅要向委托人报告第三人及其标的的有关情况,也应向第三人如实报告委托人的

① 史尚宽:《债法各论》,中国政法大学出版社 2000 年版,第 468 页。

② 参见广东省广州市中级人民法院(2012)穗中法民五终字第 2252 号民事判决书。

信用等情况。这是由媒介居间合同的特点所决定的。[①] 又如,陈某与安信瑞德公司签订了《房屋购买居间委托协议》,构成居间合同的当事人。安信瑞德公司作为专业的房地产中介公司,应当严格履行审查义务,对房屋的状况进行全面审查,为买卖合同双方提供真实、全面的信息。然而,安信瑞德公司虽提供了居间服务,但未尽到严格审查的义务,没有将涉案房屋真实的抵押登记情况审查核实清楚并告知买房人,法院认定其提供的服务具有瑕疵。[②] 由此可知,居间人的如实报告义务因居间合同的类型而存在差异,报告居间具有单向性,不同于媒介居间的双向性。这一规则所涉及主体的差异性决定了居间人承担损害赔偿责任的差异性。

这一规则的内在要求在《合同法》第425条第2款并未得到完美的展示,某种程度上会影响到居间合同规则的社会效果。就房屋买卖居间市场来说,本应区分指示居间和媒介居间,但无论是市场现实还是司法实务界,都自然地忽视了这一重要事实,而选择淡化这一类型区分。在1号指导案例中,最高人民法院也未对这一前提性问题作出交代,是为一大遗憾。居间合同的理想履约过程应当是,居间人如实地向委托人或者第三人报告相关信息。“如实”理应解释为“实事求是”,即通过合法手段所获得的信息应当真实、可靠,在报告过程中不应掺杂任何主观臆测,也不应隐瞒所获取的任何事实。对于有重大影响的信息,如第三人的信用、标的物是否存在瑕疵、委托人的支付能力等,更应作出公正的说明。“报告”应当具有及时性和亲自性。及时性是指对于所获取的信息应当在第一时间向委托人报告,特别是在居间合同持续过程中所获取的最新信息;亲自性是指中介公司应当派遣其工作人员与委托人进行沟通,而不应通过第三人进行传达。

(2)居间报酬的取得规则:《合同法》第426条

居间报酬取得的前提,须是居间人促成委托人和第三人的合同成立。这是因为居间方是根据其所掌握的信息库,与委托人的需求进行

① 可参见陈小君主编:《合同法学》(第2版),高等教育出版社2009年版,第495页。

② 参见北京市第一中级人民法院(2012)一中民终字第10054号民事判决书。

匹配后转移相应信息来获取对价的。这一规则又具体包括如下内容:居间报酬的支付条件;居间报酬的数额确定标准。

居间报酬的支付条件,简单来说就是"促成合同成立"。所谓促成合同成立,是指委托人根据居间人所提供的信息和服务,自愿地与第三人缔约,且所缔结的合同应当合法、有效;如果所订立的合同无效或者效力待定,不能视为促成合同成立。由于居间合同规则赋予了委托人自由选择权,其可以随时终止居间合同,那么就会使得居间人在丧失信息优势地位之后居于不利地位。禁止"跳单"条款的设定是居间人的一种自我保护措施,如果委托人和居间人都能够诚实的履行合同,那么居间报酬就可以顺利取得。然而,理想建构仅仅属于理想,法律更多的是对病态的合同进行调整,居间人报酬请求权的行使是以委托人不支付居间报酬为条件的,至于委托人"跳单"的具体动机则不予以考虑。例如,某委托人在中介机构提供看房服务后,双方签订了《看房确认书》,并且为委托人与第三人商谈了房屋价格。但是此后,委托人私自与卖方者签订了买卖房屋合同。法院最终认定委托人构成违约。①

居间报酬的数额确定,原则上应按照合同约定支付。合同的约定,一般是以书面文本形式得以呈现。在房地产居间服务领域,具体的表现形式是在《看房确认书》、《房屋买卖居间合同书》、《房屋求购书》等文本中确定,或者具体的数额(如5000元),或者房屋成交价格的1%~3%等。如果居间人与委托人未签订居间合同,而是以口头形式进行约定,且有证据证明之,则应得到法院的认可;如果居间人与委托人并未对居间报酬进行约定或者约定的数额不明确时,合同法赋予了双方当事人再次协商的权利。如果经多次协商仍不能达成一致,则法院会根据双方所签订合同的有关条款,并参考商业习惯予以确定。在法院的认定过程中,还会考虑居间人所付出的时间、精力、财力、物力及居间服务的难易程度进行合理确定。

此外,居间数额的确定还应考虑居间合同的类型,即报告居间和媒介居间的实质性差异对居间人的具体报酬的计算和获得具有重要影响。就报告居间而言,因居间人仅与委托人之间成立居间合同,即居间

---

① 参见上海市普陀区人民法院(2012)普民四(民)初字第1372号民事判决书。

人仅对委托人负责，因此，居间人的报酬就应当由委托人予以给付。就媒介居间而言，居间人同时对委托人和第三人负责，居间人的居间服务使得委托人和第三人都受益。此时，除非另有约定，居间人的报酬原则上由委托人和第三人平均分担或者协商确定。二手房屋买卖居间合同一般属于媒介居间，居间人报酬的来源具有双向性；但因二手房买卖中介市场的相互竞争，使得房源信息得以公开化，房源的所有者居于优势地位，居间人往往会选择仅向委托人收取报酬，这就是居间人报酬来源的单向性。值得注意的是，居间人促成合同成立后，其取得了居间报酬请求权，这一请求权的取得是以居间人的信息拥有和居间服务共同决定的，因此，居间活动的费用就应由居间人自己负担，这笔居间费用作为成本计算在报酬之内，居间人不享有该成本的单独请求权。

(3)居间失败后必要费用的请求权规则：《合同法》第427条

在居间合同中，居间人的活动能否转化为居间报酬请求权，不是由居间人的意志所决定的，也不是居间服务之后的必然结果，而取决于委托人的内心意愿。这一规则在运用中需要明确两个核心问题：一是何谓“居间失败”？二是必要费用如何计算？

“居间失败”，概言之，是指居间人的居间活动未促使委托人与第三人达成交易，实践中的典型例子就是委托人最终未与第三人签订居间服务所涉及标的的买卖合同。例如，尽管委托人与第三人对于交易的基本条件已经达成共识，并已签订相关的合同，但最终因居间人未办理好相关的银行按揭和房产过户等必要手续而导致最终交易没有完成，也意味着居间失败。[①] 又如，某中介机构作为专业的提供房地产居间服务的单位，明知委托人没有购房资格，仍安排委托人与第三人签订《房地产买卖合同》，导致该合同不可能履行。此时，居间人仍以促成交易成功为由，要求委托人支付佣金，法院最终认定居间人居间失败。[②] 由以上二例可知，对于“居间失败”的认定需要在个案中将目光环视于居间人、委托人、第三人以及客观因素（如国家政策的变化）等

---

① 参见广东省广州市中级人民法院(2012)穗中法民五终字第3273号民事判决书。

② 参见上海市宝山区人民法院(2012)宝民三(民)初字第1247号民事判决书。

之间进行综合判断。

"必要费用"与居间报酬不是一个概念。① 居间报酬是居间信息和服务的综合对价,其往往以交易标的的一定比例进行计算(通常是1% ~3%);必要费用往往不包括居间信息所蕴含的信息价值,而仅指居间人从事居间活动所支出的直接费用,如交通费、资料复印费等。司法实践中,法院往往根据公平原则、诚实信用原则,考虑居间人为委托人在提供居间服务过程中所花费的人力、物力以及居间服务的难易程度,酌情确定居间失败后的必要费用。②

2. 居间合同义务构造的复合性

需要明确的是,"当前房地产市场的居间合同已经出现了复杂的变化,既包括缔约服务又包括各类代办劳务,如何认识此类合同中的代办劳务部分,关系到最终对居间方报酬金额的认定结果"。③ 为此,笔者将对居间合同内部的给付义务构造进行分析,以明确当前房地产居间合同的法律属性。

居间合同义务构造的复合性是指居间人和委托人所负担的义务都不是单一性的,而是以提供居间信息为主,以代办居间劳务为辅的义务构造。对此,台湾学者也认为:"民间惯行之不动产中介所服务之范围,实际上并不以居间为限,常伴随其他业务,例如代办移转登记或贷款等,故常是一种混合契约,而须类推各有关规定适用之。"④

一般认为,居间人的核心义务是忠实居间义务。在营业性中介服务中,并强调负有合理的专业调查义务。可以明确的是,这些义务的设置均以促使缔约为目的,并不涉及合同履行问题。其中居间人所提供的居间信息居于主导地位,因为居间人最终报酬的取得和委托人买卖合同的订立都依赖于该信息的有效性和合法性。

但是,当前的房屋买卖中介市场往往很难仅仅依赖居间信息的供

① 参见陈小君主编:《合同法学》(第2版),高等教育出版社2009年版,第498页。

② 参见上海市宝山区人民法院(2012)宝民三(民)初字第540号民事判决书。

③ 周峰、李兴:"房屋买卖居间合同纠纷中'跳中介'现象的法律问题研究——以居间合同的信息匹配属性与复合型构造为视角展开",载《法律适用》2011年第10期。

④ 林诚二:《民法债编各论》(中),中国人民大学出版社2007年版,第211页。

给就可以坐等收益，还需要提供必要的或者约定的居间服务。这些居间服务主要包括居间信息的复印、房屋产权过户手续、代办贷款、根据委托人的要求办理其他事物等劳务。这种已经与房屋中介居间市场高度契合的代办服务具有以下属性：(1)代办劳务本质上属于独立给付义务，而不属于附随义务。这是因为居间合同是以居间信息作为其逻辑起点的，是其本质要素。代办劳务仅是为了更好地发挥居间信息的价值，充分实现委托人的信息满意度而形成的。每一项代办劳务都可以代理理论进行解释，故而享有独立的费用返还请求权。(2)代办劳务在居间合同中居于从给付义务地位，其具有独立的对价性。[①] 以上海市场为例，相关部门已联合发布了居住房屋买卖、租赁中介经纪服务的收费标准，标明了“办理与房屋入住有关手续”、“代办贷款”、“单独办理产权过户”的最高收费标准(分别为200元、400元、300元)。[②] 这些服务项目有独立的标价，可以由委托人自由选择。因此，即使居间合同文本约定的中介费并未明确区分居间报酬与代办服务报酬，仍应将其作为两类不同性质给付义务对价的组合。(3)代办劳务尽管可以从居间合同中进行剥离，使其独立化，但独立化后的代办劳务会失去其生存空间。故而，对其规范应用可以准用委托合同和代理的规定。

(二)“跳单”行为的构成要件及其法律后果

“跳单”行为的构成要件包括合法“跳单”行为的构成要件和“跳单”违约行为的构成要件，这两种“跳单”行为的对立性说明了两者的界分具有共同的判断标准；“跳单”行为的法律后果因“跳单”行为是否合法而存在差异。

1. 合法“跳单”和“跳单”违约的界分

虽然“跳单”行为在本质上具有不确定性，但当其进入司法裁判领域时，就应当予以确定，这是正确认定“跳单”行为责任以及合理平衡当事人之间利益的重要前提。任何一个具体的“跳单”行为，其应当是

---

① 周峰、李兴：“房屋买卖居间合同纠纷中‘跳中介’现象的法律问题研究——以居间合同的信息匹配属性与复合型构造为视角展开”，载《法律适用》2011年第10期。

② 参见《关于规范上海市居住房屋买卖、租赁中介经纪服务收费的通知》(沪价商[2003]036号)。

确定且可归责的。基于以上关于“跳单”现象、“跳单”行为的本质以及居间合同规则论述,参考 1 号指导案例的裁判要旨,本文认为,应从以下四个方面来合理界分合法“跳单”行为和“跳单”违约行为。

(1)中介公司的委托权限,是一般代理还是独家代理。中介公司的委托权限直接关系到“跳单”行为的法律效力,这是由居间信息的性质所决定的。独家信息意味着绝对的排他性,其对应的货币报酬具有某种程度的专有权;一般代理是指与其他中介公司共享居间信息,中介公司之间可以就这一信息展开竞争,对于委托人来说则具有充分的选择权。

实践中,一方面,有的委托人为了促使居间人积极进行居间活动,或者出于对居间人的信任,而与其签订独家委托出卖或独家委托购买合同,委托其在一定期间内出售或购买房屋。这种情况下,由于委托人指定了期间,故居间人一般会积极宣传,促成交易。此时,如果委托人通过其他中介公司成交,或者利用从独家委托的房产中介处获取的信息直接与对方交易,都违反了独家委托的约定,应对此承担违约责任。① 另一方面,有的出卖人往往同时委托多家中介售房,买受人也在多家中介洽谈房源。若简单根据合同自由原则确认所谓的禁止“跳单”合法有效,这不符合当前中介市场交易习惯和正常交易秩序。但一概否认该条款的效力,又势必会鼓励委托人不诚信行为,滋长投机心理,不利于维护中介市场正常交易秩序。

(2)中介公司是否提供了房源信息或成交机会,并且积极履行媒介服务。房地产居间合同在性质上属于媒介居间,居间人除了履行忠实报告义务之外,还应当履行媒介服务。这一要件可以分解为两个层次,据实报告义务层次和尽力服务层次。第一层次的关键是房源信息是真实、确定的,不隐瞒任何瑕疵,否则将损害赔偿责任;第二层次的关键是媒介服务的质量,在这“跳单”行为的司法认定中尤为关键,其往往决定了居间报酬的数额或者必要费用请求权的享有与否。

目前市场上的房产中介公司新老并存,良莠不齐。有的老中介公

① 参见邵文龙:“房地产买卖中‘跳单’行为的司法认定及责任承担”,载《人民司法》2012 年第 2 期。

司将房地产居间活动机械地分解为挂牌、带客人看房、签约，而不重视服务的质量。与之相对，一些具有一定规模的新兴房产中介公司在居间过程中，会根据客户需要，为其分析房源的优劣，积极斡旋，并提供协助办理购房贷款、房屋过户登记手续、代办房产证等附属服务。两相比较，客户当然选择服务更好的公司。因此，在分析委托人与其他中介公司签订居间合同的主观意图时，应当注意原房产中介是否积极提供了相应的中介服务，作为判断依据之一。[①] 当然，这一层次不具有决定性，但对最终的具体数额具有影响力。

(3)委托人是否利用该信息、机会与出卖方私下成交或另行委托他人居间成交。这一要件在某种程度上对委托人是否需要支付居间报酬具有决定性，这是因为居间人是凭借居间信息的对价及其居间服务来获取报酬的，其中居间信息占据主导地位。如果委托人利用了该信息与出卖方私下成交或另行委托他人居间成交，则应承担违约责任；反之则属于合理“跳单”。

在司法实践中对于委托人是否利用了居间信息或者机会是比较复杂的：在独家委托情形下，一般不存在争议；争议的焦点是在非独家委托情形下。由于目前市场上普遍存在房产中介公司之间共享房源以及出卖人同时在多家房产中介公司挂牌销售的情况，因此委托人常常可以在不同的房产中介公司找到同一个房源。此时，不能因为系争房源与原房产中介公司提供的房源一致而认定委托人利用了原房产中介公司提供的信息，而是应当根据提供房源的业主是多处挂牌还是独家委托出卖以及其与其他中介公司间的居间合同等来综合认定。

值得注意的是，对于“委托人是否利用信息、机会”，应作限缩解释，在非独家委托场合，由于委托人往往是通过对比同一房源信息的各中介机构的报价后作出的选择，说其没有利用任何一家中介机构的信息是不符合基本事实的。[②] 为此，应引入“正当途径”理论，即如果委托

---

① 参见邵文龙：“房地产买卖中‘跳单’行为的司法认定及责任承担”，载《人民司法》2012 年第 2 期。

② 参见汤文平：“从‘跳单’违约到居间报酬——‘指导案例 1 号’评释”，载《法学家》2012 年第 6 期。

人对于同一房源信息的获取是通过公开途径或者在多家中介机构之间作出的选择,那么其对于其他中介机构则属于合理"跳单",仅需支付必要费用即可。"正当途径"理论之下出现的多人居间行为,应将共同原因区分为"优势原因"和"一般原因",明了委托人的自由选择权在中断共同原因性之后,仅对其所选定的"优势原因"支付居间报酬,而对于其他中介的"一般原因"仅承担居间人的必要费用。这有利于平衡委托人决定自由和居间人合法利益之间的关系。

(4)委托人是否存在逃避支付(不付或少付)佣金的恶意。关于委托人在"跳单"行为中主观上是否存在恶意,这并不是一个当然的确定命题,而需要法官结合具体情形加以判断。例如,2009年7月,上海A地产经纪公司的业务员小张带着他的客户孟晓清(化名)先后两次到上海市静安区巨鹿路某高档楼盘的一处待售房源看房(非A独家代理),在两次看房后,孟晓清又分别两次签订了《物业需求看房证明单》,证明单上以格式合同形式写明:孟晓清如若私下或通过其他第三方和该中介商所介绍的出售方签订买卖合同,应支付全额承办费(承办费为房屋成交价的1%)。同年7月10日,A公司与孟晓清签订了《房地产买卖居间协议》。协议约定:房屋价款为450万元,其中第二期315万元的房款通过银行贷款支付;在协议签署之后10天内与房东共同签订《上海市房地产买卖合同》;如果孟晓清贷款不足290万元,双方无偿解约。同一天下午,双方又签订了《佣金确认书》,同时孟晓清向中介公司支付了意向金5万元。然而数日后,孟晓清却因故表示不想再购买这套房子,于是A公司便将意向金5万元如数退还给了孟晓清。2010年9月,A公司突然起诉到法院称,作为中介完成了对上述房屋以450万元的居间,因买卖双方在价格问题无法取得一致,最终导致居间行为未生效,遂将意向金5万元退还给了孟晓清。岂料,之后孟晓清却以455万元的价格,另行委托B中介与房东签订了买卖合同,并办理了交易手续。因此A公司认为孟晓清的行为属跳过中介,与房东私下成交,应按双方签订的《物业需求看房证明单》的约定支付成交价1%的费用,即45500元。法官认为:"在本案中,被告孟晓清就与A中介签订了《物业需求看房证明单》和《房地产买卖居间协议》,随后却在B中介处购得了这套房源,乍看起来似乎应该属于单方面违约的跳单行为，但从法律上说，委托人必须主观上存在逃避支付佣金的恶意才能算作跳单行为。而本案中，被告未能在A中介的居间下买下系争房屋，是由于多种原因导致，并非她主观存在逃避或少交佣金的恶意，因此不能算作跳单。”①

由以上论述可知，衡量买方是否“跳单”违约，首先应明确委托权限是独家委托还是一般委托，独家委托下“跳单”违约认定是比较容易的，1号指导案例着重解决发生在多人居间场合的“跳单”违约；在多人居间场合，关键是看委托人是否通过正当途径获得同一房源信息。此外，委托人的主观心理对于“跳单”违约的认定以及法律后果的归责具有重要的影响力。

结合陶德华案分析如下：从第一个要件上看，房屋出卖人是通过多家中介公司出售房屋的，案情中列出了好信、中原、汉宇等中介公司，并且该案也未揭示出房屋出卖方与中原公司签订“独家委托”协议，那么认定其属于一般委托是没有疑义的。从第二个要件上看，陶德华所接触的三家中介公司均向其提供了诉争房屋的相关信息和订约机会，并都提供了实地看房服务。就时间先后顺序而言，委托人首先选择的并非是中原公司，且中原公司仅仅提供了一次看房服务。委托人房屋出卖方交易的达成最终是通过汉宇公司完成的，汉宇公司在这一多人居间中根据委托人的要求积极提供媒介服务。从第三个要件上看，尽管我们无法否认委托人利用中原公司所提供居间信息的事实，但根据“正当途径”理论，陶德华是在对比多家中介公司所提供的价格（中原公司报价165万元，汉宇公司最终所提供的成交价为138万元）后，最终选定了汉宇公司。陶德华最终的选择权使得汉宇公司成为“优势原因”者而享有居间报酬请求权，其他中介公司降低为“一般原因”拥有者获得必要费用的返还请求权。从第四个要件来看，在汉宇公司居间成功后，陶德华按约向其支付了1%的全额佣金1.38万元，不存在逃避支付佣金义务的不正当目的。② 综上，陶德华的“跳单”行为合法，不

① 参见邢力：“买房换中介是否都算‘跳单’”，载《理财周刊》2011年5月9日。

② 参见张宁：“房屋买卖居间合同中规避‘跳单’条款的效力和‘跳单’行为的认定”，载《法律适用》2010年第8期。

属于违约行为。

2.“跳单”行为的法律后果

居间人提供居间服务是为了获得其居间信息的对价受益,为此合同法赋予了居间人在居间成功时可以行使报酬请求权,在居间失败时可以获得必要费用的请求权。由此可知,在合同“跳单”情形下,居间人只能获得必要费用的请求权;在“跳单”违约情形下,居间人可以行使报酬请求权。

(1)合法“跳单”行为的法律后果

合法“跳单”行为意味着居间失败,但居间失败并不意味着居间人将一无所获,法律赋予了其在居间失败时可以行使必要费用的请求权。

居间失败的情况下,根据《合同法》规定,居间方不得要求支付报酬,但可以要求委托人支付“必要费用”。但对“必要费用”的认定是实践中的难点,酌定金额时差异较大,无统一标准。理论界一般也认为费用补偿请求权与居间佣金不是一个概念,“它不是一种劳务效果报酬,而是对为达到一目的所作出支付的补偿”。[①] 有实务人士认为,按照民法立法和理论通说,应当区别委托性质合同中“报酬”与“费用”的概念,[②]合同法此处的用语是费用,实际上是规定的成本费用偿还请求权,与居间报酬有本质区别。[③] 故在请求支付此类费用的诉讼中,应当由居间方举证证明付出的成本费用,举证不能的费用,不应支持,该费用的认定不宜与居间报酬认定混淆。[④] 当然,居间人的必要费用请求权应存在如下限制:①此费用是居间人为委托人从事居间活动的费用,

---

① 参见范健:“德国居间商法律制度评析”,载《中外法学》1993年第6期。

② 《合同法》第427条使用的“费用”概念与第398条是一致的。《合同法》第398条规定:“委托人应当预付处理委托事务的费用。受托人为处理委托事务垫付的必要费用,委托人应当偿还该费用及其利息。”

③ “房地产居间服务报酬在本质上是劳动收入、经营收入、风险收入的综合体。房地产居间服务报酬是对房地产经纪机构开展居间业务时付出的人员劳动、花费的资金和承担风险的总的回报,而不仅仅是房地产经纪从业人员的劳动报酬。”参见王恩兆、苏仲轩:“论房地产居间合同”,载《经济研究导刊》2008年第8期。

④ 参见周峰、李兴:“房屋买卖居间合同纠纷中‘跳中介’现象的法律问题研究——以居间合同的信息匹配属性与复合型构造为视角展开”,载《法律适用》2011年第10期。

为居间以外的事务所产生的费用不在请求权范围之内;②此费用应当是已经产生的、可确定的费用,尚未产生的、无法确定的费用不在此内。

此外,由于目前的居间合同通常只是约定了概括的中介费用,并没有对居间报酬部分与代办劳务报酬部分作出明确划分。事实上代办劳务报酬在“必要费用请求权”中具有特殊地位,即无论居间人是否恶意或者存在欺诈,对于代办劳务报酬都应予以支付。司法实践在认定劳务部分报酬时应当遵循合同约定、行政机关指导价格、行业惯例、服务成本的次序原则,尽量在认定劳务部分报酬时避免随意性。如前文所引的沪价商(2003)036号文件附件已经分别标明了各类代办项目的最高收费标准,可以此作为参考。

(2)“跳单”违约行为的法律后果

当委托人的“跳单”行为发生违约时,就进入了居间违约规则领域。此时,对于居间人来说,其依据合同约定或者法律规定享有居间报酬请求权。值得注意的是,法律赋予居间人何时行使报酬请求权的资格,势必会影响到居间活动双方的行为。日本《商法》第543条规定居间行为终了之后,居间人即可请求报酬,那么此时委托人的“跳单”行为会失去意义;而在德国《商法》以及我国《合同法》中规定,居间人行使报酬请求权的前提是促成合同成立,“跳单”行为便产生在这一规范背景之下。

居间人行使报酬请求权应当遵循下列基本规则:①报酬约定优先规则。一般来说,当事人都会在居间合同中就居间报酬作出约定,依此可以确定;如果未作出约定,应依《合同法》第61条之规定确定,即由当事人协议补充,不能达成补充协议的,按照合同有关条款或者交易习惯确定;仍不能确定的,则根据居间人的劳务合理确定,此时需考虑居间服务的性质与难度、委托人的受益、类似居间服务的报酬水平等。②约定报酬酌减规则。德国《民法典》第655条规定:“就报告订立雇佣合同的机会或充当此种合同的媒介,已约定为数过巨的居间佣金的,可以根据债务人的申请,以判决将居间的佣金减少到适当数额,佣金支付后,不得予以减少。”①史尚宽先生认为:“约定之报酬,较居间人所任劳

① 陈卫佐译注:《德国民法典》(第3版),法律出版社2010年版,第253页。

务之价值为数过巨,失其公平者,法院得因委托人之请求酌减之。但报酬已给付不在此限。"[①]换言之,适用这一规则应满足以下要件:须报酬额出于约定;须其数额有失公平;须因报酬给付义务人向法院请求。[②]具备上述要件,法院可以予以酌减,但委托人已经支付报酬的,不得请求返还。

在"跳单"违约情形下,委托人应当承担违约责任。违约损失可以分为合同签订及履行而支出的实际费用等直接损失以及合同履行后可以获得的利益等间接损失两种。在买房人跳单时,中介公司的直接损失原则上应予赔偿。就中介公司的间接损失,笔者认为应当区分买房人能否通过其他正当渠道获取房屋及业主信息来决定是否应予赔偿。二手房交易市场中,业主通常不会只委托一家中介公司出售房屋,即买房人可以通过多家中介公司获取房屋即业主信息。在这种情况下如果买房人通过其他中介公司完成了房屋买卖而出现跳单时,因为被跳单的中介公司虽然对房屋买卖合同的促成起到了一定作用,但并非是决定性的作用,其可能取得的合同履行利益并不确定。此时被跳单公司的实际损失不应包括间接损失部分。在业主独家委托某一中介公司或者买房人确系基于该中介公司获取的信息而完成房屋交易并跳单时,因此时中介公司对交易的促成起到了决定性作用,则被跳单公司的实际损失中应包括直接损失和间接损失两部分。在确定被跳单的中介公司实际损失后,如果反跳单条款中约定的服务费或者违约金的数额过高于实际损失,则应买房人的请求,法院可根据案件具体情况依法予以酌减,以实现当事人双方利益的平衡。[③] 此外,在某些情形下,居间人将丧失报酬请求权,具体包括:①居间人违反其委托人之义务,而为利于委托人之相对人之行为。例如,报告居间人为他方掩饰无资历之事实;②违反诚实信用原则,由相对人收受利益者。例如,与相对人约定

---

① 史尚宽:《债法各论》,中国政法大学出版社2000年版,第472页。

② 参见黄立主编:《民法债编各论》(下册),中国政法大学出版社2003年版,第570页;易军:《债法各论》,北京大学出版社2009年版,第228页。

③ 参见吴宁、王小珂:"反跳单条款的效力及跳单行为的责任",载《人民法院报》2011年9月21日。

台湾“民法”第570条[①]以外之报酬者即是。[②]

五、结论:学说与判例的使命

(一)本文的基本观点

本文由遵循“现象——本质——运用”的基本思路,通过对“跳单”现象的多层面剖析,进而论证“跳单”行为的本质,最后回归司法实践,以解释论的视角分析“跳单”行为的构成要件及其法律后果。通过以上论证,本文得出以下结论:

1.“跳单”现象作为一种社会现象,是房地产中介市场发展的伴随物,其在发展过程中经历了“产生——依附——独立”三个阶段。基于不同的原因或者多种因素的综合,其表现形式具有多样性。这一非规范性概念由一系列事实和行为组成,“跳单”行为是其中的核心要素。

2.对于“跳单”现象,委托人和居间人基于其地位差异导致相互“对立化”的立场趋势。其中,委托人的朴素立场上升到群体互动立场对于房地产居间活动影响甚大。居间人立场在主动“跳单”和被动“跳单”中有细微差异,其根源是居间人追求利益最大化的驱动。当“跳单”现象进入司法裁判领域时,法官基于不同的规范适用或者自由心证对规避“跳单”条款的效力呈现出不同的立场。

3.“跳单”行为本质上具有不确定性,这是由房地产居间活动中信息占有不对称所产生的双边道德风险以及信用规范缺失所诱导的意思自治冲突所决定的。“跳单”行为的不确定性是指其游离于合法和违约之间,这一法律行为可能会侵害居间人的合法报酬取得权,也可能是委托人行使合同自由的结果。由此推出“跳单”行为本身并不包含可归责性,其形式的“违约性”外衣仅具有宣誓意义,实践中应结合具体事实进行个案衡量。

---

① 台湾“民法”第570条:居间人因媒介应得之报酬,除契约另有订定或另有习惯外,由契约当事人双方平均负担。

② 参见林诚二:《民法债编各论》(中),中国人民大学出版社2007年版,第220~221页;邱聪智:《新订债法各论》(中),姚志明校订,中国人民大学出版社2006年版,第239页。

4. 居间合同的复合型构造对"跳单"行为的责任认定和分配具有辐射力。居间合同规则为合法"跳单"和违约"跳单"的合理界分确定可操作的规范依据和标准,居间合同义务构造的复合性特点决定了"跳单"行为法律后果的层次性。居间合同的主义务是居间人报酬请求权或者必要费用请求权的前提,以代办服务为中心的居间合同从合同义务具有某种程度上的独立性,其报酬支付应与居间报酬进行区分。

5. 司法实践中,合法"跳单"和违约"跳单"的界分是"跳单"行为法律后果认定的关键,对居间人和委托人之间的权利义务分配具有直接影响。本文认为,应从以下四个方面进行界分:(1)中介公司的委托权限,是一般代理还是独家代理;(2)中介公司是否提供了房源信息或成交机会,并且积极履行媒介服务;(3)委托人是否利用该信息、机会与出卖方私下成交或另行委托他人居间成交;(4)委托人是否存在逃避支付(不付或少付)佣金的恶意。

6. 基于我国《合同法》中居间合同规则的单边主义倾向,建议考虑居间活动的双边风险,以司法解释的形式对其进行合目的性解释。比如,对《合同法》第425条进行目的性扩张解释,让委托人在拒绝缔约时负担必要的告知义务;对《合同法》第426条的居间报酬取得规则进行补充,规定居间报酬酌减规则;对第427条的居间报酬附条件规则作出平衡各方利益的合理解释。

(二)对1号指导案例的评价

1. 公布该指导性案例的积极意义

近年来,法院受理的房屋中介纠纷案件数量呈大幅上升的趋势,其中因"跳单"而产生的纠纷占到了相当大的比重。面对买卖双方的"跳单"行为,中介公司选择了通过在居间合同中设置禁止"跳单"的格式条款来对这一行为进行规制,可是由于法律并未对这些条款本身的法律效力问题进行明确的规定,同时对如何认定"跳单"行为也未给出一个明确而合理的标准,故而导致了现实中各地方法院对此类案件裁判的莫衷一是。而最高人民法院将"上海中原物业顾问有限公司诉陶德华居间合同纠纷案"作为指导性案例予以公布,就是旨在解决二手房买卖活动中买方与中介公司因"跳单"引发的纠纷。该案例的出台一方面有利于各地方法院正确认识和理解房屋买卖居间合同中的“跳单”行为，并根据类似案件类似处理的原则，严格依据该案例所确认的裁判要点和规则来处理现实中的“跳单”法律问题。另一方面也给房地产中介公司和委托人以明确的法律指向，使他们正确认识和理解房地产居间合同中的“跳单”问题，从而自觉遵守法律规范，依法行为，进而促进房地产中介市场秩序的规范和健康发展。

案例确认的基本规则或要点主要有以下几点：(1)禁止“跳单”条款的有效性。案例确认居间合同中禁止买方利用中介公司提供的房源信息，却撇开该中介公司与卖方签订房屋买卖合同的约定具有约束力，即买方不得“跳单”违约；(2)消费者的自由选择权。即同一房源信息经多个中介公司发布，买方通过上述正当途径获取该房源信息的，有权在多个中介公司中选择报价低、服务好的中介公司促成交易，此行为不属于“跳单”违约。

以上基本规则经过本文的论证，是由“跳单”行为的本质特征所决定的，即这一法律行为可能侵害居间人的合法报酬权，也是委托人行使合同自由的结果。裁判的关键是如何平衡两者之间的利益关系，应结合具体的案情事实予以认定。案例通过对以上裁判要点的确认，有利于实现既保护中介公司合法权益，促进中介服务市场健康发展，维护市场交易诚信，又促进房屋买卖中介公司之间公平竞争，提高服务质量，保护消费者的合法权益的目的。

2. 该指导性案例的潜在负面影响

该指导性案例的公布虽然对中介公司和消费者的利益进行了较为公平的考量和分配，在制度设计上平等合理地保护了二者的利益，也有利于房地产中介市场的健康发展。但是，由于本案处理结果仍停留于直观的价值判断，混淆了主题，回避了严密的论证，导致个案处理说服力不足，影响指导性价值的发挥，进行在现实的具体操作中也可能会存在一些潜在的负面影响。[①] 具体来说，主要包括以下两个方面：

① 参见汤文平：“从‘跳单’违约到居间报酬——‘指导案例1号’评释”，载《法学家》2012年第6期。

(1)由于1号指导案例在剪辑中,对于"独家条款"的处理予以模糊化,它没有将禁止"跳单"条款一般性地解释为独家委托条款,而将重心放在"委托人是否利用信息、机会"上。事实上,独家委托和非独家委托所导致的结果是截然不同的。在独家委托场合,居间人居于唯一的优势地位,委托人不具有选择性。此时,如委托人绕开该中介而与卖家直接交易,应认定为违约。在非独家委托场合,同一房源信息的居间人共享利益,而委托人的选择权在其中具有某种程度上的决定作用。正是由于1号指导案例未对"独家委托"和"非独家委托"的法律后果予以明确界定,极易导致法院在裁判中出现不同的认定。

(2)在委托人召入多人居间的情况下,委托人是否利用原始居间信息进行交易,涉及共同原因性的认定以及居间报酬支付的配置义务。1号指导案例在裁判理由中写道:"原产权人通过多家中介公司挂牌出售同一房屋,陶德华及其家人分别通过不同的中介公司了解到同一房源信息,并通过其他中介公司促成了房屋买卖合同成立。因此,陶德华并没有利用中原公司的信息、机会,故不构成违约。"这一认定显然属于直观的价值判断,其目的是服务于最终的裁判结果,而忽视了其深层次的理论。一般而言,只要委托人接触了同一房源信息,只要其最终交易标的是同一房源,那么就不可避免地会对比不同居间人所提供的信息。因此,1号指导案例直接判定"陶德华并没有利用中原公司的信息、机会"是不正确的。此时,应引入"共同原因性"理论进行判断,即不同居间人共同享有同一房源信息,委托人在多人居间中的善意选择能切断其他居间人的报酬请求权,而使某一居间人居于主导地位。如此,委托人仅向其中一家支付居间报酬,而向其他中介公司支付必要费用。然而,在这种情况下,极易导致"恶性跳单",如"如果中介带购房者看过很多套房产,最后才看中一套,而该房产同样在另一家中介公司放盘,第二家中介公司没有出什么力,愿意降低部分佣金,有可能就吸引到购房者。"①对此,本文认为:尽管委托人货比三家的行

① 参见王莎莎:"深圳中介担忧将现恶意'跳单'",载《南方都市报》2011年12月27日。

为具有某种正当性,但也应关注居间人报酬请求权的匹配标准。对于报酬请求权匹配标准较高者,应保障其合法利益,通过认定委托人违约予以纠正。

（作者系厦门大学法学院民商法专业博士研究生）

构成著作权法上“研究批判型”引用的界限判断

张　鹏

目　　次

一、问题提起

著作权法上的“引用”一般是指：为了鼓励公众进行创作活动以促进文化发展，在进行新的创作活动的过程中，而不得不利用他人作品之表现的情况下，在不必征得原作品著作权人的许可下，可以利用原作品之表现的行为。① 但是在进行新的创作活动过程中，如果对于既存作品无限制的允许上述“自由引用”的话，那么就难以解释著作权法赋予原作品著作权人演绎权②的意义。所以需要明确“引用”规定的适用要

① 田村善之：《著作権法》（第 2 版），有斐閣 2001 年版，第 240 页。

② 这里所指的“演绎权”并不是指一项具体的专有权利，而是一类专有权利的总称。其控制的是在保留原有作品表现的情况下，在原作品基础上创作新作品并控制其后续利用行为的权利。该解释见于王迁：《知识产权法教程》（第 3 版），中国人民大学出版社 2011 年版，第 150 页。

件，使其既不过分影响著作权人的经济利益，又能在增强后续创作者预测可能性的前提下，能够自由地借鉴他人作品之表现从而创作新的作品，以促进文化的发展。

我国在《著作权法》第22条第1款2项中规定了“适当引用”，对于其构成要件，在1991年颁布的《著作权法实施条例》第27条中曾有过规定。该规定对于引用目的作了限定性解释，即“仅限于”介绍、评论某一作品或者说明某一问题，一般在学理上将此种引用称为研究批判型引用。[①] 尽管该条例现在已被废除，且2002年颁布的《条例》也没有对适当引用的要件作出界定，但是司法实践中也体现出了将著作权法中引用的适用范围限于研究批判目的的倾向。[②]

考虑到司法实践中对于研究批判型引用的适用常引发争议，进而影响到司法裁判的统一性和确定性，因此在《著作权法修改草案第二稿》中增加了“关于引用他人作品不得构成引用人作品的主要或者实质部分的规定”。但是该规定存在明显的漏洞，例如尽管被引用作品未构成引用人作品的主要或实质部分，但是却构成了被引用人作品的主要或实质部分的情形下，是否可以判断构成“适当引用”？此外，对于“主要或者实质部分”的判断仍有待于司法实践的积累，从而形成明确的界限；另一方面也考虑到该款规定起源于现行《伯尔尼公约》1971年巴黎修订公约第10条第1款，而由于同为《伯尔尼公约》缔约国的日本在适用该“母法”上具有一定的共通性，因此日本司法实践中的经验对我国具有极大的启示作用。因此本文尝试通过探寻本项规定在国际条约中的本源，并借鉴日本比较法的经验，进而将中国司法实践中的诸多案例予以体系化，并在比较借鉴的基础上抽出相关法律问题，从而尝试通过解释论的手法对我国法上的“研究批判型”适当引用规定再构成。

---

① 田村善之：“著作権法32条1項の『引用』法理の現代的意義”，载《コピライト》，第554号（2007年），第11页。

② 刘家方与刘蔓、西南师范大学出版社著作权纠纷案（上海市高级人民法院民事判决书（2002）沪高民三（知）终字第56号）。

二、《伯尔尼公约》第10条第1款的立法经纬①

现行《伯尔尼公约》1971年巴黎修订公约第10条第1款规定:“从一部合法公之于众的作品中摘出引文,包括以报刊提要形式引用报纸期刊的文章,只要符合合理使用,在为达到目的的正当需要范围内,就属合法。”同时,同条第3款进而规定:“前面各款提到的摘引和使用应说明出处,如原出处有作者姓名,也应同时说明”。从该款规定的用语来看,一般认为对于缔约国来说,该款规定是义务性规定,缔约国有义务在国内法中制定有关引用的规定。② 所以我国《著作权法》上的“适当引用”规定可以视为履行条约之义务,也可以说《伯尔尼公约》的该款规定是我国《著作权法》上“适当引用”规定的母法所在。所以在展开我国《著作权法》上“适当引用”解释论之前,有必要对《伯尔尼公约》该款规定的立法经纬予以阐明。

1. 现行1971年《伯尔尼公约》巴黎第五次修订公约的大多数实体性规定都是继承了1967年在斯德哥尔摩举行的第四次《伯尔尼公约》修订公约的成果。在此之前,从1885年伯尔尼原始公约第二次缔约会议到1928年罗马修订公约间,有关于引用的规定一直都是交由各缔约国的国内法处理。例如罗马修订公约第10条规定“利用者是否享有为教育,科研,抑或汇编名家选集之目的而节录他人文学及艺术作品的行为的自由的问题,因一国之内国法而定”。③ 尽管在罗马修订公约立案

---

① 有关《伯尔尼公约》缔结经纬及后续发展的文献请参考,SAM RICKETSON & JANE C. GINSBURG, INTERNATIONAL COPYRIGHT AND NEIGHBOURING RIGHTS: THE BERNE CONVETION AND BEYOND(2 edition), Oxford University Press, 2006, 41 – 133; SILKE VON LEWINSKI, INTERNATIONAL COPYRIGHT LAW AND POLICY, Oxford University Press, 2008, 65 – 190.

② SAM RICKETSON&JANE C. GINSBURG, INTERNATIONAL COPYRIGHT AND NEIGHBOURING RIGHTS: THE BERNE CONVETION AND BEYOND(2 edition) Vol Ⅰ, Oxford University Press, 2006, 788 – 789; PAUL GOLDSTEIN, INTERNATIONAL COPYRIGHT AND NEIGHBOURING RIGHTS: PRINCIPLES, LAW, AND PRACTICE, Oxford University Press, 2001, 304.

③ Rome Act, 1928: Revised International Convention for the Protection of Literary and Artistic Works.

过程中存在种种提案，但最终由于各缔约国难以形成统一意见而作罢。

2. 首次明确作为条约义务对引用作出规定的是 1948 年的布鲁塞尔修订公约。该修订公约第 10 条第 1 款规定：“任何缔约国均应将简短的引用报纸及期刊之内容的行为，视为合法，即使是以新闻提要的形式引用的”。[①] 同时，同条第 3 款也明确规定了“摘引和使用应说明出处，如原出处有作者姓名的，也应说明”。其实在布鲁塞尔修订公约立案之初，比利时政府及保护知识产权联合国际局（BIRPI）并未决定制定作为条约义务的引用规定，其理由是创制一个适用范围更广的引用规定有损害著作权人利益之虞。然而法国政府首先提出了立法提案，该提案中强调简短的引用（即节录），尽管这极大地限制了可引用作品的量的范围，但之后法国的该建议被修订公约所采纳，成为了布鲁塞尔修订公约引用规定的一大显著特点。

3. 在之后的斯德哥尔摩修订公约的立案过程中，首先在 1963 年由瑞典政府及保护知识产权联合国际局研究部会提交了伯尔尼公约修正案的提案，其中第 10 条第 1 款规定：“从一部合法公之于众的作品中摘出引文，只要符合公正的习惯，并且在为达到目的的正当需要范围内，就属合法”。关于本款的提案主要的内容就是删除了布鲁塞尔修订公约中“简短引用”的用语，也就是说即使较长篇引用或全部引用一部作品，只要在符合引用目的的场合下也是允许的。另一点是被引用的对象不仅限于新闻及期刊，其他类型的载体也在被引用对象的范围之内。在 1965 年对瑞典政府及保护知识产权联合国际局研究部会提案的专门委员会审议报告[②]中也基本赞同原案的观点，但是法国政府提出删除简短用语可能造成引用范围过大，而且也应该明确正当目的的范围，以限定列举的方式将其限于学术研究、批判、时事报道及教育范围内。但是其他国家认为限定利用目的的立法例难以覆盖所有类型的引用，且过于僵化，应该留有一定的余地，以适应技术的发展所带来的使用目

① Brussels Act, 1948: Revised International Convention for the Protection of Literary and Artistic Works.

② Records of the Intellectual Property Conference of Stockholm, June 11 to 14, 1967, 1147.

的的变化。而在之后1967年的斯德哥尔摩修订会议时也基本采纳了1965年审议报告的原案内容,制定了斯德哥尔摩修订公约第10条第1款规定,并在之后成为巴黎修订公约第10条第1款的内容。

4.综上所述,斯德哥尔摩修订公约第10条第1款首次明确导入了适用引用规定的三要件,即(1)合法公之于众的作品;(2)符合公平惯例;(3)为达到目的的正当需要范围内。尽管从立案过程中可以看出从宗旨上并未一味限制引用的适用范围,但是在多大程度上可以适用该引用规定仍有不明确之处,从而不得不交由国内法处理。所以有必要借鉴比较法的经验,具体明确该项规定的适用情况。以下笔者将尝试通过介绍日本的相关理论及司法实践,并为中国法上适当引用规定解释的展开建立相应的讨论基础。

三、日本法的考察

(一)立法经纬

在有关日本法院就“引用”规定解释论的探讨展开之前,有必要对现行日本《著作权法》第32条第1款规定的立法经纬予以介绍。①

日本旧《著作权法》第30条第1款第2项规定了“在自己的作品中,于正当的范围内,可以节录引用他人作品”,同时同条第2款规定了“本条所规定的节录引用时应注明出所”。该条规定的“节录引用”学说上一般认为是指在必要的限度内,客观上视为正当程度上,将他人作品的一部分作为自己作品的一部分使用。②

战后日本着手全面改正旧《著作权法》的相关规定,③并于1962年设置了著作权制度审议会。在该审议会1963年的中间报告④中提出了“以学术研究为目的的引用应该比起其他目的的引用给予更加扩张

① 有关该项规定立法过程的介绍主要参考了茶園成樹:“『引用』の要件について”,载《コピライト》,第565号(2008年),第8~10页。

② 城戸芳彦:《著作權法研究》,新興音楽出版社1943年版,第236页。

③ 著作権法百年史編集委員会編著:《著作権法百年史》,著作権情報センター2000年版,第279~287、304~309页。

④ 著作権法百年史編集委員会編著:《著作権法百年史:資料編》,著作権情報センター2000年版,第86页。

的解释,以促进学术的进步"。之后,在1965年的审议会结果报告[①]中认为"旧《著作权法》第30条第1项第2号规定的在自己的作品中,将他人作品的一部分作为自己作品的一部分使用的规定应该做扩大解释,特别是在以时事报道以及研究批判等为目的引用时,考虑到现在社会惯例,就算是扩大其适用范围也不会带来混乱"。所以即使不是"节录",而是以正当目的,对于诗歌等短篇作品全篇引用也应视为适当引用。这样在1966年的审议会答辩[②]中提出的方案是"以报道、批评、学术研究等为目的的引用时,符合公正惯例,而且必须在目的上正当范围内的,就短篇作品的全部及美术作品等全体的引用,亦视为合法"。由于该立案在时间上基本与上述《伯尔尼公约》斯德哥尔摩修订公约缔结过程的时间相同,可以说草案中的公正惯例,正当范围等用语受公约的影响很大。特别是之后在1968年著作权改正草案三读稿通过之时,斯德哥尔摩修订公约已于1967年通过,所以现行日本《著作权法》有关引用的规定基本与公约规定一致,即"①已公开发表的作品可以引用;②在此场合其引用必须符合公正惯例;且③必须在报道、批评、研究等目的上的正当范围内引用"。

从上述立法过程及最终结果上看,现行《著作权法》的"引用"规定与旧《著作权法》中的"节录引用"相比具备以下几个特点:(1)删除了"节录"之用语,也就是说全部引用较为简短的作品,或是引用美术作品、摄影作品及图形等情况下也可能构成现行法下的适当引用;(2)现行法新设置了"符合公正惯例"及"正当范围内"两个要件,但从立法过程上看这两个要件具体如何解释并不明了,也可以理解成是为了与《伯尔尼公约》斯德哥尔摩修正公约相整合而导入的规定,具体解释还是交给司法实践;(3)旧法中要求"在自己的作品中",也就是说引用作

① 著作権法百年史編集委員会編著:《著作権法百年史:資料編》,著作権情報センター2000年版,第111页。

② 著作権法百年史編集委員会編著:《著作権法百年史:資料編》,著作権情報センター2000年版,第29页。

品必须构成著作权法上新的作品,而现行法没有这一要求。① 此外,引用形式仅限于同种表现形式间的引用,异种表现形式间的引用(如将他人的小说改变成话剧上演)不构成该项所指之引用。其理由是一方面有必要确保引用的正确性,异种表现形式间的引用很容易造成不正确的引用,进而无法期待正确的研究和评论被引注作品;同时该规定也有维护原作品作者在未涉足的领域中确保经济利益。

(二)"研究批判"适当引用的构成要件

司法实践中,在旧《著作权法》上"节录引用"构成要件的解释上,最为重要的就是日本最高法院昭和 55 年(1980 年)作出的"戏仿作品案"判决②。在该判决中提出了"节录引用"应该符合的三个条件,即:(1)能够明确认识和区分引用作品与被引注作品部分(明了区别性);(2)引用作品为主,被引注作品部分为从的主从关系成立(主从性);(3)不侵害被引注作品的著作权人的著作人格权。③ 可以说对于旧法下的"节录引用",上述最高法院判决至今对于传统型"研究批判"适当引用仍具有重要的先例价值。

其中明了区别性要件的存在意义在于:如果不能将引用作品的内容与被引注作品的内容明了区分的话,就很难指望能在引用的同时正确地评价被引注作品。特别是在引用作品与被引注作品浑然一体的状

① 学说上要求引用作品必须满足作品概念的见解是存在的(斎藤博:《著作権法》(第 3 版),有斐閣 2007 年版,第 241 页;作花文雄:《詳解著作権法》(第 3 版),ぎょうせい2004 年版,第 334 页),反对说认为对于用于新闻报道目的的引用,由于新闻报道本身很难构成作品,所以不应要求引用作品也必须构成新的作品这一要件(田村善之:《著作権法》(第 2 版),有斐閣 2001 年版,第 246 页)。

② 最判昭和 55 年 3 月 28 日民集 34 卷 3 号 244 页。

③ 但是学说上普遍认为日本最高法院列举有关不侵害被引用作品作者的著作人格权不应作为判断是否构成引用的要件之一(田村善之:《著作権法》(第 2 版),有斐閣 2001 年版,第 244 页)。其理由如下:例如对于匿名作品来说要是公开了作者姓名当然构成对著作人格权的侵害,但是这种情况下就算是其他要件均满足适当引用的要求,仅仅是因为公开了匿名作者的姓名就否定构成适当引用的话,本来不经过著作权人许可就可以进行的适当引用行为,为什么仅仅因为著作人格权的侵害就不得不事前得到著作权人的许可才能利用,这是解释不通的。也就是说应区别判断引用要件及保持作品完整权等著作人格权的侵害。

态下,很容易使他人产生误认;[①]此外对于讽刺模仿性质的引用方式由于被引用作品很难从引用作品中明了区别,所以如果不针对其设置严格的适用要件的话,很有可能造成滥用引用规定侵犯原作者的权利;同时数字化技术的急速发展,使得人们可以很轻易地编辑加工他人作品,进而可能造成大量依存于他人作品制造的著作物的泛滥。但是另一方面如果仅因未满足明了区别性要件就否定其构成适当引用的话,那么通过戏仿作品揶揄,讽刺,批判他人作品的创作就很难公之于世。所以考虑到确保表现的自由的利益,[②]应该允许戏仿引用这种引用形态的存在,同时针对其设定明确的构成要件。其中田村善之教授提出的戏仿引用的构成要件很具有参考价值,其主要内容为:(1)为充分表现创作意图,在不存在其他代替措施因而不得不利用他人作品的必然性;(2)止于必要最小限度;(3)给原作的著作权人带来的经济上的不利益很小。[③] 因此从这个角度看,可以将戏仿作品作为明了区别性的一个例外加以适用。

相对于明了区别性要件来说,主从性要件的判断更加复杂。往往涉及多种利益考量,司法实践中大多数案例的判决结果也都受是否满足主从性要件所左右。[④] 一般来说“主从性”往往给人以量的多寡来决定主从与否的印象。但在司法实践中,尽管存在仅仅根据量的多寡就决定是否构成主从的案例,但并不是司法实践中的主流,更重要的是从利用的目的上来判断主从性。即是否为批判、评论被引注作品而进行新的创作;或者为创作新的作品而将被引注作品作为资料引用的目的予以利用。例如,为了论述自身观点,而引用他人作品中有关该领域的

---

① 田村善之:《著作権法》(第2版),有斐閣2001年版,第244页。

② 从理论上来说,戏仿引用就算是与原作的著作权人的经济利益相冲突,从确保表现的自由的角度来看,也有必要限制著作权人禁止他人戏仿引用型利用其作品的排他权的范围(见于森村進:《財産権の理論》,弘文堂1995年版,第177页。

③ 见于田村善之:《著作権法》(第2版),有斐閣2001年版,第243页。

④ 平澤卓人:“被写体の行動を揶揄・批判するための写真の引用の可否—創価学会写真ウェブ掲載事件—”,载《知的財産法政策学研究》,第17号(2007年),第188页以下。

学术争论及历史背景的段落的,法院认为被引用部分不构成主要部分。[①] 相反,如果仅仅是依靠被引注作品来吸引读者的眼球,并不以创作新的作品为目的的引用,则难以认定引用作品为主的地位。例如引用作品中并不存在关于被引用内容的论述,仅仅是将著名足球运动员所做的诗刊登在自己的引用作品中;[②]以宣传展览会为目的,在广告中刊登原告绘画作品复制件的同时,仅穿插了极少的说明文字的情况下,法院认为该种利用行为新的作品的创作因素很少,可以认为是以刊登该绘画作品的复制件为目的的行为,否定了主从性。[③] 对于利用目的的判断是决定是否满足主从性要素是十分重要的因素,即使引用的量被控制在了必要最小限度之内,但是不满足利用目的要件的话亦难谓适当引用。此外,利用行为是否给著作权人带来经济上的巨大打击也是考虑主从性的一个因素。特别是被引注作品是否构成独立的鉴赏对象或者交易对象直接决定着是否对著作权人通过排他权所获得的收益。例如利用绘画作品时,刊登的绘画作品的复制件从画质及大小来看达到了独立鉴赏的程度,尽管作为理解论文内容的附随性使用,但是法院也认为被告的利用样态未满足主从性要件。[④] 同理,一幅摄影作品以及一首诗[⑤]基本都能成为独立的鉴赏及交易对象,对其引用很容易影响原著作权人的经济利益。另外,对于连载漫画等,往往多幅漫画连续刊登后才构成独立的鉴赏及交易对象,所以仅仅引用其中的一幅漫画情节的,往往认为是部分引用。[⑥] 也就是说对于被引注作品来说,引用的是其中原作的一部分还是全部引用,并且引用的方式是否使其构成了独立的鉴赏对象等因素是考量是否对著作权人的经济利益带来巨大打击与否的重要因素。[⑦]

---

① 東京地判平成10年10月30日判時1674号132页。

② 東京高判平成12年12月25日判時1743号130页。

③ 東京地判平成10年2月20日知裁集30巻1号33页。

④ 東京高判昭和60年10月17日無体集17巻3号462页。

⑤ 東京高判平成12年12月25日判時1743号130页。

⑥ 東京地判平成11年8月31日判時1702号145页。

⑦ 上野達弘:“引用をめぐる要件論の再構成”,载半田正夫先生古稀記念論集:《著作権法と民法の現代的課題》,法学書院2003年版,第321页。

可以说日本司法实践在对主从性判断时，强调将被引注作品与引用作品中相关联的部分进行比较，并且着重考察引用作品的利用目的是否为创作新的作品做出了贡献，以及是否对被引注作品的作者的经济利益带来巨大影响。

四、中国法上解释论的展开

(一)既有解释路径

我国司法实践一般从字面含义解释“引用”，即其应该是选用已发表作品的较短片断，用来证明作者自己的判断或者真实表达另一作者的观点，而被引用部分应当融入本人文章，成为其有机组成部分。[①] 的确这种解释方法类似于《伯尔尼公约》布鲁塞尔修订公约中有关引用的规定，即对于报刊、文章等的简短篇幅的节录。同时也类似于日本旧《著作权法》中的“节录引用”规定。但是在引用上述标准判断该种类型的引用时，存在两种较为显著的倾向：其一是忽视了明瞭区别作为独立判断要件意义；其二是重视“量”上的考量，强调“较短的片段”，而导致对于引用目的和对被引用作品著作权人的经济利益衡量不充分。考虑到研究批判型引用这一传统引用形式至今仍有极其重要的作用，特别是在对于整饬学术风气，遏制学术腐败，明确区分和适当引用与违法抄袭的界限时更加突出。所以有必要在明确我国司法实践中上述两种倾向的弊端之后，依照日本的解释论经验对我国研究批判型适当引用构成要件的重构。

(二)研究批判型适当引用构成要件的重构

1. 注明出处义务与明瞭区别性判断

尽管我国大多数的案例都认为“引用时必须注明出处或来源”构

---

① 例如在于宗瀚与沙叶新、上海世纪出版集团人民出版社、联合时报社著作权侵权纠纷案(上海市第一中级人民法院民事判决书(2001)沪一中知初字第90号)中。该案中即使被告主张“将这些评论文章与信函摘要收在集子里，其目的是要为今后研究上海留学生史的专家们提供一份思想资料”，但法院依旧认为原告的评论文章被全文附录在《东京的月亮圆不圆》之后，而并非融入在该篇文章之中，并且原告的《我》一文是篇可单独使用的作品，具有独立的价值。因此，被告的行为不能认定为引用。

成“适当引用”的要件之一,[①]但根据日本法解释论的启示,更重要的是判断是否能够明瞭地将被引用部分与引用作品相区分。[②]

诚然在大多数情况下,只有正确地注明了出所和来源才能期待正确的评价被引注作品,进而方便索引,并且在引用作品与被引注作品浑然一体的状态下,才能不容易使他人产生误解。但是二者并不具有一一对应的关系,例如实践中会有这种情况,在被告作品中,的确在脚注中注明了被引用内容的出所及来源,但并未在本文中以诸如引号等方式明确被引用部分的范围。这种情况下,尽管满足了注明出所及来源的要件,但因为读者不能在本文中明瞭的区别被引用的内容,亦难谓构成适当引用。例如,即使在前言中对引用作品的作者表达了谢意,但在书中该当部分未指明具体引用内容的行为,也不构成适当引用;[③]即使在丛书中的某一分册中将被引用书籍列为参考文献,但没有在其他分册中就具体的引用情况予以明确注释,在客观上导致了读者无法将引用作品和被引注作品的创作相区分的,也不构成适当引用。[④] 相反,由

① 例如陈明芳与罗二虎、四川教育出版社著作权侵权纠纷案(成都市武侯区人民法院民事判决书(1999)武侯民初字第1555号);谢新发与上海和泰房地产开发有限公司、上海生辉广告有限公司著作权纠纷案(上海市第二中级人民法院民事判决书(2003)沪二中民五(知)初字第262号);上海市测绘院与上海锦屏文化发展有限公司、肖德高、东华大学出版社著作财产权纠纷案(上海市第二中级人民法院民事判决书(2004)沪二中民五(知)初字第224号);魏军诉郝滨海等侵犯著作权纠纷案(北京市第二中级人民法院民事判决书(2006)二中民初字第16857号);宋振之与刘炎、上海中医药大学出版社著作权侵权纠纷案(上海市浦东新区人民法院民事判决书(2006)浦民三(知)初字第71号);李巍与高志清、中国水利水电出版社侵犯著作权纠纷案(重庆市高级人民法院民事判决书(2007)渝高法民终字第9号);蔡建文诉企业管理出版社、湖南省新华书店侵犯著作权财产权纠纷案(湖南省长沙市中级人民法院民事判决书(2008)长中民三初字第0406号);李智舜诉中共党史出版社侵犯著作权纠纷案(北京市海淀区人民法院民事判决书(2010)海民初字第21099号)。

② 同样的观点亦可见于李扬:《知识产权法基本原理》,中国社会科学出版社2010年版,第268页。

③ 刘伯奎与暨南大学出版社、翟雅丽、上海书城著作权纠纷案(上海市第二中级人民法院民事判决书(2003)沪二中民五(知)初字第198号)。

④ 周鑫、邢玉田因与刘剑锋侵犯著作权纠纷案(北京市海淀区人民法院民事判决书(2008)海民初字第19449号,北京市第一中级人民法院民事判决书(2009)一中民终字第923号)。

于作者在正文部分中已标注为引用，而且为了指明引文的出处，作者在文后准确地显示了被引注作品的相关信息的，由于明瞭区别了引用作品与被引注部分，且便于读者的检索和查找，符合我国关于文后参考文献著录规则的要求。①

此外更值得注意的是，在受使用方式的限制而不能注明出所及来源的情况下，如果满足明瞭区别要件的话，仍应当认为构成适当引用，而不应一味强行或刻意要求他人注明出所和来源。也就是说判断是否构成“适当引用”的重点应当着重考察被引注作品是否可以明瞭区别。尽管大多数情况下未注明出所及来源即违反了学术惯例，但二者并不同一，分别有着各自的管辖范围，应借鉴日本解释论的经验将二者予以区分。②

2. 量的多寡与实质性主从判断

在实践中存在着一种普遍的观点认为，以“量”的多寡，即涉及他人的表达形式在该他人作品中所占的比例以及在自己作品中所占的比例，作为判断是否构成适当引用的判断标准。③ 司法实践中大多数也

① 郭昆与黄振翘等侵犯著作权纠纷案(江苏省高级人民法院民事判决书(2008)苏民三终字第0207号)。

② 尽管实践中也有难以通过上述解释论作出合理化的司法判决，在受法学界广泛关注的王天成与周叶中、戴激涛、人民出版社侵犯著作权纠纷案(北京市第二中级人民法院民事判决书(2006)二中民初字第06122号)中，二审法院认为“被控侵权作品有7处与王天成涉案作品的表述基本一致，本应注明来源。考虑到该7处总计只有1398字，相对于王天成论文4万余字的总数以及《宪政解读》一书22万余字的总数而言，字数较少；且散见于《宪政解读》一书之中，故根据本案具体情况，不宜认定为侵权”。但是考虑到明瞭区别性作为构成适当引用的独立要件，未满足该要件就应判断不构成适当引用。二审法院的该判决理由混淆了作为区别被引注作品要件的独立性，难谓合理，只能认为是因本案特殊的背景而得出的例外结论。

③ 这种观点早在《著作权法》颁行之前就已经出现。文化部曾于1984年就《图书、期刊著作权保护条例》颁行过实施细则。该细则第15条详细规定了引用量的上限：引用非诗词类作品不得超过2500字或者被引注作品的1/10；如果多次引用同一部长篇非诗词类作品，总字数不得超过10000字；引用诗词类作品不得超过40行或全诗的1/4，但古诗词除外；凡引用一人或多人的作品，所引用总量不得超过本人创作作品总量的1/10，但专题评论与古体诗词除外。尽管该细则因为其基准的僵化遭人诟病并最终被废止，但这种使用一定量的他人作品才构成对著作权侵害的量化观念并未因此被抛弃(该批判见于解亘：“驱逐搅乱著作权法的概念：‘剽窃’”，载《华东政法大学学报》2012年第1期)。

是以被引注作品与引用作品相比所占比率过高,或者被引用部分是原作品中的主要部分为理由否定了构成适当引用;[①]同时也存在着以量的多寡肯定构成适当引用的案例。[②]

但是首先需要强调的是,即使是强调量的多寡比重,但是比较对象的不同也会带来结论的变化,特别是将被引用部分与引用作品的哪部分进行量的比较往往也是至关重要的因素:(1)作为论文集性质的书籍,比较对象并不是整个论文集的所有文章,而应是具体到与被引用部分相关的单篇论文的相关部分;[③](2)书籍在作者及内容上可以明显区别成几部分的,也应以被引注作品占内容相对独立部分的比重予以考量;[④]相反,书籍在内容上构成一体不可分的情况下,也应以引用作品整理作为比较对象。

但除上述使用以量的多寡进行比较的手法,更多情况下法院不应僵化地执行量的衡量标准,而应该着重考察引用目的,引用对原作品著作权人经济利益的影响等,这应该构成判断实质性主从关系的核心标准。

---

① 上海市测绘院与上海锦屏文化发展有限公司、肖德高、东华大学出版社著作财产权纠纷案(上海市第二中级人民法院民事判决书(2004)沪二中民五(知)初字第224号);龚全国与李贵中著作权侵权纠纷案(昆明市中级人民法院民事判决书(2005)昆民六初字第85号);高本虎与陆吾华、侯作启侵犯著作权纠纷案(北京市海淀区人民法院民事判决书(2006)海民初字第3691号,北京市第一中级人民法院(2006)一中民终字第9155号);李巍与高志清、中国水利水电出版社侵犯著作权纠纷案(重庆市高级人民法院民事判决书(2007)渝高法民终字第9号);许进京诉柳红芳、军事医学科学出版社侵犯著作权纠纷案(北京市海淀区人民法院民事判决书(2010)海民初字第26932号)。

② 例如在上述王天成与周叶中案中,法院认为,7处总计只有1398字,相对于王天成论文4万余字的总数以及《宪政解读》一书22万余字的总数而言,字数较少。在上述郭昆与黄振翘等侵犯著作权纠纷案中,法院认为,引用的内容只有100字左右,占全文篇幅的比例很小。

③ 李文龙与董耀会、科学出版社著作权侵权纠纷案(北京市朝阳区人民法院民事判决书(2005)朝民初字第13207号)。

④ 北京仁达方略企业管理咨询有限公司诉蓝天出版社等侵犯著作权纠纷案(北京市海淀区人民法院民事判决书(2005)海民初字第10324号);孟静诉陈向群、机械工业出版社侵犯著作权纠纷案(北京市海淀区人民法院民事判决书(2008)海民初字第2541号)。

首先，实践中，法院十分重视考量引用目的，如果是出于评论，介绍某一作品或说明某一问题的目的，即使引用的篇幅超出节录的限度，而是引用整部作品，例如一幅绘画作品或摄影作品等情况下，也认为构成适当引用。相反，以评论、介绍等为借口，而实际上介绍评论他人作品的篇幅很短，或在全文全书的内容并非出于介绍评论他人作品的目的，而只是出于利用被引注作品的经济价值而引用的，一般认为不构成适当引用。例如《杨家埠年画之旅》一书通篇内容并非对年画本身的具体介绍或评论，其中“年画‘神话’杨洛书”一章，虽然涉及了对杨洛书年画作品的简单介绍，但篇幅极少，更多篇幅文字与具体作品的评价、介绍相去甚远，整体体现为对杨家埠年画制作人物、事件及作者游历的叙述、介绍。因此，从内容分析本案中对涉案作品的使用并非对年画作品本身的评价、介绍。① 该案中被告对16幅年华的使用并非出自介绍和评论的需要，演变为通过单纯再现年画自身美感以吸引读者购买的行为，由此与原作者对年画的销售形成了竞争，难谓适当引用。

同时，即使是出于评论的目的，但评论的主体与引用作品无直接关联的，也不认为构成适当引用。例如从文章内容看并不是为了介绍、评论婚纱照本身，使用5张涉案照片作为插图也已超出其为说明明星“岁月不饶人”观点的合理使用程度的；②以文章配图的方式使用了涉案两幅漫画作品，但文章内容与漫画所要表达的内容无关的。③

而在肯定构成“适当引用”的案例中，在与涉案教材相对应的教辅类报纸中，为介绍、说明原教材的内容，不可避免地使用个别例句，如旨在对教材中出现的知识点进行讲解说明，因此在编写过程中不

---

① 中国画报出版社与杨洛书、杨福源侵犯著作权纠纷案（山东省高级人民法院民事判决书（2007）鲁民三终字第94号）。

② 上海弓禾文化传播有限公司与樊荣强侵犯著作财产权纠纷案（重庆市第五中级人民法院民事判决书（2011）渝五中法民终字第211号）。

③ 朱慧卿与北京市东区邮电局水碓子邮电支局，山西青少年报刊社侵犯著作权纠纷案（北京市朝阳区人民法院民事判决书（2012）朝民初字第11263号）。

可避免地重现教材内容的，应视为适当引用。[①] 诚然，作为与涉案教材相配套的教辅类报纸，如果不允许适当程度的插入原告作品以说明相关问题的话，那么对于读者来说，在利用该教辅材料时不得不每次都翻阅原告教材并对照寻找相应内容，对于读者来说十分不便。如果进行适当引用的话，读者可以迅速把握相关内容，教辅教材利用的便利性将极大增加。的确这种利用方式确有搭原作品便车之嫌，但是被告教辅书籍与原告教材的对象市场并不相同，不会影响原告教材的市场销售，所以考虑到读者的利用便利，肯定构成适当引用是恰当的。

最后，在引用摄影作品，绘画作品等情况下，单幅美术作品及摄影作品即构成独立的交易对象及鉴赏对象，对其引用很容易构成对著作权人经济利益的巨大影响，所以如果不是真正地就该作品进行研究批判目的的引用，一般很难认为构成适当引用，此时对于引用的目的往往采取十分严格的限缩性的解释。[②]

五、结语

研究批判型引用旨在促进新的创作活动的展开，进而惠及社会全

① 北京市仁爱教育研究所诉学生双语报社、北京九州新时代书报刊发行有限公司、北京时代创普教育科技发展中心侵犯著作权纠纷案（北京市海淀区人民法院民事判决书（2009）海民初字第20453号，北京市第一中级人民法院民事判决书（2010）一中民终字第17630号）。

② 周维海与北京艺龙信息技术有限公司侵犯著作权纠纷案（北京市朝阳区人民法院民事判决书（2011）朝民初字第10244号）（介绍盐城旅游的页面使用目的）；闫守玉诉北京青年报网际传播技术有限公司著作权权属、侵权纠纷案（北京市东城区人民法院民事判决书（2010）东民初字第07590号）（被告登载的3篇涉案文章并非时事新闻）；郑义与深圳市大梅沙旅游发展有限公司侵犯展览权纠纷案（广东省高级人民法院民事判决书（2009）粤高法民三终字第411号）（在展览厅公开展示，供游客参观浏览目的）；承德市畅远旅行社与王士喜、王士忠著作权侵权纠纷案（河北省高级人民法院民事判决书（2005）冀民三终字第51号）（为了宣传承德风光目的）；谢新发与上海和泰房地产开发有限公司、上海生辉广告有限公司著作权纠纷案（上海市第二中级人民法院民事判决书（2003）沪二中民五（知）初字第262号）（出于商业宣传目的，将原告的摄影作品用于制作推销商品房的售楼广告）。

体,因此具有明显的“正的外部效应”。① 此外,此种作品使用方式事关言论表达自由的维护,也需要肯认其正当性。但是此种例外的适用如果不设置严格的要件的话,很有可能造成滥用引用规定而侵犯原作者的权利,特别是在数字化技术急速发展的情况下,人们可以很轻易地编辑加工他人作品,进而可能造成大量依存于他人作品制造的著作物的泛滥。因此在借鉴日本学说及司法实践经验的基础上,对于判断出于研究批判目的而为的引用是否构成著作权权利限制例外时,应该导入“明瞭区别性”及“主从性”两要件说,这对于整饬学术风气,正确区分合法引用与违法抄袭的界限有着重要作用。

(作者系复旦大学法学院博士研究生)

① 有关合理使用的解释应限制在“交易不能型市场失灵”与“正外部性型市场失灵”下适用的观点参见于熊琦:“论著作权合理使用制度的适用范围”,载《法学家》2011年第1期。

专门性域名争议解决机制中“相同或混淆性相似”的认定*

丁　颖　李建蕾

目　　次

引言

从技术的角度看,域名原本只是互联网中用以解决地址对应问题的一种方法。但随着互联网络的不断发展,域名已经演变成重要的商业性标志。那些不知道某一企业域名的网民会首先选择该企业的名称或商标来尝试与该企业的网站连接,企业在定位网站时也希望使用与自己的企业名称或商标对应的文字或其缩写字符串作为本身的域名。因此,对一个企业来说,企业名称、商标和域名三位一体是最好的选择。① 当然,这里的域名是指其核心部分。例如,海尔(Haier)集团的域

* 本研究得到国家社科基金项目(09CFX063)、教育部人文社会科学研究项目基金(08JC820006)、中央高校基本科研业务费专项资金(BUPT2011RC1102)、北京邮电大学社科基金(2010BS01)资助。

① 李虎:《网上仲裁法律问题研究》,中国民主法制出版社 2005 年版,第 79 页;苏国良编著:《统一域名争议解决政策——案例与评析》,法律出版社 2003 年版,第 8 页。

名是 haier. com，其中，“. com”是通用顶级域名，代表商业机构，“haier”才是真正代表海尔集团的域名，是核心域名；康佳（KONKA）集团的域名是 konka. com，同样，体现域名使用者身份并将其与其他人的域名区别开来的是二级域名“konka”。

域名所蕴含的巨大商业价值导致了商家对相关域名的争夺，也出现了各种类型的域名争议，尤其是域名抢注案件最为突出。[①] 所谓域名抢注（cybersquatting），是指注册的域名与某一著名商标完全相同或相似，之后再将其转售给商标所有人，以谋取暴利。事实上，现在所称的域名抢注又可分为 4 种不同的形式：（1）传统的域名抢注（traditional cybersquatting）：将与商标相似的域名出售给商标所有人；（2）网络仿冒（cyberpiracy）：通过使用对商标用语有所变动的域名以吸引原本打算访问商标所在网站的流量；（3）蓄意错误拼写（typo-squatting）：也是一种网络仿冒，但使用的域名通过例如拼错单词的方式对商标进行了改动；（4）被动仓储（passive warehousing）：注册的域名与某一商标相似，但从不使用该域名。[②]

由于互联网本身的特点，使得各类传统争议解决方式在解决域名争议时都遭遇了一定的困境。而由域名管理机构建立和发展起来的专门性域名争议解决机制则较为有效地解决了前述传统争议解决方式所面临的种种问题。现行的专门性域名争议解决机制是由互联网名称与数字地址分配机构（The Internet Corporation for Assigned Names and Numbers, ICANN）通过颁布《统一域名争议解决政策》（Uniform Domain Name Dispute Resolution Policy, UDRP）建立和发展起来的，以专家裁决的方式解决 ICANN 管理的通用顶级域名（即以“. com”、

① 李虎：《网上仲裁法律问题研究》，中国民主法制出版社 2005 年版，第 79 ~ 80 页。

② *See* J. G. White, ICANN's Uniform Domain Name Dispute Resolution Policy in Action, *Berkeley Tech L J*, 2001 p. 230, 转引自 Gabrielle Kaufmann-Kohler & Thomas Schultz, *Online Dispute Resolution: Challenges for Contemporary Justice*, Kluwer Law International, 2004, p. 37, n. 121.

“. net”、“. org”等结尾的域名)争议。[①] 此后,大多数国家又以UDRP为蓝本建立起了本国的域名争议解决机制,例如中国互联网络信息中心(China Internet Network Information Center, CNNIC)通过发布《中国互联网络信息中心域名争议解决办法》(CNNIC Domain Name Dispute Resolution Policy, CNDRP)[②],以统一域名争议解决机制为模式,就其所负责管理的CN域名和中文域名(即“. CN”、“. 中国”、“. 公司”、“. 网络”域名),建立起了我国的专门性域名争议解决机制。

需要指出的是,专门性域名争议解决机制仅适用于域名抢注类争议,且只有符合一定条件的投诉才能获得专家组的支持。UDRP第4条a款规定,投诉人必须证明投诉同时符合以下3个条件才能将争议提交有关争议解决机构解决:(1)域名与投诉人享有权利的商品商标或服务商标相同或混淆性相似;(2)域名持有人对该域名并不享有权利或合法利益;(3)域名持有人对该域名的注册和使用具有恶意。CNDRP第8条与UDRP第4条a款的规定对应,以后者为基础,又结合我国的情况作了一定的修改,具有自己的一些特色。其规定如下:“符合下列条件的,投诉应当得到支持:(一)被投诉的域名与投诉人享有民事权益的名称或者标志相同,或者具有足以导致混淆的近似性;(二)被投诉的域名持有人对域名或者其主要部分不享有合法权益;(三)被投诉的域名持有人对域名的注册或者使用具有恶意。”

前述规定的第1个条件系专家组判定是否支持投诉的门槛条件,其重要性不言而喻。事实上,一些专家组在进行裁决时,若认定第一要件不满足,往往对投诉是否符合第二、三要件即不再予以讨论,而是直接驳回投诉。因此,投诉是否满足作为门槛要求的第一要件无疑是各方关注的焦点。当然,进一步分析,无论是UDRP,还是CNDRP,其所规定的这一要件又包含两个要素:(1)投诉人对有关名称或标志享有

① ICANN于1999年8月26日通过UDRP,其原始官方版本是英文本,见http://www.icann.org/en/help/dndr/udrp/policy,中译本见http://www.cnnic.net.cn/ggfw/fwzxxgzcfg/2012/201207/t20120731_32910.htm。

② CNDRP几经修订,最新版本于2012年5月28日公布,自2012年6月28日起施行,见http://www.cnnic.cn/ggfw/fwzxxgzcfg/2012/201206/t20120626_30074.htm。

权利/权益;(2)争议域名与该名称或者标志相同或混淆性相似。关于第一要素即投诉人既有权益的认定,本文不拟讨论。本文关注的重点是第二要素——"相同或混淆性相似"。对于如何认定"相同或混淆性相似",UDRP和CNDRP本身均未给出任何明确指示。如此笼统原则的规定导致在具体适用中产生了许多需要澄清的问题,也使得相关当事人在面对这些问题时难免困惑迟疑。已有的专家裁决为理解该要素提供了最为重要的线索,但前述裁决数量庞大,有关"相同或混淆性相似"的各种情形、争议散见其中,全面把握并非易事。基于此,实有必要结合UDRP和CNDRP各自的规定,对一系列具有代表性的专家组裁决进行整理、归纳和分析,在此基础上,对应如何理解、适用"相同或混淆性相似"及相关存疑之处予以探讨,最终力求为相关当事人及律师提供一定的指引。

依照UDRP,只有获得ICANN认证的争议解决机构才能受理有关投诉。ICANN先后授权6家争议解决机构作为域名争议解决机构,为通用顶级域名提供争议解决服务。其中世界知识产权组织(WIPO)仲裁和调解中心处理的案件数量大,最具代表性。因此,本文援引的有关UDRP的专家组裁决主要选自WIPO在其网站上公布的裁决。① 经由CNNIC认可与授权,负责根据CNDRP解决中国互联网络域名争议的机构是中国国际经济贸易仲裁委员会(CIETAC)和香港国际仲裁中心。本文援引的有关CNDRP的专家组裁决主要选自CIETAC域名争议解决中心在其网站上公布的裁决。②

一、UDRP:域名与商标相同或混淆性相似

(一)判定标准

在根据UDRP判断域名与投诉人享有权利的商标是否"相同或混淆性相似"(identical or confusingly similar to)时,专家组首先对基本的

---

① 裁决文本可在 http://www.wipo.int/amc/en/domains/search/上通过案件号等查找。

② 裁决文本可在 http://dndrc.cietac.org/static/cnddr/frmaincnddr.html 的"案件裁决"栏查找。

判定标准产生了分歧。

1. 多元素判定标准

极少数专家组采用了“多元素判定标准”。该标准强调“混淆性相似”并不等同于“相似”,而是指能够导致互联网用户对争议域名和投诉人商标产生实质性混淆的相似。这种实质性混淆使互联网用户产生域名属于投诉人或投诉人对其予以许可的误认。[①] 多元素判定标准考虑的因素不仅包括商标与域名本身的相同或者相似性,而且纳入了域名和商标背后商品或服务的相似性、域名的使用环境等其他因素综合考量。[②] 然而,有学者认为这种判定方法并不适当:(1)将混淆性相似与商标和域名背后的商品或服务相联系,降低了对投诉人的保护力度。(2)实践中的大量域名抢注并不具有造成互联网用户事实性混淆的特征,如域名为贸易圈外私人持有或域名注册之后却不使用的情形即为此列,但此时恶意要素却很容易满足。(3)若考虑实质性混淆,那么众多添加“-sucks”等贬义性词汇的域名将不包含在恶意抢注的范围内,导致不可忽视的规则漏洞。[③]

我们认为,这种判定标准是UDRP的一种早期探索,其更倾向于“借用商标侵权之标准‘混淆误认可能’于UDRP的问题”[④]。该标准假设存在“理性的互联网使用人”,事实上很难理解理性人的概念在网络空间环境下的意义。[⑤] 考虑商标与域名的差异,以及UDRP的初衷等综合因素,我们认为对这种给投诉人施加过多义务的判定标准应当持谨慎态度。事实上,多元素判定标准中主要考虑的因素可以作为判

---

① *Asda Group Limited v. Mr Paul Kilgour*, WIPO Case No. D2002 - 0857.

② Torsten Bettinger, *Domain Name Law and Practice: An International Handbook*, Oxford University Press, 2005, pp. 1032 - 1033.

③ Torsten Bettinger, *Domain Name Law and Practice: An International Handbook*, Oxford University Press, 2005, pp. 1032 - 1034.

④ 王奕华:“网域名称争议处理——以统一网域名称争议解决政策(UDRP)为中心”,台湾大学法律学院2012年硕士学位论文。

⑤ J. Rossa McMahon, Confusing Similarity Under ICANN's Uniform Dispute Resolution Policy, *The Journal of Information*, *Law and Technology* (*JILT*), August 2002, at http://www2.warwick.ac.uk/fac/soc/law/elj/jilt/2002_2/mcmahon/.

定第三要件“恶意”的相关因素(实践中亦如此),而多数情况下无须在相同或混淆性相似的判定中加以考虑。

2. 表面判定标准

当前,绝大多数专家组在裁决时主要将“争议域名与投诉人的商标存在表面上的相同或相似性”作为相同或混淆性相似的判定标准。下文所涉案例均采用了此种标准。我们将其称为“表面判定标准”(分为“表面相同”和“表面混淆性相似”),其比较的客体为域名字串和商标两者。[1] 此种判定标准是通过对商标和域名的整体性印象进行比较,从而得出争议域名与投诉人商标是否“相同或混淆性相似”的结论。当然,这并不意味着不可以仅仅考虑具有特殊性的单个元素或忽略那些描述性的元素。但无论如何,按照这种标准,只需考虑两种标记本身,而不必再考虑域名所针对的产品或者与使用有关的其他情况。[2]

需要指出的是,顶级域名(“. com”,“. net”,“. org”,“. info”,“. biz”等)本身的使用通常不影响相同或混淆性相似的判定(除非在特定案件中,该顶级域名词缀本身构成商标的一部分[3])。换言之,在对域名和商标进行比较时,是将顶级域名排除在外的,仅考察核心域名。在诸如 *Rollerblade, Inc. v. Chris McCrady* 案[4]等大量实践中,专家组业已确立这一原则。一方面,顶级域名并不具有法律上的特殊含义(不具有显著性),使用顶级域名只是对该类域名注册人的共同要求,并已为互联网使用者普遍知晓;另一方面,顶级域名并不标识商品或服务来源的特定企业,不会对互联网使用者产生任何误导。[5]

---

① 王奕华:“网域名称争议处理——以统一网域名称争议解决政策(UDRP)为中心”,台湾大学法律学院 2012 年硕士学位论文。

② Torsten Bettinger, *Domain Name Law and Practice: An International Handbook*, Oxford University Press, 2005, pp. 1034 - 1035.

③ WIPO Overview of WIPO Panel Views on Selected UDRP Questions, Second Edition (“WIPO Overview 2.0”) 的 1.2, http://www.wipo.int/amc/en/domains/search/overview2.0/.

④ WIPO Case No. D2000 - 0429.

⑤ *Wal-Mart Stores, Inc. v. Walsucks and Walmarket Puerto Rico*, WIPO Case No. D2000 - 0477.

(二)主要情形实证分析

下面就结合实际案例及专家组裁决,就与认定“相同或混淆性相似”有关的主要情形加以探讨。通过对大量案件的梳理、分析,我们发现,在一些问题上,专家组已形成较为一致的意见,对当事人而言,了解专家们的上述立场可为他们提供一定参考;在少数问题上,专家组的认识的确尚存分歧,对这类问题,本文亦将提出一些思考和心得。

1. 连字符的区别

专家组一致认为,在域名中使用连字符不影响对域名与商标相同或混淆性相似的认定。例如,在 *L' Oréal and L' Oréal USA Creative v. DomainJet, Inc., Jack Sun* 案①中,被投诉人域名“maybelline-newyork.com”与投诉人的注册商标“MAYBELLINE NEW YORK”之间除顶级域名“.com”的差别外,还存在大小写与连字符的区别。专家组指出:“连字符的添加并不具有来源暗示的价值”。也就是说连字符的添加不能在域名上产生决定性的区分功能,因此是无关紧要的,不影响域名与商标相同的判定。

2. 空格的区别

域名本身是不能使用空格的。专家组同意,域名不包含商标中的空格不影响对两者相同或混淆性相似的判断。例如,在 *La Quinta Worldwide, L. L. C. v. Telos Chamir* 案②中,专家组认为争议域名“laquinta.info”的识别性部分“laquinta”与投诉人商标“LA QUINTA”之间除字母“A”与“Q”之间存在一个空格的区别外完全相同,而这个空格的存在与否不会对域名或商标的整体印象造成实质性影响,因此空格的区别通常不影响域名与商标相同的判定。

3. 大小写的区别

域名与商标在大小写上的区别也不妨碍对二者相同的认定。例如,在 *Laboratoires Lierac v. Jacob W. / WhoisGuard* 案③中,专家组认定争议域名“lierac.net”与被投诉人商标“LIERAC”相同;在 *Paul*

---

① WIPO Case No. D2012 - 0012.

② WIPO Case No. D2012 - 0006.

③ WIPO Case No. D2012 - 0051.

Hartmann AG v. Patrick Schoutens 案[①]中，专家组认定争议域名"hydrotac. info"与投诉人的商标"HYDROTAC"相同。在英语语言中，大小写的差别并不影响语义及其整体印象的相同。因此，在 UDRP 实践中大小写的区别不影响域名与商标相同的判定已成为一项惯例。

4. 通用词汇的添加

(1)描述性元素的添加

一般说来，添加描述产品特征的元素对于标识的整体印象判定不具有决定性影响，因为该元素不具有区分性功能。[②] 也就是说，在域名由他人商标添加某个或某些描述性元素而构成的情况下，该描述性元素通常不能成为该域名与商标不同的区分依据。在 *O2 Holdings Limited v. Gary Devlin* 案[③]中，争议域名"o2upgrades. com"由投诉人商标"O2"、描述性元素"upgrades"以及顶级域名". com"构成。专家组指出：添加一个通用词汇——特别是用以描述商品或服务特征的词汇——至商标中使其构成域名的做法，不能排除域名与商标混淆的可能性。本案中，投诉人的业务包含了对其电话的升级(upgrades)服务，综合上述因素，专家组认为域名与商标存在混淆性相似。实践中大量类似案件[④]均表明描述性因素的添加一般情况下不影响混淆性相似的判定。

(2)地理名词的添加

地理名词在商标中可以用来表明商品或服务的来源。在他人商标之外添加地理名词构成的域名不仅不会对标记的整体印象产生决定性的区分作用，反而可能增加互联网用户误认的可能性。在 *Carlsberg A/S v.*

---

① WIPO Case No. D2012 - 1601.

② Torsten Bettinger, *Domain Name Law and Practice: An International Handbook*, Oxford University Press, 2005, p. 1039.

③ WIPO Case No. D2012 - 0007.

④ *O2 Holdings Limited v. Domains By Proxy, LLC, DomainsByProxy. com / Cognitive Systems*, WIPO Case No. D2012 - 0464; *LEGO Juris A/S v. PrivacyProtect. org / Kim Bum-Kim Bum LLC*, WIPO Case No. D2012 - 2080; *Lego Juris A/S v. dwi agus helmi bisri*, WIPO Case No. D2012 - 2135.

Personal / decohouse, *decohouse* 案[1]中,争议域名"carlsbergcanada. com"的识别性部分"carlsberg"与投诉人的商标"CARLSBERG"完全相同,而另一词汇"canada"显然是地理名词,其不具有对标志的整体印象起决定性作用的区分功能。相反,其可能造成互联网用户对于产品来源的误认,例如该案中用户可能会认为产品来源于加拿大的嘉士伯啤酒公司。因此,通常情况下地理名词的添加不影响混淆性相似的判定。[2]

(3)数字的添加

普遍认为,在商标上添加数字不能减弱其与商标的混淆性相似,特别是在该数字本身具有描述性含义或具有某种特定的字面含义时,还可能增加混淆的可能性。[3] 在 *Frostwire, LLC v. Shane Williams* 案[4]中,争议域名"frostwire10. com"的识别性部分"frostwire10"是在投诉人商标"FROSTWIRE"基础上添加了数字"10"这一后缀。专家组认为,在商标上添加一个数字本身不足以在域名与商标之间构成区分,相反互联网用户可能会误认为该域名与投诉人商标具有某种关联。类似的情形还存在于 *Salvatore Ferragamo S. p. A v. Qing Chun aka Wu Wei* 案[5]等案件中。

(4)商标本身由通用词汇构成

当商标本身是描述性词汇或者其本身具有极低的显著性(区分能力)时,其与区分度高的商标或著名商标不同。若域名由此种商标和一个描述性词汇组成,一般认定该域名与前述商标不存在混淆性相似。

---

① WIPO Case No. D2011 - 0972.

② *L'Oréal SA v. LV Kefeng* , WIPO Case No. D2009 - 1231; *AAPC Properties Pty Limited, Accor Australia & New Zealand Hospitality Pty Limited v. Milan Kovac / Privacy Protect*, WIPO Case No. D2012 - 2222; *Culligan International Company v. Kqwssa LLC / Domains By Proxy, LLC*, WIPO Case No. D2012 - 2409.

③ Torsten Bettinger, *Domain Name Law and Practice: An International Handbook*, Oxford University Press, 2005, p. 1037.

④ WIPO Case No. D2012 - 0964.

⑤ WIPO Case No. D2012 - 2148. 该案中,争议域名"ferragamo2012. info"中的识别部分"ferragamo2012"由投诉人商标与数字"2012"组成,专家组指出,数字"2012"可能仅仅是一个时间点的暗示,比如说2012年(当前的年份)。

在 *Digital City, Inc. v. Smalldomain* 案①中,争议域名为"digitalcitymap.com",投诉人的商标为"DIGITAL CITY"(文字商标)。投诉人对于"混淆性相似"没有作出任何说明,认为该要件是不言自明的;而被投诉人则对不存在"混淆性相似"提出了三点抗辩:(1)词汇"map"的添加使得域名区别于商标而不会导致混淆;(2)存在大量以"digitalcity"作为二级域名的注册,而这些注册并未引起混淆结果;(3)"digital city"作为一个通用词汇不会使消费者联想到投诉人。专家组认为:抗辩(2)不具有说服力,这只是经验主义的推断;抗辩(3)有一定道理,因为"digitalcity"一词除了在知晓投诉人商标的群体(集中在美国国内)之中存在影响,对此外的大多数公众而言只是一个通用词汇,然而"全球知名"并非 UDRP 规则对投诉人商标的要求,因此抗辩(3)也不具有说服力;最后,假如"map"是前缀而非后缀,抗辩(1)则更有说服力。因此,专家组拒绝接受被投诉人的抗辩。

但是,专家组又指出,以往大量案件对添加了地理名词或者"sucks"词缀的情形作出分析,却未对商标本身是"通用词汇"的情形作出具体分析。然而这类商标有必要同本身具有极高显著性和知名度的商标(Walmart、Standard Chartered、Dixons 等)加以区分。这种区分是防止商标持有人垄断相关域名的需要,否则可能造成对域名注册的过分限制。因此,专家组提出了认定不具有混淆性相似的三个条件:(1)域名包含一个商标和一个词缀;(2)此商标在互联网上是通用词汇,并不具有获得更广泛保护所要求的区分性特征;(3)该词缀(或域名整体)与投诉人的业务无关。鉴于此案中投诉人付出的保护及广告费用所获得的宣传效果并未使其商标从通用词汇中脱离出来而具有必要的显著性,不能使普通的社会大众产生该域名中的通用词汇与商标持有人之间存在联系的误认,况且投诉人并不提供"地图",因此认定域名与商标不存在混淆性相似。

这里还有一种商标本身由通用名词构成的特殊情况。当域名由名字和姓氏组成时,如果其包含了他人商标中的姓氏,是否构成域名与商标的混淆性相似?答案是否定的。在 *Estee Lauder, Inc. v. Jeremy Stamper d/*

① WIPO Case No. D2000 - 1283.

*b/a Pon*案[1]中,争议域名“ronaldlauder. com”、“ronaldlauder. org”与投诉人商标“Estee Lauder”、“Lauder”之间的相同之处仅为姓氏“Lauder”部分。专家组认为,假如因此认定混淆性相似,将意味着在互联网上,任一包含姓氏的商标都有可能潜在地同另一包含该姓氏的姓名混淆性相似,即便是牵涉此案的个人拥有不同的名字。如此结论显然缺乏法律依据,且不公平地增加了域名注册人的负担,因此不认定为混淆性相似。我们认为,姓氏可以看作一种特殊的通用词汇,所以在考察相似性时可以忽略。

5. 基于商标的设计性元素导致的区分

(1)一般情形

商标区别于域名的一个重要特征是商标不仅可以用纯粹的文字形式表示,而且可以通过添加Logo或其他设计性元素而获得显著性,而域名只能是纯字母数字串形式。实践中,当含有设计性元素的商标的纯文本因素与争议域名相同时,通常认定其会产生相同或混淆性相似问题。在*Dreamstar Cash S. L.* v. *Brad Klarkson*案[2]中,争议域名“gals4free. com”与投诉人商标“Gals 4 Free”在文本上相同。专家组指出,域名当然地可以仅包含纯字母数字串,而不包含投诉人商标中的形象化、图案性的因素。本案中,“Gals 4 Free”这一文本表达无疑是投诉人椭圆图案标志(指投诉人商标的图标)中最具显著性的部分,而争议域名无论在视觉还是读音上都与该文本相同,该椭圆图案标志也传达出与该域名完全相同的含义。基于上述理由,专家组认定争议域名与投诉人商标混淆性相似。

(2)例外

根据《WIPO有关WIPO专家组就UDRP若干问题的意见概述(第2版)》(“WIPO概述2.0”),如商标注册时其中的文字部分因不具有高区分度而被完全拒绝,或者商标的设计性元素或其他形象化因素是使商标获得显著性的唯一来源,则未取得高区分度的描述性文字本身

---

① WIPO Case No. D2003 - 0036.

② WIPO Case No. D2007 - 1943.

不能单独作为混淆性相似的认定标准。[①] 也就是说,在判断域名是否与带设计性元素的商标相同或混淆性相似时,商标中的描述性文字不在考虑之列。在 *Cream Holdings Limited v. National Internet Source, Inc* 案[②]中,专家组指出,1995 年"CREAM"纯文本在英国的注册被拒绝,表明投诉人的商标仅因其设计性因素而获得显著性,由于"CREAM"一词为通用词汇,且投诉人未能使得一般社会大众将该词与其商标产生必然的联系,假如给予过多的保护就可能造成其对该通用词汇的垄断,显然不符合法理。因此,专家组认定争议域名与投诉人商标不存在混淆性相似。

6. 一字之差或蓄意错误拼写(typo-piracy)

(1)一般情形

这种情形是指域名持有人故意将自己的域名注册为与投诉人的商标只有一个字(母)之差,或者故意造成拼写错误,意在使互联网用户在错误拼写的情形下可能访问自己的网站。[③] 在 *Havana Club Holding S. A. v. Above. com Domain Privacy and Transure Enterprise Limited* 案[④]中,投诉人的商标"HAVANA CLUB"与被投诉人的域名"habana-club. com"之间存在字母"v"和"b"的一字之差。专家组认为:"一、'Habana'是英文单词'Havana'的西班牙语译法,因此西班牙语语言使用者或熟知者必然会在争议域名与商标之间产生二者具有相关性的误认;二、争议域名与投诉人商标极其相似,仅存在一字之差;三、在争议域名与投诉人商标之间存在读音相似,这一点在考虑错误拼写意图时应当加以考虑。"同样,在 *Zippo Manufacturing Company v. Zippoe* 案[⑤]中,专家组认定争议域名的识别性部分"zippoe"与商标"ZIPPO"之间仅存在字母"e"的一字之差,并未在整体视觉印象以及读音上发生实质性的改变,因此这种差别因不具有显著性而可以被忽略。可见,对于

① "WIPO Overview 2.0"的 1.1 和 1.11。

② WIPO Case No. D2001 – 0964.

③ Torsten Bettinger, *Domain Name Law and Practice: An International Handbook*, Oxford University Press, 2005, p. 1036.

④ WIPO Case No. D2012 – 0019.

⑤ WIPO Case No. D2012 – 2246.

一字之差或蓄意错误拼写的情形，专家组似乎对"仅在极端情况下存在混淆性相似"的立场持否定态度，[①]而认定争议域名与投诉人商标混淆性相似。

(2)关于"www"前缀的添加

专家组形成的裁决意见几乎都认定由"www"及投诉人商标组成的争议域名存在蓄意错误拼写(typo-piracy)的嫌疑，因此可以将其作为蓄意错误拼写的一种特殊情形。在 *Reuters Limited v Global Net 2000, Inc* 案[②]中，争议域名"wwwreuters. com"的识别性部分"wwwreuters"是由"www"和"reuters"这一显著性词汇构成的，而"reuters"恰好与投诉人商标"REUTERS"完全相同。专家组认为，首先"www"已被公认为"world wide web"(万维网)的简称，即便不是为所有人熟知，也是一个极为普遍性的互联网网页的域名前缀，因此在域名语境下不存在任何的区分性功能；其次，"www"在域名中的使用通常能够使互联网用户注意其后的内容(本案中即 reuters)，因此一个粗心大意的用户可能会认为"www"与其后的内容之间有一个点号(本案中即 www. reuters)而误认为域名只包含"www"后面的内容；最后，这可能存在"蓄意错误拼写"的嫌疑。假如互联网用户在输入商标持有人网站时，因疏忽而遗漏了"www"与其后内容之间的点号，就会进入域名持有人的网站。因此，鉴于视觉上的相似性以及蓄意错误拼写的潜在危险，专家组认定争议域名与投诉人商标混淆性相似。类似案件[③]

---

① J. Rossa McMahon, Confusing Similarity Under ICANN's Uniform Dispute Resolution Policy, *The Journal of Information, Law and Technology* (*JILT*), August 2002, at http://www2. warwick. ac. uk/fac/soc/law/elj/jilt/2002_2/mcmahon/.

② WIPO Case No. D2000 - 0441. 亦可见 Torsten Bettinger, *Domain Name Law and Practice: An International Handbook*, Oxford University Press, 2005, p. 1040, n. 370. 该书作者认为"www"属于描述性词汇，并将其放入描述性因素部分进行讨论。我们认为这属于划分角度的不同，我们根据其使用可能造成的影响(即目的)将其归于"蓄意错误拼写"一类进行讨论。

③ *IG Group Limited v. R. S*, WIPO Case No. D2012 - 2002; *Barclays Bank PLC v. Private Registration, Whois Guard Service. com*, WIPO Case No. D2012 - 1662; *Amegy Bank National Association v. Whois Privacy Services Pty Ltd / 21562719 Ont Ltd*, WIPO Case No. D2012 - 1129.

屡见不鲜，专家组在大量实践中得出较为一致的观点。

可见，在上述情形中，争议域名通常通过改变一两个字母顺序、增减字母或使用“www”前缀的方式与投诉人商标形成视觉上的相似或语言学上的读音相似。这种注册方式可能导致互联网用户因为错误读写而进入域名持有人的网站；即便不会造成用户实质性的误认，也可能使用户因其整体印象相似而产生该域名与商标持有人存在某种联系的误认。因此在一字之差或蓄意错误拼写的情形下通常认定争议域名与投诉人商标混淆性相似。

7. 商标的合并

域名由投诉人持有的两个或几个商标结合而成的情形被专家组认定为混淆性相似。在 *Audi AG v. Hans Wolf* 案①中，争议域名“audi-lamborghini. com”由投诉人著名商标“AUDI”和投诉人子公司商标“LAMBORGHINI”构成。专家组认为，该域名将“audi”放在开头，就宣示了该域名同投诉人的相关关系；即便互联网用户对于“LAMBORGHINI”商标由投诉人的子公司持有这一事实不甚了解，至少也会在域名所包含的两商标之间产生某种业务相关的联想，更遑论那些深谙投诉人公司母子关系的用户。② 可见，此类情形下混淆性相似的认定通常是基于互联网用户可能在域名持有人与商标持有人之间建立某种联系的判断。③ 那么当域名是由几个不同投诉人的商标结合而成时，是否仍可以适用上述规则呢？我们认为答案是肯定的。

---

① WIPO Case No. D2001 - 0148.

② 另见 *Yahoo! Inc. v. CPIC NET and Syed Hussain*, WIPO Case No. D2001 - 0195. 该案中，争议域名“yahooebay. org”、“yahoo-ebay. com”、“ebay-yahoo. com”、“ebayyahoo. net”的识别性部分包含了投诉人的商标“Yahoo!”，该商标在长期使用中获得了较高的商誉，而“ebay”是另一家商业网站的名称，将其添加进来可能使互联网用户产生投诉人业务扩展的误认，并使进入被投诉人网站的用户误认为这是投诉人的一项新业务。

③ Torsten Bettinger, *Domain Name Law and Practice: An International Handbook*, Oxford University Press, 2005, p. 1047.

8. 免责声明的使用

即使域名持有人的网站包含引导用户访问商标持有人之网站的介绍或免责声明或用以否定与商标持有人混淆可能性的其他内容,此种免责声明对确认商标与域名之间的相同或相似也无关紧要。[①] 在 *Allen-Edmonds Shoe Corporation v. Takin' Care of Business* 案[②]中,争议域名"allenedmondsshoes. com"的识别性部分"allenedmondsshoes"显然与投诉人商标"ALLEN EDMONDS"存在混淆性相似。由于被投诉人在其网站上对于投诉人商标的使用已经超过识别其商品的必要限度,因此被投诉人在抗辩中宣称已在自家网站上"注明非投诉人产品"的免责声明亦不能有效避免混淆性相似。当然,这并不妨碍免责声明在评价"恶意"问题时具有影响。[③]

9. 贬义词汇的添加

如域名由投诉人商标和"sucks"、"fraud"、"fuck"等英文贬义词汇组成,域名与商标是否"混淆型相似"? 专家组在该问题上存在分歧。大多数裁决认为在商标上添加". sucks"构成混淆性相似,只有一小部分裁决认为这一词汇的添加能够清晰地指示域名与商标持有人不存在联系。[④] 后一种观点的理由是:"sucks"等贬义词的添加本身就减轻了互联网用户误认的可能性。"sucks"语词在语义内容层面清晰地显示了域名与商标持有人没有关联,任何一个知晓"sucks"语义的理性人都

① Torsten Bettinger, *Domain Name Law and Practice*: *An International Handbook*, Oxford University Press, 2005, p. 1048.

② WIPO Case No. D2002 - 0799.

③ Torsten Bettinger, *Domain Name Law and Practice*: *An International Handbook*, Oxford University Press, 2005, p. 1048.

④ Zinatul A. Zainol, Wan M. H. W. Hussain, and Noor Inayah Yaakub, WIPO Panels' interpretation of the Uniform Dispute Resolution Policy (UDRP) three-prong test, *World Patent Information*, 2011, p. 277.

不可能认为该域名与投诉人存在联系。[①] 不过,此种主张较多地存在于 UDRP 早期实践中。目前大多数裁决否定了前述主张:一种观点认为,上述认定是基于互联网用户熟知英语语言的假设。事实上,非以英语作为母语的用户仍然可能在域名与商标之间产生错误的联系。还有一些专家组则认为混淆性相似的认定与下述事实相关,即公众在网上利用搜索引擎通过投诉人的商标搜索投诉人的产品和服务时会搜索到争议域名,这会导致投诉人产品和服务的潜在用户的转移。[②]

例如,在 *Société Air France v. Mark Allaye-Chan* 案[③]中,争议域名"airfrance-suck. com"的识别部分"airfrance-suck"由投诉人商标"AIR FRANCE"与"-sucks"后缀构成。专家组指出,鉴于互联网用户可能无法立即发现争议域名具有否定性内涵,并且"-sucks"因素在添加到著名商标"AIR FRANCE"中时并未构成该域名最突出或者显著的特征,因此专家组认定争议域名与投诉人商标混淆性相似。

另外,"WIPO 概述 2.0"指出,网站内容(无论该内容是否与商标权利人的业务相同)通常不影响根据第一要件对混淆性相似的认定,不过这些内容可能与第二、三要件下评定被投诉人造成混淆的意图高度相关。[④] 据此,我们认为域名附加贬义词汇在大多数情形下并非第一投诉要件所考虑的因素,而是在随后要件的判定中予以讨论的问题。

---

① Torsten Bettinger, *Domain Name Law and Practice: An International Handbook*, Oxford University Press, 2005, p. 1052. 例如,在 *Asda Group Limited v. Mr Paul Kilgour*, WIPO Case No. D2002 – 0857 案中,争议域名"asdasucks. net"的识别部分"asdasucks"由投诉人商标"ASDA"与"-sucks" 后缀构成。专家组指出:如果对"混淆性相似"进行定义,那么这种相似性必须达到足以使互联网用户产生实质混淆的程度……该案中,唯一可能的是使那些知晓投诉人存在,并且对英语语言不熟知因而无法辨别"-sucks"后缀含义的用户产生混淆。投诉人并未向专家组提交此种证据;但是,专家组还是调查了投诉人的网站以寻求关于投诉人拥有国外用户的证据,尽管对此一无所获。该网站是一个致力于英国方面业务的英文网站。基于此,专家组认为该网站的客户群中不熟悉英语语言的客户并未达到一个可观的数量,并因此认定争议域名与投诉人商标不存在混淆性相似。

② Torsten Bettinger, *Domain Name Law and Practice: An International Handbook*, Oxford University Press, 2005, p. 1051.

③ WIPO Case No. D2009 – 0327.

④ "WIPO Overview 2.0"的 1.2.

换言之,当添加“-sucks”等贬义词汇的目的是对该商标下的产品或服务予以批判时,则属言论自由的范畴,因而系第二要件即域名持有人对该域名是否享有权利或合法利益所要考虑的问题。不过,事实上,很多此类域名下的网站上并没有关于商品或服务的过多评论,反而是通过恶意注册以达到诋毁商标、敲诈商标权利人的目的,这又属于第三要件即域名持有人对该域名的注册和使用是否具有恶意所要考察的问题。①

10. 其他情形

在腾讯科技(深圳)有限公司诉 longma 案②中,争议域名“qqhaoma. com”的识别部分由“QQ”与“haoma”组成。其中,“QQ”系投诉人的知名商标。投诉人认为,汉语拼音“haoma”与“QQ”连用时,互联网用户普遍会首先将其对应理解为“号码”一词。该案专家组指出:根据汉语拼音规则,“haoma”一词可分为“hao”和“ma”,可以是“号”(“hao”的第四声)和“码”(“ma”的第三声)。但若以其他声韵去读“haoma”的话,也可以是“好吗”(“hao”三声和“ma”轻声)等。所以,专家组认为“haoma”未必一定等同中文的“号码”。要等同两者,在中英文翻译,不论音译或意译,都有一定的困难。鉴于此,“haoma”可以是一个非描述性的字,有商标意义,而“qqhaoma”亦不一定会与QQ混淆性相似。但在本案中投诉人提出了争议域名是由:(1)其驰名商标QQ;和(2)无显著性的“号码”的汉语拼音“haoma”两部分组成。也提出了争议域名“qqhaoma. com”所指向的有关网站以明显的篇幅描述了它是出售QQ号码的网站。加上被投诉人未对投诉人的上述主张提出任何反对或其他意见,已默认了或在行为上认同了投诉人的说法,强有力地支持了投诉人的主张。该案专家因此认定在上述非常特殊的情况下,争议域名的“qqhaoma. com”中的“haoma”可以被理解为“号码”的汉语拼音。互联网使用者会根据争议域名所指向网站的内容,将“qqhaoma”视为“QQ号码”。鉴于此,专家组认为争议域名的主体部

① 王奕华:“网域名称争议处理——以统一网域名称争议解决政策(UDRP)为中心”,台湾大学法律学院2012年硕士学位论文。

② WIPO Case No. D2012 - 2208.

分“qqhaoma”在本案此种特殊情况下与投诉人的QQ商标构成混淆性相似。

上述案件非常典型地说明UDRP实践中面临的复杂情形。即便专家组从域名与商标的整体印象出发作出不具有混淆性相似的判断,依然存在一些极为特殊的情形可能改变最终的裁决。就“haoma”这一字串而言,其作为汉语拼音组合不宜完全适用UDRP以往的规则,该案专家在裁决时不可避免地考虑到其特殊性。我们认为在面临语言困境时,在专家组的组成过程中应尽可能选择本身使用该语言的专家,根据语境及双方当事人的陈述情况确定该语言在争议域名中的具体用法。

二、CNDRP:域名与投诉人享有民事权益的名称或者标志相同,或者具有足以导致混淆的近似性

CNDRP规定的第一个投诉要件所包含的第二要素是域名与有关名称或者标志①“相同,或者具有足以导致混淆的近似性”。

(一)主要情形实证分析

总体而言,CNDRP与UDRP对于第二要素的判定标准基本是一致的。从适用CNDRP的实践来看,主要涉及以下情形:

1. 域名识别性部分与商标完全相同

这种情形多发生在商标完全是由英文字母或数字构成的情形。但这种情况并不多见。因为域名和商标的构成要素存在很大差别,域名主要是由字母和数字组成,而商标的构成要素除字母和数字之外,还包括图形、三维标志和颜色组合等,要比域名丰富得多。并且,即使构成域名和商标的字符完全相同,商标除了单纯的字符含义之外还包含着一种视觉上的效果,是字符与字体的融合。所以,纯粹意义上的域名和商标完全相同的情形在实际情况中并不多见。② 但是我们认为,随着

---

① CNDRP第8条第1项规定的投诉条件是:“被投诉的域名与投诉人享有民事权益的名称或者标志相同,或者具有足以导致混淆的近似性”,使用了“投诉人享有民事权益的名称或者标志”这一表述。也就是说,CNDRP保护的并不仅限于商标,还包括投诉人依据我国法律规定享有民事权益的其他名称或标志。

② 王进:“域名和商标权利冲突问题研究”,中国政法大学法学院2011年硕士学位论文。

中文域名的普及和CNDRP实践的发展,这种情形在域名与商标的权利冲突中亦不能小觑。

2. 大小写或者标点符号的使用差别

在悌吉爱星期五尼苏达公司诉厦门壹名信息技术有限公司案[①]中,争议域名是"fridays. cn","tgifridays. cn"。专家组认为,两争议域名在结构上分作二级,其中第二级域名是本案两争议域名的核心,因为"cn"作为顶级域名代表中国,其作为网络标志的区别性明显较弱。所以本案两争议域名中的二级域名分别是域名中最具区别作用的部分。而该二级域名"fridays"和"tgifridays"与投诉人享有商标专用权的标志"FRIDAY'S"和"T. G. I. FRIDAY'S"在字母构成上除了大小写的差别以及一个分节号和三个句点外,字母构成完全相同。专家组认为,这构成争议域名与投诉人享有在先民事权益的标志相近似,且投诉人的商标主要用于餐饮服务及其相关产品,其业务所面对的是最为普通的公众,因此在互联网上以这种与他人商标相近似的符号作为域名使用显然存在造成普通网民的混淆的可能性。在OTTO(GMBH & CO KG)诉北京清大电通科贸有限公司案[②]中,专家组也认为,首字母大小写的区别在英文中对于词语的辨认和词义通常没有影响,在互联网域名领域对于域名的识别也不构成影响,因而专家组认定本案争议域名可识别部分"lascana"与投诉人享有商标专用权的"Lascana"相同。可见,大小写或标点符号的差别通常不影响混淆性相似的判定。

3. 通用词汇的添加

(1)描述性因素的添加

一个不具有区分性的描述性因素的添加通常不能影响"混淆的近似性"的判定。在ADT服务有限公司(ADT SERVICES AG)诉王健案[③]中,争议域名的主体部分为"simplexfire"。专家组认为,对于稍有英文基础的公众来说,无论在拼写还是读音上,"simplexfire"都很容易被分为两部分:"simplex"和"fire"。由于"fire"是英文中的一个非常普

---

① 裁决编号:贸仲域裁字第(2012)0003号。

② 裁决编号:贸仲域裁字第(2012)0008号。

③ 裁决编号:贸仲域裁字第(2012)0004号。

通的常用词汇,其基本含义是“火”、“火灾”,相关公众在看到“simplexfire”时,通常会将注意力放在“simplex”上。而“simplex”与投诉人享有注册商标专用权的“Simplex”和“SIMPLEX”标志相比,只有字母大小写的不同。专家组认为,由于字母的大小写在域名构造中是等值的,因而这一不同可以忽略不计。因此,专家组认为,本案争议域名的主体部分与投诉人享有注册商标专用权的标志具有混淆性近似,投诉人的投诉符合 CNDRP 第 8 条第 1 项规定的条件。

在争议域名包含了商标整体并添加了描述性词汇(功能性词汇)的情形下,有时不但不能使域名产生区分效果,而且会增加误认的可能性。在北大方正集团有限公司诉杭州爱名网络有限公司案①中,“FOUNDER”是北大方正集团在中国使用多年并在行业内具有极高知名度的驰名商标。对于中国普通消费者来说,“FOUNDER”已与北大方正集团及其产品形成了唯一对应的联系,消费者一看见“FOUNDER”就会很自然地将它同北大方正集团公司联系起来。争议域名识别部分由单词“FOUNDER”和“PC”组成,其中,“FOUNDER”与北大方正集团所有的驰名商标完全相同,而“PC”正是其所提供的“个人电脑”产品的英文缩写。因此,普通消费者在看到与投诉人在先知名商标混淆性近似的争议域名识别部分后,将极易造成混淆,误以为该网站为北大方正集团所开设。

(2)地理名词的添加

地理名词在 CNDRP 案件裁决中不作为有识别意义的部分加以考量已经形成共识,因此地理名词的添加一般不影响混淆性相似的判定。类比描述性词汇添加的裁决适用规则,一些地理名词在域名中的使用甚至可能增加误认的可能性。在 ABB ASEA BROWN BOVERI LTD 诉 wasjustin inc 案②中,投诉人商标为“ABB”,争议域名是“abbchina.cn”。专家组认为,“abbchina”是本案争议域名的区别部分。该部分明显由两个相对独立的部分“abb”和“china”组成,显然“china”是指“中国”,具有显著的地域含义,因此,“abb”成为整个域名中最为显著并具

① 裁决编号:贸仲域裁字第(2012)0007 号。

② 裁决编号:贸仲域裁字第(2010)0011 号。

有识别意义的部分。这个“abb”与投诉人享有民事权利的商标和商号“ABB”除字母大小写之外完全相同,鉴于“ABB”标志在中国有极高的知名度,争议域名“abbchina”的使用足以导致公众产生混淆,因此本案争议域名“abbchina. cn”与投诉人享有民事权益的“abb”商标和商号具有足以导致混淆的近似性。

(3)数字的添加

被投诉域名包含整个商标并添加数字的情形通常并不能使得域名与商标显著区分,因而数字的添加一般不影响“相同或具有足以导致混淆的近似性”的认定。在安利(中国)日用品有限公司诉秦小明案①中,除了代表顶级域名的通用字符“. cn”,争议域名的识别部分由“amway21”组成,与投诉人享有商标权的标识“AMWAY”相比,仅增加了通用数字“21”,不能实质性地区别于“AMWAY”;而“amway”与“AMWAY”的发音及拼写均相同。因此,专家组认定争议域名与投诉人享有商标权的标识混淆性近似。此外,商业英文中常存在下列情形,即数字可能具有特殊含义,如数字“2”同英文“to”、“4u”同“for you”读音相同,极易使公众产生误认。如戴尔有限公司(Dell Inc.)诉北京彼乐高昂科技公司案②,争议域名“go2dell”中,“go”显然是英文中一个普通动词,最主要的含义是“去”,“2”虽然是阿拉伯数字,但它的发音与英文“to”相同,在商业英文尤其是网络应用方面常用“2”代替“to”,如“B2B”、“B2C”、“2”的使用除了有代表“to”的功效外,还有节省一个字节的作用,从视角效果上看,“2”的应用使得其左右两个单词分开,使“dell”更显突出。显然,“go2dell”相比“gotodell”,更易使人一眼就能将“dell”识别出来。因此,专家组认为增加“go2”并不削减“dell”的识别性和独立性,也不赋予“dell”以不同的读音和词义。所以,专家组认定,争议域名与投诉人注册商标和商号“Dell”以及投诉人已经注册的大量域名之间具有足以导致混淆的近似性。

(4)商标本身的显著性(区分能力)的影响

与UDRP类似,在CNDRP的实践中,当商标本身是描述性词汇或

① 裁决编号:贸仲域裁字第(2010)0051号。

② 裁决编号:贸仲域裁字第(2007)0007号。

者其本身具有极低的显著性(区分能力)时,若域名由投诉人的此种商标和一个描述性词汇组成,由于这两个词汇均具有描述性,且通常能够被人们轻易理解,一般不认定为“混淆性相似”。但此情形又存在这样一种例外,即当该商标通过使用已经获得为相关公众知悉的“第二含义”时,不能因其含有某种功能性的含义就认定其不具有显著性,从而影响“相同或具有足以导致混淆的近似性”的认定。

在Dow Corning Corporation诉黄宁波案①中,专家组认为,争议域名具有识别作用的部分为“molykotebond”,其中含有投诉人的商标“MOLYKOTE”(英文字母大、小写的变化不产生其他含义)。“MOLYKOTE”在英文中虽有“二硫化钼润滑剂”的含义,但并非已有词汇就不具备显著性,如权利人将该词汇注册为商标且进行了使用或宣传,在公众的认识中该词汇即有可能产生第二含义,成为权利人的商业标识。投诉人在争议域名注册日前已将“MOLYKOTE”注册为商标,且已为相关领域内公众所知,故在相关公众认识中,“MOLYKOTE”已与投诉人及其产品产生联想,成为投诉人的商业标识。特别是对于中国的相关公众而言,知晓“MOLYKOTE”已有含义(二硫化钼润滑剂)的很少,而由于投诉人的“MOLYKOTE”商标已经注册和宣传,相关公众更易将“MOLYKOTE”认识为投诉人的商业标识。故“molykotebond”会给相关公众产生该域名由“molykote”(投诉人的商标)和“bond”所构成的认识。“bond”为常用已有词汇,英文含义为“黏接、黏着剂、结合力、联结、联系、契约、约定字据、债券、公债”等,“molykotebond”会使人产生与投诉人有关的“bond”含义指向的相关事务的认识(描述性词汇的添加,甚至会增加误认的可能性——作者注),在这种情况下,使用“molykotebond”标志注册域名,会使相关公众认为使用该域名的网站是投诉人开办的,或该网站与投诉人存在着联系,从而造成混淆。故争议域名与投诉人享有权益的标志具有足以导致混淆的近似性。专家组因此认定争议域名与商标满足第二要素的要求。

---

① 裁决编号:贸仲域裁字第(2012)0005号。

4. 一字之差或蓄意错误拼写

在皮尔·卡丹(Pierre Cardin)诉北斗导航商务咨询有限公司案[①]中,争议域名为"pierrecardan. com. cn"。专家组认为:除了代表顶级和二级域名的通用字符". com. cn",争议域名的识别部分由"pierrecardan"组成,与投诉人在中国注册和使用的商标"PIERRE CARDIN"相比,仅与第二个词"CARDIN"有细微的拼写差别,且争议域名识别部分"pierrecardan"在读音上与投诉人注册和使用的中文商标"皮尔 卡丹"近似,更增加了与投诉人的注册商标"PIERRE CARDIN"混淆的可能。

不过,在上海家化联合股份有限公司诉王宏伟案[②]中情形则有所不同。该案中争议域名为"baocaiji. cn"。投诉人对"佰草集"享有商标专用权,与之对应的拼音应为"baicaoji"。专家组认为:两者的总体上给人的感觉确有相似之处,但凡是懂汉语的人都能看出两者之间的区别。更重要的是,同一汉语拼音组合还有可能对应于多种汉字组合,因而通常情况下,专家组不会仅仅因为汉语拼音相同而认定域名与商标相同。专家组最终未认定争议域名与投诉人商标相同或混淆性近似。可见,CNDRP下专家组在一字之差或蓄意错误拼写案件中,仍然以域名和商标整体印象为主要判断标准,也在一定程度上考虑了互联网用户群体、适用语境等因素。这与UDRP的认定相同或混淆性相似的倾向性相比,对于投诉人而言似乎更为严苛,也体现了语言因素等对第二要素判定的影响。

5. 商标的合并

在赛诺菲-安万特(SANOFI-AVENTIS)、巴斯德学院(INSTITUT PASTEUR)诉徐珏案[③]中,专家组认定争议域名"aventispasteur. net. cn"的主要识别部分为"aventispasteur",由"aventis"和"pastuer"两部分组成。前一部分与投诉人一享有在先商标权与名称权的"AVENTIS"完全相同,后一部分与投诉人二享有在先商标权的"PASTUER"完全相

① 裁决编号:贸仲域裁字第(2010)0004号。

② 裁决编号:贸仲域裁字第(2009)0050号。

③ 裁决编号:贸仲域裁字第(2011)0022号。

同。因此，专家组认为，争议域名与共同投诉人享有在先权益的商标和企业名称完全相同，投诉人的投诉满足 CNDRP 第 8 条所规定的第一个条件。相似的情形还可以在阿尔卡特朗讯（Alcatel Lucent）、阿尔卡特朗讯美国公司（Alcatel-Lucent USA Inc.）、上海贝尔股份有限公司诉澳美新投资咨询公司案①等域名争议案件中看到。

（二）特殊情形

1. 因汉语拼音的特殊性产生的问题

汉字与拼音对应关系的特殊性表现在一个拼音组合对应的汉字或词语并不是唯一确定的。前述有关 UDRP 的讨论中，已出现“. com”域名包含汉语拼音的情形。由于“. cn”域名系中国国家顶级域名，注册“. cn”域名的中国企业或个人自然占了较大比重，也因此，“. cn”域名中出现汉语拼音的情况会比“. com”域名更多，也更复杂。围绕这一问题，CNDRP 专家组也针对不同情形表明了自己的观点。

陕西秦岭蜂业有限公司诉张军伟案②中，专家组认为：域名识别部分“qinling”与投诉人享有合法在先权利的字符“秦岭”相比，两者的区别体现于：(1)在表现形式上，前者的表现形式为字母，后者的表现形式为汉字；(2)在发音上，由于汉字词汇的发音是由拼音和每个拼音的音调共同构成，因此，前者在标注音调的情况下可以具有多种发音，如可以具有“秦岭”、“秦陵”等发音，而后者发音是固定的；(3)在含义上，前者由于不同发音而对应不同的汉字词汇，因此可以基于不同汉字词汇而具有多种含义，而后者仅具有基于汉字“秦岭”所存在的含义。由此专家组认定二者不同但具有一定的关联性。同时，专家组也考虑了“秦岭”商标的知名度，认为投诉人尚无事实或法律依据足以使该商标将其独占性权利延伸至商标的汉语拼音“qinling”上，③“秦岭”作为具有地理含义的通用词汇，显著性不强。故专家组认定争议域名识别部

---

① 裁决编号：贸仲域裁字第（2009）0129 号。

② 裁决编号：贸仲域裁字第（2009）0178 号。

③ 根据中国《商标法》和中国参加的国际公约的规定，对于有知名度的商标，其权利的保护可以延及该商标的翻译、拼音和模仿。见下文“宝丽来公司（POLAROID CORPORATION）诉刘卫刚”案。

分与投诉人享有在先权益的商标、商号不同,亦不存在混淆性相似。

相比而言,在宝丽来公司(POLAROID CORPORATION)诉刘卫刚案[①]中,将投诉人的商标"宝丽来"与被投诉人注册的争议域名"baolilai. com. cn"相比较,争议域名中起识别作用的"baolilai"显然是投诉人的商标"宝丽来"的拼音形式。专家组根据该商标在国内的知名度等因素,将商标权保护延伸至对其拼音的保护。无独有偶,大庆铁人王进喜纪念馆诉大庆剑桥科技开发有限公司案[②]中,争议域名"wangjinxi. cn"中具有识别作用的部分"wangjinxi"与投诉人享有民事权益的名称"王进喜"的汉语拼音完全相同。专家组考虑"王进喜"这一名称的知名度和影响,认定域名中的"wangjinxi"与"王进喜"名称具有特殊对应关系。可见,在处理因拼音与汉字的特殊对应关系而引发的域名与商标的冲突时,除考虑二者本身的相似度外,还要考虑使用环境、商标显著性、知名度、关联的紧密程度等因素,结合具体情况认定是否"具有足以导致混淆的近似性"。

2. 拼音和英语的相互转换和合并使用

这种情况产生了较大争议。在可口可乐公司(THE COCA-COLA COMPANY)诉饶绍涛案[③]中,专家组指出,根据商标注册及保护的一般原理,对于由文字构成的商标标志而言,其内容涉及字形、发音及含义。他人使用的标志如在字形、发音及含义任何一方面与商标标志相同或近似,则可能导致混淆的发生。本案争议域名"kekokele. cn"具有识别作用的部分为"kekokele"。将投诉人主张权益的"COCA-COLA"、"COCACOLA"、"可口可乐"标志与争议域名使用的"kekokele"标志相比较:在英文含义上,"coca"为古柯、古柯叶,"cola"为可乐树及可乐类饮料,而"kekokele"无具体含义,故在含义上二者不可能导致混淆的发生;在字形上,"COCACOLA(COCA-COLA)"与"kekokele"亦无相似之处,不存在造成混淆的可能。"可口可乐"的汉语拼音虽为"kekoukele",但由于投诉人并未将"kekoukele"注册为商

---

① 裁决编号:贸仲域裁字第(2009)0156号。

② 裁决编号:贸仲域裁字第(2008)0040号。

③ 裁决编号:贸仲域裁字第(2007)0166号。

标,也未在商业活动中直接使用该标志,故投诉人在字形(即视觉意义上)上不对“kekoukele”标志享有权益。因此,不能以“kekoukele”与“kekokele”在字形、外观上是否相似,作为判断“kekokele”与“可口可乐”是否造成混淆的根据。判断“kekokele”与投诉人享有权益的标志是否造成混淆,应从发音的角度进行比较。从英文发音规律考虑,“COCACOLA(COCA-COLA)”与“kekokele”在字母构成上基本不同,在这种情况下,投诉人没有提供“kekokele”根据英文发音规律形成的音标,故无法认定“COCACOLA(COCA-COLA)”与“kekokele”发音相同或相似。从汉语发音来看,对比“可口可乐”与“kekokele”的发音,由于“kekokele”中的“ko”不具备汉语拼音的发音条件,故无法认定“可口可乐”与“kekokele”的发音具有相似性。因此,本案最终未能认定“kekokele”与“可口可乐”具有足以导致混淆的近似性。

我们认为,本案结论是值得商榷的。应该说,专家组的判断与一般公众的认知出现了较大差异。“.cn”域名更多的是面向中国市场,而大多数普通中国民众在第一眼看到“kekokele”时,极易产生与“可口可乐”的联想。究其原因,是因为就“可口可乐”的中文发音而言,“kekokele”本就比“COCA-COLA”更符合中国人的发音习惯。事实上,笔者现在在百度上输入“kekokele”,输入框下方也会自动出现“可口可乐”的提示。这就很能说明问题了。鉴于“可口可乐”商标的知名度,对它的保护无疑可延伸至其拼音,虽然“可口可乐”对应的汉语拼音是“kekoukele,但其与“kekokele”本身只有一字之差,用户完全可能因为错误拼写而进入被投诉人的网站,受到误导。因此,认定“kekokele”域名与投诉人享有权利的商标“具有足以导致混淆的近似性”应该是没有问题的。否则,反与 CNDRP 的立法原意不符。

3. 中文域名

在 2008 年的 ICANN 巴黎年会上,ICANN 理事会一致通过一项重要决议,允许使用其他语言包括中文等作为互联网顶级域字符。[①] 2009 年,中文国家代码“.中国”正式启用。迄今为止,中国互联网络信

---

① 薛松:“‘.中国’将登录互联网”,载《广州日报》2008 年 7 月 3 日 A27 版,载 http://gzdaily.dayoo.com/html/2008-07/03/content_244367.htm。

息中心(CNNIC)负责运行和管理以“. CN”、“. 中国”、“. 公司”、“. 网络”结尾的四种中文域名。[①] 可以预见,随着中文域名的普及,域名与商标权利冲突将会更加明显。

在国家体育场有限责任公司诉方文淋案[②]中,争议域名是“鸟巢. 公司”、“鸟巢. 公司. cn”、“鸟巢. 网络”、“鸟巢. 网络. cn”、“鸟巢. 中国”、“鸟巢. cn”(均含繁体)。专家组在裁决时综合考虑了商标及域名的使用环境,认为在争议域名“鸟巢. 中国”、“鸟巢. cn”中,其具有识别作用的部分 “鸟巢”与投诉人享有权益的“鸟巢”名称完全相同;其后缀部分“. 中国”及“. cn”为中文域名类型标志。由于“中国”为国家名称,“cn”为中国国家顶级域名的代称,没有其他意义,故争议域名“鸟巢. 中国”、“鸟巢. cn”识别部分与后缀部分的结合不产生其他含义,给人的认识为注册于“. 中国”及“. cn”项下的“鸟巢”域名。因此,被投诉人如将该争议域名(“鸟巢. 中国”、“鸟巢. cn”)投入使用,会使公众误认为使用该域名的网站与2008年奥运会主会场即国家体育场存在特定联系,为投诉人所开办的网站,形成混淆。因此,争议域名“鸟巢. 中国”、“鸟巢. cn”应认定为与投诉人享有民事权益的名称相同。

但是,专家组同时认为,由于“鸟巢”一词为具有一般含义(“鸟窝、鸟的栖息之所”)的现有词汇,其作为商业标识的显著性有限,故投诉人对该词汇所享有的权益不是绝对的,而应受到限制。只有在争议域名对该词汇的使用形式与国家体育场的代称完全相同并会造成直接混淆的情况下,才会对投诉人的利益造成损害,投诉人才可因此得到相应保护。如争议域名对该词汇的使用形式与国家体育场的代称并不完全相同,则不应认定争议域名会造成混淆。由于中文域名的特性,中国公众一般是将其识别部分与后缀部分作为整体来进行认识及判断的,故在争议域名与投诉人享有权益的标志的对比中,应综合争议域名的识别部分及后缀部分的整体印象予以考虑。对于争议域名“鸟巢. 公司”、“鸟巢. 公司. cn”而言,其给公众的整体印象应为名称为“鸟巢”的

---

① 中国互联网络信息中心:“中文域名注册常见问题及解答”,载 http://www.cnnic.cn/ggfw/fwzx/zwymfaq/201206/t20120615_29372.htm。

② 裁决编号:贸仲域裁字第(2007)0077号。

公司;对于争议域名"鸟巢.网络"、"鸟巢.网络.cn"而言,其给公众的整体印象应为"鸟巢"的网络服务。这部分争议域名的识别部分与后缀部分的结合产生了其他意义,公众不会将其视为国家体育场的代称。对使用这部分争议域名开办的网站,公众会认为其是名为"鸟巢"的公司或网络服务商所开办,而不会将其误认为是国家体育场的经营及管理者所开办。因此,专家组认定投诉人对争议域名"鸟巢.公司"、"鸟巢.公司.cn"、"鸟巢.网络"、"鸟巢.网络.cn"的投诉不符合 CNDRP 第 8 条第 1 项所规定的条件。同样的结论在杭州海龙家私有限公司诉徐洪伟案[①]等案件裁决中亦有所体现。

可见,在 CNDRP 的实践中,专家组除遵循传统标准对相同或混淆性相似进行判定,还要根据汉语的使用特征,结合争议域名整体进行裁决。可以预见,在 CNDRP 未来的实践中还将出现其他复杂的情形,因此在认定被投诉的域名与投诉人享有民事权益的名称或者标志"相同,或者具有足以导致混淆的近似性"时,必须尊重汉语文字及其拼音的特点,不仅要考虑域名及商标的整体性及其外观、读音及表达的含义,还要结合语境及商业使用环境综合进行考察判定。

(作者系丁颖,法学博士,北京邮电大学人文学院法律系副教授,岗位教授。李建蕾,北京邮电大学人文学院硕士研究生)

① 裁决编号:贸仲域裁字第(2007)0173 号。

论实现担保物权案件特别程序及与诉讼和执行程序的衔接

孙瑞玺

目　次

引言

在各种法律关系中,债的关系无疑是最重要的关系之一。债是特定当事人之间的关系。其中,有权请求相对人为特定行为(包括作为、不作为)的一方为债权人,按照请求为特定行为的一方为债务人。债权人不能直接支配债务人的行为,也不能直接支配债务人的人身,只能请求债务人为特定行为。因此,债权人所享有的债权为请求权而非支配权。这也是债权与物权的最大区别。债权是建立在人与人之间相互信任的基础之上的,当债务人不履行或者不完全履行债务,而全部丧失或者部分丧失信用时，债权人的债权就有全部或者部分不能实现的风险。为此，担保制度应运而生。当债务人不履行或者不完全履行债务时，债权人既可以请求债务人履行债务，也可以要求担保人承担担保责任。在后者，债权人既可以要求物的担保人承担担保责任；也可以要求保证人承担保证责任，由此就为债权的实现提供了可靠的保障。

当债权有物的担保，如抵押、质押和留置担保，当债务人不履行或者不完全履行债务或者发生当事人约定的实现担保物权的情形时，债权人（同时也是担保物权人）依法享有就担保财产优先受偿的权利。担保物权人如何实行担保物权，以实现所担保的债权，在2012年3月14日中华人民共和国第十一届全国人民代表大会第五次会议通过的《全国人民代表大会关于修改〈中华人民共和国刑事诉讼法〉的决定》（以下简称2012年《修改民诉法决定》）施行前后有不同的规定：在2012年《修改民诉法决定》施行前，担保物权实行的方式是诉讼；在2012年《修改民诉法决定》中增加了实现担保物权案件的特别程序一节，在该决定施行后，担保物权可以通过非诉的方式实行。

当物保与人保担保同一债权，担保物权可以通过特别程序（非诉）来实行，人保只能以诉讼的方式来行使，由此产生不同担保的实现方式之间的冲突，需要协调和理顺；同时抵押和质押担保按照提供主体的不同分为债务人提供的物保和第三人提供的物保，保证又分为连带责任保证和一般保证，因此，不同主体提供的物保与不同保证方式的存在实现方式上又会衍生成多种可能并发生冲突。

理论界和实务界围绕实现担保物权案件特别程序中涉及的问题，提出了各自的观点和理由，但是却分歧不断。这些观点主要围绕特别程序的内部构建展开的，基本不涉及特别程序与诉讼和执行程序之间的衔接等这些外部问题。笔者认为，后者既涉及担保物权制度，又涉及保证担保制度，还关涉非诉讼与诉讼和执行制度，是物权法、债法和诉讼法的汇合领域，值得研究。因此，笔者尝试着从实现担保物权案件特别程序的内部和外部两个方面谈一下自己粗浅的看法，以求教于诸位大家。

我国的立法多采简略主义的立法模式。而法律细化的任务一般交由最高人民法院通过司法解释来完成。2012年《修改民诉法决定》关于"实现担保物权案件"的特别程序一节只有2个条文,不可能涉及所有的问题。这些问题要由最高人民法院制定司法解释来解决。据了解,最高人民法院正在根据《修改民诉法决定》对《关于适用〈中华人民共和国民事诉讼法〉若干问题的意见》进行修改和完善,其中当然包括对"实现担保物权案件"的特别程序的完善。在本文的最后,笔者尝试着起草一份实现担保物权案件特别程序司法解释建议稿,希望为司法解释的起草提供些许参考,如果能够采纳,则为幸事。

一、我国担保物权实行方式的立法沿革

(一)比较法上的实行方式

担保物权的实行,也称为担保物权的实现,①是指担保物权人在债权已届清偿期而未获清偿或者发生当事人约定的实现担保物权的情形,为求得自己债权的优先受偿,而处分担保物的行为。② 作为以担保债务清偿为目的的物权,是通过对担保物的交换价值或占有权能的支配来实现的,正是在这个意义上,担保物权又称为定限物权,即只在一定范围内对担保物予以支配的物权。③ 担保物权作为定限物权,具有

① 刘保玉教授认为,担保物权的实行与实现的意义大致相当,这是由于担保物权的实行通常即意味着权利的实现。但严格地说,实行与实现是存在区别的:前者是一种行为,侧重于担保物权行使的过程;后者是一种法律状态,侧重于担保物权行使而使债权受偿的结果。区分两者的差异,在某些情况下是有重要意义的,如《担保法解释》第78条规定:"同一财产向两个以上债权人抵押的,顺序在后的抵押权所担保的债权先到期的,抵押权人只能就抵押物价值超出顺序在先的抵押担保债权的部分受偿。""顺序在先的抵押权所担保的债权先到期的,抵押权实现后的剩余价款应予提存,留待清偿顺序在后的抵押担保债权。"该条确立的规则是:顺序在后的抵押权虽可先实行其抵押权,但未必可以先实现债权的受偿。参见刘保玉:《物权法学》,中国法制出版社2007年版,第334页。笔者赞同该观点。但是为了行文的方便,本文中的"实行"与"实现"的含义相同,可以相互替代。

② 参见梁慧星、陈华彬:《物权法》(第4版),法律出版社2007年版,第326页;崔建远:《物权法》(第2版),中国人民大学出版社2011年版,第478页。

③ 参见谢在全:《民法物权论》(中册),中国政法大学出版社2011年修订五版,第609页。

两项效力：其一是优先清偿效力；其二是留置效力。前者是指担保物权为优先支配担保物交换价值的权利。在其所担保的债权已届清偿期而未获清偿或者发生当事人约定的实现担保物权的情形，担保物权人得行使换价权（变价权），以担保物换价所得的价金优先为债权的清偿。抵押权和质权为体现该效力的典型；后者是指受担保的债权未受全部清偿前或者发生当事人约定的实现担保物权的情形，担保物权人得留置标的物，以迫使债务人清偿其债务。留置权为体现此种效力的代表。① 对于后者而言，留置债务人在约定或者法定期间未履行债务的，留置权人也可以就拍卖、变卖留置财产所得的价款优先受偿。其最终结果也体现了优先清偿效力。由此，担保物权的效力主要就是优先清偿效力。该效力又区分为换价权与所得价金的优先受偿权。就两者的关系而言，换价权是手段，优先受偿权是目的。

担保物权的实行，就是担保物权人行使换价权和优先受偿权实现债权的行为。因此，担保物权的实行实际上就是担保物权换价权和优先受偿权的实现。诚如有学者所言，担保物权的实现既是担保物权的主要效力，也是担保物权人最主要的权利。若无此效力，则担保物权势必将无存在的价值。②

关于担保物权的实行方式，各国立法规定不同，主要有两种立法例：（1）自力救济模式，即担保物权人可径行依担保物权而自行决定担保物的处分方式并予以实施，无须经担保人同意，国家公权力在通常情况下也不强制干预。③ 如美国《统一商法典》第9—609条及正式评述就指出：债务人违约后，担保权人可以占有担保物或控制担保物，在不违反公共秩序的前提下，可不经过司法程序。④ 此外，中东欧国家在担保物权的实现途径上也认同自力救济的方式。⑤ （2）公力救济模式，即

---

① 参见梁慧星、陈华彬：《物权法》（第4版），法律出版社2007年版，第301页。

② 参见梁慧星、陈华彬：《物权法》，法律出版社1997年版，第328页。

③ 参见蔡永民：《比较担保法》，北京大学出版社2004年版，第115页。

④ 参见ALI（美国法学会）、NCCUSL（美国统一州法委员会）：《美国〈统一商法典〉及其正式评述》（第3卷），高圣平译，中国人民大学出版社2006年版，第384页以下。

⑤ 参见高圣平：《物权法与担保法：对比分析与适用》，人民法院出版社2010年版，第106页。

担保物权的实现方式应采公法上的方式,担保物权人实现担保物权之前通常需要获得法院或者国家机关签发的裁判或决定,而不能自行实现担保物权。如德国《民法典》第 1147 条[以强制执行的方式清偿]规定:"以土地和抵押权所及的标的中使债权人受清偿,以强制执行之方式为之。"①也就是说,抵押权人在债务人不履行债务时,只能通过强制执行的方式从土地中获得清偿,任何方式的私人执行都被禁止。② 按照德国《民事诉讼法》与《强制拍卖与强制管理法》的规定,因金钱债权对不动产的强制执行有两种方法:(1)强制拍卖,即由执行法院将不动产加以变价,以获得的价金清偿债权人的债权;(2)强制管理,该方法之目的是为了使债权人从不动产的收益中得到满足。为了实现强制管理,法院或聘任一名强制管理人,该人有权利和义务采取一切必要措施以确保不动产的经济状态及合理使用。③ 同时依照德国《民法典》第 1149 条"债权对所有权人未届期的,所有权人不得给予债权人此种权利,即以清偿为目的而请求转移土地所有权的权利,或者以强制执行之外的其他方式进行土地出让的权利"的规定,即不仅当事人不得在订立抵押合同时作出流押契约的约定,而且即使抵押权实现的条件成就了,抵押权人也不能与抵押人私自协商拍卖抵押物,抵押权的实现必须通过法院的强制执行。除此之外,日本、瑞士等国也采公力救济的方式。④

---

① 参见陈卫佐译注:《德国民法典》(第 3 版),法律出版社 2010 年版,第 384 页。

② 参见 Westermann/Gursk y /Eickmann, Sachenrecht: ein Lehrbuch, 7Aufl. ,1998, § 100, Rdn. 2. 参见[德]鲍尔 · 施蒂尔纳:《德国物权法》(下册),申卫星、王洪亮译,法律出版社 2006 年版,第 167 页。

③ 德国《民事诉讼法》第 866 条[对土地的强制执行的种类]规定:(1)对土地强制执行,以登记债权上的担保抵押权,强制拍卖与强制管理的方式实施。(2)债权人可以要求,只实施这些措施之一,或者并用几种措施。(3)只有对于超过 1500 德国马克的款额,才能登记担保抵押权(第 1 款);利息如作为从债权而提出时,不予考虑。根据同一债权人的数个债务名义,可以登记一个单一的担保抵押权。参见谢怀栻译:《德意志联邦共和国民事诉讼法》,中国法制出版社 2001 年版,第 240 页。

④ 参见徐武生:《担保法理论与实践》,工商出版社 1999 年版,第 336 页。转引自高圣平:《物权法与担保法:对比分析与适用》,人民法院出版社 2010 年版,第 99 页。

(二)2012年《修改民诉法决定》施行前的实行方式

1.《物权法》施行前的实行方式

在2012年《修改民诉法决定》施行前,我国担保物权的实行方式是属于自力救济还是公力救济,抑或其他方式,不无争议。要厘清这个问题,首先看一下我国法上关于担保物权实行方式的规定。《民法通则》第89条第2项规定:“债务人或者第三人可以提供一定的财产作为抵押物。债务人不履行债务的,债权人有权依照法律的规定以抵押物折价或者以变卖抵押物的价款优先得到偿还。”同条第4项规定:“按照合同约定一方占有对方的财产,对方不按照合同给付应付款项超过约定期限的,占有人有权留置该财产,依照法律的规定以留置财产折价或者以变卖该财产的价款优先得到偿还。”《担保法》第53条第1款规定:“债务履行期届满抵押权人未受清偿的,可以与抵押人协议以抵押物折价或者以拍卖、变卖该抵押物所得的价款受偿;协议不成的,抵押权人可以向人民法院提起诉讼。”第71条第2款规定:“债务履行期届满质权(动产质权)未受清偿的,可以与出质人协议以质物折价,也可以依法拍卖、变卖质物。”①第87条第2款规定:“债务人逾期仍不履行的,债权人可以与债务人协议以留置物折价,也可以依法拍卖、变卖留置物。”《最高人民法院关于适用〈中华人民共和国担保法〉若干问题的解释》(法释[2000]44号,以下简称《担保法解释》)第130条规定:“在主合同纠纷案件中,对担保合同未经审判,人民法院不应当依据对主合同当事人所作出的判决或者裁定,直接执行担保人的财产。”

围绕上述规定,学者间对于抵押权的实行方式为公力救济的观点基本相同。但也有分歧:有学者认为,我国抵押权实现的方式是依当事人的合意或者法院的命令执行,即抵押权人首先得与抵押人协商以抵押物折价或拍卖、变卖抵押物的方式实现抵押权。只有在双方协商不成时,抵押权人才得向人民法院提起诉讼;②也有学者认为,如何实现抵押权属于权利的范畴,应由抵押权人自行决定,只要抵押权的实现条件具备,抵押权人就可以直接请求法院实现抵押权,而不必先与抵押人

① 根据《担保法》第81条规定,权利质权也适用该条动产质权的规定。

② 参见郭明瑞:《担保法》(第2版),法律出版社2004年版,第133页。

协商。[①] 有学者主张,我国担保物权(包括抵押权、质权和留置权)的实现方式是公力救济的程序设计,即担保物权人无法直接拍卖、变卖担保财产。[②] 有的学者采区分的观点,认为抵押权的实现方式为公力救济,但是质权和留置权的实现方式则为私力救济。[③]

2.《物权法》施行后的实行方式

《物权法》第195条第1款、第2款分别规定:"债务人不履行到期债务或者发生当事人约定的实现抵押权的情形,抵押权人可以与抵押人协议以抵押财产折价或者以拍卖、变卖该抵押财产所得的价款优先受偿。协议损害其他债权人利益的,其他债权人可以在知道或者应当知道撤销事由之日起一年内请求人民法院撤销该协议。""抵押权人与抵押人未就抵押权实现方式达成协议的,抵押权人可以请求人民法院拍卖、变卖抵押财产。"该条第2款关于"抵押权人可以请求人民法院拍卖、变卖抵押财产"的规定,修改了《担保法》第53条第1款"向人民法院提起诉讼"的规定。两者相较,《物权法》更加关注担保物权实现程序的便捷,意在降低担保物权的实现成本,得到了学界的肯定。[④]

关于上述规定,学界通说认为属于公力救济方式。但也有不同的观点,有的学者认为,《物权法》规定的抵押权的实现程序,既允许抵押权人与抵押人协商实现抵押权,又允许在协商失败后求助于司法程序,可称为"两步走",本质上属于自救主义,但也有折中主义的内涵,是"非彻底的自救主义",可称为"司法保护下的自救主义"。[⑤] 这种观点

① 参见郭明瑞:《担保法原理与实务》,中国方正出版社1995年版,第199~200页。

② 参见方流芳:"民事诉讼收费考",载《人大法律评论》2000年第1期;肖建国:"论担保物权的强制执行",载《人民法院报》2001年6月11日;高圣平:《物权法》,清华大学出版社2007年版,第238页以下;邹海林、常敏:《债权担保的理论与实务》,社会科学文献出版社2005年版,第188、283、366页。

③ 参见郭明瑞:《担保法》(第2版),法律出版社2004年版,第133、186、238页。

④ 参见梅夏英、高圣平:《物权法教程》,中国人民大学出版社2007年版,第405页。

⑤ 参见最高人民法院物权法研究小组:《〈中华人民共和国物权法〉条文理解与适用》,人民法院出版社2007年版,第583页;曹士兵:《中国担保制度与担保方法》,中国法制出版社2008年版,第265页。

可以称为少数说。

少数说之所以不同于通说,根本原因是由于对相关概念的界定不同。少数说对于“自救主义”的定义是允许抵押人和抵押权人协商实现抵押权;通说关于“自力救济”的定义则是指前述所称的担保物权人可径行依担保物权而自行决定担保物权的处分方式并予以实施,无须经担保人同意,国家公权力在通常情况下也不加以强制干预。前者所指称的“自救”是指抵押人和抵押权人双方的自救;后者所指的“自力救济”是指抵押权人一方的自救。由此可见,两者所指向的对象不同,因此两者不具有可比性。笔者认为,通说见解有理论上的依据和法律上的根据,值得借鉴。

以上观点仅是针对抵押权而言的,对于质权和留置权是否也应作相同的理解呢?《物权法》第219条第2款规定,质权人可以就拍卖、变卖质押财产所得的价款优先受偿;[①]第236条第1款规定,留置权人可以就拍卖、变卖留置财产所得价款优先受偿。以上条款均没有如《物权法》第195条第2款“抵押权人可以请求人民法院拍卖、变卖抵押财产”的表述或者限定。由此,学界和实务界对质权和留置权的拍卖、变卖方式形成了自力救济的肯定说与否定说两种观点。[②]

在笔者看来,质权和留置权拍卖和变卖的自力救济方式即肯定说值得赞同。理由如下:(1)《物权法》之所以对抵押权的实行方式作出与质权和留置权实行方式不同的规定,理由之一便是抵押权人不占有抵押物,无法单方拍卖、变卖抵押物,而质权人、留置权人占有质物、留置物,可以单方拍卖、变卖。[③] (2)为了避免质权人和留置权人自行变卖质物和留置物时,损害同一质物和留置物上的其他物权人、债务人以及债务人的普通债权人的利益,《物权法》设计了防范措施,即第219条第3款和第236条第2款均要求质权人和留置权人在变卖质物和留

① 按照《物权法》第229条规定,权利质权人也同样享有该条动产质权人所享有的权利。因此,该条质权人既包括动产质权人,也包括权利质权人。

② 详细地介绍请参见高圣平:“担保物权实行途径之研究——兼及民事诉讼法的修改”,载《法学》2008年第2期。

③ 参见郭明瑞:《担保法》(第2版),法律出版社2004年版,第186、238页;金殿军:“请求法院拍卖、变卖担保财产的法律问题”,载《法学》2010年第1期。

置物时,应当参照市场价格。(3)比较法上的有利例证是,尽管德国《民法典》明文禁止不动产抵押权的自力救济,但是却也明文允许质权的私力救济,如德国《民法典》第1228条第1款规定:“质权人之从质物中受清偿,通过出卖质物为之。”也就是说,质权人在债务人不履行债务时,可以直接出卖质押之物,即采取自行变价的方式实现质权。当然也可以申请强制执行;[①]我国台湾地区“民法”第893条第1项,解释上质权人拍卖质物既可以自行拍卖,即自力救济,也可以采取公力救济,即声请法院拍卖。[②] 按照我国台湾地区“民法”第936条第2项,留置权实行的方式准用质权之规定,即在我国台湾地区,留置权人拍卖留置物可以自行拍卖,也可以声请法院拍卖。同时该项有债务人或留置物所有人不于前项(第1项)期限内为清偿,除了就留置物卖得之价金优先受偿之外,还规定留置权人可以通过订约取得留置物所有权。[③]据此,留置权人的自力救济之程度高于质权人的自力救济。

综上,我国《物权法》规定的担保物权的实行方式是抵押权的公力救济与质权、留置权自力救济相结合的混合模式。

当然,允许质权和留置权通过自力救济方式实现,并不意味着就否定质权和留置权的公力救济。自力救济作为权利保护的两种途径之一,随着国家和社会的进步,其适用范围越来越小,且与公力救济相比,仅处于例外的地位。[④] 采取自力救济途径受到法律的严格限制,权利主体只能以法律许可的方式和在法律允许的限度内保护自己的权利。[⑤] 如果完全任由担保物权人通过自行拍卖、变卖的方式实行担保

---

① 参见程啸:“抵押权的实现程序”,载《中外法学》2012年第6期。

② 参见谢在全:《民法物权论》(下册),中国政法大学出版社2011年修订五版,第999页。我国台湾地区“司法院”大法官解释释字第55号文(44.10.24)指出:质权人因有“民法”第893条情形而拍卖质物者,仍应依照本院院字第980解释办理,如不自行拍卖而声请法院拍卖时,即应先取得执行名义。52台抗字128号判决所持观点与该解释的观点基本相同。参见来胜法学研究中心:《学习式六法》,来胜文化事业有限公司2013年28版,“民法”第280页。

③ 参见我国台湾“民法”第936条之修正理由(2007.3.38)。参见来胜法学研究中心:《学习式六法》,来胜文化事业有限公司2013年28版,“民法”第292页。

④ 参见郑玉波:《民法总则》,中国政法大学出版社2003年版,第547~548页。

⑤ 参见王利明:《民法总则研究》,中国人民大学出版社2003年版,第245页。

物权，难免会损害担保人以及担保人普通债权人的利益，如质权人、留置权人未参照市场价格对质物或留置物进行变价（变卖）处理，则会导致质权人、留置权人与出质人、留置债务人之间，以及质权人、留置权人与出质人、留置债务人的债权人之间的争议，使得自力救济的优势丧失。[①] 前引德国《民法典》和我国台湾地区“民法”的相应规定、解释和判例，对于质权和留置权的实行方式不排除公力救济。因此，在我国，质权人和留置权人也可以请求人民法院拍卖、变卖质物或留置物。

《物权法》第 195 条第 2 款关于“抵押权人可以请求人民法院拍卖、变卖抵押财产”的规定，应当如何应用，在当时法律没有明确规定的情况下，理论界和实务界提出了如下几种解决方案：(1) 在法律没有明确规定，而且《民事诉讼法》也没有特别处理程序的情况下，应该沿用采取传统的民事诉讼方式，由抵押权人启动审判程序获得胜诉判决后进入执行程序。《物权法》第 195 条规定的是“请求”，而不是“申请”。“请求”和“申请”的区别在于：前者要经过烦琐和冗长的起诉、应诉、开庭、答辩等诉讼全过程，甚至会有上诉审、再审；而后者是非讼程序，无须经过诉讼全过程，法院通过对抵押权登记等证据的审查，即可裁判实行抵押权，包括允许强制拍卖抵押财产。[②] (2) 根据《公证法》，当事人可以向公证机关申请，由公证机构对担保物权合同赋予强制执行效力。在担保物权实现的条件成就时，担保物权人可以该强制效力的担保合同为依据，直接向人民法院申请执行。[③] (3) 抵押权人可以向人民法院执行机构申请，人民法院执行机构对申请进行审查后下达执行令作为执行依据。[④] (4) 担保物权人原则上可以直接依据物权担保合同申请法院作出许可拍卖、变卖担保财产的裁定，再依裁定申请法院执行。也就是说，《物权法》第 195 条第 2 款“请求人民法院拍卖、变卖

---

① 参见王明华：“担保物权实现程序适用中的若干问题”，载《人民司法》2013 年第 15 期。

② 参见最高人民法院物权法研究小组：《〈中华人民共和国物权法〉条文理解与适用》，人民法院出版社 2007 年版，第 583 页。

③ 参见郭明瑞：《担保法原理与实务》，中国方正出版社 1995 年版，第 201 页；高圣平：《物权法》，清华大学出版社 2007 年版，第 240 页以下。

④ 参见刘保玉：《物权法学》，中国法制出版社 2007 年版，第 334 页注释①。

抵押财产”的程序不是诉讼程序,也不是强制执行程序,而是非诉程序。①

持非诉程序观点的理由是:(1)抵押权实现中,并不体现权利义务的争议性,具有“非讼性”。(2)抵押权人申请法院拍卖、变卖抵押物,实质是权利人要求确认并实现其公示权利的程序。(3)非讼案件有别于纯私人之间的权利义务纠纷,其处理多与公益有关,因此法律规定通过非讼程序对其产生、变更、消灭进行干涉。② (4)担保物权作为一种物权,权利人可直接对物的价值加以支配并排除其他一切人的干涉,而无须借助义务人的给付行为,即使在不占有抵押物的情形下,抵押权人也可以控制抵押物的价值并得以从中优先受偿。担保物权人请求法院拍卖、变卖担保财产实现权利,正是将物权转化为法院对担保财产实施的强制执行行为,仍然属于担保物权人依担保财产直接取偿的一种表现,而无须依靠义务人来实施某种行为。法院作出的许可拍卖、出卖担保财产的裁定即为执行根据。③《民事强制执行法草案第三稿》第30条第1款第2项关于“人民法院依留置权人、抵押权人或者质权人的申请,对留置物、抵押物或者质物所作出的许可强制执行的裁定”作为执行依据的规定,该草案第四稿第12条第2项关于“人民法院作出的许可对担保物进行拍卖的裁定书”可以作为执行根据的规定,支持了上

---

① 参见王利明:《物权法研究(修订版)》(下卷),中国人民大学出版社2007年版,第504页;蔡辉:“抵押权的实现程序:直接申请执行,还是提起诉讼?”,载《人民法院报》2007年7月5日;冉崇高、代贞奎:“直接请求法院拍卖、变卖担保物的程序设定”,载《人民法院报》2007年9月14日;兰世民:“非讼程序直接申请强制执行——物权法第一百九十五条第二款的程序解读”,载《人民法院报》2008年8月22日;罗越明、卫东亮:“《物权法》抵押权实现制度的性质及适用”,载《法律适用》2008年第10期;俞晓飞:“应以非讼程序作为抵押权实现的前提”,载《江苏法制报》2008年12月28日;肖建国、陈文涛:“论抵押权实现的非讼程序构建”,载《北京科技大学学报》(社会科学版)2011年第1期。

② 以上三个方面的理由,请参见肖建国、陈文涛:“论抵押权实现的非讼程序构建”,载《北京科技大学学报》(社会科学版)2011年第1期。

③ 参见江伟:《民事诉讼法专论》,中国人民大学出版社2005年版,第510页。

述观点。[①]有的学者以此为前提，借鉴比较法上的规则，把拍卖、变卖担保财产作为非诉案件，并设计了具体规则。[②] 笔者认为，非诉程序观点及其理由值得赞同。

（三）2012年《修改民诉法决定》规定的实行方式

诚如上文所述，围绕《物权法》第195条第2款“抵押权人可以请求人民法院拍卖、变卖抵押财产”规定所提出的解决方案，除了诉讼方式和由公证机构对担保合同赋予强制执行效力两种方式有现行法上的依据之外，另外两种解决方案是依据物权法原理、民事强制执行法原理和比较法规则所提出的，没有现行法上的根据，也未得到司法实践的采纳。由此便形成了《物权法》的上述规定，在程序法上，特别是《民事诉讼法》中没有相应的程序制度对接并保障其实现的尴尬局面。因为，按照修改之前《民事诉讼法》的规定，作为人民法院执行依据的法律文书只包括民事判决书、裁定书、调解书、民事制裁决定书和支付令；经人民法院裁定承认其效力的外国法院作出的确定判决书、裁定书以及国外仲裁机构作出的生效裁决书；刑事附带民事判决书、裁定书、调解书；行政判决书、裁定书、调解书，以及其他机关或者机构作出的且法律规定由人民法院强制执行的法律文书，其中又包括我国国内和涉外仲裁机构作出的仲裁裁决书和调解书；公证机关依法赋予强制效力的债权文书；行政处罚决定书和行政处理决定书。而债权人享有的担保物权本身不能作为执行依据。也就是说，债权人不能依据物权担保合同申请人民法院强制执行。近年来，我国人大代表、有关单位及法律专家等，建议在《民事诉讼法》中对担保物权的实现作出衔接性规定。根据各方面的意见和审判实践的需要，为了更好地保护担保物权人的合法权益，节约诉讼资源，2012年《修改民诉法决定》在特别程序中一章中

---

① 在起草过程中对此项内容一直存在争议。参见黄松有主编：《强制执行法起草与论证》（第2册），中国人民公安大学出版社2004年版，第212、270页。

② 参见高圣平：《物权法与担保法：对比分析与适用》，人民法院出版社2010年版，第103～105页；曹士兵：《中国担保制度与担保方法》，中国法制出版社2008年版，第267页以下。

增加了"实现担保物权案件"一节规定。①

按照该节的规定,担保物权人即债权人欲实现担保物权,在担保物权事实清楚的情况下,无须通过诉讼,只需向法院提出申请,经法院审查即可。申请拍卖、变卖的非诉程序与诉讼程序相比,最大的优势在于节省时间,避免多余的资源浪费,同时也在很大程度上做到了审查的严格性,保护了担保人的利益。同时上述规定并非意味着人民法院对于任何申请拍卖、变卖都裁定准许,仍以相应的当事人诉讼参与程序为保障。特别程序的优点就在于其审理的组织结构、审级、期限上的简便性。担保物权人作为确定的权利主体,若为实现其权利再通过普通的诉讼程序,无疑会增加其负担。因此,该规定减轻了担保物权人的诉讼程序负担且节约了司法资源,对提高司法效率,保障担保物权人权利的实现,具有重大意义。② 由此可见,《物权法》第195条第2款"非讼程序"的观点得到了《民事诉讼法》的采纳和呼应。③

二、实现担保物权案件的当事人和管辖法院

(一)实现担保物权案件的当事人

1.申请人

《民事诉讼法》第196条规定:"申请实现担保物权,由担保物权人以及其他有权请求实现担保物权的人依照物权法等法律,向担保财产所在地或者担保物权登记地基层人民法院提出。"

按照本条规定,申请实现担保物权的主体即申请人为"担保物权人以及其他有权请求实现担保物权的人"。但是,对于申请人的范围有不同的观点:一种观点认为,《民事诉讼法》第196条规定的"担保物权人"是指《物权法》第195条第2款规定的"抵押权人","其他有权请求实现担保物权的人"是指《物权法》第220条第1款规定的"出质人"

---

① 参见全国人大常委会法制工作委员会民法室:《中华人民共和国民事诉讼法条文说明、立法理由及相关规定》,北京大学出版社2012年版,第318~319页。

② 参见奚晓明主编、最高人民法院研究室、最高人民法院民事诉讼法修改研究小组办公室编著:《〈中华人民共和国民事诉讼法〉修改条文适用解答》,人民法院出版社2012年版,第257页。

③ 参见郝振江:"论非讼程序的功能",载《中外法学》2011年第4期。

和第237条规定的"财产被留置的债务人"。[①] 所持的主要理由是,《民事诉讼法》第196条和第197条仅是对《物权法》等实体法中规定的实体权利的实现作出的程序性规定,该程序规定的依据来源于实体法,应当按照实体法的规定来确定实现担保物权的申请主体。对于实现担保物权的申请主体应暂以《物权法》的规定为准,不宜做扩大性的解释。[②] 另一种观点认为,有权申请人民法院实现担保物权的主体包括两类,即"担保物权人"和"其他有权实现担保物权的人",其中,"担保物权人"包括抵押权人、质权人和留置权人,"其他有权请求实现担保物权的人"包括出质人和财产被留置的债务人。[③] 依该观点,质权、留置权与抵押权均属于担保物权,质权人和留置权人均可以作为申请人申请实现其担保物权。[④]

以上两种观点各有道理,如果仅从《物权法》的明文规定看,第一种观点无疑是正确的;如果对《民事诉讼法》第196条的含义进行文义解释,第二种观点无疑值得赞同。该观点同时为我国最高立法者和最高司法者所秉持,其可信度不容置疑。上述两个观点的区别仅在与"出质人"相对应的"质权人"和"财产被留置的债务人"相对应的"留

---

① 参见高民智:"关于实现担保物权案件程序的理解与适用",载《人民法院报》2012年12月9日第4版;吴庆宝、王松主编:《最高人民法院专家法官阐释民商事裁判疑难问题·新民事诉讼法卷》,中国法制出版社2013年版,第103页。江苏省高级人民法院制定的《关于做好修改后的〈中华人民共和国民事诉讼法〉施行后立案审判工作的讨论纪要》【苏高法审委[2012]10号】第25条也持该观点。该会议纪要载奚晓明主编、最高人民法院民事审判第一庭编:《民事审判指导与参考》2013年第1辑(总第53辑),人民法院出版社2013年版,第232页。

② 参见高民智:"关于实现担保物权案件程序的理解与适用",载《人民法院报》2012年12月9日第4版。

③ 参见王胜明主编:《中华人民共和国民事诉讼法释义》,法律出版社2012年版,第463页。有学者对《物权法》赋予出质人和债务人有要求债权人及时实行质权、留置权的权利提出了尖锐的批评。参见张自合:"论担保物权实现的程序",载《法学家》2013年第1期。

④ 参见奚晓明主编:《〈中华人民共和国民事诉讼法〉修改条文适用解答》,人民法院出版社2012年版,第258页;程啸:"抵押权的实现程序",载《中外法学》2012年第6期;奚晓明主编:《〈中华人民共和国民事诉讼法〉修改条文理解与适用》,人民法院出版社2012年版,第416页。

置权人”是否也应纳入申请人的范围？在笔者看来,第二种观点值得赞同。主要理由是:(1)前文在分析质权和留置权自力救济的弊端以及借鉴比较法上的立法例所得出的结论,即允许质权和留置权通过自力救济方式实现,并不意味着不允许质权人和留置权人通过公力救济方式实现质权和留置权。在我国,质权人和留置权人也可以请求人民法院拍卖、变卖质物或留置物。(2)持第一种观点的学者并未完全否定质权人、留置权人可以成为实现担保物权案件的申请人,而是采取了折中的办法,即关于质权人、留置权人是否可以成为实现担保物权的申请主体,留待今后的审判实践逐渐探索。① 因此,该理由反证第二种观点的可采性。(3)持第一种观点的学者和其他大多数学者都认为,《物权法》并非是确定实现担保物权案件申请人的唯一根据,除此之外,《海商法》第11条至第20条规定的船舶抵押权人和《民用航空法》第16条至第17条规定的民用航空器抵押权人也是实现担保物权案件申请人。另外,《合同法》第286条规定的承包人也可以作为申请主体。②据此,第一种观点并不周延。

既然与“出质人”相对应的“质权人”、与“财产被留置的债务人”相对应的“留置权人”都可以成为实现担保物权案件的申请人,那么,与“抵押权人”相对应的“抵押人”是否也可以作为申请人呢？笔者认为抵押人也可以作为申请人。所持理由是:(1)不允许抵押人自行拍卖、变卖,也不允许其请求法院拍卖、变卖,对于想积极主动通过变现抵押物以履行债务的抵押人实有不公,故抵押人也可以作为申请人。③(2)根据《物权法》第191条的规定,抵押人转让抵押财产须经抵押权人同意,若债权履行期届满后,债务人无力清偿债务,抵押权人又不同意对抵押物进行变现,则可能导致债务人承担高额的逾期利息,而且抵押物的变现价格也受市场影响,因此,应当允许抵押人基于自身利益的

① 参见高民智:“关于实现担保物权案件程序的理解与适用”,载《人民法院报》2012年12月9日第4版。

② 参见高民智:“关于实现担保物权案件程序的理解与适用”,载《人民法院报》2012年12月9日第4版。

③ 参见金殿军:“请求法院拍卖、变卖担保财产的法律问题”,载《法学》2010年第1期。

判断，当其无法就抵押物的变现与抵押权人协商一致时，可以请求法院拍卖、变卖抵押财产。[①] (3)根据立法者的解释，《物权法》第220条第1款和第237条分别赋予出质人和留置债务人请求人民法院拍卖、变卖质物和留置物的权利，是为了平衡担保物权人与担保人之间的利益，督促担保物权人及时行使担保物权。[②] 同理，赋予抵押人以申请权，也是平衡抵押人与抵押权人利益的需要，也是为了督促抵押权人及时行使权利，避免抵押人的利益遭受损失。同时也是避免同一抵押财产上顺序在后的抵押权人利益，以及抵押人的普通债权人利益遭受损害。(4)司法实践采纳该观点。如浙江省高级人民法院制定的《关于审理担保物权案件的意见》第2条即持肯定态度。[③]

同理，当留置财产并非债务人的财产而是他人的财产的，留置财产的所有权人[④]也可以作为实现担保物权案件的申请人。[⑤]

此外，有学者认为，所谓"其他有权请求实现担保物权的人"，是指虽然不是担保物权人但却有权请求实现担保物权的民事主体，例如，在作为担保物权人的企业法人申请破产后，破产管理人就属于有权请求实现担保物权的申请人。[⑥] 再如，担保物权人是自然人的，其丧失民事

---

① 参见王明华："担保物权实现程序适用中的若干问题"，载《人民司法》2013年第15期。

② 参见王胜明主编、全国人大常委会法制工作委员会民法室编著：《中华人民共和国物权法解读》，中国法制出版社2007年版，第471页以下、第506页。

③ 参见《浙江省高级人民法院关于审理实现担保物权案件的意见》(2012年12月25日浙江省高级人民法院审判委员会第2419次会议通过)第2条规定："实现担保物权案件的申请人可以是担保物权人，也可以是《中华人民共和国物权法》第一百九十五条规定的抵押人、第二百二十条规定的出质人和第二百三十七条规定的财产被留置的债务人等其他有权请求实现担保物权的主体。"该意见载奚晓明主编、最高人民法院民事审判第二庭编：《商事审判指导》2013年第1辑(总第33辑)，第160页以下。

④ 按照学者的解释，《物权法》第230条中所谓"债务人的动产"，不仅包括属于债务人所有的动产，而且包括债务人以外的其他人的动产。参见梁慧星、陈华彬：《物权法》(第4版)，法律出版社2007年版，第368页。所谓"留置财产的所有权人"应当是指债务人以外的其他人的动产的所有权人。

⑤ 参见蒋勇主编、北京天同律师事务所编著：《新民事诉讼法与律师实务》，人民法院出版社2012年版，第286～287页。

⑥ 参见《企业破产法》第25条。

行为能力或者被宣告失踪后,就应当由监护人或者财产管理人作为申请人来实现担保物权。[1] 还有的学者认为,担保物权的继承人等也可以成为申请人。[2]

2. 被申请人

《民事诉讼法》第196条只对申请主体,即申请人作了规定,但对被申请人却没有明确规定。因此,关于在实现担保物权案件中是否应列被申请人有不同的观点:一种观点认为不应列被申请人。该观点以我国台湾地区司法实践中的观点为佐证。在我国台湾地区,司法实践中曾一度认为,由于拍卖抵押物是对特定财产直接支配权的实现,因此抵押权人向法院提出的拍卖抵押物的申请中无须记载相对人。[3] 另一种观点认为,应当列被申请人。[4] 笔者认为,第二种观点值得肯定。主要理由是:(1)第一种观点所引用的资料已经过时。因为,我国台湾地区后来的判例采纳了新的观点,如我国台湾地区"最高法院"1985年台抗字第431号判例就认为:"不动产所有人设定抵押权后,将不动产让与他人者,依民法第867条但书规定,其抵押权不因此而受影响,抵押权人得本于追及其物之效力实行抵押权。系争不动产既经抵押人让与他人而属于受让之他人所有,则因实行抵押权而声请法院裁定准许拍卖该不动产时,自应列受让之他人为相对人。"[5](2)我国司法实践中实

① 参见《民法通则》第18条、第21条;程啸:"抵押权的实现程序",载《中外法学》2012年第6期。

② 参见2013年4月28日,上海市法学会与上海市黄浦区人民法院联合主办、上海市法官协会和上海市法学会诉讼法研究会协办的"实现担保物权程序问题研讨会"形成的"实现担保物权程序问题研讨会综述"。感谢上海政法学院汤啸天教授提供宝贵资料。

③ 相关判例如我国台湾地区"最高法院"1967年台抗字第319号裁定、1969年台上字第3718号判决。

④ 参见程啸:"抵押权的实现程序",载《中外法学》2012年第6期;王明华:"担保物权实现程序适用中的若干问题",载《人民司法》2013年第15期。

⑤ 参见来胜法学研究中心:《学习式六法》,来胜文化事业有限公司2013年28版,民诉第477页。

现担保物权案件都列明被申请人。①

与上述申请人相对应,当抵押权人为申请人时,抵押人为被申请人;反之,当抵押人是申请人时,抵押权人为被申请人。同理,出质人与质权人、留置债务人与留置权人互为申请人与被申请人。

在抵押期间,有权处分不动产的抵押人,未经抵押权人同意,转让抵押财产,受让该抵押财产的受让人是否为被申请人?我国法上没有具体规定。有学者认为,抵押权人向法院申请拍卖、变卖抵押财产时,应当在申请书中列明被申请人,被申请人仅限于抵押人,不包括非抵押人的抵押物的受让人。因为从《物权法》第 191 条的规定来看,立法者并未承认抵押权的追及效力。② 故此,抵押权人同意抵押物转让的时候,抵押权在多数情况下都归于消灭,抵押权人不可能以其上已无抵押权的财产的受让人列为被申请人。除非抵押物的受让人自愿承受抵押权,成为新的抵押人。③ 笔者认为,该观点与所提问题不符。因为所提问题是抵押人转让抵押财产未经抵押权人同意,其回答的却是抵押权人同意抵押人转让的情形。因此是答非所问,不能成为有效的反驳理由。笔者认为,不应列受让人为被申请人。理由是:(1)依照《物权法》第 191 条第 2 款规定,抵押期间,抵押人未经抵押权人同意,不得转让抵押财产,尽管此时的抵押财产转让合同一般是有效的。④ 但是,根据有效合同,抵押财产的受让人仅取得对抵押人的债权请求权,即请求抵押人交付抵押物。该债权请求权与抵押权人的担保物权没有关系。

---

① 参见余建华、孟焕良:"浙江发出首份实现担保物权民事裁定书",载《人民法院报》2013 年 1 月 11 日第 3 版;顾建兵、刘昌海:"南通海安:实现担保物权案 9 天内审结",载《人民法院报》2013 年 2 月 19 日第 3 版;邢嘉栋:"民诉法新增实现担保物权特别程序的适用—江苏南京鼓楼法院裁定国信担保公司对朱松年实现担保物权案",载《人民法院报》2013 年 3 月 21 日第 6 版。

② 参见全国人大常委会法制工作委员会民法室:《中华人民共和国民事诉讼法条文说明、立法理由及相关规定》,北京大学出版社 2012 年版,第 349 ~ 350 页。

③ 参见程啸:"抵押权的实现程序",载《中外法学》2012 年第 6 期。

④ 参见《物权法》第 15 条(物权变动与其原因行为的区分原则)。参见梁慧星:"《中国物权法草案建议稿》第 7 条、第 310 条、第 312 条、第 363 条及说明",载梁慧星:《中国物权法草案建议稿:条文、说明、理由与参考立法例》,社会科学文献出版社 2000 年版,第 112 页以下、第 611 页以下、第 615 页以下、第 705 页以下。

(2)即使按照《物权法》第 191 条第 2 款但书规定,抵押财产的受让人代为清偿债务消灭抵押权的,则抵押财产的受让人会取得抵押财产的所有权或者使用权。既然抵押权消灭了,何谈抵押权人实行抵押权?此时,抵押权人的权利消灭,复归受让人,抵押权人的申请权消灭,其不再是申请人,何谈受让人为被申请人?

3. 利害关系人

与上述申请人与被申请人相关的另一个主体是利害关系人,即不是申请人和被申请人,但与实现担保物权案件有利害关系的人,按照学者的归纳总结,利害关系人大致包括:(1)担保人与债务人不一致的主合同债务人,主要包括不是抵押人、出质人的主债务人。(2)其他抵押权人,当担保财产上存在数个不同顺位的抵押权时,顺位在前和在后的抵押权人。(3)担保财产的占有人。如动产先抵押后质押,该动产上同时存在抵押权和质权,抵押权人请求实现抵押权时,占有该动产的质权人为利害关系人;再如不动产抵押,该不动产上同时存在租赁关系的,承租人为利害关系人。(4)申请查封或扣押的主体。如果担保财产被查封或扣押,则申请实现担保物权时,申请查封或扣押的一方为利害关系人。(5)建设工程承包人申请实现建设工程价款优先权时,建设工程抵押权人为利害关系人;同理,建设工程抵押权人申请实现抵押权时,享有建设工程价款优先权的承包人为利害关系人。(6)动产抵押权人申请实现抵押权时,动产占有人或动产受让人为利害关系人。①

以上这些主体与申请人和被申请人存在利害关系,是利害关系人。这些主体在实现担保物权案件中是应当作为被申请人还是第三人对待呢?

先看这些主体是否应作为实现担保物权案件的第三人对待?众所周知,第三人制度是民事诉讼上的制度,其又被区分为有独立请求权的第三人和无独立请求权的第三人。我国《民事诉讼法》第 56 条设有明文规定。作为非讼程序的实现担保物权案件,它在程序结构、原则及制度设置等方面均异于民事诉讼程序,如民事诉讼程序采两方当事人对

① 参见王明华:“担保物权实现程序适用中的若干问题”,载《人民司法》2013 年第 15 期。

立构造，非讼程序不采对立构造；民事诉讼采当事人主义，非讼程序采职权主义；民事诉讼程序主要采严格证明制度，非讼程序则主要采用自由证明制度，等等。[①] 如抵押权人申请法院拍卖、变卖抵押物，实质上是要求确认并实现其公示权利的程序。也就是说，抵押权人与抵押人之间的关系是权利实现的申请人与被申请人的关系，并非是请求法院解决民事争议的原告与被告的关系。[②] 因此，从非讼程序注重弹性、快捷、便利和经济的特点来看，列这些主体为第三人显然不能成立。

再看主张列这些利害关系人为被申请人所持的理由是：被申请人范围是一个内容广泛的问题。由于担保物权系以特定物或权利为客体，该特定物或权利上还可能存在其他权利人，这些不同权利人之间很可能存在利害冲突，担保物权的实现程序会使得这些潜在的利害冲突明朗化。为避免不同利害关系人之间的权利冲突，应当尽可能将相关利害关系人作为实现担保物权案件中的被申请人。若未将相关利害关系人列为被申请人，法院裁定对担保物权进行变现时，则极易损害利害关系人的利益。此时，会导致利害关系人提起新的诉讼，担保物权变现裁定则会因之中止执行，担保物权实现程序的效率价值会被弱化或消解。因此，基于减少纠纷，节约司法资源的考虑，原则上应就担保财产上的相关利害关系人列为被申请人。[③]

上述“被申请人说”的理由有一定的道理，但是，有些问题值得商榷。笔者认为，此问题涉及实现担保物权案件的申请条件、法院审查的方式等内容，不能一概而论而得出这些主体都应当是被申请人的结论，应当具体分析：(1)债务履行期届满或者当事人约定的实现担保物权的情形出现是实行担保物权的前提条件，而债务是否届满或者约定的实现担保物权的情形是否出现，判断的根据是主合同，而债务人是主合同的当事人，其当然应当作为实现担保物权案件的被申请人。(2)至

---

① 参见[日]小山升等：《演习民事诉讼法》，清林书院 1973 年版，第 28 页。转引自郝振江：“论非讼程序的功能”，载《中外法学》2011 年第 4 期。

② 参见肖建国、陈文涛：“论抵押权实现的非讼程序构建”，载《北京科技大学学报》(社会科学版)2011 年第 1 期。

③ 参见王明华：“担保物权实现程序适用中的若干问题”，载《人民司法》2013 年第 15 期。

于顺序在前的抵押权人,其可以作为申请人或者被申请人(抵押人作为申请人的场合)参与到实现担保物权案件中,顺序在后的抵押权人没有必要列为被申请人;顺序在后的申请人(抵押权人)申请实现担保物权,被申请人一般是抵押人和债务人,而非抵押在前的抵押权人。但是对拍卖、变卖担保财产所得价款优先受偿的是抵押在前的抵押权人,只有在仍有余额的情形下,抵押在后的申请人(抵押权人)才有优先受偿权。因此,在此种情形下,有必要把顺序在前的抵押权人列为被申请人。(3)关于担保财产的占有人。如果同一财产上法定登记的抵押权与质权并存时,抵押权人优先于质权人受偿。[①] 此时,抵押权人为实现该担保财产的申请人,质权人与此无直接关系,不能作为被申请人;反之,如果质权人作为申请人的,则应当列登记的抵押权人为被申请人;如果同一财产上未登记的抵押权与质权并存时,质权人优先于抵押权人受偿。同理,此时申请人为质权人,抵押权人不能作为被申请人;反之,如果未登记的抵押权人为申请人的,则应当列质权人为被申请人;至于不动产抵押与租赁的关系,要区分是先租后抵还是先抵后租而有所不同:先租后抵的,抵押权人实行抵押权时,租赁权不受影响,其权利是法定的,抵押权人作为申请人实行抵押权,应当把承租人列为被申请人;先抵后租的,抵押权人作为申请人实行抵押权时,租赁关系不得对抗已登记的抵押权,此时承租人也无须作为被申请人;未登记的抵押权不能对抗租赁权,如果未登记的抵押权人作为申请人的,应当列承租人为被申请人。(4)申请查封或扣押的主体。担保财产不能对抗对其的查封或扣押,尽管查封或扣押不影响担保权人对查封或扣押财产的换价权和优先受偿权,但是,如果担保物权人行使优先受偿权后仍有余额的,属于保全的财产,对财产保全申请人有利益,因此,应当列财产保全申请人为被申请人。(5)建设工程承包人的建设工程价款优先权优先于建设工程的抵押权,建设工程承包人作为申请人申请实现担保物权,顺序在后的抵押权人不能作为被申请人,能够作为被申请人是建设工程的发包人。

① 参见《担保法解释》第 79 条第 1 款。

（二）实现担保物权案件的管辖法院

《民事诉讼法》第 196 条后段是管辖法院的规定，即“向担保财产所在地或者担保物权登记地基层人民法院提出”。可见，该条兼采担保财产所在地或者担保物权登记地两种地域管辖标准。对不动产抵押权而言，其担保财产所在地与担保物权登记地是重合的。依据《物权法》第 187 条规定，不动产抵押权实行登记要件主义，即不动产抵押应当办理抵押登记，抵押权自登记时设立。按照《土地登记办法》第 3 条和《房屋登记办法》第 4 条规定，不动产登记由不动产所在地的登记部门办理登记；对于动产质权，质权人以占有债务人或者第三人的动产为生效要件。因此，质物所在地就是担保财产所在地；权利质权，其权利标的物为所有权以外的可让与的财产权利，不是有形财产，严格而言无所谓“所在地”的问题。对于权利质权，只存在登记地。当然，对于有权利凭证的汇票、支票、本票、债券、存款单、仓单、提单等证券化权利，质权自权利凭证交付质权人时设立，可以理解为权利凭证持有人住所地即为担保财产所在地；[①]留置权作为法定担保物权，其设立以债权人留置已经合法占有的债务人的动产为要件，无须办理留置动产的登记，属于非登记物权。因此，对于留置权而言，不涉及担保物权登记地的问题；对于可以登记但又不以登记为成立要件的担保物权类型，存在担保财产所在地与担保物权登记地并非同一地的情况。[②] 在担保财产所在地与担保物权登记地不一致时，允许担保物权人选择一处人民法院提出申请。实务中应当注意的问题是，本条规定并未限定担保物权人实现权利的担保物权应当以登记为前提条件。担保物权人可以根据不同情况，依法选择更为便利的基层人民法院管辖。如果担保物分散在数个基层法院辖区之内，则数个基层法院均有管辖权，申请人有权选择向

① 奚晓明主编、最高人民法院研究室、最高人民法院民事诉讼法修改研究小组办公室编著：《〈中华人民共和国民事诉讼法〉修改条文适用解答》，人民法院出版社 2012 年版，第 259 页。

② 参见奚晓明、张卫平主编：《新民事诉讼法条文精释》，人民法院出版社 2012 年版，第 377 页。

其中一个基层人民法院提出申请。①

实践中争议的问题是,在实现担保物权案件中,被申请人是否有权提出管辖权异议?比如,在以不动产抵押为标的物的实现担保物权案件中,被申请人以不动产专属管辖为由提出管辖异议,人民法院应否予以支持?司法实践中,有的法院明确采否定态度。主要理由是:(1)《民事诉讼法》第196条明确规定,实现担保物权特别程序案件由担保财产所在地或者担保物权登记地法院管辖。不动产专属管辖系诉讼案件中的管辖规定,在特别程序案件中不应适用。(2)管辖异议不适用于特别程序案件,对实现担保物权案件中的管辖异议无须作出裁定,也不应再经过管辖上诉程序。《民事诉讼法》修改后,管辖异议条款由原《民事诉讼法》第二章管辖第三节移送管辖和指定管辖中的第38条,移到了新《民事诉讼法》第十二章第一审普通程序第二节审理前的准备中的第127条。因此,可以认为管辖异议条款是针对一审诉讼案件作出的规定。而实现担保物权并非诉讼案件,特别程序案件中没有被告,管辖异议条款无从适用。(3)若受理法院审查后发现不属于自己管辖,可裁定驳回申请。申请人可以另行向有管辖权的法院提出申请,避免在管辖裁定和上诉移送程序上耗费大量时间,以体现担保物权特别程序便捷高效的立法本意,又节约了宝贵的司法资源,同时也避免了管辖异议权被滥用。如果存在法院争管辖的情况,可以通过审判监督程序予以纠正。② 笔者认为,上述观点和理由是正确的,值得赞同。补充一点理由是,实现担保物权案件作为特别程序,《民事诉讼法》第33条专属管辖作为普通程序,按照特别与一般之间关系的适用原理,特别程序应当优先适用新《民事诉讼法》第196条管辖的规定。

被申请人不能提出管辖权异议,并不意味着其对人民法院的受理不能提出异议,如果受理法院既不是担保财产所在地法院,也不是担保

① 参见奚晓明主编、最高人民法院研究室、最高人民法院民事诉讼法修改研究小组办公室编著:《〈中华人民共和国民事诉讼法〉修改条文适用解答》,人民法院出版社2012年版,第259页。

② 参见邢嘉栋:“民诉法新增实现担保物权特别程序的适用——江苏南京鼓楼法院裁定国信担保公司对朱松年实现担保物权案”,载《人民法院报》2013年3月21日第6版。

物权登记地法院，被申请人有权提出管辖异议。不论异议成立与否，受理法院不是按照管辖权异议制度来处理，而是按照特别程序规则解决：如果异议不成立，受理法院继续审查申请人所提出的申请；如果异议成立，则应当裁定驳回申请，该裁定中应当明确告知申请人向有管辖权的人民法院提出申请。如果将受理法院的管辖作为人民法院受理实现担保物权案件特别程序的条件之一，由受理法院在受理案件予以审查，则该问题便会得以顺利解决。

三、实现担保物权案件的申请、审查和处理

（一）实现担保物权案件的申请和审查条件

1. 申请条件

司法实践中，实现担保物权案件的申请条件有六要件和七要件之分。其中，六要件包括：(1)申请书；(2)主合同；(3)担保物权合同；(4)抵押权登记证明或者他项权利证书、权利质权的权利凭证或者出质登记证明；(5)能够证明实现担保物权条件成就的有关证据材料，如证明债务已届清偿期、合同约定的实现担保物权情形发生等证据材料；(6)人民法院认为需要提交的其他证据材料。① 七要件包括：(1)申请书；(2)各方当事人签订的主合同及担保合同；(3)办理担保物登记的，应提供登记的相关凭证或其他材料；(4)债务履行期届满或发生当事人约定的实现担保物权条件成就的证据；(5)出质人申请实现担保物权的，应提供出质人请求质权人在债务履行期届满后及时行使质权的证据；(6)留置关系中的债务人申请实现担保物权的，应提供债务人请求留置权人在债务履行期届满后行使留置权的证据；(7)建设工程合同中的承包人申请实现担保物权的，应当提供发包人所欠工程价款已经确定及其催告发包人在合理期限内支付价款的证据。②

通过比较可以发现，两种区分的差别在于七要件中把出质人、留置

---

① 参见《浙江省高级人民法院关于审理实现担保物权案件的意见》(2012 年 12 月 25 日浙江省高级人民法院审判委员会第 2419 次会议通过)第 3 条。

② 参见江苏省高级人民法院制定的《关于做好修改后的〈中华人民共和国民事诉讼法〉施行后立案审判工作的讨论纪要》【苏高法审委[2012]10 号】第 26 条。

债务人和建设工程发包人作为申请人的条件单独列明,并规定了申请的条件。而相同内容在六要件中应当由要件(5),即“能够证明实现担保物权条件成就的有关证据材料”所包含。而在七要件中的要件(4),即“债务履行期届满或发生当事人约定的实现担保物权条件成就的证据”应当仅包括抵押权人、质权人和留置权人作为申请人的情形。由此可见,两种申请条件的实质要件是相同的,只是表述不同而已。

2. 审查(实现)条件

关于实现担保物权案件的审查(实现)条件,有不同的观点,主要有两要件说、三要件说、四要件说和七要件说四种。其中,两要件说认为,担保物权的实现条件包括:(1)担保物权的有效存在;(2)债务履行期届满债权未受清偿。① 三要件说认为,担保物权的实现条件包括:(1)担保物权的有效存在;(2)债务履行期届满债权未受清偿;(3)担保物权的实行未受到法律上的特别限制。② 四要件说认为,担保物权的实现条件包括:(1)担保物权的有效存在;(2)主债务履行期届满;(3)债权未受清偿;(4)债务未受清偿非因债权人的原因造成。③ 七要件说认为,担保物权的实现条件包括:(1)担保物权的有效存在;(2)履行期届满;(3)发生法定、约定实现担保物权的情形;(4)债务未受清偿;(5)担保物权的实行是否受到特别限制;(6)债权未受清偿非基于债权人的原因造成;(7)《物权法》规定的其他条件。④

3. 关于申请条件和审查条件的己见

《民事诉讼法》对于实现担保物权案件的申请条件和审查条件均没有具体规定。通过比较,前述申请和审查的条件基本相同。这样的结果不合法理。一般而言,申请条件主要应依据程序法来确定,而审查条件主要根据实体法来判断。具体到实现担保物权案件,申请条件主

① 参见彭熙海:《担保物权研究》,湖南人民出版社2005年版,第123页。

② 参见谢在全:《民法物权论》(中册),中国政法大学出版社2011年修订五版,第736页以下;程啸:《物权法·担保物权》,中国法制出版社2003年版,第316~318页。

③ 参见吴庆宝主编:《物权担保裁判原理与实务》,人民法院出版社2007年版,第330~331页。

④ 参见王明华:“担保物权实现程序适用中的若干问题”,载《人民司法》2013年第15期。

要应当依据《民事诉讼法》来确定，而审查条件应当主要根据《物权法》以及其他法律来确定。

《民事诉讼法》第196条是关于行使担保物权请求权的主体和管辖法院的规定，[①]应当作为申请条件的重要依据。按照本条，申请人持申请书向有管辖权的基层人民法院申请实现担保物权。可见，申请人、申请书和管辖法院应当是申请条件的重要内容。除此之外，按照前述学界的通说、比较法上的通例以及我国司法实践中的统一做法，申请条件中还应当包括被申请人。本条同时规定，申请人请求实现担保物权的实体法依据应当是《物权法》以及其他法律。因此，申请人依据《物权法》等法律，请求拍卖、变卖担保财产，并对拍卖、变卖担保财产所得价款优先受偿也应当是申请条件。笔者认为，参照《民事诉讼法》第177条关于“本章没有规定的，适用本法和其他法律的有关规定”的精神，参照该法第119条第一审普通程序原告起诉的条件，实现担保物权案件的申请条件包括：(1)申请人是担保物权人以及其他有权请求实现担保物权的人；(2)有明确的被申请人；(3)请求人民法院拍卖、变卖担保财产，并对拍卖、变卖担保财产所得价款优先受偿；(4)有实体法上的事实与理由；(5)属于基层人民法院受理的范围和受诉人民法院管辖；(6)有书面和口头申请。

关于实现担保物权案件审查条件，主要根据《物权法》以及其他法律来认定。让我们先看一下《物权法》第195条第2款，即“抵押权人与抵押人未就抵押权实现方式达成协议的，抵押权人可以请求人民法院拍卖、变卖抵押财产”的含义。

按照立法者的解释，本条的含义是：抵押权人与抵押人未就实现抵押权达成协议，主要有两种情形：(1)双方就债务履行期限届满债权未受清偿的事实没有异议，只是就采用何种方式来处理抵押财产的问题达不成一致意见；(2)双方在债务是否已经履行以及抵押权本身的问题上存在争议，如双方对抵押合同的有关条款或者抵押权的效力问题

① 参见全国人大常委会法制工作委员会民法室：《〈中华人民共和国民事诉讼法〉条文说明、立法理由及相关规定》(2012年修订版)，北京大学出版社2012年版，第317页。

存在争议,这些问题实际上是实现抵押权的前提条件,双方对此发生争议,也就根本谈不上协议以何种方式实现抵押权了。对于第一种情形,即抵押权人与抵押人仅就抵押权实现方式未达成协议的,为了简便抵押权的实现程序,本条规定,抵押权人可以直接请求人民法院拍卖、变卖抵押财产。对于第二种情形,抵押权人仍应当采取向人民法院提起诉讼的方式解决。①

可见,《物权法》并未完全排斥诉讼程序,只是没有将其作为必经程序。如果抵押权人与抵押人在抵押权的效力、抵押权实现条件是否成就等问题上存有争议,则抵押权人只能针对抵押人、债务人提起民事诉讼来解决该争议。实际上这与《担保法》第 53 条第 1 款第 2 句规定的程序是一致的。抵押权人请求法院拍卖、变卖抵押财产的程序,只出现在抵押权人与抵押人仅就抵押权的实现方式(拍卖还是变卖等)没有达成一致的场合。②

既然实现担保物权案件的程序是非诉程序,而非诉程序的基本功能是通过审理没有争议的非讼事件实现的,也是由法院通过行使审判权的方式实现的。但这种审判权在诸多方面均异于我国目前理论上对审判权的通常理解。通说认为,审判是指以调整和解决社会关系上的利害冲突及纠纷为目的,由具有法律上权威的第三人依法作出的具有约束力的判定。③ 根据这一观点,审理事件的争议性和审判权待争议发生后介入民事法律关系的事后性构成了审判权的基本特征。但非讼程序上的审判权却完全与此不同:(1)它所审理的事件并不包含争议;(2)非讼程序中审判权运用的时间主要集中于权利或法律事实形成过程。法院只是在审查关系人申请后或者直接依据职权作出裁断,这种审判权与其说是一种司法权,不如说是一种行政权或者决定权更为妥切。④

① 参见胡康生主编:《中华人民共和国物权法释义》,法律出版社 2007 年版,第 428 页。

② 参见程啸:"抵押权的实现程序",载《中外法学》2012 年第 6 期。

③ 参见黄松有:《中国现代民事审判权论——为民服务型民事审判权的构筑与实践》,法律出版社 2003 年版,第 49 页。

④ 参见郝振江:"论非讼程序的功能",载《中外法学》2011 年第 4 期。

按照上述两个方面的理由，笔者认为，实现担保物权案件审查条件三要件说总体上值得赞同，但须进行修正，即(1)担保物权的有效存在；(2)债务履行期届满债权未受清偿或者当事人约定的实现担保物权的条件成就；(3)担保物权的实行未受到特别限制。在要件(2)中增加了“当事人约定的实现担保物权的条件成就”的条件，理由不言自明，即《物权法》第170条的规定；要件(3)中将“法律上的”限定词删除。理由在于担保物权的限制除了法律上的限制之外，还包括其他方面的限制。理由下述。

通过比较，四要件说和七要件说与三要件说不同之要件，主要是担保物权的实行是否受到特别限制、债权未受清偿非基于债权人的原因造成和《物权法》规定的其他三个条件。关于“债权未受清偿非基于债权人的原因造成”的要件，有学者早已指出，债权未受清偿是否非因债权人的原因造成，涉及实体事项的审查与认定，在将请求法院拍卖、变卖程序定位为非讼程序的情况下，不应将此作为许可裁定的必备条件。[①] 笔者赞同该主张。

关于“担保物权的实行是否受到特别限制”的要件，主要是指担保财产是否被查封或扣押，担保财产上是否存在顺位在先的担保物权等情形。先看担保财产被查封或扣押是否应当成为审查的必备条件。按照相关司法解释的规定，可以对担保财产采取查封、扣押等保全措施。[②] 也可以对查封、扣押的担保财产进行拍卖、变卖。[③] 但对担保财产拍卖、变卖后所得价款，应当在抵押权人、质押权人或留置权人优先受偿后，其余额部分用于清偿申请执行人的债权。[④] 对于不动产查封的方法，一般采取向有关登记机关发出协助执行通知书，要求其不得办

---

① 参见金殿军：“请求法院拍卖、变卖担保财产的法律问题”，载《法学》2010年第1期。

② 参见《最高人民法院关于适用〈中华人民共和国民事诉讼法〉若干问题的意见》第102条、《最高人民法院关于人民法院执行工作若干问题的规定(试行)》第40条。

③ 参见《最高人民法院关于人民法院执行工作若干问题的规定(试行)》第40条、《最高人民法院关于人民法院民事执行中拍卖、变卖财产的规定》(法释[2004]16号)第14条第1款、第31条第1款。

④ 参见《最高人民法院关于人民法院执行工作若干问题的规定(试行)》第40条。

理查封、扣押财产的移转过户手续。[1] 按照《民事诉讼法》规定,人民法院查封、扣押担保财产后,应当立即通知被保全财产的人。按照立法者的解释,被保全财产的人一般是债务人,[2]或者说担保财产的权利人,即抵押人、出质人、留置债务人等。这些主体已明知担保财产被查封、扣押的事实,且保全裁定不允许其转让以及其他方式处理担保财产,在此情形下,抵押人、出质人、留置债务人自无权申请实现担保物权,即使申请了,亦应裁定驳回申请。但此种情形不影响担保物权人,即抵押权人、质权人、留置权人申请实现担保物权。理由有二:(1)对担保财产的查封、扣押裁定并未限制担保物权人申请实现担保物权;(2)担保物权人申请实现担保物权,法院裁定准许拍卖、变卖担保财产,并就拍卖、变卖担保财产所得价款优先受偿,更利于财产保全申请人权利的实现。因为,财产保全是为了保证生效判决顺利执行的制度。也就是说,只有待判决生效之后,进入执行程序,才可能对查封、扣押的财产采取执行措施,在判决生效之前一般不得对保全财产进行拍卖和变卖(对季节性商品、鲜活、易腐烂变质以及其他不宜长期保存的物品采取保全措施时,必要时,人民法院可予以变卖,保存价款)。而担保物权人申请拍卖、变卖担保财产,在对拍卖、变卖担保财产所得价款优先受偿后仍有余额的,该余额可以作为保全财产。如此,还省却了财产保全申请人申请执行法院拍卖和变卖的负担。如果担保物权人申请拍卖、变卖,并就拍卖、变卖担保财产所得价款优先受偿后没有余额的,财产保全申请人的保全无效果,另觅债务人的其他财产并采取保全措施。可见,担保物权人申请拍卖、变卖担保财产非但不会侵害财产保全申请人的利益,反而更利于其权益的实现。如果担保物权人的担保物权被人民法院查封、扣押,此时,担保物权人,即抵押权人、质权人、留置权人自无权申请实现担保物权,即使申请了,亦应裁定驳回申请。此时,抵押人、出质人、留置债务人是否有权申请实现担保物权?笔者认为,抵押人、出质

---

① 参见《最高人民法院关于人民法院执行工作若干问题的规定(试行)》第41条第2款。

② 参见全国人大常委会法制工作委员会民法室:《中华人民共和国民事诉讼法条文说明、立法理由及相关规定》,北京大学出版社2012年版,第166页。

人、留置债务人也没有申请实现担保物权的权利。因为，此时，担保物权人不行使或者不实行担保物权的原因是人民法院的查封、扣押裁定，而非自身原因导致，所以，自无《物权法》第195条（抵押人）、第220条（出质人）和第237条（留置债务人）适用的余地。可见，该要件中部分内容应当构成实现担保物权案件的审查条件。但是，没有必要单独作为一个构成要件，该部分内容可以包含在要件（3），即“担保物权的实行未受到特别限制”之中。

再看担保财产上存在顺位在先的担保物权是否应当成为必备条件。在同一财产上设定数个担保物权，主要指在不动产上设定数个抵押权的情形。因为抵押权不以占有担保物为内容，为非占有型的担保物权，则在同一不动产设定数个抵押权才有可能。[①] 而在动产上则难以产生数个质权和留置权，原因在于动产以交付为生效要件，难以展现复杂的权利状态，一般而言，同一动产上难以产生数个质权；留置权以占有和扣留他人的动产为其主要效力，故此，在被留置动产上产生数个留置权的可能性较小。

《物权法》第199条对同一不动产上数个抵押权的清偿顺序作出了规定，即抵押权已登记的，按照登记的先后顺序清偿；顺序相同的，按照债权比例清偿；抵押权已登记的先于未登记的受偿；抵押权未登记的，按照债权比例清偿。问题在于，顺序在后的抵押权人可否先于在先的抵押权人申请实现抵押权？笔者认为没有问题。因为，在后的抵押权人申请实现抵押权，顺序在先的抵押权人优先受偿，[②]如仍有余额的，顺序在后的抵押权人即申请人才有受偿的可能。同理，未登记的抵押权人也可以先于已登记的抵押权人申请实现抵押权；均未登记的抵押权，顺序在后的抵押权人也可以先于顺序在先的抵押权人申请实现抵押权。由此可见，担保财产上存在顺位在先的担保物权不是申请实现担保物权案件的审查或实现条件。在司法实践中，有观点认为，在涉及房地产的实现担保物权特别程序案件中，必须查明其是否存在设定

---

① 参见谢在全：《民法物权论》（中册），中国政法大学出版社2011年修订五版，第692页。

② 参见梁慧星、陈华彬：《物权法》（第4版），法律出版社2007年版，第319页。

在先的其他抵押。如有在先的其他抵押,应当裁定驳回申请,当事人可以向人民法院另行提起诉讼。① 笔者认为,这种观点值得商榷。

至于《物权法》规定的其他条件,其实主要是指《物权法》第 220 条和第 237 条关于出质人和留置债务人申请拍卖、变卖质物和留置物的规定。而这些规定已经为要件(2)所涵盖。

(二)实现担保物权案件的审查

《民事诉讼法》第 197 条规定:"人民法院受理申请后,经审查,符合法律规定的,裁定拍卖、变卖担保财产,当事人依据该裁定可以向人民法院申请执行;不符合法律规定的,裁定驳回申请,当事人可以向人民法院提起诉讼。"

人民法院受理申请实现担保物权案件的申请后,经审查,符合上述审查条件的,作出准许拍卖、变卖担保财产的裁定;②不符合上述审查条件的,裁定驳回申请。③ 可见,人民法院审查申请人的申请并作出准许拍卖、变卖的裁定或者驳回拍卖、变卖的申请是一件很容易的事情。同时按照前引立法者对《物权法》第 195 条第 2 款的解读,即双方就债务履行期限届满债权未受清偿的事实没有异议,只是就采用何种方式来处理抵押财产的问题达不成一致意见的,抵押权人可以直接请求人民法院拍卖、变卖抵押财产。④ 据此,可以认为,在实现担保物权特别程序案件中,当事人,特别是被申请人基本上不会提出异议。

以上所述是一种理想状态,实际上,在实现担保物权案件中被申请人会提出各种异议,比如前文提到的,被申请人对实现担保物权案件的

---

① 参见邢嘉栋:"民诉法新增实现担保物权特别程序的适用—江苏南京鼓楼法院裁定国信担保公司对朱松年实现担保物权案",载《人民法院报》2013 年 3 月 21 日第 6 版。

② 参见《浙江省高级人民法院关于审理实现担保物权案件的意见》附件一:裁定拍卖、变卖担保财产用的民事裁定书。载奚晓明主编、最高人民法院民事审判第二庭编:《商事审判指导》2013 年第 1 辑(总第 33 辑),第 162 页。

③ 参见《浙江省高级人民法院关于审理实现担保物权案件的意见》附件二:驳回申请用的民事裁定书。载奚晓明主编、最高人民法院民事审判第二庭编:《商事审判指导》2013 年第 1 辑(总第 33 辑),第 163 页。

④ 参见胡康生主编:《中华人民共和国物权法释义》,法律出版社 2007 年版,第 428 页。

管辖会提出异议，对于主债权或者担保物权的真实性、合法性等问题被申请人也会提出抗辩。对于被申请人提出的这些抗辩，应当如何处理，争议较大，目前主要有两种意见：一种意见认为，被申请人提出异议的，人民法院应书面通知当事人于限定时日内向有管辖权的人民法院提起诉讼；另一种意见认为，人民法院应当依职权审查当事人的申请是否符合法律规定，只要申请人的申请符合法律规定，即应裁定拍卖、变卖担保财产，被申请人的异议不影响人民法院依法裁定。[①]

以上两种意见孰是孰非，应当结合担保物权的类型具体分析。担保物权包括抵押权、质权和留置权三种，现分述如下：

1. 抵押权

抵押权又分为不动产抵押权、动产抵押权及浮动抵押权、法定抵押权和最高额抵押权，分别说明如下：

(1)不动产抵押权

基于不动产抵押登记的公信力，人民法院对不动产抵押权人提交的不动产权属证书或他项权利证书仅作形式审查，即可确认担保物权的有效存在。因此，对于被申请人针对不动产抵押权本身提出的不具有真实性或合法性的抗辩，人民法院可不予理会。以此为条件，如果申请人的申请再符合债务履行期限届满债权未受清偿或者当事人约定的实现担保物权的条件成就和担保物权的实行未受到特别限制这两个构成要件，人民法院就可以作出准许拍卖、变卖担保财产，并就拍卖、变卖担保财产所得价款有优先受偿权的裁定。

对于除上述异议之外的异议，比如被申请人提出的如下异议：(1)主合同不成立、无效或者已被撤销(《物权法》第172条第1款)；(2)抵押合同不成立(《担保法解释》第56条第1款)；(3)抵押合同无效或已被撤销(如《物权法》第184条)；(4)抵押权已因主债权实现而归于消灭(《物权法》第177条第2项)；(5)抵押权人已经抛弃了抵押权(《物权法》第177条第3项)；(6)抵押权已因主债权罹于诉讼时效

① 参见奚晓明主编、最高人民法院研究室、最高人民法院民事诉讼法修改研究小组办公室编著：《〈中华人民共和国民事诉讼法〉修改条文适用解答》，人民法院出版社2012年版，第259页以下。

而不能获得人民法院的保护(《物权法》第202条)等。[①] 面对这些争议,申请人一般会提出相反的主张,由此形成争议。对于这些争议,一般而言,在实现担保物权案件特别程序中不应审理,这是因为特别程序为非诉事件程序,该程序是以没有争议的非讼事件为审查对象,对于当事人之间的民事权益争议,只能通过诉讼程序解决。相反观点认为,在担保物拍卖、变卖裁定程序中应交互适用诉讼法理与非讼法理的观点。[②] 即认为应该尽可能在非讼程序中一并解决实体争议问题。[③] 正如有学者所言,交错适用理论并不能完全适用于担保物权实现程序,主要原因在于《民事诉讼法》规定的一审终审的简略程序对存有实体争议的当事人难以提供足够的程序权保障。[④] 笔者赞同该观点。

如果抵押人及债务人对担保物权所担保的债权或者范围部分有异议,人民法院是否可就无异议(争议)的部分作出准许拍卖、变卖抵押财产,并对拍卖、变卖抵押财产所得的价款优先受偿的裁定?《民事诉讼法》对此没有规定。从担保物权实现案件的立法目的考量,为使担保物权人尽速实现担保物权,人民法院可以就无争议部分作出准许拍卖、变卖抵押财产以及就拍卖、变卖抵押财产所得的价款在无争议范围内优先受偿的裁定。[⑤] 我国台湾地区"非诉事件法"第73条第1项"法

---

① 参见程啸:"抵押权的实现程序",载《中外法学》2012年第6期。

② 参见邱联恭:"声请拍卖抵押物及本票执行事件之非讼化—非讼程序原理之运用对民事执行程序之影响",载《民事法律专题研究》(四),司法周刊杂志社1987年版,第81页。转引自张自合:"论担保物权实现的程序",载《法学家》2013年第1期;我国国内对此的介绍,请参见江伟主编:《民事诉讼法》,中国人民大学出版社2000年版,第278页以下。

③ 参见高圣平:"担保物权实行途径之研究",载《法学》2008年第1期;肖建国、陈文涛:"论抵押权实现的非讼程序构建",载《北京科技大学学报》(社会科学版)2011年第1期。

④ 参见张自合:"论担保物权实现的程序",载《法学家》2013年第1期。

⑤ 参见奚晓明、张卫平主编:《新民事诉讼法条文精释》,人民法院出版社2012年版,第381页。

定抵押权[①]人或未经登记之担保物权人声请拍卖担保物事件，如债务人就担保物权所担保债权之发生或其范围有争执时，法院仅得就无争执部分裁定准许拍卖之”[②]的规定也为这种观点提供了佐证。关于有争议的部分当如何处理，我国台湾地区“非诉事件法”第 74 条之 1 第 1 项“第 72 条所定事件程序，关系人就声请所依据之法律关系有争执者，法院应晓谕其得提起诉讼争议之”[③]的规定，为该问题提供了答案，即有争议的部分通过提起诉讼的方式解决。

(2)动产抵押权及浮动抵押权

因动产抵押权及浮动抵押权不一定经过登记，如果是登记的动产抵押权及浮动抵押权，应采与上述不动产抵押权相同的处理方式；如果是未登记的动产抵押权及浮动抵押权，其存在及效力均无法依靠登记予以确认，如果当事人的申请符合上述审查的条件，则人民法院就可作出准许拍卖、变卖抵押财产，并对拍卖、变卖担保财产所得的价款有优先受偿权的裁定。如果被申请人对动产或者动产浮动抵押合同的成立或者效力提出异议，且人民法院无法通过形式审查对其成立或者效力作出判断的，人民法院就应当裁定驳回申请人的申请，终结特别程序，并在裁定书中告知当事人可以向人民法院提起诉讼。

另外，尽管被申请人对动产抵押合同或者动产浮动抵押合同的效力没有异议，即抵押权有效存在，如果被申请人对主合同不成立、无效或者已被撤销等异议，且人民法院无法通过形式审查直接确定异议成立与否的，则人民法院也应当裁定驳回申请人的申请，终结特别程序，并在裁定书中告知当事人向人民法院提起诉讼。

---

① 依照我国台湾“国民住宅条例”第 17 条所规定的债权人对于国民住宅及其基地因贷款所生的债权、第 27 条所规定的贷款机关对于申请贷款自建的住宅及其基地所生的债权，均享有第一顺位的法定抵押权。参见我国台湾地区“非诉事件法”第 73 条增订理由之(一)。参见来胜法学研究中心:《学习式六法》，来胜文化事业有限公司 2013 年 28 版，民诉第 477 页。

② 参见五南法学研究中心编辑:《最新简明六法》，五南图书出版股份有限公司 2013 年版，第 5 ~ 11 页。

③ 参见来胜法学研究中心:《学习式六法》，来胜文化事业有限公司 2013 年 28 版，民诉第 478 页。

(3)法定抵押权

基于法律规定而取得的抵押权,称为法定抵押权。法定抵押权在符合法律规定的条件下即可产生,而无须登记。我国《合同法》第286条所规定的承包人因发包人拖欠工程价款而就其所建造的工程折价或者拍卖价款的优先受偿权,在立法精神上属于法定抵押权。① 我国《担保法》第36条和《物权法》第182条关于房地一并抵押以及未依法律规定一并抵押,未抵押的财产一并抵押的规定,也属于关于法定抵押的规定。② 法定抵押权是基于法律规定而产生的,如果被申请人对法定抵押权本身提出异议,其异议不能成立。在此条件下,申请人的申请再符合债务履行期届满债权未受清偿或者当事人约定的实现担保物权的条件成就、担保物权的实行未受到特别限制两个条件就可以裁定拍卖、变卖担保财产,并就拍卖、变卖所得价款有优先受偿权。如果被申请人对建设工程是否竣工、是否为建设工程施工合同所生的债权以及价款③等债务履行期届满债权未受清偿的条件提出异议的,人民法院应当裁定驳回申请人的申请,终结特别程序,并在裁定书中告知当事人向人民法院提起诉讼。

---

① 参见梁慧星、陈华彬:《物权法》(第4版),法律出版社2007年版,第311页;梁慧星:“合同法第二百八十六条的权利性质及其适用”,载《山西大学学报》(哲社版)2001年第3期。持反对观点的学者认为,建设工程承包人的优先受偿权归入优先权制度之中,在权利的性质和类型划分上可能更加清查、允当。同时《最高人民法院关于建设工程价款优先受偿权问题的批复》(法释[2002]16号)也是持优先权的观点。参见刘保玉:《物权法学》,中国法制出版社2007年版,第322~323页;王旭光:《建筑工程优先受偿权制度研究——合同法第286条的理论与实务》,人民法院出版社2010年版,第110页以下。

② 参见刘保玉:《物权法学》,中国法制出版社2007年版,第322页。持反对者的学者认为,对于实践中因主客观原因而出现的将土地使用权和地上建筑物分别抵押给不同抵押权人的情况,依法律规定的精神和公平合理原则,认为如果其发生在《物权法》实施之前,应根据抵押合同与抵押登记分别确认各抵押权的效力及其受偿范围;而如果发生于《物权法》实施之后,则应依照房地一并抵押的强制性规定来确认抵押效力范围和各抵押权的位序。不过,这属于法律对于抵押权的效力及于抵押财产的范围问题怕的强制性规定,不宜作为所谓法定抵押权问题来理解。参见刘保玉:《物权法学》,中国法制出版社2007年版,第323页。

③ 参见梁慧星:《中国物权法草案建议稿》,社会科学文献出版社2000年版。

对于法定抵押权及未经登记的担保物权，在我国台湾地区的立法规定中，被申请人不仅有权提出异议，而且法院应当使其有陈述意见的机会。[①] 之所以如此规定，是因为对于这些担保物权，因未经登记，法院于裁定前，自宜使债务人有陈述意见的机会，以确定其债权是否属于担保范围，避免将来对债务人造成难以回复的损害。[②] 笔者认为，这种规定和理由值得借鉴与认同。

(4)最高额抵押权

最高额抵押权是为担保将来一定期间内发生的连续性交易所生的债权之清偿而设定的抵押权。抵押权他项权利证书一般登记最高债权额、债权确定的期间，[③]对实际发生的每笔债权额不作登记，故抵押人对债权数额有异议，人民法院应当进行形式审查，并参照上述不动产抵押权的处理方式进行处理。如果抵押人对最高额抵押权提出异议，因为最高额抵押权为登记生效的抵押权，人民法院对抵押人提出的异议可不予理会。

需要注意的问题是，我国台湾地区"非诉事件法"第 74 条规定："最高限额抵押权人声请拍卖抵押物事件，法院于裁定前，就抵押权所担保之债权额，应使债务人有陈述意见的机会。"[④]在增订理由中有这样的表述："为免阻碍社会大众对最高限额抵押权之利用，法院于债务人陈述意见后，即应参照现有相关之法律、判例(例如"最高法院"71 台抗 306 判例)，依职权迳为准驳之裁定，无须另外明文，一并叙明。"[⑤]如此规定及理由值得我国借鉴，也就是说，如果抵押人对债权数额有异议，经形式审查异议成立的，即裁定驳回抵押权人的申请，终结特别程

① 参见我国台湾地区"非诉事件法"第 73 条第 2 项。条文参见五南法学研究中心编辑:《最新简明六法》，五南图书出版股份有限公司 2013 年版，第 5 ~ 11 页。

② 参见我国台湾地区"非诉事件法"第 73 条增订理由之(二)。参见来胜法学研究中心:《学习式六法》，来胜文化事业有限公司 2013 年 28 版，民诉第 477 页。

③ 参见《土地登记办法》第 36 条第 3 款，《房屋登记办法》第 53 条。

④ 参见我国台湾地区"非诉事件法"第 74 条。条文参见五南法学研究中心编辑:《最新简明六法》，五南图书出版股份有限公司 2013 年版，第 5 ~ 11 页。

⑤ 参见来胜法学研究中心:《学习式六法》，来胜文化事业有限公司 2013 年 28 版，民诉第 477 页。

序,并在裁定书中告知当事人可以提起诉讼;反之,经形式审查就可以排除抵押人的异议,即裁定准许拍卖、变卖抵押财产,并对拍卖、变卖所得价款有优先受偿权。

2. 质权

质权分为动产质权和权利质权,现分述如下:

(1)动产质权

动产质权以质权人占有动产为要件。如果质权人的申请符合前述人民法院审查的条件,则人民法院应裁定准许拍卖、变卖质押财产,并就拍卖、变卖质押财产所得价款优先受偿;反之,如果出质人对动产质权的效力和内容有异议,经人民法院形式审查不能排除异议内容存在可能性的,则应当裁定驳回申请人的申请,终结特别程序,并在裁定书中告知当事人可以提起诉讼。

(2)权利质权

对于有权利凭证的汇票、支票、本票、债券、存款单、仓单、提单等证券化权利设定的质权,质权自权利凭证交付债权人时设立。如果申请人即质权人能够证明其合法持有上述权利凭证,即使出质人对质权提出异议,其异议也不能成立。同时质权人的申请符合债务履行期限届满债权未受清偿或者当事人约定的实现权利质权的条件成就、权利质权的实行未受到特别限制两个条件的,人民法院应当裁定准许拍卖、变卖出质的权利,并就拍卖、变卖出质的权利所得价款优先受偿。反之,如果申请人不能证明其持有上述权利凭证,则人民法院应当裁定驳回其申请,终结特别程序,并在裁定书中告知当事人可以提起诉讼。此时再行审查出质人对主债权是否有异议无异于画蛇添足。

对于没有权利凭证的财产权利,其质权均需进行相应登记后方可设立。因此,如果出质人对质权的效力提出异议,则该异议一般不能成立。如果质权人的申请符合前述人民法院审查条件的其他两个条件,即债务履行期限届满债权未受清偿或者当事人约定的实现权利质权的条件成就、权利质权的实行未受到特别限制,则人民法院应当裁定准许拍卖、变卖出质的权利,并就拍卖、变卖出质的权利所得价款优先受偿;反之,如果出质人对权利质权的效力和内容有异议,经人民法院进行形式审查不能排除异议内容存在可能性的,则应当裁定驳回申请人的申请,终结特别程序,并在裁定书中告知当事人可以提起诉讼。

3. 留置权

留置权以债权人事先合法占有债务人的动产为成立要件。如果申请人即留置权人的申请符合前述人民法院的审查条件,则人民法院应当裁定准许拍卖、变卖留置的动产,并就拍卖、变卖留置的动产所得价款优先受偿;如果被申请人对留置权的效力和内容持有异议,经人民法院形式审查不能排除异议内容存在可能性的,则人民法院应当裁定驳回留置权人的申请,终结特别程序,并在裁定书中告知当事人可以提起诉讼。

综上,对于被申请人提出的异议或者抗辩,应当根据担保物权的不同类型,进行形式审查之后,从而决定是裁定准许申请人拍卖、变卖担保财产,并就拍卖、变卖担保财产所得价款优先受偿,还是裁定驳回申请人的申请,终结特别程序,并在裁定书中告知当事人可以提起诉讼。由此可见,上述两种观点均有不合理之处,应予修正。

需要补充说明的是,在实现担保物权案件特别程序中,如果物的担保人或者债务人对所担保的主债权或范围等内容有异议时,如果其异议成立的,上文的办法是裁定驳回担保物权人的申请,终结特别程序,并在裁定书中告知当事人可以提起诉讼。除此之外,是否还有其他解决办法,譬如先行中止特别程序,当事人另行通过诉讼方式确认其权利存在,再行恢复特别程序,法院依法裁定准许拍卖、变卖担保财产,并就拍卖、变卖担保财产所得价款优先受偿?从逻辑上看,如此操作没有问题。但是,从立法目的上看,实现担保物权案件特别程序的设置是为了尽快实现担保物权,而不是为了增加程序上的繁杂;特别程序制度是以民事权益无争议为设计前提的,如果是有争议的,应归属于诉讼程序;①特别程序中没有如诉讼程序中的中止或者恢复程序制度。从比较法上看,我国台湾地区 93 台抗 905 号判决、94 台抗 631 号判决对此

① 《民事诉讼法》第 179 条规定:“人民法院在依照本章(即第十五章特别程序)程序审理案件的过程中,发现本案属于民事权益争议的,应当裁定终结特别程序,并告知利害关系人可以另行起诉。”

种做法均持否定态度。[①] 93台抗905号判决更是明确指出:至于债务人或抵押人否认各该文件为真正,对抵押债权之存否有所争执,则应另循诉讼途径解决,抵押权人无须于声请拍卖抵押物前,先行诉请确认其权利存在。[②] 笔者认为这种观点值得肯定与认同。

(三)非诉程序向诉讼程序的转化

《民事诉讼法》第197条规定了非诉程序向诉讼程序的转化,即"不符合法律规定的,裁定驳回申请,当事人可以向人民法院提起诉讼"。人民法院裁定驳回申请人的申请,终结特别程序,并不具有使特别程序自动转入诉讼程序的功效。是否终结特别程序,在申请人没有撤回申请的情况下,取决于人民法院的裁定;但是,是否另行提起诉讼并启动诉讼程序,则取决于当事人的决定,这是由民事诉讼中"不告不理"原则所决定的。[③]

关于准许拍卖、变卖担保财产,并就拍卖、变卖担保财产所得价款优先受偿的裁定或者驳回申请人的申请,终止特别程序,并告知当事人另行提起诉讼的裁定是否具有既判力,有不同的观点:第一种观点认为有既判力。主要理由是,基于形式审查原则作出的许可拍卖、变卖裁定的前提为双方当事人实体上无争议,并给予了债务人相应的程序保障,故担保物许可拍卖、变卖裁定应有既判力;[④]第二种观点则认为没有既判力。主要理由是无论法院作出允许拍卖、变卖还是驳回申请的裁定,不是对实体民事权利义务的确定,故而它们没有既判力;[⑤]第三种观点认为,应根据裁定内容进行区分,事项不同有无既判力不同:裁定确定后,就诉讼标的之实体上权利义务关系,固不生既判力,但经该裁定判

---

① 参见来胜法学研究中心:《学习式六法》,来胜文化事业有限公司2013年28版,民诉第477页。

② 参见来胜法学研究中心:《学习式六法》,来胜文化事业有限公司2013年28版,民诉第477页。

③ 参见江伟主编:《民事诉讼法》,中国人民大学出版社2000年版,第268页。

④ 参见许少波:"论民事裁定的既判力",载《法律科学》2006年第6期。

⑤ 参见肖建国、陈文涛:"论抵押权实现的非讼程序构建",载《北京科技大学学报》(社会科学版)2011年第1期;程啸:"抵押权的实现程序",载《中外法学》2012年第6期。

断之程序事项，应亦有其程序上的确定力。①

笔者赞同第三种观点，主要理由是：(1)民事判决作出后，即具有法律上的效力，不得任意撤销或者变更，当事人不得再就同一诉讼标的再行起诉或者在其他诉讼中提出与确定判决相反的主张；对法院而言，一个确定判决作出以后，后来的任何裁判都不得与该确定判决内容相抵触。这种对于确定判决所赋予的拘束力，就称为既判力或者判决的实质上的确定力。② 我国诉讼理论认为，诉讼案件，传统理论认为法院行使审判权的理论前提是当事人诉权的“契约观”。依此诉讼契约理论，法院一旦对诉讼案件作出判决，便从中解脱出来而不得再行干预，否则便是对审判权的滥用。因此，对于诉讼程序来说，在本质上，法院依职权任意变更或者废弃判决是受排除的；对于非诉程序而言，其对非诉案件原则上不以当事人的诉讼“契约观”为理论依据，因为非诉案件所关涉的利益已经超出特定当事人之间“私”的范围。因而，法院行使审判权，以经常地保持非诉案件裁判结果的妥适性和合目的性，成为必要。其结果，法院裁判的约束力便要受到排除或者缓和。③ (2)从比较法上看，我国台湾地区实务上对于非讼裁定的认识较为一致，即在非讼裁定程序中，法院对程序标的仅作形式上审查，并不实质审查程序标的是否存在，当事人在非讼程序中也无从加以争执，并没有给当事人足够的程序保障，因此，非讼裁定无实体既判力。④ (3)按照《民事诉讼法》

---

① 杨建华：《问题研析民事诉讼法(一)》，台湾三民书局1987年版，第410页。

② 参见李龙：“论民事判决的既判力”，载《法律科学》1999年第4期。也有学者认为，我国民事诉讼法未明确规定判决既判力。民事司法实务中，既判力的观点似乎并没有被人们所熟悉和认可，而且既判力概念只在很少的场合使用。间接反映判决既判力效力的是民事诉讼法关于“一事不再理”的规定，即对判决、裁定已经发生法律效力的案件，当事人又起诉的，告知原告按照申诉处理，但人民法院准许撤诉的裁定除外。不过，从完善判决效力制度的角度而言，既判力制度是必要的，因此，最终建立既判力制度是必然的。参见张卫平：“中国第三人撤销之诉的制度构成与适用”，载《中外法学》2003年第1期。既判力作为一项制度包括既判力的主观范围、客观范围和时间范围。详细内容请参见张卫平：《民事诉讼法》(第3版)，法律出版社2013年版，第401页以下。

③ 参见江伟主编：《民事诉讼法》，中国人民大学出版社2000年版，第276页以下。

④ 参见我国台湾地区“司法院”院字第2235号解释。转引自张自合：“论对台湾地区法院非讼裁定的认可与执行”，载《海峡法学》2012年第3期。

第197条“当事人依据该裁定可以向人民法院申请执行”的规定,人民法院准许拍卖、变卖担保财产,并就拍卖、变卖担保财产所得价款优先受偿的裁定具有执行力,担保物权人可依此裁定向法院申请强制拍卖。这是许可拍卖担保物裁定的基本效力,也是权利人启动程序的目的所在。①

另一个与该问题相关的问题是,实现担保物权案件特别程序可否以调解书的方式结案?关于这个问题,一种观点可能认为,这个问题是一个伪命题。理由是:(1)《民事诉讼法》第197条只规定了裁定结案方式,没有规定调解书方式结案;(2)调解是普通诉讼案件的结案方式,体现是当事人的意思自治;作为特别程序的实现担保物权案件所关涉的利益已经超出特定当事人之间“私”的范围,②不能以当事人的意思自治为根据;(3)从比较法上看,实现担保物权案件结案的方式是裁定而非调解。如我国台湾地区“非诉事件法”第73条。③ 司法实践中采取的做法是,先行达到和解协议,如当事人两次还清本息;否则,当事人将有权立即向法院申请强制执行所欠余款,以拍卖抵押房产得款优先受偿。随后,法院以司法确认书的形式,确认了和解协议的强制执行力。④ 笔者认为,上述观点和做法各有道理,值得肯定和赞同。特别是司法实践中的做法充满了法律智慧,值得借鉴和推广。因此,笔者也认为不能以调解书的方式结案。在当事人达成和解协议的情况下,可以采取如下处理方式:(1)申请人撤回申请,与被申请人以协议方式对担保财产折价或者以拍卖、变卖担保财产所得价款优先受偿(《物权法》第195条第1款);(2)人民法院根据和解协议制作拍卖、变卖裁定。但是,对于和解协议中涉及的与拍卖、变卖裁定无关的内容,拍卖、变卖裁定中不能包含。比如上引司法实践中和解协议中涉及的还清本息的内容。

---

① 参见张自合:“论担保物权实现的程序”,载《法学家》2013年第1期。

② 参见江伟主编:《民事诉讼法》,中国人民大学出版社2000年版,第276页以下。

③ 参见五南法学研究中心编辑:《最新简明六法》,五南图书出版股份有限公司2013年版,第5~11页。

④ 参见凌蔚、邱小华:“佛山禅城:庭前调处实现担保物权案”,载《人民法院》2013年4月19日第3版。

（四）被申请人或被执行人异议的处理

按照时间顺序，被申请人的异议可以分为审查中的异议、裁定拍卖、变卖后的异议和执行程序中的异议三种。关于审查中的异议，已在前文说明，不再赘述。如果被申请人的异议未被人民法院采纳，而在法院作出准许拍卖、变卖裁定后仍有异议的，应当如何处理？《民事诉讼法》没有规定。通说认为，被申请人可以向人民法院提起诉讼予以解决。[①] 理由是实现担保物权案件的裁定中对实体权利义务关系作出的认定无既判力，故被申请人对于裁定中关于实体权利义务关系异议处理不服，可以提起民事诉讼。[②] 笔者认为，如果通过民事诉讼，得到与准许拍卖、变卖担保财产，并就拍卖、变卖担保财产所得价款优先受偿裁定不同的结果，比如生效判决认定担保物权不存在、债务履行期届满债权已受清偿或者当事人约定的实现担保物权的条件未成就以及担保物权的实行受到特别限制等，准许拍卖、变卖的裁定自然失效。

关于执行过程中被执行人所提异议如何处理，有不同的观点：有人认为可以提起执行异议之诉；有人认为应当通过诉讼程序解决异议而非执行异议之诉。理由是：由于实现担保物权案件的裁定对实体事项作出的判断无既判力，故当事人也不应通过审判监督程序或第三人撤销之诉请求撤销原裁定。[③] 还有的法官指出，债权人、债务人对分配方案不服的，可以依照《最高人民法院关于适用〈中华人民共和国民事诉讼法〉执行程序若干问题的解释》第 25 条、第 26 条所规定的分配方案异议之诉予以救济，通过诉讼的方式最终确定各债权的受偿顺位、受偿比例和受偿数额等。[④] 笔者认为，后者所讨论的问题与实现担保物权案件所涉问题无关。对于执行程序中被执行人异议的处理，通过诉讼

---

① 参见江伟主编：《民事诉讼法》，中国人民大学出版社 2000 年版，第 268 页；程啸："抵押权的实现程序"，载《中外法学》2012 年第 6 期；王明华："担保物权实现程序适用中的若干问题"，载《人民司法》2013 年第 15 期。

② 参见王明华："担保物权实现程序适用中的若干问题"，载《人民司法》2013 年第 15 期。

③ 参见王明华："担保物权实现程序适用中的若干问题"，载《人民司法》2013 年第 15 期。

④ 参见张自合"论担保物权实现的程序"，载《法学家》2013 年第 1 期。

方式解决的方案值得赞同。因为,《民事诉讼法》第227条关于案外人异议的规定,提出异议的主体是案外人。[①] 本部分所讨论的问题是被执行人提出异议的处理,所以,上述规定不适用于该问题。

如果是案外人对执行标的提出异议,如案外人认为其是担保物的所有权人,再如案外人认为其是顺序在先的担保物权人,对于被执行的担保物提出异议,应当如何处理? 有人可能认为,案外人可以依照《民事诉讼法》第227条提起案外人异议之诉。实践中有的法官认为,执行程序的有关法律规定需要先行对拍卖标的物采取查封、扣押措施。这并非简单的程序要求,其意义还在于公示效力。结合在裁定书采取"准予对某某担保财产拍卖、变卖"的表述方式的建议,实践中由执行部门另行作出查封、扣押裁定和拍卖、变卖裁定更加适宜。这不仅给今后的查封措施留出空间,也给执行的实施留出更大的灵活性,特别是给处理担保财产的可执行性等方面的问题留出了空间。[②] 笔者认为,上述观点值得肯定。但需要特别指出的是,在此情形下,案外人提出异议的根据是执行法院针对拍卖、变卖财产作出的查封、扣押裁定,而非作为执行根据的拍卖、变卖担保财产,并就拍卖、变卖担保财产所得价款优先受偿的裁定。因为,实现担保物权案件的裁定对实体上权利义务关系作出的判断无既判力,不应当成为案外人异议之诉的对象。[③] 因此,执行法院应当受理案外人提出的异议,经过审查认定异议成立的,建议案外人针对申请人或者被申请人提起民事诉讼(普通民事诉讼,而非案外人异议之诉),如果得到与准许拍卖、变卖担保财产,并就拍卖、变卖担保财产所得价款优先受偿的裁定不同的结果,则准许拍卖、变卖的裁定自然失效。

---

① 参见张卫平:《民事诉讼法》(第3版),法律出版社2013年版,第479页以下。

② 参见张自合:"论担保物权实现的程序",载《法学家》2013年第1期。

③ 因为案外人异议之诉是案外人以执行债权人为被告(原则上)向法院提起的要求法院作出不得强制执行或撤销执行程序判决的诉讼,其目的在于阻止或撤销执行法院对执行标的的执行。参见张卫平:"案外人异议之诉",载《法学研究》2009年第1期。

四、物保非诉程序与连带责任保证诉讼和执行程序的衔接

(一)债务人提供的物保非诉程序与保证人承担连带责任保证诉讼和执行程序的衔接

《民事诉讼法》第196条、第197条规定的“实现担保物权案件”中的“物的担保”,既包括由债务人提供的物的担保,也包括由第三人提供的物的担保。不论是由债务人还是由第三人提供的物的担保,担保物权人均可以申请实现担保物权,不因物的担保提供主体的不同而有所不同。

但在由物的担保与人的担保(保证)共同担保同一债权时,除当事人另有约定之外,债务人提供的物的担保或者第三人提供的物的担保对债权人债权的实现影响巨大:债务人自己提供物的担保的,债权人应当先就该物的担保实现债权;第三人提供的物的担保的,债权人可以就物的担保实现债权,也可以要求保证人承担保证责任。详言之,对于前者,保证人享有绝对的优待,债权人没有选择权,其只能先实行担保物权以受偿债权,其后在不能完全受偿的余额范围内再向保证人主张,即保证人仅对债务人提供的物的担保以外的债权额承担保证责任。① 此时,保证人享有先诉抗辩权,即保证人在债务人提供的物的担保未经拍卖、变卖,并在拍卖、变卖所得价款仍不能满足债权之前,对债权人可以拒绝承担保证责任;②对于后者,债权人享有选择权,可选择行使对第三人提供的物的担保或者对保证人担保的权利。

在同一债权由债务人提供的物保与第三人提供的保证担保并存时,如何协调处理好物保的特别程序与人保的诉讼和执行程序之间的衔接就成为一个问题。关于这个问题,我国现行法以及司法解释均没有规定。经查阅相关国家和地区的立法,也未见有相应规定可供借鉴与参考。故只能参照我国法律规定的精神,司法实践中的相关做法,以及相应的法理,尝试着提出解决这些问题的方案。

---

① 参见最高人民法院物权法研究小组:《〈中华人民共和国物权法〉条文理解与适用》,人民法院出版社2007年版,第520页。

② 参见《担保法》第17条第2款。

先看2012年《修改民诉法决定》施行前的解决办法。按照《担保法解释》第128条第2款规定,同一债权既有保证又有物的担保的,当事人发生纠纷提起诉讼的,债务人与保证人、抵押人或者出质人(也包括留置债务人)可以作为共同被告参加诉讼。《担保法解释》第38条第1款"同一债权既有保证又有第三人提供物的担保的,债权人可以请求保证人或者物的担保人承担担保责任。当事人对保证担保的范围或者物的担保的范围没有约定或者约定不明的,承担了担保责任的担保人,可以向债务人追偿,也可以要求其他担保人清偿其应当分担的份额",对《担保法》第28条"同一债权既有保证又有物的担保的,保证人对物的担保以外的债权承担保证责任"作了限缩性解释,[①]即同一债权既有保证担保又有债务人自己提供的物的担保的,保证人对物的担保以外的债权承担保证责任。而对于由第三人提供的物保与保证担保共同担保同一债权的,债权人则有选择权,既可以向物的担保人,也可以向保证人要求承担保证责任。此时,保证人没有仅就物的担保以外的债权承担保证责任的抗辩权。

在由债务人自己提供物的担保的情形下,尽管债务人与保证人、抵押人或者出质人、留置债务人作为共同被告参加诉讼,但是,参照《担保法解释》第125条关于一般保证纠纷案件中一般保证人责任承担的规定,应当在判决书中明确首先由债务人自己提供的物的担保来满足债权人的债权,只有在债务人自己提供的物的担保不能完全满足债权人债权的情况下,才能由保证人承担剩余部分的清偿责任。[②]

再看2012年《修改民诉法决定》规定的解决办法。在2012年《修改民诉法决定》中增加"实现担保物权案件"特别程序的背景下,债权人即担保物权人多了一种选择,即担保物权人可以依照《物权法》等法律,向有管辖权的人民法院申请实现担保物权,人民法院经审查,符合法律规定条件的,裁定准许拍卖、变卖担保财产,并就拍卖、变卖担保财

---

① 参见李国光、奚晓明、金剑峰、曹士兵:《关于适用〈中华人民共和国担保法〉若干问题的解释理解与适用》,吉林人民出版社2000年版,第161页。

② 参见李国光、奚晓明、金剑峰、曹士兵:《关于适用〈中华人民共和国担保法〉若干问题的解释理解与适用》,吉林人民出版社2000年版,第160页。

产所得价款优先受偿(以下简称拍卖、变卖裁定),当事人依据拍卖、变卖裁定可以向人民法院申请执行。

由此,在同一债权由债务人提供的物保与第三人提供的保证担保并存时,债权人可以按照《民事诉讼法》规定,以债务人(物的担保人)和相关利害关系人为被申请人,向人民法院申请实现担保物权;债权人也可以债务人(物的担保人)和保证人为共同被告向人民法院提起诉讼,要求两被告承担连带赔偿责任。可见,债权人可以通过两个程序来行使权利。

在以上两个程序并存时,有无先后行使的顺序?司法实践中有一种观点认为,因主债务人未主动履行还款义务及承担相应的抵押担保责任,且拍卖、变卖裁定进入执行程序后尚未执行到位,原告在保证期间内提起诉讼要求被告承担保证责任,应予支持。①这种做法似乎是采先启动特别程序,后启动诉讼程序。且启动诉讼程序是有条件的,只有满足特定的条件方能启动。

而在笔者看来,这两个程序是各自独立的程序,既可以同时行使,也可以先后行使,没有先后之分。上述先启动特别程序,后启动诉讼的做法没有根据。在这两种程序中,债务人均为当事人,在特别程序中是作为物的担保人即被申请人,在诉讼程序中则是作为主债务人即被告。债务人在特别程序中如果对担保物权的效力和内容均没有异议的,且同时符合其他两个审查条件,即债务履行期届满债权未受清偿或者当事人约定的实现担保物权的条件成就、担保物权的实行未受到特别限制,人民法院应当作出拍卖、变卖裁定;债务人在诉讼程序中,一般会披露实现担保物权案件的情况,②人民法院在民事判决主文中应当明确:在拍卖、变卖裁定执行完毕,只有在仍有债务余额的情况下,保证人才

① 参见舟山市普陀区人民法院民事判决书[(2013)舟普商初字第184号],载http://www.lawyee.net/Case/Case_Display.asp?ChannelID=2010103&RID=2133148,2013年8月23日访问。

② 参见前引舟山市普陀区人民法院民事判决书[(2013)舟普商初字第184号]。

承担保证责任(以下简称保证判决);[①]如果债务人在诉讼案件中没有主动披露实现担保物权案件的情况,但保证人依据《物权法》第176条提出抗辩的,人民法院在民事判决主文中也应作出如上判决,即应当先行实现担保物权,只有在仍有债务余额的情况下,保证人才承担保证责任。

假如债务人在诉讼案件中没有主动披露实现担保物权案件的情况,保证人也没有提出抗辩,人民法院一般会判决债务人和保证人对全部债务承担连带清偿责任。如果在执行程序中,保证人知悉实现担保物权案件情况的,仍可以基于《物权法》第176条提出抗辩,执行法院也应按照与上述判决主文相同方式进行有顺序的执行。

(二)第三人提供的物保非诉程序与保证人承担连带责任保证诉讼和执行程序的衔接

如前所述,按照《物权法》第176条的规定,在物的担保与人的担保共同担保同一债权时,除当事人另有约定之外,对于由第三人提供物的担保的,该物的担保与保证担保处于同一清偿顺序,债权人既可以要求物的担保人承担担保责任,也可以要求保证人承担保证责任,债权人有选择权。如此规定的理由是:此时物的担保人与保证人处于平等地位,都不是最终的债务承担者,债务人才是最终的义务人。债权人无论是先实现物的担保还是先实现人的担保,物的担保人或者保证人都存在向债务人追偿的问题。为保障债权人的债权得以充分实现,法律应

---

① 前引舟山市普陀区人民法院民事判决书[(2013)舟普商初字第184号]的判决主文值得商榷。因为,本案判决所涉不动产抵押的抵押人是债务人,保证人为第三人,在抵押担保与人保并存时,应当先就债务人提供的抵押担保实现债权,只有待实现担保物权案件的裁定执行完毕,仍有债务余额的情况下,保证人才承担保证责任。而本案判决主文只是判决保证人承担全额保证责任,没有体现保证人依法享有的先诉抗辩权,即保证人在债务人提供的物的担保未经拍卖、变卖,并在拍卖、变卖所得价款仍不能满足债权之前,对债权人可以拒绝承担保证责任。本案的判决主文:被告(即保证人)对借款人向原告归还借款1000000元及从2012年4月4日起至实际清偿日止按中国人民银行同期同档次贷款基准利率4倍支付利息、违约金,以及对借款人向原告支付46000元律师代理费的履行承担连带清偿责任,在本判决生效之日起十日内支付。如果未按指定的期间履行给付金钱义务,应当依照《中华人民共和国民事诉讼法》第253条之规定,加倍支付迟延履行期间的债务利息。

当尊重债权人的意愿，允许债权人在这种情况下享有选择权。[①]

如果债权人选择向物的担保人主张权利，或者向保证人主张保证责任的承担，相应地，债权人可以通过实现担保物权案件特别程序向物的担保人主张实现担保物权，或者通过诉讼程序向保证人主张承担保证责任。也就是说，债权人可以向物的担保人，或者是保证人主张权利，从而实现其债权。

债权人也可以选择同时向物的担保人和保证人主张权利，从而出现前述实现担保物权案件的特别程序与诉讼程序并存的局面。但此种情形与前述情形最大的不同之处在于，物的担保人与保证人处于平等地位，无先后之分，保证人没有如对债务人自己提供担保情况下所享有的先诉抗辩权。

此时，债权人可以通过实现担保物权案件特别程序得到拍卖、变卖裁定，通过诉讼程序得到保证判决。一般而言，无论是拍卖、变卖裁定还是保证判决，其所担保的债权一般是全部而非部分债权。因此，从物的担保人与保证人地位平等的角度来看，债权人既可以申请执行拍卖、变卖裁定，也可以申请执行保证判决来实现其债权。任一执行申请得到实现，另一执行申请就无须再执行，否则，债权人会得到双倍赔偿，构成不得当利。

在操作层面，如何避免出现上述情况要具体分析：执行拍卖、变卖裁定或者保证判决的法院可能属于同一法院，也可能分属不同级别和地域的法院。对于在同一法院执行一般不会存在问题。而在不同级别和地域法院执行的情况下，如何协调和处理好两者的关系就显得尤为重要，如果债权人先申请执行拍卖、变卖裁定，且执行法院已经采取拍卖、变卖执行措施，此时，后被执行的保证判决的保证人即被执行人可以根据《民事诉讼法》第256条第1款第5项申请中止执行，后视拍卖、变卖裁定执行结果，或者恢复执行，或者作结案处理。前者是指拍卖、变卖裁定执行后仍有债务余额，应当由保证人承担保证责任，故而恢复执行保证判决；后者则是指拍卖、变卖裁定执行的结果是债权全部得到

① 参见胡康生主编：《中华人民共和国物权法释义》，法律出版社2007年版，第380～381页。

实现,因此,保证判决无须再予执行。反之,如果债权人先申请执行保证判决,后被执行拍卖、变卖裁定的第三人即被执行人也可申请中止执行,并视保证判决执行的结果,或者恢复执行,或者作结案处理。

如果债权人同时申请执行拍卖、变卖裁定和保证判决,又当如何处理?从独立性的角度看,无论是拍卖、变卖裁定还是保证判决都应当执行。问题在于,如果债权人分别获得执行结果是双倍受偿,为法律所禁止。如何防止出现如此后果呢?一般而言,作为拍卖、变卖裁定执行案件的被执行人即第三人和保证判决的被执行人即保证人,通过订立物保合同和保证合同都相互知道有物的担保人和保证人的存在,因此,也就应当相互知道有拍卖、变卖裁定和保证判决的存在,因此,即使执行法院各自执行,被执行人也会向执行法院提出拍卖、变卖裁定或者保证判决的执行情况,避免出现债权人得到双倍执行后果的发生。但在特殊情况下,拍卖、变卖裁定和保证判决的执行案件相互不知情,造成申请人即债权人双倍受偿,此时,拍卖、变卖裁定执行的法院或者保证判决执行的法院应当按照《民事诉讼法》第233条的规定执行回转。

五、物保非诉程序与一般保证诉讼和执行程序的衔接

(一)债务人提供的物保非诉程序与保证人承担一般保证的诉讼和执行程序的衔接

连带责任保证与一般保证的最大区别在于前者保证人与债务人对债权人承担连带清偿责任,后者则是保证人对债权人有先诉抗辩权,即在主合同纠纷未经审判或者仲裁,并就债务人的财产依法强制执行仍不能履行债务之前,对债权人可以拒绝承担保证责任。该抗辩权保障一般保证人仅为第二顺序债务人,债权人在对第一顺序债务人即主债务人追索前,不能从一般保证人处获得清偿。①

先诉抗辩权作为一般保证人实体上的权利,②具体又归属于实体

① 参见曹士兵:《中国担保制度与担保方法》,中国法制出版社2008年版,第135页。

② 《担保法解释》第125条的规定肯定了先诉抗辩权为实体性权利而非程序性权利。

抗辩权中的延期性的抗辩权，又称为一时性的抗辩权，[①]其行使一般只能起到暂时拒绝清偿的作用，并不能从根本上否定债权人的权利。先诉抗辩权并非是对“先被起诉”（先诉抗辩权中的“先诉”[②]）的抗辩，即债权人在起诉债务人之前，不能“先诉”保证人，否则债权人没有起诉权，法院应当驳回债权人对一般保证人的起诉。[③] 先诉抗辩权实际上是先执行抗辩权。因此，有学者把先诉抗辩权称为“先清偿抗辩权”或者“顺序抗辩权”，从一般保证人的角度，可称为“后清偿抗辩权”。[④]

因此，债权人可以同时起诉债务人和一般保证人，法院可以将债务人和一般保证人列为共同被告参加诉讼。但是，应当在判决主文中明确：在对债务人的财产依法强制执行后仍不能履行债务时，再由一般保证人承担保证责任。

如何判断和认定“财产依法强制执行后仍不能履行债务”？《担保法解释》第 131 条专门对此作了解释，“财产依法强制执行后仍不能履行债务”即“不能清偿”，[⑤]是指对债务人的存款、现金、有价证券、成品、半成品、原材料、交通工具等可以执行的动产和其他方便执行的财产强制执行完毕后，债务仍未能得到清偿的状态。

由此，在同一债权由债务人自己提供的物保与保证人提供的一般保证担保并存时，一般保证人除了前述连带责任保证人所享有的对债权人即担保物权人的先诉抗辩权之外，还享有对债权人的先诉抗辩权。也就是说，一般保证人对债权人有法定的双重抗辩权，即债权人通过实

---

① 参见史尚宽：《债法各论》，中国政法大学出版社 2000 年版，第 910 页。

② 该处的“先诉”应作广义上的理解，即先诉抗辩权在审判、仲裁之中或者审判、仲裁之外均可为之。参见王利明、崔建远：《合同法新论 · 总则》（修订版），中国政法大学出版社 2000 年版，第 529 ~ 530 页。

③ 参见曹士兵：《中国担保制度与担保方法》，中国法制出版社 2008 年版，第 135 页。

④ 参见刘保玉、吕文江主编：《债权担保制度研究》，中国民主法制出版社 2000 年版，第 159 页。

⑤ 参见李国光、奚晓明、金剑峰、曹士兵：《关于适用〈中华人民共和国担保法〉若干问题的解释理解与适用》，吉林人民出版社 2000 年版，第 434 页。

现担保物权案件特别程序实现债权,或者以诉讼方式向债务人和一般保证人主张权利,并就债务人的担保财产和债务人的其他财产依法强制执行仍不能履行债务的,一般保证人有权拒绝承担保证责任。换言之,一般保证人对拍卖、变卖裁定和一般保证人和债务人的判决强制执行完毕,债权仍未完全实现的,才能承担保证责任。

正如前文所述,一般保证人的先诉抗辩权属于一时性的抗辩权,因此,该权利的享有和行使是相对的,而非绝对的、无条件的。按照《担保法》第 17 条第 3 款规定,在符合特定条件下,保证人不得行使先诉抗辩权,即债务人住所变更,致使债权人要求其履行债务发生重大困难的。该情形包括债务人下落不明、移居境外,且无财产可供执行;①人民法院受理债务人破产案件,中止执行程序的;保证人以书面形式放弃前款规定的权利的。既然一般保证人不再享有先诉抗辩权,则此时的一般保证转化为连带责任保证,即一般保证人与主债务人共同向债权人承担连带责任。② 此时,如果同一债权上有债务人自己提供的物保与一般保证,其处理方式与前述"债务人提供的物保非诉程序与保证人承担连带责任保证诉讼和执行程序的衔接"的处理规则完全相同,在此不赘。

(二)第三人提供的物保非诉程序与保证人承担一般保证的诉讼和执行程序的衔接

当同一债权上有第三人提供的物的担保和一般保证人提供的保证担保并存时,债权人可以选择向物的担保人或者一般保证人主张权利,或者同时向物的担保人和一般保证人主张权利。当债权人选择同时主

---

① 参见《担保法解释》第 25 条。

② 参见"烟台华联发展集团股份有限公司与烟台市商业银行芝罘支行保证合同纠纷上诉案"[山东省高级人民法院(2000)鲁经终字第 590 号民事判决书]。转引自程啸:《保证合同研究》,法律出版社 2006 年版,第 275 页。对此,也有学者认为,此时一般保证的后果与连带责任保证的后果相同,并非就转化为连带责任保证。该观点为笔者请教北京航空航天大学法学院刘保玉教授时刘老师提出的观点。在此,向刘老师表示感谢。笔者认为,无先诉抗辩权的一般保证与连带责任保证无根本性区别,由此,称为一般保证转化的连带责任保证或者无先诉抗辩权的一般保证都有一定道理,相对而言,称为"无先诉抗辩权的一般保证"更符合我国法上一般保证与连带责任保证的两分法。

张权利时，一般保证人不享有如保证人对由债务人自己提供的物的担保那样的先诉抗辩权，即债权人应当先就债务人自己提供的物的担保进行清偿之前，有拒绝履行的抗辩权。

但是，当债权人在向一般保证人主张权利时，其享有对债权人的先诉抗辩权，即要据对债务人的判决，对债务人的财产依法强制执行仍不能履行债务之前，对债权人可以拒绝承担保证责任。据此，当债权人以债务人和一般保证人为共同被告向人民法院提起诉讼，其得到的判决中应当载明：在对债务人财产依法强制执行后仍不能清偿债务时，由保证人承担保证责任。债权人也可以根据实现担保物权案件的特别程序，以第三人或相关利害关系人为被申请人申请实现担保物权，取得拍卖、变卖裁定。

但是，不可否认的是，无论是物的担保人承担了担保责任，还是债务人承担了清偿责任都会对一般保证人的保证责任产生影响，即缩减了其保证责任承担的范围。从本质上看，一般保证人承担保证责任是以债务人"不能清偿"为前提，而非以物的担保人承担担保责任为条件。

六、实现担保物权案件特别程序司法解释草案建议稿（代结语）

按照前述的观点和理由，参照部分高级人民法院制定的关于审理实现担保物权案件的规范性意见，笔者尝试着起草一份实现担保物权案件特别程序司法解释草案建议稿，供起草实现担保物权案件特别程序司法解释时参考。

第一条　［实现担保物权案件的管辖法院］实现担保物权案件由担保财产所在地或担保物权登记地基层人民法院管辖。

基层人民法院不管辖依法应当由海事法院管辖的实现担保物权的案件。①

两个以上基层人民法院对实现担保物权案件都有管辖权的，由最先立案的基层人民法院管辖。

被申请人提出的管辖权异议申请，人民法院不予受理。

---

① 参见《浙江省高级人民法院关于审理实现担保物权案件的意见》第1条第2款。

第二条　[实现担保物权案件的申请人]实现担保物权案件的申请人可以是抵押权人、质权人和留置权人,也可以是《中华人民共和国物权法》第二百二十条规定的出质人和第二百三十七条规定的财产被留置的债务人和被留置财产的所有权人,第一百九十五条规定的抵押人,《中华人民共和国合同法》第二百八十六条规定的承包人,《中华人民共和国海商法》第十一条至第二十条规定的船舶抵押权人和《中华人民共和国民用航空法》第十六条至第十七条规定的民用航空器抵押权人,以及其他法律规定有权申请实现担保物权的主体。

第三条　[实现担保物权案件的被申请人]实现担保物权案件的被申请人可以是抵押人、出质人和财产被留置的债务人,抵押权人、质权人、留置权人。也可以是债务人、不动产的承租人、担保财产的保全申请人等。

第四条　[实现担保物权案件的受理条件]实现担保物权案件申请人的申请必须符合下列条件:

(1)申请人是本解释第二条规定的主体;

(2)被申请人是本解释第三条规定的主体;

(3)请求人民法院拍卖、变卖担保财产,并就拍卖、变卖担保财产所得价款优先受偿;

(4)有实体法上的事实与理由;

(5)属于基层人民法院受理的范围和受诉人民法院管辖;

(6)有书面申请。

第五条　[立案及案号]基层人民法院立案庭负责接收申请人提交的实现担保物权申请书并依法登记立案,编立"商特"字案号。

第六条　[独任制与合议制的适用]基层人民法院立案庭应当在立案登记之日起两日内将实现担保物权案件的相关材料移交商事审判业务庭审查。实现担保物权案件可以由审判员一人独任审查,但对担保合同财产标的额超过基层人民法院级别管辖范围、[①]债权除物的担保之外,还有其他担保方式的实现担保物权案件以及人民法院认为应

① 参见《浙江省高级人民法院关于审理实现担保物权案件的意见》第5条第1款。

当组成合议庭审查的实现担保物权案件,[1]应当组成合议庭审查。

第七条 [实现担保物权案件的审查条件]基层人民法院审查的条件包括:

(1)担保物权有效存在;

(2)债务履行期限届满债权未受清偿或者当事人约定的实现担保物权的条件成就;

(3)担保物权的实行未受到特别限制。

申请人的申请符合以上条件的,人民法院应当依法作出拍卖、变卖裁定;申请人的申请不符合以上条件的,人民法院应当裁定驳回申请,终结特别程序,并在裁定书中告知当事人可以另行提起诉讼。

申请人无须在申请实现担保物权案件之前,先行以诉讼方式确认其权利的存在。

第八条 [对担保债权有争议时拍卖、变卖的限制]如果被申请人及债务人对担保物权所担保的债权或者范围部分有异议,人民法院可以就无争议部分作出拍卖、变卖裁定。对于有争议的部分,按照本解释第七条第二款的规定处理。

第九条 [申请拍卖、变卖裁定的强制执行]基层人民法院作出的拍卖、变卖裁定生效后,债务人或物的担保人未自动履行债务的,申请人可以向有管辖权的人民法院申请强制执行。

第十条 [申请实现担保物权非诉程序与人保诉讼程序的相互独立]同一债权物保与人保并存时,债权人既可以向有管辖权的基层人民法院申请实现担保物权,也可以向有管辖权的人民法院提起诉讼要求保证人和债务人承担责任。

第十一条 [债务人提供的物保非诉程序与保证人承担连带责任保证诉讼和执行程序的衔接]当债务人提供的物保非诉程序与保证人承担连带责任保证的诉讼方式并存时,保证人只对拍卖、变卖裁定执行完毕后的余额承担保证责任。

第十二条 [第三人提供的物保非诉程序与保证人承担连带责任保证诉讼和执行程序的衔接]当第三人提供的物保非诉程序与保证人

---

① 参见《浙江省高级人民法院关于审理实现担保物权案件的意见》第5条第1款。

承担连带责任保证的诉讼程序并存时,债权人有权选择执行拍卖、变卖裁定或者执行保证判决,但不能同时实现。

第十三条 [债务人提供的物保非诉程序与保证人承担一般保证诉讼和执行程序的衔接]当债务人提供的物保非诉程序与保证人承担一般保证的诉讼程序并存时,一般保证人只对债权人拍卖、变卖裁定和一般保证的债务人的判决强制执行完毕后的余额承担保证责任。

具备《中华人民共和国担保法》第17条第3款规定的情形之一的,一般保证人只享有本解释第十一条规定的先诉抗辩权。

第十四条 [第三人提供的物保非诉程序与保证人承担一般保证诉讼和执行程序的衔接]当第三人提供的物保非诉程序与保证人承担一般保证的诉讼程序并存时,债权人有权选择执行拍卖、变卖裁定或者保证判决,但不能同时实现。但是,当债权人在向一般保证人主张权利时,其享有对债权人的先诉抗辩权,即依据对债务人的判决,对债务人的财产依法强制执行仍不能履行债务之前,对债权人可以拒绝承担保证责任。

第十五条 [对被申请人或被执行人异议的处理]被申请人或被执行人对生效的拍卖、变卖裁定有异议,可以向人民法院提起诉讼。如果得到与拍卖、变卖裁定不同的结果,则拍卖、变卖裁定自然失效。

第十六条 [实现担保物权案件的申请和执行费用]实现担保物权案件参照诉讼案件收费标准的25%收费标准收取,由申请人预交,拍卖、变卖裁定生效后由被申请人承担。

申请人向人民法院申请强制执行的,按照执行金额的25%收取执行申请费,由被执行人负担。

(作者系山东达洋律师事务所主任律师,法学硕士,烟台大学法学院兼职教授)

诉讼离婚后不动产纠纷案件的管辖权问题

李玉佳

目　　次

近年来,随着我国离婚率持续增长,涉及离婚后财产纠纷案件的数量也随之逐年增长。离婚后财产纠纷可分为两大类:一是登记离婚后财产纠纷,二是诉讼离婚后财产纠纷。在基层法院受理的离婚后财产纠纷类案件中,诉讼离婚后的财产纠纷案件一般可以达到90%以上,其中所涉财产多数为不动产。但是对诉讼离婚后不动产纠纷案件如何确定案件管辖权?目前《民事诉讼法》没有明确的规定,甚至对该类案件的案由最高人民法院也尚未作出明确的诠释。而在司法实践中对此理解不一,理论界也是众说纷纭。管辖法院的确定是纠纷得到公正、及时解决的前提,鉴于实践中这一问题日益受到关注,笔者即以此为基点对该问题展开探索以期获得合理的解决方案。

一、案例索引

张某与余某均系A区居民,后两人因感情不和,婚姻关系破裂,于

2008 年经 A 区人民法院调解离婚。离婚时双方协调解决了子女的抚养问题,并对家庭的日常生活用品及家用电器等夫妻共有财产进行了分割,但在调节过程中,双方均未提及还有其他大额财产。经 A 区人民法院调解离婚后,余某发现张某在婚姻关系存续期间在 B 区购买了一套住房,且未告诉余某,余某得知后,向张某提出分割该住房,但张某不同意,余某遂向 B 区人民法院提起诉讼,要求分割婚姻存续期间的该套房产。由于法律法规及相关的司法解释均未对诉讼离婚后不动产纠纷案件的管辖问题作出明确的规定,同时,最高人民法院也没有对诉讼离婚后不动产纠纷案件的案由作出明确诠释,B 区人民法院根据《民事诉讼法》第 22 条一般地域管辖的规定,以该案件管辖权错误为由,拒绝受理该案,并告知余某该案应由被告所在地 A 区人民法院管辖。余某到 A 区人民法院提起诉讼后,A 区人民法院却认为该案件标的为不动产,属于不动产权属纠纷,依据《民事诉讼法》第 34 条之规定,该案应由不动产所在地人民法院,即 B 区人民法院管辖。如何认定该案的管辖,两地法院意见分歧不一。

二、焦点引出

法律规定,在诉讼离婚后,当事人可对离婚诉讼中忽略的财产,漏审、漏判的财产提起诉讼。本案的焦点即诉讼离婚后的不动产纠纷案件的管辖。而要确定该类案件的管辖权,首要问题是解决该类案件的性质,具体来说司法实践中对该类案件的性质有以下分歧意见:

第一种意见认为,诉讼离婚后,婚姻关系已经终止。当事人的诉求是单纯的对不动产权属进行分割,已由婚姻存续期间的夫妻共同财产分割纠纷转化为单纯的不动产权属纠纷。应当适用《民事诉讼法》第 34 条对不动产案件的专属管辖之规定。

第二种意见认为,诉讼离婚后的不动产纠纷是基于婚姻关系产生的,不是独立的不动产权属之争,其诉的本质仍是诉讼离婚纠纷的延续,审理此案仍要适用《婚姻法》和《民事诉讼法》一般管辖权等相关规定。

应当说,上述两种观点都存在一定的合理性,但笔者认为第二种观点更为科学。因为按照第一种观点,婚姻关系已经终止,就将婚姻关系存续期间的夫妻共同财产分割纠纷转化为单纯的不动产权属纠纷是对不动产专属管辖的扩大解释,没有从立法目的和法律精神出发,是对不动产专属管辖制度立法意图的误解。因此,确定该类案件的性质应当从立法原意出发,对诉讼离婚后不动产纠纷的性质和类型进行合理界定,并明确相应的管辖规则,以弥补现行立法的不足,有效解决司法实践中的困惑。

(一)诉讼离婚后不动产纠纷案件管辖权问题产生原因

1. 社会因素

随着我国社会经济发展,婚姻家庭领域里的不动产交易和权属变动频繁,财产状况发生了很大的变化,离婚案件中的财产纠纷越来越复杂,财产种类、财产争执标的额与过去不可同日而语。在婚姻关系存续期间,每对夫妻或多或少都有共同财产。离婚后,夫妻身份关系消失,夫妻共同财产也就失去存在的基础,必须进行分割。夫妻共同财产一般在离婚时分割,但离婚时未分割或者虽然进行了分割而后又反悔或发生可以再次分割夫妻共同财产的情形时,即产生离婚后财产纠纷。

2. 法律因素

我国现行法律法规对诉讼离婚后不动产纠纷案件的管辖权问题没有清晰明确的规定。同时,在《民事案件案由》规定中,也没有明确对诉讼离婚后不动产纠纷案件的管辖规定,而只在共有物分割中对不动产和动产纠纷进行了明确的规定,即共有物分割的标的为不动产时,应当适用专属管辖,由不动产所在地人民法院管辖;共有物分割的标的为动产时,则适用被告住所地或者经常居住地人民法院管辖。由于缺乏明确的规定,针对该类案件的管辖权问题到底是适用不动产专属管辖还是适用一般地域管辖,司法实践中,各地法院的认定及处理方式也不尽相同,造成司法实践中适用法律紊乱。

(二)诉讼离婚后不动产纠纷案件管辖权问题的影响

由于诉讼离婚后不动产纠纷案件管辖的性质认定在我国没有明确的法律规定,各地法院在司法实践中也存在争议,没有统一指导立案的司法渊源。因此,该类案件在立案、审判及执行过程中往往存在以下问题:

1. 增加当事人诉累

诉讼离婚后不动产纠纷案件的性质缺乏明确、统一的规定,人民法院立案时认定不同,往往存在人民法院在立案时拖延、推诿的现象,当事人常常因此来回奔波,纠纷无法及时、有效地解决。同时,激化社会矛盾,导致司法公信的丧失。

2. 不利于对标的财产进行管理

由于缺乏对诉讼离婚后不动产纠纷管辖权的明确、统一的规定,人民法院立案时认定不同,导致该类案件不能及时立案,无法进入审判、执行阶段,易出现财产隐藏、转移、变卖、毁损等现象,损害了当事人的合法权益。

3. 增加诉讼成本

(1)当事人诉讼成本

当事人的诉讼成本按表现方式可以分为显性成本与隐性成本,直接以支付金钱的形式表现出来的耗费即属于显性成本,如司法预算、诉讼费、代理费等。不直接以金钱支付单隐含金钱支付的时间、距离、程序等形式表现出来的耗费即属于隐性成本,如期限、管辖、诉讼的合并与分离等。诉讼离婚后不动产纠纷案件的性质缺乏明确、统一的规定,人民法院立案时认定不同,导致当事人在立案时来回奔波,进一步增加了当事人的诉讼成本。

(2)法院诉讼成本

在该类案件的审判实践中,常常出现这样的情况:案件的被告住所地在成都,争议的不动产在外地,因案件审理中证据不扎实,或因各方认识有差异,法院需要依职权对不动产的真实情况进行调查取证,法院派人长途跋涉前往,当地相关部门不予配合,使不动产的情况不能得到真实的反应,结果一无所获空手而归。有些案件办案人员数次调查取证而收获甚微,同一案件反复取证,多次调查在审限内不能结案的情况屡见不鲜。因此,法官往往要前往异地多次方能结案,导致诉讼成本不断攀升而诉讼效率低下。

4. 不利于争议的不动产执行

该类案件在执行过程中,由于争议的不动产在外地,甚至有多处不动产分布在全国各地,尽管执行法官作了充分准备,且手续齐全,但因人地两疏,需要委托外地法院执行或协助执行。实践中,有的受托法院不按规定的期限和依法定程序执行,不积极配合与协助执行,甚至拒绝协助执行,导致争议的不动产存在隐藏、转移、变卖、毁损等现象。执行法官前往外地执行案件,易出现地方保护主义和部门保护主义严重,暴力围攻,阻碍执行等问题,最终,导致执行法官不能执行或不能完全执行,判决书如同白条,丧失法律权威。

5. 不利于保护当事人利益

诉讼离婚后不动产纠纷案件涉及当事人的家庭、财产等利益,双方当事人之间的矛盾较大,由于立案时的案件管辖没有明确、统一的规定,各地法院对该类案件立案的认定和处理也存在争议,往往出现拖延、推诿的现象,让当事人来回奔波。案件不能及时立案,当事人利益得不到保护。司法实践中,甚至出现争议财产隐藏、转移、变卖、毁损等现象。原告花费大量的人力、物力,最终没有实现保护自己权益的目的,就会怨声载道,对法官就会产生看法,甚至否认法院的公正性。

三、研究评析

(一)案例样本分析

1. 收集与整理

为了进一步研究诉讼离婚后不动产纠纷案件的特点及类型,笔者利用百度的高级搜索和普通搜索,查阅了近百个网页,①并结合成都市锦江区人民法院受理的诉讼离婚后不动产纠纷案件,②最后收集并整理出25个典型案例。它们具有以下特点:(1)案例信息较为完整。(2)案例地域相对广泛。(3)时间上以2012~2013年居多。

2. 统计与分析

收集整理的25件典型案例中,涉及被告住所地与不动产所在地分布情况如下:

---

① 具体搜索、收集和整理过程:首先利用百度的"高级搜索"设置条件为:(1)包含完整关键词:离婚、不动产、法院;(2)网页格式:所有网页和文件;(3)网页时间:全部时间),最终选取了5件典型案例。

② 从2013年1月至6月成都市锦江区人民法院共受理20件诉讼离婚后不动产纠纷案件。

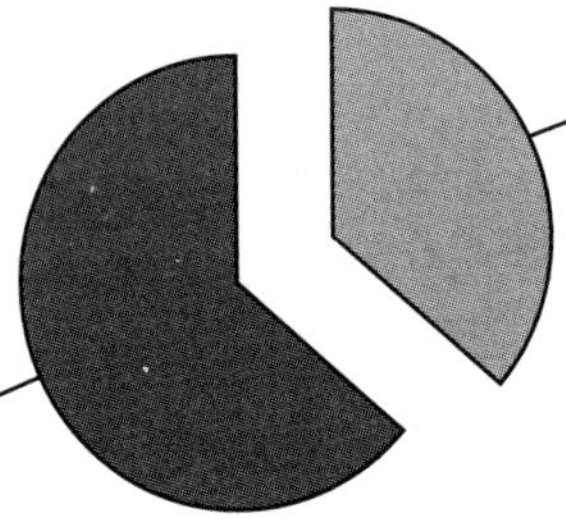

从25个案例中被告住所地与涉案不动产所在地的分布的情况来看,在同一地区的有9件,占案件总数的36%;不在同地区的有16件,占案件总数的64%。可见,诉讼离婚后不动产纠纷案件被告住所地与涉案不动产所在地不在同一地区的情况较多,由此产生的管辖权问题渐渐引起社会各界的广泛关注。很多律师、学者专门就此类案件的管辖权问题在网络上进行了研究讨论。一位四川益正律师事务所的徐晓冬律师针对该类案件的管辖权问题向四川省高级人民法院写了一封咨询信。① 诉讼离婚后不动产纠纷案件的管辖如何确定?成为关注的焦点。因此,应当从诉讼管辖规则的立法宗旨出发,结合诉讼离婚后不动产纠纷案件的性质,探索解决该类案件管辖权争议的有效途径。

(二)诉讼管辖规则立法意图探寻

民事诉讼法的管辖,是指确定各级人民法院之间和同级人民法院之间受理第一审民事案件的分工和权限。② 它是在人民法院内部具体落实民事审判权的一项制度。

1.一般地域管辖制度立法意图探寻

一般地域管辖适用的原则是"以原告就被告",此一原则在罗马法上就已经确定,格拉底安、瓦伦丁尼安和狄奥多西皇帝指出,无论是在对物的诉讼中还是在对人的诉讼中,均为原告就被告的审判地。③ 其目的就在于一方面避免被告因原告的诉讼行为而疲于奔波,另一方面

① 百度普通搜索,关键词:离婚、不动产、法院。

② 汪伟主编:《民事诉讼法》,高等教育出版社2007年版,第119页。

③ 范薇:"浅谈我国网络民事侵权诉讼中的地域管辖",载《中顾法律网》2011年11月20日。

也便于法院调查取证、传唤被告、强制执行，并且在一定程度上可以防止原告滥诉，保护被告的利益。现代各国特别是大陆法系国家大都继承了这一原则，我国的理论界及司法实践对此也形成了共识。

2. 专属管辖制度立法意图探寻

不动产纠纷主要涉及的是专属管辖问题。所谓专属管辖，是指法律规定的某类案件职能由特定法院管辖，其他法院无管辖权，当事人不得以协议方式变更管辖。专属管辖往往是基于社会公共利益目的而规定的，因而不允许当事人通过协议管辖来改变专属管辖。① 协议管辖主要适用于合同纠纷，它是由当事人在法律允许范围内事先约定管辖法院，一旦发生纠纷即将纠纷提交唯一确定的管辖法院进行处理，因而排除其他法院的管辖权。因此，专属管辖是相对于协议管辖而言的，它是依据管辖是否由法律强制规定，不允许当事人协商变更为标准而作的一种分类。民事诉讼法设立不动产纠纷专属管辖制度的目的，很大程度上是基于对不动产自身的物理情况和法律属性的综合考虑。

（三）把握立法目的，区别涉及不动产的纠纷类型

准确理解不动产纠纷的概念，是合理划分不动产专属管辖与一般地域管辖的前提。我国民事诉讼理论界对不动产纠纷的理解主要有四种观点：（1）不动产纠纷就是涉及不动产的所有纠纷；（2）因不动产提起的诉讼，包括涉及不动产的所有权确认、买卖、租赁等方面的诉讼；（3）因不动产纠纷提起的诉讼，主要是因不动产的所有权、使用权、相邻权发生纠纷而引起的诉讼；（4）法律上规定的不动产纠纷应当是指涉及不动产所有权的纠纷。

上述四类纠纷按照其性质，实际上可以分为权属类纠纷和合同类纠纷。而诉讼离婚后不动产纠纷的产生是诉讼离婚后，当事人针对离婚诉讼中忽略的不动产，漏审、漏判的不动产提起的诉讼，既不属于独立的权属类纠纷也不属于合同类纠纷，其性质属于“婚姻家庭”类的纠纷。正如某些学者主张的：“以不动产物权诉讼和不动产债权诉讼的划分为前提，前者均适用专属管辖，后者适用任意管辖。”②因此，应当

---

① 李浩：“民事诉讼专属管辖制度研究”，载《法商研究》2009 年第 2 期。

② 秦伟、李娜：“论不动产纠纷专属管辖”，载《学习论坛》2010 年第 11 期。

区别涉及不动产纠纷的案件类型来确定适用的管辖规则。

四、对策及建议

(一)制定司法解释,有效避免法律适用的任意性

理论分歧的存在,导致接受不同理论熏陶的法律职业者在对待诉讼离婚后不动产纠纷案件管辖问题上的不同理解。各地法院处理该类纠纷时,实践做法不尽一致,也给当事人带来了困惑。笔者认为,诉讼离婚后不动产纠纷案件是诉讼离婚后,当事人针对离婚诉讼中忽略的不动产,漏审、漏判的不动产提起的诉讼,不是独立的不动产权属纠纷,更不是不动产合同纠纷。其诉的本质仍是离婚纠纷的延续,所以在适用管辖原则上应当要适用一般管辖原则,即《民事诉讼法》第22条第1款规定:"对公民提起的民事诉讼,由被告住所地人民法院管辖;被告住所地与经常居住地不一致的,由经常居住地人民法院管辖。"但是法院和法官内部没有统一认识,学界也缺乏统一的理论通说,司法机关适用法律的尺度不一,势必使国家的司法权威面临质疑。因此,当务之急就是出台相应司法解释,根据诉讼离婚后不动产纠纷的案件性质将其类型化,消除法院系统内部对该类案件性质的不同理解,统一法律适用尺度,并使该规则具体化,可操作性更强,也不再发生理解分歧。唯有如此,才能还原法律精神的本来面目,更加有效地确保裁判公正。

(二)做好法律释明,消除疑惑取信于民

由于我国法律法规对诉讼离婚后不动产纠纷案件的管辖问题缺乏明确清晰的规定,当事人在立案时也存在疑问。立案时,法官应对当事人进行必要的法律释明,并耐心解答当事人的疑惑。这些释明义务包括:当事人要求以不动产所在地的法院管辖的,法官应当告知当事人到被告住所地法院管辖,并做好解释工作。通过法律释明的方式扭转当事人对法律认识的偏差,促使当事人理解,切实减少矛盾,并将信访消灭在萌芽状态。在释明的方式上,可结合诉讼离婚后不动产纠纷的案件性质、管辖规则等方面,采取随时答疑与预约答疑相结合的方式。

(三)加强各地法院办案协作,提升司法效能

诉讼离婚后不动产纠纷案件往往涉及异地调查取证、异地评估拍卖或者异地执行的情况,因此,首先应当建立、健全各地法院审判与执

行网络。进一步完善立、审、执协调配合机制，在对现有机制运行效果进行分析、评价的基础上，完善当事人信息共享机制和建立执行力量的联动机制，提升审判和执行的效率和效果，实现资源的充分利用，形成法院内部解决执行难的合力。完善当事人信息共享机制。依托全国法院网和审判管理信息系统，对当事人的不动产信息予以共享，通过全国法院执行力量的合作提高执行效率和效果。其次，建立执行力量的联动机制。在全国法院的层面，通过执行力量的统一调配和相互联动，将各地法院有限的执行资源充分盘活，在法院与外界部门联动的基础上，最大限度地形成法院内部联动执行威慑机制。最后，构建委托制度的工作格局，对委托调查取证、委托评估拍卖和委托执行等方面作出明确规定，包括案件的范围、原则、期限等。完善异地办案的协助制度，当地法院在协助过程中提供方便和互通情况，当异地办案遇到阻碍时，当地法院应采取相应措施，尽量给外地办案法官提供协助，提高执行的效果。

（四）完善上级法院指导机制，有效化解管辖争议

健全管辖争议案件上级法院指导机制，实现审判指导的规范有序。要通过强化落实案件请示制度的范围、方式，及时制定相应的指导性意见等形式，进一步规范案件请示制度，改变目前一审法院针对诉讼离婚后不动产纠纷案件相互推诿的现象。将存在管辖权争议的案件通过网上办案系统或者书面形式报上级法院指定管辖，推动就地、就近及时解决纠纷。逐步让存在管辖权争议的一审法院成为化解矛盾纠纷的主体，上级法院成为定分止争的主体。在发挥上级法院指导机制的同时，强化内部监督制约。要强化处理管辖争议案件的救济途径，不断优化指导机制。上级法院可以通过书面发函或者通过网上办案系统等方式指定管辖，充分利用司法资源、体现司法的平等保护原则和便利当事人诉讼。

（五）完善管辖权争议协调机制，司法为民

成立专门的立案管辖协调机构，通过构建一站式协调沟通平台，实现各法院之间的立案管辖沟通和协调，统一对诉讼离婚后不动产纠纷类案件的管辖认定。归口行使，包括对管辖的认定、性质分析及案卷的移送。完善立案管理的信息化辅助机制，成立法院内部的网络信息服

务中心,对现有的信息化队伍进行扩充,以进一步发挥信息化的作用。完善信息化条件下的流程管理,针对不符合本院管辖需要移送的案卷,通过网上移送的形式避免当事人立案时因无法确定管辖法院而来回奔波,有效减少当事人的诉讼成本。完善上下级法院管辖指导体系,针对诉讼离婚后不动产纠纷产生的管辖争议,通过信息化网络平台报请上级法院指定管辖,及时反馈处理结果,高效化解纠纷,实现立案管辖的科学化、规范化、立体化、全程化和精细化,不断增强管辖争议协调机制的操作性和实效性,有效保证当事人的诉权。

(六)完善监督制约,规范权力运行

构建上下级法院监督互动反馈机制,实现监督制约的双向互动。(1)建立上下级法院就诉讼离婚后不动产纠纷管辖权指导的反馈制度。以规范和拓展上下级法院沟通交流的渠道,并在新形势下切实转变审监职能,加强审判监督。(2)建立上下级法院管辖权问题发现机制。由审监庭就管辖权审理和检查中发现的问题,适时提出建议,通过复函等书面形式进行指导,以促进适法的统一。(3)建立上下级法院案件质量评查经验的交流机制,以发挥上级法院业已形成的评查经验优势,同时充分调动基层法院审监力量在立案管辖审查的积极性和创造力。通过设立法院开放日、加大法治宣传力度、开通在线访谈、网上立案审查等形式,加强与民众的互动交流,健全司法的公开民主机制,实现监督制约的社会参与。

五、结语

管辖法院的确定是纠纷得到公正、及时解决的前提,要做到科学有效地化解管辖争议,不仅需要法律法规的理论支持,还需要法院审判、执行的实践支撑。针对案件的特点和管辖规定,通过不断健全管辖协调机制建设,让司法公正在司法能力保证和监督制约中得以实现。

(作者系成都市锦江区人民法院)

继承法

论继承人放弃继承与债权人之撤销权*

樊志军　刘耀东

目　　次

一、问题的提出

上诉人(原审第三人):邓晓克
上诉人(原审第三人):邓晓利
被上诉人(原审原告):张康琼
原审被告:邓晓江

因邓晓江向张康琼借款7万元未还,张康琼遂于2004年诉讼至成都青羊区人民法院,诉请返还借款。2004年11月18日,法院作出(2004)青羊民初字第1458号民事判决,确定邓晓江在判决发生法律效

* 教育部人文社会科学研究青年基金项目“继承法修改中的重大疑难问题研究”(11YJC820073)阶段性成果。

力之日起7日内归还张康琼借款本金7万元。该判决已发生法律效力。2005年1月,张康琼向法院申请强制执行,因邓晓江无力偿还,故该笔款项未能执行。

邓晓江、邓晓克、邓晓利均系王淑珍与邓萍的子女。王淑珍与邓萍在夫妻存续期间,以邓萍名义购得位于成都青羊区包家巷82号2幢5单元1楼1号住房一套,以王淑珍的名义购得青羊区包家巷82号2幢5单元1楼2号住房一套。2006年9月5日,邓萍因病死亡。2006年12月13日,邓晓江、邓晓克、邓晓利等6位继承人在成都蜀都公证处办理邓萍的遗产继承公证。邓晓江放弃继承邓萍的遗产,成都蜀都公证处出具(2006)成蜀证内民字第46939号公证书及(2006)成蜀证内民字第46940号公证书,公证书明确王淑珍与邓萍所购两套房屋属邓萍遗产部分分别由邓晓克、邓晓利继承。王淑珍将上述两套房屋夫妻共同财产中属于自己的部分分别赠与了邓晓克、邓晓利。借此,位于青羊区包家巷82号2幢5单元1楼1号住房产权过户更名为邓晓克,位于青羊区包家巷82号2幢5单元1楼2号住房产权过户更名为邓晓利。

张康琼遂诉至成都青羊区人民法院,要求:(1)确认邓晓江放弃继承两套诉争房屋遗产份额的行为无效;(2)判令第三人邓晓克、邓晓利返还邓晓江放弃继承的遗产。

本案争议如下:

1. 继承人放弃继承的行为性质是什么,或者说是否属于无偿之财产处分行为?

2. 继承人放弃继承是否为债权人撤销权之标的?

3. 如果属于债权人撤销权之标的,那么是否以继承人主观恶意为撤销权之成立要件?

二、放弃继承与继承之样态

现代继承法制已由古之宗祧继承演变为财产继承,既为财产继承,因此无不肯认继承人有放弃继承之自由。我国《继承法》亦不例外。但是,在实践中继承人利用其放弃继承之自由行为损害债权人利益之现象时有发生。于是,继承人放弃继承之行为得否成为债权人撤销权之标的,不无疑问。放弃继承与遗产的移转方式即继承的样态密切相关。各国因关于继承开始后继承人取得遗产的时间和方法之不同,而区别为以下四种继承样态:

(一)当然继承主义

当然继承主义源于日耳曼法,认为遗产上的权利义务,因继承开始而当然地移转于继承人,无待继承人为接受继承的意思表示,继承即开始,亦即不以继承人的承认为其取得遗产的必要条件。所谓"当然"者,不问继承人为谁;不问该继承人知悉继承开始事实与否;又不问继承人将要承受继承财产之意思表示。只要被继承人死亡,立即开始继承,而继承财产上一切法律关系,即将同时由被继承人移转于继承人。① 所以在此种立法主义下,继承的承认,仅具消极意义,即维持原已发生的效力。至于继承的放弃,则须有继承人的积极表示,始能发生不为继承之效力且为谋求时间上的连续,放弃继承之效力溯及于继承开始时。现行德国、法国等国民法采之。如德国《民法典》第1922条规定:"在某人死亡(继承开始)时,其财产(遗产)作为总体转移给一个或一个以上的他人(继承人)。"我国《继承法》第25条规定:"继承开始后,继承人放弃继承的,应当在遗产处理前,作出放弃继承的表示,没有表示,视为接受继承。"即采当然继承主义。

(二)承认继承主义

此种主义源于罗马法,认为遗产并不因被继承人的死亡而当然地归属于继承人,须继承人为接受继承的意思表示后,始发生归属效力。所以在承认继承主义下,继承的承认便具有积极意义,而继承的放弃则具有消极意义。同时,为谋求时间上的连续,继承的承认具有溯及效力。

(三)法院交付主义

此为奥地利民法所采,认为遗产须因法院之裁定而将其交付于继承人时,始生归属继承人之效力。故继承的承认,系积极请求遗产交付的意思表示。

① 陈棋炎:《亲属、继承法基本问题》,三民书局1980年版,第421页。

(四)剩余财产交付主义

此为英国法所采,认为遗产应先交付于遗产管理人或遗嘱执行人管理,经其清算后,如有剩余则继承人始得请求交付。所以,继承的承认,为剩余财产交付请求权的行使。

放弃继承亦即抛弃继承,是指继承开始后,继承人所为的消灭继承效力的单方法律行为。抛弃继承,是继承开始后的意思表示,继承开始前的继承权,只是一种期待权,因此继承开始前预先为继承权的抛弃,不生效力。同时,继承开始前预立的抛弃继承契约,于法无效,其于继承开始时,仍然可以主张继承权。① 现代各国继承法制均采当然继承主义,继承之效果无须继承人为任何的意思表示,基于法律之规定而当然发生。易言之,继承一旦开始,被继承人之权利义务即当然为继承之人所承受。但如继承人表示不欲为其继承主体之意思则法律亦无强制其必为继承之必要。同时,亦因当然继承主义,在被继承人之债务超过其积极财产时,如仍然强迫继承人负无限责任,继承人势必以其固有财产清偿,如此对继承人未免过苛。因此,现行各国继承法制无不规定,继承人仅以其继承之遗产为限负物的有限责任,即限定继承。因此,放弃继承、限定继承乃为协调当然继承主义而设。放弃继承制度其立法意旨在于避免我国传统“父债子还”之弊病,防止继承人因继承而害及其固有财产,而非在于使继承人以之为逃避债务,诈害自己债权人之手段。

三、继承人放弃继承行为之性质及效力

欲讨论继承人放弃继承得否为债权人撤销权之标的,自必先明确继承人放弃继承行为之性质及其对放弃人本人之效力。换言之,只有先行明确其行为性质系属无偿的财产处分行为、身份行为抑或为拒绝财产利益之取得行为?始有谈论继承人之债权人可否撤销继承人放弃继承之行为。

(一)放弃继承行为之性质

关于继承人放弃继承行为之性质,存在如下三种观点:

---

① 黄承启:《民法案例研习》,元照出版有限公司 2010 年版,第 426 页。

1. 身份行为说

我国大多数学者均认为，继承人放弃继承的行为属于身份行为，债权人自不得撤销之。如王利明教授认为，“身份行为，如婚姻、离婚、终止子女收养关系、继承权的抛弃或承认，即使这些行为间接地对债权人的财产发生不利益的影响，债权人也不能撤销。原因在于身份行为事关人们的人身自由、人格利益，‘财产虽可贵，自由价更高’，故此法律不允许债权人撤销债务人的身份行为。”①马俊驹教授、余延满教授认为，“继承权的抛弃为身份行为，即使是以财产为标的，亦具有身份行为的性质”。② 陈界融教授认为，“继承权是身份权（人身专属权利），而抛弃继承的行为是身份行为，基于对人格自由的保障，且抛弃继承效力溯及继承的开始时，因此，债务人自始并未取得财产，并未抛弃自己财产的行为。”③我国台湾地区学者林秀雄先生认为，“按诈害债权时所得撤销者，仅限于财产行为，不包括身份行为，而多数学者认为继承权为身份权，因为继承之标的虽为财产上之权利义务，但继承权之发生系以继承人之特定身份为前提，且不得与身份分离，故为身份权，若谓抛弃继承为财产行为，恐有不当”。④

2. 拒绝利益取得行为说

此说认为，继承人放弃继承之行为乃拒绝利益之取得行为，而非无偿之财产处分行为。如史尚宽先生认为，“财产上利得之拒绝，虽为以财产为标的之行为，然为拒绝与否，可解释全任债务人之自由者，例如赠与要约之拒绝，第三人债务承担之拒绝，继承或遗赠之抛弃，债权人不得撤销之”。⑤ 王泽鉴教授认为，“现行民法上之继承虽属财产之继承，但亦直接涉及继承人人格之自由及尊严。继承人不抛弃继承之决定，他人固不得干预，继承人决定抛弃继承，对于单方面给予财产利益加以拒绝，更是一种人格自由之表现……继承之抛弃，系法定之权利，以人格为基础，旨在拒绝单方面赋予之财产利益，债权人虽因债务人抛

---

① 王利明：《合同法要义与案例析解（总则）》，中国人民大学出版社 2001 年版，第 292 页。

② 马俊驹、余延满：《民法原论》，法律出版社 2007 年版，第 909 页。

③ 陈界融：《中国民法学·债法学源论》，人民法院出版社 2006 年版，第 230 页。

④ 林秀雄：《继承法讲义》，元照出版有限公司 2008 年版，第 185 页。

⑤ 史尚宽：《债法总论》，中国政法大学出版社 2000 年版，第 483 页。

弃继承之意思决定,‘得而复失’受有‘损害’,亦属间接、反射之结果。因此在解释上应认为抛弃继承具有身份性质,并属拒绝受领利益之行为,非债权人所得撤销”。① 我国大陆学者杨振山教授也认为,继承人抛弃继承的行为不是无偿的处分行为,而是拒绝利益的取得行为。②

另外,还有学者虽认为放弃继承为拒绝利益取得之行为,但债权人仍得撤销之。其认为,“所谓拒绝利得,应系指拒绝偶然的利得而言。盖债务人无受偶然的利得,以增加其清偿债务之能力之义务。拒绝遗赠,属于偶然利得之拒绝,固无疑义;但继承财产,乃当然利得,并非偶然利得。拒绝继承,自非拒绝偶然的利得可比。既属有害于债权,应许撤销为是”。③

3. 无偿财产处分行为说

该说认为,债务人因继承开始而当然承受其权利,因此其抛弃继承系处分了已经取得之权利,而为无偿的财产处分行为。如有学者认为,“当今各国和地区的当然继承主义原则实质上确认了放弃继承是一种无偿处分既得财产权利的行为。诚然,债权人撤销权的标的行为,应该是积极地使债务人财产减少的行为,不包括消极地妨害其财产增加的行为。但放弃继承本身是对法律拟制已继承的财产权利的放弃,正因如此,在法条上对于放弃继承的效力表述为溯及于继承开始时,可见其乃积极减少继承人财产的行为,是得而后抛弃,而非自始未得。”④台湾学者戴修瓒先生认为,“继承或遗赠之抛弃,债权人仍得撤销之。盖债务人因继承之开始或遗嘱之生效,当然承受其权利,故其抛弃乃处分原已取得之权利,非拒绝利益之取得。”⑤王伯琦先生、孙森焱先生及戴东雄先生亦均持此观点。

笔者认为,立法既采当然继承主义,也只有承认继承人放弃继承之行为为无偿之财产处分行为,理论上始能一以贯之;反之,立法若采承

---

① 王泽鉴:《民法学说与判例研究》(第4册),中国政法大学出版社2005年版,第289页。

② 杨振山:《民商法实务研究》(继承卷),山西经济出版社1993年版,第229页。

③ 郑健才:《债法通则》,三民书局1991年版,第199页。

④ 杨塞兰:“债务人放弃继承危及债权的,债权人可行使撤销权”,载《人民司法》2010年第2期。

⑤ 戴修瓒:《民法债编总论》,三民书局1993年版,第194页。

认继承主义,则放弃继承之行为为拒绝利益取得之行为方为可采。《物权法》第29条规定:“因继承或受遗赠取得物权的,自继承或受遗赠开始时发生效力。”故如继承人就其应继财产抛弃继承,当然有积极创设的性质,使其已取得的财产“得而复失”。因此,在当然继承主义下,继承人是否放弃继承仅发生遗产是否归属于继承人的效力,继承一开始,被继承人财产上之一切权利义务即概括地移转于继承人所有,“抛弃继承实不过为抛弃财产权之一种”。[①] 因此,放弃继承之单方法律行为实不过为无偿之财产处分行为。身份行为是能够使身份关系发生变动的法律行为。放弃继承虽是以继承人与被继承人之间的身份关系为基础,但继承人放弃继承的行为并未使得身份关系发生变动,而是直接指向被继承人的遗产,因此在放弃继承行为,身份关系几乎淡化殆尽。

(二)放弃继承对放弃人本人之效力

关于放弃继承对放弃继承人本人之效力问题,也存在三种不同观点,兹析述如次:

1. 拟制说。该说认为,依当然继承主义即可取得被继承人财产上的一切权利义务,而待继承人为抛弃继承后,法律拟制抛弃人自始不是继承人,亦即抛弃继承具有溯及效力。继承之抛弃,不应自抛弃行为时起发生效力,而应溯及于继承开始之时,盖抛弃在其本质上,固应如此,换言之,抛弃目的,原在自始不为遗产继承人。[②]

2. 解除条件说。该说认为,继承人因继承开始,而以抛弃为解除条件,取得继承财产。也就是说,抛弃继承无溯及效力,仅向将来发生效力。

3. 一时的继承人说。该说认为,继承人在继承开始后抛弃继承前乃一时之继承人。[③]

以上诸说,以拟制说为通说。也正因如此,部分学者遂否认债权人得撤销继承人放弃继承之行为。因抛弃继承之效力既然溯及至继承开始时,则债务人自始并未取得财产,自无抛弃自己财产之行为。《最高

① 罗鼎:《民法继承论》,三民书局1978年版,第143页。

② 陈棋炎:《民法继承》,三民书局1984年版,第188页。

③ Enneccerus-Kipp, Lehrbuch des Bürgerlichen Rechts, v, § 50.

人民法院关于贯彻执行〈中华人民共和国继承法〉若干问题的意见》第 51 条规定,“放弃继承的效力,追溯到继承开始的时间”,亦采拟制说。

四、债权人得撤销之诈害行为

债权人可得撤销之债务人之诈害行为,乃债务人所为之无偿行为或不合理之有偿行为,固为法条所明定。① 唯债务人之行为是否仅以私法上之法律行为为限? 不无疑问。

(一)狭义说

该说认为,债权人撤销权的行使对象以私法上之法律行为为限。至于公法上之行为,除兼具私法上行为(如诉讼上的和解、抵销、请求的放弃或承认等)之性质外,不得撤销。

(二)广义说

该说认为,债权人撤销权之行使对象,只须债务人为法律上之行为即可,包括法律行为(单独行为、合同行为、负担行为、处分行为均无不可)、准法律行为(如催告、债权让与之通知等)、公法上之行为。公法上之行为,即诉讼行为(如和解、诉之撤回等)以及登记。

笔者认为,维护交易安全乃财产法上之最高指导原则,故应以采广义说为宜,以保护债权人之利益。唯债务人所为之法律行为应以财产为标的,若非以财产为标的,则根本上即与债权人无利害关系,自无允许债权人任意干涉之理。所谓“以财产为标的之行为”,是指其行为直接影响于财产者,方足当之,否则纵使事实上间接有损于债务人之财产,债权人亦不得请求撤销之,例如债务人为娶妻之行为,虽其结果,足以增加债务人之负担,间接减少债务人之财产,但其行为之内容,非以财产为标的,故债权人不得对之行使废罢权。②

---

① 《合同法》第 74 条规定:“因债务人放弃其到期债权或者无偿转让财产,对债权人造成损害的,债权人可以请求人民法院撤销债务人的行为。债务人以明显不合理的低价转让财产,对债权人造成损害,并且受让人知道该情形的,债权人也可以请求人民法院撤销债务人的行为。”《合同法司法解释(二)》第 18 条规定:“债务人放弃其未到期的债权或者放弃债权担保,或者恶意延长到期债权的履行期,对债权人造成损害,债权人依照合同法第七十四条的规定提起撤销权诉讼的,人民法院应当支持。”

② 李谟:《民法债编新论》,上海昌明书屋 1947 年版,第 39 页。

下列法律行为债权人不得撤销:(1)纯粹的身份行为。即单纯身份关系之设定、变更及消灭,如结婚、不涉及财产分割的离婚(离婚时的财产分割问题自应属于财产行为。故身份行为原则上不得为债权人撤销权之行使对象,但也应有所例外,例如离婚时分与的财产不适当地过多时,可以认为是借财产分割而实施的财产处分行为,只把财产分割行为作为撤销权的对象,而保留离婚的效力)、收养、非婚生子女的认领等。(2)以劳务为标的的合同。(3)拒绝利益取得行为。与代位权制度不同,债权人撤销权制度的着眼点不在于债务人责任财产应增加而未增加的情形,而只着意于对债务人减少其责任财产的诈害行为之阻却。正如乌尔比安《论告示》中所言,"债务人没有使自己的财产增加,不是对债权人的欺诈。但是,债务人使自己的财产减少,则是对债权人的欺诈"。[①] 因此,诸如赠与要约之拒绝、第三人债务承担之拒绝,虽以财产为标的,然拒绝与否任凭债务人自由为之,债权人不得干涉。(4)以禁止扣押的财产为标的的行为。因该禁止扣押之财产原本既非债务人之责任财产,债权人自不得撤销。(5)债务人之不作为。债务人之不作为行为若为怠于行使权利,则其为债权人代位权之标的,若为怠于取得利益,则为拒绝利益取得之行为,债权人自不得撤销。

五、继承人放弃继承是否为债权人撤销权之标的

(一)绝对放弃与相对放弃

所谓绝对放弃,是指继承人既已抛弃继承,自当与继承完全、绝对地脱离关系。其应继分即归属于其他同一顺序之继承人,即"凡有继承人抛弃继承权者,视为自始该继承人不存在"。[②] 如继承人抛弃继承乃为第三人或其他共同继承人中特定人之利益者,则为相对放弃。相对放弃为各国法所不许,如法国《民法典》第780条规定:"共同继承人中之一人,向外人或其他全体共同继承人,或向其他共同继承人中之部分人,赠与、出卖或移转其继承权利者,对其本人即为接受继承。有下

① [意]桑德罗·斯奇巴尼:《契约之债与准契约之债》,丁玫译,中国政法大学出版社1998年版,第55~56页。

② 戴炎辉、戴东雄、戴瑀如:《继承法》,作者自刊2010年版,第213页。

列情形之一时,亦同:一、继承人中之一人,为其他共同继承人中之一人或数人之利益,而抛弃其继承者,即使是无偿抛弃;二、继承人中之一人,即使为其他全体共同继承人之利益,而未加区别地抛弃其继承权,但受领抛弃遗产代价时。”德国民法虽无此类规定,但学说、判例均采消极的态度。① 因此,就相对放弃而言,继承人放弃继承仅对相对人发生效力,其不得对抗债权人,自得允许债权人行使撤销权。以下仅就绝对放弃,债权人可否行使撤销权之问题进行论述。

(二)各国或地区立法及理论实务争议

1. 持肯定观点之立法例

法国《民法典》第788条规定:“因继承人抛弃继承而受到损害之债权人,得请求法院授权其以债务人之名义,取代债务人之地位接受继承。在此情形,对继承已经作出之抛弃,仅得为债权人之利益,且在其债权限度内取消之,不得为已抛弃遗产之继承人利益,取消其已表明之对继承之抛弃。”意大利《民法典》第524条规定:“继承人之债权人,得代替继承人承认继承。”瑞士《民法典》第578条规定:“一债务超过之继承人,以损害其债权人为目的而为继承之抛弃时,其债权人或破产财团,如其债权未被供担保者,得于六个月内声请撤销之。其积极财产第一应清偿请求撤销之债权人,次清偿其他债权人后,尚有剩余时归属于为其利益而抛弃之继承人。”《魁北克民法典》第652条规定:“如相续人放弃继承损害其债权人的利益,债权人可以在1年内申请法院宣告此等放弃对他们无对抗力,并代替其债务人接受继承。在此等情形,接受继承仅在债权人的债权数额内并仅为提出申请的债权人的利益实施,不生使放弃继承人获益的效力。”澳门《民法典》第1905条规定:“一、抛弃遗产之人之债权人得按照第六百零一条及续后各条之规定,以抛弃遗产之人之名义接受遗产。二、上述之接受遗产应自知悉有关抛弃时起计六个月内为之。三、向抛弃遗产之人之债权人作出清偿后,剩余之遗产不惠及抛弃遗产之人,但惠及下一次序之继承人。”阿根廷《民法典》第3340条规定:“继承人如果和遗产债权人成立诈害性的合谋,从而对明显不利的继承

① Vgl. Enneccerus-Kipp-Wolff, Lehrbuch des Bürgerlichen Rechts, Bd. Von Kipp, 174f.

进行承认，其债权人可依撤销诉权，而以自己的名义主张承认的撤销。”基于此规定，迪朗东和格雷尼尔认为，在继承人一方存在恶意时，即使被继承人的债权人不存在共谋，该继承人的债权人为了不和遗产债权人一起受偿，也可提起撤销之诉。甚至，如果继承人出于对死者的尊重之情而放弃遗产，其债权人亦可提起撤销之诉。①

2. 日本民法理论与实务

在日本民法，学说及判例有两种不同见解：其一为积极说，认为遗产继承专以财产权为目的，债务人抛弃时，应得撤销之，而且在遗产继承因继承开始，继承人既已继承被继承人之财产，当得撤销其抛弃。其二为消极说，认为继承的抛弃的权利为一种身份权或人格权，非继承人的债权人或其代表人的财产管理人所得左右，遗产继承的承认或抛弃的选择权，也不得以为纯粹的财产权而加以观察，诚实的遗产继承人为承认或抛弃，非仅依金钱上之利害关系为判断，为考虑其与被继承人，共同继承人，次顺序继承人或继承债权人等之利害关系之对人的事情而决定。我妻荣先生认为，债务人的法律行为不包含非以财产权为目的之行为。婚姻、收养、继承、承认等即使债务人财产状态恶化，也不作为欺诈损害行为。即便要保护债权人，也不允许干涉债务人的这种行为。② 于保不二雄先生认为，由于债权人撤销权是以保全债权共同担保为目的，因此债务人法律行为之客体权利，必须直接与构成债务人责任财产的权利有关，否则就成为对于债务人自由的不正当侵害。拒绝赠与或遗赠之行为等，都应依债务人的自由意志，不能成为撤销之标的。同理，因婚姻、收养、离婚而发生之财产分配，承认、放弃继承等身份行为也不能成为诈害行为。继承之承认与放弃，对债权人影响很大，而且财产性又很强，也有不同之观点，而一般认为不成为诈害行为。③ 还有学者主张，继承的承认或抛弃，为关于继承本身的行为，而非以因继承取得之财产权的得丧为目的之行为，故债权人不得撤销。下定森教授认为，债务人的诈害行为

① 《最新阿根廷共和国民法典》，徐涤宇译注，法律出版社 2007 年版，第 704 页。

② ［日］我妻荣：《新订债权总论》，王燚译，中国法制出版社 2008 年版，第 158 页。

③ ［日］于保不二雄：《日本民法债权总论》，莊胜荣校订，五南图书出版公司 1998 年版，第 174 页。

原则上限于财产行为,例外,如何处理像继承的接受和放弃、离婚时的财产分与等和身份关系的设定及废止本身没有直接关系的行为。① 似乎其认为,继承的接受与放弃应为债权人撤销权之标的。对此,多数说认为继承之抛弃,虽使债务人之财产恶化,亦不构成诈害债权。

日本大审院判决则认为,(1)债权人撤销权之标的行为,须积极为使债务人财产减少之行为,不包括唯消极的妨害其增加之行为在内。遗产继承之抛弃,与其认为既得财产之减少,不若视为唯妨止财产的增加。(2)遗产继承非个个财产的承认,为积极及消极的财产的包括的承认,故其间有极复杂情事,继承人为决定承认与否,不得不充分考虑其得失,而且感情上也有不欲继承者,若使他人仅以为债权人之故而得加以干涉,实非妥当(日本昭和十年七月十三日大判)。

3. 德国民法理论观点

在德国民法,虽无此规定,但通说认为继承之抛弃不得为债权人撤销权之标的。

4. 我国台湾地区理论与实务

我国台湾地区学者关于继承人放弃继承得否为债权人撤销权之标的,②有肯定与否定两种不同观点:

(1)否定说

该说认为,继承是一定身份为前提,如无该身份,不得为继承人,因此为一身专属权,而继承权的抛弃乃从继承权而产生,与继承权同样有行使上的专属性,故不得由债权人行使其撤销权。史尚宽先生认为,继

① ［日］下定森:“日本民法中的债权人撤销权制度及其存在的问题”,钱伟荣译,载《清华法学》2004年第1期。

② 我国台湾地区“民法”第244条规定,债务人所为之无偿行为,有害及债权者,债权人得声请法院撤销之。债务人所为之有偿行为,于行为时明知有损害于债权人之权利者,以受益人于受益时亦知其情事者为限,债权人得声请法院撤销之。债务人之行为非以财产为标的,或仅有害于以给付特定物为标的之债权者,不适用前二项之规定。基于此条文之规定,台湾学者通说认为,债务人以财产为标的之行为,均属债权人得为撤销之标的,惟斟酌债权人撤销权制度之目的,认为若干类型之债务人行为,不在撤销之列,其主要有四类:(1)以禁止扣押之物或债权为标的之行为;(2)不作为,撤销权乃使债务人所为行为,视为自始无效,积极行为,固可将有作无,而消极行为,则无由为之;(3)无效之行为,原本无效,毋庸撤销;(4)拒绝利益取得之行为。

承权虽具财产权属性,但其取得是以一定身份为前提的,如无该身份,则不得为继承人。且继承权抛弃与结婚、离婚、收养子女或非婚生子女的认领相同,属身份行为,具有一身专属性。纵因该行为而间接地对债权人的财产发生不利影响,债权人亦不得撤销。[①] 郑玉波先生认为,身份行为,如婚姻、离婚、收养、非婚生子女之认领、继承之抛弃等,纵与债务人之一般财产,有所不利(或因之增加负担,或因之减少所得),亦不在此限。[②] 黄立先生认为,继承之抛弃,系属债务人自由决定之行为,自不得撤销。基于继承权是身份权(一身专属的权利),而抛弃继承是身份行为,为了对人格自由的保障,且抛弃继承效力溯及至继承开始时,因此债务人自始并未取得财产,并无抛弃自己财产之行为,故以否定说为长。[③] 胡长清先生认为,继承之承认抛弃,乃专属于继承人本身之权利,无适用民法第242条(债权人代位权——笔者注)之余地。继承之抛弃,乃排斥继承之效力,而立于与继承无关系之地位。换言之,即以继承权自体之消长为标的,而非以财产权之丧失为标的,不能谓其当然适用民法第244条之规定(债权人撤销权——笔者注)。[④] 陈棋炎先生认为,继承之抛弃既溯及于继承开始时发生效力,则继承人依法为抛弃继承之表示时,即发生与自始并未继承之同一效果;依法其并非将已发生之继承效果,予以废止,使其向将来失其效力。从而继承人之抛弃继承,乃消极地拒绝利益取得之行为,而非积极地减少其财产之行为。因此继承人抛弃继承之行为,应非其债权人行使撤销权之标的。[⑤]

(2)肯定说

戴东雄先生认为,在坚持“当然继承主义”下,当继承的事实一发生,即被继承人一旦死亡,其一切财产上的权利义务,概括地移转给继承人所有。故继承人抛弃继承,应属就其财产加以无偿处分的单独行为。期待的继承权系基于身份关系,尤其以血统为前提所发生之权利

① 史尚宽:《债法总论》,中国政法大学出版社2000年版,第464页。

② 郑玉波:《民法债编总论》,中国政法大学出版社2004年版,第300页。

③ 黄立:《民法债编总论》,中国政法大学出版社2002年版,第487页。

④ 胡长清:《中国民法继承论》,商务印书馆1936年版,第159页。

⑤ 陈棋炎、黄宗乐、郭振恭:《民法继承新论(修订六版)》,三民书局2010年版,第219~220页。

义务,故本质上宜认为一身专属权;但继承开始以后之既得继承权是否仍具有身份之专属权,值得商榷。继承权之抛弃乃意味已构成继承人财产一部之遗产得而复失,亦即继承人对其财产为单纯无偿之处分行为。继承人之一抛弃继承后,其应继份归属于其他同为继承之人。如果不许债权人撤销,这对于其他继承人来说,无异"锦上添花"。反之,如解释继承人之债权人得行使撤销权,此对债权人来说,无异"雪中送炭"。从公正衡平之最高指导原理来说,在此利益抵触下,似宜对需要"雪中送炭"之抛弃继承人之债权人优先于仅"锦上添花"之其他同为继承之人或其他同一顺序之继承人受保护,期能符合采当然继承主义之理论。① 因此认为被继承人有积极财产而继承人抛弃继承权之情形,债权人得行使撤销权。孙森焱先生认为,继承之财产上权利如果多于义务,对于继承人之债权人原属有利,继承人抛弃继承,其有害及债权者,即非不得由债权人撤销之。② 林诚二教授认为,继承人抛弃继承应为债权人撤销权之标的,否则易造成继承人间通谋虚伪抛弃继承,逃避债权人之强制执行。③ 邱聪智教授也认为,继承人抛弃继承,性质上亦为遗产处分行为,不能谓非以财产为标的,如其结果有害债权,自亦得撤销之。④

我国台湾地区实务上亦有肯定说与否定说两种观点。1980年台上字第847号判决认为,按民法业已废止之宗祧继承,改为财产继承制度,此就第1148条规定"继承人自继承开始时,承受被继承人财产上之一切权利义务"观之自明。故如继承开始后抛弃继承而受不利益时,即属处分原已取得之财产上权利,倘因而害及债权者,债权人自得依照第224条行使其撤销权。而1980年台上字第1271号判决则一改肯定抛弃继承得为债权人撤销权之标的的见解,而改采否定说。该判决谓:债权人得依第244条规定行使撤销权者,以债务人所为非以其人格上之法益为基础之财产上之行为为限,若单纯系财产利益之拒绝,如赠与要约之拒绝,第三人承担债务之拒绝,继承或遗赠之抛弃,自不许债权

① 戴东雄:《继承法实例解说》,作者自刊2003年版,第313~315页。
② 孙森焱:《民法债编总论》(下册),法律出版社2006年版,第537页。
③ 林诚二:《民法债编总论》,中国人民大学出版社2003年版,第418页。
④ 邱聪智:《新订民法债编通则》(下),中国人民大学出版社2004年版,第316页。

人撤销之。本件被上诉人沈介智于1976年5月1日就其父沈浔亡故后所遗留系争财产而为继承权之抛弃，不问其抛弃动机如何，依第1174条第1项规定，纯属其个人基于法律上规定之权利行使行为，非第三人所得干涉，亦即上诉人不得撤销之，兹上诉人诉求撤销被上诉人沈介智所为继承权之抛弃行为，无从准许。

5. 我国大陆民法理论与实务

我国大陆学者大都认为，继承人抛弃继承之行为，债权人不得行使撤销权，但为何不得撤销，理由论述过于简略。如有学者认为，债务人的行为，非以财产为标的者不得予以撤销。如此，如结婚、收养或终止收养、继承的抛弃或承认，不得撤销。[①] 债务人拒绝财产增加的行为虽然以财产为标的，但此种行为并未减少债务人的责任财产，因此不应列为债权人撤销权的行使对象，如拒绝赠与要约、拒绝第三人承担债务、抛弃继承或遗赠的行为。[②] 身份行为，例如结婚、离婚、子女收养、终止收养关系、继承的抛弃或承认等，即使这些行为会间接地影响债务人的履行能力，也不能撤销。[③] 还有少数学者对此持肯定观点，在当然继承主义下，继承一经开始，遗产即归属于继承人所有，继承人嗣后放弃继承的行为虽具有溯及效力，亦不能不谓其为既有利益的减少。债权人同债务人进行交易时，不仅会考虑债务人当时之信用状况，其将来可能因继承而获得的财产，也在债权人斟酌范围之内。倘若债务人明知其无清偿能力而为其他继承人的利益而放弃继承，不但使债权人之期待落空，更有权利滥用之嫌。因此，与其鼓励继承人违背诚信原则滥施其放弃自由，使他继承人取得意外之利益，不如赋予债权人以撤销权，而使交易安全得以维护。因此，除非继承人提供充分的担保，否则放弃继承损害债权人利益的，债权人可以在知道或应当知道继承人放弃继承之日起6个月内申请法院撤销。[④] 郭明瑞教授认为，放弃继承虽在某

---

① 崔建远：《合同法》（第5版），法律出版社2010年版，第161页。

② 苏号朋、孙玉荣等：《合同法学》，北京工业大学出版社2008年版，第137页。

③ 申卫星："论债权人撤销权的构成——兼评我国《合同法》第74条"，载《法制与社会发展》2000年第2期。

④ 张平华、刘耀东：《继承法原理》，中国法制出版社2008年版，第137页。

种程度上具有专属权性质,甚至可以说有一定的身份行为性质,但即便为纯粹之身份行为如结婚或离婚,亦不能不在他人合法利益前受到限制(例如,结婚者不得患有禁止结婚的恶疾,不得已有合法配偶;要求离婚者不得在配偶妊娠或哺乳期间提起诉讼等)。况且在当然继承主义下,继承一开始,遗产即归属于继承人所有,继承人嗣后放弃继承的行为虽具有溯及效力,亦不能不谓其为既有利益的减少。[①] 徐国栋教授起草的《绿色民法典草案·继承编》第341条[债权人的代位权]规定:"因抛弃其权利受到损害的债权人可请求法院授权替代债务人为承认。在此等情形,抛弃仅在为此等债权人的利益并在其债权的限度内可被撤销;对其余部分的抛弃依然有效"。[②]

同时,我国司法实务中持肯定之观点者,亦属有之,即本案。四川省成都市中级人民法院认为"撤销权的设立目的在于防止因债务人财产的不当减少造成债权的不能实现,因而撤销权的标的应为以财产为标的的民事行为。本案中,邓晓江能够取得法定继承人的资格,无疑是基于其特定的身份关系,但继承发生时,其放弃继承的行为直接指向的是财产权利,倘若因此而损害债权人的债权,债权人可以根据《合同法》第74条规定,行使撤销权"。[③]

(三)本文观点

最高人民法院关于《合同法司法解释(一)》第12条规定了不可代位行使的债权。就债权人撤销权而言,放弃继承得否为撤销权的行使对象,《合同法》及其司法解释付之阙如。

继承抛弃自由,乃近代继承法之本质原则,其因继承权之基础本身,由家之存续演变为注重继承人个人生活的保障,以致发生。如为家之利益之继承,则不问继承债务是否超过继承债权,继承人仍须为"家"之荣誉及信用,不得不承认"负担过重"之继承,我国固有习惯上的"父债子还",即是其例。因此,如为继承人个人之利益着想,则无必

① 郭明瑞、房绍坤、关涛:《继承法研究》,中国人民大学出版社2003年版,第43页。

② 徐国栋:《绿色民法典草案》,社会科学文献出版社2004年版,第270页。

③ 杨塞兰:"债务人放弃继承危及债权的,债权人可行使撤销权",载《人民司法》2010年第2期。

要使其因继承而负担过重的继承债务,除非出自继承人甘愿。[①] 所以,继承法采当然继承主义,乃家族制度下必然继承制之残留物。现代各国有关继承立法,虽均维持该原则,但同时无不辅之以继承抛弃之自由,以便协调当然继承主义不合乎近代继承法理之处。如有学者所言,"在现代继承法上,如无继承抛弃自由而仅有当然继承主义,则与往昔的必然继承制又有何区别?"[②]德国《民法典》第 1924 条明确规定:"继承财产,在不侵害抛弃权之范围内,即将移转于将为继承人之人。"该规定即为继承抛弃自由与当然继承主义之关系的规定。因此,如果允许继承人之债权人随意撤销继承人所为之抛弃继承行为,则为缓解当然继承主义之弊而创设之继承抛弃自由原则的功能,无疑丧失殆尽,形同虚设。同时,继承人欲享限定继承之保护,必须在法定期间内为限定承认之意思表示,履行制作遗产清册呈报法院等一系列烦琐手续和程序。[③] 如果继承人未在法定期间内以法定的形式为限定继承或抛弃继承之意思表示,或未履行法定的手续,或虽为限定继承之意思,但有法定不正当之行为时,[④]继承人即须对遗产债务承担无限责任。所以,在

---

① 陈棋炎:《亲属、继承法基本问题》,三民书局 1980 年版,第 426 页。

② 陈棋炎:《亲属、继承法基本问题》,三民书局 1980 年版,第 426 页。

③ 如德国《民法典》第 1994 条规定:"遗产法院必须根据债权人之一的申请,向继承人指定编制遗产清册的期间。遗产清册不在期间届满前被编制的,在期间届满后,继承人对遗产债务负无限责任。"我国台湾地区"民法"第 1156 条规定:"为限定之继承者,应于继承人知悉其得继承之时起三个月内呈报法院。法院接获前项呈报后,应定一个月以上三个月以下期间,命继承人开具遗产清册呈报法院。"

④ 如德国《民法典》第 2005 条规定:"继承人故意造成包含在遗产清册中的对遗产标的的说明之显著不完备,或出于使遗产债权人受不利益的意图而记入并不存在的遗产债务的,继承人对遗产债务负无限责任。"日本《民法典》第 921 条规定:"于下列各项情形,视为继承人表示单纯承认:1. 继承人已处分继承财产之全部或一部时。但是,实行保存行为及不超过第 602 条所定期间的租赁者,不在此限;2. 继承人于第 915 条第 1 款的期间内,未表示限定承认或放弃时;3. 继承人虽于表示限定承认或放弃后,隐匿继承财产之全部或一部,或将其私自消费、或恶意不将其载入财产目录时。但是,因该继承人放弃而成为继承人者表示承认后,不在此限。"我国台湾地区"民法"第 1163 条规定:"继承人中有下列各款情事之一者,不得主张第 1154 条所定之利益:一、隐匿遗产情节重大。二、在遗产清册为虚伪之记载情节重大。三、意图诈害被继承人之债权人之权利而为遗产之处分。四、依第 1156 条第一项规定为限定继承者,未于同条第二项所定期间提出遗产清册。"

这些国家或地区,放弃继承尚具有积极意义,否认债权人得撤销继承人抛弃继承之行为自有合理之处。而我国大陆《继承法》坚持无条件的限定继承原则,[①]所谓"无条件的限定继承原则",是指继承人无须具备呈交遗产清册等条件只要承认继承就只能是限定继承,即使继承人有隐匿遗产、旨在诈害债权人的遗产处分行为等也不论。无条件的限定继承原则绝对地打破了"父债子还"的传统观念,被视为社会主义优越性之体现,而为广大社会成员所接受。无条件的限定继承维护了继承人的利益,有利于提高遗产利用效率。但显然无法对遗产债权人进行最大限度的保护。再者,在无条件的限定继承原则下,由于继承人即使承认继承也只有限定承认,对继承人是有益无害的事情,加之如果在规定的时间内,继承人不作出放弃的意思表示视为接受继承,[②]从而导致继承的承认与放弃制度流于形式。所以,正因我国继承法采无条件的限定继承原则,继承开始后无须继承人作出限定承认之意思表示,便当然地以其所继承之遗产为限对被继承人之债权人承担物的有限责任,而为缓解当然继承主义之弊创设之继承抛弃自由、限定承认,其作用自然大为削减。抛弃继承行为之无偿财产处分行为性质则大为凸显。因此,继承人抛弃继承自无不许其固有之债权人撤销之理。《最高人民法院关于贯彻执行〈中华人民共和国继承法〉若干问题的意见》第46条规定:"继承人因放弃继承权,致使不能履行法定义务的,放弃继承的行为无效。"对此有学者认为,"确认放弃继承行为无效"与"撤销放弃继承行为"实质上是同一内容的不同表述,前者是果后者是因,[③]可见一斑。

同时,笔者认为,我国未来民法典继承编仍应坚持限定继承原则,但应使无条件的限定继承转变为有条件的限定继承:(1)遗产清算为

---

① 我国《继承法》第33条规定:"继承遗产应当清偿被继承人依法应当缴纳的税款和债务,缴纳税款和清偿债务以他的遗产实际价值为限。超过遗产实际价值部分,继承人自愿偿还的不在此限。"

② 我国《继承法》第25条规定:"继承开始后,继承人放弃继承的,应当在遗产处理前,作出放弃继承的表示。没有表示的,视为接受继承。"

③ 冯一文、袁士增:"继承放弃能否为撤销制度之标的",载《法律适用》2004年第2期。

继承的必经程序。在无限继承情形,继承人与被继承人的遗产混同,继承人对被继承人的债权人承担无限责任,清算对遗产债权人而言无实质意义。而在限定继承中,包括强制的编制与呈交遗产清册制度、遗产管理人制度在内的遗产清算程序能够实现遗产与继承人固有财产的分离,否则将无法确保债权人的利益。(2)明确规定共同继承人对外承担连带债务。(3)明确规定在限定继承情形,被继承人与继承人之间的债权债务关系视为不消灭。

即使在有条件的限定继承模式下,笔者认为应采"折中"的观点,即原则上继承人抛弃继承的行为,其债权人不得撤销,但继承人(债务人)若有因此而诈害债权人之故意者,应当例外承认债权人得撤销。根据我国《合同法》之规定,债务人只要客观上实施了无偿处分财产之行为,无须具备主观恶意,债权人即可撤销之。但,继承人抛弃继承的行为虽然亦属于无偿处分财产之行为,但其究与债务人所为的其他无偿处分财产行为应有所区别,继承人若只有抛弃继承之客观行为,债权人不得撤销;只有继承人(债务人)同时具备客观行为与主观诈害之故意时,债权人方可撤销。也就是,通过主观恶意要件的配置,限制撤销权之构成,避免债权人恣意妄为,以期平衡继承人抛弃继承自由原则与债权人利益保护之衡平。因人格或身份而生之财产权,仅有权利行使上的专属性,并无归属上的专属性,而撤销权之行使,即以债务人所为之足以使财产在归属上脱离债务人,而致害债权之行为为对象。因此,以人格为基础或具有身份性质之财产权实施而具有得让与或继承之要件后,亦即继承人抛弃继承后其权利行使上之专属性即告丧失,若其让与害及债权,债权人自得请求法院撤销之。此外,放弃继承是否具有溯及效力应不影响撤销权之行使,如史尚宽先生认为,溯及与否,与权利抛弃之撤销与否无关。①

须注意的是,受遗赠人放弃遗赠,亦属处分原已取得之权利,且该权利并非基于人格或特定身份而生,②倘若债务人(受遗赠人)为放弃

① 史尚宽:《债法总论》,中国政法大学出版社2000年版,第483页。

② 根据我国《继承法》第16条规定:"公民可以立遗嘱将个人财产赠给国家、集体或者法定继承人以外的人。"也就是说,在我国受遗赠人只能是法定继承人以外的人。

遗赠之行为,而害及债权人,无须债务人具有主观诈害之故意,债权人自得撤销之。

六、结论

在我国大陆《继承法》坚持无条件的限定继承原则下,应当承认继承人放弃继承得为债权人撤销权之标的。我国未来民法典继承编仍应坚持限定继承原则,但应使无条件的限定继承转变为有条件的限定继承。即使在有条件的限定继承模式下,原则上继承人抛弃继承的行为,其债权人不得撤销,但继承人若具有诈害债权人之故意者,应当例外承认债权人得行使撤销权。放弃继承是否具有溯及效力应不影响撤销权之行使。债务人为放弃遗赠之行为,而害及债权人,无须债务人具有主观诈害之故意,债权人自得撤销之。

(樊志军,大连海事大学法学院民商法博士研究生。刘耀东,大连海洋大学讲师,大连海事大学法学院民商法博士研究生)

特留份的理论基础与制度构建新论*

张燕玲

目　　次

问题的提出

全国人大法律委员会于2012年首次将《继承法》的修改正式列入全国人大常委会的立法规划，自此，全国人大法工委开始着手继承法修改的调研，学界和司法实务界关于我国确立特留份制度的诸多建议、争论也得以被关注和研讨。已出版的《〈民法典草案〉专家建议稿》也多将特留份制度收纳其中。在笔者参与的继承法修改研讨会中，笔者注意到基于种种的原因，为数不少的司法工作者对《继承法》引入特留份

* 本文是笔者主持的江苏省法学会2012年度法学研究立项课题(SFH2012D10)“比较法视域下特留份制度的建构研究”的阶段性成果，该文同时受到南京大学985三期项目的资助。

制度抱有成见,对其可能带来的社会隐患深表忧虑。学界的分歧、实务界的担忧令特留份制度的入法前景变得不那么清晰,甚至有止步法外的可能。特留份的理论基础何在?怎样的制度安排方能在特留份的积极功效与消极影响间获取最佳平衡?前者回答的是民法典是否需要特留份制度的问题,后者解决的是民法典要什么样的特留份制度的问题。特留份制度的渊源固然与家产制的维持、近亲属的继承权密切相关,但经过社会、经济及文化的不断发展,其原有的恩惠子孙的功能有无改变,反映在立法上有着什么样的变化,这些改变在制定民法典时应该引起重视。只有充分关注特留份制度的国际立法趋势,我国立法机关才可能进行正确的价值考量、作出科学的立法选择,而不致使特留份制度在法律移植中因文化差异导致水土不服。

在公开发布的学者建议稿中,笔者欲选取中国社科院学部委员梁慧星先生、中国人民大学副校长王利明先生分别主持的《民法典草案专家建议稿》和厦门大学教授徐国栋先生主持编写的《绿色民法典草案》作为主要研究对象,在比较考察域外法规定的基础上,对三稿的特留份开展比较分析,结合我国继承法的现状,提出笔者的看法。

上述三稿一致认为我国的遗嘱继承制度应改变主要以必留份限制遗嘱自由的现状,引进大陆法系国家的特留份制度。原因在于:(1)我国继承法现有的必留份条款对遗嘱自由的限制过于轻微,难有适用的空间;(2)必留份条文中的必留份额不明确,不便于操作;(3)继承人的必留份权被侵害时缺乏有效的救济途径。反之,大陆法系国家的特留份制度则各方面都很成熟,且易于操作;而且,大陆法系的特留份制度更符合中国社会的亲情伦理,能更好地保护法定继承人的继承权。不同的是,三稿对特留份制度的具体设计差异较大,梁稿和王稿就特留份权利人的范围和特留份额的确定规则有明确规定且内容一致,但未对特留份权的侵害救济作出规定;徐稿中增加了特留份权的侵害救济规定,同时其关于特留份权利人范围和特留份额的确定方式的规定与梁稿、王稿的设计存有不同。

大陆法系的特留份制度有着怎样的发展历程,该如何认识其性质与功能?其理论基础是什么?如若引进特留份制度,应进行怎样的条文设计才能与我国继承法的体系一致?同时,引进特留份制度是否意味着对现有"必留份"条文的舍弃？回答上述问题，关键在于如何看待大陆法系国家的特留份制度，包括其性质、功能、立法发展趋势等，只有从比较法视角对特留份予以更深的解读，才可能将之与我国继承法实现无缝对接。

一、特留份制度的溯源与本质

特留份制度是指遗嘱继承时，被继承人必须遗留遗产的一部分给法定继承人的制度。[①] 其目的在于通过对特定的法定继承人规定一定的应继份额来限制遗嘱人的遗嘱自由；被继承人设立遗嘱时，如没有给特留份权利人保留法定的份额，则相应遗产的处分无效。[②] 特留份制度肇始于罗马法中的义务份，由于罗马法早期实行绝对的遗嘱自由，至罗马共和国末期，道义颓废，遗嘱自由被滥用，遗嘱人常常不按传统风俗行事，而把遗产全部遗赠给他人，不对父母、子女尽扶养的义务，出于对近亲的慈爱义务和经济扶养的观点，罗马法开始设立义务份，即遗嘱人的尊亲属、卑亲属、同父母的兄弟姐妹，当自遗嘱接受的财产未达义务份时可向指定继承人提起不伦遗嘱之诉，通过撤销遗嘱以恢复其法定应继份。到日耳曼法时期，家产制度根深蒂固，为维持家的存续，必须将主要财产保留于法定继承人，被继承人的遗产处分权限于主要财产外的一定数额，此自由处分的财产被称为自由份，日耳曼法中的特留份实为扣除自由份后的剩余财产，特留份权利人仅限法定继承人；特留份权被侵害，权利人可依扣减权而取回现物。日耳曼法中的特留份思想后被法国民法吸收，被瑞士民法所继受。近现代，特留份制度基本成为各国民法的立法通例。

如何认识特留份制度的本质？特留份制度在早期发展中经历的两个阶段形成了关于特留份本质的两种主张：一种观点代表罗马法理念，认为特留份权被侵害后权利人可享有"债权请求权"；另一种观点代表日耳曼法理念，认为特留份是遗产的一部分，特留份一旦被侵害，应以

---

① 陈琪炎、黄宗乐、郭振恭：《民法继承新论》，台湾三民书局2005年版，第383页。

② 梁慧星：《中国民法典草案建议稿附理由：侵权行为编与继承编》，法律出版社2005年版，第179页。

遗产现物进行返还,也即权利人享有物权请求权。上述两种主张孰优孰劣?德国民法采罗马法理念,即完全的金钱返还主义,使得利害关系人不因遗产的现物分割而带来不安与不便,尤其能使得继承人保有大量的耕地、工厂或其他重要财产的利益,这也是"金钱返还主义"的优点。[①] 史尚宽认为虽然我国台湾地区没有像德国、日本、瑞士等直接承认特留份可以通过"价额补偿"的方式予以救济,但依据法解释学理论,如因现物分割而导致遗产的价值减少,应允许当事人协议确定现物的归属,由另一方对其进行差额补偿;如若当事人不能因此达成协议,为尊重遗嘱人的意思,以受遗赠人保持现物,支付差价于继承人为妥。[②] 该种解释使得现物分割可能带来的不安和不便基本迎刃而解。无论金钱返还主义,抑或现物返还主义,在特留份权的救济上最终走向价额补偿,可谓殊途同归。

由上,特留份制度自发轫之时,即明确了其为继承人于继承开始时享有的继承权;特留份实为必须保留给继承人的遗产的一部分,其非指遗产中的特定财产,而是遗产中的一定数额,具体数额大小依据法律规定,一般按照继承人应继份的一定比例确定。至于被继承人究竟以何种财产遗留给继承人,纯属其遗嘱自由。因特留份的侵害需要扣减被继承人所为的遗赠时,受遗赠人应返还的财产以现物为原则,归还现物有困难或可能造成遗产价值减少的,受遗赠人可以进行价值补偿。

二、特留份制度的理论基础

今天,家产制早已被丢弃进历史的垃圾堆,个人主义、私权神圣的观念深入人心,宪法、民法对私有财产权的保护掷地有声。于此背景下,特留份之为维持家产而创设的历史条件已不存在,但其作为限制遗嘱自由的重要手段仍被大陆法系国家延续运用,其存在和发展的理论根基何在?有学者提出我国不应引进特留份制度,原因主要在于特留份制度与我国的夫妻财产制不相容,因此不具备特留份确立的理论基础。未来民法典究竟如何对待特留份制度?如若引进,怎样的制度设

① 史尚宽:《继承法论》,中国政法大学出版社2000年版,第557页。

② 史尚宽:《继承法论》,中国政法大学出版社2000年版,第558页。

计才能既顺应继承法的发展态势又符合我国限制遗嘱自由的立法需要？上述问题归根结底在于我国是否具备特留份制度的理论基础？

参考学界观点，并结合个人思考，笔者认为当代特留份制度的理论基础应该包含：

（一）维护亲属伦理

继承关系是亲属关系的延伸，对于不存在亲属关系的人，被继承人可以给予其一定的财产，也可以完全不给其任何财产，但对于法定的近亲属，被继承人就必须给予其一定数量的财产数额，否则，如果对任何人都"一视同仁"的话，则亲属关系的存在就完全失去了意义。[①] 这种"一视同仁"的做法与中国传统的亲属伦理关系是相违背的。我国传统的亲属伦理一向重视亲情、家庭，强调亲属之爱的崇高性、正当性，反对以物欲加害亲情，主张给人们更多保护亲属的权利，主张给人们更多的敬爱亲属的义务。[②] 这种观念支配下，法定继承人因亲属身份都会对被继承人尽自己的扶养和赡养义务，当被继承人死后，法定继承人与被继承人的关系就从扶养、赡养关系自动转变为继承关系，法定继承人自然可以凭借该身份、依据权利义务一致的原则分得遗产。如果被继承人通过遗嘱的形式否定了法定继承人的继承权，无疑是向中国传统的亲属观念挑战，受传统观念影响很深的大多数中国人对这种行为无疑也是不赞同的。从倡导民主、顺应大部分民众的心愿看，特留份制度是继承法中必不可少的内容。

反对基于亲属伦理的维护而确立特留份制度的人的理由也有不同。有的学者认为，特留份制度在维护亲属关系上的积极作用不可否认，但其消极作用也不能忽视，"除非在极端情况下（因特定行为丧失继承权），法定的继承份额均不得剥夺"这种理念的灌输可能会引导法定继承人去重视财产上的利得，而忽略了该制度的设立宗旨是在于亲属关系的维系，同时该制度的存在实质上排除了被继承人以遗产取得

① 郭明瑞、房绍坤、关涛：《继承法研究》，中国人民大学出版社2003年版，第147～148页。

② 范忠信：《中西法文化的暗合与差异》，中国政法大学出版社2001年版，第326、328页。

为条件要求子孙关心照顾自己的权利。有的学者认为,大部分国家立法规定特留份权只有在遗弃或伤害被继承人等极端情况下才会被剥夺,继承人对被继承人是否履行了精神上的照顾则在所不问,这种轻付出、重取得的权利机制容易导致特留份权利人对被继承人的漠然、冷淡,忽视被继承人的精神需求,反之,如果被继承人拥有自由处分遗嘱的权利,那么家属为了获得遗产,就是假装也会用心的去照顾被继承人,给予其临终关怀。两种担心皆非没有道理,但任何制度都是"双刃剑",利弊并存,不能因其可能产生的不利影响而否定该制度在一般情形下的积极作用。而且特留份权利人本身是作为被继承人的扶养义务人而规定于扶养制度中,当被继承人生前存在扶养需求而扶养义务人有扶养能力时其必须履行扶养职责,否则被继承人可依法提起扶养之诉。与此扶养义务相对应,被继承人的近亲属在被继承人死后对遗产享有特留份权,此处的扶养义务与特留份正是宪法上权利义务一致原则在民法中的具体体现。假若立法不确立特留份制度,被继承人对于死后遗产享有充分的遗嘱自由,则其可能在生前得到了近亲属的良好扶养,却将死后遗产全部赠与外人,未给履行照料职责的近亲属留下任何钱财,如此一来,近亲属之间的扶养义务可能演化成为缺少权利保障的单向义务,这是否偏离了宪法上"权利义务相一致"原则的精神?

再者,继承人享有的特留份额与其各自的法定应继份相比,只是其中的一部分,并非全部应继份;大多数国家依据亲属身份的不同设定了不同的特留份额,这种份额差异本身已然考虑了近亲属因身份不同而被赋予不同扶养程度的要求;反之,正是由于配偶和父母子女间的"生活保持"义务高于其他扶养义务人承担的"扶养费"义务,才有了法定继承中配偶、子女、父母与其他亲属的继承顺序和特留份额的不同。如若仅仅因为继承人可能因特留份的享有而导致"不劳而获",从而无限放大特留份制度的负面影响,以至于否定特留份制度在维护亲属伦理中的重要作用,那无异于舍本逐末,置特留份制度的本质与功能于不顾。

(二)法律层面之扶养近亲和保护社会利益的目的

有台湾学者认为由被继承人扶养的近亲,如果因被继承人死后处分遗产而不获一物,生活顿时失去依靠,反而需要其他亲属的扶养,或向国家、社会寻求救济，如此必将累及国家和社会；反之，如能承受一定的特留份，则可因特留份的取得而成为有独立生活能力的社会一员，此直接或间接也促进社会全体的利益。[①] 这也代表了多数台湾学者的观点，即将特留份看作被继承人死后对近亲的扶养。民法上扶养的形成需要满足两个条件，即扶养义务人具有扶养的能力和扶养权利人有扶养的需求，如将死后对近亲的扶养作为特留份的理论依据，那即意味着特留份的适用应满足扶养的条件，否则被继承人生前的扶养义务较之死后的扶养义务更轻，这显然是不符合逻辑的。如果被继承人死后有遗产被继承或被遗赠可以认定其具备扶养能力，那么需要考虑的只有第二个条件，即法定继承人是否有受扶养的需求？这显然不能一概而论，更不能按照法定继承人的顺序来简单确定特留份权人的顺序。如何确定特留份权利人的范围及特留份的数额才公平合理？俄罗斯民法典、英美的继承法或许可为之提供答案。

特留份制度早在1964年的苏俄《民法典》中就存在，其将未成年或丧失劳动能力的第一顺序的法定继承人和被视为法定继承人的受扶养人作为特留份权人，2002年通过的俄罗斯《联邦民法典》仍然沿袭了该规定。[②] 英美法也秉持了死后扶养理念，赋予死者的配偶、子女有扶养需求时才享有强制遗产份额。

我国的必留份制度虽也符合死后扶养说的要求，或者说死后扶养说可为其提供理论支持，但必留份条文的缺陷过于明显，仅以其保障被继承人生前扶养的人的生活，尚难形成简便易行的制度通道。

（三）利益横平

日本法学家中川善之助先生认为特留份制度的创设是遗嘱自由与继承人的继承利益保护间妥协的产物。[③] 我国《继承法》采遗产的法定继承主义，只有继承人有权继承遗产，倘若贯彻遗产处分自由主义，势

① 戴东雄：《继承法实例解说》，自印1985年版，第278页。

② 现在的俄罗斯《联邦民法典》第1149条规定被继承人的未成年子女或无劳动能力的子女、无劳动能力的配偶和父母，以及无劳动能力的受供养人，为特留份权利人。参见俄罗斯《联邦民法典》，黄道秀译，北京大学出版社2007年版，第397页。

③ ［日］中川善之助：《民法大要（下）》（全订版），昭和30年，第313页，转引自陈棋炎、黄宗乐、郭振恭：《民法继承新论》，三民书局2005年版，第389页。

必因被继承人的恣意而导致法定继承制度根本摧毁。为了继承人利益而限制遗产处分的自由,在近代社会到底不能承认,因为那样必然威胁自由经济交易的安全;但被继承人的遗产处分权如果毫无限制,又何以实现继承人的继承利益呢?因此,遗嘱处分自由与法定继承人继承权保护之妥协催生了特留份制度。

三、特留份制度的域外法考察与评析

特留份制度的内容主要包括特留份权利人、特留份额的确定规则、特留份权的侵害救济、消灭时效及特留份的剥夺、限制等。

(一)特留份权利人的范围

1. 域外法概要

各国关于特留份权利人的规定并不相同。有的国家规定特留份权利人限于被继承人的直系卑亲属、直系尊亲属和配偶,如德国①、瑞士、日本②、巴西③、阿根廷④等。依据德国《民法典》,直系尊亲属仅指被继承人的父母,而依据阿根廷《民法典》,"直系卑亲属"仅限于被继承人的子女;瑞士《民法典》在特留份制度中除了一般的内容外,还规定了"特留份权的丧失","继承人可因对被继承人或其亲友犯有重罪或违反亲属法规定义务的行为,而被被继承人遗嘱剥夺其特留份";⑤还有立法将被继承人的兄弟姐妹也规定为特留份权利人,如韩国⑥、我国台湾地区。依台湾"民法"第 1223 条,所有法定继承人均享有特留份,但法定继承人中的直系尊亲属包括父母和祖父母,直系卑血亲包括胎儿和代位继承人,此点与韩国法中相应主体的内涵略有不同。⑦

与上述立法不同,俄罗斯《联邦民法典》规定除被继承人的未成年子女外,丧失劳动能力的成年子女、配偶、父母及被继承人扶养的被视

① 《德国民法典》,郑冲 、贾红梅译,法律出版社 1999 年版,第 526 页。

② 《最新日本民法》,渠涛译,法律出版社 2006 年版,第 222 页。

③ 《巴西民法典》,齐云译,中国法制出版社 2009 年版,第 289 页。

④ 《最新阿根廷共和国民法典》,徐涤宇译注,法律出版社 2007 年版,第 763 页。

⑤ 《瑞士民法典》,殷生根、王燕译,法律出版社 1999 年版,第 131 页。

⑥ 《韩国最新民法典》,崔吉子译,北京大学出版社 2010 年版,第 274 页。

⑦ 史尚宽:《继承法论》,中国政法大学出版社 2000 年版。

为其法定继承人的人享有特留份。[①] 这被认为是当代特留份制度由传统的"维系亲属关系"功能渐向"死后扶养"功能转变的立法例代表,但此立法例在大陆法系国家尚不占主流,而英美法系国家却早有类似规范。英国《继承法》是在废除封建继承原则基础上逐步制定和确认的,由大量单行法规组成,他们互为补充,成为英国司法实践的主要法律依据。[②] 英国《继承法》虽无特留份规定,但并不意味着其不包含特留份制度的精神,其中体现特留份精神内涵的条文有:(1)1938 年颁布的《家庭供养条例》赋予被继承人的配偶、未成年及成年但不能独立生活的子女请求"财政津贴"的权利,他们可就被继承人遗赠给他人的财产请求扶养,获得"财政津贴";(2)1952 年颁布的《无遗嘱继承条例》对《家庭供养条例》进行了修正,规定法院可以违背遗嘱人的意愿,甚至可以不顾遗嘱继承的一般规定,根据申请人的要求,判决从遗嘱收益甚至从本金中支付扶养费给相关权利人;(3)1966 年颁布的《家庭供养条例》和 1969 年实施的《家庭法修改条例》中将此"法定权利"的主体范围进一步扩大到死者所有子女,包括合法认领的非婚生子女、养子女及其他非婚生子女。

美国无统一的继承法,作为各州继承法样本的《统一遗嘱检验法》是在对已有判例进行归纳梳理基础上制定的,集中体现了美国继承法的精神和内容。[③] 依据该法,"在采用分别财产制的家庭,死者的配偶享有选择份、宅园特留份、家庭特留份和豁免财产等权利;如夫妻双方在婚前或婚后协议中放弃这些特留份权利,则配偶死亡后,死者的未成

---

① 《俄罗斯联邦民法典》,黄道秀译,北京大学出版社 2007 年版,第 397 页。

② 这些法规主要包括: 1925 年《财产条例》、1925 年《遗产管理条例》、1937 年《遗嘱条例》、1938 年《家庭供养条例》、1952 年《无遗嘱继承条例》、1963 年《遗嘱条例》、1966 年《家庭供养条例》、1969 年《家庭法修改条例》、1971 年《遗产管理条例》、1975 年《财政条例》、1975 年《继承条例》、1975 年《子女条例》、1977 年《家庭供养(无遗嘱继承)法令》。参见周强:"英国继承法评介",载《法学评论》1985 年第 2 期。

③ 即 Uniform probate code,也有人译为《统一继承法典》。该示范法最初于 1969 年由统一州法律委员会全国会议和美国律师协会代表团通过,在其后的 1975 年、1982 年、1987 年、1989 年、1990 年、1991 年、1997 年、1998 年、2002 年、2003 年、2006 年被修订。目前,已得到阿拉斯加州、亚利桑那州、科罗拉多州、夏威夷州等多州采纳。

年子女、受其扶养的成年子女依然享有宅园特留份、家庭特留份;子女无论成年与否、受扶养与否,均享有豁免财产。在美国,个人的遗嘱自由受到很大限制,主要表现为配偶享有的选择份、宅园特留份、家庭特留份和豁免财产,被继承人不能用任何手段剥夺配偶的选择份权利。遗嘱剥夺配偶、未成年子女和不能独立生活的成年子女的特留份的,遗嘱无效。《路易斯安那州民法典》第1493条规定:"强制继承人是被继承人死亡时年龄不满24岁或因精神、身体原因尚不能独自照顾自己人身和财产的子女。"[①]由此,《路易斯安那州民法典》也将特留份权利人确定为未成年人或依法不能独立生活的成年子女;同时,该法赋予生存配偶对死者全部遗产的永久用益权。[②]

2. 评析

从上可知,大陆法国家的特留份权利人多是由亲属身份决定,而不考虑其是否有受扶养的需求。各国立法关于特留份权利人的差别从表面看主要在于是及于法定继承人的全部还是部分?台湾"民法"赋予全部法定继承人以特留份,只是配偶、父母、子女在特留份额的安排上较被继承人的兄弟姐妹及祖父母更为优越。[③] 德国、瑞士、日本均将特留份权利人限定在法定继承人中的直系血亲和配偶,被继承人的兄弟姐妹被排除在外。仅仅从特留份权利人与法定继承人的关系进行分析,还无法解释大陆法国家关于特留份权利人范围的不同。是否有其他影响因素存在?

特留份制度自产生以来一贯以维护亲属伦理为其第一要义,将亲属间的生前扶养义务与死后的遗产继承权紧密相连,在社会中也形成

① 《路易斯安那州民法典》,娄爱华译,厦门大学出版社2010年版,第162页。

② "死者可在其包括特留份额在内的全部或部分财产上授予生存配偶用益权,且可以授予用益权人依相关规定处分不可消耗物的权利"。此规定意味着该州基于死者配偶的身份而赋予其对死者遗产的永久用益权。参见《路易斯安那州民法典》,娄爱华译,厦门大学出版社2010年版,第164页。

③ 依台湾"民法"第1138条规定,遗产的继承人中除配偶外,依下列顺序定之:(1)直系血亲卑亲属;(2)父母;(3)兄弟姊妹;(4)祖父母。参见百度文库"台湾民法典继承编及施行法",载http://wenku.baidu.com/view/8ab42423192e45361066f590.html,最后访问时间:2013年5月29日。

了“亲属之间应互负扶养义务”的道德认知。各国继承法中的特留份制度正是这种道德认知的法律化。特留份主体是否与各国立法上关于扶养义务人的规定有一定关联？德国、瑞士关于“特留份权利人的范围”基本相同，对比“扶养义务人”的规定，发现德国《民法典》中特留份权利人的范围与扶养义务人的范围一致。依据德国《民法典》“家庭编”第1601条，“兄弟姐妹间不承担扶养义务”，同样，兄弟姐妹也未出现在其特留份权利人之列。①瑞士《民法典》规定“直系尊血亲、卑血亲和兄弟姐妹间负有扶养义务，但以帮助生活陷入贫困者为限；兄弟姐妹间无充分财力时不担负扶养义务”。瑞士《民法典》虽然将兄弟姐妹规定为扶养义务人，但法条中具有“充分财力方承担扶养义务”的条件又使得兄弟姐妹较之直系血亲的扶养义务条件更高。因而兄弟姐妹未能与配偶、直系血亲一同成为特留份权利人。日本《民法典》将兄弟姐妹规定在扶养义务人和法定继承人的范围内，但未赋予兄弟姐妹享有特留份的资格。我国台湾“民法”中“扶养义务人”的范围与“法定继承人”一致，而特留份权利人又及于法定继承人的全部，因此“扶养义务人”范围同于“特留份权利人”范围，这意味着我国台湾“民法”中的特留份主体范围完全符合传统亲属伦理的要求。

从上述立法可知，德国、瑞士、我国台湾地区均重视扶养义务人的继承权保护，均规定了扶养义务人对被继承人享有的特留份，虽然各自对特留份额的分配规则不尽一致。

英国继承法贯彻相对遗嘱原则是为了在保护个人财产所有权和遗嘱自由的前提下，能兼顾个人、家庭和社会之间的利益。在近代和现代英国人看来，配偶之间、父母子女之间在道德上负有互相扶养的义务，而英国婚姻法中的生活维持费、继承法中的财政津贴的规定都是该道德义务的法律化。为了保证履行这些义务，英国继承法要求被继承人将一定的遗产留给配偶和子女。同样，美国《统一遗嘱检验法》规定法定继承人包括子女、父母、配偶、兄弟姐妹、祖父母和外祖父母，其中配偶未列入具体的继承顺序，法律单独规定其继承权；但美国法将特留份权利人仅授予了配偶、子女和父母。反观美国婚姻法，扶养义务仅存在

① 《德国家庭法》，王葆莳译，法律出版社2010年版，第84、413页。

于配偶之间和父母子女之间,为保障扶养义务的履行,美国赋予扶养义务人享有对扶养权利人的特留份。

2002 年的俄罗斯《联邦民法典》沿袭了苏俄《民法典》中特留份制度的规定,将特留份权人限定为未成年子女或丧失劳动能力的成年子女和配偶以及受被继承人扶养的人,这与社会主义国家倡导自食其力、自我奋斗的传统有关。而这种特留份范围的不同也体现了法律的不同目的,俄罗斯立法的目的更倾向于对受扶养的家庭成员的利益的保护。其他国家的特留份制度更注重“保护家族制度、防止遗产分散”目的。俄罗斯《联邦民法典》的规定体现了立法对本身有扶养需求的法定继承人的保护,凸显了特留份制度的“扶养延续”功能,这与英美继承法中强制特留份条文的精神暗合。无论英国的“家庭供养条例”还是美国的《路易斯安那州民法典》,在对死者遗产的强制分配或强制继承上均是针对特定的具有扶养需求的法定继承人而展开,配偶除外,而非由法律规定一定范围的亲属享有特留份权。特留份制度的“嘉惠子孙及亲属”的功能在时代的变迁中有所改变,“扶养子孙及亲属”的功能渐趋明显,俄罗斯的立法可见一斑。

值得注意的是俄罗斯《联邦民法典》中的特留份制度彰显的新功能与我国《继承法》中“必留份”条文的立法旨意相近,司法实效却相去甚远。因为俄罗斯《联邦民法典》和英美的继承法中的“特留份条文”完善、成熟,切实扶助了失去劳动能力的法定继承人和受扶养人的生活;反之,我国的必留份条文因其规定的“缺少劳动能力又无生活来源”的双缺条件,使得真正能依据本制度分得遗产的人少之又少;加之立法对必留份权利人的遗产份额未作规范,较不利于司法操作,更无益于司法的统一。

(二)特留份额的确定规则

当被继承人生前想要通过遗嘱处分遗产时,原则上可以自由决定部分遗产的归属,其可以将部分遗产指定赠送给任何人,不管其是否为法定继承人;但必须保留部分遗产供法定继承人继承,这保留的部分究竟多少为限便是特留份额的问题。域外法关于特留份额有采全体特留主义者,有采各别特留主义者。所谓全体特留主义,即特留的部分是由被继承人为特留份权人全体保留,特留份的数额就遗产的一定比例而规定，如法国《民法典》规定："继承人仅婚生子女一人时，被继承人可处分的财产为全部遗产的二分之一，有二人以上时，为三分之一，有三人以上时，为四分之一。"日本《民法典》规定："仅直系卑血亲为继承人时，或直系卑血亲与配偶为继承人时，为被继承人遗产的二分之一；其他情形，为被继承人遗产的三分之一。"①所谓各别特留主义即特留的部分是有特留份权的继承人个别保留，一般用各继承人应继份的几分之几来规定，如德国《民法典》规定："无论被继承人的直系卑亲属、父母还是配偶，均为其应继份的二分之一"；②韩国《民法典》规定："直系卑亲属和配偶分别为其法定继承份额的二分之一，被继承人的直系尊亲属和兄弟姐妹享有其法定继承份额的三分之一。"③

上述两种主义的最大不同在于：依据全体特留主义，若某一特留份权利人丧失继承权，则其特留份归其他享有特留份权的继承人所有，不影响被继承人自由处分的部分；反之，依据各别特留主义，丧失继承权的继承人的特留份就归入被继承人自由处分的部分，其他特留份权利人的份额不受影响。比较而言，各别特留主义更为公平合理，因为特留份作为限制遗嘱自由的主要制度，其目的在于平衡被继承人的遗嘱自由与继承人的继承权，以平衡保护双方的财产权益，当一方因自己的过失而丧失获得权益的机会时，此权益理应归入另一方支配，而非使得作为第三方的其他继承人间接获益。我国台湾地区"民法"采纳的正是各别特留主义，赋予被继承人的直系卑血亲的特留份额为其应继份的1/2，父母、配偶、兄弟姐妹、祖父母的特留份为其各自应继份的1/3。

（三）特留份权的剥夺与限制

享有继承权是享有特留份权的基础，丧失继承权必然导致特留份权利的丧失，同时法定事由的出现还可能导致特留份权的剥夺。瑞士、俄罗斯的民法典都有特留份被剥夺的规定。瑞士《民法典》规定，继承人对遗嘱人或其近亲属实施犯罪或有严重不履行法定的对遗嘱人或其

① 《最新日本民法》，渠涛译，法律出版社2006年版，第222页。

② 《德国民法典》，郑冲、贾红梅译，法律出版社1999年版，第526页。

③ 《韩国最新民法典》，崔吉子译，北京大学出版社2010年版，第274页。

家庭的义务时,遗嘱人有权遗嘱剥夺继承人的特留份。[1] 俄罗斯《继承法》第1117条规定,恶意逃避履行对被继承人的扶养义务的继承人,法院可据利害关系人的申请,依法剥夺其继承权。被依法剥夺继承权的,有义务按返还不当取得的遗产全部。[2]

俄罗斯《联邦民法典》除了规定特留份权的剥夺,还创造性地增加了特留份的限制与取消的内容。该法典第1149条规定:"如果特留份继承人在遗嘱人在世时未使用特留份财产,而遗嘱继承人却用于居住或用于主要生活来源,特留份的实现可能导致无法向遗嘱继承人交付这些遗产,则法院可以结合特留份权利人的财产状况,减少其特留份额或判决不予给付特留份额,即限制或取消特留份额。"[3]立法为避免因特留份的适用导致遗嘱继承人基本生活失去依靠的情形发生,授予法院限制特留份的裁量权,但这种限制有较为严格的适用条件。

(四)特留份的侵害

特留份制度的采用将被继承人的财产分为两部分:可自由处分的部分和必须留给继承人的部分,即自由份和特留份。被继承人将超过自由份的份额进行赠与或遗赠,导致继承人所得遗产的份额不足特留份份额时,构成特留份的侵害。依据大陆法系国家的一般规定,特留份被侵害时,特留份权利人可按其不足的数额回复遗产上的利益以保全特留份,保全特留份的方法有多种,有的国家规定侵害特留份的遗赠或赠与全部或部分无效或视为撤销。如捷克《民法》第551条规定"违反特留份之处分当然无效",希腊《民法》第1825条规定"违反特留份之遗嘱指定,视为未指定,无需扣减诉讼"。但更多国家采取赋予特留份权利人"扣减权"的方式实施救济,特留份权利人可以基于扣减权而请求受遗赠人或受赠与人返还相当于特留份额的财产,如德国、日本、韩国及我国台湾地区的立法皆采此例。

德国《民法典》第2329条规定:"以继承人无义务补充特留份额为限,特留份权利人可以依照关于返还不当得利的规定要求受赠人返还

---

① 《瑞士民法典》,殷生根、王燕译,法律出版社1999年版,第131页。

② 《俄罗斯联邦民法典》,黄道秀译,北京大学出版社2007年版,第384页。

③ 《俄罗斯联邦民法典》,黄道秀译,北京大学出版社2007年版,第397页。

赠与物以偿付缺额。特留份权利人是唯一的继承人时，则享有同样的权利。受赠人可以通过支付缺额而免于返还。”依据德国民法，特留份权利人获得的仅是对特留份缺额的债权请求权，而非物权请求权。[①]日本《民法典》规定“特留份权利人及其承继人在保全特留份额所必要的限度之内，可以请求扣减遗赠及前条规定的赠与。”[②]韩国《民法典》规定“特留份的侵害发生后，赋予特留份权利人财产返还请求权。受赠人或受遗赠人为数人的，应按各自所得遗赠财产的比例返还。”[③]我国台湾地区“民法”规定“当特留份权人在被继承人的遗赠致其应得的特留份额不足时，得按其不足数额从遗赠财产中扣减，特留份权利人是否行使此扣减权是特留份权利人的自由”。从日、韩、台立法看，扣减权请求权是债权请求权还是物权请求权并未明确。

扣减权不仅是大陆法系国家救济特留份侵害的主要方式，现也成为美国多数州及拉美国家保全特留份的主要救济措施。美国《路易斯安那州民法典》第1503条规定：“损害强制继承人特留份的生前赠与或遗赠并非无效，而仅是在消除损害的必要限度内可予以消减；但强制继承人只可以在死者去世后3年内对受赠人依从近及远的次序请求其返还所需的份额，以满足其特留份。”[④]巴西《民法典》第1967条规定：“超过了可处分份额的处分，应按如下数款规定消减到其范围内……如遗嘱人为了防止此种情形，指令给予某些继承人和受遗赠人优先权，此等削减仅针对其他人的份额或遗赠进行，并应遵守前款规定的顺序。”[⑤]阿根廷《民法典》第3600条规定：“必要继承人在遗嘱人以任何权利依据为他遗留之物少于特留份时，尽可请求补全。”[⑥]美国州法及巴西、阿根廷的立法中，特留份权人可基于权利受侵害之事实，请求受遗赠人或受赠与人在诉讼时效内返还遗产份额以补齐其特留份，而未有明示告知权利人究竟是按不当得利请求返还，还是按照所有权人身

① 《德国民法典》，郑冲、贾红梅译，法律出版社1999年版，第532页。
② 《最新日本民法》，渠涛译，法律出版社2006年版，第223页。
③ 《韩国最新民法典》，崔吉子译，北京大学出版社2010年版，第274页。
④ 《路易斯安那州民法典》，娄爱华译，厦门大学出版社2010年版，第167页。
⑤ 《巴西新民法典》，齐云译，中国法制出版社2009年版，第306页。
⑥ 《最新阿根廷共和国民法典》，徐涤宇译，法律出版社2007年版，第763页。

份主张返还。

扣减权的属性决定着扣减的方式和法律效力。鉴于两大法系对扣减权的不同认识,相关规定也多有差异,究竟如何定位扣减权的法律性质、具体设定扣减权的行使方式,对此进行较为深入的分析,不仅可丰富和深化我国的继承理论,而且可为我国的继承立法和司法实践提供借鉴。

四、特留份的侵害救济——扣减权的性质与行使效力分析

(一)扣减权的性质分析

关于扣减权的性质,学界主要有物权形成说和债权形成说两种观点。"物权形成说"认为侵害特留份的行为因特留份权利人行使扣减权而归于无效,标的物上的权利当然复归于特留份权利人。也即被继承人超过自由分而进行的遗赠和赠与在超过自由份的范围内绝对无效,标的财产未交付于相对人的,特留份权利人取得拒绝相对人请求给付的抗辩权;已经给付的,可基于物权请求权或不当得利返还请求权请求标的的返还。此说为日本学者的通说,日本判例也予以采纳。[①] "债权形成说"认为特留份权利人行使扣减权导致特留份侵害行为被视为撤销而无效,标的物上的权利并非当然复归于特留份权利人,仅受遗赠人、受赠人对特留份权利人负有返还标的物的义务,即受益人可以偿还特留份权利人标的物的价额。日本学者铃木认为,此说较物权说更直率可行。日本《民法典》采纳了原物返还主义,认为特留份是不可侵的应继份,如被侵害应取回标的物本身。

我国台湾学界对扣减权的性质究竟为债权形成权还是物权形成权尚无无统一认识,史尚宽持"物权形成权"说,戴东雄在其著作中则未明确立场。有学者认为法国、瑞士的民法都要求扣减权的行使必须通过特留份扣减诉讼进行,该诉讼应为形成之诉,因而法国、瑞士的特留份权应采"形成权"说。我国台湾地区"民法"中的特留份侵害补偿未以起诉为必要程序,扣减权的行使只要特留份权利人一方的意思表示即为已足,因此台湾法中的特留份扣减权应非物权形成说和债权形成

---

① 陈琪炎、黄宗乐、郭振恭著:《民法继承新论》,三民书局2005年版,第405页。

说，而是债权请求权说”。笔者对此不敢苟同，决定特留份权是否是形成权的关键并不在于它的行使是否必须通过诉讼的程序，而在于是否其权利主体仅依据自己的行为就可使自身参与的民事法律关系发生变更。同时“物权形成权说”意味着扣减权的行使使得被侵害部分的遗产所有权当然复归于特留份权人，如此规定最适于保护法定继承人，而且此复归部分自然纳入遗产，可使得继承人清偿被继承人的债务变得容易，有助于实现对被继承人的债权人的保护。因此，笔者赞同扣减权为“物权形成权”的观点。

(二)扣减权的行使效力分析

特留份权因继承的开始而发生，特留份权利人的扣减权因特留份的侵害而发生。当被继承人对遗产的遗赠使得特留份权利人现实所受遗产的数额不足特留份额即发生特留份的侵害。当对共同继承人中的一人或数人进行指定继承而侵害其他继承人的特留份时，其他继承人取得扣减权；第三人受遗赠而侵害继承人的特留份时，继承人同样取得扣减权。

1. 扣减权的行使方式

由于扣减权为财产权而非个人专属性权利，因此扣减权人的继承人也可行使扣减权。侵害特留份的人为扣减权人的相对人，如受遗赠人。扣减权的行使以向相对人意思表示为方式，不以起诉为必要。法国、瑞士的民法虽要求以起诉为必须，但日本、韩国等民法典均无此规定，只要权利人向对方作出意思表示即可。笔者认为日、韩做法更符合扣减权的物权形成权性质，更值得我国立法借鉴。

2. 扣减的方法和限度

依据国外立法，当扣减物为可分物时，在保全特留份必要的限度内通过分割而扣减即可；当标的物不可分时，扣减权人可请求偿还标的物全部，而补偿对方超过特留份部分的价额。扣减必须在保全特留份必要的限度内进行，何谓必要限度？一般认为即特留份权利人现实所受的继承利益与其特留份额的差额；如日本《民法典》第1225条规定：“特留份权利人现实所受的继承利益与其特留份比较，其特留份不足时，在其不足的限度内可以扣减。”

3. 扣减权的行使效力

扣减产生什么样的效力对特留份权利人影响重大。经扣减的遗赠在侵害特留份的部分丧失效力,已经履行的,标的物上的权利复归于特留份权利人,特留份权利人可基于物权请求权请求回复其标的物;未履行的,受遗赠人不得请求履行,即使请求,特留份权利人可拒绝其履行。当有特留份权的继承人于继承开始后明知其特留份被侵害的事实而交付于受遗赠人时,可认为是对其扣减权的抛弃,否则有回复请求权。受遗赠人除了返还原物外,是否应一并返还孳息?日本《民法典》规定受赠人除应返还财产外,还应将自扣减之日起的孳息返还于特留份权利人;台湾"民法"对此未有规定,学者史尚宽的解释基本代表了学界的立场:"特留份权利人行使扣减权以前,受遗赠人可认为是善意占有人而取得其孳息;当扣减权行使以后,可认为是恶意占有人,应负返还孳息的义务"。[①] 因此,从公平的角度考虑,笔者认为扣减权的行使效力应及于原物及原物自扣减之日起产生的孳息。

4. 扣减权的消灭时效

扣减权可因继承权的抛弃、特留份的抛弃、价额的补偿而消灭,此外,还可以因消灭时效或一定期间的经过而消灭。各国民法大多规定了扣减权的消灭时效,如瑞士《民法典》规定"扣减之诉自继承人知悉其权利受侵害起经过一年而时效届满",日本《民法典》规定"扣减请求权自特留份权利人知悉继承开始及有应予扣减的赠与或遗赠时起一年不行使者,因时效而消灭。自继承开始起超过十年者,亦同。"韩国《民法典》之规定与日本民法完全相同。扣减权的存在和行使不仅可能改变遗产的归属而且影响继承人对遗产的充分利用,明确扣减权的消灭时效可将扣减权的效力影响控制在一定时间周期内,不致对受遗赠人或继承人造成太大不便,而且可间接促使扣减权利人及时行使权利,让遗产的分配秩序尽早确定。因此,继承法规定扣减权的消灭时效应属特留份制度中必要一环,至于时效的长短,结合德、日、韩等国的立法经验,笔者认为将之确定为"自特留份权人知悉继承开始或有应予扣减的赠与或遗赠时起一年内"为妥。

---

① 史尚宽著:《继承法论》,中国政法大学出版社2000年版,第568页。

五、我国确立特留份制度的必要性与可行性

(一)确立特留份制度的必要性

1. 人类共同的伦理道德规范的要求

重视亲情、维护亲属关系不仅是我国的传统文化的表现,也是世界各国奉行的基本伦理道德规范。特留份制度正是维系亲属伦理的基本法治表征之一。依据现行继承法的规定,继承人中如不存在缺乏劳动能力又没有生活来源的情形,被继承人就可以将其全部遗产遗赠给他人,这不仅不违法,还是遗嘱自由的表现。这与我们基本的道德观念相悖,也与我国的民族传统和习惯不符,有违人的基本伦理。

2. 继承权的性质要求

各国对继承权丧失事由的规定是比较严格的,原因在于法定继承权的不可任意剥夺性。但我国现行立法一方面规定法定继承权非因法定事由不可任意剥夺,另一方面又许可被继承人通过遗嘱随意取消法定继承人的继承权,这种逻辑不通的问题在设立特留份制度后可以得到弥补。有了特留份制度,法定继承权就可以分为特留份和特留份之外的法定继承权,前者只在发生法定事由时才可能丧失,后者则可以基于法定事由而丧失,也可以因被继承人的遗嘱而被排除。

3. 顺应国际继承立法的趋势的要求

大陆法系国家和英美法系国家的继承法均将特留份作为限制遗嘱自由的重要措施,继承法确立该制度有助于我国公民在涉外继承纠纷中依法维护自己的继承权,确保自己的继承权益不被侵害或不被非法剥夺。尤其现在大陆和台湾之间的两岸婚姻日趋增多,每年以2万多的数字稳步增加,台湾民法上有运行半个多世纪的特留份制度为继承人的继承权益保驾护航,而大陆继承法上特留份制度的缺失必然导致大陆配偶在继承纠纷中继承权益的保护不足。

(二)确立特留份制度的可行性

1. 我国近代民事立法已有特留份制度的萌芽

我国古代实行家产制,法律上并无特留份制度,近代直到《大清民律草案(继承编)》才借鉴日本民法之规定,首次导入特留份制度,后该草案因故流产。《第二次民律草案》对特留份之规定予以承袭,后同样

的原因该草案未付诸实施,特留份制度仅停留于文本当中。1930年颁行、现仍运行于我国台湾的"中华民国民法"在"继承"编中专节规定了特留份,该法采法定继承主义,规定所有法定继承人皆享有特留份,特留份权具有继承权的性质。综观特留份制度在台湾的适用和发展,其作为遗嘱自由和继承权的权益平衡器的作用发挥出色。尽管社会变迁催生了人们的行为方式和价值观念的转变,但守护传统、重视亲情的基本文化观不但没有改变,甚至在市场经济体制下的今天更加熠熠生辉。不可否认,台湾社会完善特留份制度的呼声日渐强烈,有学者提出由于现时台湾的家产继承观念日趋淡薄,特留份制度的职能已由过去对家产的维持转化为对亲属生活的保障,立法应适时调整特留份制度以更好地发挥其本职功能。①

2. 现行法中的"必留份"条文难以实现特留份制度的功能

新中国的继承法颁布较晚,直到1986年才正式颁布和实施。该法未规定特留份制度,仅以第19条和第28条两个条文体现对遗嘱自由的限制,其中第19条即学界和实务界所称的必留份制度。由于本法颁布于20世纪80年代,彼时我国尚处计划经济时期,而今30多年过去了,经济体制改革的深入和市场经济的不断发展,人们的经济生活发生了巨大变化,必留份条文自身的局限性也越发明显地表现出来。十年前的"泸州遗赠案"②和"杭州遗赠案"③就是这一条文局限性的集中体现。简言之,该条文的不足主要表现在:

(1)必留份制度的"双缺"条件使得实际享有此权利的继承人少之又少。现行继承法把必留份的权利主体表述为"缺乏劳动能力又没有生活来源"的人,而何谓"缺乏劳动力又没有生活来源"立法并未明确认定标准,司法实践中存在具体认定困难的问题。各省由于经济发展水平不同,对有无生活来源、是否缺乏劳动能力可能作出完全不同的评

---

① 陈棋炎、黄宗乐、郭振恭:《民法继承新论》,三民书局2005年版,第387页。

② 具体案情参见 http://old.chinacourt.org/html/article/200805/13/301151.shtml,最后访问时间:2012年4月6日。

③ 具体案情参见 http://www.ycwb.com/gb/content/2001-01/21/content_121591.htm,最后访问时间:2012年4月7日。

判,即使同一省份或地区,法官的裁判标准也难免差异较大。因此对继承人而言,必留份制度从立法本身看就是不确定的,加之其“双缺”的严苛标准,使得真正享有必留份权的主体范围过窄。

(2)必留份额的立法不明确可能导致司法的不统一。立法对必留份额的规定缺失使得法官在继承诉讼中主要依据遗产的数额和维持缺乏劳动能力又没有生活来源的法定继承人的实际生活需要来确定所得遗产份额的多少,这就使得法官自由裁量权过大,容易出现司法不公,更容易导致司法的不统一,直接损害司法的权威。大陆法系的特留份制度对特留份权利人的范围和特留份额的确定规则均有明确规范,尽管由于各国道德观念、传统习惯等方面的差异,各国立法也不尽相同,但并不影响其在一国范围内得到统一的适用。

(3)必留份制度不利于维护我国传统的亲情伦理。立法仅仅通过必留份来限制遗嘱自由,难免出现这种情形:继承人中没有“无劳动能力又没有生活来源的继承人”,被继承人就可将遗产全部遗赠给继承人之外的人,不给继承人留下任何遗产,这样既有违基本人伦、不合常情,也不利于婚姻家庭关系的稳定,更不适应现阶段婚姻家庭的职能要求。著名的杭州遗赠案正是这样的典型,画家叶某将其百万家产全部遗赠给照顾其多年的小保姆,未给其近亲属留下任何遗产,造成亲属的不满并引发了一审、二审诉讼;而另一起震惊全国的四川泸州黄永彬遗赠案,更是造成了巨大的社会反响,引起了全社会对上述问题的关注。

(4)“必留份”未能平衡保护家庭中弱者的继承权和其他法定继承人的合法权益。《最高人民法院关于贯彻执行〈中华人民共和国继承法〉若干问题的意见》第37条虽然就遗嘱人未为缺乏劳动能力又没有生活来源的继承人保留遗产份额的情况作出了补充规定,即遗产处理时,应当为该继承人留下必要的遗产,所剩余的部分,才可参照遗嘱确定的分配原则处理;而且明确了继承人是否缺乏劳动能力又没有生活来源,应按遗嘱生效时该继承人的具体情况确定。这一解释意味着在立遗嘱的人没有保留必留份而死亡的情况下,必留份权利人的资格认定是以遗嘱生效时的状况为准,也即遗嘱人留遗嘱的时间和判断继承人是否属必留份权利人的时间并不一致。这不仅没有解决继承法的立法不足问题,还有可能扩大了对遗嘱自由的影响。

综上,"必留份"条文主要在于为有扶养需求的继承人提供一定的生活保障,体现为被继承人死后扶养功能的继续,这与英美继承法中特留份制度的内容相近。但相比英美法,必留份制度在主体的限制上远未及英美立法明确,英美立法一般要求享有特留份的主体必须是被继承人的配偶和子女,而我国则限于所有的法定继承人;另外,必留份制度在适用条件上限制过严,导致那些无劳动能力并生活困难的法定继承人无法因该制度而获得经济帮助。如此看来,尽管必留份条文与英美法上的特留份制度有着基本相同的功能预设,但因必留份的简单构造使得其难以发挥英美法中特留份制度的实际功效。

六、民法典之继承编构建特留份制度的几点看法

在民法典的起草进程中,国内多位民法学者组织力量,完成了民法典草案专家建议稿的筹备。笔者欲借鉴域外继承法的经验及理论成果,对梁稿①、王稿②及徐稿③中关于特留份的条文设计进行简要评析,同时提出自己的看法。

(一)特留份权利人主体确定——从"恩惠亲属及子孙"向"扶养亲属及子孙"转变

关于特留份权利人的范围,"梁稿"将其安排在"继承编"的"遗嘱处分"章的"一般规定"中,"以本法规定的第一顺序、第二顺序法定继承人为特留份继承人;第一顺序的法定继承人包括配偶、子女、父母,第二顺序的法定继承人包括兄弟姐妹、祖父母、外祖父母,第三顺序的法定继承人为四亲等以内的亲属"。同多数大陆法系国家将特留份权利人限定在配偶、子女、父母相比,"梁稿"将特留份权利人的范围扩展到了旁系血亲,立法理由是第一、第二顺序的法定继承人为被继承人的近亲属,在亲属法中有相互扶养的权利义务。"王稿"将特留份安排在

---

① 梁慧星主编:《中国民法典草案建议稿附理由(侵权行为编·继承编)》,法律出版社2004年版。

② 王利明主编:《中国民法典学者建议稿及立法理由(人格权编·婚姻家庭编·继承编)》,法律出版社2005年版。

③ 徐国栋主编:《绿色民法典草案》,社会科学文献出版社2004年版。

“继承编”的“遗嘱”章的“一般规定”中,其中特留份权利人的范围与梁稿一致。“徐稿”将特留份安排在“继承编”的“第三章”:将特留份继承人确定为“第一顺位的法定继承人,即配偶、子女、父母”。

“梁稿”和“王稿”对特留份权利人范围的规定与我国现行法关于扶养义务人的范围的规定一致,形式上看,符合宪法的“权利与义务相一致”原则的要求;而且,此安排与我国台湾地区“民法”中特留份权利人范围的规定基本相同,有利于两岸人民对特留份制度的统一理解和司法的统一适用,应为本设计的优点;不足的是该设计未能与时俱进,没能体现特留份制度在当代发生的功能转变,仍局限于使特留份权人平等获得遗产份额的结果,而未充分关注继承人因年幼或丧失劳动能力致使生活无着、需要扶养的问题。

笔者认为特留份制度的入法不仅是发扬我国传统的亲属文化的需要,而且具有实现亲属间的扶养和维护社会公益的意义。因此,特留份权利人以现行法的第一顺序、第二顺序的法定继承人为限是有必要的,此范围符合我国传统的伦理实际;①但从顺应特留份制度的国际发展趋势看,应明确赋予特留份权利人“需要扶养”这一客观条件,作为阻却传统特留份制度所伴生的消极影响的必要手段。如此一来,较明显的不便应是大陆民法与台湾民法的冲突。

但中国民法典是面向新时代、面向全世界的世纪民法典,自然应以立法的科学性、创新性为根本目标,岂可因两岸交往的障碍等因素而缩回前进的脚步。退言之,即使我们现在勉强与台湾“立法”保持了一致,当台湾某日遵照特留份制度的理念变迁而对其作出了修改时,我们的民法典还是要面对与时俱进或守护旧规的选择,与其那时被动跟进,不如现时勇敢创新。

基此,笔者认为我国的特留份制度的主体应在第一顺序、第二顺序法定继承人基础上,增加“有扶养需求”这一前提条件,被继承人的未

---

① 民法学者杨立新教授在其著作《继承法专论》提出“将现行继承法的第一顺序继承人列为特留份权人是比较适当的”。(杨立新著:《继承法专论》,高等教育出版社2006年版,第210页。)笔者认为考虑我国家庭结构的现状及亲属间扶养义务的规定与生活实际,还是应将第二顺序的法定继承人也列在特留份权利人范围内。

成年子女除外。即第一顺序:遗嘱人的未成年子女、无劳动能力的成年子女、无劳动能力的配偶和无劳动能力的父母;第二顺序:无劳动能力的兄弟姐妹和无劳动能力的祖父母、外祖父母。

（二）特留份额的确定规则采各别特留主义模式

关于特留份份额,“梁稿”采用了“各别特留主义”的立法模式,草案第1863条规定:“第一顺序法定继承人的特留份为其应继分的二分之一;第二顺序的法定继承人的特留份为其应继份的三分之一。”立法理由是第一顺序继承人为法定有扶养义务的人,其特留份应为应继分的1/2;而第二顺序的继承人是在一定条件下负有扶养义务的人,其特留份为应继分的1/3。“王稿”的规定与之相同,“徐稿”既未采用“各别特留主义”,也非“全体特留份主义”,而是针对每一特留份继承人规定了不同的特留份额:子女特留份额是由被继承人死亡时子女的数量决定,而直系尊血亲的特留份是由亲系来决定,其吸纳美国相关立法的精华,对配偶的特留份额给予了特别保护。①

我国立法引进特留份制度的目的在于实现对遗嘱自由的合理限制,但绝不能矫枉过正,造成对遗嘱自由的侵害,在特留份额的确定规则上,赋予被继承人更多的对遗产的支配权的模式才更符合国际人权法的理念,因此,采纳“各别特留主义”模式是符合我国继承实践的基本情况,这种立法模式将特留份权和法定继承权结合在一起,特留份为法定应继份的一定比例符合我国现阶段普遍的财产继承的思维;另一方面,如果有人放弃或者丧失特留份权,按照各别特留份主义,不影响其他特留份权人的特留份权,丧失或放弃的特留份份额归入遗嘱人自由处分的部分,保证了特留份权的稳定性,同时也保护了遗嘱人的遗嘱

① 依据《绿色民法典》草案:“配偶可以获得死者遗产的一半,有子女参加遗产分配的除外。即使在有其他人参加遗产分配的情况下,如用作居所的房屋和家具的所有权属于被继承人或夫妇双方,则房屋的居住权以及使用家具的权利属于配偶。”由此可知,配偶除了能获得一定比例的死者遗产外,其居住权和家具使用权也得到了法律的特别保护。该规定与美国法中的“宅院特留份”、“豁免财产”较为接近,但不同的是该草案赋予配偶的仅是住宅的居住权和家具的使用权,而非具体的数额,并且增加了保障措施,有效保障了配偶在被继承人死后的基本生活。参见徐国栋主编:《绿色民法典草案》,社会科学文献出版社2004年版。

自由。

至于具体份额,笔者同意借鉴我国台湾地区“民法”的规定①,有扶养需求的配偶、父母和子女的特留份额为其法定应继份的1/2,有扶养需求的兄弟姐妹、祖父母、外祖父母的特留份额为其各自法定应继份的1/3。如此设定,有利于两岸民事法律的统一,更有助于未来祖国法制的统一。

(三)明确扣减权的行使方式、效力、诉讼时效等内容

关于特留份被侵害后的补救,专家建议稿中的规范详略不同。“梁稿”对特留份侵害后的救济未有细致说明,“王稿”明确指出特留份权利人可因侵害而享有扣减权,②也规定了行使扣减权的方式和方法,认为特留份权人可通过行使物权请求权或不当得利请求权获得侵权救济,理由在于特留份扣减权为“物权形成权”。“徐稿”规定:“特留份权人在遗嘱人未遗留依法应向其分配的份额时,有权为其利益请求特留份,并且可在自其知晓遗嘱及自己的特留份权利人身份之日起两年内提起请求特留份之诉”。但徐稿中的“特留份请求权”和“扣减权”存在一定的区别,扣减权被确认为物权形成权意味着扣减权具有两个价值:遗嘱人超出特留份的处分行为为无效行为,当遗赠标的尚未交付,特留份权人享有抗辩权;当遗赠标的已经交付且受遗赠人不愿返还时,特留份权人可提起物权请求权。徐稿中的特留份请求权应当是债权请求权,只具有扣减权的第二项价值,即非经诉讼不可行使特留份请求权。

笔者认为,扣减权作为继承法中特留份制度的救济措施,是特留份制度中必不可少的内容,应当在特留份制度的构建中予以规范。③ 扣

① 我国台湾地区“民法”第1223条规定:“继承人之特留分,依左列各款之规定:一、直系血亲卑亲属之特留分,为其应继分二分之一。二、父母之特留分,为其应继分二分之一。三、配偶之特留分,为其应继分二分之一。四、兄弟姊妹之特留分,为其应继分三分之一。五、祖父母之特留分,为其应继分三分之一。”

② 此“必要限度”其实指的是扣减权的标的,草案后面有专门条文涉及。

③ 除了上述专家建议稿外,另有学者在赞同完善我国必留份制度的同时,却认为特留份的扣减制度并无实际意义,纵使引进也会形同虚设。(刘春茂:《中国民法学 财产继承》,人民法院出版社2008年版。)对此笔者不能认同,因为被继承人将超出特留份额的遗产处分给非特留份继承人或非法定继承人后,即使处分不生效力,仍难以解决所处分遗产的回归问题,特留份权利人对此遗产的权利也不明晰。

减权的性质之争虽难有共识,但采"物权形成权说"使得被侵害的遗产份额自然回归于特留份权利人,是保护继承人的最佳手段,也有助于实现对继承人和债权人的全面保护,应予采纳。我国未来民法典在构建特留份制度时理应对特留份的侵害救济进行详细设计,至少包括:(1)扣减权为物权请求权;(2)扣减权自特留份权利人知道继承发生或特留份权被侵害时发生;(3)扣减权的行使方式;(4)扣减的方法和限度:特留份权利人现实所受的继承利益与其特留份比较,其特留份不足时,在其不足的限度内扣减;(5)扣减权的行使效力应及于原物及原物自扣减之日起产生的孳息;(6)扣减权的诉讼时效为自特留份权人知悉继承开始或有应予扣减的遗赠时起1年内为妥。

(四)保留"必留份"条文

值得探讨的是,特留份制度的增加是否一定意味着原有的必留份条文的删除?必留份的功能能否被特留份完全取代?笔者注意到三大专家建议稿中,只有"徐稿"保留了现有的"必留份"条文,其他二稿皆采取删除的态度处理。笔者认为,现行的"必留份"条文所具有的扶贫济弱功能并不能被特留份制度所覆盖,尤其在扩展法定继承人的范围,增设第三、第四顺位继承人的情况下,如何保障需要扶养的法定继承人在被继承人死后的基本生活,是我国继承法彰显"当代国际人权法主题"——关注弱者权益"的重要方面。一旦法定继承人的范围得以扩展,而特留份权人不及于所有法定继承人,则必然有部分继承人不能基于特留份权获得遗产,这些被排除在特留份权利人外的法定继承人,在出现双缺情形时,没有"必留份"条文的适用,他们的生存自然成为问题。试想,当第三或第四顺位的继承人年老无依或因病丧失劳动能力又无生活来源时,仰靠必留份条文的适用可以使得他们分得一定的遗产,拥有一定的生活基础;相反,如果取消了必留份条文,第三、第四顺位的继承人就可能无缘遗嘱继承中的遗产分配,无论其是否具有受扶养的需要,这显然违背国际人权法的基本精神,与人权公约的要求相向而驰。因此,未来的继承法即使增加了特留份制度,也不宜将必留份条文简单删除了事,而应保留该条文,以使其发挥积极的社会扶养功能。

(五)尝试规定特留份权的剥夺、限制情形

上述三稿均未就特留份权的剥夺、限制进行规定。笔者建议民法典出台前,除了要完善"继承权丧失"的相关规定,还应就特留份权的被剥夺和限制予以一定考虑和安排。当特留份权的实现可能危及其他遗嘱继承人的生存保障时,立法应考虑授权法官对特留份额进行调整,以确保其他遗嘱继承人基本生活的维系。

结语

家庭共同体的生活离不开财产的共同使用和经济上的相互帮助,被继承人用遗嘱处分遗产意味着对家庭生活的破坏,同时,为保障继承人的生活、扩大继承权,就要剥夺被继承人的遗嘱自由。这种继承权和财产处分自由权的矛盾关系的平衡处理变得尤为总要。特留份制度正是在这样的背景之下生成、发展,进而确立了在大陆法系和英美法系继承法制中的基石地位。近代以来的民法典在特留份制度的理论原型上,又对其予以一定的发展,使得法定继承人或部分法定继承人不因期待特留份权的存在而懈怠工作、丧失进取心,也不让被继承人因特留份制度的存在而感其财产处分自由权的大幅缩减。反之,特留份制度不仅彰显了其维系亲情、扶养家庭弱小的私法功用,还守护了社会的良心,将民法中的公序良俗原则进一步具体化为看得见的规则,有助于社会道德观的形成和制度文明的推进。我国未来民法典的继承编理应站在继承理论的前沿,将功能卓越的特留份精神科学、合理的内化为我国继承法的重要制度,以充分顺应继承法的国际立法趋势,发挥特留份制度一贯的私权平衡器的功用。

(作者系南京大学法学院副教授,法学博士)

夫妻财产习惯与制定法冲突的实证研究

——以山东省为透视

康　娜

目　次

在中国社会基层，世代传承、约定俗成的习惯规范在调整人们行为方面起着重要作用。将习惯正式纳入民事法律肇始于1999年《合同法》，对交易习惯的运用作了明确的规定。然而，通过对我国1949～1998年2500份法律文件的关键字搜索，苏力发现这些法律很少涉及习惯。① 尽管如此，民事习惯法研究的重要性已得到共识。在立法方面，普遍的观点认为：我国民法在不断完备的同时，忽视了对民事习惯法的调查、整理和吸收。在未来的民事立法当中，民事习惯法应占有一席之地。在司法方面，在最高人民法院的肯定下，民事习惯法进入司法领域不再仅限于学理探讨，而且已为我国司法实践所认可。“虽然我

① 苏力：“当代中国法律中的习惯：一个制定法的透视”，载《法学评论》2001年第3期。

国习惯法的研究与实践在近年仍取得了长足进步，但现有研究仍存在以下问题：(1)研究内容偏重历史而忽略当代。(2)研究方法依赖已有资料而缺乏实地调研。(3)研究对象重少数民族而轻汉族。"[①]

作为民事习惯法的重要组成部分，婚姻习惯法对调整婚姻家庭关系发挥着重要作用。对婚姻习惯法的研究，学界大多停留在理论研究和案例分析，少有翔实的实践调研，更缺乏习惯与现行法律规范的对比分析。在夫妻财产习惯领域，相关实证研究基本处于空白状态。《婚姻法司法解释(三)》颁布实施后，其中涉及夫妻财产的规定引发了社会各界的热议，褒贬不一。其中批评最多的是该解释的很多内容与民众的传统观念相悖，让普通民众难以接受。这一现象不禁让人深思，现行夫妻财产制与习惯差别有多大？法律与习惯的冲突应如何协调？本文力图弥补民事习惯法研究中实证调研数据的严重不足，对夫妻财产习惯进行广泛调研，试图探寻我国夫妻财产立法与习惯的统一与冲突，为婚姻习惯法在立法和司法中的运用提供实证数据和理论支持，并由此分析夫妻财产立法的价值取向。调研地点为山东省26个市县。[②] 调研的主要方法为问卷调查，共发放问卷800份，收回有效问卷756份。调研对象的基本情况[③]分布比较合理，具有

---

① 张哲："当代中国民事习惯法研究的回顾与展望"，载《广西政法管理干部学院学报》2010年第1期。

② 2011年，笔者组织学生对山东省的夫妻财产习惯进行了调研。具体地点包括青岛、平度、胶南、威海、龙口、烟台、栖霞、海阳、东营、广饶、日照、荣成、安丘、莱芜、淄博、潍坊、聊城、济南、济阳、新泰、金乡、济宁、莒南、滨州、滕州、青州26个市县。

③ 调研对象的基本情况如下：性别：男性49.74%，女性50.26%，基本达到性别平衡；年龄：16~82岁，包括青年到老年各年龄段；婚姻状况：未婚30.29%，已婚66.14%，离婚1.72%，丧偶0.66%，再婚1.19%；结婚时间：从未婚到结婚60年不等；子女情况：无子女35.37%，只有儿子30.32%，只有女儿23.27%，有儿有女11.04%；受教育程度：小学文化9.97%，初中文化22.21%，高中文化26.33%，大学文化37.77%，研究生文化3.72%；职业：农民25.07%，工人13.13%，学生19.50%，机关事业单位人员16.45%，公司职员15.65%，个体工商户8.36%，其他1.86%。年收入：从无收入到年收入72000元不等。居住地点：农村42.38%，乡镇10.86%，城乡结合部5.30%，县城17.22%，城市24.24%。每天上网时间：以此显示对新事物的接受程度，从不上网者34.79%，上网1小时以内21.03%，上网1~2小时20.77%，上网2~3小时13.23%，上网3小时以上10.19%。相比配偶的收入情况：比配偶收入高者23.64%，比配偶收入低者23.91%，与配偶收入相当者28.80%，其余为未婚者。

代表性，为本调研结果的科学性奠定了基础。

一、夫妻财产习惯的调研结果

(一)婚前个人财产的归属习惯

按照《婚姻法》的规定，婚前财产如无特别约定属个人所有。但调查表明，仅有1/3的民众认同此规定，更多的人认为婚前个人财产应归夫妻共有。具体结果见表1。

表1　对婚前财产归属的看法

归双方共有	归自己所有	归自己父母所有	归配偶所有
56.95%	34.04%	7.81%	1.19%

分类统计和回归分析①发现，已婚者比未婚者更倾向于选择婚前财产归双方共有；有子女者比无子女者更倾向于选择归双方共有；子女越多越趋向于选择共同所有。这说明已婚者更认同夫妻财产的一体性，并且随着子女的增多，夫妻财产一体的观念更为深入。此外，收入的多少直接影响人们对婚前财产归属的看法，比配偶收入高的人更倾向于选择婚前财产归个人所有，高达41.26%；比配偶收入低的人不倾向于选择归个人所有，只有26.14%；与配偶收入差不多的人中有62.74%的人选择归共同所有。由此可见，自身收入高的人更愿意归个人所有，自身收入低的人更愿意归共同所有。

一个更有趣的现象是，上网时间越长的人越倾向于选择归个人所有。从不上网者选择“归个人所有”的只有25.1%，每天上网3小时以上者选择此项的高达45.45%。可见，对新兴事物和网络信息接受程度越高的人越注重个人利益的保护。与上网时间和年龄的反向关系相一致，②年龄越小的人越趋向于选择“归个人所有”，年纪越大则越倾向于选择“归共同所有”。这从一定程度上反映了不同年龄人的不同财

① 限于篇幅，在本文的回归分析中，均略去对回归系数与标准差的汇报，而仅汇报显著的解释变量。

② 调研结果显示，年纪越大，上网的时间越短。在50岁以上的人群中，有87.5%的人选择不上网；而在50岁以下的人群中，只有27.35%的人选择不上网，并且随着年龄的减少，每天上网的时间也会越长。

产观念,年纪大的人更习惯“夫妻同居共财,不分彼此”;而年轻人则逐渐有了夫妻也有个人财产的意识。

此外,受教育程度越高的人越趋向于选择“归个人所有”。高中以下文化水平的人选择“归个人所有”的只有 26.88%;而大学文化水平的人有 42.96% 的人选择此项;研究生文化水平的人选择此项的高达 57.14%。在所有职业中,农民和工人最趋向于选择“归共同所有”,机关事业单位工作者最趋向于选择“归个人所有”。同时,居住在农村的人也更倾向于选择“归共同所有”,高达 62.50%。由此可见教育对财产观念的影响之大,受教育程度越高的人越具有个人财产的意识。

(二)女方嫁妆和男方婚嫁用品的归属习惯

中国父母历来有为儿女结婚备置嫁妆和结婚用品的习惯,这类财产按其法律性质属于父母的赠与。根据《婚姻法》的规定,赠与的时间不同会有不同的法律后果。如果赠与发生在婚前,且无特别声明是赠与双方,则财产归赠与方的子女个人所有;反之,如果该赠与发生在婚后,且无特别声明是赠与自己子女一方,则该财产归夫妻共同所有。那么民间对这一财产归属的看法如何呢?

调查结果显示,不管赠与发生在何时, 80.95% 的人认为嫁妆与婚嫁用品应归夫妻共同所有;认为应归赠与方子女所有的只有 15.74%;认为应归自己父母所有的仅 3.31%。由此可见,绝大多数民众并不赞同现行法律的规定。回归分析发现,比配偶收入低者更不倾向于嫁妆和婚嫁用品属个人所有。

(三)婚前一方首付,婚后共同还贷的房屋归属习惯

随着房价日益升高,房产成为家庭财产的重要组成部分,房屋产权的归属日益受到人们的重视。在离婚房产纠纷中,争议最多的就是婚前购房、婚后按揭的房屋产权归属问题,《婚姻法司法解释(三)》虽对此有所定论,但招致很多批评。那么,民众心目中对此问题又是如何看待呢? 调查结果显示:67.81% 的人认为该房屋应属于双方共有,只有 8.34% 的人认为应该属于首付方所有,还有 23.84% 的认为应按各自出资比例所有。这与大多数人认为“婚前财产应属于共同所有”的观念相一致。

对这一问题,女性比男性更不倾向于选择“首付方所有”,女性中

仅有4.75%的人认为“应归首付方所有”,男性持此观点的则有11.97%。这一结果应与中国的传统习惯有关。中国传统上习惯男方家庭负责买房子,女方家庭负责购置家电等动产,结婚后都按共同财产生活(如上一问题的调查结果所示),因此,从保护自身利益的角度出发,女性比男性更倾向于房屋属于共同所有。

回归分析发现,随着教育程度的提高,选择属于共同所有的比例降低,而选择按出资比例所有的比例增加。在所有职业中,农民对“属于共同财产”的认同度最高,达到78.84%;个体工商户对“属于首付方所有”的认同度最高,达到14.29%;而公务员对“应按出资比例所有”的认同度最高,达到30.65%。

(四)婚后财产所得的归属习惯

婚后财产所得是指夫妻在结婚后所得的财产,包括工资、奖金、投资收益等有偿所得,也包括继承或受赠的无偿所得。对有偿所得归属的看法,96.15%的人认为“归双方共有”,3.85%的人认为“归一方所有”。这一结果与我国《婚姻法》的规定高度一致。

对婚后继承与受赠所得,43.09%的人认为“应归双方共有”;只有13.30%的人认为“应归一方所有”;还有43.62%的人认为“应归双方共有,但明确赠与一方的归该方所有”(下文简称“答案C”)。回归结果显示,已婚者更倾向于选择双方共有;未婚者更倾向于选择答案C。有子女的人更倾向于选择归双方共有,没有子女的人更倾向于选择答案C。由此看见,婚姻关系的深入程度深刻影响着人们对财产所有权的看法,婚姻关系越深的人更愿意将婚姻中所有的收入视为共同财产,而婚姻关系较浅的人则更注重自我利益的保护。此外,受教育程度越低越倾向于选择共同所有,受教育程度越高越倾向于选择答案C。

对人身赔偿金归属的看法。调查结果显示,67.42%的人认为人身赔偿金“应归双方共有”;32.58%认为“应归一方所有”。回归结果显示,比配偶收入低的人倾向于“归双方共有”,受教育程度越高越倾向于选择“归一方所有”。

(五)夫妻财产制习惯

对于法定夫妻财产制的设计,当下世界各国采用的夫妻财产制大致有以下几种:一般共同制、分别财产制、婚后所得共同制、动产及婚后所得共同制、婚后劳动所得共同制、剩余共同制。民众对上述财产制的偏好如表2所示。

表2　民众对夫妻财产制的选择

财产制类型	婚后所得共同制	一般共同制	婚后劳动所得共同制	动产及劳动所得共同制	分别财产制	剩余共同制
选择所占比例	39.87%	32.05%	9.45%	9.01%	7.42%	2.12%

从表2可知,民众对"婚后所得共同制"和"一般共同制定"的认同度最高,其余财产制的认同度都很低。回归分析发现,年纪越大越趋向于选择"一般共同制"。"90后"人群选择分别财产制的人最多,达到15%;对"婚后劳动所得共同制"认同度最高的是70年代出生的人,达到14%。对"剩余所得共同制"民众的认同度普遍很低,虽然这种制度看似非常合理,却显然不适合我国国情。此外,已婚者比未婚者更倾向于选择"一般共同制";从不上网者更倾向于选择"一般共同制",达到44.66%,而上网的人只有25.35%选择。受教育程度越低越倾向于选择"一般共同制";受教育程度越高,选择"分别财产制"与"婚后劳动所得共同制"的比例越高,这又进一步说明了受教育程度越高的人越重视夫妻财产的独立性。

(六)财产约定的习惯

1.对财产约定的接受程度

调查得知,高达97.58%的人没有财产约定,但有53%的人能够接受财产约定,然而想主动提出的人却只有6.06%。

回归分析发现,年纪越大越不能接受财产约定。未婚者比已婚者更能接受财产约定,未婚者只有25.91%不能接受,已婚者不能接受者的有44.27%。子女越多越不能够接受财产约定,无子女者能够接受财产约定的有60.94%,有子女的人能够接受财产约定的只有39.06%。受教育程度越高越能接受财产约定,大学以上文化水平的人能够接受财产约定的高达67.03%;研究生文化水平的人有财产约定的已达14.81%,远高出其他群体。上网时间越长的人越能接受财产约定。比配偶收入低者更不能接受财产约定,收入越高越趋向于选择"想提出但不好意思"。农民最不愿接受财产约定,高达52.94%,其次是工人,达45.92%;学生和公务员最能接受财产约定,达68.12%和62.10%。

2. 不能接受财产约定的原因

“伤感情”是人们不能接受财产约定的主要原因,52.20%的人选择此项;39.97%的人因为“对婚姻有信心”;21.57%的人是因为“碍于情面”;13.87%的人因为“觉得太俗气”。已婚者比未婚者更倾向于选择“伤感情”;比配偶收入低者更倾向于选择“伤感情”;比配偶收入高者更愿意选择“碍于情面”。受教育程度越高,越趋向于选择“对婚姻有信心”。

3. 能够接受财产约定的原因

在诸多原因中,排首位的是“减少财产矛盾”,高达56.18%,比配偶收入高的人和未婚者更倾向于选择此项。第二位是“避免财产说不清楚”,有38.60%的人选择。“方便自由支配自己的财产”位居第三,为23.35%;女性、未婚者、与受教育程度较高者倾向于选择。第四位是“建立物质保障”,为22.28%,女性比男性更倾向于选择,未婚者比已婚者更倾向于选择。“对婚姻不信任”位居第五,11.68%的人选此项,已婚者比未婚者更倾向于选择。最后是“双方家庭收入差距大”,7.70%的人选择,年纪大者、离婚者、收入高者和受教育程度高者趋于选择该项。

(七)夫妻财产的管理和支配习惯

1. 对夫妻地位的看法

调查表明,男女平等的观念已深入人心,高达92.19%的人认为男女地位应该平等,5.56%的人认为丈夫高于妻子,2.25%的人认为妻子高于丈夫。回归分析发现,结婚时间越长、收入越高越倾向于选择丈夫地位高于妻子;比配偶收入高者和住在城乡接合部者倾向于选择丈夫高于妻子。

2. 家庭财产的管理和支配情况

绝大多数人对家庭的财产管理和支配采取协商方式,37.85%的人选择“大事小事都协商”; 46.61%的人选择“小事各管各、大事协商”; 12.62%的人选择“ 一般男方管、大事协商”;“各管各”和”完全男方说了算”的人加总不到3%;住在城市的人趋向于选择“大事小事都协商”;受教育程度越高越趋向于选择“小事各管各、大事协商”;收入越高越倾向于选择“完全男方说了算”。

3.高价值财产的登记情况

有50.4%的家庭将房产、汽车等高价值财产登记在男方名下,登记在女方名下的只有8.89%,登记在双方名下的有35.68%,登记在子女名下的有5.04%。

二、我国夫妻财产立法与夫妻财产习惯的冲突与协调

(一)法定财产制与夫妻财产习惯的冲突与协调

从1950年我国第一部《婚姻法》颁布到2011年出台的《婚姻法司法解释(三)》,我国的法定夫妻财产制经历了一个夫妻个人财产不断扩大,共同财产不断缩小的历程。1950年《婚姻法》和相关司法解释将法定夫妻财产制规定为一般共同制。[①] 1980年《婚姻法》将一般共同制改为婚后所得共同制,缩小了共同财产的范围。但相关司法解释又规定“房屋和价值较大的生产资料经过8年,贵重的生活资料经过4年,可视为夫妻共同财产”,[②]所以实际上,1980年《婚姻法》规定的夫妻共同财产的范围包括婚后所得的共同财产和转化来的共同财产两类。2001年《婚姻法修正案》仍将婚后所得共同制作为法定财产制,但2001年《婚姻法司法解释(一)》明确废除了“夫妻一方所有的财产因婚姻关系的延续而转化为夫妻共同财产”的规定,进一步缩小了1980年《婚姻法》关于夫妻共同财产的范围。

2003年《婚姻法司法解释(二)》将“一方以个人财产投资取得的收益”和“当事人结婚后,父母为双方购置房屋出资的房屋(父母明确

---

① 1950年《婚姻法》第10条规定:“夫妻对方对于家庭财产有平等的所有权和处理权。”1950年6月26日中央人民政府法制委员会《有关婚姻法施行的若干问题与解释》中认为,“家庭财产”包括三项内容:(1)男女婚前各自所有的财产;(2)夫妻婚后共同生活所得的财产;(3)未成年子女的财产。也就是夫妻双方对各自婚前财产和婚后所得财产共同行使所有权,对未成年子女的财产共同行使管理权。依此规定,我国1950年《婚姻法》采一般共同制为法定财产制。

② 1993年发布的《关于人民法院审理离婚案件处理财产分割问题的若干具体意见》第6条规定。

表示赠与一方的除外)”规定为夫妻共同财产。① 2011年《婚姻法司法解释(三)》对此进行了修改,规定“夫妻一方个人财产在婚后产生的收益中,孳息和自然增值为夫妻一方所有”;“婚后由一方父母出资为子女购买的不动产,产权登记在出资人子女名下的,该不动产应认定为夫妻一方的个人财产”并明确规定“夫妻一方首付购房,婚后用夫妻共同财产还贷,不动产登记于首付款支付方名下的,该不动产归产权登记一方所有。”②上述规定实际上将《婚姻法司法解释(二)》中共同财产的范围进一步缩小。现行法定夫妻财产制更接近于婚后劳动所得共同制。

虽然数次立法使我国法定夫妻共同财产的范围不断缩小,但我国民众对夫妻财产归属的观念却远未跟上立法的步伐。从调研结果看,“同居共财”的观念仍然深入人心。对于婚前财产,有56.95%的人认为属于夫妻共有;认为女方嫁妆和男方婚嫁用品应归双方共有的高达80.95%;对婚前一方首付,婚后共同还贷的房屋归属,有67.81%的人认为应属双方共有;对婚后所得的归属,96.15%的人选择双方共有;对婚后继承与受赠所得的归属,也有43.06%的人认为应“双方共有”。由此可见,民众观念中共同财产的范围远大于当前法定共同财产制的范围,大多数民众的夫妻财产观念与1950年和1980年的夫妻财产制更相近。

与之相对,民众观念中个人财产的范围也与法律的规定相差甚远。《婚姻法》规定婚前财产、婚后明确赠与双方的财产、人身赔偿金等都属于个人财产,但调查显示,认同上述三类财产属于个人财产的人只有34.04%、43.62%和32.58%;认为婚嫁用品属于个人财产的只有15.74%;认为婚前购房、婚后还贷的房屋产权属于首付方所有的仅为8.34%;选择分别财产制的只有7.42%。由此可见,《婚姻法》关于个人财产的规定与我国民众的习惯大相径庭,由此也必然会引发民众的不适应。

但是,调查结果也呈现了不同背景人之间夫妻财产观念的差异性。

---

① 《婚姻法司法解释(二)》第11条和第22条规定。

② 《婚姻法司法解释(三)》第5条、第7条、第10条规定。

未婚者、年轻人、受教育程度高者、长时间上网者、比配偶收入高者和男性个人利益的保护意识更强,更注重个人财产的扩大,其观念与现行法律规定更近。而年长者与农村人与现行法律规定差异最大。究其原因,一方面,“夫妻人格独立、保护个人财产”的现代婚姻财产理念对人们的影响程度不同,年轻人、受教育程度高者、长时间上网者、居住在城市的人接触这一理念的机会更多。另一方面,不同家庭地位的人对夫妻财产制需求不同,比配偶收入高的人更愿意扩大个人财产的范围,比配偶收入低的人更认同夫妻共同财产制。这虽然与人们总希望自身利益最大化的心理有关,但弱势群体的需求值得立法者注意,夫妻共同财产范围越大将对弱势群体的保护更为有利。

总而言之,现行法定夫妻财产制与大多数民众的财产观念相差甚远,更多反映教育程度高和高收入群体的意志,能否代表广大普通民众的利益值得怀疑,保护弱势群体、实现实质公平的功能恐不能实现。

(二)约定财产制与夫妻财产习惯的冲突与协调

“1980 年《婚姻法》确立了夫妻约定财产制的效力,2001 年《婚姻法修正案》又进一步作出详细规定,把约定财产制提升到与法定财产制同等之地位,且赋予其优先适用效力。”①约定财产制的作用一直以来都受到学者的赞誉,认为“约定财产制可以满足新形势下夫妻因各种原因以多种形式处理双方实际问题的需要,体现夫妻享有平等的财产权利,有利于减少家庭纠纷,保护当事人的合法权益,促进家庭经济和社会经济的发展。”②“约定财产制度通过对实际问题的处理显示出夫妻约定财产制在我国人民家庭生活中起着愈来愈重要的作用,它已不仅是法定财产制的补充,而是夫妻财产制的重要组成部分,对中国夫妻财产关系的调整发挥巨大作用。”③

然而调查表明,民众对约定财产制的实际应用很少。只有 2.42% 的人有财产约定;想提出财产约定的也只有 6.06%;“伤感情”和“对婚姻有信心”是人们不愿意进行财产约定的主要理由。此习惯反映了中

① 余延满:《亲属法原论》,法律出版社 2007 年版,第 264 页。

② 陈苇:《中国婚姻家庭法立法研究》,群众出版社 2000 年版,第 188 页。

③ 杨晋玲:《夫妻财产制比较研究》,北京民族出版社 2004 年版,第 11 页。

国民众“夫妻一体”、“一家人不说两家话”的传统观念。与其与对方约定得清清楚楚,更愿意保持一种模糊混沌状态去维持婚姻生活的幸福和谐。由此可见,一个制度纵有理论上的千般好处,如不符合民众的观念和习惯,也不会得到很好地应用。所以,对我国婚姻立法来说,法定财产制才是真正牵系千家万户婚姻幸福的制度,它体现了国家对夫妻财产关系最基本的政策倾向和法律原则,在夫妻财产制中具有最重要的地位,其合理性与公平性至关重要。

(三)“夫妻财产地位”的冲突与协调

“男女平等”是婚姻家庭法的基本原则,贯穿婚姻家庭法的始终,在夫妻财产制中有深刻体现。调查表明,虽然我国家庭中男女平等的统一意识已经形成,但“丈夫为婚姻生活之首领,享有共有财产之管理权及代理权,妻子仅就日常家事享有专断权能”的传统习惯并未完全消亡,这一点可以从家庭中高价值动产或不动产(如房子、汽车)的登记情况来说明,50.40%的人登记在男方名下,只有8.89%的人登记在女方名下。

三、从夫妻财产习惯看我国夫妻财产制的立法价值取向

(一)夫妻财产制应符合广大民众的习惯

从本质上说,婚姻家庭是伦理实体,有关婚姻家庭制度的立法应当尊重民族的传统文化和习俗,夫妻财产制亦不例外。在我国历史上,父子祖孙夫妻同财,是古代行之很久的习俗。“‘同财共居’或云‘大功同财’,是我国古代家庭财产所有权的一项普遍的原则。”①虽然现代社会人们的独立意识有所提升,但我国毕竟没有经历西方近代社会个人主义观念的洗礼,大多数人仍将夫妻看作一个整体,夫妻之间不分你我,所得财产均为共有。

从调查结果来看,“夫妻别体”的观念还无法为我国民众普遍接受。法律显然走在了习惯的前面,夫妻财产制立法中个人主义和夫妻别体的思想非常明显。虽然受教育程度高者对当前的夫妻财产制更加认可,但《婚姻法》不是少数人的法,在我国约定财产制应用率很低的

---

① 陶毅、明欣:《中国婚姻家庭制度史》,东方出版社1994年版,第330页。

情况下,法定财产制只有符合广大民众的习惯和利益才能成为善法和良法。"凡民法商法修订之始,皆当广为调查各省民情风俗所习为故常,而于法律不相违背,且为法律所许者,即前条所谓不成文法,用为根据,加以制裁,而后能便民,此则编纂法典之要义也。"①婚姻法是一部具有本土性和道德性很强的法律,每次法律修改都应进行广泛的民意调查,虽然目前在法律出台之前都有一个征求意见期,但真正提意见的人大都受教育程度较高,普通民众的意志需要立法者走向民间去调查才能得知,仅靠网上征求意见远远不够。

(二)应坚持以夫妻共有制为主的法定财产制

市场经济给我们的一般伦理道德带来的最大变化是承认每个人都有自己独特的、平等的、不可剥夺的利益。由此,个人自由、个人权利、个人价值和个人精神需要成为现代社会的价值追求。体现在婚姻法中,"人格独立、经济独立、保护个人财产"的价值追求在我国数次修法中不断强化。但夫妻关系不同与市场经济关系,夫妻之间不仅仅是相互独立的个体,更是利益共享的统一体,个人对婚姻中成本和利益的敏感并不利于婚姻最大限度地发挥效用。"共享利益和共担风险是夫妻关系的基本准则。"②无论从婚姻关系的特性还是我国民众的习惯考虑,夫妻共同财产制仍然是一个应该长期坚持的立法原则。

1. 共同所有制符合婚姻共同生活的本质要求。夫妻财产是家庭共同生活的基本物质保障和经济基础。"家庭福利和婚姻当事人的幸福,都要求婚姻当事人双方在财产利益上至少有一定程度的共享性,以利用这些财产谋取共同利益或者服务于共同生活。"③

2. 共同所有制有利于激励夫妻最大努力地维持婚姻。随着结婚时间的推移,婚姻的新鲜感、个人地位和与发展机会都会改变,一方可能产生离婚冲动。而有此冲动的往往是经济上占优势的配偶。如果实行共同财产制,有违约冲动的配偶预见到其财产将会因离婚而损失一半,

---

① 俞江:"大清民律(草案)考析",载《南京大学法律评论》1998年(春季号)。

② 康娜:"关系契约视野下的婚姻观",载《法律科学》2009年第5期。

③ Ian Ayres & Robert Gertner, "*Filling Gaps in Incomplete Contracts: An Economic Theory of Default Rules*," 99 Yale L. J. (1989), pp. 87, 91.

这将使离婚冲动受挫,使其再三权衡利弊,考虑重新修复关系或做出有利于关系维持的调整。而对不想离婚的配偶,共同财产制可以提供分享对方财富的权利,使其更乐意待在婚姻之中,由于对方的违约成本,他更坚信婚姻的持久,因此更有可能放弃短期利益,作出有利于婚姻关系长远利益的努力。

3. 共同所有制有利于保护婚姻专有性投资。婚姻中最大的专有性投资是生养子女、照顾老人和家务劳动。做出专有性投资的配偶因奉献于家庭,自身的挣钱能力受到影响,经济上更容易受到伤害。共同财产制等于宣布家务劳动的价值并不低于外出工作的价值,非经济性贡献被充分肯定,无论是婚姻存续期间还是离婚时,专有性投资的价值都可通过共同财产制得以体现,有利于实现夫妻地位的实质平等。

4. "某一国家选择何种类型的夫妻财产制作为法定财产制,与社会变迁和家庭形态的演变密切相关,又与社会发展、家庭结构变化,乃至夫妻各自经济的独立紧密相连。"①从调研结果来看,大多数民众支持夫妻共同财产制,甚至认为婚前财产也属共同财产的民众都有一半以上,其中女性、比配偶收入低者、受教育程度低者支持共同财产制的比例更高。因此,较大范围的夫妻共同财产制更符合我国民众的习惯,过分强调夫妻个人财产的独立,只能对高收入者、受教育程度高者更为有利,而对弱者经济利益的保护不足。

(三)夫妻财产制应实现立法与习惯结合后的实质公平

公平是民事立法的终极价值,但一个法律制度的公平与否,需要结合本国国情和习惯进行考量。"婚姻家庭法规范在论证与设计过程中,往往忽略男女两性社会地位不平等的现实,欠缺对经济处于弱势的女性的敏感与关注。即便制定出性别中立的法律规范,但该规范在两性不平等的社会生活中适用时,也将加重男女两性的不平等。"②

1. 根据调查结果,大多数民众认为婚前财产、婚后财产都属于共同

---

① 薛宁兰:"法定夫妻财产制立法模式与类型选择",载《法学杂志》2005年第2期。

② 王歌雅:"中国婚姻法:制度建构与价值探究之间",载《学术交流》2009年第1期。

所有,且已婚者、相比配偶收入低者①、年长者和农村人更趋于这种观念。在此观念影响下,人们会认为个人对婚姻的牺牲由财产共享制进行补偿,财产共享制可以在一定程度上牵制对方的离婚冲动,所以人们愿意为家庭作出牺牲。现实生活中,从事家务劳动、抚育子女、照顾老人、牺牲自己事业的人常常是财产上弱势的一方,因为这符合家庭财产最大化的目标。而当前法律规定的共同财产范围远小于这些人认为的财产范围,他们所作的牺牲有可能落空或得不到足额补偿,离婚的经济损失加大。

2.《婚姻法司法解释(三)》第11条第1款规定:"一方未经另一方同意出售夫妻共同共有的房屋,第三人善意购买、支付合理对价并办理产权登记手续,另一方主张追回该房屋的,人民法院不予支持。"该规定等于赋予了产权登记人(根据调查,大多是男性)任意处分财产的可能性,虽然该条第2款规定了"夫妻一方擅自处分共同共有的房屋造成另一方损失,离婚时另一方可请求赔偿损失",但毕竟债权不同于物权。夫妻共有的房屋完全可能在非产权登记方不知情的情况下被处分,如果产权登记方对房屋的价款进行了转移、消灭,另一方在没有证据的情况下很难获得赔偿,由此造成弱势方利益得不到有效保障的局面。②

3.中国传统习惯通常实行"男娶女嫁"的婚居方式,结婚时一般均由男方提供住房,女方提供日常生活用品和家用设备。1993年《最高人民法院关于人民法院审理离婚案件处理财产分割问题的若干具体意见》第16条规定:"婚前个人财产在婚后共同生活中自然毁损、消耗、灭失,离婚时一方要求以夫妻共同财产抵偿的,不予支持"。在婚姻关系存续期间,日常生活用品等很容易被消耗,而房屋则不宜被消耗,且有增值空间。这就意味着如果离婚,女方的个人婚前财产往往可能已

① 调研结果显示,比配偶收入高者75.29%是男性;而比配偶收入低者80.68%是女性。

② 虽然在该司法解释出台过程中,有学者极力主张在善意取得中附加"用于婚姻家庭生活的住房除外"这一除外条款,并一度在征求意见稿中出现,但最终这一除外条款被删除。参见陈苇主编:《家事法研究》(2010年卷),群众出版社2011年版,第251页。

被双方消耗或毁损,而男方的婚前住房则可能完好无损甚至增值。这对女方显然不公平。

4.《婚姻法司法解释(三)》第10条[①]对婚前首付、婚后按揭房屋归属的规定看似合理,但实际对女性不利。在我国主要由男方提供住房的习惯下,首付方和登记方通常都是男方,那就意味着男方享有房屋所有权,女方享有离婚时的补偿请求权。而看似公平的"补偿请求权"的保障性远低于物权。如果离婚时男方没有足额财产以供补偿,女方的债权将得不到实现;即使男方有足额财产以供补偿,如果男方故意拖欠不履行,女方还需要进一步通过法律程序来解决,非常被动。

法律的改革最终会指导人们的行为,促使人们行为发生变化。强调对个人财产保护的立法价值,必然会使人们更注重婚姻中个人利益的保护,更少对婚姻作出奉献和牺牲,不利于婚姻的幸福和稳定,也不利于两性公平的实现。法律的公平必须是结合我国民众习惯后的实质公平。从目前我国民众的财产习惯来看,过分注重个人财产保护的立法价值还为时过早,"同居共财、家庭和谐"仍是大多数民众的心理共识。夫妻财产制的立法价值取向应尊重广大民众的财产习惯,坚持共同财产制为主的法定财产制,实现立法与习惯结合后的实质公平。

(山东大学法学院副教授,硕士生导师,法学博士,法经济学博士后)

① 《婚姻法司法解释(三)》第10条规定:"对于夫妻一方婚前首付,婚后按揭贷款的房屋,如果不动产登记于首付款支付方名下的,人民法院可以判决该不动产归产权登记一方,尚未归还的贷款为产权登记一方的个人债务。双方婚后共同还贷支付的款项及其相对应财产增值部分,离婚时应根据婚姻法第三十九条第一款规定的原则,由产权登记一方对另一方进行补偿。"

家庭居住权制度体系建设研究

杨遂全

目　　次

一、问题的提出

追求婚姻自由和减轻家庭责任，必然使离婚和老年再婚日渐增多，家庭内住房纠纷必然增加。而房地产市场化制度改革，也必然带来各类住房居住权保护的立法问题。我国《宪法》、《物权法》、《社会保障法》等法律法规，特别是在婚姻家庭法领域里，明显地缺少对家庭成员居住生存权的体系性的周全保护。并且，随着对传统家庭基本功能的忽视，这种保护越来越弱。我们不能等到贫困阶层和弱势群体无家可归的现象越来越多，多到产生社会性灾难时再来思考这些权利的客观需求。

目前，家庭成员之间的各种居住权纠纷也越来越多，[①]仅仅依照我国法律法规中唯一规定了"居住权"的《最高人民法院关于适用〈中华人民共和国婚姻法〉若干问题的解释（一）》（以下简称"《婚姻法司法

① 徐冰、杨清惠："居住权纠纷频发，亟待立法者关注"，载《人民法院报》2012年8月19日第3版。

解释(一)》")关于离婚后生活困难的可以用"居住权"[①]帮助的规定来处置家庭居住权纠纷,已经明显地捉襟见肘。统观我国现实的家庭成员居住权的客观需求,有几个特殊的法律体系问题也已经在提醒我们。例如,为了否定"富二代"申请保障房的资格,2011年2月12日重庆市颁布《重庆市公共租赁住房管理实施细则》第2条"申请条件"的第1款特别规定:"直系亲属在主城区具有住房资助能力的除外"。[②] 但是,在法律上"具有住房资助能力的"直系亲属在我国任何法律法规适用范围内"对已经成年且具有独立生活能力的直系亲属,却都没有任何法定的资助义务",无论是"富二代"还是"穷二代"。这就必然出现一种法律权利体系上的漏洞。[③] 再如,依照共同投资法律规定,即使在控股公司内部,控股如果事实上超过一定比例是必然可以取得财产的控股权,但是,依照最近我国最高人民法院关于审理婚前按揭婚后还贷的家庭按揭房的司法解释,[④]按揭房婚后共同还贷无论多少,控股性转化共有权则也是不在考量之列的。更不用说,对女性生育抚育子女等非财产性家庭贡献的制度性权利体系性公正衡平了。

未来,随着我国的市场经济体制制度改革,家庭成员之间的居住权问题还必然会出现诸如社会保障房的家庭成员共享权、经济适用房和其他种类的保障房的完全和部分继承权等问题。同时,随着个人财产的增多,个人投资或居住需求多样化需求,家庭成员拥有房屋财富的客观事实上的种类增多,用于家庭居住的个人单方拥有产权的住房抵押、出卖处分同意权、反家庭暴力方面的住房特殊用益权等问题也必然增加。历史要求法律必须将家庭居住权体系化、制度化。法学研究必须认识到这一点。

---

① 该司法解释第27条第3款规定:"离婚时,一方以个人财产中的住房对生活困难者进行帮助的形式,可以是房屋的居住权或者房屋的所有权。"

② 参见重庆市政府网"政府信息公开"栏,2012年7月31日登录。

③ 当然,依照重庆市的这一规定似乎可以反推"具有住房资助能力的"直系亲属"对已经成年且具有独立生活能力的直系亲属,应当有法定的住房资助义务"。然而,这种反推备受争议。

④ 即学界目前所说的《婚姻法司法解释(三)》。

二、国内外已有的居住权制度评析及其借鉴

坦白地讲,《物权法草案》中的居住权制度终未入我国的《物权法》,与我们对该制度的功能和价值未进行充分地考察有必然联系。本着一种实事求是的态度,实有必要对罗马法以降居住权制度的发展做一个梳理,特别应侧重近代以来该制度的现存样态、价值拓展的细致考察。这既有助于我们正确、全面、科学地认识居住权制度,又有助于我们进一步规划家庭居住权法律体系。

(一)罗马法时代的居住权

居住权肇端于罗马法,但罗马法的发展是一个很长的时期。在这期间,居住权制度也经历了巨大的嬗变。作为居住权上位概念的用益权,其制度之背景,在实现遗嘱人处分遗产之意旨,盖罗马人民,每以遗嘱移转某种遗产的使用权、收益权于某家庭成员,而保留其本质归其他继承人所有。[①] 居住权的产生,同样也秉承此旨趣,为实现遗嘱人为特定人所作的利益安排,其雏形,是一种事实而非权利。共和国末年,无夫权婚姻和奴隶的解放日多,每遇家长亡故,那些没有继承权又缺乏或丧失劳动能力的人的生活就成了问题。因此,丈夫或家主就把一部分家产的使用权、收益权、居住权等遗赠给妻或被解放的家奴,使他们生有所靠、老有所养。[②]

从罗马法中定型的居住权的观念和法律特征看,首先,它通常是指一种他物权,即对他人之物的特殊支配和使用权乃至收益权。[③] 只有在纯粹作为人身权的身份权时才包括所有权人自己居住家庭成员共有的房屋的自物权。再次,无论法定居住权还是意定居住权,它都依存于某种特殊身份,如员工、家庭成员、确定性长期无法改变贫困者、市民等。再次,它没有确定的期限;在这一点上,它明显区别于对房屋的定期租赁性债权。最后,无论何时,居住权权利人的家庭成员可以与之共

---

① 陈朝璧:《罗马法原理》,法律出版社2006年版,第303页。

② 周枏:《罗马法原论》(上册),商务印书馆2004年版,第391页。

③ 居住权(habitation)一词,在现代公法中,有居住自由权简称的意思,从属于宪法上的迁徙自由权;在现代私法中才保留有罗马法的“居于他人之屋的权利”的意思。

同享有此权。

罗马法设置居住权的初衷是为了实现遗嘱人的自由意志,而该制度之功能则是弱者基本生存利益保障,其设定形式限于为他人设定居住权而保留所有权给继承人,即为他人设定居住权的形式。设定行为则为遗嘱行为,盖因特定人居住利益保障,在原家长在世时并无须特别设权,而由该家长直接提供,家长离世后,该权利方有存在必要。需要特别指出的是,就居住权是否具有收益权能,权利诞生之初,居住权人是不能将房屋出租予以收益的,后到优帝时期,作了肯定的回答。

在对罗马法中的居住权进行考察之后,疑问产生了,罗马家长为保障特定人生存利益而设定居住权,当世社会,有没有类似人等需要房屋所有权人在其身后保障这类似人等的基本生存利益,此其一;其二,罗马法中本存在遗赠制度,缘何专门创立居住权甚或人役权体系以表征该权利或该权利群。就第一个问题,回答是肯定的,并且需要者绝不仅限于保姆,父母以及离婚后未找到房屋居住的一方,而大有人在;就第二个问题,恰能说明,仅遗赠是不能解决居住权制度解决的问题的,否则,罗马人为何会创立居住权甚至用益权体系,此等问题,殊值思考。

（二）法国法中的居住权

降至法国法,它较全面地继承了罗马法中的役权制度,居住权当然也在其列。法国法中的居住权较罗马法时代有较大发展,它在一定程度上摒弃了罗马法对居住权制度的法定主义,允许居住权的权利、义务之具体内容和权利存续的具体期限均可由权利设定当事人约定。这样,为居住权权利形式以及制度功能的拓展赋予了充分的空间。

从权利形式上讲,法国法中的居住权可以细分为“居住权的移转”和“居住权的保留”两种形式。

所谓“居住权的移转”,即为他人设定居住权而保留房屋之所有权,可以是无偿的,也可以是有偿的。无偿设立的“居住权的移转”,是居住权的典型形式,即为特定人设立居住权,而将房屋之所有权留于其继承人,此居住权的旨趣及功能与罗马法同,亦是法国居住权的原初形态。有偿设立的“居住权的移转”,是指为他人设定居住权而自己保留房屋的所有权,并获得相应的对价。这种以支付对价的方式获得的居住权与普通的租赁权的区别在于,若该权利的设定是“立即支付确定的总价金”且“权利的存续期限以权利人的终身为限”，则设定的权利为居住权，若否，则认定为租赁权。[①] 这种居住权的设立目的在于将多余房产进行长时期、较稳定的流通，而获取相应收益。我国目前部分“小产权房”不能买卖所有权时买卖的长期居住权与此类似。

对于“居住权的保留”，则是指房屋所有权人保留居住权而将房屋的所有权予以移转，这种居住权的设立方式可以使有偿的，也可以是无偿的。无偿居住权的设定，通常是为了避税的需要，法国人为了避免高额的遗产税，往往在估计的应征遗产税期限(一般在生前3年的赠与按照遗产税征收)之前，将房屋等重大财产赠与子女。对生前3年以上的赠与，征收的赠与税很少，甚至在家庭成员之间的赠与予以免征。为了保障这生前至少3年以上的居住，很多赠与子女家庭住房的父母，都保留有物权性质的居住权和禁止转让赠与物的条款。有偿居住权的设定，则是为了实现身后财产生前花的目的。在没有继承人或者不愿遗留遗产的情形下，房屋所有权人在将房屋出让而保留房屋居住权，以获得一定的价金，以改善自己的生活状态。我国目前进行的“以房养老”制度中的部分已经转移所有权给银行的保留居住权类似于此。

正如前文所言，法国法中居住权权利形式以及制度功能的拓展，与当事人自由意志充分体现于权利设置的各个方面是分不开的。我们需要进一步对法国法中居住权设立方式进行审视，以法律的规定或人的意思而设定。而依人的意思而设定居住权，则包括遗嘱行为与合同行为。遗嘱行为所设定的居住权，其权利形式以及制度功能与罗马法相同，即是利他性居住权，为保障特定人的基本生存利益而设立。而以合同行为设定之居住权，其权利形式和制度功能均异于以遗嘱形式设立的居住权。遗嘱行为设立的居住权，只能是无偿、利他的居住权，而合同行为设立的居住权，则是以当事人意志以及想实现的目的，进行自由设置，可以是“居住权的保留”，也可以是“居住权的移转”；可以是无偿的，也可以是有偿的。由是，居住权的权利形式和制度功能在权利设计人(普通民众)的全面参与下，得到了充分的拓展。事实上，制度是一

---

① 《法国民法典》(上册)，罗结珍译，法律出版社2005年版，第502页第625条注2。

种公共产品,其消费者是普通民众,制度若是一种至上而下、想当然形成的制度,其生命力颇值怀疑。毕竟,普通产品的设计都需要事先做市场调查。而法国法,甚或更谨慎地讲,法国法中的居住权制度,充分让民众参与制度设计,自然,这样的制度产品,定具有勃然的生命力以及普世的制度价值。

需要补充的是,法国法将民众设计制度产品上升为法律的方式并不单一靠法典化的形式,司法解释在其中起到了举足轻重的作用。也正是因为司法解释根植于民众智慧,司法解释的科学性相对较高,可以在很大程度上弥补法典僵化带来的司法滞后,这也许是法国民法典从1804年至今仍具旺盛的生命力的重要原因。此种确立司法解释的方法论,在我国进行司法解释的时候,颇具借鉴意义。而回到居住权问题,倘若《物权法》的修改尚待时日,而居住权又亟须确立,则可以司法解释的形式,根据民众设立的各种居住权类型,抽象并确立之。

(三)德国法中的居住权

德国法亦全面地承袭了居住权制度,相较于罗马法和法国法,其制度功能几近于法国法,而在具体制度设计上则更趋近于罗马法。具体而言,在德国,人役权的主要作用也是如此:首先是供养与抚养。即所有权人将自己的某一特定的物或财产,为与自己有某种身份关系的人(通常情况如此,实践中与自己没有身份关系的人也可以)设定一项用益权或居住权,使后者能在其有生之年获得供养或者抚养、居住。其次是为自己养老。即不动产的所有权人在自己的不动产上为自己设定用益权,而把不动产的所有权出卖或者以其他方式转让。

而在具体制度设计上,德国法遵循严格的物权法定主义,它要求当事人不能自行创设新的物权形式,且特定物权的权利义务需由法律规定,当事人不能以自由意志进行更改,因若允许更改,即与创设新物权无异。居住权属于物权的一种,自然受物权法定原则限制。然而,也正是因为物权法定主义原则的存在,使得德国法中的居住权在制度设计上更为精细和具体。虽然民法典只有一条关于居住权的条文,但由此条转引的直接适用条款达11条之多。对居住权的设立方式、权利义务、权利的消灭等进行了全面设置。

居住权的设立方式,多采法律行为,可依当事人之间的合意,亦可是遗嘱等单方法律行为,而依当事人的合意设立居住权,则采物权形式主义。所谓物权形式主义,是指物权变动效力的发生,需要物权意思甚至物权合意,并践行法定方式。即必须有当事人关于设立该权利的合意,以及在不动产登记簿上的登记,居住权方可设立。

德国法中,居住权权利客体扩展至房屋的从物。具体的权利义务关系也设置的相对全面,居住权人的权利包括占有并使用权、对标的物状况确定的权利、费用返还请求权;居住权人的义务则包括权利客体的维持义务权利客体灭失或毁损或者有灭失或毁损之虞时的通知义务、修缮时的容忍义务以及不正常损坏客体的赔偿义务等。德国法将居住权人可携带入住人员扩展至服务人员以及护理人员,且进一步明确了居住权权利客体仅为建筑一部分时对公共设备和设施的使用权。

就居住权的消灭,德国法居住权消灭原因不如法国法规定得那么详细,具体包括居住权权利人死亡、居住权权利人与所有权权利人归于一人以及通过法律行为使居住权归于消灭。

总体来讲,德国法中的居住权在权利的可转让性、约定权利存续期间等方面较法国法中的居住权更为保守,但德国法所秉承的物权法定原则以及由此而生的在法典中对物权进行精细化设置这种立法模式却是我国所熟知并确立的。因此,就德国民法中的居住权制度,应承认其之于我国的形式优位,即我国未来若在法典中确立居住权制度,则应采用在法典中对居住权进行精细化设置这样一种立法形式。

(四)我国台湾地区“民法”中的居住权

一般认为,在西学东渐的过程中,居住权被日本、我国台湾地区等选择性地抛弃,即在役权二元结构当中,仅保留地役权制度。正如郑玉波先生所言,日本《民法典》未设用益权等人役权是因为“人役一项该国无此习惯,且复有碍于经济之流通,故仅取地役权”。我国台湾地区“民法”物权编第五章“地役权”立法理由认为“惟东西习惯不同,人之役权为东亚各国所无。日本民法规定地役权,而于人之役权于明文,中国习惯亦与日本相同,故本法只设地役权也。”这也是我国物权立法未将居住权纳入的重要论据,众多居住权否定论者均将此段论述奉为圭臬,而载于其论文当中。

大陆很多居住权否论论者的观点就是中国不需要居住权制度,即以台湾地区的“民法”就是关键例证，毕竟，台湾地区“民法”根源于中国大陆，其产生的社会基础即是我们现在所处的社会基础，因此，以台湾为参考是很具有说服力的。但令他们遗憾的是，台湾地区“民法”只是在形式上摒弃了“居住权”或“用益权”制度，但实质上却仍保留了这些制度的基本内核，以满足民众对该权利的制度需求。事实上，就台湾地区“民法”，也有学者认为，虽未明文规定用益权等人役权，但是用益权却在民法中实际存在。我国罗马法泰斗陈朝壁先生认为：“我国民法（台湾地区‘民法’）虽未明白承认用益权为物权，而实际上，亦默认类似之制度。例如我国‘民法’第1204条谓：以遗产之使用收益为遗赠，而遗嘱未定返还期限，并不能依遗赠之性质定其期限者，以受遗赠人之终身为期限。是也。”①

就此条分析，首先应明确的是，在中国过去也有对居住权等公民终老性财产权的制度需求，这与居住权否定论者所持的中国不需要居住权这一判断大相径庭。其次，仔细分析法条，我们会发现，该条款更多的是对“用益权”体系缺失的一种技术性补救，其内部逻辑存在缺陷。具体而言，台湾地区“民法”奉行物权法定原则，即物权的种类不能由当事人自由创设，就第1204条而言，倘若受遗赠人获得的是一种物权，显然这种物权并不是台湾地区“民法”第三编所包含的物权类型，故在物权法定原则下，它不应当是物权。则我们就只能将其理解为一种债权，但倘若受遗赠人仅获得一种债权性的权利，显然，是不符合法条设置所要保护利益的强度的，因为在终老性财产权意义上以债权保护，将导致所提供的保护强度不够，而使被保护对象利益易受侵害。因此，作者认为，台湾地区“民法”第1204条，只是人役权体系缺失下，有需要物权性终老财产权的自圆其说。但这种自圆其说却经不起推敲。

(五)诸立法例对我国居住权制度设立的启示

法国法中的居住权制度，经历了逾200年的发展。其制度内容已经日趋完善。终老财产权意义上的居住权，在法国法中有完整形态的各种形式，以为他人还是为自己设立居住权而可将其分为“居住权的保留”和“居住权的移转”；是否支付对价可以分为“有偿性居住权”和

① 陈朝壁：《罗马法原理》，法律出版社2006年版，第301页。

"无偿性居住权"。另外,法国法中的居住权权利存续期限和是否具有可转让性方面存在意定优先性。这在欧陆地区民法中居住权相关规定处于制度优位。

如果说我们在借鉴制度时应参考法国法居住权制度的内容,则在制度设置形式上我们应参考德国法模式。首先,从师承传统来讲,一直以来,我国法律多以德国法为师,而德国人严谨的概念法学思维方式,更与国人思维趋近。其次,我国确定了物权法定原则,则不能像法国那样在居住权权利设置方面给当事人太多的自治空间,而应在物权法定原则下进行制度设计,因此,更适合的立法模式是,法律设定包含多种形式的居住权制度,以供当事人自由选择适用,而不能赋予当事人权利自由设定居住权的具体内容。由是,在形式上,我们应采用德国法模式。

如果照顾法律体系的直接传承,至少可以像俄罗斯《联邦民法典》那样在物权法用益物权部分明确规定家庭成员对非本人所有的家庭住房享有使用住房的权利和共同收益权。①

三、目前我国现行的家庭成员居住权制度的缺陷

我国在 2001 年修订《婚姻法》时对夫妻财产制度作了方向性的调整,增加了法定夫妻个人财产制度,将原来法定归夫妻共有的财产(包括住房)划定了诸多归夫妻个人所有。② 此后,随着《物权法》的颁布又加速了夫妻个人独立财产制与婚姻家庭必须平衡的人身身份利益的制度性倾斜分配方向的分离。近期,一些学者针对《最高人民法院关于适用〈中华人民共和国婚姻法〉若干问题的解释(三)》(以下简称"《婚

① 俄罗斯《联邦民法典》在并未采用传统的役权二元结构情形下,在其第二编(所有权和其他物权)第十八章(住房的所有权和其他物权)第 292 条中规定了住房所有人家庭成员的使用住房权利,虽未冠以居住权之名,但其实质即为居住权。虽然在制度的完备程度上有所欠缺,但从体例上讲,它已破解了居住权必须依存于人役权和地役权二元结构这一传统观念。《俄罗斯联邦民法典》,黄道秀、李永军、鄢一美译,中国大百科全书出版社 1999 年版。

② 例如,2001 年修订后的《婚姻法》明确将以前完全属于夫妻法定共有的、在婚姻存续期间获得赠与或继承的部分房屋划定为夫妻一方所有。

姻法司法解释(三)》”),甚至提出“夫妻之间享有平等的权利,负有平等的义务,任何一方都不可以享有超过另一方的权利,也不可以负担超过另一方的义务”。[①] 目前,这种明确否定《婚姻法》“照顾女方”和弱者的任何特殊规定,完全无视社会现实事实上的不平等的法学理论,可能会更加严重地威胁到家庭成员的住房权和生存权。

(一)对生育等非财产性家庭贡献的制度性住房权衡平的忽视

目前,我国在开始逐步地建立和完善夫妻个人财产制时,但却明显忽略了新形势下对夫妻住房权利的保障。我国《婚姻法司法解释(三)》第10条明确规定:“夫妻一方婚前签订不动产买卖合同,以个人财产支付首付款并在银行贷款,婚后用夫妻共同财产还贷,不动产登记于首付款支付方名下的,离婚时该不动产由双方协议处理。依前款规定不能达成协议的,人民法院可以判决该不动产归产权登记一方,尚未归还的贷款为产权登记一方的个人债务。”明确准许这一类按揭房屋,不管夫妻共同还贷多少,无论房屋登记取得所有权的时间在婚前还是婚后,也无论双方结婚多少年或是否生育有子女,一概都“可以”任由法官自由裁量判定家庭住房完全为夫妻某一方个人所有。加上2001年以后我国司法解释完全取消了“个人住房婚后8年转化共有制度”,妇女生育和照料子女的家庭贡献则在分割夫妻财产时得不到任何“照顾”和必要的“人身性财产利益的平衡”。这样,一旦在生育并抚养子女成年后婚姻破裂,两种不同的贡献就会明显得到截然不同的住房财产制度的社会保障。

(二)对家庭成员应有的居住物权的忽视

如前所述,法国《民法典》规定有居住权作为用益物权,避免了将家庭成员的居住生存权作为债权保护不力的消极后果。我国《物权法》没有此项规定,已经使家庭成员间的住房权失去了一层法定物权的法律保障。从而,部分地使自古以来一直将家庭共同体作为住房保

---

① 杨立新:“《关于适用〈婚姻法〉若干问题的解释(三)》的民法基础”,载《法律适用》2011年第10期。

障法定基本组织的地位,降到了一般合伙或股份公司的地位之下。[①]

据调查,目前我国许多夫妻将房屋赠与子女的同时保留了自己继续享有终身居住的权利。这样可以在避税或在未来减少遗产税的同时保障老年夫妻的居住生存权。甚至一些家庭或亲属把赠与居住权推广到其他亲属之间。[②] 据笔者多种渠道了解,在我国司法实践中有关家庭成员之间居住权的各类纠纷也日渐增多,直至产生出让、继承、出租、无偿再赠与第三人的争议和亲属反目诉讼。

在法国的司法实践中,最高法院不但明确保护夫妻等家庭成员的此种居住权,而且还准许这类协议可以特别附带限定"此类赠与物不得转让"的合法条款。目前,中国的《基本住房保障法》已经明确列入十一届全国人大常委会立法规划和国务院立法计划。可以相信,法国《民法典》关于"使用权和居住权"的规定以及法国可抗辩居住权法保障公民家庭居住权的立法手段,对我国应有重要的借鉴作用。至少可以保障父母希望子女有自有住房产权以结婚,又可以终身保障自己有房可居住。

(三)反家庭暴力法规缺少受害人住房特殊保护制度

目前,我国家庭住房制度中还明显缺少家庭暴力受害人住房特殊保护制度。甚至专门规定反家庭暴力的司法解释,以及有关部门建议的《反家庭暴力法草案》,都没有从住房权利保护考虑。而在现实生活中,很多家庭暴力的受害人不得不继续与加害人继续共同居住,使家庭暴力变本加厉。

(四)缺少交易第三人了解卖房人居住状况的义务

住房是公民每日赖以生存的物质基础。如果不规定家庭住房处分的家庭成员知情同意权,也不规定交易第三人了解义务,就很难保障家庭生活的基本需要。作为住房买卖的第三人,无论如何应当有义务在

---

① 股份公司持股超过一定比例即可控股。而我国的司法解释却无论家庭共同投资按揭住房多少,都"可以"判决永远归住房首付款一方所有,也不必为家庭成员设置居住权;私自出让家庭住房也完全有效。

② 参见胡双双:"居住权怎么办?",载爱房网 http://www. aifang. com/wenda/v214081. html,最后访问时间:2012 年 7 月 6 日。

交易前了解清楚房主是谁,房屋内是否住人,住的什么人,以及自己交易能否实现。否则,简单地按照《婚姻法司法解释(三)》第11条“一方未经另一方同意出售夫妻共同共有的房屋,第三人善意购买、支付合理对价并办理产权登记手续,另一方主张追回该房屋的,人民法院不予支持”的规定,草率认定“第三人善意”,草率处置公民的生存权,是很难使判决真正实际执行的。在法国,根据最高法院对法国《民法典》第251条的解释,“未经丈夫(或妻子)同意用家庭住房设置的抵押担保,应予以撤销”,[①]无论第三人是否是善意。笔者接触到的许多实际案例都表明了我国相关立法保护不力的恶果,判决最后难以执行。

四、完善我国家庭成员居住权体系建设的建议

我国作为成文法国家,各种权利义务应当明确规定,不能主要依靠判例或司法解释。同时,司法解释更不能超过自己的权限。

基于上述,笔者建议,在我国未来,亲属法、继承法、基本住房保障法、不动产登记法等立法至少应当在家庭成员之间增加有关家庭住房居住权的以下几种民事权利。

在设置家庭居住权方面,我国可以借鉴法国的成熟立法体系。笔者认为,未来我国立法应当建立一套完整的家庭内的居住权体系;在出生后、结婚时、婚姻存续期间、离婚和离婚后、继承时,时间上不留漏洞;种类上应当能够适应各种家庭关系的需求,扩大住房的法定夫妻共有范围、明确规定各种住房的处分同意权、反家庭暴力住房特殊用益权、按揭房婚后还贷控股性转化共有权等;在制度间协调方面,增加一些财产制度变革、转型、过渡新的家庭成员居住权以及社会保障房的共享权,尽可能地将公民的生存权在家庭保障制度中保护好。

(一)明确规定家庭成员间互负提供家庭居住权的义务

居住权和财产所有权制度可以部分分离。有条件提供居住权保

① 基于国内有关翻译的《法国民法典》的某些条款准确性为笔者质疑,所以,以下没有特别注明出处的该法引文,均由笔者直接翻译于2012年7月31日访问的法国政府主办的法国立法网(http://www.legifrance.gouv.fr)登载的该法典(code civil)的法语原文。

障，并非必须以财产保障。在法国，除了夫妻依据法国《民法典》第215条第1款规定“夫妻双方相互负有维持共同生活的义务”；夫妻双方互负同居义务和无偿提供家庭住房的义务。不过，“夫妻可以因从事职业之原因而暂时有分别的住所”。[①] 依据法国《民法典》及其司法解释其他条文的规定，法定的各类扶养人对被扶养人、监护人对被监护人等家庭成员也都负有为之提供居住场所的义务。

根据法国《民法典》第215条第3款的规定，“夫妻任何一方都无权在没有征得另一方同意之前处置家庭住宅，包括住宅内配备的必要的家具；未经其同意的一方有权请求撤销另一方的处分行为；该撤销权得在知道该行为一年内行使；婚姻关系解除一年后此种诉权消灭”。

依据法国最高法院的有关规定，即使长期同居者也享有相互拥有无偿居住对方个人所有的房屋的权利和同居时对对方负有紧急救助义务。[②]

（二）明确规定对政府等优惠的住房和廉租房的家庭共享权

我国的经济适用住房的政府供地或贷款修建的限价房和廉租房都是属于公民的居住权的社会保障。但是，在法律上这些保障都是以家庭为单位的。所以，这些家庭成员对政府提供的各类住房应当拥有家庭成员共享权。目前，诸多关于居住权的纠纷是因房改房和经济适用房的财产分割和使用引起的。有些甚至发生在公婆和儿媳或祖父母和孙子女之间。[③]

法国议会在2007年3月通过了《可抗辩居住权法》[④]。所谓的“可

---

① 此为法国最高法院的有效法规性解释，参见《法国民法典》，罗结珍译，法律出版社2005年版，第201页。

② 《法国民法典》，罗结珍译，法律出版社2005年版，第437页。

③ 徐冰、杨清惠：“居住权纠纷频发，亟待立法者关注”，载《人民法院报》2012年8月19日第3版。

④ 又译为《可诉住房权法》。一些法国学者已将可抗辩住房权界定为冬季禁止驱逐的常住房客和占领政府空房的流浪汉的抗辩权。参见 CHOMBART DE LAUWE (Paul-Henry), Famille et Habitation（“家庭与住房权”）, Vol. 1, “Sciences humaines et conceptions de l' habitation”（《住房权的概念与人文科学》）, p. 15, Ed. Centre national de la recherche scientifique, Paris, 1995。

抗辩居住权”,也就是国家保障合法居民的住房权,居民可通过法律手段维护自己的住房权。政府应满足合法常住低收入者、无家可归者等人士对由政府补贴的社会住房的需要。无房户、将被逐出现住房且无法重新安顿者、仅拥有临时住房者、居住在恶劣或危险环境中的人、与未成年子女同住且住房面积不达标的住房困难户可向政府主管部门要求解决住房问题;如问题仍然得不到解决,权利人可向行政法院提起诉讼。①

法国《家庭和社会援助法典》第L112条规定,政府提供给公民个人的政府住房补贴和优惠住房,必须考虑所有家庭成员收入状况。②这也就意味着,只要在一个法定的有扶养权利义务的家庭范围内,其他家庭成员具有财产帮助能力时,政府即不再予以住房帮助,可以免除针对政府的“可诉政府的住房权”被诉义务;而同时其他家庭成员具有财产帮助能力的必须给困难一方帮助,无论被帮助一方是否成年或陷入无家可归的境地。③ 从而,在法律上也就不会出现“富二代”争抢保障房的现象。

我国住房建设部近期发文鼓励非政府组织单位参与保障房建设。法国最高法院规定,丈夫作为某一公司的主要股东先取得一处套房,然后由其代表的公司购买这一套房,即使(该)公司并不存在虚假(购买行为)性质,只要妻子得到丈夫的明确同意,按照赋予丈夫享用该住房之权利的公司股东权,与其子女一起占用该住房。那么,这种房屋的买卖的有效性,应以妻子一方同意为前提条件。④ 我国未来也应当保障家庭成员对单位福利住房的共享权。

---

① 参见刘卓:法国“可抗辩居住权法”,载《环球》2011年8月。

② 法国《家庭和社会援助法典》(Code de la famille et de l'aide sociale)颁布于1953年11月29日,施行于1953年12月3日。此后多次修改,最近一次修改于2011年3月16日,现改名为《家庭和社会行动法典》(Code de l'action sociale et des familles)。全文见于法国政府立法网(http://www.legifrance.gouv.fr)《家庭和社会行动法典》第L112条法语原文。

③ 参见法国政府立法网(http://www.legifrance.gouv.fr)《家庭和社会行动法典》第L114条。

④ 参见《法国民法典》,罗结珍译,法律出版社2004年版,第203页。

(三)明确规定家庭住房出租、转让、抵押的知情同意权

根据有关家庭财产法的规定,对各种形式的家庭共同或按份共有的住房,其所有共有人毫无疑问都有相应的财产处置的知情和同意权。

为了保障家庭生活和每个家庭成员的生存权,在法国《民法典》第215条明确规定住房知情同意权范围内,法国最高法院还规定了家庭成员对对方个人所有的房屋向家庭成员以外的人抵押的知情同意权。即婚姻存续期间一方将自己单方所有的家庭住房抵押须经同住的配偶同意。此种住房权利同时还包括为保障家庭居住生活需要的必备的其他设施和动产(如必要的家具),且这与夫妻财产制和财产所有权以及用益物权的归属无关。也就是说,即使抵押的家庭住房是抵押人完全个人所有的房屋,也必须通知夫妻另一方,除了他在抵押或出卖该房屋时为配偶保留了用益权。① 法国《民法典》第220-1条第1.2款规定:“如果夫妻一方严重违反法定义务和伤害家庭利益,家事法官可以具体要求采取任何能够保护此种家庭利益的措施。家事法官尤其可以禁止夫妻一方未经另一方同意而实施财产处分行为,无论是处分人的个人财产还是夫妻共有财产,也无论是动产还是不动产。家事法官甚至还可以禁止搬走这些家用动产,除非这些动产是分配给配偶某一方个人使用的个人或夫妻共有财产。”

我国未来立法应当在借鉴法国这些成熟的法制的同时,结合社会现实,给住房交易的双方和第三人了解住房居住状况和权利状态的法定义务。

(四)设置婚姻期间住房特殊用益权与离婚后的住房终身用益权

目前,许多后工业化国家在通过“性解放”和自由化浪潮之后,都开始用立法强调“回复家庭的价值”和社会功能。2005年1月1日修订增加的法国《民法典》第220-1条第3款规定:“当夫妻一方实施家庭暴力威胁到他的配偶以及一个或多个子女的生活时,法官可以指定夫妻分开居住,并可指定夫妻受害一方继续居住在夫妻共同住宅。除非有特殊情况,家庭共同住房不能分配给实施家庭暴力的一方居住。当上述各种情况发生时,法官需确定并宣布亲权实施的方式和家庭费

① 《法国民法典》,罗结珍译,法律出版社2004年版,第204页。

用承担的方式。上述强制措施从宣告之日起有效期为4个月,除非夫妻任何一方提起离婚或法定分居且为判决确认。第220条及其附加条规定的上述其他强制措施只能为法官确定终止或延长,但最长为3年。”很显然,该条及其以后附加于此条的各条法律规定了一种特殊的家庭住房特殊用益物权。

根据法国最高法院历年的有关规定,法国《民法典》“第220条不适用于同居关系”;“夫妻二人共同持有居住场所的租约,对费用承担和租金负连带责任;在法院作出认定准许双方分开居住之后,丈夫为其单独使用而订立的租约,不适用有关连带责任的规定;租约解除后,妻子一人仍然留在家庭原住房内而产生的占用场所的补偿金,仍然适用第220条所规定的连带义务。在确定丈夫应当负担的生活费的数额时(应当)考虑妻子与子女一起暂用家庭住房的问题”。[①] 由此可见,第220条及其附加条、款规定的各种家庭住房特殊用益物权,对夫妻双方而言是有偿的。

根据法国《民法典》第215条的立法精神和第285条的具体规定,在婚姻存续期间,夫妻双方还可以互相为对方设置定期住房用益权或家庭住房终身用益权;当家庭解体或家庭成员一方死亡时,家庭成员生存一方对其家庭住房仍可能拥有约定或法定的定期或终身的用益权(即离婚或一方先亡时对对方自有住房的终身居住和收益权利)。当然,对自有或可归个人所有的住房,在出卖、抵押、担保合约中书面确定了此种家庭住房用益权的,可以作为免除通知家庭成员的抗辩理由。根据第215条和第285条两条的立法精神,这种由住房所有权人主动设定的用益权通常是无偿的;也可以是有偿的,但是要经用益权人同意。

为了保障离婚后的居住权,法国《民法典》于2005年1月1日修订时在第285-1条增加了离婚后的优先承租权。“在作为家庭住房的场所属于一方配偶的自有财产或者归其个人所有时,法官得在由该另一方配偶对一子女或数子女行使亲权时;或者在双方共同行使亲权的情况下,根据其双方共同的一个子女或数个子女惯常在此房内居住或他

① 《法国民法典》,罗结珍译,法律出版社2004年版,第208页。

们的利益的特别需要，确认将其租让给另一方配偶。法官可以裁定该租让契约的期限，也可以重新确定它的期限至最小的子女成年。法官可以根据新的合理的情况决定解除租让合约”。不过，据笔者与法国学者交谈得知，在2009年修订民法典时，各界对离婚后有终身用益权的一方能否与新配偶、姘居者无偿共同享有该住房或租约，有很大的争议。立法者取消了2005年1月1日修订时增加的因此“可以解约”的明确规定。

我国《婚姻法》司法解释（一）~（三）确立了一些类似法国上述立法的法律规则。笔者建议应当尽可能地将这些规则立法化。通过上述法国立法的介绍，对比我国相关家庭居住权处理的规则，可以看出细化上述这些权利是现代家庭必不可少的。

（五）设立单独的居住权制度满足继承法和公法的制度需求

目前，由于我国《物权法》正式定稿取消了原草案中“用益物权”一章的居住权制度。短期内修改《物权法》是不现实的空想。所以，在社会特别需要单纯的居住权时，应当通过司法解释增加对家庭内外皆有效的居住权的效力的确认和纠纷调解。

在起草《物权法》时，很多学者在曲解现代居住权制度的情况下反对法规增加居住权制度。他们主要的理由有如下几点：（1）居住权不符合现代社会需要。罗马法设立居住权等人役权的根本目的，是为了解决在当时一部分没有继承权而又缺乏劳动能力的特殊群体（如妻和被解放的奴隶等）的生活问题。现在这些社会前提早已消失。（2）居住权不能融入中国现有的物权制度的体系。要承认居住权，就必须先承认地役权和人役权的二元结构体系的划分，然后再把居住权视为人役权之一种而规定在用益物权中。而现在我国没有人役权制度。（3）不符合物尽其用原则。居住权具有很强的人身依附性，不得转让、继承和出租，也不可以就居住权设定抵押权以及其他任何权利负担，即使居住权人生活拮据，为生计所迫也不例外，从而导致了居住权的封闭性和不具流转性。（4）物权法不是社会保障法。如为解决保姆或家庭其他成员的居住问题，可用附条件的遗嘱方式来实现。对于离婚妇女的居住问题，现有的婚姻法已很好地解决了，完全不必新设一个对大家既熟悉又陌生的居住权,并提高到物权的高度。[①]

然而,面对我国现实越来越多的居住权纠纷,我们不能不反思居住权存在的制度价值。通过比较研究,我们认为上述反对设置居住权的理由不能成立。目前,至少有法国、德国、意大利、瑞士等发达国家的成文法仍在不断革新并发展此项权利制度,使之与现代社会和法律制度完全接轨;"居住权的流通性已经不再受任何之限制,可以出租、出让,在权利存续期限内可以继承"。[②] 他们也不再使用原来的地役权和人役权的二元结构体系。大多数国家在保障公民住房权的刚性需求下,开始逐步用不同的权利形式肯定了居住权。

笔者认为,短期内我国在《物权法》中增加居住权是极其困难的。但是,其他法规增加条款调控居住权不是不可能的。比如,在婚姻法或合同法、物权法的司法解释中,扩大解释房屋附条件赠与,增加房屋抵押或出让以及继承的附条件协议条款的效力。法规不但可以借此明确保护夫妻等家庭成员的此种居住权,而且还可以准许这类协议可以特别附带限定"此类赠与物不得转让"的合法条款。

根据法国《民法典》第632～634条的规定,对别人拥有所有权的某一房屋享有居住权的人,得与其家庭在该房屋内居住,即使在给予此项居住权利时其本人尚未结婚亦同;对别人拥有所有权的房屋的居住权,仅以享有此项权利的人与其家庭居住所需为限;此种居住权既不得让与,亦不得出租,体现了明显的人役权特性。房屋所有权人不得以任何形式侵害居住权人的正常使用。

根据他国经验,单纯独立的居住权如果"没有在不动产文书中记明,对该不动产的取得人不具有对抗效力"。但是,如果文书明确写明此项负担的,受让人需负担此居住权并负责维修该不动产;居住权至权利人死亡时终止,不得继承,不得抛弃;居住权人滥用或不维修不动产时可以经法官裁定消灭之;居住权可以转换成终身定期金,特别是在居

---

① 百度百科:居住权,载 http://baike.baidu.com/view/1278322.htm,最后访问时间:2013年7月11日。

② 参见笔者指导的民商法博士生陶钟太郎:《居住权研究》,光明日报出版社2011年版,第195页。

住人之间“关系严重恶化”时。[①]

如果法院判决认可了居住权文书，或以无相反规定来推定房屋所有权人默认居住权人以让第三人无偿居住房屋来换取日常照料，立法应当许可这种居住权。在我国现实，年老的家庭成员这样做，获得生活资料的现象很普遍。立法不可一概禁止居住权的部分转让。甚至可以将居住权制度扩大到“以房养老”制度体系中加以应用。

至于很多用人单位利用劳动合同确立“与人力市场流动性和房改漏洞补漏需求相适应的员工仅有居住权的单位公房、奖励房、引进人才房、军产房等离职退房协议”，法律应当明确承认，且将此种居住权推及员工的家庭成员。

（作者系四川大学法学院教授）

① 据笔者在法国读书时听老师在课堂上介绍，如果居住权是通过离婚后取得的，配偶与他人同居或再婚是撤销居住权的诉讼理由；但是，如果是通过遗产继承获得居住权的，不得因生存配偶与他人同居而撤销其居住权，且被认为这是人道的。

欧洲主要国家诉讼时效立法改革及其发展趋势

夏昊晗

目　　次

诉讼时效制度是民法的重要组成部分,在司法实务中具有重要意义。但是,在过去很长一段时间内,诉讼时效法的变化极小,是一个相对来说非常稳定的法律领域。进入21世纪以来,情势发生了显著的变化,欧洲许多国家相继对诉讼时效立法进行大刀阔斧的改革或正在酝酿改革,这种改革或者在债法改革的整体框架内进行,或者独自进行。截至目前,据笔者所见,已经对诉讼时效立法进行改革的欧洲国家包括德国、法国、丹麦,正在筹备改革或存在改革呼声的国家包括瑞士、奥地利、意大利、荷兰和英国。

鉴于国内学术界对这股改革浪潮缺乏关注,本文选取德国、法国和瑞士三个国家的诉讼时效立法改革为观察对象,分析其改革动因、目标和主要的改革措施,剖明其发展趋势,以期能够为我国未来的民法典立法提供借镜。

一、德国

(一)改革动因和目标

德国的诉讼时效立法改革是在债法改革的整体框架内进行的。尽管对债法改革是否应该进行存在不同意见,但是对于诉讼时效立法改革是否应该进行,德国学术界达成了广泛的共识,学术界争论的焦点不是是否需要进行改革,而是应该如何改革。之所以如此,是因为改革之前的诉讼时效立法存在无可争辩的严重缺陷。其中,最主要的缺陷表现为:

1. 普通诉讼时效期间过长,成为例外规则

旧德国《民法典》第195条将普通诉讼时效期间设定为30年。由于这个时效期间过长,已经无法满足日益快速发展变化的现代社会的需求,使得许多请求权实际上成为永不罹于诉讼时效的权利,因而德国法院在实务中通过扩张短期诉讼时效的适用范围限制第195条的适用,使之名为"普通时效",但实际上沦为"例外"或者说是"兜底"条款。

2. 瑕疵担保责任适用的诉讼时效期间过短

旧德国《民法典》第477条和第638条分别为买卖合同和承揽合同规定了适用于瑕疵担保责任的特别诉讼时效,时效期间仅为6个月,并且时效起算分别从交付标的物和验收时开始,立法目的主要在于尽快明确交易的法律状况。实践表明,这个时效期间过短,因为在6个月的时间内,买受人或定作人往往无法发现瑕疵,即便能够发现瑕疵,往往也没有足够的时间主张权利。因此,这个时效期间忽略了买受人和定作人的正当利益,殊非允当。

3. 诉讼时效多样化

在德国《民法典》和大量的单行法中,立法者规定了数量众多的特别诉讼时效期间,最短的为6个月,最长的为30年,此外还存在1年、2年、3年、4年、5年的诉讼时效期间。并且立法为各种特别诉讼时效期间规定的时效期间起算方式和中止中断事由亦不尽相同,这就使得诉讼时效的规定更趋多样化,进而形成非常复杂的诉讼时效体系。据统计,在私法领域,大约存在130多处特殊规定,分散在超过80部法律

中,并且立法者的这种区分规定在很多情况下并非基于事物的性质而进行的,在一定程度上是出于立法者的恣意。例如,同样属于法定之债,侵权责任诉讼时效的起算采取主观标准,从受害人知道或者应当知道侵权事实和侵权人之日起计算,但是不当得利和无因管理适用的诉讼时效并没有采取主观标准,而在不当得利和无因管理的场合,债权人也完全有可能并不知道请求权产生的事实和债务人。

4.诉讼时效多样化危及法律安全和法律和平

诉讼时效的多样化导致诉讼时效规则变得复杂、难以理解。法律专业人士对此都不甚明了,就更不用说外行人士了。这就导致本意在于实现法律安全和法律和平的诉讼时效规则反而在很大程度上成为实践中争讼不已的一个问题。

5.诉讼时效多样化导致法律适用困难

诉讼时效的多样化导致法律适用中的区分困难,并且也迫使司法为了寻求个案的合理解决而通过法律解释或法律续造扩张或者限制适用立法规定的诉讼时效规则,而司法采取的区分标准往往欠缺合理性,危及法律安全。例如,根据旧德国《民法典》第477条规定,瑕疵担保责任适用6个月的短期诉讼时效,德国联邦法院将之扩张适用于积极侵害债权场合下的损害赔偿请求权,前提是必须与物的瑕疵存在关联,而在违反附随义务的情况下,由于义务违反与物的瑕疵并无直接的关联,诉讼时效适用30年的普通诉讼时效期间。这种区分处理是站不住脚的,出卖人需要在30年的期间内为其单纯的附随义务违反行为负责,而在交付瑕疵物造成重大损害的情况下反而只需要在6个月的期间内负责,这种关系的失衡是显而易见的。而在承揽合同中,对于同样的问题,联邦法院则认为应该一律适用普通时效。对于买卖合同和承揽合同进行区分处理,其中的合理性究竟何在,也不甚明了。

诉讼时效多样化导致适用困难尤其体现在请求权竞合的场合,其中最为典型的例子当属德国侵权法上独特的"继续侵蚀性损害"。所谓"继续侵蚀性损害",是指买卖标的物的瑕疵嗣后导致标的物整体毁损灭失,比如购买的清洁设备的浮标开关存在瑕疵,结果由于浮标开关的失灵导致清洁设备被严重烧毁。这种损害本是典型的纯粹经济损失,应该适用合同法予以解决。但是由于第477条规定的瑕疵担保责任的诉讼时效只有6个月,在这种损害发生时,往往已经罹于诉讼时效了,为保护买受人,德国司法界发展出“同质料性标准”,在嗣后的损害超过标的物因瑕疵自始存在的价值减损的情况下,认定成立所有权侵害,进而适用旧德国《民法典》第852条为侵权责任规定的3年的诉讼时效期间。对此司法判决,德国理论界多年来一直争讼不已。

基于上述缺陷,诉讼时效立法改革的目标主要在于对现行诉讼时效立法进行简化和统一,使其更加清楚明了,避免产生争议,同时更好地保护相关人的利益。

（二）改革主要内容

相较于以前的立法,立法改革主要带来了如下变化:

1. 引入统一的双重普通时效体系

立法扩张旧德国《民法典》第852条规定的侵权责任诉讼时效规则的适用范围,将普通诉讼时效期间从30年缩减至3年,从请求权产生、债权人知道或者应当知道引起请求权的事实和债务人的那一年的年末开始起算。除非法律另有规定,这个普通时效的规定适用于所有的请求权。由于普通诉讼时效的开始采取主观标准,因而有可能出现普通诉讼时效一直无法开始的状况,这将有违诉讼时效制度维护法律安全、保护债务人利益的立法目的,因而立法又规定了30年和10年这两种采取客观标准的最长时效,前者适用于人身损害,后者适用于其他请求权。

2. 在必要的范围内保留特别诉讼时效规定

立法规定普通诉讼时效原则上适用于所有类型的请求权,尽可能减少特别诉讼时效规定,使得特别诉讼时效规定大为减少。但是,立法者出于特定原因,依然规定了一些特别诉讼时效。其中,较为重要的是,根据欧盟《消费品买卖指令》第5条第1款,立法将原先适用于买卖合同和承揽合同中瑕疵担保请求权的6个月的诉讼时效延长至2年,时效起算仍然采用原来的客观标准。（第438条和第634a条）此外,立法也规定了一些较长期的特别时效,例如,第196条为土地上的各种请求权规定了10年的诉讼时效期间,第197条为基于物权而发生的返还请求权、家庭法上的请求权、被司法判决确认的请求权等,规定了30年的诉讼时效期间。

3. 诉讼时效中断和中止的结构变化

形式上的变化是将诉讼时效"中断"(Unterbrechung)的概念转变为"重新开始"(Neubeginn der Verjährung)。内容上的变化则是,减少诉讼时效中断事由,仅保留债务承认、法院或行政机关的执行行为被实施或申请,以前的起诉等中断事由则转化为中止事由。与此同时,立法亦对原先规定的中止事由进行了扩充,例如,扩大协商的适用范围。为了保护未成年人,第208条规定,由于性的自我决定权利遭受侵害而发生的请求权的诉讼时效在成年之前一直中止。

4. 扩大当事人约定诉讼时效的自由

在立法改革之前,法律只允许当事人约定缩短诉讼时效期间。但是现行法允许约定延长诉讼时效,只是不允许诉讼时效超过30年。(第202条)立法之所以有此改变,是因为立法改革大大缩短了普通诉讼时效期间,但是这种统一规定也有可能在一些情况下导致不合理结果,因而作为引入较短的普通诉讼时效期间的补偿,立法允许延长诉讼时效。此外,立法规定在故意责任的场合,当事人不得预先缩短诉讼时效期间。根据德国法学界的一致观点,当事人不得就诉讼时效中止和中断事由进行偏离法律的约定,避免危及法律安全。

德国诉讼时效立法改革最大的成果是尽可能统一和简化了诉讼时效规则,使得经由司法构建诉讼时效的区分适用规则在一定程度上失去了必要,从而大大避免了诉讼时效多样化所滋生的各种弊端。

二、法国

(一)改革动因和目标

与德国在债法改革的整体框架中一并解决诉讼时效问题不同,法国将诉讼时效立法改革作为其债法改革的第一步。新的诉讼时效法已于2008年6月17日生效。

法国对诉讼时效立法进行改革的内在动因与德国基本一致,一方面,随着社会的发展变化,尤其是在当今的网络信息时代,法国《民法典》规定的30年的普通诉讼时效期间被认为已经不合时宜;另一方面,特别诉讼时效规定众多。从法律安全的角度观察,诉讼时效规则的复杂已经达到了无法忍受的地步,这明显偏离了诉讼时效立法的目的。

与此对应，法国诉讼时效立法改革最重要的目标是对普通诉讼时效期间进行缩短，并尽可能统一和简化诉讼时效规则，使之清楚明了。

（二）改革主要内容

1. 将诉讼时效和取得时效分别规定

原立法将诉讼时效（消灭时效）与取得时效一起规定在法国《民法典》第三篇第二十章，但是新立法将两者分开规定，前者规定在法国《民法典》第2255条到第2279条，后者规定在第2219条到第2254条。

2. 引入双重时效体系

立法将普通诉讼时效期间由原先的30年缩短为5年，从债权人知道或者应该知道请求权产生时开始起算。与此同时，立法规定了20年的最长时效期间，从请求权产生之日开始起算。与德国法不同的是，该最长时效期间不受诉讼时效中断和中止的影响，属于绝对期间。

普通诉讼时效原则上适用于所有请求权，但是立法中依然保留了一些特别规定。其中比较重要的是，人身损害赔偿请求权适用10年的诉讼时效期间，如果人身损害是由于虐待、性侵未成年人引起的，适用20年的诉讼时效期间。此外，这次立法改革并没有触及法国《民法典》之外的特别规定。

3. 扩大私法自治的空间

在立法改革之前，法国《民法典》并没有对当事人是否可以约定诉讼时效进行规定。在司法实践中，法国法院认可当事人缩短诉讼时效期间约定的有效性，但是认为约定的诉讼时效期间不能过短，延长诉讼时效期间的约定则被认为是无效的，并且禁止在诉讼时效开始之前预先放弃。立法改革将此种司法经验予以立法认可，并进行完善。根据新法第2254条，当事人既可以约定缩短诉讼时效期间，也可以约定延长诉讼时效期间，只是当事人约定的诉讼时效期间不得少于1年，但也不得长于10年。与德国法不同的是，依据法国法，当事人还可以约定诉讼时效中断和中止事由。此外，在特定情形下，主要是在当事人双方谈判地位不对等的情况下，立法禁止当事人偏离法律规定对诉讼时效进行约定，比如在消费者合同和保险合同中，当事人不得约定缩短法定诉讼时效期间。

三、瑞士

(一)改革动因

从1988年开始,瑞士便酝酿对包括诉讼时效规定在内的整个侵权法进行改革,但瑞士联邦委员会最终在2009年1月宣布彻底放弃侵权法的综合改革,转而提出诉讼时效立法改革目标,并于2011年8月公布立法前期草案征求意见,但是迄今尚未完成立法程序。

瑞士现行诉讼时效立法的缺陷主要体现为:

1. 依据请求权基础进行区分规定,诉讼时效多样化

诉讼时效多样化体现为两个方面:一方面,现行瑞士《债务法》根据请求权基础的不同区分规定诉讼时效。根据该法第127条,基于合同的请求权适用10年的诉讼时效期间,从请求权可得行使之时开始起算。根据第67条,不当得利请求权适用1年的诉讼时效期间,从债权人知道其请求权时开始起算,但是最长不超过10年,从请求权可得行使之时开始起算。根据第60条,基于侵权的请求权适用1年的诉讼时效期间,从受害人知道损害事实和义务人之日开始起算,但是最长不超过10年,从损害行为发生之日起开始计算。另一方面,在基于合同的请求权和基于侵权的请求权内部,存在大量的特别诉讼时效规定。在瑞士《债务法》和其他单行法中,基于合同的请求权适用的诉讼时效期间包括6个月、1年、2年、3年和5年等多样化规定;而在规定侵权责任的特别立法中,存在诸多偏离瑞士《债务法》第60条的诉讼时效规定,不仅诉讼时效的期间不同,而且诉讼时效期间的起算也存在差异。

瑞士立法的特色在于第一方面,即依据请求权基础区分规定各自适用的普通诉讼时效。这种区分规定面临两个方面的问题。(1)这种区分缺乏合理基础。举例来说,如果一个漆匠在完成工作时出于疏忽损坏了主人家的地板,也就是说,违反了合同法上的附随义务,那么这种基于合同的损害赔偿请求权应该适用瑞士《债务法》第128条规定的5年的诉讼时效,从请求权可得行使之日起计算;但是,如果是主人的朋友出于疏忽损坏了地板,那么应该根据该法第60条的规定适用1年的诉讼时效,从知道损害事实和义务人之日开始计算。这就导致,仅仅因为请求权基础不同,基于类似的生活现实产生的损害赔偿请求权

适用不同的诉讼时效。(2)由于诉讼时效是基于请求权基础的不同进行区分规定的,因而对请求权进行定性是最为重要的,但是正是在这里存在区分困难。

2. 侵权请求权适用的诉讼时效期间过短

如前所述,侵权请求权适用1年的相对时效和10年的绝对时效,这两种时效期间均过短,不足以保护受害人的利益。立法的这种缺陷在石棉致人损害这样的案件中表现得淋漓尽致,在潜在损害的情形中,往往在受害人知道损害之前,就已经罹于诉讼时效了,这与现代立法优先保护人身利益至为抵牾。

3. 私法自治受到过分限制

根据瑞士《债务法》第129条,诉讼时效期间不能由当事人约定改变。根据第141条,债务人不能事先放弃诉讼时效抗辩。由此可见,与经过改革的德国和法国立法相比,瑞士立法对于当事人在诉讼领域的私法自治的限制是最为严格的。为了缓解这种严格限制带来的问题,瑞士联邦法院认为第129条的规定只适用于瑞士《债务法》总则第三章规定的诉讼时效期间,至于瑞士《债务法》其他部分和其他立法规定的诉讼时效期间,当事人可以协商缩短或延长,但是延长不得导致诉讼时效超过10年,而对缩短时效没有设定下限,只是笼统地认为,不能以不合理的方式给债权人行使权利造成困难。瑞士联邦法院这种根据诉讼时效规定所处的位置进行区分对待的做法招致学术界的激烈抨击,因为这种区分缺乏必要的合理性。

(二)改革主要目标

瑞士诉讼时效立法改革的主要目标在于统一诉讼时效法,延长侵权诉讼时效,消除危及法律安全的因素,同时扩大私法自治。

1. 统一和简化诉讼时效规则,引入双重时效体系

统一诉讼时效规则是最为核心的改革目标。立法前期草案放弃了以前依据请求权基础的不同区分规定诉讼时效的做法,将普通诉讼时效予以统一,适用于所有类型的请求权。这种统一体现为两个方面,一方面,统一侵权诉讼时效一般规则和特别法规定的侵权诉讼时效规则;另一方面,统一合同、不当得利和侵权适用的诉讼时效,以此实现类似的情况适用同样的诉讼时效。

在普通诉讼时效的构建方面,立法前期草案采用双重时效体系,一方面,将普通诉讼时效期间设定为3年,采用主观标准,从债权人知道请求权和债务人时开始起算;另一方面,规定普通诉讼时效期间最长不超过10年,原则上从请求权可得行使之日开始计算,但是损害赔偿请求权从损害行为发生之日开始计算。和法国法一样,立法前期草案规定最长时效期间是绝对期间,不受诉讼时效中止和中断的影响。

当然,诉讼时效规则的统一也并不能完全排除根据个案的特殊考虑进行特别规定。立法前期草案为人身损害赔偿请求权设定了30年的最长诉讼时效期间,以更好地保护潜在损害的受害者。

2. 扩大私法自治的空间

与以前的立法相比,立法前期草案对当事人约定改变诉讼时效期间采取了较为宽松的立场。无论是约定缩短还是延长诉讼时效期间在原则上都可以,但是为了保护弱势一方,这种私法自治并非不受限制的。在约定缩短的情形下,诉讼时效期间不得少于1年,在约定延长的情形下,诉讼时效期间不得长于10年。至于诉讼时效抗辩的放弃,立法前期草案规定只能在诉讼时效完成后方可进行。

四、当前诉讼时效立法改革的发展趋势

(一)缩短普通诉讼时效期间

缩短普通诉讼时效期间在立法改革中特别引人注目。这种缩短主要是因应现代社会快速发展变化的需要,在网络时代,30年的普通诉讼时效期间显然不合时宜了。普通诉讼时效期间的急剧缩短有可能导致对债权人不利的后果,因而立法改革将普通诉讼时效期间的起算与债权人知道或者应该知道这样的主观标准相挂钩。至于普通诉讼时效期间是3年还是5年,可能仅仅只是立法者偏好的问题,不过发展趋势是设定为3年。

(二)尽可能统一和简化诉讼时效规则

以前的立法经验表明,诉讼时效的多样化将导致法律适用困难,进而严重危及诉讼时效意欲维护的法律安全和法律和平。为此,欧洲各国的立法改革均将尽可能统一诉讼时效规则作为其核心目标之一。需要注意的是,诉讼时效规则的统一不仅仅意味着诉讼时效期间长短的

一致,也包括诉讼时效起算时间点的一致。只有这样,才能真正实现诉讼时效规则的统一。

但是整齐划一的绝对统一也是不现实的,因为在特殊情况下,诉讼时效期间的绝对统一有可能导致不合理的结果。因此,各国立法改革均在一定程度上保留了一些特别诉讼时效规定,其中比较具有共通性的是人身损害赔偿请求权适用的诉讼时效一般较普通诉讼时效期间要长很多,因为人身安全利益被赋予特别价值。但是立法者吸取了以前区分请求权基础规定诉讼时效规则的教训,尽量避免规定特别诉讼时效,只有在具有充分理由从而不可避免的情况下,才对特殊情况规定特别诉讼时效规定。

(三)构建双重诉讼时效体系

以前,普通诉讼时效期间的起算采用的往往是客观标准,从请求权产生之日起开始计算,主观标准一般只适用于侵权诉讼时效期间,从受害人知道或者应该知道侵权事实和侵权人之日起开始计算。

而最近的立法改革则普遍构建主观标准和客观标准相结合的双重诉讼时效体系,即采用主观标准的较短的相对诉讼时效期间和采用客观标准的较长的绝对诉讼时效期间。采用主观标准意味着诉讼时效的开始取决于债权人的主观认识,对债权人比较有利,因为债务人对此是无法施加任何影响的,因而必须设定与之配套的较短的诉讼时效期间。此外,采用主观标准亦有可能导致诉讼时效期间迟迟不能开始,这与诉讼时效保护债务人的立法目的显然有悖,因而必须辅之以一个客观的诉讼时效期间。而客观标准意味着无论债权人是否知道或者应该知道请求权已经产生,诉讼时效期间都开始计算,为避免过分损及债权人利益,这就要求规定一个比较长的绝对期间。总的来说,这种双重体系较好地平衡了债权人和债务人的利益。

在主观标准的采用上,存在两种模式,一种是上述德国、法国和瑞士的做法,以债权人知道或者应该知道作为诉讼时效期间开始的条件,债权人知道或者应该知道由主张诉讼时效抗辩的债务人证明。其中瑞士的要求最为严格,只有在债权人实际知道的情况下,诉讼时效期间才开始起算。这种要求过于严苛,债务人对此很难加以证明,因而德国和法国的立法更为可取。另外一种模式是《欧洲合同法原则》和《共同参考框架草案》的做法,将债权人的不知道或不应该知道作为诉讼时效中止的事由,只要债权人处于不知道的状态,诉讼时效就不开始计算。在此种情形下,如果债务人主张诉讼时效抗辩,那么债权人必须证明自己的不知道或不应该知道。这两种形式的区别主要体现在证明责任上,从诉讼时效主要保护债务人的角度考虑,第二种模式更为可取。

(四)扩大诉讼时效领域的私法自治

传统观念一般认为诉讼时效法是强行法性质,立法规定的诉讼时效规则不得通过当事人约定进行改变,尤其是禁止当事人约定延长诉讼时效期间,这主要是基于诉讼时效维护法律安全和法律和平的目的。瑞士、意大利和葡萄牙立法最为严格,完全排除诉讼时效领域的私法自治,而德国和奥地利则持相对宽松态度,允许缩短诉讼时效期间,但是禁止延长诉讼时效期间。

但是在当前的立法改革中,扩大诉讼时效领域的私法自治是个明显的发展趋势。无论是时效期间的缩短还是延长,均得由当事人双方约定。法国立法更为激进,甚至允许当事人对中止中断事由予以约定。这个变化与两方面的因素密切相关:一方面,立法观念有所改变,既然诉讼时效制度的首要目的在于保护债务人,如果债务人放弃这种保护,那么没有理由在此禁止私法自治原则的适用。此外,允许约定诉讼时效并不影响诉讼时效立法目的的实现,因为,诉讼时效维护法律安全的前提是确保可预见性,而当事人双方约定诉讼时效在一定程度上恰恰提高了可预见性。例如,以债务人知道或者应该知道这样的主观因素作为诉讼时效开始起算的标准,有可能导致当事人双方完全无法预见诉讼时效何时开始,如果允许当事人双方约定排除该规则的适用,并约定较长的诉讼时效期间作为替代,则可以大大提高双方的可预见性,且不致于滋生不良后果。另一方面,这与普通诉讼时效期间的急剧缩短和诉讼时效的统一有直接关系。在普通诉讼时效期间为30年或20年、10年的情况下,诉讼时效期间已经够长,如果再允许当事人约定延长,则将导致诉讼时效制度无法实现其立法目的,因此以前的立法禁止延长诉讼时效期间是有其合理性的。而当前的立法改革将普通诉讼时效期间急剧缩短为3年,只有法国法为5年。在这种背景下,允许延长诉讼时效期间便不会导致对债务人过分不利的后果。而诉讼时效规则的尽可能统一趋势也要求扩大私法自治，因为这种统一有可能在个案中导致不合理的结果。

当然，欲使诉讼时效制度发挥其功能，法律也不可完全放任当事人双方约定过长或过短的诉讼时效期间，因而法国法和瑞士法均规定缩短期间的下限和延长期间的上限，并且在一方当事人处于弱势地位的情形下，立法排除当事人的私法自治。

（五）欧洲私法统一运动和各国立法改革交互影响

欧洲各国诉讼时效立法改革体现了欧洲私法统一运动和欧洲各国国内立法改革的交互影响。德国立法改革在很大程度上参考了《欧洲合同法原则》，瑞士在其立法改革过程中将《欧洲合同法原则》和《共同参考框架草案》作为论证其改革必要性和改革内容正当性的理由。而《欧洲合同法原则》和《共同参考框架草案》本身就是欧洲各国法律比较的产物，起草者在对条文进行说明时，援引各国国内立法进行归纳总结是重要内容之一。法国立法改革更是被视为国内法改革与欧洲私法统一运动交互影响的典型例子。

（作者系德国波恩大学博士研究生）

金融担保创新与物权法定

——日本根抵押制度的立法化

郭延辉

目　　次

根抵押①活动在日本民法制定前的商业交易中已有一定程度之存在,立法者在意识到此情形的前提下就关于根抵押进行立法的必要性亦有探讨。然而,因当时无足够时间开展充分之调查,遂最终未能在法

① 日本将最高额抵押称为“根抵当”,“抵当”就是抵押的意思,而“根”的含义则十分形象地把最高额抵押的特性表现出来。“根”这一概念是借用“枝叶虽异根相同”,“枝叶虽枯根犹在”的喻意,来表现当以因一定的持续性之交易关系所发生的增减变动的多数债权为对象时,可将这些债权整体作为一个对象来对待的观念方式。([日]加賀山茂:『現代民法担保法』,信山社2009年版,第584页。)树木每年春天开枝散叶,秋天叶落枝枯,周而复始,循环不断,而其根却岿然不动,并为这一循环不停地提供着动力。正因为这种树木的根与枝叶的关系同最高额抵押权与被担保债权之间的关系之相似性,日本民法才将最高额抵押形象地称为“根抵当”(Revolving mortgage),同理,最高额保证和最高额质押则分别被称为“根保证”(Revolving guarantee)、“根质”(Revolving pledge)。

律中对根抵押设置明文规定。[①] 而导致日本根抵押制度实现立法化的根本动因来自金融担保的实践要求。

一、判例确立的根抵押制度

由于日本民法在颁布之初,并未规定根抵押,社会实践中的根抵押制度由判例和学说确立起来。可以说自日本《民法典》颁布前后至1971年日本《民法典》增设根抵押制度,近百年的根抵押实务活动是由判例、学说确立的准则进行调整的。

(一)确立根抵押效力的判例

1. 判例在日本民法上的地位

日本与中国同属大陆法系国家,关于判例,并不像英美法系国家那样具有法源意义。但判例对于两国法律实践的意义却不尽相同。

我国自摆脱“文化大革命”时期“无法无天”的法律虚无主义而开始复兴方方面面的立法工作起,一直采取严格的成文法主义,任何判例都不具有先例性意义。在成文的法律体系尚未形成,而社会实践中的新法律现象又层出不穷的情形下,对既有的法律法规发挥补充乃至更正作用的,不是对某一个案的判决,而是最高人民法院发布的“司法解释”。1981年6月10日通过的《全国人民代表大会常务委员会关于加强法律解释工作的决议》赋予了最高人民法院在法院审判工作中具体应用法律、法令问题的解释权。在此基础上,最高人民法院于1997年6月23日发布的《关于司法解释工作的若干规定》以及2007年3月9日发布的《关于司法解释工作的规定》明确规定最高人民法院发布的司法解释分为“解释”、“规定”、“批复”和“决定”四种形式,均具有法律效力。这就是在中国的法院判决书中“司法解释”会被作为法律依据而予以援引的原因。

日本不存在与我国“司法解释”相类似的法律制度,但这并不代表日本没有司法解释制度,事实上,日本最高裁判所就某些重大、复杂的

① [日]我妻栄、有泉亨、清水誠、田山輝明:『コンメンタール民法　総則・物権・債権』,日本評論社2006年版,第601頁;[日]貞家克己、清水湛:『新根抵当法』,金融財政事情研究会1973年版,第2頁。

案件所作出的判决在司法实践中就具有先例性的指引作用,其地位与我国的“司法解释”基本相同。关于判例在日本是否可构成民法的法源,颇有争论。一般来讲,若承认判例具有法律效力则会与三权分立原则相抵触,故日本的法制度并不承认判决的先例对其后的判决具有约束力。但在学说上,多以判例的实质性功能以及不能将判例与立法相等同等为理由而承认判例的法源性。不可否认的是,判例在规范私法上的生活关系方面具有法律规范的指引作用,且司法实践亦证明,有些判例的结晶化程度(如关于民法第94条第2款的类推适用等)已然达到了所谓判例法的水平。① 总而言之,在严格的理论意义上,日本民法上的判例并不具有法源性,但其在司法实践中的解释与预测功能却备受关注,对于没有法律规定或法律规定不明确的情形,与我国的法院判决书中援引最高人民法院的“司法解释”不同,日本的裁判所在判决书中援引的是“最高裁判所判例”。并且,在法学教育过程中,专门以最高裁判所判例为中心,探讨某一具体法律规定的适用方法,亦是法学人才的必修课。因此,日本的最高裁判所判例具有一定程度的“造法”功能,在日本实现根抵押立法前,根抵押制度首先通过判例确立起来。

2. 确立根抵押效力的判例

日本民法在自古以来的惯例上即得设定抵押权,其抵押权与法国民法之抵押权相似,又与德国民法上的保全抵押及一般抵押相近。②日本《民法典》制定前,根抵押作为交易习惯上的担保方式已经存在,在法律上的抵押权概念确定后而称其为根抵押之前,这一担保方式又被称为据置担保③或信用抵当④,作为将来债权债务之担保,其效力问题并未引起疑义和关注。

但当《民法典》于1898年制定后,抵押权制度在立法上获得确立。根据日本《民法典》第369条的规定,抵押权人有权就债务人或物上保

---

① [日]高島平蔵:『民法制度の基礎理論』,敬文堂1987年版,第18~19頁。

② [日]松岡義正『民法論　物権法』,清水書店1931年版,第883頁。

③ “据置”在日语中的意思为“存放、冻结”,“据置担保”是交易习惯上为将来债权债务设定的质权、抵押权之担保。

④ [日]石坂音四郎:「根抵当論」,法学協会雑誌第34卷第1、4、7、10号(1916年);[日]石田文次郎:「根抵当の本質」,法学論叢,19-4~5(1928年)。

证人为担保债务而不移转占有地提供的不动产优先于其他债权人受偿自己的债权。而因该条就抵押权的性质并未予以明确,[①]故在其后的司法实践中,根抵押的效力开始遭到否定。

首先否定根抵押效力的,是明治34(1901)年6月28日东京控诉院的判决,其相关内容引述如下[②]:

根抵押合同之内容:

"上述土地于明治32年11月16日至明治35年11月15日3年间,就本人有向贵行支付义务的期票,以1000日元为限,设定抵押权"。

东京控诉院对此合同作出了如下解释:

"应当认定的是,当事人的意思表示为以本土地就预想的将来会不时发生的未定之债权提供担保,故言以此为以将来之借贷为目的之信用合同之债务提供担保,未免属置当事人之意思于度外的牵强附会之说,假设其为担保信用合同之债务,于当事人间满1000日元的借贷成立之时,其抵押权必定归于消灭,这绝非当事人意思之所在自不待言,这样,只能说本案抵押权是在无任何债权的情形下设定的。"

故东京控诉院继续适用法律之规定,得出了下述结论:

"而抵押权是从物权,无可于主债权未成立前独自成立之理由,故本案抵押权之设定为无效"。

这一根抵押权无效的判决甫一作出,即引起了来自社会各界的众多批判。其认定根抵押权无效的理由无非就在于抵押权的从属性问题。虽然如此,为平息来自各方面的压力,大审院以明治35年1月27日之判决否定了东京控诉院的上述判决。加之之前大审院明治34年10月25日判决,基本在司法实践的领域,为根抵押权的有效性确立了明确依据,尽管其判决依据于日后遭到了来自学界的强烈批评。

现将确定根抵押效力的上述两则判例的详细内容介绍如下:

---

① 日本旧民法(1890年民法,除有特殊说明,本文中提及的日本民法均为1898年制定的新民法)曾设有明确规定根抵押效力的条文,但因故被新民法删除。

② 判决例:"破产案件之债权及优先权确定请求控诉事件",明治34年8月5日,法律新闻第46号。

(1)大审院明治34(1901)年10月25日判决[①]

(判决要旨)

银行与商人间为建立信用而广泛开展的根抵押为有效。

(判决理由)

……第四点之论旨[②]在于:本案乙第1号证据“当座预金借越[③]根抵押约定书”中有“(一)除活期存款外,以支票透支时,应以1500日元为限度予以支付”的约定,上述约定书就是为担保因上告人与被上告人间的信用合同而应于将来发生之消费借贷所签订的,且争议标的物被设定根抵押的事实也得到了被上告人的承认,并无争议;说到底,因抵押权是债权的从权利,不存在无债权而抵押权单独成立的情形,因此,所谓根抵押是在法律上不被承认而自始无效的,原判决将其判决为有效属于不当适用关于抵押权的法则,是违法的。

对此,经查,如上告人所言,无债权债务的存在抵押权是不能单独成立的,但基于当事人间所签订的合同,当事人间已形成债权债务关系,只是其效力于将来发生时,不能谓债权债务不存在,因此,为附条件债权债务,或为如同先设定抵押后设定日期而从债权人处获取金钱时消费借贷之要物合同始得完成一样的附期限债权债务,亦得有效地设定抵押权,且将此与法律相对照,关于附条件债权债务得设定抵押的情形不但于《民法典》第129条中有明确规定,签订租赁合同时,尽管无已生效的债权债务,为将来发生的债权债务,得事先设定抵押,这在《民法典》第619条第2款有明确规定,毋庸置疑。在其他单行法律中,有如《酒造税则》第13条的情形或官吏代替提交身份保证金而设定抵押的情形,在设定抵押当时,并无已生效的债权债务,而得有效设定抵押乃法律上之明确事实,而银行与商人间为建立信用而一直以来广泛开展的被称为根抵押,即像实施了规定抵押应承担的最高金额,债权债务的确定留待日后实施,在相互交易过程中的金钱附带利息,以决算金额作为实际抵押的承担金额的约定一样,这一为将来生效的债权债务

① 大审院民事判决录第7辑第9卷第137页。

② 这里的“论旨”是指提出上告的一方在申请上告之理由中所阐明的观点。

③ “活期存款透支”之意。

而预先设定抵押的情形与上述抵押的理由相同，其有效性自不待言，故本案之抵押亦在法律上为有效，上告论旨并无理由。

(2)大审院明治35(1902)年1月27日判决[①]

(判决要旨)

一、根抵押是指为担保将来发生的债务而事先设定抵押的行为。

二、根抵押在其登记时，以其登记之日确定债权人的顺位。

(判决理由)

在我国一直以来的惯用语中，为担保日后可借得之金钱债务之偿还而在借贷前先设定抵押的行为被称为根抵押。换言之，作为偿还将来发生之债务之担保，而于事前设定抵押的行为。由此行为而形成的抵押规定抵押物承担的最高金额，与普通抵押一样要记载于不动产登记簿上，因以登记日赋予其债权人顺位，故无使第三人遭受任何损害之理由。且此行为一直以来于银行或商人间广泛实施，为裁判上所保护之惯例，故只要不与现行之法规相抵触，此行为在法律上当然可为有效。且将此与民法及其他法令相对照，不但无任何相抵触之规定，《民法典》第629条规定作为身份担保，劳务者向使用者提供担保，于第638条之情形下，关于工作物或地基的瑕疵于一定期间提供担保，第933条规定为保护被监护人，在亲属会上由监护人提供担保等，均属民法明确承认得设定抵押之情形。该等情形均为担保预想的将来不时发生之未定之债务而预先设定抵押之情形，故根据民法之法理，通过类推适用，与该等情形相类似的根抵押得认定为有效，在裁判上将其判为有效而加以保护，则愈为明确。

3. 判例承认根抵押效力的依据

通过上述两则分别于1901年和1902年作出的大审院判决可知，于1898年制定的日本新《民法典》中虽无关于根抵押的明文规定，但其后不久的判例则通过解释论证成了根抵押的效力，使这一在实务中主要被银行、商人广泛采用的担保方法获得了司法实践的有力支持，为其进一步的发展完善奠定了重要基础。分析上述判决承认根抵押效力

① [日]我妻栄:『体系民法判例 Ⅲ-2 担保物権』,有斐閣1972年版,第618~619頁。

的根基,主要有三个方面:(1)根抵押这一担保方式在社会实践中,尤其是在银行、商人间的交易活动中,已经广泛存在,从尊重客观现实,保护相关当事人利益的角度来讲,有承认其效力的必要。(2)当时开展的根抵押活动,法律关系与法律结构相对简单,以为将来发生之债权债务或附期限之债权债务提供担保而设定之抵押的行为即可较为准确地界定之,故若能阐明将债权债务与抵押在发生上的先后顺序与传统上之抵押制度要求相反的合理性,以及对第三人的无伤害性,则不难说明其有效性。(3)以民法及其他法令上规定的得为将来发生的债权债务以及附条件的债权债务设定抵押的法律条文为依据,阐述其法律意旨的一致性,以类推适用的方法,说明根抵押与民法等法律制度的内涵并不相违。基于上述理由,大审院对根抵押作出了有效认定,为根抵押制度确立了明确的法律依据。

(二)关于大审院认定根抵押有效之判决的学界态度

自根抵押这一法律现象在社会实践中出现以后,日本民法学界就一直围绕其效力问题颇有争论。上述判决对根抵押的有效认定甫一作出,学界虽对此结论多持赞同态度,但对大审院作出此判决的理由仍有不同看法。在学界对判决理由开展批判的过程中,根抵押的制度理论不断走向深入。

1. 富井政章之根抵押有效论

大审院明治35年判决作出后,富井政章博士即在第一时间就判决理由阐明了自己的见解。① 富井博士认为,根抵押乃为将来发生之债权而设定是毫无疑问的,且该行为之目的亦非违反法律秩序以及善良风俗之事项,又不与现行法规相抵触,故认定根抵押有效无须另行规定,即法例②第2条③所谓的法令未规定之事项得依一直以来的习惯处

---

① [日]富井政章:「根抵当の有効なる理由に就て」,明治35年4月21日法律新聞第83号。

② 为规范法律适用相关事项而制定的法律。明治31(1898)年施行。主要由法律的施行日期、习惯法的效力、国际私法相关规定构成,平成18(2006)年实施了全面修改,现为《关于法律适用之通则法》。

③ 在法令规定认可的以及与法令未规定之事项相关的情形下,不违反公共秩序或善良风俗的习惯与法律具有同一效力。

理,无苦于探索其为担保现在债权之抵押权之必要。可见,富井博士与大审院判决采相同态度,在探讨根抵押之有效性时,坚持根抵押担保的为“将来债权”之观点。为此,富井博士还对其他不同观点展开了批判。

多数有效论者一直以来并未采根抵押担保的为“将来债权”之看法,在与无效论者开展论争时乃与其基于相同前提,即根抵押作为一种从权利,其担保的主债权必须现实存在,其绝不能担保于将来发生之债权。以信用借贷为例,当事人一方应另一方之请求,约定以一定额度为限开展借贷活动时,此约定即为一种信用合同,基于该合同的信用授受之约定,在当事人间即时形成信用之债权债务关系,根抵押就是对这一信用债务的担保,并非为将来发生之债务的担保。然而,这一观点虽为根抵押的有效性开辟了一条与持反论者站在相同基础上的论点,且有一定的说服力,但却经不起仔细推敲。富井博士认为,首先,信用债务并非一个实在的债务,为一个非现实存在的债务提供担保,显然与抵押权理论相矛盾。其次,信用债务实质上只是一个将来开展借贷的预约,在该预约达成时,授信一方除了有在受信方提出借贷要求时向其发放贷款之义务外并无可接受担保之权利存在,故实际上并无为其设定根抵押之依据。最后,只有当受信方向授信方提出借款要求,授信方将款项贷给受信方后,现实的债权债务发生,受信方的返还义务亦同时发生,而为担保该债权债务的返还,根抵押之意义才真正显现。因此,这一观点仍欠说服力。

另外,停止条件说也被学者们有力地提出。提倡该学说的学者认为,根抵押担保的是附停止条件的债权,即被担保债权暂不生效,当约定条件成就时,被担保债权始生效力。对此,富井博士亦予以批判,附停止条件的法律行为往往是停止作为当事人目的之法律行为的他种法律行为,其法律行为因条件的成就,即其他法律行为成立的结果而生效,这里混入了因将来条件之成就而成立的法律关系,因根抵押担保的是因将来借贷所发生的债权,故不能将其视为担保附停止条件债权的抵押权。

2. 松本重敏对富井博士之观点的反论

富井博士发表上述观点后不久,松本重敏判事即对其提出了反论。① 松本判事首先从权利的本质理论出发,就对“将来债权”可否设定抵押,提出了深刻的见解。债权属于权利之一种,权利是法律赋予人之力,因权利是法律赋予人之力,故得依法对其予以保护,因得依法对其予以保护,故得对其承认担保权,将来之债权尚非法律赋予人之力,非法律赋予人之力即不能获得法律之保护,因其不能获得法律之保护,故不得对其承认担保权,在法律范畴内并不存在“将来债权”这一专门术语,故“将来债权”并非法律上之问题。

松本判事虽不同意“将来债权”理论,但他并不反对根抵押之有效性,只是不主张从法律上为其有效性进行勉强论证。他认为,法律可施加保护的,既非过去的,亦非将来的,而是现在的权利,故要设定根抵押,必须有现实的债权存在。因根抵押实际上是要担保将来债权这样的法律赋予之力,故第一与权利观念相悖,第二不符合担保之本质,故根抵押问题并非法律上之问题,而非法律上之问题却要勉强作为法律上的问题进行探讨,故尽管勉为其难地拼命论证,最终仍无法破解其中之道。

同时,松本判事对富井博士的根抵押“得依一直以来的习惯处理”之主张亦有批驳。设定根抵押属于创设物权,根据日本《民法典》第 175 条之物权法定原则,物权除依法创设外,任何人不得随意创设,故不得依习惯创设物权的道理无须深论,富井博士非谓根抵押依习惯为有效,而欲谓根抵押为习惯法赋予之力,故而有效,然而,因习惯法不得与成文法并列存在,故该说法亦为谬误。从物权法定主义的角度出发,对根抵押的效力提出质疑。

就此,富井博士本人也承认将担保将来债权作为根抵押有效之依据这一主张在日本难免回遭到诸多批评,②因为日本民法并未像德国《民法典》第 1113 条那样明确规定得为将来债权设定抵押权,虽然日

---

① ［日］松本重敏:「富井博士の根抵当論を讀む」,明治 35 年 6 月 2 日法律新聞第 89 号。

② ［日］富井政章:『民法原論　第二巻　物権』,有斐閣書房 1922 年版,第 460 页。

本民法和商法中有众多关于为将来债权设定抵押权的特别规定，而这恰恰说明，若无明文规定，是不得为将来债权设定抵押权的。

3. 关于根抵押有效性之争点所在

从上述最初的论战情形即可发现，因日本民法当时未对根抵押设置明文规定，而为此后学界乃至实务界的争论埋下了伏笔。《民法典》颁布之初，在根抵押活动已于社会实践中较为常见的情形下，首先要确定的无疑是根抵押的效力问题。对于这一问题，应从两个层次进行探讨。(1)实务层面需要根抵押这一担保制度。鉴于根抵押在社会实践中的作用及其地位，若在法律上认定其为无效，不但会给已有根抵押活动的当事人造成损失，且对当时以及后来的社会经济的发展都将造成消极影响。同时，根抵押的实施亦未有任何违背社会利益之嫌，因此，从实务要求来看，根抵押的效力是必须予以承认的。(2)理论层面对承认根抵押之效力存在障碍。客观来讲，法国民法典、德国民法典均为建立在农耕经济基础之上的上层建筑，其规范的民事关系相对简单，但与其相比，脱胎于其中的日本民法则更为保守，对于根抵押这一在社会实践的创新中发展生成的新型担保制度，以对既有法律规定的解释论证成其有效性，显然十分困难。其中最为重要的，是如何用传统的抵押权理论解释根抵押。传统抵押权作为一种对债权的担保，只在债权成立时或成立后始得创设，这就是抵押权的从属性。而实际上，创设根抵押的目的，在于为当事人双方于将来开展的信贷活动设定担保，在根抵押创立之时，并无现实的债权存在。这显然与传统抵押权理论相悖。基于此，持无效论者直接否定了根抵押的效力，而持有效论者则通过不同的解释方法极力说明根抵押亦与传统抵押一样具有从属性。有的学者主张根抵押从属于将来发生之债权。根抵押当事人在设定根抵押时，虽债权尚未成立，但基于信用合同的约定，债权是要于将来产生的，信用合同的目的也正在于此，故根抵押的从属性相对于传统抵押权的从属性来讲，只是在时间维度上被拉伸了而已，并无实质性差别，且德国民法[①]亦承认得对将来之债权或附条件之债权设定抵押权。然而，由于将来债权的发生具有不确定性，极端一点来讲，若贯穿信用合同的

① 《德国民法典》第1113条。

有效期限,始终未有实质债权债务发生,则即便拉伸时间维度,根抵押权亦无可供从属之债权,这样,伴随信用合同始终的根抵押权是否有效?若从其必须有效的实务要求来讲,则显然这一根抵押从属于“将来债权”的说法欠缺说服力。另有学者为说明根抵押的从属性,不认为根抵押权从属于将来债权,而提出根抵押权直接从属于约定将来发生债权之信用合同的见解。然而,因信用合同本身并不直接形成实质性债权债务,这一观点虽为根抵押确立了一个在设立当时的直接从属对象,但这二者之间即便有从属关系,亦非传统意义上之抵押权与债权的从属关系,故此观点亦有其先天缺陷。由是观之,显然,囿于对传统抵押权的民法理论进行解释来证成根抵押权的效力几乎是不可能的。另外,如果放弃用传统抵押理论来解释根抵押的方法,只将其作为一个商业惯例,而从习惯的角度来承认其效力,若严格贯彻民法规定的物权法定主义之原则,则根抵押亦是无法作为物权而得以创设的。

(三)判例确立的根抵押制度

尽管关于根抵押之有效的各种理论尚有不同缺陷,但作为满足社会交易实务需求而为根抵押的有效成立提供理论支持的重要依据,其积极意义自不待言。事实上,学界普遍认为,最先明确将根抵押权作为有效权利予以认定,并将根抵押权制度确立起来的是上述大审院的两则判决,而该等判决所采纳的理由即为根抵押担保的是“将来债权”之理论。这也是民法制定当时民法典起草委员的法思想。① 因此,日本根抵押制度确立之初,将其界定为“为将来发生之债务而预先设定的担保权”,在此后相当长的一段时期内,这是关于根抵押权的通说,提到根抵押,人们毫无疑义地首先将其作为正当解释予以提出。② 日本的根抵押理论就是在这一基础上,通过与社会实践的互动,在不断对原有观点进行批判的过程中,逐步发展成熟起来。

---

① [日]我妻栄:『新訂担保物權法』,岩波書店1968年版,第464~465页。

② [日]中島玉吉:「根抵当論」,法学協会雑誌第33卷第3号(1915年);[日]石坂音四郎:「根抵当論」,法学協会雑誌第34卷第1、4、7、10号(1916年);[日]石田文次郎:「根抵当の本質」,法学論叢,19-4~5(1928年)。

二、关于根抵押效力之学说

日本根抵押之效力在获得大审院认定后，其后的判例亦纷纷认定根抵押有效①。然而，学界对大审院认定根抵押有效的理由并不能接受。而关于根抵押之有效性，学界集中在根抵押是否违反抵押权之从属性这一点开展了长期的论争，可谓众说纷纭，各有短长②，为日本根抵押制度奠定了坚实的理论基础。

（一）关于大审院认定根抵押有效之理由的批判

如上所述，大审院作出根抵押有效的判决，在很大程度上源于来自实务界的压力，这就导致其在尚未进行充分论证的情形下，匆忙作出判决的结果，故其判决依据基本着眼于社会实践，而并未关注到承认根抵押之效力应如何与现有民法实现调和的问题。这无疑引发了来自学术界的批评，③尽管学界大多对其结论持赞同态度。

因上述明治35年判决等为公认确定根抵押效力之判决，且后来之有效判决亦多引用其作为依据，故可先总结该等判决之理由，并予以逐一分析。相关判决之理由有：(1)因与普通抵押一样要记载于不动产登记簿上，以登记日赋予其债权人顺位，故无使第三人遭受任何损害之理由；(2)因属裁判上所保护之惯例，故只要不与现行之法规相抵触，此行为在法律上当然可为有效；(3)得类推适用法律上之关于为将来债权得设定抵押权的特别规定而认定根抵押有效；(4)明治38年12月6日大判认为根抵押并非法律所禁止故应为有效。

---

① 认定根抵押有效，且认定担保权与根抵押设定合同同时成立的判例，按年代顺序，具体可列举如下：明治34年10月25日大判、35年1月27日大判、38年12月6日大判、44年10月23日大判、44年11月4日东京控判、大正2年5月8日大判、4年12月3日大判、6年4月23日大阪控判、6年5月9日大阪控判、6年10月3日大判。另外，大正元年11月16日的法曹会决议也采相同态度（法曹记事23卷509页以下）。转引自[日]石田文次郎：「根抵当の本質」，法学論叢，19－4～5(1928年)。

② 关于根抵押，因民法上没有规定，就其有效性，曾发生过两次论争。第一次是明治30年代就根抵押的一般有效性之论争，第2次是根抵押立法实现之前的概括性根抵押之有效性的论争，从根本上来讲，这两次论争的焦点都集中在根抵押是否违反抵押权的从属性这一问题上。[日]末川博：『民事法学辞典』，有斐閣1960年版，第1589頁。

③ [日]中島玉吉：「根抵当論」，法学協会雜誌第33卷第3号(1915年)。

应当说明的是,上述四种理由各自之间并无相互补强关系,虽然各理由本身于事实上并无问题,但若每个理由本身都不足以认定根抵押之有效性,则即便将这四个理由叠加,亦不能证明根抵押为有效。

1. 因有实施登记而进行的公示,故不会损害第三人利益,并不能得出根抵押权作为物权有效的结论。若要由此得出前述结论,应有只要不损害第三人利益,即得由当事人任意设定物权的大前提。然而,根据日本《民法典》第175条规定的物权法定主义原则,除法律明确规定外,当事人不得任意创设物权种类,虽上述法律行为自由原则得适用于债权行为,但对于采物权限定主义之大陆法系国家来讲,其不得适用于物权行为自不待言,因此,不损害第三人利益不能作为根抵押之有效性的依据。

2. 认定根抵押为司法实践保护的商业惯例,只能作为大审院自身作出认定根抵押有效之判决的理由,而不能作为根抵押之有效性的依据。承认其为得保护之商业惯例,无非是要从习惯法上为其有效性寻求支持,然而,严格地按照物权法定主义原则来讲,习惯法并不属于日本《民法典》175条规定的得设定物权之法律范畴,因此,归根结底,从习惯法的角度来证明根抵押之有效性亦属徒劳之举。

3. 日本民法之所以设置了关于得为某些将来债权设定抵押权的特别规定,原因恰恰在于物权法定之要求,按此原理,显然无法律明文规定的根抵押是无效的,故意图通过类推适用这些特别规定的方法不但不能证明根抵押的有效性,反而使得其在日本民法上的尴尬地位欲盖弥彰。

4. 以法无禁止即为有效的原理说明根抵押的有效性显然与之前两个理由一样,不符合物权法定主义之精神,无须赘言。

从大审院采用的上述理由不难发现,其并未就东京控诉院认定根抵押无效的理由,即根抵押不符合抵押权之从属性要求进行直接批驳,亦未将根抵押作为日本民法上规定的抵押权之一种来看待,而是从日本民法的抵押权规定以外寻求根抵押有效的依据,其借助习惯法的力量,完全从实务的角度说明根抵押之有效性,虽在司法实践上使根抵押制度得以确立,但这无疑只是回应社会经济,尤其是金融交易之迫切需要的权益之计。以此观之,大审院之所以这样处理,很可能是为回避论述根抵押对被担保债权之从属性的困难，从而尽快清除违背交易规律之下级审判决的消极影响。

然而，不得不承认的是，大审院关于根抵押权之有效性的上述判决并没有改变根抵押制度在日本民法理论体系上的薄弱地位，而学术界亦未因根抵押的效力问题在实务上已获得解决而放弃对其有效性之根本原因的探讨。

（二）关于将来债权的可担保性

日本习惯上把为将来发生的债务提供担保而预先设定担保权的行为称为根抵押，其名称虽为抵押，而质权和保证债务亦得作为相同性质的担保予以设立。对此，得统称之为“引当（ヒキアテ）”①，即为担保将要开展的交易活动，而将自己的财产为交易对方设定优先受偿权。

根据日本《民法典》第369条，抵押权是为担保债权而设的优先受偿权。关于此概念中之债权的范围界定，对确立根抵押在日本民法理论体系上的地位至关重要。债权得做过去、现在、将来之分类。过去的债权，虽曾于过去存在过，但无论出于偿还抑或罹于时效而消灭后，其法律上乃至经济上的意义都已荡然无存，当然没有为其设定担保之必要，这也是关于抵押权消灭之从属性的根本原因，显然，抵押权之被担保债权之中不包括过去债权。现在的债权指处于有效期内之债权，为保证债权人能够得到足额偿还，当然得为此设定抵押权，故其包含在《民法典》第369条所言债权之内的道理不言自明。

而在习惯上向来被作为根抵押之被担保债权的将来债权应当如何界定，何种将来债权得包含在《民法典》第369条所言债权之内乃根抵押制度理论的基础问题，故日本学术界往往在讨论根抵押的有效性之前，首先分析日本民法上的将来债权。② 在日本当时的民法权利体系下，将来债权大致可作如下分类：

1. 作为债权发生之原因的法律事实已经现实存在，但基于法律事

① ［日］富井政章：『民法原論　第二巻　物権』，有斐閣書房1922年版，第453页；［日］中島玉吉：「根抵当論」，法学協会雜誌第33卷第3号（1915年）。

② ［日］石坂音四郎：「根抵当論」，法学協会雜誌第34卷第1、4、7、10号（1916年）；［日］中島玉吉：「根抵当論」，法学協会雜誌第33卷第3号（1915年）。

实中所包含的事实却使债权的发生受到阻止。此种债权包括附条件和附期限的债权等。

(1)附条件债权是指因条件的成就而发生的债权。附条件债权为将来债权。由于当事人的约定促使债权成就的约定要件欠缺,虽约定附条件债权这一法律行为本身于当时有效成立,但作为该约定内容之核心的债权却因为缺少要件而不能发生,只能待将来条件成就时生效,故附条件债权为将来债权。关于附条件债权,石坂博士又进行了进一步的分类,[①]根据债权所附条件的不同,得将附条件债权区分为附约定条件债权与附法定条件债权。举例说明,附约定条件债权是指当事人双方约定的条件成就时,债权生效,如甲与乙约定,若乙能在考试中考取满分,则给予其1000元奖励即属适例;附法定条件债权是指当法律要求的条件成就时,债权成效,如甲与乙签订的债权债务合同按法律规定需要取得政府部门的许可,在取得许可之前,其并不生效,故附法定条件债权亦为将来债权。之所以作出这样的区分,原因在于,附约定条件债权与下述附期限债权一样,其条件和期限都是因为当事人的约定而人为附加的,归根结底,其成为将来债权的原因是由人的意思决定的。而与此相反,附法定条件债权等其他类型的将来债权其之所以为将来债权,是由于缺少法定条件所致,而非人为因素。

(2)附期限债权与附条件债权一样,因有当事人约定的阻断,使得债权不得于当时生效,故为将来债权。附期限债权虽与附条件债权同为将来债权,但二者之间仍有区别,即附期限债权于期限到来后直接发生效力,这一点是确定的。而与此相对,附条件债权因不知其条件最终得否成就,故欠缺确定性。但这并不妨碍二者同为将来债权。需要注意的是,并非所有附期限债权均为将来债权,如附履行期的债权,只是为给付确立了一个期限,债权本身业已生效,故其为现在债权,而非将来债权。

另外,某些形成权,如取消权、解除权和买回权等的行使,因当事人得行使该等形成权的法律事实已经存在,只要当事人有行使该等权利

---

① [日]石坂音四郎:「根抵当論」,法学協会雑誌第34卷第1、4、7、10号(1916年)。

的意愿，则基于该等权利的行使则可直接令相对人当然地承担相应义务，故债权债务得立即发生，故与上述附条件或附期限债权一样，此等因形成权的行使而发生的债权亦得称之为将来债权。

2. 作为债权发生之原因的法律事实尚未存在，但能够引发使债权得以发生之事实的客观事实关系业已存在。例如，监护人对被监护人的财产进行管理，设置有妨害他人之占有危险之工作物等情形。该等事实虽均非债务发生的直接原因，但因该等事实的存在，使得导致债务发生的原因事实的发生确度由无到有，虽然与以上所述债权相比，此类债权发生的可能性似有降低，但这并不妨碍此类债权亦得作为将来债权对待。

3. 作为债权发生之原因的任何事实于现在均不存在，债权发生之基础完全缺如的纯粹之将来债权。此纯粹之将来债权，与上述两种将来债权相比，没有任何主观抑或客观之依据，完全出于人为的想象。例如，当甲与乙没有任何法律上或事实上之关系的前提下的甲于将来对乙取得之债权即属适例，正如中岛博士所言[①]，这种将来债权与任何人得对任何人取得之债权无异，其实质等同于债权的不存在，故于经济上并无对此债权设定担保的必要。

其实，学者们通过上述关于将来债权的分类，确定哪一类将来债权应当包含于《民法典》第 369 条的债权之内，从而得作为根抵押之被担保债权的想法，并不能解决根抵押权之理论依据问题。若从上述三种将来债权的分析过程中提炼出其划分标准的话，则似乎应当是债权发生的可能性。诚然，上述的将来债权，从其各自所具备的要件情形来看，似乎是按照其最终成为有效债权的可能性之高低顺序排列的，但实际上，这一主张似是而非。三种将来债权虽有各种要件上之完备程度的不同，但对于其得否于将来成立的确定程度上却并无不同，正如亲友之间于将来发生借贷关系的可能性未必低于其向银行借款的可能性，故只有作为上述三种将来债权的共性之债权的尚未发生是确定的。因此，问题又重新回到对现在尚未发生的债权得否设定抵押权，以及如何使其与《民法典》第 369 条之规定相协调上来。

① ［日］中島玉吉:「根抵当論」,法学協会雑誌第 33 卷第 3 号(1915 年)。

(三)关于根抵押权效力之学说

关于根抵押权效力之学说,可对其进行简要分类。首先从总体上可分为否定说与肯定说两种。主张否定说的理由无非是根抵押权不符合抵押权之从属性要求,违反物权法定主义,以明治34年东京控诉院的判决为代表,此主张虽有明确依据,却因不符合实务要求[①],而沦为少数派。与此相反,认为根抵押有效的肯定说为绝对的多数派,但因各派学者说明根抵押有效的理由与方法不尽相同,故肯定说中又有不同派别。持肯定说观点的派别又可大体分为两类,即抵押权从属性否定说与抵押权从属性肯定说。关于从属性否定说,虽有德国法等外国法上的立法例作为理论支持,但毕竟不符合日本民法的法律精神,故为从属性肯定说予以排斥,尽管有持从属性否定说的学者试图通过巧妙的缓和解释解决这一问题,亦未免遭致猛烈批判(具体见后述相关内容)。[②] 而从属性肯定说论者之主张亦各有千秋,难以统一。

1. 与根抵押权效力相关的学说概述

(1)否定说

持此观点的学者认为根抵押权无效。抵押权属于从权利,主债权的存在是其成立的要件,当主债权尚未发生时,抵押权无从单独存在的道理不言自明,故以担保尚未发生的债权为目的而设立的所谓根抵押完全无效。[③] 持此见解的学者完全拘泥于概念法学的理论自洽,而全然不顾根抵押在现实交易中的重要地位,这一主张限制了法学理论的自然发展,有违法学作为社会科学本身所固有的科学性,故其沦为少数派亦属情理之中。

(2)肯定说

肯定根抵押权效力之学说即为关于担保将来债权之学说。从日本《民法典》第369条关于抵押权之规定的精神观之,根抵押权在商务交

① 导致社会实践中交易上的信用缺失,形成了妨碍金融发展的恶果。"根抵当に就て",明治34年8月26日法律新聞第49号。

② [日]石坂音四郎:「根抵当論」,法学協会雑誌第34卷第1、4、7、10号(1916年)。

③ [日]横田秀雄:『物権法』,日本大学1910年版,第699~700頁。

易中的出现，无异于抵押制度在实务中的创新，而为促进交易繁荣、刺激经济发展，必须通过理论创新来巩固实务创新的成果，确立实务创新的可靠地位。肯定根抵押权效力之学说就是在这样的背景下展开的。关于根抵押权有效的学说虽林林总总，但其核心内容无外乎如何实现担保将来债权与抵押权之从属性的调和，对此，可分为从属性肯定说、从属性否定说以及折中说。

①从属性肯定说

持这一见解的学者，以承认根抵押权亦完全具有从属性为前提。[①]有人认为为担保将来债权而设定抵押权时，抵押权并不于设定时成立，而是待将来债权成立之时始得成立。这一观点作为德国普通法的通说，是严格遵守罗马法认定的从属性观念之典范。[②] 然而，其缺陷是十分明显的。既然担保将来债权的根抵押权要待将来债权成立时始得成立，则于根抵押权设立当时这一权利就没有任何效力，既然无任何效力，当然不得实施登记，故不能确定根抵押权之顺位，抵押人亦得对抵押物实施任何处分，这对根抵押权人的保护十分不利。可见此学说为维护从属性的绝对地位而提出的这一见解完全与根抵押实务不符，故不被认可。还有人为兼顾既尊重抵押权的从属性又使根抵押权能够在设定当时即时生效，而提出根抵押权非从属于将来债权，而从属于信用合同的说法。[③] 此见解虽能很好地弥补上一学说的缺陷，从而为根抵押权的即时生效找到依据，但正如上文中富井博士对根抵押权从属于信用债务的批判一样，认为根抵押权从属于信用合同这样一个尚未成立的债权是难以成立的。关于肯定从属性的学说将于下文详述。

②从属性否定说

作为与肯定从属性学说完全不同之学说，否定从属性的学说则直截了当地认为抵押权是一种无须从属于债权而得独立存在的担保权。

---

① [日]石坂音四郎:「根抵当論」,法学協会雑誌第 34 卷第 1、4、7、10 号(1916 年)。

② [日]石坂音四郎:「根抵当論」,法学協会雑誌第 34 卷第 1、4、7、10 号(1916 年)。

③ [日]富井政章:「根抵当の有効なる理由に就て」,明治 35 年 4 月 21 日法律新聞第 83 号。

正如德国《民法典》第1113条规定的那样,对附条件债权和将来债权均得设定抵押权,这为抵押权的独立性提供了充分的依据。但这一主张亦受到猛烈攻击,石坂博士认为这一见解不仅在理论上失当,且在日本民法的解释上亦不足采纳。[①] 日本民法并无关于独立抵押权之传统观念,借助异域法上的相关制度解释本国法实务中的新现象虽为可取之举,但若将其当作本国法上固有理论一样应用则很可能损害本国现有法律制度的统一性,造成理论体系的混乱。故从属性否定说亦难以推行。

③折中说

这一学说既承认担保将来债权之抵押权的从属性,又认为担保将来债权之抵押权得于设立之时生效。首先提出该学说的学者为德国的戴恩伯格(Heinrich Dernburg),后为日本学者以及大审院的屡次判决例采纳。[②] 该学说认为,就抵押权之从属性的含义而言,抵押权虽为从权利,但其为债权的从权利抑或只为债权而存在仅仅意味着其不得超越债权的范围而存在而已,并无于债权发生前不得设立抵押权之道理,故于当事人缔结信用合同之时,虽无现实的债权债务发生,当事人仍得基于共同的意思设定抵押权,而该抵押权亦于设定当时即得生效。此说虽有一定现实意义,但严格来讲,其本质与从属性否定说并无二致。

2. 主张根抵押权有效的主流学说

以下关于根抵押权有效的主流学说,都是在承认抵押权从属性的前提下提出来的,现逐一对其予以分析评述。

(1)梅谦次郎说

梅博士认为,根抵押是"因信用合同而生消费借贷之担保",而信用合同是指"应借方之请求而为消费贷款的预约"。[③] 将其称为根抵押,的确能引起该种担保只得设定抵押权的误解,但实际上,这一性质的担保,不但可以设定抵押权,而且质权、保证债务亦均得设定。之所

---

① [日]石坂音四郎:「根抵当論」,法学協会雑誌第34卷第1、4、7、10号(1916年)。

② [日]横田秀雄:『物権法』,日本大学1910年版,第700~701頁。

③ [日]梅謙次郎:"根抵当を論す",明治34年10月7日法律新聞第55号。

以称其为根抵押,原因在于当《民法典》尚未制定前,根抵押这一担保方式已在社会实践中出现,当时的“抵押”并无民法上之“抵押权”的意义,而是指广义的“引当”,亦即“担保”之义。而当《民法典》颁行后,此名称仍被毫无更改地沿用下来。虽保证债务亦得设定该类担保,但实务中大多设定的为抵押权和质权。就传统意义上的抵押权与质权来讲,债权的现实存在是其生效的要件,虽德国民法及德国学者在当时已认可得对纯粹的将来债权设定担保,但因日本民法确立的抵押性质为传统的保全抵押而非投资抵押,故对根抵押的有效性,仍应通过对日本《民法典》的现行规定予以解释来说明。根据梅博士的见解,①根抵押担保的为附条件债权,这不但有《民法典》第 129 条②明文规定,且《不动产登记法》第 2 条③第 2 款第 2 项亦有得为此实施假登记的规定。而虽得为附条件债权设定根抵押,若根抵押于设定时即得成立,则无异于承认无债权存在亦得成立抵押权,故与日本《民法典》不承认抵押权之独立性相矛盾。对此,最为合理的解释为根抵押亦为附条件之抵押权。因此,若按这一路径定义根抵押,则为“为担保因信用合同这一金钱借贷之预约而发生的附条件债务而为接受信用者设定的以一定金额为限的附条件抵押权或质权”④。按照日本民法所采取的公示对抗主义原则,当根抵押为抵押权时,若不对其进行登记则不得对抗第三人。而关于根抵押的公示问题,梅博士认为按照上述《不动产登记法》的规定,得采用假登记的方法实施,即基于根抵押设定合同,授予信用者获得一个抵押权或质权的设定请求权,但因其请求权为附停止条件的请求权,故符合上述《不动产登记法》规定。但完成假登记后,当条件成就而实施本登记时,根抵押的顺位要依据假登记时的顺位确定,这样,

① ［日］梅謙次郎:“根抵当を論す”,明治 34 年 10 月 7 日法律新聞第 55 号。

② 条件成否未定期间之当事人的权利义务,得按一般规定处分、继承、保存或为其提供担保。

③ 于下述情形下得实施假登记。(1)申请登记的必要的程序上之条件不完备时;(2)为保全前条所揭权利的设定、移转、变更或消灭之请求权时,上述请求权为附始期或附停止条件以及其他于将来得确定之请求权时亦同。

④ ［日］梅謙次郎:『民法要義　巻之二　物権編』,有斐閣 1911 年版(復刻版),第 500 頁。

无论本登记何时实施,即便在决定实行抵押权、质权之时实施亦无不可。[①] 梅博士的上述关于根抵押权有效的见解早于大审院认定根抵押权有效的两则判决,虽其与大审院判决均认定根抵押有效,但与大审院从习惯法等实务角度寻求有效之依据不同,梅博士则是努力基于民法的正式条文对根抵押的有效性实施合理的解释。

此说虽被作为有力说,而被司法实践采纳(长崎控诉院明治 41 年 7 月 1 日判决)[②],然而梅博士的解释论亦难免遭到持不同见解者的批判。[③] 梅博士为将根抵押的被担保债权解释为附条件债权,需要将因不确定之将来事实而发生的法律上之效力均称为附条件之权利义务,而这样就有将附条件债权债务之"条件"超过应有限度地扩大解释之嫌。因签订信用合同并不直接导致当事人间直接发生任何债权债务关系,授予信用者与接受信用者之间将来的债权债务关系是由将来随时实施的法律行为设立的。按梅博士的解释论,将这样的债权债务关系解释为附条件债权债务关系,则任何人对任何人均得成立这样的债权债务关系,这样,若实施借贷,则必生偿还义务之负担,这虽可在一般意义上使用"条件"来称谓,但却与法律术语上的"附条件法律行为"大异其趣。法律意义上的附条件法律行为指当事人间的行为作为法律行为已经成立,只是因为该行为被附加了条件,其效力之成否尚处于未定状态而已。就梅博士所言之根抵押的情形来件,作为其被担保债权之发生原因的法律行为即金钱的借贷行为尚未成立,亦即所谓附条件法律行为完全不存在,故作为其结果的附条件债权亦不可能存在,因此,则难谓为其提供担保。且《民法典》第 129 条之所谓附条件权利指的是于条件成否未定期间可取得将来权利义务之希望而言,这与因条件的成就而发生的债权债务完全不同,法律之所以要保护这样的希望,是因为法律行为已经成立,使权利义务发生的客观基础已经存在。而与此相反,对于尚无任何基础之抽象可能,法律无理由对其施加保护,故在

---

① [日]梅謙次郎:"根抵当を論す",明治 34 年 10 月 7 日法律新聞第 55 号。

② [日]三潴信三:『担保物権法』,有斐閣 1922 年版,第 268 頁。

③ [日]富井政章:『民法原論　第二巻　物権』,有斐閣書房 1922 年版,第 457 ~ 458 頁;[日]中島玉吉:「根抵当論」,法学協会雑誌第 33 卷第 3 号(1915 年)。

金钱借贷行为尚无其萌芽发生之前,对于完全出于想象的抽象的金钱返还义务自然毫无施加法律保护之必要,[①]因此,梅博士将根抵押权解释为《民法典》第 129 条之所谓附条件权利的学说仍难摆脱牵强附会之嫌,尚有难以令人信服之处。另外,富井博士对此亦有批判。[②] 富井博士认为,附停止条件法律行为通常是停止作为当事人目的之法律行为成立的其他法律行为,该法律行为因条件的成就生效而导致其他法律行为成立,因该行为发生所形成的特殊权利关系虽得设定担保,但这不应与因将来条件之成就而得成立的法律关系相混同。因根抵押担保因将来借贷所发生之债权,故附停止条件的法律行为应同与条件相联系的法律行为具有同一目的,而于设定根抵押合同来讲,这两个法律行为的目的并不相同。因此,梅博士的解释论尚有难以被接受之理由。

(2)富井政章说

与梅博士认为根抵押担保的为附条件债权之观点不同,富井博士认为,为担保将来债权而设定抵押权(质权亦同)时签订的合同为附条件抵押权设定合同,即以将来债权的发生为停止条件来设定抵押权,条件成就时,抵押权成立。[③] 根据这一学说的见解,附条件的不再是根抵押的被担保债权,而是根抵押权本身。债权发生前,抵押权一直不成立,待将来债权发生时,抵押权始得成立,显然,该学说又是一个严格遵守抵押权与债权之从属性的典范。然而,其缺陷也是十分明显的。其所谓附条件抵押权之"条件"与附条件法律行为之所谓"条件"的性质具有本质不同。条件是指将法律行为之效力的发生、消灭系于成否未定的将来之一定事实的发生、不发生之法律行为的附则。[④] 条件之成就与否,本与法律行为得否生效毫不相干,而因有当事人之约定,其始得成为法律行为生效的决定因素。而本说将债权的发生作为根抵押权生效的条件并不符合附条件法律行为的特征,"债权的发生是抵押权

① [日]中島玉吉:「根抵当論」,法学協会雑誌第 33 巻第 3 号(1915 年)。

② [日]富井政章:「根抵当の有効なる理由に就て」,明治 35 年 4 月 21 日法律新聞第 83 号。

③ [日]富井政章:『民法原論　第二巻　物権』,有斐閣書房 1922 年版,第 460 ~ 461 頁。

④ [日]河上正二:『民法総則講義』,日本評論社 2007 年版,第 505 頁。

的法定条件,并非真正条件,正如立遗嘱者将'我死后'作为条件一样,将法定要件约定为决定法律行为生效与否的事实"①,毫无附条件法律行为的意义,待将来债权发生时,抵押权自然生效,而除非有法律明文规定,这时的抵押权并无溯及力,只能面向未来发生效力,这导致自根抵押权设定合同成立始至抵押权生效止这一期间内的根抵押权这一所谓附条件抵押权在法律上仍处于模糊不定的状态,显然,这样的解释无法满足根抵押权设定当事人的要求。

对此,因基于《民法典》第128条的规定,②根抵押权作为附条件抵押权具有期待权的性质,故富井博士主张对这一期待权应得通过假登记予以保护。③ 但石坂博士对这一主张提出了批判,④根据《不动产登记法》第2条关于假登记的规定,要对这一附条件抵押权实施假登记,只能以该法第2条第2款第2项作为依据,而该项规定的是附条件请求权之假登记,故附条件抵押权得否设定假登记不无疑问。换言之,虽根据该项可对附条件的抵押权设定请求权实施假登记,但却难以将其解释为对附条件的抵押权本身亦得设定假登记。因此,石坂博士进一步提出不应实施假登记而应实施本登记的主张,⑤即关于附条件抵押权,于《民法典》第129条规定的条件成否未定期间,当事人的权利义务得按一般规定予以保存,故得实施本登记。期待权的性质以其将会取得的权利为绝对权抑或是相对权的性质决定,因附条件抵押权这一期待权指向的权利为不动产物权这一绝对权,故其具有绝对权性质,因此,该期待权的取得与一般不动产物权的取得一样,为获得对第三人的对抗力,得以本登记作为权利保存的方法。这在《民法典》(第337条不动产保存先取特权之登记、第338条不动产工程先取特权之登记、第

---

① [日]中島玉吉:「根抵当論」,法学協会雑誌第33卷第3号(1915年)。

② 附条件法律行为的各当事人于条件成否未定期间,不得实施损害条件成就时对方因该法律行为得受利益之行为。

③ [日]富井政章:『民法原論　第二卷　物権』,有斐閣書房1922年版,第461页。

④ [日]石坂音四郎:「根抵当論」,法学協会雑誌第34卷第1、4、7、10号(1916年)。

⑤ [日]石坂音四郎:「根抵当論」,法学協会雑誌第34卷第1、4、7、10号(1916年)。

340条不动产买卖先取特权之登记)以及《不动产登记法》(第1条)上均有明确规定。对于石坂博士上述附条件抵押权的登记究竟应为假登记、抑或本登记的见解,富井博士亦进行了反驳。[①] 在富井博士看来,鉴于法律并没有给根抵押权的性质设置一个明确的定位,在借贷行为发生之前,将根抵押设定一个最高金额作为担保权通过登记予以保存,从这一点来讲,无论设定假登记,抑或设定本登记,并无实质差别。

梅博士与富井博士就根抵押的有效性既未从实务习惯的角度,亦未从立法论的角度,而是限于现行法的理论框架内,通过解释论的方法试图进行合理说明。因两位博士均以抵押权对债权的从属性作为解释的前提,鉴于根抵押权的被担保债权于根抵押权设定时尚未存在,为解决抵押权与被担保债权在成立时间上的这一错位,不约而同地适用了附条件法律行为理论,只是一位将根抵押的被担保债权解释为附条件债权,另一位将根抵押权直接解释为附条件抵押权,故两种学说分别被称为"附条件债务担保说"和"附条件担保设定说"[②]。而两种解释将"若接受信用者向授予信用者实施借贷行为"作为条件,当这一条件成就时,被担保债权成立或抵押权成立,归根结底,该等附条件法律行为的核心意旨均在于说明"只有被担保债权成立,根抵押权才能生效",而对于被担保债权成立前的根抵押只能作为一种法律上地位不明确的权利通过假登记来保全。这一关于抵押权之根本特征的法律属性之所以要通过如此复杂的理论路径加以解释,正是因为日本《民法典》当时对将来债权设定抵押无明确规定,虽从德国《民法典》第1113条明文规定得对将来债权设定抵押权的情形来看,这样的解释不但牵强附会,而且徒劳无功,但在日本《民法典》刚刚施行不久之际,为保持法律理论的权威与统一,与其修改立法应对金融担保创新的要求,当然不如这样通过现行法的张力来吸纳新法律现象更为可取。

因上述两种学说均采用附条件法律行为理论进行解释,故于根抵押权设立之时,根抵押权作为一种抵押权不能立即成立,这对根抵押权

① [日]富井政章:『民法原論　第二卷　物権』,有斐閣書房1922年版,第462頁。

② [日]三潴信三:『担保物権法』,有斐閣1922年版,第267~270頁;[日]横田秀雄:『物権法』,日本大学1910年版,第700~701頁。

的登记等实务中之保护方法的实施十分不利,而下述横田博士所坚持的信用债务担保说为克服上述弊端,提出了于根抵押权设立合同缔结时,尽管被担保债权尚未存在,根抵押权仍然直接成立的主张,且并未抛弃抵押权之从属性这一前提。

(3)横田秀雄说

横田博士认为,根抵押担保的并非将来发生的债权,基于当事人间的信用合同,当事人的一方应对方请求,以一定金额为限贷与金钱而为对方提供信用,同时,对方为此负担信用之债务,而根抵押正是担保这一信用债务之抵押权。[①] 在横田博士看来,根抵押未必不是为担保现在成立的债权而设立的担保。根抵押不能通过想象于未来成立的债权而凭空设定。因信用合同的成立,一方开始向对方提供信用,负担向对方贷与金钱的义务,根抵押担保的不是该义务,而是与此义务相对的接受信用者同时应向授予信用者负担的对等义务,即所谓信用债务。根抵押设定时,这一信用债务将于将来可能发生的各个具体债务的偿还义务概括性地抽象起来,为确保授予信用者的利益,而直接得对这一信用义务设定根抵押则至为合理。换言之,只要在当事人间发生了权利义务关系,自得对其设定担保,而不问该权利义务为具体的抑或是抽象的,基于与此相同的法理,法律上亦有若干适例,如根据《民法典》第199条关于占有保全之诉的规定,占有人对于造成妨害其占有之危险的责任人得为预防其妨害或损坏赔偿而预先请求担保,之所以这样规定,其原因在于,虽现实的损坏事实尚未出现,但占有人与责任人之间已发生了权利义务关系,而法律承认这一权利义务关系的目的在于从妨害占有的危险中保护占有人的利益;而在民法关于监护人对未成年被监护人实施财产管理的活动中,出于相同理由,为保护未成年被监护人的财产利益,法律要求监护人在就职时,亲族会[②]有权要求监护人为

① [日]横田秀雄:『物権法』,日本大学1910年版,第700~701頁。

② 改正前民法规定的亲族合议体,以为特定的人或特定的家族决议重要事项为目的。重要事项包括为家族代行户主权、选定家督继承人以及为无行为能力人选任、监督监护人、监护监督人、保佐人等,尤其是为未成年子女监督亲权的行使、父母同意权的监督、补充等。现行法废止了亲族会,而其曾具有的广义上的监护任务主要转由家庭裁判所承担。[日]末川博:『民事法学辞典』,有斐閣1960年版,第1056頁。

此提供相应的担保。因此，就基于《民法典》第129条规定的条件成否未定期间之权利人的权利得获担保保护这一法律精神进一步来讲，根抵押的目的在于担保因信用合同所生的抽象权利义务，而正如当事人预想的那样，当具体的债权债务发生时，根抵押则直接转为现实债务的担保以保护授予信用者的利益。因此，根抵押并不从属于将来发生的现实债权，而是从属于其设立时即已存在的信用债务而直接生效，且根抵押权伴随信用合同整个有效期间的始终，至于将来当现实债权发生时，根抵押对现实债权的担保只是一个被担保债权由抽象转为具体的问题而已。

横田博士的这一信用担保说虽摆脱了因严守抵押权之对现实债权的从属性要求而当被担保债权于将来生效的情形下根抵押不得即时生效的羁绊，通过将将来债务抽象为现在的信用债务，把"将来发生的债权拟制为现在已存在的债权"[①]而实现了根抵押权即时生效的结论。但其抵押权从属的债权之抽象性，又不免为其他学者诟病。[②] 中岛博士认为，信用担保说所言之作为根抵押之被担保债务的信用义务以及作为证明所引用的占有妨害之诉和监护人义务中的损坏赔偿之担保义务均为任何人对任何人都承担的抽象性义务，这只代表于将来有债务或义务发生的可能，而并非已有现实的债务或义务存在，故为这样的债务设定抵押是难以理解的。另外，若将因信用合同所生的债务作为一个现实债务来对待的话，则根抵押对此债务予以担保，而此债务与将来将要发生的债务并无直接联系，故得否为将来债权设定抵押权的问题仍未获得解决。

(4)中岛玉吉说

上述三种学说虽各自采用了不同论证方法，但在认可抵押权之从属性这一点上是完全一致的。中岛博士亦坚持抵押权之从属性原则，但对此的论证路径却与上述学说不尽认同，而中岛博士的见解亦是在

---

① ［日］安達昌彦:「根抵当覚書」,1956年2月判例タイムズ、54、55。

② ［日］中島玉吉:「根抵当論」,法学協会雑誌第33卷第3号(1915年);［日］石坂音四郎:「根抵当論」,法学協会雑誌第34卷第1、4、7、10号(1916年)。

对上述学说开展批判后而提出来的。[①] 中岛博士认为,担保是为债务而设,对于债务得在时间维度上分为过去、现在、将来之债务。过去债务因已无经济、法律意义,故无须为其设定担保,现在债务毫无疑问具有得设定担保的性质,而对于将来债务得否设定担保,因无法上明文规定,故需对其进行解释。中岛博士对将来债务按是否有客观上的依据进行分类,关于这一分类的结果可归纳为两种,一种为有客观可能的将来债务,比如因附条件、附期限法律行为可能于将来发生的债务以及造成占有妨害危险之责任人可能于将来承担的损坏赔偿债务等;另一种为纯粹的有抽象可能的将来债务,比如将来甲可能对乙承担的债务。于现在的角度来讲,因纯粹有抽象可能的将来债务得理解为任何人对任何人都负有债务,其实质上与没有债务存在无异,故在经济上亦无为其设定担保的必要。同时,更为不可忽视的是,基于从属性原则,抵押权随债务的消灭而消灭,由于抽象债务没有明确的消灭期限,若为其设定抵押,则抵押权将永久存在,这不但对抵押人十分不利,且在实务操作上亦难以实施。因此,对于有抽象发生可能的将来债权不得设定抵押权。与此相反,对于有客观可能的将来债权,从当时《民法典》第29条(财产管理人的担保责任)、第199条(占有妨害责任人的担保责任)、第461条(债务人对保证人的赔偿担保责任)等的法律精神来讲,之所以对该等将来债务得设定担保,原因就在于其非抽象的将来债务,而是有客观可能的将来债务。中岛博士并未把对该等担保责任的理解限于民法上的特别规定,而是将有客观可能的将来债务纳入《民法典》第369条关于抵押权定义中的被担保债务之内,故对于有客观可能的将来债务,均得设定抵押权进行担保。因此,根抵押作为对有客观可能的将来债务的抵押权包含在《民法典》第369条的意旨之内,当然有效。同时,根抵押作为对将来债务担保的现在之抵押权,对其进行的登记,当然得按一般原则实施本登记,而非假登记。另外,根抵押权虽为现存抵押权,但因其所担保的债权尚未发生,抵押权人并无实施抵押权的权利,因抵押权是债权的从权利,以确保债权人的可得利益为目的,

---

① ［日］中島玉吉:『民法釈義　卷之二　物権編下』,金刺芳流堂1921年版,第785頁以下;［日］中島玉吉:「根抵当論」,法学協会雑誌第33卷第3号(1915年)。

故若债权非处于可实行状态,则抵押权亦当然不得实行,因此,根抵押权之所以不得实行,并非因为根抵押权尚未生效,而是因为其被担保债权尚未发生。

持此"有客观原因债务担保说"的还有三潴信三博士,[①]三潴博士认为其所谓抵押权的从属性之意义乃在于债权担保且仅在于债权担保,故抵押权得与债权共命运,并以此主张其见解未必与中岛博士相同,然而,在笔者看来,这一关于抵押权从属性之解释并未在其固有性质上有何实质性突破,三潴博士的见解与中岛博士的见解并无根本不同。

而对于上述有客观原因债务担保说提出质疑的是石坂音四郎博士。[②] 在石坂博士看来,基于抵押权的从属性,于抵押权设定当时若债权不存在,则抵押权不成立,故当为担保将来债务而设定抵押权时仍主张该抵押权即时成立而并不背离从属性,显然于理论上是矛盾的。即便是如上述之有客观原因的将来债务,只要其为将来债务,于现在来讲即属尚未存在之债务,因此,若不否定抵押权的从属性,就无法得出得为将来债务设定抵押权的结论。故有客观原因债务担保说被认为在本质上属于从属性否定说,而从属性否定说并不符合当时日本《民法典》上抵押权规定之精神,故此说之解释论亦不足取。

(5)石坂音四郎说

石坂博士对上述主张均持批判态度,对于将来债权的担保与从属性的调和问题,他采用与富井博士的"附条件担保设定说"相同的路径,将根抵押设定合同解释为一种"准附条件抵押权设定合同",而条件成就前的抵押权则被解释为一种期待权。[③] 石坂博士认为,当法律行为由多个要件构成时,其多个要件可能同时成立,亦可能不同时成立,这是很自然的道理。前者由于多个要件同时成立,故法律行为立即

① [日]三潴信三:『担保物権法』,有斐閣 1922 年版,第 282 頁。

② [日]石坂音四郎:「根抵当論」,法学協会雑誌第 34 卷第 1、4、7、10 号(1916 年);[日]三潴信三:『担保物権法』,有斐閣 1922 年版,第 282 頁。

③ [日]石坂音四郎:「根抵当論」,法学協会雑誌第 34 卷第 1、4、7、10 号(1916 年);[日]三潴信三:『担保物権法』,有斐閣 1922 年版,第 272 ~ 274 頁。

生效;而后者却要待最后一个要件成立时始得生效。随着社会交易形式的演进,原有之严格恪守前者之交易规则的情形最终被打破,而后者的交易形式亦获得到了法律的认可,这在罗马法的发展历程上亦得到了印证。发展到近代法上,后者的交易形式已经相当普遍,比如,要物合同的成立除当事人的合意以外,还需要物的交付;为使无权代理人的行为生效,需要本人进行追认等。而这一法律原理当然亦得适用于关于将来债权的抵押权设定上。为使抵押权设定合同生效,需要具备当事人的合意以及债权的存在这两个要件。关于设定抵押权的合意达成后,直至被担保债权发生时关于抵押权的所有要件完备,抵押权始得生效。石坂博士之见解的一大特点是其对前述合意达成后至被担保债权发生止这一期间内,于当事人间有何效力产生进行了界定。首先,关于法定条件与真正条件的区别,如上述对富井博士学说之批判,将法律行为的法定条件当作真正条件附加到法律行为中并无任何实际意义,然而,这并不等于说法定条件本身没有任何效力。从罗马法到德国民法,关于法定条件之效力并未达成明确的界定,以石坂博士的见解观之,关于法定条件的效力得准于真正条件进行规定,虽因二者性质相异,无法将关于真正条件规定直接用于法定条件,但法定条件与真正条件在使法律行为成为不确定的将来事实这一点上的意义是相同的。根据《民法典》第128条的规定,条件成否未定期间之条件的积极效力产生所谓期待权或希望权(Anwartschaft, Wartrecht),法律之所以要保护当事人的这一权利,原因在于当事人有于将来条件成就时实现其实施法律行为时所预期利益的可能,而正为保护这一可能,法律才承认期待权。而关于期待权这一观念,并非只适用于附条件法律行为,一般的由多个要件构成的法律行为,各要件渐次发生的情形应均得适用,故于法定条件亦得发生期待权则不言自明。因此,将真正条件的规定准用于法定条件,在法定条件成就前自得产生期待权。石坂博士将被担保债权发生前的根抵押解释为一种期待权,目的在于调和根抵押与抵押权之从属性的矛盾。因为若承认被担保债权发生前的根抵押为完全有效的抵押权而成立,则需要否定根抵押的从属性,这就会违反《民法典》第369条关于抵押权之规定;与此相反,若认为被担保债权发生前的根抵押不发生任何效力,则民法承认担保将来债权的各项权利之规定将无法解释。因此,将被担保债权发生前的根抵押解释为一种期待权是有必要的。然而,由此产生的一个结果是,关于作为根抵押生效之法定条件的被担保债权,不但包括于现在有将来发生之客观基础的将来债权,即使纯粹的将来债权亦包括在内。因此,为纯粹的将来债权亦得设定抵押权,而基于此,亦有期待权之发生。显然,这一点完全打破了中岛博士主张的“有客观原因债务担保说”关于对将来债权设定担保的限定,为后来日本民法学界就根抵押制度而发生的关于概括性根抵押有效与否的大论争埋下了伏笔。而关于这一期待权的公示问题,石坂博士认为其作为一种物权性期待权,得直接实施本登记,而于将来债权发生时,得进一步将其作为抵押权进行登记。另外,石坂博士不但从现行法的解释论上论证了根抵押的有效性,还从立法论的角度,提出了采用物之责任说(Sachhaftung)的观点。

对于石坂博士的上述主张,也同样有学者提出驳斥。[①] 三潴博士认为,上述见解不但将担保权之从属性解释得过于狭隘,而且从严格意义来讲,认定关于法定条件的效力得准用真正条件的规定尚有商榷之余地。日本民法上所称之条件仅限于当事人得任意附加于法律行为上之真正条件,而对似是而非的假装条件准用真正条件的规定并承认其效力的情形则需要法律另行设置规定(《民法典》第 131 条至第 134 条),故对于法律未作明文规定之法定条件当然不得作为真正条件进行解释,否则必将引起理论的混乱。例如,就立遗嘱的情形来讲,若对法定条件准用真正条件的规定,则在“如果我死亡”这一所谓法定条件成就前的期间,会发生“对于因此遗嘱所生的期待得否按一般规定处分?若得处分,则是否应视为自得知该遗嘱时即得处分由此而生之期待?等等”一系列难以回答的疑问。因此,石坂博士关于根抵押于被担保债权发生前为一种期待权的主张似有理由尚欠充分之嫌。

(四)关于根抵押效力之学说的发展

上述关于根抵押有效之各家学说穷极法学家法律解释之能事,唯图从解释论的角度将根抵押的法律构成与抵押权之从属性施以调和,以实现将根抵押纳入成法之规定范围内的目的,堪称概念法学之标本。

---

① [日]三潴信三:『担保物権法』,有斐閣 1922 年版,第 273 頁。

诚然,日本的现行民法已将根抵押制度作为一种特殊抵押权进行了明文规定,虽从现行民法否定根抵押之从属性[①]的角度来看,这样的解释论不但难以自圆其说,而且亦无实益可言,但从当时的历史条件和客观情形来讲,面对实务中出现的金融担保创新活动,不回避其与现行法上的龃龉,而努力通过解释论来证成其有效性,这完全符合当时所流行的概念法学之内在要求。尽管各个学说的解释方法不尽相同,但在承认根抵押有效这一点上是完全一致的。这样,判例法从实务的角度,学说从解释论的角度共同为根抵押确立了其有效的依据,从此无人再度对根抵押之有效性提出质疑。

1. 对根抵押之本质的关注

当根抵押制度通过判例和学说确立起来后,在与根抵押制度相关的实务操作规则不断走向成熟的同时,亦有学者对与根抵押效力相关的问题进行了重新思考,而此时的探讨并不再像之前的学说那样纠结于应如何将根抵押之法律构成与担保权的从属性相调和的问题上,恰恰相反,而是聚焦于站在普遍承认根抵押有效这一现实基础上对一直以来的担保权之从属性应如何看待的问题上。[②] 显然,后者采取的态度是以法治创新来应对金融担保创新,乃是一种于法律原则上寻求突破的较为激进的做法。

法律原则乃囿于当时的社会形态而成立,但社会的发展却不可能受法律原则的限制而停滞不前。与此相应地,法律原则应随社会形态的发展而不断地作出调整亦是当然的道理,对于担保制度来讲,这一论断同样适用。担保权的从属性是从古罗马法时代确立的担保制度中归纳出来的,原因是当时的简单社会交易形态以为现实存在的债权提供担保为中心,至于为将来债务提供担保,只在一些特殊需要的情况下承认其有效[③]即可,并不需要将其确立为一种法律原则,故从属性毋庸置疑地成为担保权的基本原则。虽作为日本民法制定之母版的法国民法、德国民法对将来债权的担保问题都有学说上的确定或直接的明文

① ［日］鈴木禄弥:『根抵当法概説』,新日本法規出版株式会社1993年版,第3页。

② ［日］石田文次郎:「根抵当の本質」,法学論叢19-4~5(1928年)。

③ ［日］石田文次郎:「根抵当の本質」,法学論叢19-4~5(1928年)。

规定，但日本民法制定时却未对将来债权之担保作为一个原则性的法律问题予以对待，只是在法律条文中就一些特殊的将来债权得设担保进行了明文规定，故关于担保权之从属性问题，日本民法所采态度与罗马法并无二致。然而，日本制定民法之时距罗马法时代已相去甚远，罗马法时代在交易实践中并未出现的所谓根抵押在当时已经作为交易习惯被实务界普遍采用，且未产生任何方面的不便。显然，当社会交易形态已经发展到“从实际的交易需要来看，对将来债权设定担保权的需求已经不亚于对现在债权设定担保权的需求”①时，这一落后于时代的法律规定与现实要求的严重脱节则正是该法甫一施行就遭遇了关于根抵押应如何确定其效力之难解问题的症结所在。

在笔者看来，大审院等司法机关从满足实务要求的角度出发，以习惯法为理由承认了根抵押之有效性虽未触及根抵押于法上有效之根本原因，但其为交易实践中开展根抵押活动提供的理论支持则具有不可替代的重要意义。当社会交易实践中出现的某一金融担保创新品种尚无法在现行法上实现合理定位的情形下，不妨先于司法实践上承认其有效，待其自身作为一项担保制度发展成熟起来以后，可再视需要探讨是否有必要对担保法的基本原则施以相应调整。

实际上，当根抵押制度在交易实务中不断发展成熟起来之后，日本学术界亦逐渐不再关心根抵押之法律构成与担保权之从属性的调和问题，而开始探讨在根抵押活动普遍开展的现实情形下，是否还应继续严格坚持担保权之从属性。② 一直以来，学说坚持将从属性作为担保权之法律构成要件的根据在于担保权是为担保债权而存在的权利，作为实现债权的手段，担保权自身并无目的。因此，担保权不能成为一个独立的权利，而只能随债权的成立而成立，随债权的转移而转移，随债权的消灭而消灭，故从属性成为债权的本质属性。然而，担保权是否真的没有自身的目的却十分值得商榷。虽然同债权一样，担保权以确保债权人获得债务人偿付为根本目的，但作为实现债权的手段，担保权与债

---

① ［日］石坂音四郎:「根抵当論」，法学協会雑誌第 34 卷第 1、4、7、10 号（1916 年）。

② ［日］石田文次郎:「根抵当の本質」，法学論叢，19－4～5(1928 年)。

权本身具有不同的性质和意义,债权是为获得偿付而得向债务人主张的一种请求权,是一种对人权,是为实现债务的偿付而得实施的首要手段,而担保权则是在债权本身无法达成目的而作为辅助手段予以实施的权利,是一种对物权。故担保权并非没有自身的目的,只是其目的与债权的目的相同而已,而正是由于担保权的目的与债权的目的相同,当债权的目的消灭时,担保权也因其目的的消灭而消灭。因此,担保权作为具有独立目的的权利得具有一定的独立地位。倘若担保权不能作为一种独立的权利存在,则不但日本民法上规定的对将来债权之担保权不能成立,而且抵押权本身的单独转让以及抛弃亦将无法实现。并且,日本民法(当时的日本《民法典》第375条)已明文承认了抵押权的可单独转让与抛弃性,这显然亦得成为对抵押权具有一定独立性的反证。

显然,法学界热衷于探讨根抵押与抵押权之从属性的调和问题的时代已然成为过去。学者们试图不再以担保权的从属性作为其概念的构成基础,而是仅以担保权的内容来抽象出担保权的本质。① 无论承认从属性与否,关于担保权之本质的观念并不会发生根本变化,法学界的热情又集中到担保权本质之研究上来。

2. 关于根抵押从属于基本合同的观念

尽管有法学界对关于担保权本质之关注,然而,决定根抵押之有效性的通说仍然是自大审院时代延续下来的关于担保将来债权之法理,亦即在承认根抵押之从属性的前提下,认可其有效性。但随着根抵押活动在金融实务中的逐渐定型化,关于根抵押之从属性的说明方法亦逐渐发生了变化。② 即实务中的根抵押权的成立以当事人间存在约定于将来实施信用授受的合同(基础合同)为前提,而该抵押权乃为担保因该基础合同所发生之债权群而设,故根抵押权并不从属于将来发生的各个债权,而是从属于基础合同。

虽然这一说明方法并不符合担保权之从属于被担保债权这一从属性的根本宗旨,似有偷换概念之嫌,但因"二战"前的日本社会实践中之主要根抵押,其被担保债权均基于基本合同而发生,以上述说明方法

① ［日］石田文次郎:「根抵当の本質」,法学論叢,19－4～5(1928年)。

② ［日］鈴木禄弥:『根抵当法概説』,新日本法規出版株式会社1993年版,第4页。

阐述其从属性于实务上并无任何障碍。详言之,“二战”前,日本银行实施的融资仅在具体的一家银行与一家客户之间进行。例如,以票据贴现这一业务活动来讲,为概括性地担保银行与客户间因票据贴现所生之一切债权而设立的根抵押权并不从属于二者之间于将来实施票据贴现业务所生的各个债权,而是直接从属于二者于正式开展业务前签订的概括性的票据贴现业务合同上。这一关于根抵押之从属性的说明方法成了这一时期占据主导地位的通说。

(五)小结

关于根抵押效力之学说,之所以会如此纷繁复杂、莫衷一是,其根本原因即在于日本的抵押权乃建立在从属性理论之上。从这一点来讲,倘若抛弃从属性理论,不但可使根抵押之效力问题迎刃而解,省却诸多法律解释的勉强论证,而且何尝不是为担保制度的进一步创新敞开大门? 另外,还有域外成功的立法例得做参考,应无特别之负面效果。然而,根据日本关于根抵押制度的司法实践及学说史,就此问题,日本并未草率地直接否定从属性理论,诚如我妻荣教授所言[①],与德国、瑞士的民法相比,批评日本民法已然落后于时代大体是正确的。但仅因为其落后于时代就一举将其彻底否定的做法,从解释论的角度观之,却并非正确态度。并且,应当慎重考虑的是,尽管抵押权之从属性理论有落后于时代之嫌,但从立法应与当时国情相符的基本要求来讲,确立这一法律原则必然有其合理的一面。对此,笔者认为可以总结出一条法律面对金融担保创新所应坚持的基本立场,即对于担保创新来讲,国家现行法中所确立的与本国国情相适应的法律原则是不能轻易更改的,因为法律原则支持着作为社会关系之根基的基本法律关系,若为追求所谓创新而简单否定既有法律原则,无异于舍本逐末,其结果自然是得不偿失。因此,对交易实践上蓬勃发展的根抵押活动之有效性,日本之学说采取了努力通过解释论将其纳入现行法之张力所及范围的做法。而从务实的角度,因应形势的发展,开始把根抵押权解释为一种根抵押权人与根抵押权设定人之间由于对特定不动产的担保价值之一

① [日]我妻栄:「いわゆる包括根抵当契約の有効性をめぐって(上)」,金融法務事情1956年9月25日。

定量(最高额)实施优先把握的合意而成立的特殊抵押权,认为其不存在普通抵押权在从属性原则下所具有的成立上的从属性、存续上的从属性和消灭上的从属性,而只具有接受优先清偿的从属性。并从习惯法上为此寻求根据,同时对民法的规定施以必要的修改。① 日本的根抵押制度即在如此背景下得以确立和发展。

不得不承认的是,真正将根抵押制度在日本交易实践中确立起来的是司法判例。从承认根抵押有效之经济必要性的角度出发,在认识到关于根抵押之有效性不具备有力的理论依据的现实情形的基础上,司法机关选择甘受法学界的批评,或是有意将这一难题抛给学界解决,直接以习惯法原理当作了根抵押有效的依据。所谓的习惯法原理无非是根抵押作为日本社会中的商业习惯一直存在;因实施了登记进行公示,故不会侵害第三人利益;法律上并没有禁止根抵押活动的明文规定等。② 果然,司法机关的判断结论虽可接受,但其依据却很快遭到学术界的猛烈攻击,其结果即是上述各家观点之争鸣。然而,尽管法学家们几乎穷尽了所有民法解释学的办法,意图调和根抵押与抵押权之从属性之间的矛盾,但却没有任何一种学说具有充分的说服力,关于这一点,从后来的代表性教科书③有意避开这一问题,而只着重关注具体问题的情形即可察知。然而,此后根抵押实务活动虽一如既往地有序开展,但因理论问题未在根本上获得彻底解决,伴随着其在经济生活中地位的逐渐提高,根抵押制度必然要在实务操作过程中出现新的问题。接下来要探讨的概括性根抵押问题正是关于这一论断的应验。

三、概括性根抵押

“二战”后,日本经济开始复苏,对此,银行金融活动所发挥的积极作用不可低估。而作为银行开展金融活动之重要担保手段的根抵押亦

① [日]我妻栄:『新訂担保物権法』,岩波書店1968年版,第470～471页。

② [日]鈴木禄弥:「根抵当とその被担保債権」,1956年6月1日,ジュリスト。

③ [日]我妻栄:『担保物権法』,第202页以下;[日]勝本正晃:『担保物権法』,第515页以下,转引自上注。

获得了前所未有的广泛应用,所谓的概括性根抵押[①]正是在这一时期的担保实践中发生的法律问题,而对这一问题的根本解决正是日本实现根抵押制度立法化的直接动因。

(一)概括性根抵押问题的提出

随着社会经济的不断复兴,"二战"后的日本银行信贷业务种类也开始逐渐增加,银行同时与一家客户开展活期透支、活期贷款、票据贴现等不同信用业务的情形开始出现。根据由历来之学说、判例确立起来的根抵押制度理论,根抵押作为抵押权之一种,仍然需要符合从属性的原则性要求,而在实务中这一从属性的具体表现已经由从属于将来债权转化为从属于当事人间为开展业务所签订的基本合同。然而,由于业务种类增加,若按一直以来的业务惯例,每种业务都签订一个基本合同,再从属于该基本合同签订一个根抵押设定合同,则不但其设定手续上的烦琐,且包括注册税和印花税在内的税费负担亦是根抵押当事人所难以接受的。而这作为最主要的理由之一,[②]导致了交易实践中概括性根抵押的出现,即银行在与同一客户开展多种信贷业务时,将其一并设立一个根抵押权进行担保,并且,为确保将来万一可能发生的不测之债权亦能获得优先受偿,遂开始出现在合同中增加一条对"现在及将来的一切债务"一并予以担保的抽象性条文的倾向,这一担保"现在及将来的一切债务"之根抵押即为概括性根抵押。实务上常见的根抵押权设定合同内容基本均为"就弊方(公司)对贵方(银行)现在及将来承担的基于票据贴现及其他业务所生一切债务,设定最高额为若干日元的根抵押权云云",[③]而从将"现在"的债务亦被一并纳入根抵押权之担保范围内的实务情形来看,不可忽视的问题是,一直以来关于根抵押为担保将来债权之抵押权的理论显然已为捉襟见肘。

---

① 日本称其为"包括根抵押"。

② [日]香川保一:「根抵当権とその被担保債権 —いわゆる包括根抵当の可否について」,1956年6月,法律のひろば,9ノ6。

③ [日]安達昌彦:「根抵当覚書」,1956年2月,判例タイムズ,54、55。安達昌彦当时作为地方裁判所的判事,从实务角度对根抵押制度所存在的问题寻求解决对策,其所举这一根抵押设定合同之范例在当时应属十分普遍的现象。

然而,这种概括性根抵押与向来作为原则性要求的根抵押权要从属于基本合同的从属性规则相悖,对此,作为银行业务主管行政机关的法务省遂很快下发了一系列的禁止性通达①,现将其具体内容摘录如下②:

1. 关于根抵押权设定登记(通达)

[昭和30(1955)年5月24日东京法务局长照会、昭和30(1955)年6月4日民事甲第1127号法务省民事局长回答以及对各法务局长与地方法务局长发送的通达]

关于题述问题,因有下述甲号东京法务局长的照会,特作出下述乙号回答,请将此精神传达于贵局之登记官吏周知。

甲号

本人认为关于担保现在及将来发生的一切债务之根抵押权设定合同(无基本债权合同)的登记申请不得受理,是否妥当,请指示。

以上

乙号

关于本年5月24日登第121号提出照会的题述问题,回复如下。

不存在足以特定被担保债权的活期透支合同等基本合同,仅规定担保现在及将来之一切债务的根抵押权设定合同,无法将其解释为有效合同,故所问之登记申请,不应受理。

2. 关于抵押权及其他担保权设定登记之办理(通达)

[昭和30(1955)年12月23日民事甲第2747号向各法务局长及地方法务局长发送的法务省民事局长通达]

关于题述问题,因有下述应予留意之处,请贵局之各登记所在办理业务过程中认真对待,杜绝疏漏。

(1)抵押权(包括根抵押权)及其他担保权的设定登记之申请书中应记载作为被担保债权发生原因的债权合同及其日期作为登记原因的

---

① 相当于中国行政机关发布的红头文件,具有一定的法律效力。

② 「包括根抵当権設定登記に関する法務省通達四件」,1956年4月5日,金融法務事情,100。

一部分,并记载于登记簿中。

(2)就现在有效的过去登记之未记载上述被担保债权发生原因及其日期的抵押权(包括根抵押权)及其他担保权,得实施遗漏更正之申请。

3. 关于抵押权及其他担保权设定登记之办理(依命通知[①])

[昭和31(1956)年2月7日法务省民事(三)发第39号法务省民事局第三课长事务代理依命通知]

……

设定根抵押权时

关于昭和何年何月何日票据贴现合同(或"昭和何年何月何日活期透支合同及同日票据贴现合同")的昭和何年何月何日根抵押权设定合同。

……

4. 关于抵押权及其他担保权更正登记之办理(通达)

[昭和31(1956)年2月8日、日记第614号浦和地方法务局长照会、浦和31年3月14日民事甲第504号法务省民事局长回答以及对各法务局长与地方法务局长发送的通达]

(略)

由于上述关于根抵押权登记之通达的发布,对实务界根抵押活动的开展带来了直接阻碍,最终导致实务界联合起来提出全面撤回上述相关通达的要求[②],而法务省对根抵押权亦应符合从属性原则之要求的坚持,使得根抵押权理论与实践之间的断裂愈加深刻,这使得原本就没有作出定论的根抵押权之从属性问题再次成为理论界激烈争论的焦点。而这一关于概括性根抵押之效力的论争在日本根抵押制度的发展史上发挥了承上启下的作用,其在总结一直以来之理论与实践经验的基础上,最终促成了根抵押之立法化的实现。

① 根据行政机关的命令,其辅助行政机关所发出的通知。

② 「根抵当通達の全面的撤回を要望(情報)」,1956年6月25日,商事法務研究,第28頁。

(二)关于概括性根抵押效力之论争

概括性根抵押的效力问题,实质上仍然得还原为根抵押权之从属性问题。若否定根抵押的从属性,则概括性根抵押自然为有效,倘若不放弃从属性这一要求,则纵然通过对其予以缓和,亦很难得到关于根抵押之有效性的有说服力之解释。综观日本关于根抵押制度的学说与判例,从根本上否定根抵押权之从属性,从而承认根抵押权之完全独立地位的主张几乎不存在。[①] 而学说在承认根抵押权之从属性的基础上,就根抵押权所从属之将来债权发生的可能程度亦有分歧。

1. 学说的分类

根据对将来债权发生之可能程度要求的高低顺序,有的学者将根抵押权之与被担保债权关系的学说整理为法律性客观说、事实性客观说和主观说的三种类型[②];有的学者将其划分为债权发生的法律可能性存在说、债权发生原因的法律关系存在说、债权发生的客观可能性存在说、债权发生的主观可能性存在说和纯将来债权担保说。[③] 现按后者的划分方法,对各种学说的主张进行逐一阐述和分析。

(1)债权发生的法律可能性存在说

坚持这一学说的学者主要是三潴信三博士[④]。在三潴博士看来,要有效地设定根抵押权,必须有被担保债权于将来发生的法律上之可能性才行。根据这一要求,以银行的授信合同为例,银行作为授予信用的一方,必须有以最高额为上限的融资义务,否则,就无法在法律上确保将来债权的发生。但不得不承认的是,这一主张与交易实践的具体情形相去甚远。实际上,银行普遍地在授信合同中设定银行得拒绝客户之借款请求的条款而摆脱所谓的融资义务,若严格按照这一学说所采纳的标准进行衡量,则实务中的根抵押权几乎都是无效的,故这一学说之主张显然脱离实际。

---

① 中島玉吉:「根抵当論」,法学協会雑誌第33卷第3号(1915年)。

② [日]鈴木禄弥:『抵当制度の研究』,一粒社1968年版,第250~255頁。

③ [日]加藤一郎:「包括根抵当契約は有効か」,1956年6月1日,ジュリスト。

④ [日]加藤一郎:「包括根抵当契約は有効か」,1956年6月1日,ジュリスト。

(2)债权发生原因的法律关系存在说

这一学说是上述法务省通达的理论依据。提出这一主张的是香川保一①。该学说认为,根抵押权与其被担保债权之间的关系需要从属性,且该从属性于根抵押权设定当时,该根抵押权担保之债权的发生原因需要于法律上予以特定。② 具体来讲,像活期透支合同、票据贴现合同这样的基本合同就是被担保债权之发生原因之法律关系的表现形式。因此,这一学说属于从实务角度坚持向来的基本合同从属说的典型代表。学者们③普遍认为,法务省之所以以此说为依据提出概括性根抵押无效,而要求在实施根抵押设定合同登记时,必须将作为债权发生原因的基本合同予以一并登记,主要是为贯彻抵押权的从属性原则,从实务的角度考虑到登记操作人员的审查能力而采取的技术性权宜之策。

(3)债权发生的客观可能性存在说

坚持这一学说的学者主要有中岛玉吉博士和我妻荣教授。关于中岛博士的观点可参考前述根抵押之有效性相关学说之评述内容。根据我妻荣教授的见解④,若坚持将缓和成立上的从属性作为根抵押有效的根据,又要在《民法典》和《不动产登记法》之现行规定所允许的范围内开展根抵押活动,则法务当局要求将一些关于被担保债权的法律性合意乃至法律关系的存在作为最小限度的要件也是有一定道理的。但若为满足金融界的需要,则只能以“事实上存在的同意”充当从属性的要件。但根据我妻荣教授事后的态度⑤,其上述主张并不足以解决概括性根抵押之效力问题。因为其并没有从被担保债权的可能性达到何种程度即可以及上述可能性不达到何种程度不行的所谓具体标准上做出明确表态。

---

① 时任日本法务省民事局第三课长。

② [日]香川保一:「根抵当権とその被担保債権 —いわゆる包括根抵当の可否について」,1956年6月,法律のひろば,9ノ6。

③ [日]鈴木禄弥:「根抵当とその被担保債権」,1956年6月1日,ジュリスト。

④ [日]我妻栄:『新訂担保物権法』,岩波書店1968年版,第471页。

⑤ [日]我妻栄:「いわゆる包括根抵当契約の有効性をめぐって(上)」,1956年9月25日,金融法務事情,第117页。

(4)债权发生的主观可能性存在说

按照此说的主张,只要当事人有设定根抵押的意思,乃在于当事人在主观上认为被担保债权有发生之可能性,正因为有此被担保债权发生的主观可能性,故根抵押当属有效。换言之,这一学说认为担保任何债务的根抵押都是有效的,并且在德国法上,这种概括性根抵押的有效性亦在学说和判例上获得了承认。[①] 若站在这一学说所主张的立场来看,关于根抵押权设定行为本身完全交由当事人的主观意思决定,而根抵押权的从属性问题则交由当事人的主观意志解决,这虽然对民法的意思自治原则表现出了应有的尊重,但该学说在结果上却与从属性否定说并无二致。坚持该学说的学者主要有西原宽一博士[②]等。

(5)纯将来债权担保说

在石田文次郎博士看来,无任何法律性以及事实性基础关系的单纯的将来债权,亦是可以设定担保的,[③]即于为将来债权设定根抵押时,不需要任何关于抵押权与将来债权之间从属性的说明,这实质上等于否定了根抵押与被担保债权之间的从属性。

从上述关于根抵押之从属性的不同学说来看,各派学说所主张的观点都有一定的道理可言。然而,若抛开立法论而单从解释论上寻求根抵押问题的解决之道,则其结果并不会与上一次根抵押权之效力的论争有何实质性不同。而解决问题的关键最终又回到了根抵押权之从属性是否成立的命题上来。

2. 概括性根抵押效力之论争

关于概括性根抵押,作为登记机关的法务省认定其为无效,而实务界为业务需要,则努力寻求其为有效的依据。面对这一情形,学界的观

---

① [日]鈴木禄弥:『抵当制度の研究』,一粒社1968年版,第251~252页。

② [日]西原寛一:「基本契約のない将来の債務を担保する根抵当」,金融法務事情,98,转引自上注。

③ [日]石田文次郎:「担保物権法　上巻」,第309頁。转引自[日]加藤一郎:「包括根抵当契約は有効か」,1956年6月1日,ジュリスト。

点亦形成了正反两方面的意见。[1] 以下从总体上对此予以阐述和评析。

(1)无效说

关于根抵押权,为何日本民法要如此地固执于从属性,有必要进行较为深入的探讨。所谓从属性,是包括抵押权在内的担保物权所固有的从属性之性质,意在担保权为债权的从属权利,若无债权的存在,担保权自不应存在。不承认无内涵的权利,亦不设定无内涵的义务乃是法律这一作为人类活动规范之基本准则的题中应有之义。而自担保权作为法上权利被广泛地应用于交易实践始,其即表现为伴随于债权而发生、存续、变更、消灭,故若无债权的存在,担保权当然成为无内涵的权利而不得为法律所认可。然而,随着担保制度应经济交易的不断发展变化而实现的自我更新与发展,人们逐渐地认识到担保权作为一种价值权具有一定的独立性,而根抵押活动的出现则正是担保制度所固

---

① 根据加藤一郎教授的整理,这一时期论争的主要发表物如下。(1)支持法务省见解:香川保一:「現在及び将来の一切の債務の根抵当権について」,金融法務事情84号,昭和30年10月15日;鮫島真男:「根抵当に関する法務省通達の解説」,財政経済弘報551号,昭和31年2月6日;香川保一:「根抵当権及びその登記又は根質(債権質)との関係」,財経評報13号,昭和31年1月30日;「一応の結末をみた根抵当権問題」,時事通信・金融と財政版3074号,昭和31年2月4日;昼間種:「根抵当権設定登記の更正の登記手続」,財政経済弘報558号,昭和31年3月19日;香川保一:「根抵当権に関する当面の問題点」,金融法務事情100号,昭和31年4月5日;昼間種:「根抵当権の基本契約の遺漏更正の登記」;等。(2)反对法务省见解:「いわゆる包括根抵当契約について」,金融法務事情85号,昭和30年10月15日;全国銀行協会連合会:「基本契約のない債務を担保する根抵当権設定登記等に関する質疑応答集」,昭和31年1月17日,パンフレット;西原寛一:「基本契約のない将来の債務を担保する根抵当権」,金融法務事情98号,昭和31年3月15日;安原米四郎:「包括根抵当通達に対する考え方」,金融法務事情100号,昭和31年4月5日;有田兵三:「銀行営業店の実務者よりの意見」,同前;石田文次郎:「根抵当に関する法務省の通達について」,財政経済弘報562号,昭和31年4月9日;此外,金融法务事情100号中,作为"学界之意见",刊载了13名学者、法官、律师的意见,其中,基本支持法务省意见的有小野木常、下山伊三郎等等力茂富、中川一郎、长谷部茂吉、村松俊夫、柚木馨七位,持反对意见的有於保不二雄、大谷美隆、清水新、水本信夫、山中康雄、浅沼武六位。[日]加藤一郎:「包括根抵当契約は有効か」,1956年6月1日,ジュリスト。

有的这一内在规律的直接体现。随之,便有极端的学者在这一问题上充当推进制度变革的急先锋,表现出极力鼓吹担保权之独立性的倾向。从对待日本根抵押制度的态度来讲,上述石田博士的纯将来债权担保说之主张即属这一类见解。但不可忽视的是,即便像根抵押这样的创新性担保权利,在权利的设立上、存续上不需要现实的被担保债权存在,但在实现权利目的的最终实行阶段,无疑是需要有被担保债权存在的,故从目的论的角度来看,彻底否定从属性的论调显然与担保制度理论不符。持这一观点的学者多以德国的既有法律作为参考,但在德国特殊的法律环境下表现为极其普遍的社会现象却未必能得到日本民法的承认。与日本根抵押相当的德国最高额抵押权(德国《民法典》第1190条)作为一种保全抵押,只要确定最高额,无论有无被担保债权之发生的可能性,均得设立,亦即日本所谓的概括性根抵押在德国并不存在效力上的法律障碍。之所以会出现这样的结果,是因为关于抵押制度,德国法上有其特殊性。首先,德国《民法典》第1113条第2项明确规定对将来债权或附条件债权得设立抵押权;其次,德国民法确立了作为无债权之抵押权的土地债务(Grundschuld)制度;再次,德国民法还规定了当债权不成立或消灭时得成立所有人抵押权;最后,德国民法将抵押权证券化,实现了抵押权作为一种独立价值权的自由流通。因此,在上述德国法的观念里,抛开被担保债权而得单独成立的抵押权概念在理论上是完全行得通的。然而,正如加藤一郎教授所言,[①]在上述德国法上的特殊制度均不具备的日本,就根抵押这一通过判例、学说确立起来的担保制度来讲,在解释论上否定其从属性是不恰当的。同时,加藤教授亦以此为根本理由,提出了概括性根抵押合同因承认无从属性的抵押权,故于现行法下为无效的结论。然而,为满足实务需要,加藤教授认为作为根抵押合同所从属的基本合同,如银行交易合同、票据交易合同这样具有一定程度概括性意义的合同亦得充当。

而作为法务省之意见的代表,香川保一则主要从判例的角度寻找

① [日]加藤一郎:「包括根抵当契約は有効か」,1956年6月1日,ジュリスト。

理由认定概括性根抵押无效。[①] 该主张认为,根抵押权作为日本金融及商务交易中的债务担保制度,法律上对此并无明文规定,其主要由司法机关的判例确立起来,故概括性根抵押作为这一法律制度在实务中发生的疑难问题,自应在相关的判例当中寻找答案。遂列举了明治34年10月25日大审院判决、明治35年1月27日大审院判决、大正6年10月3日大审院判决、昭和10年12月24日大审院判决、昭和17年12月11日大审院判决中对根抵押权的界定,尤其是其中昭和10年12月24日大审院判决将根抵押权解释为在"存在得期待将来债权发生之基本法律关系的情形下"始得设立的说法有力地说明日本法上认可的根抵押权并没有抛弃担保权之从属性,而作为被担保债权发生之可能性之表征债权发生原因的基本合同必须存在。详言之,作为从属性要求之表现,尽管于根抵押权设立当时被担保债权尚未特定,但至少由该根抵押权担保的债权之范围必须特定。而在法律上将被担保债权范围予以特定的客观表现之载体无疑就是当事人间作为被担保债权发生原因的基本合同。这一对基本合同的要求彻底否定了将当事人间任何债权都纳入根抵押之担保范围的可能性,亦即否定了概括性根抵押的效力。然而,上述主张很快就遭到了来自实务界的质疑。[②] 判例固然具有一定的法源意义,但与成文法相比,其实践性和针对性较为突出,而缺乏在理论上的概括性和涵盖性,故试图从总结归纳判例之态度的角度探求根抵押的本质在出发点上就是值得商榷的。而一些承认概括性根抵押之有效性的判例(如大正6年10月3日的大审院判例)是否被有意忽略也被提出质疑。总之,面对来自实务界咄咄逼人的质疑,否定概括性根抵押之效力的辩驳即便在理论上具有一定的说服力,却仍然摆脱不了脱离实际的弊端。

另外,柚木馨教授从维护民法理论的整体统一性上提出了概括性

---

① [日]香川保一:「根抵当権とその被担保債権 —いわゆる包括根抵当の可否について」,1956年6月,法律のひろば,9ノ6。

② [日]小山省三:「包括根抵当権に関する所見 —香川説に対する批判」,金融法務事情103号,昭和31年5月5日。

根抵押无效的主张。[1] 根据柚木教授的意见,倘若认定概括性根抵押的设定合同有效,则不但会在破产以及强制执行的情况下引发错综复杂的法律关系,而且还会与《民法典》第374条规定的精神发生强烈冲突。当时的《民法典》第374条之目的在于使后顺位担保权人的债权之担保范围稳定乃至使一般债权人免遭不测之损害,因此,关于根抵押权的设立需要同时将基本合同作为登记原因予以记载实属民法该条意旨反映在登记法上的当然要求,故为保持民法理论的整体统一,应当认定担保现在及将来发生之一切债务的所谓概括性根抵押为无效。

(2)有效说

与无效说极力从理论上寻求依据的做法不同,坚持概括性根抵押有效的学者多从交易实践的需求出发,为与新时代之新交易类型对交易规则的高层次要求相匹配,以发展的眼光从概括性根抵押之合目的性本身为其效力寻求依据。例如,於保不二雄教授认为,[2]金融交易,或者是信用交易乃属因当事人的信用状况不同而不断改变交易内容之交易,预先对交易内容进行最大限度且毫无遗漏的约定无疑是既烦琐又十分困难的。因此,出现"担保因信用交易所生之一切债务"这种抽象的合同惯例是信用交易活动发展过程中必然出现的结果。这是由信用交易本身所具有的弹性造成的,若否定了概括性根抵押的效力,则等于人为地为信用交易的这一特性设置障碍。这显然违背经济规律。

实际上,主张概括性根抵押无效的学者后来也将作为根抵押之被担保债权发生原因的法律要件降格为具有事实上发生债权债务关系的可能性之合同关系即可。[3] 从实务的角度来讲,倘使当事人间设定纯粹的概括性根抵押合同,即对"当事人间现在及将来的一切债务"一并

---

① 「学界の意见　いわゆる包括根抵当契約に関する通達をめぐって」の柚木馨の意見,金融法務事情100号,昭和31年4月5日。

② 「学界の意见　いわゆる包括根抵当契約に関する通達をめぐって」の於保不二雄の意見,金融法務事情100号,昭和31年4月5日。

③ [日]小山省三:「包括根抵当権に関する所見　—香川説に対する批判」,金融法務事情103号,昭和31年5月5日。香川保一在后来发表的文章中对之前的根抵押登记要求之"将被担保债权予以特定的债权合同"修改为"作为债权发生基础之债权合同需要特定"。

予以担保,则这一行为本身就说明当事人间必然存在一定的经济关系。与此相反,若当事人间毫无任何经济关系而设定上述概括性根抵押的行为显然是不可思议的。因此,从根抵押从属于基本合同的理论而言,关于概括性根抵押,即使其不存在一个具体的基本合同,但在当事人间仍然存在着一个抽象的,概括的基本合同。而正因为有这样的一个基本合同存在,概括性根抵押在理论上并不违反关于根抵押之一直以来的从属性原则。

铃木禄弥教授对概括性根抵押之有效性的论证颇具积极意义。而后来关于根抵押制度的立法也基本采纳了铃木教授的观点。与其他学者拘泥于根抵押之从属性问题相比,铃木教授强调了根抵押之被担保债权的不特定性这一概念,从根抵押制度本身的特性着手,摆脱出以往将根抵押定位为对将来债权的担保理论的桎梏来论证概括性根抵押的有效性。① 日本《民法典》第369条确立了抵押权的从属性原则,即抵押权必须有被担保债权的现实存在始得设立。然而,由于现实交易对将来债权设定抵押权的必要性又在严格意义上打破了这一原则。关于对将来债权得根据不同标准予以分类这一点,前文已有述及。而从将根抵押从担保将来债权的抵押权中提取出来的角度来讲,则这一区分标准正是被担保债权的不特定性。单纯的将来债权,如于消费借贷的情形,当借贷金额、利率、借贷期限等具体的债权内容均已确定,而资金尚未实施交付之前,作为要物合同,债权尚未发生,而因贷款人通常要求借款人以设定抵押为放款条件,故为此单纯将来债权设定抵押权的情形则较为普遍。在这一情形下,债权虽未发生,但与既有债权相同的是其已特定,故关于以此债权作为被担保债权之抵押权的从属性问题,只需对从属性原则稍作缓和解释即能解决。然而,根抵押的情形则完全不同,作为根抵押之被担保债权的将来债权,于将来是否发生、何时发生、债权内容如何等于根抵押权设立当时完全不确定,这即为根抵押之被担保债权的不特定性,就这一点与上述的单纯将来债权相比,已非被担保债权之特定程度的量上问题,而是质上的问题。故关于根抵押

① ［日］鈴木禄弥:「根抵当とその被担保債権」,1956年6月1日,ジュリスト;鈴木禄弥:『抵当制度の研究』,一粒社1968年版,第251~252页。

与抵押权之从属性的矛盾已非属通过对抵押权之从属性进行缓和解释即能解决之问题。按照法务省通达的精神,通过基本合同可将根抵押权之被担保债权特定化,然而,事实上,基本合同所特定的只是被担保债权的种类、性质,而被担保债权本身并没有被基本合同特定下来。故法务省关于概括性根抵押无效判断的理由亦无充分的说服力可言。另外,以此根抵押之被担保债权的不特定性为标准观之,日本民法上的若干为因持续性特殊关系而生不特定多数将来债权设定综合性担保的规定,其性质显然亦为根抵押。如下落不明人之财产管理人提供的担保(第 29 条)、有妨害占有之嫌时为可能发生的损害赔偿提供的担保(第 199 条)、租赁及雇佣时由当事人提供的担保(第 619 条第 2 款、第 629 条第 2 款)以及监护人提供的担保(明治民法第 933 条)等。

论证概括性根抵押的有效性,可从正反两方面进行探讨。① 首先分析否定概括性根抵押之有效性的实质性根据。(1)若承认概括性根抵押为有效,则会发生因侵权行为或不当得利所生之当事人间的偶发债务亦被纳入根抵押之担保范围的结果。例如,与银行签订了概括性根抵押合同的客户因汽车的事故毁坏了银行的办公设施,其赔偿责任将会被纳入概括性根抵押担保。② 而从根抵押制度的历史沿革及其于经济交易活动中的存在理由观之,上述概括性根抵押所生效果并非根抵押制度的内在要求,故有人以此为由否定概括性根抵押的有效性。然而,不得不承认的是,这并不能成为否定概括性根抵押效力的理由,事实上,在担保实务中,“担保现在及将来的一切债务”这样的纯粹概括性根抵押设定方式极少,而多是以将其附在具体业务内容之后的概括性表述出现,因此,完全可以通过解释将这一概括性表述限定在具体业务范围内而将当事人间的偶发债务排除在外,而且德国已有如此解释的判例。③ (2)另一个否定概括性根抵押效力的理由是,若承认概括

① [日]鈴木禄弥:「根抵当とその被担保債権」,1956 年 6 月 1 日,ジュリスト;鈴木禄弥:『抵当制度の研究』,一粒社 1968 年版,第 251 ~ 252 页。

② [日]加藤一郎:「包括根抵当契約は有効か」,1956 年 6 月 1 日,ジュリスト。

③ [日]鈴木禄弥:「根抵当とその被担保債権」,1956 年 6 月 1 日,ジュリスト;鈴木禄弥:『抵当制度の研究』,一粒社 1968 年版,第 251 ~ 252 页。

性根抵押的效力,因有不可预测的偶发债务发生,这样会导致根抵押的最高额被无端设定得过高,从而对担保不动产的担保价值造成极大浪费。然而,作为根抵押制度自身内在的特性,这种最高额与被担保债权之间的所谓对抵押物之担保价值的"浪费"自是不可避免的,并非概括性根抵押所独有的特殊问题,若当事人出于真意而作出了这样的约定,则法律本无理由不承认该约定的效力。并且,日本历史上曾经一度有效的流抵押制度以及让与担保制度可能对担保人造成的消极影响远远超过上述概括性根抵押制度,故这一点亦不足以成为否定概括性根抵押之效力的理由。(3)最后,有观点认为概括性根抵押是金融部门利用强势地位通过这样的合同强制性地要求客户提供超额担保,从而实现控制客户之目的的工具,而以公平正义为根本宗旨的民法不能对此坐视不理,而应发挥法律的指引作用进行禁止。[①] 然而,从商事行为以谋利为宗旨的角度观之,作为商事行为之必要组成部分之一的担保行为当然地要以确保利益的整体实现作为终极目标,同情弱者无疑是人性善良一面的光辉展现,但若将这一价值追求反映到法律领域,则应当将其作为宪法、社会保障法的原则之一,而不能将其生硬地直接放入民商法之中,因为民商法作为民商事活动的基本准则,倘若以此作为法律原则适用,因其与民商事活动的宗旨相矛盾,势必影响交易效率,日本民法史上曾尝试禁止流抵押而以失败告终的事实就十分直接地证明了这一点,况且概括性根抵押并不会产生像流抵押所可能引发的所谓暴力行为,亦不存在像让与担保那样为担保权人实施不诚信行为留下空间的隐患,故以此作为否定概括性根抵押之理由亦属不当。同时,作为认定概括性根抵押有效的正面理由,除了对上述反驳内容的总结概括外,还有一点是不容忽视的,即关于根抵押实务操作中的登记问题。法务省发出通达的目的无非是为了贯彻根抵押的从属性而为登记官吏设置一个统一的登记实施标准,然而,从概括性根抵押之登记实务由来已久,且并未发生任何不利后果的情形来看,法务省的这一做法无异于画蛇添足。因为这不但违反了担保制度本身的合目的性,且对之前已设立起来的概括性根抵押权适用溯及效力,尽管得通过更正登记实施所

① [日]加藤一郎:「包括根抵当契約は有効か」,1956年6月1日,ジュリスト。

谓“补救”,但由此造成的各项开支,包括行政成本的浪费以及相关当事人的登记费用都是极大的负担,法务省未经充分探讨即作出如此草率决定的确令人匪夷所思。

后来,下级审判例①承认了概括性根抵押的有效性,法务省亦撤回了上述通达,对概括性根抵押之有效性的态度缓和下来。② 然而,关于概括性根抵押的效力问题,并未形成最终的结论。

(三)小结

经过两次由担保实务中之不便为契机引起的学术性论争,根抵押的效力与抵押权之从属性之间的矛盾作为日本民法理论上的一个难以调和的问题愈加突出。从日本民法确立的抵押权制度观之,即便对从属性进行缓和,至少通过一定的方式将根抵押权的被担保债权之范围予以特定亦是必要的。然而,从根抵押活动这一担保行为之自身规律来讲,因根抵押权以且只以被担保债权的不特定性作为本质特征,于其有效设立当时并不需要将被担保债权之任何内容予以特定,这一点在根抵押实务活动中已得到了证实。若根抵押活动的登记机关与实务单位就根抵押的效力问题各持上述两种不同见解,且学者们也分别站在两种不同立场上,则论争恐怕永远都不会停息。虽通过登记机关与实务单位的相互妥协仍能维持根抵押活动的持续开展,但要彻底平息论争,满足实务界对根抵押活动之科学规则的需要,必须尽快实现根抵押制度在日本民法理论上独立地位的形成,而要达到这一目的,一直以来的解释论方法显然并不奏效,故根抵押的立法化成了最后的选择。

四、根抵押的立法化

随着根抵押实务活动在日本所谓经济腾飞期的深入开展,除了概括性根抵押的效力问题,诸如根抵押利用的增加、利用根抵押之债权范围的扩大、根抵押权的转让及与此相关的准共有、共同根抵押等众多前

① 东京地判昭和31年7月19日判例时报88号第10页;东京高判昭和32年7月19日高民集10卷5号292页;大阪高决昭和36年12月28日金融法务事情297号64页。

② [日]末川博:『民事法学辞典』,有斐閣1960年版,第1590頁。

所未有的新要求、新问题①亦逐渐呈现，同时，作为有长达半个多世纪之久实务与理论积淀的特殊担保制度，关于立法，不但有来自实务要求的必要性，而且已具备主客观条件上的可能性。日本根抵押制度即在这一历史背景下顺理成章地实现了。

（一）根抵押立法的必要性

根抵押活动于日本民法尚未制定之前即已为日本商务实践中广泛采用已如上述，而至战后日本经济迅速复苏乃至飞速发展时，根抵押在实务活动中的应用比例已经超过了一般抵押，根据法务省对登记所抵押权设定登记申请件数的抽样调查，根抵押权法施行前，根抵押权所占比例为55%。② 然而，因关于根抵押权的意义、效力等问题民法上无直接的明文规定，就因所谓根抵押而形成的当事人间的法律关系，判例与学说上形成了多种相互对立的意见，这种理论上的莫衷一是无疑对实务当中根抵押活动的顺利开展形成了障碍。而要彻底扫清理论上的障碍，平息学术界的疑惑，显然有必要对根抵押制度实现立法化。

从民法理论自身的统一与完善的角度来讲，根抵押的立法化亦具有十分重大的意义。对此，可通过德国民法上的抵押权制度与日本民法上之抵押权制度的对比来说明。③ 德国民法上的一般抵押权具有高度流通性，属于一种从被担保债权的制约中解放出来具有一定独立性之对抵押物的客观性支配权。这与土地债务一样，可以看作是一个现代化建筑风格的公寓，设计得十分合理，可以满足现代化信用交易的各种需求。而与此相对，完全限定在担保特定债权之目的上的所谓保全性抵押权则成为一种例外性的存在，担保因特定交易所生债权的最高额抵押权作为保全性抵押权的一个类型，仿佛是一个为特别目的而设计的独栋住宅，人们完全可以按照自己的需要而决定是否使用最高额抵押权。但事实上，虽然处于完全符合选用独栋住宅（最高额抵押）的

① ［日］林良平：「根抵当立法化の附従性理論」，1968年11月，法律時報、40ノ12。

② ［日］堀内仁：「根抵当法施行一年の実績」，1973年8月15日，ジュリスト，541。

③ ［日］清水誠：「根抵当立法における基本的問題点」，1968年11月，法律時報，40ノ12。清水教授关于德国民法上的抵押权制度与日本民法上的抵押权制度在当时所处状态的比喻十分生动，使人颇受启发。

情形,而当事人却因为麻烦逐渐开始选择更为合理且方便的公寓(流通抵押权或土地债务),这即为所谓的"隐性最高额抵押"。既合理又方便的一般抵押权与具有一定特殊性的最高额抵押权形成了上述这样一种关系,故德国法上的抵押权制度因此获得了制度内的平衡。而从日本民法制定以来的发展过程观之,日本民法上的普通抵押权因当初选择了最为严格的从属性立法原则,逐渐地暴露出无法满足现代化信用交易之内在要求的弊端,经过随着形势需要而不断地对其进行修修补补,最终仿佛成了一个勉强能够遮风挡雨的破房子。而通过判例、学说确立起来的根抵押权则是在这个破房子内按需要增加了房间与其他设施的内部结构十分复杂的建筑物。正如一个破败不堪的住宅无法让人安全方便地使用一样,日本民法上的抵押制度对高速的经济发展来讲已不相适应,对其在原有基础上进行改建、扩建则成为必然的趋势。

另外,关于根抵押的立法,亦有来自实务界之强烈要求的压力。以当时日本经济交易的实际情况为基础,除概括性根抵押问题外,还出现了关于根抵押的处分、共同根抵押的大论争,而为解决这些问题,究竟应将根抵押在多大程度上从被担保债权独立出来,对于这种政策性较强的问题,与其不断通过解释论解决而徒增更加复杂难解的论争,莫不如以立法来解决而求得一劳永逸,同时,这种问题不通过民事裁判解决,而由法务省以通达的形式在事实上予以定性的不当状况亦有通过立法予以纠正的必要。① 因此,为实现根抵押权制度本身的合理化目标,科学地调整当事人间的利害关系,②使其更好地发挥作为担保手段的经济作用,③法务省遂正式决定开始对根抵押进行立法。

(二)根抵押立法的经过

现对根抵押立法的经过,分为法制审议会的开始审议、两个根抵押立法要纲试案、法律案要纲案的决定来进行阐述。④

---

① [日]高木多喜男:「根抵当と民事立法学」,1981年12月,法律時報,53/14。

② [日]清水湛:「根抵当法制化の概要」,1971年3月,法律のひろば,24/3。

③ [日]香川保一:「根抵当立法の基本問題」,1966年2月,法律時報,38/3。

④ [日]高木多喜男:「根抵当と民事立法学」,1981年12月,法律時報,53/14。高木教授在该文中对日本根抵押立法的经过进行了较为详细的介绍。

1. 法制审议会的开始审议

昭和30(1955)年9月27日,日本法务省的法制审议会民法部会财产法小委员会(委员长为我妻荣法务省特别顾问)召开,会上虽将抵押权制度的修改问题提上议程,但焦点主要集中在一般抵押权上,关于根抵押,似乎只提出了是否要设置明文规定的问题意识。但从当时法务省官员发表的意见来看,这并不代表法务省未认识到根抵押立法的必要性,如昭和32(1957)年法务省民事局参事官川岛一郎在发表的文章中认为根抵押立法是"眼下的紧急任务",另外,时任民事局第三课长的香川保一也于昭和35(1960)年发表文章专门探讨根抵押立法的问题点。而关于法制审议会正式开始审议根抵押立法的时间据推测是昭和38(1963)年前后。

昭和39(1964)年6月23日,日本法务省民事局参事官室向各种经济团体、各大学法学部就总计12项设定问题实施了关于根抵押立法的"意见照会"。但设定问题本身以所谓基本合同为中心,其中以基本合同的存在为前提的情形居多,故可推知法务省当时的立法目的应仅限于解决登记实务问题的范围内。对于这一意见照会,全国银行协会联合会(全银协)于同年10月20日提出了答复,同时,全国地方银行协会、全国相互银行协会、全国信用金库协会、全国信用组合中央协会、全国信用保证协会联合会也分别于此前后向法务省提出了答复。

这些答复中反映出的金融机构的主要要求在于立法承认不需要基本合同的根抵押权,但并未要求立法认可纯粹的概括性根抵押权,亦无意将像侵权行为债权这样的偶然性债权纳入被担保债权的范围,要求法律承认概括性根抵押的真正意图只在于将循环票据纳入被担保债权范围内。关于根抵押权的处分,可能由于法务省的设定问题所限,答复中并没有提出就根抵押权设置专门处分制度的意见,而关于共同根抵押则提出了以累积型为原则的意见。另外,契约研究会提出的意见中,就根抵押权的处分应设置一种独立于被担保债权的区别于一般抵押的处分制度之提案较为引人关注。

昭和40(1965)年,日本法务省总结归纳了"关于根抵押立法的检讨事项"(检讨事项)作为法制审议会的审议资料,检讨事项与之前实施的意见照会的设定问题相比,不再拘泥于基本合同的存在,而是在根抵押权之独立性程度上设置了多种方案,具有更大的回旋余地。因这一“检讨事项”堪称日本现行根抵押法之起点,故将其在若干基本问题上的态度概括如下。(1)关于根抵押权与被担保债权的关系提出了甲、乙、丙三个方案。甲案要求根抵押权只担保因基础合同及其他特定原因(法律关系)发生之债务;乙案在甲案的基础上增加循环票据、因保证人求偿权所生债务;丙案则完全承认概括性根抵押。显然,乙案是现行法的根源。(2)关于根抵押权的处分,也提出了甲、乙、丙三个方案。甲案承认《民法典》第375条的相对转让、放弃;乙案、丙案则只承认根抵押权的绝对转让(二者在同意权人的范围上有不同),且提案新设顺位变更制度。(3)关于共同根抵押,围绕纯粹型、累积型提出了甲、乙、丙、丁四个方案。而丁案可谓现行制度的雏形。(4)作为现行根抵押权之核心制度之一的确定制度首次出现。法务省于昭和40(1965)年10月1日就“检讨事项”同样又向社会各界实施了意见照会。

2. 两个根抵押立法要纲试案

昭和41(1966)年7月29日与昭和43(1968)年4月5日,日本法务省同以“根抵押立法要纲试案”为题的两个草案分别公布。因后者附加了法务省民事局参事官室试案的名称,故在这里分别称这两个试案为“要纲试案”和“参事官室试案”。

“要纲试案”由甲、乙两套方案组成,前者为16个条款,后者为15个条款。甲案承认概括性根抵押,为保护根抵押权设定人利益,要求规定3年以内担保期间(现行确定期日)。与此相反,乙案不承认概括性根抵押,而对于担保期间,则采由当事人任意规定,对于其延长亦无须利害关系人同意的态度。然而,乙案同意对根抵押权设定后增加其他因持续性交易、特定原因所生债权、特定债权作为被担保债权,这使得其与甲案之间的分歧减小,并且,就作为立法之中心问题的处分、共同根抵押等的规定也无太大差别,均可称之为现行制度的雏形。

对于上述“要纲试案”,社会各界也均从不同的立场表达了各自的见解。其中较为引人关注的有两个,分别是日本辩护士联合会(日辩联[①])于昭和41(1966)年10月29日对“要纲试案”作出的意见书和我妻荣博士组织的“根抵押法制研究会”于昭和41(1966)年4月29日公布的“根抵押法案要纲假案”(假案)。日辩联以债务人的总代表自居,认为概括性根抵押只顾债权人方便而不考虑债务人利益,故支持乙案。而假案除就根抵押权的基本问题提出了一些较为合理的意见之外,最为引人关注之处在于其首先提出了保护根抵押权设定人的制度,虽与现行法上的减额请求制度不同,但却与其基于相同的理念。

“要纲试案”公布后两年左右,“参事官室试案”即被公布。与之前的检讨事项、“要纲试案”相比,“参事官室试案”已具有第一法律草案的性质,为使根抵押权成为一种便于应用的担保手段,努力促成根抵押权制度的合理化。其大致内容为:(1)承认概括性根抵押权,但将偶然性债权排除在外,且将类似循环票据的债权视为由债权人与债务人间的交易所生,而为防止由此所生之债权人恶意利用根抵押权额度牟利的弊端,又设有一定制约。(2)为与承认概括性根抵押的原则达成平衡,设置了确定期日、确定请求权制度。(3)关于处分方式,与“要纲试案”的内容完全相同。(4)关于共同根抵押,承认累积型与纯粹型两个类型,而将累积型作为原则型。“参事官室试案”虽有完全实现了概括性根抵押权之独立性的优点,并作为配套制度,对根抵押权设定人的利益保护亦有照顾,但为了贯彻根抵押权的独立性及权利人对根抵押权的支配权却忽视了对债务人、后顺位抵押权人的保护。针对这一点,契约研究会与椿寿夫教授提出了相应的完善意见。而最为引人注目的,当属日辩联的意见。日辩联于上述“要纲试案”阶段就开始对概括性根抵押持反对意见,对“参事官室试案”仍坚持这一态度,而从日本根抵押制度最终否定了概括性根抵押的情形来看,应当是这一日辩联的意见在其中产生了重大影响。

3. 法律案要纲案的决定

昭和44(1969)年12月2日,法制审议会民法部会完成并公布了“民法之一部改正法律案要纲案”,这是最终的要纲案,现行根抵押法

① 相当于中国的“中华全国律师协会”。

就是此要纲案的条文化。因下文将会详细介绍日本现行根抵押法,故此要纲案之内容从略。

其后,法务省实施了修改《不动产登记法》及《关于旧根抵押权的过渡规定》等的工作,昭和46(1971)年3月5日,法律案被提交国会,同年5月24日通过,同年6月3日以法律第99号予以公布,自昭和47(1972)年4月1日起施行。

综观根抵押法制定的整个经过,从"意见照会"、"检讨事项"、"要纲试案"、"参事官室试案"到"法律案要纲案",其中无一不是法务省与社会各界进行充分的研究与意见交流之后所形成的结果,由是观之,与继受法国法乃至德国法制定的日本民法典相比,值得强调的是,日本的根抵押制度乃属于日本独创的担保制度,①从昭和30年开始探讨是否要为根抵押权专门立法到昭和46年"民法之一部改正法律"正式通过,其历时之久,即可见立法机关态度之细致与严谨。日本的根抵押立法不是纯粹以他国有而本国无为理由,简单地从理论上分析某项法律制度的合理性与必要性即将其移植到本国法律中的,而是因地制宜地立足于现实的本国国情,以满足实务需要为目的,在平衡各方利益关系的基础上实现的科学合理的立法。事实上,日本关于根抵押的立法并没有完全倒向学界的理论倾向,而是根据社会各界的不同意见进行了综合平衡形成了最终的法律案,从实现立法后日本一直以来的根抵押实践活动来看,日本的根抵押立法应当说是成功的。正如霍姆斯所言:"法律的生命不在于逻辑,而在于经验",对于社会生活中出现的某种新法律现象,将逻辑上最为合理,看似最为科学的理论予以应用所获得的社会效果却未必是最理想的。社会科学不同于自然科学之处在于自然科学只尊重实验的客观结果和数据,而对于作为社会科学之法学来讲,相当于自然科学之实验的只能是立法前的意见征集,要使立法成为平息论争的良法,而不是制造矛盾的恶法,最好的办法就是在事前进行充分和广泛的意见征集,并在此基础上进行合理调整,这里当然凝结着

---

① [日]铃木禄弥著:"日本的根抵押权制度立法",渠涛译,载渠涛主编:《中日民商法研究》(第1卷),法律出版社2003年版,第195页;[日]高木多喜男:「根抵当と民事立法学」,1981年12月,法律時報,53/14。

立法机关与立法人员崇高的智慧和高超的协调能力。[①] 总之,从日本民法发展的各个不同时期亦能发现,[②]大陆法系国家实现对西方法律理论的移植后,在完善本国现有法律制度过程中,民事立法活动自然包含了民事政策性因素。

（三）日本根抵押法的主要内容

日本根抵押法的立法化是日本民法施行以来财产法领域所实施的最大的修改。现行根抵押法规定于日本《民法典》第十章抵押权的第 4 节,自第 398 条之 2 至第 398 条之 22,共计 21 个条文。该法首先对根抵押的性质进行了界定,并明确规定了根抵押之被担保债权的范围,从根本上解决了日本民法发展史上关于根抵押有效性之两次大论争的核心问题。同时,基于根抵押的特殊性,分别规定了必要的配套制度,具体包括与根抵押权相关的各种变更制度、根抵押及其被担保债权的转让与处分制度、根抵押权人或债务人发生继承、合并、分立时的法律后果、共同根抵押制度、根抵押权的确定制度以及根抵押权的最高额减额请求制度和消灭请求制度。另外,关于根抵押权的公示,除对不动产登记法[③]进行了相应的修改外,在上述根抵押权法的相关具体制度中亦有关于登记之效力的明确规定。

（作者系中国社会科学院研究生院 2011 级民法专业博士研究生）

---

① 同是关于财产法的立法活动,我国 2007 年《物权法》的立法经过似乎也呈现出了相同之处。

② ［日］水本浩:「民事政策と民事立法学」,1981 年 12 月,法律時報,53／14。水本教授将日本《民法典》制定以后的 80 多年的历史分为 5 个时期。第 1 期是以梅谦次郎、富井政章为代表的“日本民法典自然法注释期”;第 2 期是以川名兼四郎、中岛玉吉、石坂音四郎为代表的“日本民法典潘德克顿法学注释期”;第 3 期是以末弘严太郎为代表的“民法政策实践期”;第 4 期是以我妻荣为代表的“法社会学时期”;第 5 期为战后时期,分为三个方面,一是川岛武宜的“法社会学”,二是加藤一郎、星野英一的“利益衡量论”,三是平井宜雄的“法政策论”。其中,第 1 期与第 2 期称为日本的概念法学时期,第 2 期的石坂音四郎已认识到德国自由法学与利益法学的抬头,故其倡导的概念法学被称为“修正概念法学”。

③ 对《不动产登记法》第 117 条、第 119 条分别实施了增设;对《不动产登记法施行细则》亦进行了相应的增设。

美国侵权法上的死亡赔偿制度

杨长庚

目　次

引　言

侵权致人死亡时如何对受害人进行救济，在世界各国侵权法上均属于理论上疑难、实践中复杂的重要问题。我国自1986年《民法通则》开始处理侵权死亡赔偿问题，几十年来兜兜转转，始终未能确定合理可行的解决之道。2010年7月1日生效的《侵权责任法》虽然确立了死亡赔偿制度的整体框架，但对于死亡赔偿金的计算方法、死者亲属的抚慰金请求权等关键问题或者付诸阙如或者语焉不详，而有待于未来的司法解释进行补充说明。在此过程中，如何协调抚养丧失说与继承丧失说的关系，如何化解"同命同价"与"同命不同价"的争执，始终是法学界绕不开的沉重课题。

类似问题在美国法中同样存在，对"同命不同价"的抱怨，对"撞伤不如撞死"的担忧乃是不同社会的共同体验。美国侵权法经过一百多年的探索，在死亡赔偿问题上积累了相当丰厚的经验，可供中国参考。

美国法的经验表明,抚养丧失说与继承丧失说之间并不存在根本的对立,关键是给死者亲属提供充分的救济。而美国法坚持的个体化、差异化的死亡赔偿与中国法上标准化、统一化的死亡赔偿迥乎不同,似乎说明依据死者户籍之类的外在身份来确定死亡赔偿金的数额并不具有终极的合理性。无论是城乡二元的赔偿标准还是城乡一体的赔偿标准,恐怕都不是中国人的理想选择。透过美国这扇窗口,我们或许可以发现一种更加符合矫正正义理念和侵权法定位的死亡赔偿模式。

一、历史发展和法律框架

普通法传统上并无死亡赔偿制度。①最迟到19世纪初,英国普通法形成了以下两个规则:(1)受害人的人身伤害诉讼随其死亡而消逝,死者继承人无权继承诉讼;②(2)如果受害人死亡,死者亲属不能就其遭受的丧失抚养或者悲伤痛苦之类的损害获得赔偿。③这两项既无逻辑理由又乏现实合理性的规则被美国法院普遍继受,成为美国法的一部分。其结果是,在不法致人死亡的情形,加害人不需要对死者本人或其亲属承担任何赔偿责任。对此,普若瑟评论道:“从被告的观点来看,杀掉一个人比抓伤一个人更为便宜。”④

为了纠正此种不合理的普通法规则,19世纪中期以后,美国各州纷纷仿效英国1846年《致命事故法》(Fatal Accidents Act 1846),⑤通过

---

① Dan B. Dobbs, Paul T. Hayden and Ellen M. Bublick, *The Law of Torts* §372 (2d ed.)(v. 2), West 2011 (hereinafter Dobbs et al., *The Law of Torts*), at 501; Stuart M. Speiser, Charles E. Klause and Juanita M. Madole: *Recovery for Wrongful Death and Injury* § 1:1 (3th ed. Clark Boardman Callaghan1992 & Supp. 2000) (hereinafter Speiser et al., *Recovery for Wrongful Death and Injury*), at 1-4(第一章第4页,本书分章编码).

② Higgins v. Butcher, Yelv. 89, 80 Eng. Rep. 61 (K. B. 1607).

③ Baker v. Bolton, 1 Camp. 493, 170 Eng. Rep. 1033(Nisi Prius 1808). 本案中,艾伦伯度勋爵在没有任何先例支持的情况下,宣称“在民事法庭上,一个人的死亡不能被视为伤害”,由此开创了英美法对不法致人死亡不予赔偿的历史。

④ W. Page Keeton, Dan B. Dobbs, Robert E. Keenton and David G. Owen, *Prosser and Keeton on Torts* (5th edition), West Publishing Co. 1984, at 942.

⑤ 俗称坎贝尔勋爵法(Lord Campbell's Act)。

立法对受害人及其亲属进行救济。[①]这些立法可以分为两类:一类名为幸存法案(survival statutes),一类名为不法致死法案(wrongful death statutes)。分述如下:(1)针对普通法上侵权诉讼随一方当事人死亡而消灭的规则,幸存法案规定,受害人在死亡之前所获得的诉讼权利可以在受害人死后继续存在。据此,受害人在受伤到死亡期间所遭受的工资损失、医疗费乃至疼痛和痛苦之类,可以在受害人死后,由受害人的继承人获得赔偿。(2)针对普通法上受害人死亡,死者亲属不能获得任何赔偿的规则,不法致死法案为因亲人死亡而遭受损失的死者亲属创造了新的诉因。与幸存法案允许死者亲属继承死者生前的诉讼权利不同,不法致死法案为死者亲属提供了独立的权利依据,死者亲属可以就自身遭受的财产损害和非财产损害要求加害人赔偿。

概括而言,在不法致人死亡的情形,死者亲属享有两类权利:(1)根据不法致死法案就自身因为亲人死亡所遭受的财产损害和非财产损害要求加害人赔偿;(2)作为死者的继承人就死者生前遭受的财产损害和非财产损害要求加害人赔偿。死者亲属的这两类损害赔偿请求权并行不悖,共同构成不法致人死亡时损害赔偿的完整面貌。

二、不法致死诉讼:对死者亲属的损害赔偿

(一)三种法律模式

美国各州不法致死法案各不相同,在能够获得赔偿的权利人范围、赔偿项目及计算方法、抗辩事由和诉讼时效等方面存在不小差别。主要是从死者亲属财产损害赔偿的计算方法着眼,五花八门的不法致死法案被归纳为三种模式:被扶养人损失模式(loss to dependents)、遗产损失模式(loss to estate)和单纯惩罚性赔偿模式。[②]

---

① 美国法继受贝克案和坎贝尔勋爵法的历史颇为奇特。在贝克案1808年问世前后,许多美国判例都支持死者亲属的赔偿请求,直到1850以后才逐渐继受贝克案。在许多州,继受贝克案与通过旨在纠正贝克案的不法致死法案几乎同步进行,其间混乱荒唐不一而足,种种历史谜团虽经深入探究,仍属未解之谜。参见Wex Malone,The Genesis of Wrongful Death,17 *Stan. L. Rev.* 1043 (1965)。

② Speiser et al.,*Recovery for Wrongful Death and Injury*,at 3 - 8.

1. 被抚养人损失模式。①仿效坎贝尔勋爵法的美国绝大多数州及各种联邦法案都采用此种模式。其特点是根据死者的被抚养人或者法律确定的受益人所遭受的损失来衡量损害赔偿的范围。就经济损失而言,主要是通过死者亲属所丧失的抚养利益来衡量损害大小,所以被抚养人损失模式非常接近中国流行的抚养丧失说。

2. 遗产损失模式。②美国只有少数几个州采用此种模式,如肯塔基州、佐治亚州、新罕布什尔州、康涅狄格州、艾奥瓦州等。③相对于被扶养人损失模式,遗产损失模式的最大特点是不考虑死者亲属与受害人之间的抚养依赖关系,直接将死者(如果不是因为死亡)所能获得的未来预期纯收入视为死者亲属所遭受的损害,据此对死者亲属进行赔偿。虽然在观念上将死者亲属的损失解释为其所能继承的死者遗产不当减少,但遗产损失模式下的不法致死法案很少将加害人的损害赔偿当作遗产处理。这正是不法致死法案与幸存法案的关键区别,死者亲属不是作为继承人主张死者所应获得的损害赔偿,而是作为自己利益遭受损害的独立当事人主张自己的损害赔偿。尽管具体内容稍有差别,美国法中的遗产损失模式非常接近中国流行的继承丧失说。

3. 单纯惩罚性赔偿模式。④随着马萨诸塞州在 1974 年改弦更张,始终坚持这一模式的立法例只剩下阿拉巴马州。阿拉巴马不法致死法

---

① 也被称作幸存者损失模式或者受益人损失模式。根据各州立法表述的不同,有权获得赔偿的死者亲属被称作死者的幸存者(survivors)或者被抚养人(dependents),有时也被称作受益人(beneficiaries),其含义大同小异,可以通用。

② Dobbs et al., *The Law of Torts*, at 511、512; Speiser et al., *Recovery for Wrongful Death and Injury*, at 3 - 13.

③ 虽然同被归入遗产损失模式名下,但各州规定可能千差万别。比如艾奥瓦州法律直接规定按照继承法在死者亲属间分配死者的未来预期纯收入(I. C. A. § 633.336),"继承丧失说"的意味浓厚;而佐治亚州则规定加害人需要赔偿"死者生命的全部价值"(full value of the life of the decedent)(Ga. Code Ann., § 51 - 4 - 1),文字表述上具有一种"生命赔偿说"的特点;肯塔基州法律更是详细列举各类亲属获得赔偿的优先顺序,只在没有配偶、子女、父母等近亲属的情形才将加害人的损害赔偿当做遗产处理(KRS § 411.130),从而具有强烈的"抚养丧失说"的色彩。

④ Bonnie Lee Branum, Alabama's Wrongful Death Act: The Jurisprudence of Accounting, 55 *Ala. L. Rev.* 883 (2004).

案不考虑死者的挣钱能力和死者亲属的具体损失,完全根据加害人的过错程度来判决惩罚性赔偿,以此作为对死者亲属的救济。虽然阿拉巴马立法不乏追求正义和平等的理想,但其路径过于偏离侵权责任法赖以立足的矫正正义理念和损害补偿功能,而因在现代社会越来越黯淡无光。

(二)赔偿权利人的主体资格

根据不法致死法案,有权获得赔偿的主体范围由各州制定法明确规定,法院判例通常强调不法致死诉讼的制定法属性从而拒绝通过判例改变制定法对权利主体的限定。①死者亲属如要获得赔偿,首先需要证明自己属于制定法所规定的亲属范围之内,其次还要证明自身符合获得赔偿的先决条件——被抚养人损失模式下的抚养依赖关系或者遗产损失模式下的继承人身份。

1. 亲属范围

英美法从1846年坎贝尔勋爵法以来的传统是:只有死者亲属才有资格获得损害赔偿。关于亲属范围,美国各州规定每每不同,总的情况是肯定父母、配偶、子女可以成为受益人;许多州也肯定在没有父母或者子女的情况下,祖父母、外祖父母、孙子女、外孙子女也可以成为受益人;个别州肯定在特殊情况下兄弟姐妹可以成为受益人;极端情况下,叔叔舅舅、姑姑姨妈、侄子侄女、外甥外甥女也有可能被考虑在内。②一些立法规定的亲属范围过于狭窄,如仅限于配偶、子女、父母,从而使法定范围之外的亲属无法获得救济。③

亲属范围之内,还存在获得赔偿的优先顺序问题:如果顺位在先的亲属在世,顺位在后的亲属则无权获得赔偿。关于各类亲属获得赔偿的优先顺序,各州规定不同,大致如下:(1)配偶、子女、父母;(2)祖父

---

① 例如,在 Tolbert v. Maner,271 Ga. 207(1999) 一案中,佐治亚最高法院再次确认不法致死诉讼的权利来自制定法的规定而不是普通法,根据佐治亚不法致死法案的规定,外孙子女无权代位其母亲参与因为其外祖母死亡而引发的不法致死诉讼。

② Speiser et al. ,*Recovery for Wrongful Death and Injury*,at 10 - 9.

③ 如在 Ablin v. Richard O'Brien Plastering Co. ,885 P. 2d 289(Colo. App. 1994)一案中,死者的在世亲属只有兄弟姐妹,因不属于科罗拉多州法律所规定的亲属范围,无权获得赔偿。

母、外祖父母;(3)兄弟姐妹;(4)其他亲属。而在父母、配偶、子女之间,同样存在优先顺序问题:孩子未成家,父母当然优先;如果孩子已经成家并且育有子女,通常是孩子的配偶和子女优先,父母恐怕要让步。①严格限定各类亲属获得赔偿的优先顺序,固然能为法律上最为亲近的亲属提供救济,有其合理性和正当性,个别时候却会不适当地损害顺位在后的亲属的利益。②

2. 抚养依赖关系

被抚养人损失模式下的不法致死诉讼,其目的在于赔偿依赖死者(生前)扶养的亲属所丧失的财产利益,因而对于抚养依赖关系(dependency)的要求成为题中应有之义。③随着时代发展,许多州制定法和判例对抚养依赖关系的要求逐渐放宽,名义上的"被抚养人"(dependent)可能事实上并不依赖死者抚养,从而只是制定法所规定的受益人(beneficiary)。许多立法通常会推定共同生活的配偶、子女与死者存在抚养依赖关系,而对于非共同生活的亲属则往往要求其证明抚养依赖关系。④证明抚养依赖关系,并不需要证明特定受益人(beneficiaries)没有独立谋生能力,完全依赖死者抚养,也不需要证明死者对特定受益人负有法定抚养义务。特定受益人只需要证明自己从死者那里获得经济支持(support)(如购买房屋、代缴水电费、经常汇款)即可,但偶尔的礼物馈赠则不算经济支持。⑤需要说明的是,以往获得经济支持的事实并不必然表明能够继续获得支持,有时还需要证明未来可以获得死者支持的合理期待。⑥

---

① 例如肯塔基州不法致死法案(KRS § 411.130)。

② 如在 Masunaga v. Gapasin,57 Wash. App. 624,790 P. 2d 171 (1990) 一案中,死者留下了孤儿,死者父母作为第二顺位的权利人无法就其精神痛苦获得赔偿。

③ 存在例外情形,一些法院不要求抚养依赖关系的存在,如纽约州法院,Franchell v. Sims,73 A. D. 2d 1,424 N. Y. S. 2d 959(4th Dep't 1980)。

④ Speiser et al. ,*Recovery for Wrongful Death and Injury*,at 3 – 90,91.

⑤ Speiser et al. ,*Recovery for Wrongful Death and Injury*,at 3 – 98.

⑥ 在 Quinonez v. Andersen,144 Ariz. 193,696 P. 2d 1342(Ct. App. 1984)一案中,丈夫经常毒打妻子;法官认为:妻子死亡,丈夫失去的只是一个沙袋,所以公平合理的赔偿数额是零。

尽管法律对抚养依赖关系的要求逐步放宽,实践中不免出现不存在任何依赖死者抚养的亲属的情形。如果没有合理的理由认定死者会对其他亲属提供任何供养,则其他亲属不能获得赔偿。[①]就此,一些州规定:在没有受益人的情形,加害人的损害赔偿作为死者的遗产处理,在清偿债务之后,可以由死者的关系较远的亲属继承。[②]

3. 继承人身份

一些采纳遗产损失模式的立法直接对有权获得损害赔偿的主体范围及其顺序作出规定,也有一些州简单规定死者继承人作为权利人。无论如何,遗产损失模式下的不法致死法案不要求死者亲属与死者之间存在抚养依赖关系,真正重要的是继承人身份。通常,顺位在先的继承人,如配偶、父母、子女,也是依赖死者抚养的被抚养人。但有时实际依赖死者抚养的亲属可能不是继承人或者第一顺位继承人,从而不能获得丧失抚养的损害赔偿。[③]

(三)财产损害赔偿

传统上,不法致死法律坚持财产损失规则(pecuniary loss rule),许多州通过立法或者判例规定:死者亲属只能就其财产损失获得赔偿,非财产损失不在考虑之列。[④]因此,长达上百年的时间内,财产损害赔偿是死者亲属可以通过不法致死诉讼获得的唯一救济。今天,尽管绝大多数州都认可了各种形式的非财产损害赔偿,财产损害赔偿仍然是不法致死赔偿的核心部分。

不法致死诉讼中的财产损害可以分为两大类别:一类是丧葬费、医疗费之类的积极财产损失,另一类是丧失死者未来收入的消极财产损失。积极财产损失中,丧葬费是不法致死的直接后果,大多数法院允许

① Restatement(Second) of Torts §925, Comment *b* (1979).

② 如加利福尼亚州、阿拉斯加州、亚利桑那州等, Speiser et al., *Recovery for Wrongful Death and Injury*, at 3-15.

③ 如在 Kelson v. Salt Lake County, 784 P. 2d 1152(Utah 1989)一案中,因为死者尚有父母、子女在世,事实上依赖死者抚养的哥哥不能得到任何赔偿。

④ Speiser et al., *Recovery for Wrongful Death and Injury*, at 3-24.

实际支付或者有义务支付丧葬费的死者亲属就其合理支出获得赔偿。[①]关于医疗费,严格来讲,医疗费是死亡之前的支出,不适合在不法致死诉讼中进行救济,但许多法院出于方便诉讼考虑,允许实际支付或者有义务支付医疗费的死者亲属就其支出获得赔偿。[②]相对于数额有限的丧葬费、医疗费,死者亲属丧失未来经济支持或者预期继承的损失数额巨大、计算复杂,以下就此进行特别说明。

1. 被抚养人损失模式下的财产损害

被抚养人的财产损失(pecuniary loss)是指被抚养人原本可以享有却因为亲人死亡而丧失的一切具有财产价值的利益或者好处,通常包括三个部分:丧失抚养(loss of support)、丧失服务(loss of services)和丧失继承(loss of inheritance)。

(1)丧失抚养

一般而言,丧失抚养是被扶养人所遭受的财产损失的核心部分。丧失抚养的计算方法有两种:[③]一种是抚养项目汇总法,将被抚养人可以期待从死者那里获得的现金以及房屋、汽车、食物等各种非现金财产利益进行汇总所得到的数额;另一种是死者预期纯收入法,将死者未来的预期收入扣减个人花费以及其他可能的支出之后所得的余额。无论是哪一种计算方法,都需要将所得数额进行折现,[④]有时还需要考虑所得税等影响因素。[⑤]

---

① 少数法院允许支付丧葬费的亲属通过幸存之诉获得赔偿,个别法院则不认可丧葬费的赔偿,Speiser et al. ,*Recovery for Wrongful Death and Injury*, at 3 - 187, 188。其中的法理分析,参见 T. A. Smedley, Some Order Out of Chaos in Wrongful Death Law, 37 *Vand. L. Rev.* 273(1984)。有些法院认为:人终有一死,丧葬费的支出乃是早晚之事,故不予赔偿;一些法院认为不法致死使得死者亲属支付丧葬费的日期提前,故应当赔偿丧葬费在死者实际死亡到其预期生命终点之间的利息;绝大多数法院则基于正义观念和伦理考虑而允许丧葬费的赔偿。

② Speiser et al. ,*Recovery for Wrongful Death and Injury*, at 3 - 179.

③ Speiser et al. ,*Recovery for Wrongful Death and Injury*, at 3 -48.

④ 美国死亡赔偿的支付不采用定期金方式,而是一次性总额支付,需要根据预期利率、通货膨胀率等因素进行折现。

⑤ 各州规定不同,Speiser et al. ,*Recovery for Wrongful Death and Injury*, at 3 -42。总的趋势是不考虑所有税对死亡赔偿数额的影响,因为未来收入情况难以估量,Dobbs et al. ,*The Law of Torts*, at 510。

从理论上讲,第一种计算方法更加契合丧失抚养的字面含义,各种抚养利益的汇总即是丧失抚养的数额。但此种方法也存在不足之处,现有的抚养项目及其数额并不能决定未来的抚养项目及其数额,将各种项目一一汇总失于琐碎却难称准确。所以,抚养项目汇总法只是偶尔适用于死者赚钱能力特别强或者被扶养人得到部分抚养的情形,其要旨在于维持被抚养人的既有生活水平。①

更为通用的方法则是死者预期纯收入法。②依照此法确定丧失抚养的损失主要考虑三个因素:死者的未来预期毛收入、死者的预期个人花费和死者对被抚养人的预期抚养年限。前两项因素决定抚养水平,第三项因素则是抚养时间。现对上述三个因素简单说明如下:

①死者未来预期毛收入

受害人的未来收入乃是其对家人提供抚养的财产来源。具体的收入来源可能多种多样,如薪金所得、投资所得、经营所得乃至退休金等,法律所关心的是从中体现出的个人赚钱能力(earning capacity)。③就此而言,个人薪金所得往往是受害人赚钱能力的直接体现,计算起来比较方便;投资所得、经营所得则需要进一步区分资本利得的因素和个人赚钱能力的因素,相当复杂;至于没有固定收入的自由职业者,其赚钱能力的评估则更为困难。总体而言,衡量受害人的赚钱能力需要综合考虑各项因素,比如年龄、健康状况、教育程度、职业前景、以往收入等。这种评估既要考虑个人具体情形进行合理预测,又要利用统计数据进行补充调整,推测假想的成分难以避免,但也不是完全的主观臆断。④诚如道布斯所云,死亡诉讼中应当允许一定程度的推测存在,否则多数情形下受害人将得不到任何赔偿。⑤

---

① Speiser et al., *Recovery for Wrongful Death and Injury*, at 3-52.

② Speiser et al., *Recovery for Wrongful Death and Injury*, at 3-51.

③ Speiser et al., *Recovery for Wrongful Death and Injury*, at 3-55.

④ 有学者建议,在缺乏有关个人收入的充分数据的情形,与其根据受害者个人资质、品行进行推断预测,不如借助统计数据进行类型化的处理,Brian Walker, Lessons that Wrongful Death Tort Law Can Learn from the September 11th Victim Compensation Fund, 28 *Rev. Litig.* 595(2009)。

⑤ Dobbs et al., *The Law of Torts*, at 512.

②死者的预期个人花费

受害人的个人花费(personal expenses)不限于个人生活费用(living expenses)。除了衣食住行这些最基本的开销之外,受害人可能在享受生活(如抽烟、喝酒、看电影、旅行),实现个人的兴趣爱好(如滑雪、钓鱼),维持个人的社会地位和生活圈子(购买高档服装、出入社交场合、亲友往来馈赠)等方面支付费用,这些都属于个人花费。评估受害人的预期个人花费,同样需要考虑各种因素,如年龄、健康状况、预期寿命、个人生活习惯以及家庭责任感等。[①]实际操作中,受害人的个人花费往往不是一个具体数额,而是相对于受害人个人收入的一定比例,可能是15%,也可能是50%,视个案情况而定。[②]

③预期抚养年限

被抚养人预期得到受害人抚养的年限由被抚养人的年龄、受害人的预期工作年限等多项因素决定。如果被抚养人是未成年人,则其预期得到抚养的年限截至成年为止。许多时候,可以预期的抚养年限是受害人的整个余生,此时受害人的预期工作年限即是被抚养人预期得到抚养的年限。[③]

(2)丧失服务

除了丧失抚养外,被抚养人损失模式下的不法致死法案通常支持赔偿死者亲属的另外一项损失:丧失服务。丧失服务中所说的“服务”包括各种类型,例如洗衣做饭、整理家务、修剪草坪、疏通管道等,服务的提供者可以是妻子、丈夫,也可以是父母、子女。这种家政服务(domestic services)类型的服务完全具有市场价值,可以通过金钱购买

---

① Speiser et al., *Recovery for Wrongful Death and Injury*, at 3 - 63.

② 有时,同一案件中,不同时期个人消费所占比例也不相同。在 Petition of U. S. Steel Corp. (C. A. 6, 1973) 479 F. 2d 489 一案中,死去的海员预计还能工作32年,留下妻子和两个孩子(分别是6岁和4岁)。法院认为,最初的15年,家中有4人,海员的个人花费按照30%计算;接下来的2年,家中有3人,海员的花费按照40%计算;最后15年,家中只有2人,海员的花费按照50%计算。

③ Dobbs et al., *The Law of Torts*, at 510.

相关服务,丧失此类服务的损失属于真正的财产损失。①

丧失服务中有一种特殊类型的服务来自父母(个别情况下可能是祖父母或者外祖母)为子女等晚辈提供的服务,诸如照顾、教育、培养、指导、建议之类。对于此类服务的赔偿向来得到法院的支持,有些法院会将丧失道德或者精神方面指导的损害赔偿限制在死者的未成年子女遭受损害的情形,有些法院则不限于此。②此类丧失服务的损失可能不是严格的财产损失,但具有一定的财产意义,故而金钱赔偿具有某种补偿作用。③

(3)丧失继承

按照被抚养人损失模式的逻辑,被抚养人所应获得的赔偿只能是其原本可以从亲属那里获得却因加害人造成亲属死亡而失去的抚养和服务,预期继承利益的损失自然不在其中。然而自 20 世纪中期以来,越来越多的判例和立法肯定了死者亲属丧失继承的损害赔偿。④其理由是:如果受害人挣钱较多,除了自己花费和供养家人之外,在其正常死亡之时通常会积攒下来一笔钱财,供亲属继承。由于加害人的不法致死行为,死者亲属不但失去了原本可以获得的抚养和服务,同样失去了可以预期从死者那里获得的继承份额。为了赔偿死者亲属所遭受的全部财产损失而不是部分财产损失,在丧失抚养和丧失服务的赔偿之外,还应当赔偿丧失继承的损失。⑤针对丧失继承的赔偿,有些法院要求死者亲属证明自己会比死者(即使是正常死亡)活得更为长久,⑥有

---

① Flower v. Harper, Fleming James. Jr., Oscar S. Gary: *Harper, James and Gary on Torts* (third edition) (v. 4), Wolters Kluwer, 2007 (hereinafter Gary et al., *Harper, James and Gary on Torts*), at 753.

② 比如,在 Conzalez v. New York City Housing Authority, 572 N. E. 2d 598 (N. Y. 1991) 一案中,死者是一名 76 岁的老太太,死者孙女可以就其无法向祖母咨询自己的婚姻问题的损失获得赔偿。

③ Gary et al., *Harper, James and Gary on Torts*, at 753.

④ Speiser et al., *Recovery for Wrongful Death and Injury*, at 3 - 117.

⑤ Dobbs et al., *The Law of Torts*, at 512.

⑥ 如 Yowell v. Piper Aircraft Corp., 703 S. W. 2d 630 (Tex. 1986).

些法院则不作此要求。[①]

与丧失抚养和丧失服务被各州法院普遍支持不同，丧失继承的损害赔偿被一些法院明确拒绝。[②]其中缘由，除了一些制定法的特殊限制外，根本原因在于法院认为丧失继承的损失推测成分过多：受害人（如果不是死亡的话）可能在养老院里耗尽自己的平生积蓄，或者将身后财产留给其他人而不是某个亲属。[③]

2. 遗产损失模式下的财产损害

遗产损失模式下，有三种方法来衡量死者亲属所遭受的财产损害：(1)死者未来预期纯收入的现值；(2)死者预期生前积蓄的现值；(3)死者预期未来毛收入的现值。[④]

第一种方法最为常用，以死者的未来预期毛收入，扣减其个人生活成本，将余额折算为现值即可。这种方法最接近被抚养人损失模式下的计算结果，虽然不考虑死者亲属丧失抚养的损失，但丧失抚养的损失已在其中。

第二种方法扣减数额最多，不但扣除死者的个人花费，而且扣除死者供养亲属的部分。这种计算方法在概念逻辑上最能反映遗产损失模式的本质，只有死者的生前积蓄才能成为遗产。但这种方法的不公正性也最为突出，将死者供养亲属的财产从损害赔偿的数额中扣除，使得最需要救济的被扶养人得不到应有的赔偿——在死者将全部收入用于养家糊口时，因为不可能有预期积蓄，死者亲属反而得不到任何赔偿。[⑤]因此，曾经采纳此种做法的立法纷纷改弦更张。

第三种方法对死者亲属最为慷慨，既不扣减死者对亲属的供养，也不扣减死者的个人花费，直接将死者的全部预期收入作为损害赔偿的数额。采纳此种方法的佐治亚州和肯塔基州多少有些偏离遗产损失模

① 在 North Slope Borough v. Brower，215 P. 3d 308（Alaska 2009）一案中，死者是一名 18 岁的男孩，法院赔偿了其母亲遭受的丧失抚养的损失和其他损失，即使赔偿数额超过了孩子母亲的预期经济损失。

② Speiser et al.，*Recovery for Wrongful Death and Injury*，at 3 – 123.

③ Dobbs et al.，*The Law of Torts*，at 513.

④ Speiser et al.，*Recovery for Wrongful Death and Injury*，at 3 – 192.

⑤ Gary et al.，*Harper，James and Gary on Torts*，at 758.

式,将损害赔偿界定为赔偿"死者生命的全部价值"①或者"对死者劳动和赚钱能力的破坏"。② 显然,这种方法对死者亲属的赔偿超过补偿性赔偿的范围,死者的个人花费部分无论如何不能成为死者亲属的损失。③

(四)非财产损害赔偿

传统上,不法致死法案仅仅保护死者亲属的经济利益,对死者亲属所遭受的财产损害给予赔偿,而对死者亲属所遭受的失去亲人的陪伴、痛苦悲伤等损失则不予赔偿。④由此造成的弊端有二:(1)仅仅赔偿死者亲属所遭受的财产损失,并不能涵盖死者亲属乃至死者本人所遭受的全部损害。偏低的死亡赔偿数额既不能充分补偿死者亲属所遭受的损失,也无法让加害人承担致人死亡的全部成本,从而损害了侵权法遏制损害发生的功能。⑤(2)在未成年人、退休老人、家庭主妇(夫)以及其他非就业人员死亡的情形,仅仅赔偿死者亲属所遭受的财产损害,几乎使死者亲属当不到任何赔偿,事实上否定了对死者亲属的救济。⑥有鉴于此,主要是从20世纪60年代以来,美国各州开始为不同类型的非财产损害提供程度不等的救济。

时至今日,不法致死诉讼中认可的非财产损害赔偿名目繁多,五花八门,大体分为两类:一类是丧失陪伴,一类是丧亲之痛。

1. 丧失陪伴(loss of companionship)

丧失陪伴类型的非财产损失包括许多种类,如丧失陪伴(companionship)、相伴(society)、伴侣(consortium)、爱(love)、感情(affection)、建议(advice)、指导(guidance)等。⑦如今,除纽约州和阿拉

① Ga. Code Ann., § 51-4-1.

② Rice v. Rizk, 453 S. W. 2d 732 (Ky. 1970).

③ Gary et al., *Harper, James and Gary on Torts*, at 758.

④ Dobbs et al., *The Law of Torts*, at 514.

⑤ Eric A. Posner and Cass R. Sunstein, Dollars and Death, 72 *U. Chi. L. Rev.* 537 (2005).

⑥ Dobbs et al., *The Law of Torts*, at 514.

⑦ Dobbs et al., *The Law of Torts*, at 515; Speiser et al., *Recovery for Wrongful Death and Injury*, at 3-124.

巴马州之外，其余各州都支持此种类型的非财产损害赔偿，或者通过立法明确规定，或者通过判例予以确认。①在制定法明确将不法致死诉讼的赔偿限制在财产损害的情形，一些法院不惜违背智识上的诚实，将陪伴、指导、照顾之类的损失解释为具有财产价值的损害，从而给予赔偿。②

丧失陪伴类型的损失主要体现在三种亲属关系上：(1)夫妻之间。丈夫或者妻子失去伴侣的损失(loss of consortium)很早就获得各州法律的认可，失去伴侣陪伴在人身伤害领域还可以作为独立诉因，但在不法致人死亡的情形通常只能作为不法致死诉讼中的赔偿项目。③(2)父母与未成年子女之间。父母与未成年子女之间的亲密关系得到法律的特别保护，无论是父母失去子女的陪伴，还是子女丧失父母的照顾，都可以获得赔偿，许多州对此作出明文规定。④需要注意的是，在未成年子女失去父母的情形，区分父母为子女提供的陪伴、指导、建议、教育、培养、疼爱等家庭温暖究竟属财产损害中丧失服务的内容还是非财产损失中丧失陪伴的内容，恐怕极为困难。(3)其他近亲属之间。与配偶之间、父母与未成年子女之间的关系相比，其他亲属之间的亲密关系稍逊一筹，各州法律很少对此专门规定。在一些州，成年子女丧失父母陪伴，或者父母丧失成年子女的陪伴，可能获得赔偿，但需要提供有关父母子女感情的证明(如共同生活、经常往来)。⑤

2. 丧亲之痛(anguish or grief)

虽然美国绝大多数州都认可了死者亲属丧失陪伴的损害，但大多

---

① Andrew J. McClurg, Dead Sorrow: A Story about Loss and A New Theory of Wrongful Death Damages, 85 *B. U. L. Rev.* 1. (2005).

② 开创丧失陪伴损害赔偿的 Wacko v. Gnodtke 105 N. W. 2d 118 (Mich. 1960)一案，不惜将孩子对家庭的价值与机器对工厂的价值进行类比，说明孩子是家庭不可或缺的组成部分，从而肯定子女陪伴的财产价值。此种为了正义而曲解法律的做法影响深远。最近的例子，如 Wilcox v. Vermeulen, 781 N. W. 2d 464(S. D. 2010)。

③ Speiser et al., *Recovery for Wrongful Death and Injury*, at 3 - 134, 135.

④ 如肯塔基州(KRS § 411.135)特别规定父母可以就失去未成年子女陪伴的损失获得赔偿。

⑤ Speiser et al., *Recovery for Wrongful Death and Injury*, at 4 - 86, 4 - 184.

数州并不支持对死者亲属失去亲人的痛苦(anguish)、悲痛(distress)或者悲伤(grief)进行赔偿。[①] 20世纪70年代,美国有些州开始通过立法或者判例认可死者配偶、子女、父母等亲属的丧亲之痛。根据道布斯的研究,截至1990年,美国有1/3的州支持对丧亲之痛进行赔偿。[②]而据安德鲁·J.麦克拉格观察,到2005年,允许赔偿丧亲之痛的州达到23个。[③]可以看出,支持赔偿丧亲之痛的力量正在缓慢增长,但不赞同赔偿丧亲之痛始终是美国的主流。

回顾历史,是否对丧亲之痛进行赔偿的争议在美国法中由来已久。早在1874年,科罗拉多州最高法院拒绝对丧亲之痛进行赔偿,理由是死者亲属的悲伤捉摸不定:判断死者亲属的悲伤不能不考察亲属与死者的亲密程度,如果丈夫或者妻子早在诅咒对方死亡,则配偶死亡带来的是欢乐而不是痛苦;如对众多亲属的感情一一审查,往往招来丑闻和羞辱。[④]但是,也有一些法院认为:许多时候,死者亲属的悲伤真切可信,"胳膊折断的疼痛和心灵破碎的痛苦之间的区分是人为的",[⑤]生活经验和科学研究都足以证明人类精神痛苦的真实性。事实上,学术界一直倡导对死者亲属的丧亲之痛予以赔偿。[⑥]但多数州考虑到痛苦悲伤的不确定性和容易造假,还是毅然拒绝对丧亲之痛进行赔偿。

为了在死者亲属目睹亲人惨死的极端情况下救济受害人,很多州认可了过失造成严重精神痛苦(negligent infliction of severe emotional

---

① Speiser et al., *Recovery for Wrongful Death and Injury*, at 3－154. 早在30多年前,学者即将此称为"美国的悲剧", Stuart M. Speiser and Stuart S. Malawer, An American Tragedy: Damages for Mental Anguish of Bereaved Relatives in Wrongful Death Actions, 51 *Tul. L. Rev.* 1(1976)。

② Dan. B. Dobbs, *Law of Remedies* (2nd ed.)(v.2), West Publishing Co., 1993, at 442.

③ Andrew J. McClurg, Dead Sorrow: A Story about Loss and A New Theory of Wrongful Death Damages, 85 *B. U. L. Rev.* 1. (2005).

④ Kansas P. R. Co. v. Miller 2 Colo 442 (1874).

⑤ "The distinction between the pain of a broken arm and the pain of a broken heart is judge-made." Quoting from Re Sincere Navigation Corp. (1971, ED La) 329 F Supp 652.

⑥ Elizabeth M. Schneider, Grief, Procedure and Justice: The September 11th Victim Compensation Fund, 53 *DPLLR* 457 (2003); Andrew J. McClurg, Dead Sorrow: A Story about Loss and A New Theory of Wrongful Death Damages, 85 *B. U. L. Rev.* 1. (2005).

distress)这一侵权诉因中的一种特殊类型,即旁观者(bystander)案件。①需要指出的是,旁观者案件所救济的并不是死者亲属因为亲人死亡自然产生的悲伤和痛苦,而是目睹亲人死亡所遭受的精神惊吓。②正因如此,一些法院认为目睹亲人死亡的精神惊吓损害和不法致死诉讼中的丧亲之痛损失可以并存。③不过,事实上很难区分目睹亲人死亡造成的恐惧和亲人离世带来的悲伤,为了避免重复赔偿,最好在同一诉讼中解决这两类精神痛苦的赔偿问题。④

对于支持丧亲之痛的各州而言,则需要处理丧亲之痛与丧失陪伴的关系问题。虽然同属非财产损失,但两者截然不同:丧亲之痛是亲人死亡给死者亲属带来的感情上的痛苦和折磨,而丧失陪伴则是死者亲属所失去的亲人的关爱和陪伴。丧亲之痛强调的是死亡给死者亲属造成的消极的冲击,而丧失陪伴重在说明死者亲属所享有的积极的感情利益被剥夺了。⑤但是,这种逻辑上的泾渭分明并不能阻止实践中的交叉重叠,陪审团常常对丧亲之痛与丧失陪伴的区分感到困惑。也是因为如此,在一些不承认丧亲之痛的法域中,陪审团可能通过加大丧失陪伴的赔偿数额从而达到对丧亲之痛进行赔偿的效果。⑥

(五)损害赔偿的分配

死者亲属通常不止一人,从而产生如何分配损害赔偿的问题。就此,各州规定每每不同。一些州按照坎贝尔勋爵法案开创的传统,明确规定法官或者陪审团计算赔偿额时,应当考虑每个亲属的受损情况,从而决定每个人应得的赔偿数额。⑦但是,许多州的立法和判例偏离了按

① 中文资料众多,参见周琼:"过失造成的纯粹精神损害——以美国法为中心的考察",载《环球法律评论》2010年第5期。

② Speiser et al., *Recovery for Wrongful Death and Injury*, at 3-166.

③ Stump v. Ashland, Inc., 201 W. Va. 541, 499 S. E. 2d 41 (1997).

④ Dan. B. Dobbs, *Law of Remedies* (2nd ed.) (v. 2), West Publishing Co., 1993, at 442.

⑤ Thomas v. Uzoka, 290 S. W. 3d 437 (Tex. App. 2009).

⑥ W. Page Keeton, Dan B. Dobbs, Robert E. Keenton and David G. Owen, *Prosser and Keeton on Torts* (5th edition), West Publishing Co. 1984, at 952.

⑦ E. g. Ariz. Rev. Stat. § 12-612 C, Kan. Stat. Ann. § 60-1905.

照损失大小确定赔偿数额的理念。一些州计算损害赔偿的数额时会将各个亲属的不同损失进行汇总,但在分配损害赔偿时却不考虑具体损失而平均分配。①一些州按照不同亲属与死者之间的抚养依赖程度分配损害赔偿,却忽略了丧亲之痛、丧失陪伴之类的损害与抚养依赖程度没有多大关系。许多州将可获赔偿的亲属范围限制在配偶、子女、父母的狭窄范围内,从而使丧失抚养的兄弟姐妹得不到任何赔偿。还有不少州明确规定死者亲属获得赔偿的优先顺序,当死者留有儿女时,死者父母即无法获得赔偿。此时可能产生特殊的计算困难,如果对死者父母的丧亲之痛进行赔偿,赔偿金额却全部给予死者子女,则死者子女获得意外之财;如果不将死者父母的丧亲之痛计算在内,则加害人获得意外之财。②

不考虑死者亲属的具体损失而分配损害赔偿或许具有简便易行的优点,却偏离了矫正正义理念,损伤了侵权责任法的补偿功能。产生此种后果的原因在于不同的处理模式或者单纯关注丧失继承,或者集中于丧亲之痛,偏颇之处在所难免。合理的解决之道乃是承认不同亲属遭受的损害类型和损失大小不同,据此分配不同的赔偿数额。③如此,丧失抚养的赔偿要考虑不同亲属对死者的抚养依赖程度;丧失继承要考虑有权获得继承财产的优先顺序;丧失陪伴和悲伤,则要考虑共同生活关系、感情亲密程度。

(六)不同赔偿模式的比较

美国学术界很少争论被抚养人损失模式与遗产损失模式的优劣,认为两者的赔偿结果在多数时候大体相同。④对于非财产损害赔偿而言,不同赔偿模式与赔偿项目和赔偿数额之间没有必然关系。当然,对于财产损害而言,两者之间还是存在一些区别,主要有三:

1. 损害赔偿的前提条件不同。如前所述,被抚养人损失模式要求

---

① 比如在未成年子女死亡的情形,被剥夺监护权的一方父母与实际照顾孩子的一方父母获得同样数额的损害赔偿。

② Dobbs et al., *The Law of Torts*, at 522.

③ Dobbs et al., *The Law of Torts*, at 522.

④ Speiser et al., *Recovery for Wrongful Death and Injury*, at 3 - 195; Gary et al., *Harper, James and Gary on Torts*, at 757.

主张赔偿的死者亲属与死者之间存在抚养依赖关系，遗产损失模式则无此要求。在死者没有被抚养人时，如成年未婚子女死亡的情形，被抚养人损失模式可能会产生无法容忍的结果。①

2. 对未成年人死亡的处理不同。按照被抚养人损失模式，在未成年子女死亡的情形，因为父母并不依赖子女抚养，不存在丧失抚养的损失。即便法院判决赔偿父母丧失服务的损失，子女所能提供的服务也相当有限。按照传统的计算方法，孩子死亡的损失等于孩子为父母提供服务的价值减去父母养育孩子的花费。②通常，这个数值是负值。所以，传统的被抚养人损失模式下，法律对子女死亡的赔偿通常是零或者微乎其微。相比之下，遗产损失模式不考虑是否丧失抚养的问题，而是专注于对孩子未来赚钱能力损害的赔偿，从而使孩子父母得到实质性赔偿。③

需要说明的是：近年来，许多坚持被扶养人损失模式的法院对未成年子女死亡的赔偿逐渐变得慷慨。一些法院通过高估服务的价值加大对死者父母的赔偿力度。④另一些法院则试图改造丧失抚养的概念，既然父母有权在子女长大后获得抚养，则父母有权获得孩子未来收入损失的赔偿。⑤按照此种思路，一些年龄幼小甚至刚刚出生不久的孩子死亡的情形，父母也有可能获得赔偿。⑥不过，法院一般要求父母证明自己对子女的抚养期待，此时要考虑孩子是否聪明懂事、是否勤快孝顺以

---

① Reiser v. Coburn, 587 N. W. 2d 336, 338 – 339 (Neb. 1998) 一案中，死者是一名 18 岁的成年男孩，在父亲的农场工作，在农场附近的房子里独立生活。除了一点丧葬费外，初审法院对死者父母其他损失判决的赔偿数额是“零”。内布拉斯加州最高法院认为该赔偿数额“震撼了良知”，要求重新审判，对死者父母丧失陪伴的“财产损失”进行赔偿。

② Dobbs et al., *The Law of Torts*, at 514.

③ Dan. B. Dobbs, *Law of Remedies* (2nd ed.) (v. 2), West Publishing Co., 1993, at 436.

④ Dan. B. Dobbs, *Law of Remedies* (2nd ed.) (v. 2), West Publishing Co., 1993, at 440.

⑤ Speiser et al., *Recovery for Wrongful Death and Injury*, at 4 – 96.

⑥ Andrew v. Reynolds Memorial Hosp., Inc., 201 W. Va. 624, 499 S. E. 2d 846 (1997) 一案中，死者是一名母亲怀孕 6 个月后分娩的早产儿，出生后一天即死亡，法院对该婴儿的未来收入损失判决了 175 万元的赔偿数额。

及上学情况、就业前景等因素,在子女年幼的情形通常难以证明。[①]

3. 赔偿项目不同。被扶养人损失模式下的赔偿项目可能包括丧失抚养、丧失服务和丧失继承三类经济损失,而遗产损失模式下的经济赔偿只有丧失继承这一个项目。总体来说,受害人的未来收入可以分为三个部分:个人消费、亲属供养和死后遗留,个人消费之外供养亲属和死后遗留的部分都属于纯收入。被抚养人损失模式分别用丧失抚养和丧失继承来对应死者纯收入损失中供养亲属和死后遗留的部分,遗产损失模式则将死者的纯收入整体上视为可供亲属获得的财产。就此而言,赔偿项目的差异并不影响最终的赔偿数额。但是,许多实行被抚养人损失模式的州并不支持丧失继承的赔偿,如此一来,其对死者亲属经济损失的赔偿数额通常要少于遗产损失模式。

整体而言,遗产损失模式要比被抚养人损失模式更具优越性。[②]许多努力统一各州不法致死法律的学者都认同遗产损失模式的法律框架,[③]仿效侵权法对死者亲属进行赔偿的美国 9 · 11 受害人赔偿基金也采纳了接近于遗产损失模式的损害赔偿方法。[④]但是,美国绝大多数州始终坚持被扶养人损失模式,[⑤]甚至个别原本实行遗产损失模式的州也转向了被抚养人损失模式。[⑥]个中原因,颇费思量,可能的理由是:(1)历史惯性:仿效坎贝尔法案制定不法致死法案的大多数州 100 多

---

① Horner v. Sani – Top, Inc. ,143 Idaho 230,141 P. 3d 1099 (2006)一案中,死者是一名 2 岁的孩子,法院认为父母没有提供充足的证据证明孩子的潜在赚钱能力和父母的抚养期待,其所主张的丧失抚养的损失是建立在推测和猜想基础上的,不能获得支持。

② Dan. B. Dobbs, *Law of Remedies* (2nd ed.) (v. 2) , West Publishing Co. , 1993, at 436.

③ 终生研究死亡赔偿制度的斯派泽的建议稿,见 Speiser et al. , *Recovery for Wrongful Death and Injury* § 15:22, at 37。著名学者斯梅德利的建议,见 T. A. Smedley, Some Order Out of Chaos in Wrongful Death Law, 37 *Vand. L. Rev.* 273(1984)。

④ Brian Walker, Lessons that Wrongful Death Tort Law Can Learn from the September 11th Victim Compensation Fund, 28 *Rev. Litig.* 595(2009).

⑤ 美国统一州法委员会于 1977 年通过(1979 年变动了名称)的《模范幸存与死亡法》(Uniform Law Commissioners' Model Survival and Death Act 1977)同样采纳了被扶养人损失模式,而丝毫没有考虑遗产损失模式。

⑥ 如北卡罗来纳州。

年来一直沿用被扶养人损失模式,判例积年累月,轻易不会改弦更张;(2)被抚养人损失模式逻辑上比较顺畅,更加符合不法致死法案的立法初衷。相比之下,遗产损失模式难以避免逻辑上的尴尬:一方面按照死者预期生命终结之时确定损害赔偿数额,另一方面获得赔偿的权利主体却是目前在世的死者亲属而不是死者预期生命终结之时的亲属。所以,遗产损失模式下的损害赔偿要么数额计算错误,要么损害分配不当。[①](3)在被扶养人损失模式之下,赔偿死者亲属的非财产损失,如丧失陪伴或者丧亲之痛,逻辑上更为协调,解释起来更加自然。或许因为上述原因,多数州宁愿忍受被扶养人损失模式的种种不足,也不愿采用遗产损失模式。当然,不少州名义上采纳被扶养人损失模式,赔偿之时不要求抚养依赖关系,赔偿范围也不限于丧失抚养,借鉴了遗产损失模式的诸多因素,事实上是混合模式。[②]

尽管存在这样那样的差别,两种模式还是大同小异:都是专注于赔偿死者亲属所遭受的财产损失,都是根据死者个人的赚钱能力和个人花费来决定财产损失的数额。无论是被扶养人损失模式还是遗产损失模式,其损害赔偿的计算方法都是完全个体化、差异化的,与中国标准化、统一化的计算方法截然不同。[③]

三、幸存诉讼:对死者生前损失的损害赔偿

从逻辑上讲,幸存诉讼与死亡赔偿并无必然联系。幸存法案的目的在于确认受害人的侵权法诉因不因自己死亡而消灭,从而使死者亲属可以继承死者的诉讼或者在死者生前未起诉时提起诉讼,一切死者亲属继承而来的诉讼都可以称为幸存之诉。

受害人遭受的人身伤害可以分为致命伤害与非致命伤害。在受害人遭受非致命伤害的场合,幸存之诉与死亡赔偿毫不相干。如受害人被加害人打断一条腿,尚未起诉,却在 2 个月后因家中失火而丧生,日

---

① Dan. B. Dobbs, *Law of Remedies* (2nd ed.) (v. 2), West Publishing Co., 1993, at 424.

② Dobbs et al., *The Law of Torts*, at 512.

③ Dobbs et al., *The Law of Torts*, at 508.

后死者亲属提起的人身伤害诉讼虽然属于幸存诉讼,诉讼内容却与受害人的死亡无关。只有在受害人被侵权致死的情形,因为人身伤害与不法致死连在了一起,此时幸存之诉才会与不法致死之诉产生关联。所以,死亡赔偿制度中的幸存之诉仅仅是指由致死伤害引发的幸存之诉。①

与不法致死诉讼不同,幸存之诉并没有为死者亲属创造新的诉因,死者亲属只是作为继承人继承死者生前所享有的损害赔偿请求权。②所以,幸存之诉的赔偿范围与一般的人身伤害诉讼大体相同,包括"意识到的疼痛和痛苦"(conscious pain and suffering)、"丧失生活乐趣"(lost enjoyment of life)、惩罚性赔偿和丧葬费、医疗费等损害;如果受伤与死亡之间存在较长的时间间隔,还需要赔偿受伤至死亡期间的收入损失。③如果丧葬费、医疗费已经通过不法致死诉讼获得赔偿,自然不能通过幸存之诉获得重复赔偿。④关于惩罚性赔偿,传统的规则是不法致死情形不适用惩罚性赔偿,如今多数法院都允许惩罚性赔偿。⑤鉴于医疗费、收入损失和惩罚性赔偿等赔偿项目与普通人身伤害诉讼并无不同,此处着重探讨具有死亡赔偿特点的两类损害赔偿:意识到的疼痛和痛苦、丧失生活乐趣。

(一)意识到的疼痛和痛苦

人身伤害诉讼中,受害人所受的疼痛和痛苦应当得到赔偿,此点没有任何争议。但在幸存之诉中,情况大为不同。"死者承受着痛苦和

---

① 个别州规定致命伤害不能产生幸存之诉,还有一些州规定即时死亡情形不能产生幸存之诉,但大多数州都认可不法致死人死亡可以产生幸存之诉,不管是即时死亡还是非即时死亡。Dobbs et al., *The Law of Torts*, at 505.

② 与之相应,幸存诉讼中获得的损害赔偿作为遗产处理,受到债权人的影响。

③ Dobbs et al., *The Law of Torts*, at 505, 506.

④ 关于丧葬费、医疗费的求偿途径,各州规定不同:有些州规定通过不法致死诉讼解决,有些州规定通过幸存之诉解决,有些州任由当事人选择,有些州则根据相关费用是死者亲属支出还是死者遗产支出而做不同处理,还有些州则是将不法致死诉讼与幸存之诉合并审理。

⑤ Dobbs et al., *The Law of Torts*, at 517.

折磨,从而是唯一应当获得赔偿的主体。死者却无法将损害赔偿带走。"[①]受害人所受的疼痛和痛苦应当得到赔偿,但受害人已死,赔偿的对象不复存在,法律救济的目的无从实现。而且,死者本人所遭受的疼痛和痛苦不能自然转化为死者亲属的疼痛和痛苦,将用于抚慰死者的赔偿支付给并未遭受疼痛和痛苦的死者继承人,缺乏可以正当化的理由。[②]基于此种考虑,以加州为代表的少数州拒绝对死者遭受的疼痛和痛苦进行赔偿。[③]不过,大多数州允许死者继承人就死者生前所遭受的疼痛和痛苦获得赔偿。[④]

对死者生前意识到的疼痛和痛苦进行赔偿有两个前提:(1)受害人并非在受到伤害的瞬间死去,在受伤与死亡之间存在时间间隔。(2)受害人在受伤到死亡之前存在意识清醒的时候,能够感受到自己的疼痛和痛苦。

如果受害人遭受致命伤害后即时死亡,则无法对死者所遭受的疼痛和痛苦进行赔偿。[⑤]有时,法院会认为受害人从受伤到死亡之间持续的时间过短,比如30秒,以至于不能赔偿其死亡前的痛苦。但通常只要受害人没有在受害之际瞬间死亡,哪怕持续几分钟时间,也可以获得赔偿。[⑥]此外,在受害人即时死亡的情形,虽然死者的受伤后痛苦(post-injury pain and suffering)无法得到赔偿,但死者继承人有可能就死者受伤前恐惧(pre-injury fear)获得赔偿。[⑦]

实务中,如何判断受害人死亡前意识清醒是具有巨大争议的问题。有时,受害人的哀嚎、呻吟和挣扎尚不足以说明受害人清醒,从而不能

---

① Livingston, Survival of Tort Actions—A proposal for California Legislation, 37 *Cal. L. Rev.* 63, 74(1949).

② Gary et al., *Harper, James and Gary on Torts*, at 762.

③ Cal. Civ. Proc. Code § 337.34 (2004).

④ Speiser et al., *Recovery for Wrongful Death and Injury*, at 14 – 27.

⑤ Speiser et al., *Recovery for Wrongful Death and Injury*, at 14 – 34.

⑥ Colella v. JMS Trucking Co. of Illinois, Inc., 932 N. E. 2d 1163 (Ill. App. 2010)一案中,死者惨死在自卸货车之下,死前有三四分钟的清醒意识,法院支持了高达100万元的死前疼痛和痛苦赔偿。

⑦ Nelson v. Dolan, 230 Neb. 848, 434 N. W. 2d 25(1989).

获得赔偿。[1]有时,车祸受害人喉头发出咕噜咕噜的声音足以证明其意识到的疼痛和痛苦。[2]此类事实判断问题没有统一的规则,只能由陪审团根据事故发生的具体情形判断。

(二)丧失生活乐趣

"丧失生活乐趣"(lost enjoyment of life or loss of life's pleasure),或者说是"丧失享受生活的能力"(loss of ability to enjoy life),通常也被称为"享乐损害"(hedonic damages),其含义是指受害人因为遭受严重的身体损害以至于丧失了享受某些生活乐趣的能力,从而遭受丧失生活乐趣的损失。[3]此种丧失生活乐趣的损失包括各类不能正常享受生活的损害,比如参加游泳、网球等体育活动;参加打猎、钓鱼等娱乐活动;参加野餐、购物等家庭活动;参加社会或者宗教活动,如周末学校、舞会、打牌;凡此种种,不一而足,实际上囊括了个人生活与社会活动的方方面面。与疼痛和痛苦不同,丧失生活乐趣的损害不是身体伤害给受害人带来的消极后果,而是受害人原本享有的积极享受生活的能力现在被剥夺了。为了充分补偿受害人,美国大多数州都在疼痛和痛苦损害之外,承认了丧失生活乐趣的损害。[4]

在幸存诉讼中,受害人的丧失生活乐趣损害面临着与疼痛和痛苦损害相似的争议。从补偿功能来说,受害人已死,针对丧失生活乐趣的损害赔偿不能给死者提供任何抚慰。但就幸存诉讼的法律结构而言,受害人生前所享有的损害赔偿权利不因其死亡而消灭,其丧失生活乐趣的损害赔偿请求权也应当在其死后继续存在,至少可以避免加害人获得意外之财,同时也能够增加受害人的遗产。所以,从法律上说,受

---

① Ory v. Libersky, 40 Md App 151, 389 A2d 922(1978).

② Smith v. Louisiana Farm Bureau, 35 So. 3d 463(La. App. 2010).

③ 鉴于"享乐损害"这一表述不可避免地让人想到"享乐主义"(hedonism)这一充满哲学意味和世俗争议的术语,本文采纳更为平淡也更为中性的"丧失生活乐趣"之类的表述。

④ Gary et al., *Harper, James and Gary on Torts*, at 717.

害人的丧失生活乐趣损害在幸存之诉中依然存在。①只是在致命伤害中,受害人从受伤到死亡往往只有几分钟、几秒钟甚至是一刹那的时间,纵然时间稍长,受害人及其家人也是忙于抢救生命,又如何能有闲暇去享受生活呢?所以,就事实而言,不法致人死亡时发生丧失生活乐趣损害的概率极小,因而幸存之诉中主张赔偿丧失生活乐趣损害的情形也极为罕见。许多时候,死者遗产管理人在幸存之诉中提出丧失生活乐趣的赔偿要求乃是主张受害人死后的生命乐趣损失,②从而则涉及丧失生命赔偿的问题。

四、丧失生命损失:生命赔偿的探索

通过前面的分析,我们可以看到,不法致死诉讼与幸存诉讼分工合作,分别对死者亲属的损失和死者死亡前的损失进行赔偿。如此安排的死亡赔偿制度看似功德圆满,却遗漏了最为重大的损失——死者的生命。死者丧失生命的损失能否获得赔偿?美国侵权法对此进行了深入探索。

丧失生命的损害赔偿在美国法中存在各种各样的说法,③如赔偿"丧失生命"(loss of life),④赔偿"所失生命的价值"(value of lost life),赔偿死者的"预期寿命损失"(the lost expectation of life),赔偿死者"进行生命活动的能力"(capacity to carry on and enjoy life's activities),⑤赔偿死者

---

① Thomas v. Hilburn,654 So. 2d 898(Miss. ,1995)一案中,死者是一名 75 岁的老人,在交通事故受伤 6 天后死亡。法院判决对死者死亡前丧失生活乐趣的损失给予赔偿,丧葬费及各类非财产损失合计赔偿 30 万元。

② E. g. ,Otani ex rel. Shigaki v. Broudy 114 Wash. App. 545,59 P. 3d 126 Wash. App. Div. 1,2002.

③ 参见 Choctaw Maid Farms,Inc. v. Hailey,822 So. 2d 911,934 (Miss. 2002) [科布法官(Cobb,J.)的反对意见]。

④ A. C. A. § 16-62-101.

⑤ Katsetos v. Nolan,170 Conn. 637. 368 A. 2d 172,183(1976). 在赔偿丧失生命损害方面走在各州之前的康涅狄格州,其立法条文中并无赔偿丧失生命损害的规定,只是笼统地规定要给予"正当的损害赔偿"(just damages) (C. G. S. A. § 52-555),有关丧失生命损害赔偿的规则是由前述判例确立的。

的死后生活乐趣损失或者死后享乐损害。[①] 对于丧失生命损害,美国绝大多数州都不予支持,只有个别州通过立法或者判例予以肯定。[②]

(一)丧失生命赔偿的理论争议

丧失生命赔偿的主张源自对传统死亡赔偿制度的不满。丧失生命赔偿的倡导者通常以对不法致死诉讼中财产损失规则的批判作为自己的理论基点,由此形成三个论断:(1)不法致死诉讼仅仅赔偿死者亲属的损失,而对死亡本身不予赔偿,不符合逻辑和现实。仿佛受害人从来不为自己工作,而只是为家庭活着,由此造成不法致死的损害后果被严重低估。[③] (2)财产损失规则对孩子、老人、妇女和少数族裔构成了制度性歧视,而且同样贬低有赚钱能力却没有被抚养人的成年人的生命价值。[④] (3)因为低估不法致死的损害后果,使得加害人无须将其全部侵权成本内部化,降低了加害人采取合理措施避免他人死亡的诱因,[⑤] 反而鼓励加害人再次碾压受害人以确保其死亡。[⑥]

与许多学者大声疾呼丧失生命赔偿不同,很少有人撰文反驳赔偿丧失生命损失的主张。这样的沉默可能恰好反映了丧失生命赔偿否定说的主流地位,无数的立法和判例足以说明对丧失生命损失进行赔偿乃是不可接受的观念。没有人否定死亡是受害人遭受的最大损失,问

---

① 许多判例、著作直接用死后享乐损害或者死后生活乐趣损失来指代丧失生命损害,如 Speiser et al., *Recovery for Wrongful Death and Injury*, at 3 - 175。

② 目前支持丧失生命损害赔偿的州有康涅狄格州、新墨西哥州、新罕布什尔州、阿肯色州、夏威夷州等。需要注意的是,密西西比州最高法院在 Choctaw Maid Farms, Inc. v. Hailey, 822 So. 2d 911(Miss., 2002)一案中认可了丧失生命损失的赔偿,该州议会随后通过立法废了除此项判例,见 Miss. Code Ann. § 11 - 1 - 69(2)。

③ William M. Landes & Richard A. Posner, *The Economic Structure of Tort Law*, Harvard University Press, 1987, at 187; Andrew Jay McClurg, It's a Wrongful Life: The Case for Hedonic Damages in Wrongful Death Cases, 66 *NTDLR* 57(1990).

④ Andrew Jay McClurg, It's a Wrongful Life: The Case for Hedonic Damages in Wrongful Death Cases, 66 *NTDLR* 57(1990).

⑤ Lloyd Cohen, Toward an Economic Theory of the Measurement of Damages in a Wrongful Death Action, 34 *Emory L. J.* 295(1985).

⑥ Jones v. Shaffer, 573 So. 2d 740, 746 (Miss. 1990) [罗伯逊法官(Robertson, J.)的附和意见]。

题在于受害人已死,法律没有办法为死者提供任何救济。如果说金钱赔偿给够给受伤者和死者亲属提供某种抚慰或者帮助,再多的赔偿对于死者而言都毫无意义。[①]没有人否认生命具有内在价值,可是给生命标上价码并将该笔钱财支付给死者之外的人,却非社会之福。[②]除了完全抵触侵权法的补偿功能之外,丧失生命赔偿还面临着如何评估生命价值的困难。在最早认可丧失生命赔偿的英国 *Rose v. Ford* 一案中,上议院就明确承认评估生命价值的推测性和主观性,"对于幸福满足的人而言,赔偿多少都是不够的;而对于准备自杀的人来说,任何赔偿都是多余的"。[③]如果认为死者的生命快乐值得赔偿,是否允许被告提出诸如死者乃是惯犯、吸毒者、身心残疾或者仅仅是不快乐等证据以证明死者的生命价值低微呢?如果因为这些证据属于偏见而予以排除,被告又如何据以反驳呢?赔偿丧失生命损失只会给陪审团和法院带来困扰却让原告获得意外之财,实属"不应开启的潘多拉魔盒"。[④]

有关丧失生命赔偿的争议反映了侵权法补偿功能与遏制功能在不法致人死亡时的紧张关系。[⑤]从内化侵权成本从而遏制侵权行为的角度来看,加害人显然应该承担更大的责任。照此思路,在计算死者的未来收入损失时,死者的个人花费根本不应当扣除,尽管该笔财产不是死者亲属遭受的损失,却无疑是加害人给死者造成的损失。所以,即便从财产损失的角度来说,加害人也没有承担侵权致人死亡的全部责任。而生命的价值更不只是赚钱而已,专注于财产损失使得死者的生命价

① 这是麦克拉格设想的反对意见,Andrew Jay McClurg, It's a Wrongful Life: The Case for Hedonic Damages in Wrongful Death Cases, 66 *NTDLR* 57(1990)。

② Choctaw Maid Farms, Inc. v. Hailey, 822 So. 2d 911, 934 (Miss. 2002) [科布法官(Cobb, J.)的反对意见]。

③ Rose v. Ford, [App. Cas. 826 (1937)] at 830, 转引自 Choctaw Maid Farms, Inc. v. Hailey, 822 So. 2d 911, 934 (Miss. 2002) [科布法官(Cobb, J.)的反对意见]。

④ Choctaw Maid Farms, Inc. v. Hailey, 822 So. 2d 911, 934 (Miss. 2002) [科布法官(Cobb, J.)的反对意见]。

⑤ Gary T. Schwartz, Mixed Theories of Tort Law: Affirming Both Deterrence and Corrective Justice, 75 *TXLR* 1801(1997).

值被普遍低估。[①]为了更好地实现侵权的遏制功能,承认丧失生命损失乃是合理的选择。但从侵权法的补偿功能来看,对死者的生命损失进行救济乃是无法完成的任务。为了实现侵权法的遏制功能而让原告获得意外之财,不符合侵权法一贯坚持的矫正正义理念。

(二)丧失生命赔偿的制度空间

丧失生命的损害赔偿在美国侵权法的法律框架内面临极大障碍。就幸存之诉而言,幸存法案的目的仅在于使死者生前享有的权利不因自身死亡而消灭。幸存之诉并不创造源于死亡的新的诉因,只是保留受害人死亡之前的既有诉因。受害人可以就其死亡之前的各种损害——包括医疗费、误工费等财产损害以及疼痛和痛苦等非财产损害——获得赔偿,但不能就死亡本身获得赔偿,这是幸存之诉的逻辑要求。[②]丧失生命的损害赔偿要求死亡结果已经发生,而受害人无法在死亡之前遭受丧失生命的损害。[③]因此,以死亡为前提的丧失生命损害与保留生前诉因的幸存之诉逻辑上无法相容。

在不法致死诉讼中赔偿丧失生命损害,同样会碰到不小的难题。被扶养人损失模式下的不法致死诉讼关注的是死者亲属所遭受的损失,而丧失生命的损失并不是死者亲属自身的损失。对于遗产损失模式来说,也很难将丧失生命解释为死者遗产遭受的损失,只是其中的逻辑障碍相对于被扶养人损失模式要小一些。[④]故而,采纳遗产损失模式

---

① 根据艾瑞克·A.波斯纳和凯斯·R.孙斯坦的研究,整体而言,包含生命价值的死亡赔偿数额要远远高于侵权法提供的死亡赔偿数额,前者是600万元左右,后者是300万元左右。Eric A. Posner and Cass R. Sunstein, Dollars and Death, 72 *U. Chi. L. Rev.* 537 (2005).

② Otani ex rel. Shigaki v. Broudy 114 Wash. App. 545, 59 P. 3d 126 Wash. App. Div. 1, 2002.

③ Joshua Michael Robles, Arkansas's Application of Hedonic Damages To Wrongful-Death Suits: Is Arkansas's Method Misconceived? 33 *U. Ark. Little Rock L. Rev.* 299 (2011).

④ Andrew Jay McClurg, It's a Wrongful Life: The Case for Hedonic Damages in Wrongful Death Cases, 66 *NTDLR* 57 (1990).

的各州更容易支持丧失生命损失的赔偿。①

（三）丧失生命损失的赔偿

人的生命值多少钱？许多年来，经济学家一直在探索给生命定价的方法，用于解决损害预防、危难救助、司法赔偿等社会问题。②流行的方法主要有二：一为人力资本法（Human Capital Approach），一为支付意愿法（Willingness-To-Pay Approach，WTP）。

人力资本法以个体死亡给社会经济效益所带来的损失来衡量生命的价值，通常是根据死者的未来收入损失计算生命价值，大体上等同于不法致死诉讼中的财产损失规则。按照人力资本法，人被视为赚钱机器，不同人因为赚钱能力不同，其生命价值也大不相同。整体而言，白人比黑人值钱，男人比女人值钱，年轻人比老年人值钱，健康人比残疾人值钱。人力资本法一方面彰显人与人之间的不平等，另一方面严重低估生命价值，特别是造成低收入者或无收入者的生命价值被普遍低估。③

与人力资本法本质上属于雇主对雇员的生命定价不同，支付意愿法是个人对自身生命的估价。通常，没有人愿意对自己的生命进行估价，支付意愿法往往借助有关人们日常行为或者职业选择、消费选择时的风险偏好和市场回报来推算行为人对自己生命的评价。假如一个人接受一份新工作，每年可以多收入 100 美元，而相应的死亡概率将增加十万分之一，可以据此得出结论，此人认为自己生命的价值是 100 美元的 10 万倍，也就是 1000 万美元。④如此根据个人的特定行为推断行为人的支付意愿进而由此确定此人的生命价值，固然有一定道理，却难免

① 此处并无对应关系：康涅狄格州、新罕布什尔州固然属于遗产损失模式，而夏威夷州则属于被抚养人损失模式，新墨西哥州则具有混合模式的特征。阿肯色州则选择在幸存法案中规定丧失生命赔偿。

② 中文介绍，参见李本森："生命价值的法律与经济分析——中国生命赔偿法律的改革路径"，载《中国社会科学》2011 年第 6 期。

③ Andrew Jay McClurg，It's a Wrongful Life：The Case for Hedonic Damages in Wrongful Death Cases，66 *NTDLR* 57（1990）.

④ Eduardo Porter，*The Price of Everything*：*Solving the Mystery of Why We Pay what We Do*，Portfolio/Penguin，2011，at 49.

以偏概全,特别是忽略了行为人的风险认知能力和行为选择自由。[①]开车不系安全带的人并不是愿意承受更高的死亡风险,而是相信自己不会遭遇车祸。冒着生命危险养家活口的煤窑工人不是不愿像银行家那样一边品着咖啡一边挣到巨款,只是自己没有机会。许多一文不名的乞丐和亿万富翁一样,愿意健康幸福地活下去。归根结底,支付意愿法只能反映某种经济统计上的事实,而无法代表具体个人的真实愿望。

不过,支付意愿法注重个人主观意愿的理念给侵权法中的丧失生命赔偿带来很大启发。作为非财产损害赔偿,侵权法对丧失生命损失的赔偿特别强调死者本人对自我生命价值的评估,强调死者的生命活动能力和享受生活乐趣。[②]显然,如此确定的生命赔偿数额不可能是科学计算的结果,而不可避免地带有推测性和任意性。为了保证死者生命的底线价值,有学者建议各州根据情况设定最低赔偿数额。[③]同时为了避免生命赔偿的数额过高,需要采取适当措施来限制陪审团的自由裁量,比如参考类似案件的赔偿数额,强化初审法院法官和上诉法院法官对赔偿数额的审查,以保障被告的正当权益。[④]

丧失生命损失的救济对象是侵权行为的受害人,但丧失生命损失的赔偿却无法支付给已经死亡的受害人。根据各州的不同规定,丧失生命损害赔偿或者支付给死者亲属或者作为死者遗产。如此分配丧失生命赔偿固然有利于发挥侵权法的遏制功能,却无法实现侵权法的补

---

① Andrew Jay McClurg, It's a Wrongful Life: The Case for Hedonic Damages in Wrongful Death Cases, 66 *NTDLR* 57(1990).

② One Nat. Bank v. Pope, 372 Ark. 208, 272 S. W. 3d 98(2008)一案中,法院认同被告的主张"是生命质量而不是存活事实决定着丧失生命损失的赔偿",同时认为有关证据表明死者是一名 4 个孩子的母亲和众多孙子女/外孙子女的祖母/外祖母,与大女儿关系亲近,平时在饭店工作,为了自己喜欢的男人来到阿肯色,事故发生之时正在前往家庭聚会途中。尽管没有直接证据证明死者如何评估自己的生命价值,但这些间接证据证明死者热爱生活,陪审团可以据此推断死者对自我生命的认可从而给予丧失生命赔偿。

③ Andrew Jay McClurg, It's a Wrongful Life: The Case for Hedonic Damages in Wrongful Death Cases, 66 *NTDLR* 57(1990).

④ Joshua Michael Robles, Arkansas's Application of Hedonic Damages To Wrongful-Death Suits: Is Arkansas's Method Misconceived? 33 *U. Ark. Little Rock L. Rev.* 299 (2011).

偿功能。为了弥补此种缺陷,一直力主丧失生命赔偿的安德鲁·麦克拉格教授建议将丧失生命损失的赔偿专门用于对死者的纪念,如设立奖学金、竖立纪念碑、以死者名义建造社区活动中心、图书馆、林木园等等,以使死者的爱好和追求在死后得到延续,并对死者亲友的悲伤给予抚慰。①

需要指出的是,尽管许多学者竭力倡导对丧失生命的损失进行赔偿,也有一些州将此种理念变成立法或者判例,但丧失生命赔偿的司法实践并未显得多么激动人心。丧失生命赔偿不是也不应当是对传统死亡赔偿制度的替代,而只是对既有赔偿的补充。②许多时候,法院准许丧失生命赔偿,只是为了克服僵化适用财产损失规则所造成的严重缺陷。③针对财产损失规则的不当影响,拒绝承认丧失生命赔偿的绝大多数州则采用其他方式予以弥补,如高估服务的价值、增大非财产损害的赔偿数额或者承认未成年人的未来预期收入损失。④ 没有证据表明,承认丧失生命赔偿的判决会比否定丧失生命赔偿的判决能够提供更高数额的死亡赔偿。⑤

五、总结与启示

在不法致人死亡的情形,美国侵权法为死者及其亲属提供了范围广泛的救济,其中包括:(1)幸存诉讼中的医疗费、受伤至死亡期间的

---

① Andrew J. McClurg, Dead Sorrow: A Story about Loss and A New Theory of Wrongful Death Damages, 85 *B. U. L. Rev*. 1. (2005).

② Andrew J. McClurg, Dead Sorrow: A Story about Loss and A New Theory of Wrongful Death Damages, 85 *B. U. L. Rev*. 1. (2005).

③ 如 One Nat. Bank v. Pope, 372 Ark. 208, 272 S. W. 3d 98(2008)一案中,3 名死者中有 2 位是未婚成年人,没有被抚养人,死者亲属所得的精神痛苦赔偿数额有限,陪审团对每名死者裁定了 100 万美元的丧失生命损害赔偿,终审法院予以认可。

④ Dobbs et al., *The Law of Torts*, at 511.

⑤ 如在 Marcotte v. Timberlane/Hampstead School Dist, 143 N. H. 331, 733 A. 2d 394 (1999)一案中,死者是一名小学二年级学生,陪审团裁定了总额为 92.5 万元的赔偿数额,其中未来收入损失 70 万元,丧葬费 6836 元,丧失生命赔偿只有 20 多万元;而在 Romero v. West Valley School Dist, 123 Wash. App. 385, 98 P. 3d 96(2004)一案中,死者是一名 5 岁小孩,陪审团裁定了包括财产损失和非财产损失在内的共计 180 万元赔偿。

收入损失等财产损失;(2)幸存诉讼中死亡前的疼痛和痛苦、受伤至死亡期间的生活乐趣丧失等非财产损失;(3)不法致死诉讼中死者亲属所遭受的积极财产损失,如丧葬费等;(4)不法致死诉讼中的死者亲属所遭受的丧失死者经济支持的损失;(5)不法致死诉讼中死者亲属所遭受的丧失陪伴类型的非财产损失。除此之外,有将近一半的州支持对死者亲属的丧亲之痛进行赔偿,还有五六个州认可对死者的丧失生命损失进行赔偿。

关于死亡赔偿的计算,美国法的显著特点是坚持个人化路径(individuated approach),以期更好发挥侵权法的补偿功能与遏制功能。①无论是财产损害赔偿还是非财产损害赔偿,也无论采用被抚养人损失模式还是遗产损失模式,死亡赔偿的具体数额总是根据特定案件的不同情形来确定。这种个体化赔偿模式的结果是不同案件中的死亡赔偿数额千差万别。根据波斯纳和孙斯坦的研究,在 2002 ~ 2004 年间,选定样本中的赔偿数额多则几千万,少则几十万,死亡赔偿的平均数值是 300 万美元,半数案件的赔偿数额在 100 万美元以下,最低的赔偿只有 1 万美元。②这种差异巨大的赔偿很大程度上是由死者的赚钱能力差别造成的,同时也有陪审团任意裁定的影响。③尽管诉讼中进行了详尽的举证质证,引入了大量的统计数据和经济学家的专家证言,确定财产损失时推测猜想的成分仍然不可避免,而非财产损失只能是主观判断的结果。④不过,虽非尽善尽美,不同的死亡赔偿数额还是大体

① Eric A. Posner and Cass R. Sunstein, Dollars and Death, 72 *U. Chi. L. Rev.* 537 (2005).

② Eric A. Posner and Cass R. Sunstein, Dollars and Death, 72 *U. Chi. L. Rev.* 537 (2005).

③ 陪审团裁定的任意性在计算未成年死者的未来收入损失时尤其突出。同属未成年人死亡,加州 11 岁的孩子赔偿 50 万元,华盛顿州 5 岁的孩子赔偿 180 万元,俄亥俄州 9 个月大的孩子赔偿 750 万元,德州 9 岁的孩子赔偿 27.6 万元,加州 18 岁的孩子赔偿 210 万元。很难说这些数额悬殊的赔偿准确反映了孩子未来收入能力的差异。

④ 法院在确定非财产损失的赔偿数额时通常不允许经济学家作为专家证人出庭,提出各种支付意愿(WTP)类型的统计数据和计算公式,以免对陪审团造成误导。关于痛苦和快乐,经济学家并不比一般人了解得更多。确定非财产损失的赔偿数额只能由陪审团根据自己的生活经验来判断。Mercado v. Ahmed, 974 F. 2d 863, 871 (7th Cir. 1992).

反映了不同受害人的实际损失状况。因而,“同案不同判”[①]的情况普遍存在,“同命不同价”的忧虑却没有成为美国社会的争议话题,对死亡赔偿影响甚微。[②]

美国死亡赔偿制度超过一个半世纪的演进历程再次证明了法律逻辑和社会经验之间的复杂关系。各州法律始终在规则之治的法律严守与实用主义的经验智慧之间进行协调平衡。一方面是对法律逻辑的坚守,如被抚养人损失模式对抚养依赖关系的要求、财产损失规则对低收入和无收入死者财产损失的否定、众多法院对丧失生命损失的质疑;另一方面则是因应社会发展和时代思潮而不断突破既有逻辑,如允许被抚养人在主张丧失抚养和丧失服务之外另行主张丧失继承、规定在死者没有被抚养人时收入作为遗产处理、摆脱经济损失规则的限制而承认丧失陪伴的损失乃至于承认丧亲之痛和丧失生命的损失。50 多个法域的独立探索和相互借鉴共同促进死亡赔偿的不断完善,从赔偿部分财产损失(丧失抚养)到赔偿全部财产损失(增加丧失继承部分),从仅仅赔偿财产损害到同时赔偿非财产损失,从赔偿有形非财产损失(丧失陪伴)到同时赔偿无形非财产损失(丧亲之痛),通过经年累月的努力逐步实现对死者亲属的充分补偿。

中美之间存在巨大差异,是否以及如何借鉴美国的死亡赔偿制度属于复杂的政治互动和法律博弈过程。只是借助美国这面镜子,我们可以更加深入地观照、反思中国的死亡赔偿制度,以期不断改进完善。美国法的经验表明:被抚养人损失模式与遗产损失模式之间不存在根本的对立,关键是坚持个体化、差异化的赔偿模式;而不同案件中千差万别的死亡赔偿数额不一定会成为严重的社会问题,关键是对低收入和无收入的死者的亲属提供比较合理的损害赔偿。希望我们国家可以突破抚养丧失说和继承丧失说的理论迷思,超越“同命同价”和“同命

---

① 看似相同的不法致死案件,往往因为死者收入和亲属损失不同,很难说是真正的相同案件。

② 许多主张丧失生命赔偿的学者如安德鲁·杰伊·麦克拉格,往往只是指出孩子、老人、家庭主妇、少数族裔的死亡赔偿数额偏低,却从未主张所有人死亡时的赔偿数额应当一律相等,更不会反对侵权法历来坚持的个体化赔偿模式。

不同价”的现实争议,逐步形成符合正义原则和本国实际的死亡赔偿制度。

(作者系中国人民大学2010级博士研究生)

国际问题

冲突法在美国法院(2012年):第26次年度综述*

西蒙C.西蒙尼德斯 著

杜涛 译

目 次

* 原文发表于《美国比较法杂志》2013年第61卷,感谢西蒙C.西蒙尼德斯教授授予中文翻译和出版权。

一、导论

本文是美国冲突法案例的第26次年度综述。① 此项综述是应美

① 前25次年度综述参见：P. John Kozyris, Choice of Law in the American Courts in 1987: An Overview, 36 AM. J. COMP. L. 547 (1988); Symeon C. Symeonides, Choice of Law in the American Courts in 1988, 37 AM. J. COMP. L. 457 (1989); P. John Kozyris & Symeon C. Symeonides, Choice of Law in the American Courts in 1989: An Overview, 38 AM. J. COMP. L. 601 (1990); Larry Kramer, Choice of Law in the American Courts in 1990: Trends and Developments, 39 AM. J. COMP. L. 465 (1991); Michael E. Solimine, Choice of Law in the American Courts in 1991, 40 AM. J. COMP. L. 951 (1992); Patrick J. Borchers, Choice of Law in the American Courts in 1992: Observations and Reflections, 42 AM. J. COMP. L. 125 (1994); Symeon C. Symeonides, Choice of Law in the American Courts in 1993 (and in the Six Previous Years), 42 AM. J. COMP. L. 599 (1994); Symeon C. Symeonides, Choice of Law in the American Courts in 1994: A View "From the Trenches," 43 AM. J. COMP. L. 1 (1995); Symeon C. Symeonides, Choice of Law in the American Courts in 1995: A Year in Review, 44 AM. J. COMP. L. 181 (1996); Symeon C. Symeonides, Choice of Law in the American Courts in 1996: Tenth Annual Survey, 45 AM. J. COMP. L. 447 (1997); Symeon C. Symeonides, Choice of Law in the American Courts in 1997, 46 AM. J. COMP. L 233 (1998); Symeon C. Symeonides, Choice of Law in the American Courts in 1998: Twelfth Annual Survey, 47 AM. J. COMP. L. 327 (1999); Symeon C. Symeonides, Choice of Law in the American Courts in 1999: One More Year, 48 AM. J. COMP. L. 143 (2000); Symeon C. Symeonides, Choice of Law in the American Courts in 2000: As the Century Turns, 49 AM. J. COMP. L. 1 (2001); Symeon C. Symeonides, Choice of Law in the American Courts in 2001: Fifteenth Annual Survey, 50 AM. J. COMP. L. 1 (2002); Symeon C. Symeonides, Choice of Law in the American Courts in 2002: Sixteenth Annual Survey, 51 AM. J. COMP. L. 1 (2003); Symeon C. Symeonides, Choice of Law in the American Courts in 2003: Seventeenth Annual Survey, 52 AM. J. COMP. L. 9 (2004); Symeon C. Symeonides, Choice of Law in the American Courts in 2004: Eighteenth Annual Survey, 52 AM. J. COMP. L. 919 (2004); Symeon C. Symeonides, Choice of Law in the American Courts in 2005: Nineteenth Annual Survey, 53 AM. J. COMP. L. 559 (2005); Symeon C. Symeonides, Choice of Law in the American Courts in 2006: Twentieth Annual Survey, 54 AM. J. COMP. L. 697 (2006); Symeon C. Symeonides, Choice of Law in the American Courts in 2007: Twenty-First Annual Survey, 56 AM. J. COMP. L. 243 (2008); Symeon C. Symeonides, Choice of Law in the American Courts in 2008: Twenty-Second Annual Survey, 57 AM. J. COMP. L. 269 (2009); Symeon C. Symeonides, Choice of Law in the American Courts in 2009: Twenty-Third Annual Survey, 58 AM. J. COMP. L. 227 (2010); Symeon C. Symeonides, Choice of Law in the American Courts in 2010: Twenty-Fourth Annual Survey, 59 AM. J. COMP. L. 303 (2011); Symeon C. Symeonides, Choice of Law in the American Courts in 2011: Twenty-Fifth Annual Survey, 59 AM. J. COMP. L. 291 (2012).

国法学院协会冲突法分会的要求而撰写的,[①]其目的在于为美国国内外的本专业教师和学生提供服务。[②] 本综述的宗旨仍一如既往,意在提供信息而非明辨是非。不过,作者偶尔也会难以自控地发出少许批评意见。

本次综述涵盖了美国州和联邦上诉法院从 2012 年 1 月 1 日至 2012 年 12 月 31 日期间作出的判例,以 2013 年 1 月 7 日前发布在 Westlaw 数据库中的为准。[③] 在符合这些条件的 1225 起判例中,本综述集中关注那些对于冲突法——尤其是法律选择的发展和理解而言具有新意的案例。[④]

2012 年度宣判并在 Westlaw 上公布的冲突法判例上升到 4300 起。[⑤] 以下表格显示了案件的分类:

2012 年冲突法判例		
联邦最高法院	9	本综述所涉及的上诉案件共 1225 起
联邦上诉法院	564	
州最高法院和中级法院	652	
联邦地区法院	3084	本综述不涉及
所有案件	4300	

本年度的焦点包括:

▲美国联邦最高法院在两起案件中指责州最高法院违反了其对《联邦仲裁法》(FAA)所做支持仲裁的解释并在包含雇佣合同和过错

① 本次综述不代表美国法学院协会或其冲突法分会的观点。

② 由于本综述的读者群很大一部分来自外国学者,他们可能对美国法中的某些领域并不熟悉,因此本综述试图提供一些背景信息和解释,对于美国冲突法学者而言这些内容可能是不必要的。

③ 这些案例的分类是通过检索 Westlaw2012 年度的"Allstates"、"CTA"和"SCT"数据库进行的,并采用了 Westlaw 所使用的"冲突法"数据库中的关键代码。

④ 本综述不涉及管辖权。

⑤ 除少数例外,Westlaw 并未收录各州一审案件。

致死的赔偿请求中拒绝执行团体仲裁裁决(class-arbitration)。①

▲另一起最高法院判决则认为《联邦仲裁法》支持仲裁的政策优先于最近的一项联邦立法,该立法禁止放弃消费者保护条款所规定的权利并要求信用卡公司告知持卡人有起诉公司的权利。②

▲一起联邦判例认为《联邦仲裁法》中的"国际章"(第二章)——与其国内章(第一章)不同——效力上高于州保险法。③

▲有 13 起判例执行了消费者和劳动合同中的集体仲裁弃权声明或仲裁条款,另有 13 起判例拒绝执行,还有一些判例涉及人身伤害请求。④

▲有 3 起案件执行了法律选择条款并导致了不利于该条款起草者的判决结果。⑤

▲有几起案件涉及法律选择条款和法院选择条款的综合运用,其中一起案件与 Carnival Cruise v. Shute 案类似,只不过其中被选择的法院位于美国境外从而被联邦法院所排斥。⑥

▲有几起产品责任案件牵涉到潜在的伤害,其中一起案件涉及一架坠落在行人头上的直升机。⑦

▲有三起案件涉及知名职业足球运动员提起的劳工赔偿请求。⑧

▲一起案件否决了西班牙法院针对某一专门颁发船舶适航证书的船级社提起的诉讼,所涉船舶在西班牙海岸附近沉没,并导致严重生态损害。⑨

▲第一起案件涉及对《外国主权豁免法》中反恐例外条款的 2008

① 参见第二(三)节和第二(五)节。根据重审令,两起州最高法院案例中有一起修改了其早先裁决,但裁决理由不同。另一起案件在 2012 年尚未作出裁决。

② 参见下文第二(二)节。

③ 参见下文第二(六)节。

④ 参见下文第二(二)~(三)节,第(五)~(六)节。

⑤ 参见下文第三(一)节。

⑥ 参见下文第三(二)1 节。

⑦ 参见下文第四(一)节。

⑧ 参见下文第二(四)节、第三(二)1 节和第四(二)节。

⑨ 参见下文第四(三)节。

修正案的解释问题。①

▲头两起联邦上诉法院案件,该案中《婚姻保卫法》(DOMA)第 3 条被宣布违宪。②

▲马萨诸塞州一起案件中,一起尚未解除的佛蒙特州同性婚姻关系被认为等同于婚姻,因此对随后在马萨诸塞州举行的同性婚姻构成了障碍。③

▲一起亚利桑那州案件中,一项加拿大同性婚姻被认为违反了亚利桑那州公共政策,但同时该案认为——与其他案例不同——审判庭有权宣布婚姻无效并分割当事人的财产。④

▲几十年来第一起支持外国代理人婚姻的判例。⑤

▲一起联邦上诉法院判例依据联邦宪法第一修正案支持了针对俄克拉何马州《反伊斯兰法修正案》提起的诉讼。⑥

▲华盛顿州的一起判例拒绝在双边司法程序中承认日本的离婚、监护和子女抚养判决,因为丈夫没有收到随后的监护程序通知。⑦

二、仲裁

(一)Concepcion 案之后的生活⑧

本综述通常并不讨论所谓的"垂直冲突",或者如某个案例所说的"有时让人费神的不稳定的州法和联邦法之间的舞蹈"。⑨ 然而,仲裁就是一个垂直冲突和平面冲突经常纠缠在一起的领域,并且近年来越来越明显的趋势是,联邦法和州法之间的舞蹈以联邦法的胜利而终结。

---

① 参见下文第四(四)节。

② 参见下文第七(一)1 节。

③ 参见下文第七(一)1 节。

④ 参见下文第七(一)1 节。

⑤ 参见下文第七(一)2 节。

⑥ 参见下文第八(一)节。

⑦ 参见下文第九节。

⑧ 这一术语借用于 Brewer 诉 Missouri Title Loans 案,364 S. W. 3d 486, at 504(Mo. 2012)(Price, J., 不同意见书)。该案在下文第二(二)节中讨论。

⑨ Kilgore v. KeyBank, Nat. Assn, 673 F. 3d 947 (9th Cir. 2012), reh' g en banc ordered, 697 F. 3d 1191 (9th Cir. 2012).

美国最高法院在 AT & T Mobility LLC 诉 Concepcion 案[①]中的判决只是该趋势的一个最新例证,该案已经在去年的综述中讨论过。Concepcion 案认为《联邦仲裁法》[②]优先于加利福尼亚州银行披露规则,[③]根据该规则,加州法院认为消费者合同中某些争端前集体仲裁弃权声明书不可执行。Concepcion 案之后一年,下级上诉法院继续发起挑战试图进一步明确其具体含义和实际影响。本节简要讨论所有这些案例以及最高法院 2012 年作出的三个新判决。

对于外国读者来说,有必要简要说明一下的是,在大多数西方国家,在消费者合同和雇佣合同中都不承认争端前仲裁条款,与之不同的是,美国法中并不存在对此类条款的排斥。实际上正如下文第二(二)

---

① 131 S. Ct. 1740 (U. S. 2011),该案见 Symeonides,2011 年综述,第 324 ~ 328 页。关于 Concepcion 案及其相关问题的大量文献参见 George A. Bermann,The Supreme Court Trilogy and its Impact on U. S. Arbitration Law,22 AM. REV. INT'L ARB. 551 (2011); Sarah Rudolph Cole,On Babies and Bathwater: The Arbitration Fairness Act and the Supreme Court's Recent Arbitration Jurisprudence,48 HOUS. L. REV. 457 (2011); David Horton, Unconscionability Wars,106 NW. U. L. REV. COLLOQUY 13 (2011); Mary Kay Kane,The Supreme Court's Recent Class Action Jurisprudence: Gazing into a Crystal Ball,16 LEWIS & CLARK L. REV. 1015 (2012); Alan Scott Rau, Arbitral Power and the Limits of Contract: The New Trilogy, 22 AM. REV. INT'L ARB. 435 (2011); Judith Resnik, Fairness in Numbers: A Comment on AT&T v. Concepcion, Wal-Mart v. Dukes, and Turner v. Rogers, 125 HARV. L. REV. 78 (2011); Craig Smith & Eric V. Moyé, Outsourcing American Civil Justice: Mandatory Arbitration Clauses in Consumer and Employment Contracts, 44 TEX. TECH L. REV. 281 (2012); Thomas J. Stipanowich, The Third Arbitration Trilogy: Stolt-Nielsen, Rent-a-Center, Concepcion and the Future of American Arbitration,22 Am. Rev. Int'l Arb. 323 (2011); Ann Marie Tracey & Shelley McGill, Seeking a Rational Lawyer for Consumer Claims after the Supreme Court Disconnects Consumers in AT&T Mobility LLC v. Concepcion,45 LOY. L. A. L. REV. 435 (2012); Lisa Tripp, Arbitration Agreements Used by Nursing Homes: An Empirical Study and Critique of AT&T Mobility v. Concepcion,35 AM. J. TRIAL ADVOC. 87 (2011); Maureen A. Weston, The Death of Class Arbitration after Concepcion? 60 U. Kan. L. Rev. 767 (2012); Jodi Wilson, How the Supreme Court Thwarted the Purpose of the Federal Arbitration Act,63 CASE W. RES. L. REV. 91 (2012)。

② 参见 9 U. S. C. § 1 – 307。

③ 参见 Discover Bank 诉 Superior Court, 113 P. 3d 1100 (Cal. 2005), Symeonides, 2005 年综述,第 619 ~ 621 页。

节所要讨论的那样,消费者合同中的仲裁条款已经变成了一种常规程序。

雇佣合同也同样如此,下文第二(三)节对此要进行讨论。《联邦仲裁法》第 1 条将“涉外或州际商业中的海员、铁路工人或其他类似工人的雇佣合同”排除于仲裁范围之外。① 然而,最高法院对这种例外作出了限制,认为它并不涵盖所有商业领域的雇佣合同,而只包括那些有关运输工人的合同。② 此外,在大部分国际案件③中取代《联邦仲裁法》的《纽约公约》④适用于所有雇佣合同,包括那些涉及运输工人的合同。鉴于该公约取代了州法,各州必须在国际雇佣合同中执行争端前仲裁条款,比如那些海事雇佣合同,⑤即使有关请求涉及人身伤害或死亡也不例外。

最后,正如下文第二(三)节所讨论的那样,即使在侵权请求中,包括那些因人身损害或死亡请求而产生的争端中,争端前仲裁协议也是允许的。

在美国这个仲裁天堂最近的发展是最高法院对州法院的敌视——Concepcion 案就是这样一个典型,因为州法院试图消灭集体仲裁条款从而荡平这一领域。可以肯定,Concepcion 案并没有也不可能禁止所有州法院试图使集体仲裁条款无效的努力。毕竟《联邦仲裁法》中的“除外条款”(saving clause)规定,仲裁协议可能“因法律之规定或合同之失效等原因”而无效。⑥ 这些原因包括不公平,而这正是 Discover Bank 规则的基础。然而,在 Concepcion 案多数意见看来,该规则存在

---

① 9 U. S. C. § 1.

② Circuit City Stores, Inc. v. Adams, 532 U. S. 105 (2001).

③ 参见联合国 1958 年《承认与执行外国仲裁裁决公约》, 21 U. S. T. 2517, 330 U. N. T. S. 3。

④ 该公约的施行法规定,因“完全发生在美国公民之间的关系”不适用该公约,“除非该关系涉及位于境外的财产、在境外的履行和执行或与一个或多个外国(州)有其他合理关联”。9 U. S. C. A. § 202.

⑤ 参见下文第二(六)节。

⑥ 9 U. S. C. § 2.

的问题是过于“绝对化”(categorical)[①]并且可能导致太多的集体仲裁条款无效,从而“妨碍了《联邦仲裁法》目标的实现”。[②] 正如 2012 年的案例所显示的那样,法院正在努力去判断什么情况下构成对《联邦仲裁法》目标的妨碍,什么情况下则不构成。

(二)消费者合同

本年度在该领域的第一起最高法院判例是 CompuCredit Corp. 诉 Greenwood 案,[③]该案被定性为“送给仲裁的另一份蹩脚的情人节礼物”。[④] CompuCredit 案是由消费者针对一家信用卡公司提起的集体诉讼,被告被控违反了《联邦信用赔偿组织法》(CROA)。[⑤] 该法要求信用卡公司必须告知信用卡持有人有起诉信用卡公司的“请求权”(right to sue),[⑥]并且规定任何放弃该法保护的行为“均被视为无效”。[⑦] CompuCredit 案争议的问题是:这些条款是否构成了“对国会相反命令的违反”,而根据最高法院此前的判例,国会的命令要优先于《联邦仲裁法》支持仲裁的规定。

在由 Scalia 大法官撰写的意见书中——其中的说理并不比 Concepcion 案中更好,最高法院对该问题给出了否定的回答。最高法院认为,“请求权”这一用语只是表述了消费者有权执行公司应承担的责任以及公司应当依法告知消费者的义务;但该用语并不“创设”一项在法院起诉的权利。[⑧] 对于该法中的非弃权条款,最高法院解释说,可

---

① Marmet Health Care Center, Inc. v. Brown, 132 S. Ct. 1204 (U. S. 2012).

② Concepcion, 131 S. Ct. at 1753.

③ 132 S. Ct. 665 (U. S. 2012).

④ Jeffrey W. Stempel, Tainted Love: An Increasingly Odd Arbitral Infatuation in Derogation of Sound and Consistent Jurisprudence, 60 U. Kan. L. Rev. 795, 879 (2012).

⑤ 15 U. S. C. § 1679, et seq. 该法于 1990 年代中期颁布,是为了回应实践中对某些信用卡公司向一些具有不良信用记录的人滥发信用卡的投诉而制定的。

⑥ 15 U. S. C. § 1679c(a)规定,信用卡协议必须包含以下条款:“你有权起诉一家信用修复机构,一旦该机构违反了《信用修复机构法》”。

⑦ 15 U. S. C. 第 1679f(a)条规定:“任何消费者放弃本法所规定的保护或消费者权益的行为——(1)都应视为无效;(2)不得被任何联邦或州法院或任何其他人士予以执行。”

⑧ CompuCredit, 132 S. Ct. at 670.

能会有人“误以为该条款构成了‘国会的命令’从而使得《联邦仲裁法》不予适用”,[①]并且假如国会禁止对这些请求进行仲裁的话,国会本应该使用明确的语言已达到该效果,就像在新近其他立法中那样。[②]

在re American Express Merchants诉讼案(AmEx III)[③]中,同样涉及对两部不同立法中国会命令的比较:《联邦仲裁法》和《谢尔曼法》。原告起诉一家大型信用卡公司American Express公司,声称被告违反了《谢尔曼法》第1条。[④] 像在Concepcion案中一样,该案争议集中于信用卡协议中包含的集体仲裁条款的可执行性。在2009年[⑤]、2011年[⑥]和2012年[⑦]判决的三起不同案件中,第二巡回法院认为这些条款均无法执行。

最高法院认为这些案件均不受Concepcion案的约束,而应遵循Mitsubishi案[⑧],因为Concepcion案涉及的是联邦法和州法之间的冲突,而Mitsubishi案则(1)涉及联邦法之间的潜在冲突;(2)采用了一种“法定权利的实证分析”作为对联邦法有关可仲裁性的一部分;(3)并未被Concepcion案或其他最高法院判例所推翻,比如Stolt-Nielsen S.

---

① CompuCredit,132 S. Ct. at 671.

② CompuCredit,132 S. Ct. at 672. Ginsburg大法官提出了强烈的不同意见。

③ 667 F. ed 204 (2d Cir. 2012),reh' g en banc denied 681 F. 3d 139 (2d Cir. 2012), 同意提审, American Exp. Co. v. Italian Colors Restaurant,133 S. Ct. 594 (U. S. 2012).

④ 原告并非消费者,而是与American Express公司相比具有不对称讨价还价能力的小商人。

⑤ 参见In re American Express Merchants' Litigation,554 F. 3d 300 (2d Cir. 2009) (“AmEx I”),该案被American Exp. Co. v. Italian Colors Restaurant案取代,130 S. Ct. 2401 (U. S. 2010)。

⑥ 参见In re American Express Merchants' Litigation,634 F. 3d 187 (2d Cir. 2011) (“AmEx II”)。

⑦ AmEx III.

⑧ Mitsubishi Motors Corp. v. Soler Chrysler-Plymouth,Inc. ,473 U. S. 614 (1985).

A. 诉 AnimalFeeds Int'l Corp. 案。[1] 尤其是 Mitsubishi 案认为当事人可以协议以仲裁而非诉讼方式行使法定权利,但必须是“未来的当事人有效地在仲裁庭提出了法定诉因上的抗辩”。[2] Mitsubishi 案法院同时还注意到,如果“一项仲裁协议可能导致在反托拉斯违法案件中取消当事人法定救济权利,则法院可能会以违反公共政策为由毫不犹豫地裁决其无效”。[3]

第二巡回上诉法院得出结论认为,在这些案件中,集体仲裁弃权声明恰恰具有 Mitsubishi 案法院所指责的那些效果。也就是说,它们将会“通过转移原告的合理可行的救济方式从而事实上赋予 AmEx 公司免除反托拉斯违法责任的豁免权”。[4] 第二巡回上诉法院发现,原告提供的详细证据表明,仲裁的费用高得惊人;因此,支持集体仲裁弃权声明意味着实际上剥夺了原告获得反托拉斯法法定保护的权利。用法院的话说就是,将会“剥夺立法赋予原告的权利”并且“通过在其合同中附加一项不允许集体诉讼的仲裁条款,会使被告免除其反托拉斯责任”。[5] 然而,AmEx III 案并不是对该问题的最终定论,因为最高法院接受了被告的调卷申请。[6]

在 Coneff 诉 At&T 案[7]中,所涉事项为集体仲裁弃权声明在州法上的可执行性。在 Concepcion 案之前的一起案件和随后的第九巡回法院的判例中,地区法院都曾认为,在 AT&T 公司与 8 个州的消费者之间的电话服务合同中的集体仲裁弃权条款实质上不公平,因此根据华盛顿州的法律不具有可执行性。在 Concepcion 案之后,第九巡回法院必

---

① 130 S. Ct. 1758 (U. S. 2010). 参见 AmEx III,667 F. 3d at 212。(“如此简单地理解 Concepcion 案和 Stolt-Nielsen 案是很有意思的,会发现这两起案件都裁决集体诉讼仲裁弃权条款具有可执行性。但如果仔细阅读该两起案件的话就会发现两起案件都没有涉及这里所讨论的问题:是否一项集体诉讼仲裁弃权条款可被执行,即使在原告可以证明执行的实际效果将会使他们无法维护其联邦法定权利的情况下也是如此。”)

② Mitsubishi Motors,473 U. S. 614,632.

③ Mitsubishi Motors,473 U. S. 637.

④ AmEx III,667 F. 3d at 211 (引自 AmEx I).

⑤ AmEx III,667 F. 3d at 219.

⑥ 参见 American Exp. Co. v. Italian Colors Restaurant,133 S. Ct. 594 (U. S. 2012)。

⑦ 673 F. 3d 1155 (9 th Cir. 2012).

须撤销该结论。法院驳回了原告的所有论点并认为该案与 Concepcion 案不同。比如,原告主张,执行集体仲裁弃权声明意味着他们无法有效地维护自己的权利,因为仲裁的费用比他们所主张的请求数额还要高得多。法院驳回了该主张,同时指出,驳回并不意味着原告“没有有效途径维护其权利,而只是原告没有足够的动力采取行动”。①

不过,法院还是区分了实体上的不公平和程序上的不公平,指出 Concepcion 案对于判断程序上的不公平没有提供多少指引,“除了让人承认该理论的持久生命力之外”。② 法院将该案发回地区法院,并要求地区法院评估原告对于程序不公平的指控。依照每份合同中的法律选择条款,该评估应依照消费者所属州法律进行。根据该州法律,如果仅凭程序上的不公平就可以宣布集体仲裁弃权条款无效的话,该条款就可以被认为不可执行。③

在 Schnuerle 诉 Insight Communications 公司案④中,网络服务商和肯塔基州消费者之间的合同包含了纽约法律选择条款以及仲裁和集体弃权条款。肯塔基州最高法院拒绝适用纽约法律,因为纽约“不具有实际联系和利益”,而肯塔基州“与交易和当事人具有更大利益和最密切的关系”。⑤ 法院认为,根据 Concepcion 案,集体弃权条款具有可执行性,而且根据肯塔基法律,该州支持仲裁的政策在宪法条款中是明文规定的,因此一般仲裁条款是可执行的。然而,法院也指出,仲裁协议

---

① 673 F. 3d 1159 (9 th Cir. 2012).

② 673 F. 3d 1161 (9 th Cir. 2012).

③ 673 F. 3d 1162 (9th Cir. 2012). (“如果所有法律都要求至少证明存在实体上的不公平,那么原告的诉讼请求必然失败,因为我们的观点认为所涉仲裁条款并非实体上不公平。但是如果证明存在程序上的不公平就会导致原告根据某些州的先例获得胜诉,那么地区法院就必须完成冲突法分析并裁决哪个原告——如果有多个原告的话——将会获益。”)在 Kilgore 诉 KeyBank, Nat. Ass'n 案【673 F. 3d 947 (9th Cir. 2012)】中,第九巡回法院的审判庭认为,根据 Concepcion 案,《联邦仲裁法》优先于一项加州规则,该规则禁止针对宽泛的公开禁止性救济提出仲裁请求,比如在本案中,要求对违反加州不公平竞争法发布公开禁令的请求。然而,该案现在被要求进行全席复审。参见 697 F. 3d 1191 (9th Cir. 2012)。

④ 376 S. W. 3d 561 (Ky. 2012).

⑤ 376 S. W. 3d 567 (Ky. 2012).

中的保密规定具有实体上的不公平性,因为它们是“完全单方面的”。[①] 正如原告所主张的,因特网服务商作为仲裁程序的重复参与者,这些条款为他们提供了“高于个别消费者的无可改变的优势”。[②]

美国联邦最高法院在 Concepcion 案指导下所审判的众多案例中的其中一个就是 Brewer 诉 Missouri Title Loans 公司案,[③]该案中,密苏里州最高法院基于不公平理由认为一位消费者和一家发薪日贷款公司之间订立的贷款合同中的集体仲裁弃权条款不可执行,因为该贷款合同的利息高达 300%。[④]

在发回重审后,密苏里州法院坚持了原先的不公平性判决理由,但这次不再基于集体诉讼弃权声明,而是基于该消费者提供的特别证据,即作为一个整体的仲裁协议的形式上的不公平性,这一点与 Concepcion 案不同。[⑤] 在 Brewer 案中与 Concepcion 案不同的是,仲裁条款完全是“单方面的”。[⑥] 比如,尽管该条款要求借款人必须将其针对放贷人的所有请求都提交仲裁,但它特别给予了放贷人在过错情形下仍可通过自助行为或通过司法程序取回抵押物的权利。[⑦] 法院指出该条款及其他条款,包括一个律师费的条款,规定“本案中仲裁条款的真实世界效果(real-world effect)是消费者从贷款公司获得的最小和最大赔偿额是一致的——都是 0 美元——因为没有消费者针对贷款公司提起仲裁请求。”[⑧]最后法院指出,“《联邦仲裁法》的目标是提供一种便捷的和非正式的争端解决方式,而与此目标背离的是,这里的仲裁条

① 376 S. W. 3d 578 (Ky. 2012).

② 376 S. W. 3d 578 (Ky. 2012).

③ 323 S. W. 3d 18 (Mo. 2010), vacated by Missouri Title Loans, Inc. v. Brewer, 131 S. Ct. 2875 (U. S. 2011).

④ 贷款额是 2215 美元,借贷人用其汽车作担保。借贷人分两次偿还了各 1000 多美元,但这两次偿还只把他的本金减少了 6 美分。

⑤ See Brewer v. Missouri Title Loans, 364 S. W. 3d 486 (Mo. 2012), cert. den., 133 S. Ct. 191 (U. S. 2012), reh'g den., 2012 WL 5895877 (U. S. Nov. 26, 2012).

⑥ See Brewer, 364 S. W. 3d at 495.

⑦ In Clay v. New Mexico Title Loans, Inc. 288 P. 3d 888 (N. M. Ct. App. 2012), cert. denied, 2012 - NMCERT - 9 (N. M. Sept. 20, 2012).

⑧ Brewer, 364 S. W. 3d at 487 - 488.

款本身构成了该法律目标实现的障碍”。[①] 该案的一份异议意见书指责多数意见“在玩一项智力体操以便开创‘Concepcion 后的新生活’”。[②]

相反,在 Robinson 诉 title Lenders 公司案中,[③]涉及的是不同的放款人和借款人。密苏里州最高法院撤销了下级法院的一项判决,该判决认为仲裁条款不公平,原因仅仅是该仲裁条款包含了一项集体诉讼弃权声明。州最高法院将案件发回下级法院重申,并要求其审查借款人提出的除集体诉讼弃权声明以外的其他不公平指控。

同样在另一起涉及发薪日放贷的案件 Cottonwood Financial 公司诉 Estes 案[④]中,威斯康星州上诉法院承认,该法院早先作出的仅仅以仲裁条款包含一项集体弃权声明而认定该仲裁条款不公平的判决违反了 Concepcion 案的结论。该法院审查了借款人的其他不公平指控并认为这些指控不成立。

在 In re Checking Account Overdraft Litigation MDL No. 2036 案[⑤]中,一份银行服务合同中的隐含的、苛刻的、成本和费用转嫁的条款包含一项仲裁条款,第十一巡回上诉法院认为,该条款根据南卡罗来纳州法律显然不公平,而且 Concepcion 案的结论不适用于本案。然而,该条款与仲裁条款是可以分割的,故此法院认为其是可以执行的。[⑥]

(三)雇佣合同

本年度联邦最高法院审理的第二起案件是 Nitro-Life 技术公司诉

---

① Brewer,364 S. W. 3d at 495.

② Brewer,364 S. W. 3d at 504,Price 法官的不同意见。

③ 364 S. W. 3d 505 (Mo. 2012).

④ 810 N. W. 2d 852 (Wis. Ct. App. 2012).

⑤ 685 F. 3d 1269 (11th Cir. 2012),部分维持原判,部分推翻原判并发回重审,In re Checking Account Overdraft Litigation MDL No. 2036,485 F. App'x 403 (11th Cir. 2012).

⑥ 该法院作出的支持银行服务协议中仲裁条款的其他判例见 In re Checking Account Overdraft Litigation MDL No. 2036,672 F. 3d 1224 (11th Cir. 2012),cert. denied by Hough v. Regions Financial Corp. ,133 S. Ct. 430 (U. S. 2012);In re Checking Account Overdraft Litigation MDL No. 2036,459 F. App'x 855 (11th Cir. 2012),cert. denied by Buffington v. SunTrust Banks,Inc. ,133 S. Ct. 431 (U. S. 2012)。

Howard 案,[①]该案强烈谴责了州最高法院不遵守联邦最高法院先例的做法。Nitro-Life 案是一起发生在油气井经营商及其雇员之间的雇佣合同纠纷。合同中包含有保密和竞业禁止条款以及仲裁条款。根据俄克拉何马州一项限制执行竞业禁令条款的立法,奥克拉荷马州最高法院直接认定该条款无效,而不是像联邦最高法院此前判例中那样将其交给仲裁员裁决。

在一项由全体法官作出的全席裁决中,联邦最高法院撤销了俄克拉何马州最高法院的判决,并且严厉地驳斥了该州法院未能遵守联邦最高法院先例的行为:

俄克拉何马州最高法院必须遵守《联邦仲裁法》,该法是"州的最高法"……本法院有义务说明一项立法的意图,一旦本法院做出了说明,其他法院有义务尊重对应适用的法律的解释。[②]

联邦最高法院再次提醒道:"实体法(《联邦仲裁法》)的关键在于,合同的有效性与仲裁条款本身的有效性是不同的,它应当由一审的仲裁员解决,而不是由联邦或州法院解决。"[③]俄克拉何马州最高法院没有遵循这一原则,而是"通过宣布竞业禁止条款无效而僭越了仲裁员的角色"。[④]

在 2012 年至少有 5 起上诉案例涉及雇佣合同中的仲裁条款被判不可执行。其中一起案件是 Franco 诉 Arakelian Enterprises 公司案[⑤],该案中,原告是一位卡车司机,起诉他的前雇主违反了加州劳动法规定的驾驶员的就餐和休息权。加州上诉法院认为合同中的集体仲裁弃权条款无效,依据是加州最高法院在 Gentry 诉 Superior Court 案[⑥]中确立的先例,该案确立了一种多要素测试方法(multi-factor test)以判断雇佣合同中集体诉讼弃权条款的可执行性。根据该测试方法,集体诉讼

① 133 S. Ct. 500 (U. S. 2012).

② 133 S. Ct. 503 (U. S. 2012).

③ 133 S. Ct. 503 (U. S. 2012).

④ 133 S. Ct. 503 (U. S. 2012).

⑤ 211 Cal. App. 4th 314 (Cal. App. 2d Dist. Nov. 26, 2012, as modified Dec. 4, 2012).

⑥ 165 P. 3d 556 (Cal. 2007).

弃权条款“在‘特定情形下’不可执行”,[①]即当它们导致受雇者的法定权利“事实上被取消”并且“不当地干涉到受雇者维护其不可放弃的权利”。[②] 判决书中的斜体字强调了Gentry案测试方法与Discover Bank案规则之间的区别,后者在Concepcion案中被认为对于大多数消费者合同中的集体诉讼弃权条款而言“过于绝对”,从而被认为是一条不被允许地敌视仲裁的规则而遭到抛弃。相反,在Franco案中法院认为:“Gentry案仍然是好法,因为正如Concepcion案所要求的那样,它并没有建立一条针对集体诉讼弃权条款的绝对规则,而是在个案分析基础上提出了几项可供适用的因素以便确定一项集体诉讼弃权条款是否排斥消费者维护其法定权利”。[③]

通过适用Gentry案测试方法,法院得出结论认为,就该案的情形而言,“一位律师很有可能不会愿意去代理受雇者进行仲裁或诉讼”,因此本案“在任何法院都不可能进行,除非其可以作为一起集体诉讼被提起”。[④] 与Coneff案[⑤]相比,法院注意到本案是“这样一类案件,即原告在不提起集体诉讼的情况下没有途径维护其不可放弃的法定权利”。[⑥] 法院不同意Coneff案中的推定,即“维护法定权利分析”只限于以联邦法为基础的诉讼请求。[⑦]

在Samaniego诉Empire Today有限公司案[⑧]中,法院同样认为Concepcion案判决并没有取代加州的不公平理论,并且在特定合同中的仲裁条款不仅在程序上而且在实体上不公平。加州法院基于同样理由进一步认为雇佣合同中的伊利诺伊州法律选择和法院选择条款也不公平:“该协议是通过不恰当的手段订立的”,法院认为:“由于伊利诺

① Franco,211 Cal. App. 4th at 324.

② Franco,211 Cal. App. 4th at 324.

③ Franco,211 Cal. App. 4th at 533.

④ Franco,211 Cal. App. 4th at 570.

⑤ 参见Franco,211 Cal. App. 4th at 56 – 59。

⑥ Franco,149 Cal. Rptr. 3d at 571.

⑦ Franco,149 Cal. Rptr. 3d at 572.

⑧ 140 Cal. Rptr. 3d 492 (Cal. Ct. App. 1st Dist. 2012), review denied (July 11, 2012).

伊州法律可能要求执行其中的仲裁条款,因此执行法律选择条款可能会导致实体上的不公正。"①

在 Ajamian 诉 CantorCO 案②中,同一个加州法院再次拒绝执行一份雇佣合同中的仲裁条款,理由是加州法律所规定的程序上和实体上的不公平性。③ 相反,在 Nelsen 诉 Legacy Partners Residential 公司案④中,法院认为一份雇佣合同中的仲裁和集体弃权条款可以执行,理由是受雇者只证明了程序上的不公平性而无法证明实体上的不公平性。⑤ 同样在 Truly Nolen of America 诉高等法院案⑥中,法院认为一项集体仲裁弃权条款可以执行,因为受雇者无法像在加州 Gentry 案测试方法所要求的那样证明集体仲裁对于维护其法定权利而言是一种明显更有效的途径。⑦ 在 Cleveland Const. 公司诉 Levco Const. 公司案⑧中,一家得克萨斯州(以下简称得州)法院认为《联邦仲裁法》取代了得州的一部立法,该法禁止在涉及得州不动产的建筑合同中订入在得州以外进

---

① 140 Cal. Rptr. 3d 501 (Cal. Ct. App. 1st Dist. 2012), review denied (July 11, 2012).

② 137 Cal. Rptr. 3d 773 (Cal. Ct. App. 1st Dist. 2012).

③ 另见 Peleg v. Neiman Marcus Group, Inc., 140 Cal. Rptr. 3d 38 (Cal. Ct. App. 2nd Dist. 2012)(认为仲裁条款根据德州法律无法执行); Douglas v. Johnson Real Estate Investors, LLC, 470 F. App'x 823 (11th Cir. 2012)(认为仲裁条款根据麻州法律无法执行).

④ 144 Cal. Rptr. 3d 198 (Cal. Ct. App. 1st Dist. 2012), as modified on denial of reh'g (Aug. 14, 2012), review denied (Oct. 31, 2012).

⑤ 另见 Lucey v. Meyer, 736 S. E. 2d 274, (S. C. Ct. App. 2012), reh'g granted, (Oct. 24, 2012)(认为仲裁条款可以执行,因为受雇者未能证明其不合理); Falls v. 1CI, Inc., 57 A. 3d 521 (Md. Ct. Spec. App. 2012)(认为雇佣合同中的仲裁条款可以执行,该合同一方为阿拉斯加州雇主,一方为其 CEO,住所在马里兰州,约定在西雅图根据阿拉斯加州法律进行仲裁)。

⑥ 145 Cal. Rptr. 3d 432 (Cal. App. 4th Dist. 2012), reh'g denied (Sept. 7, 2012).

⑦ In Elijahjuan v. Superior Court, 147 Cal. Rptr. 3d 857 (Cal. App. 2nd Dist. 2012), reh'g denied (Nov. 08, 2012), review filed (Nov. 26, 2012),该集体诉讼的原告认为他们不是雇员而是独立合同当事方并受到了误导;法院认为该案不属于雇佣合同中仲裁条款的调整范围。

⑧ 359 S. W. 3d 843 (Tex. App. Hous. 1st Dist. 2012), review dismissed (May 4, 2012).

行仲裁的条款。①

在 Mathews 诉全国足球联盟管理委员会案②中,一位职业足球运动员(Bruce Matthews)及其球队田纳西巨人队之间签订的合同中包含一项仲裁条款和田纳西州法律选择条款。③ 在 Matthews 从该对退役 6 年后,他以其在职业生涯期间遭受的累积伤病为由在加州提起劳工赔偿诉讼,但其诉讼中并未提及在加州发生的伤病。法院对事实进行了司法调查,根据巨人队的官方网站,该队在 Matthews 19 年服役期间共在加州进行了 13 场比赛。争议双方同意对争议进行仲裁,仲裁员认为,Matthews 为了获得更高的劳工赔偿而在加州提起申请,这违反了雇佣合同,该合同规定所有的劳工赔偿请求都应根据田纳西法律提起。仲裁员命令 Matthews"终止"在加州谋求赔偿的行动。Matthews 于是在加州提起诉讼要求推翻仲裁命令,认为该命令违反了加州禁止取消劳工赔偿利益的公共政策,同时也违反了联邦禁止取消州最低劳动标准的公共政策。地区法院否决了 Matthews 的请求,第九巡回上诉法院维持了该判决。

第九巡回法院认识到"一位有资格获取加州利益的劳工不得被认为可以通过合同取消其应获得的利益,对加州利益负有责任的雇主也不得通过合同规避其责任"。④ 然而法院指出,此项"'不可取消规则'仅当受雇者的劳工赔偿请求受加州法律管辖的情况下才得适用"。⑤ 比如,如果 Matthews 在加州比赛期间遭受需要治疗的伤害,那么"根据 Pacific Employers 案确立的规则似乎应当排除执行雇佣合同中的田纳

---

① In Williams v. International Offshore Services, LLC, __ So. 3d ___, 2012 WL 6086975 (La. Ct. App. 1st Cir. Dec. 7, 2012), reh'g denied (Dec. 28, 2012),一家路易斯安那州法院在一起涉及路易斯安那州法律的案件中得出相同结论,该案中,路易斯安那州一项法律禁止选择非路易斯安那州法律和法院,但没提到仲裁条款。

② 688 F. 3d 1107 (9th Cir. 2012).

③ 2012 年度其他涉及职业足球运动员的案例见 Pro-Football, Inc. v. Tupa, discussed infra at III. 2. a, and Pro-Football, Inc. v. McCants, discussed infra at IV. 2.

④ Matthews, 688 F. 3d at 1111.

⑤ Matthews, 688 F. 3d at 1112.

西法律选择条款(即仲裁裁决的观点)”。[①] 这里所援用的 Pacific Employers 案是一起加州最高法院的判例。[②] 不过在该案中,联邦最高法院认为,既然加州可以在一起因发生于加州的事故引起的案件中适用加州劳工赔偿法,马萨诸塞州作为雇佣关系所在州,也可以适用该州法律。[③]

无论如何,Matthews 并未提及他在加州所受的特定伤害,甚至也没有提出任何“表面证据”[④]表明其请求属于加州劳工赔偿法的适用范围之内。最终,法院正确地否决了 Matthews 以“明显违反法律”为由要求撤销仲裁裁决的诉讼请求,其中他所主张的违反法律是指联邦宪法的充分诚信条款。第九巡回法院重申了先前的判例,根据该判例,要想证明一位仲裁员的裁决明显违反法律,“必须有记录显示仲裁员承认了所适用的法律但故意忽视了该法律”,并且“联邦法院根据《联邦仲裁法》对仲裁裁决进行的司法审查也表明存在法律结论上的错误和无根据的事实发现”。[⑤] 法院得出结论认为,“因为 Matthews 未能证明充分诚信条款确保加州有权在本案中适用其法律,他未能证明仲裁员承认但选择拒绝该‘清晰、明确和规范的准据法’”。[⑥]

(四)司法评价

本综述只对司法判例进行评论,而不针对学术文献。不过本节要有所例外地列举一篇有关消费者和雇佣合同仲裁的法学评论文章的摘要,但不做任何评论。该文章作者是两位老资格的州法院法官。[⑦]

---

① Matthews,688 F.3d at 1113.

② Pacific Employers Ins. Co. v. Industrial Accident Comm'n,75 P. 2d 1058 (Cal. 1938).

③ See Pacific Employers Ins. Co. v. Indus. Accident Comm'n of Cal. ,306 U. S. 493 (1939). 法院认为,充分诚信条款并不能“使一州有权为他州立法或使其法律跨越州际边界”。

④ Matthews,688 F.3d at 114.

⑤ Matthews,at 115.

⑥ Matthews,at 1117.

⑦ See Craig Smith & Eric. V. Moyé,Outsourcing American Civil Justice: Mandatory Arbitration Clauses in Consumer and Employment Contracts,44 Tex. Tech L. Rev. 281 (2012).

Craig Smith 和 Eric V. Moye 法官在其论文中得出如下结论:

……在过去的五十年内,对《联邦仲裁法》的司法解释已经将宪法第七修正案的权利移交给了法庭。在平等的当事人之间,仲裁服务于实体目标……然而在消费者和雇佣合同场合,一项鼓励宽泛执行仲裁协议的政策的收益却完全不如其最终效果……

在消费者合同中,如果消费者没有议价能力,而大型公司坚持合同中的仲裁条款,就会产生问题。其结果是一份附随合同,其中消费者被迫"要么接受要么退出"。特别是当工业企业要求仲裁时,这种不公平性尤为突出。如果每家工业企业对于所有合同争议都要求仲裁,消费者就失去了所有讨价还价的能力并不得不屈从并被迫签字转让其权利以便能够进入市场。大多数人并不明白,一旦同意仲裁,他们就实质性放弃了他们向法院起诉的宪法性权利。

同样普遍的是在典型雇佣方(无论其规模)和一个单独地找工作的人之间所存在的显而易见的讨价还价能力上的悬殊地位。如果把仲裁条款引入雇佣合同,就意味着在雇主—雇员关系上发生的商业争端中失去了由陪审团进行审判的权利。

……当某些案件中金钱上的诉讼价值相对较小时,这种类型的不公正尤为严重,此时获得公正的唯一方式就是通过大规模的诉讼程序比如集团诉讼。随着最高法院在(Concepcion 案)中的最近判决,公司企业可以通过集体弃权条款轻易地避免这些诉讼……因为(这些企业)不断地进行仲裁,它们对于仲裁员和仲裁程序都越来越熟悉从而占有便宜。这也容易使仲裁员的行为方式背离中立性,而这对于仲裁的公平和效率而言是至关重要的……该程序固有的金融上的激励会导致一种可怕的利益冲突。这种直接的、以结果为导向的金融激励在任何开放的或公平的民事司法体系中都是不被容许的……

我们承认契约权的重要性,尤其是在处理那些日常交易关系时……然而,如果法院促进仲裁的政策被适用于那些议价能力悬殊的当事人之间的关系时,就会产生问题。我们难以理解,为什么这样一套自视为平等机会和权力的制度会采用这样一种不公平的理论。法律,包括《联邦仲裁法》,应当成为弱方和无权势方的保护伞而不能成为强者和权势方的工具。[①]

(五)人身伤害诉讼

上文所引用的评论对于人身伤害或过错致死请求中的争端前仲裁条款而言或许更具有说服力。这也是为什么在 Brown 诉 Genesis Healthcare 公司案(Brown I)[②]中,西弗吉尼亚州最高法院拒绝执行一份家庭护理合同中的争端前仲裁条款的原因之一,该案是 Concepcion 案之后发生的一起案件,在去年的综述中已经做过介绍。合同中的条款要求所有针对护理公司的请求都提交仲裁,包括针对过错、重大疏忽或治疗事故以及导致人身伤害或死亡的请求。在批判了联邦最高法院创立的"from whole cloth"理论[③]并通过"带有偏见的推理"[④]扩展《联邦仲裁法》的适用范围的做法之后,西弗吉尼亚州法院得出结论认为,国会的"意图并非是"[⑤]把《联邦仲裁法》适用于强行要求对人身伤害和过错致死请求进行仲裁的争端前协议,而且联邦最高法院的判例包括 Concepcion 案也并没有不同意见,因为这些判例都没有涉及这种请求。

西弗吉尼亚州法院认为仲裁条款不可执行是基于两点理由:(1)西弗吉尼亚州一项立法宣布,任何养老院居民放弃其因在养老院遭受伤害而起诉养老院的权利的行为,都"违背公共政策而无效"。[⑥]尽管《联邦仲裁法》取代了该项立法,但只限于该立法将仲裁条款视为不公平待遇而言,事实上,该项立法仍然包含了一项公共政策,它反对此类特殊的要求对人身伤害或死亡请求提交仲裁的争端前条款。(2)根据普通法上的不公平理论,这些条款即使在不存在上述立法的

---

① See Craig Smith & Eric. V. Moyé, Outsourcing American Civil Justice: Mandatory Arbitration Clauses in Consumer and Employment Contracts, 44 Tex. Tech L. Rev. 295 - 302 (2012).

② 724 S. E. 2d 250 (W. Va. 2011), vacated by Marmet Health Care Center, Inc. v. Brown, 132 S. Ct. 1201 (U. S. 2012), discussed in Symeonides, 2011 Survey 329 - 331.

③ Brown I, 724 S. E. 2d at 279.

④ Brown I, 724 S. E. 2d at 278.

⑤ Brown I, 724 S. E. 2d at 292.

⑥ W. Va. Code § 16B5CB15(c) (1997).

情况下也不可执行。

不出所料,美国联邦最高法院对这种造反苗头毫不客气。在Marmet Health Care Center公司诉Brown案①中,该法院在提审意见书中驳回了西弗吉尼亚州法院的判决,认为该法院“误解并蔑视本院先例对《联邦仲裁法》的解释”。② 最高法院认为西弗吉尼亚州法院对《联邦仲裁法》的解释“不仅是错误的而且与本院先例中的清晰说明相背离”,因为《联邦仲裁法》“要求法院执行当事人提请仲裁的协议”,并且“对于人身伤害和过错致死请求也不例外”。③ 最高法院在援引了Concepcion案之后指出,一项完全禁止将特定类型请求提交仲裁的州法规则已经“《联邦仲裁法》取代”。④ 西弗吉尼亚州法律禁止将针对养老院提起的人身伤害和过错致死请求提交仲裁的争端前协议,这种禁令是“一项过于绝对化的规则,它禁止对特定类型请求进行仲裁,该规则违反了《联邦仲裁法》的条款和适用范围”。⑤ 此外,因为此项“无效的绝对规则”⑥可能已经影响到西弗吉尼亚州法院根据普通法上的不公平性理论而得出的结论,联邦最高法院将该案发回重审并要求重新审查该仲裁条款“根据州普通法中并非特别适用于仲裁的原则”⑦是否确属不可执行。

根据重申命令,西弗吉尼亚州法院再次重申了其早先的声明,即联邦最高法院“从未将《联邦仲裁法》扩展适用于”涉及人身伤害请求的争端前仲裁协议。西弗吉尼亚州法院注意到,联邦最高法院在“没有说明《联邦仲裁法》如何以及为何”适用于这些案件的情况下就认为BrownI案“违背了《联邦仲裁法》的条款与适用范围”,⑧这一结论可以被视为一个“有偏见的推理”的例证,这样一种推理“试图推广某一特

① 132 S. Ct. 1201 (U. S. 2012).
② 132 S. Ct. 1202 (U. S. 2012).
③ 132 S. Ct. 1203 (U. S. 2012).
④ 132 S. Ct. 1203 (U. S. 2012).
⑤ 132 S. Ct. 1204 (U. S. 2012).
⑥ 132 S. Ct. 1204 (U. S. 2012).
⑦ 132 S. Ct. 1204 (U. S. 2012).
⑧ Brown v. Genesis Healthcare Corp, 729 S. E. 2d 217, 225 (W. Va. 2012).

定的观点——仲裁是解决所有诉讼灾难的万应灵药”。[①] 显然,西弗吉尼亚周法院有义务接受联邦最高法院的结论,但该法院却重申了其建立在普通法不公平性理论基础之上的观点:

我们发现,联邦最高法院的裁决并未建议我们修改此前的西弗吉尼亚州普通合同法理论。我们在Brown I案中所阐释的该不公平性理论是一项一般性的、州普通合同法上的原则,该原则并非专门适用于仲裁,而且也不牵涉《联邦仲裁法》。[②]

州最高法院在2012年度至少还判决了其他两起涉及养老院入院合同中的仲裁条款的案件。在两起案件中,入院合同都是由入院申请人的女儿作为其代理人签订的。该入院人后来死亡,其女儿作为母亲的遗产管理人针对养老院经营者提起了幸存诉讼(survival action)和过错死亡诉讼。经营者则要求进行仲裁。

第一起案件为Carter诉SSC Odin Operating有限公司案,[③]该案中,伊利诺伊州最高法院区分了两种诉讼请求:(1)幸存诉讼,其目的是为了补偿死者的损失并将其归入死者的遗产;(2)过错致死诉讼,其目的是为了赔偿死者的近亲属所遭受的损失。法院认为,由于女儿只是作为死者的代理人签订了该入院合同,因此合同中的仲裁条款只能约束幸存诉讼而不能约束过错致死诉讼。可以确定的是,该条款的目的不仅是约束母亲,而且也适用于其“继承人……子女……以及代理人,包括其人身代理人或其遗产执行人”。[④] 不过,正如法院所指出的那样,“根据合同法的基本原则,只有仲裁合同的当事人才可以强制要求仲裁或者被强制进行仲裁”,[⑤]而原告并非该合同的当事人。法院同时认为,其观点并不违反联邦最高法院在Marmet案中的判决,因为该观点并非“建立在一项绝对的反仲裁的规则之上”,而是“依据支配所

---

① Brown v. Genesis Healthcare Corp,729 S. E. 2d 224 – 225 (W. Va. 2012).

② Brown v. Genesis Healthcare Corp,729 S. E. 2d 223 (W. Va. 2012). 法院将案件发回初审法庭重申并指出应允许当事人提出显失公平的抗辩。

③ 976 N. E. 2d 344 (Ill. 2012).

④ 976 N. E. 2d 359 (Ill. 2012).

⑤ 976 N. E. 2d 359 (Ill. 2012).

有合同的普通法原则”。[①] 事实上,Marmet案重申,《联邦仲裁法》“要求法院执行当事人之间的仲裁协议”,[②]而本案中的原告“并非仲裁协议的当事人”。[③]

第二起案件是Ping诉Beverly Enterprises公司案[④]中,肯塔基州最高法院认为,合同中的仲裁条款不仅不适用于幸存诉讼,而且也不适用于过错致死诉讼。对于后者,法院的理由与伊利诺伊州法院在上述案件中的理由一致。对于幸存诉讼,肯塔基州法院的理由是,女儿并没有获得事实上或表面上的授权以约束其无行为能力的母亲进行仲裁。[⑤]

在Clay诉新墨西哥Title Loans公司案[⑥]中,一份发薪日贷款协议包含一项仲裁条款,该条款适用于“以任何方式产生于或与该协议有关的任何请求……包括因合同、侵权、消费者权益、欺诈和其他故意侵害(产生的请求)”。[⑦] 当借款人停止偿还后,贷款人派他的“执行人”(repo men)去收回担保物,a 1999 Dodge Ram。借款人拒绝交出,该执行人向其射击,致使其无法行走。借款人基于执行中的事故为由针对贷款人提起侵权诉讼,而贷款人竟以仲裁条款为依据要求仲裁。

法院不得不花费了几页篇幅用于解释为什么仲裁条款不适用于被告所造成的该项侵权行为——射击,尽管该仲裁条款确实包括“任何产生于或与贷款合同有关的侵权行为”。法院指出:“一方当事人可以要求对那些受其协议本身支配的密切相关的事项进行仲裁,但并不包括那些与该协议不相关的、超出该协议范围的,或者残暴的且不可预见的事项。”[⑧]“即使借款人的意图是将与担保物有关的争议提交仲

① 976 N. E. 2d 360 (Ill. 2012).

② 976 N. E. 2d 360 (Ill. 2012). 该案援引了Dean Witter Reynolds Inc. v. Byrd, 470 U. S. 213, 217 (1985)。

③ Carter, 976 N. E. 2d at 361.

④ 376 S. W. 3d 581 (Ky. 2012), cert. filed Oct. 20, 2012.

⑤ 参见另一起有关人身损害赔偿的上诉案件Ayzenberg v. Bronx House Emanuel Campus, Inc., 941 N. Y. S. 2d 106 (N. Y. A. D. 1st Dept. 2012)。

⑥ 288 P. 3d 888 (N. M. Ct. App. 2012), cert. denied by Harry C. v. NM Title Loans, 2012 - NMCERT - 9 (N. M. Sept. 20, 2012).

⑦ 288 P. 3d 895.

⑧ 288 P. 3d 896.

裁……但是当该借款人在执行担保物过程中遭受射击的情况下,认为他愿意放弃其诉讼的权利也是不合理的。”[①]确实如此。

(六)国际案件

1945年的《麦凯伦——弗格森法》使得各州有关保险业的立法免受漫不经心的联邦优先权的干扰。该法规定:“国会的任何立法都不得被解释为使各州为监管保险业而制定的法律无效,或减损该法律的效力,或取代该法律……除非该立法特别涉及保险业的经营。”[②]上述斜体字所强调的以及大量案例都认为,1925年的《联邦仲裁法》并非特别针对保险经营,因此并不能取代各州保险法。根据一般观点,州的保险立法“颠覆取代”(reverse-preempts)联邦立法。

然而,所有持这种观点的案例都涉及的是《联邦仲裁法》的原始部分或“国内”部分,即现在的《美国法典》第九编第一章。[③] 1970年,国会增加了《联邦仲裁法》第二章,即所谓的《纽约公约法》,是为了实施《承认与执行外国仲裁裁决的纽约公约》;[④]1990年,国会又增加了第三章,以便实施1975年《美洲国家间国际商事仲裁公约》(巴拿马公约)。[⑤]《麦凯伦——弗格森法》是否也适用于《联邦仲裁法》第二章和第三章呢?如果适用的话,那么要求强制执行国际仲裁裁决的第二章和第三章就应当被禁止此种仲裁协议的州法所“颠覆取代”。在2012年前,只有两起上诉判例涉及该问题,并且两起判例都涉及《联邦仲裁法》的第二章。其中第二巡回上诉法院在Stephens诉美国国际保险公司案[⑥]中采取了肯定观点,而第五巡回法院在Safety National Casualty公司诉伦敦Certain Underwriters at Lloyd's案[⑦]中则采用了否定观点。

---

① 288 P.3d 897.

② 15 U.S.C. § 1012(b).

③ See 9 U.S.C. § § 1-16.

④ See 9 U.S.C. § § 201-208.

⑤ See 9 U.S.C. § § 301-307.

⑥ 66 F.3d 41 (2d Cir. 1995). But see Stephens v. National Distillers & Chemical Corp., 69 F.3d 1226 (2d Cir. 1995)(认为McCarran-Ferguson Act并不适用于外国主权豁免法,因此外国主权豁免法并不能排除纽约保险法的适用)。

⑦ 587 F.3d 714 (5th Cir. 2009)(en banc), cert. denied, 131 S. Ct. 65 (U.S. 2010).

2012 年,第四巡回法院在 ESAB 集团公司诉苏黎世保险公司案①中采取了第五巡回法院的观点。以下是该法院判决结论和理由的摘要:

《纽约公约法》毫无例外地规定,纽约公约“应当在美国法院被执行”,(《美国法典》第九编第 201 条)……它意图取代所有相反的州法。联邦最高法院曾经指出,该公约以及《纽约公约法》要求所有法院“都要使各州当地的可仲裁性观念符合支持商事仲裁的国际政策”。[Mitsubishi Motors Corp. 诉 Soler Chrysler-Plymouth, Inc. ,473 U. S. 614,639 (1985)]因此,尽管法院认识到该公约允许国会“将其所希望的某些特定类型的请求保留给我国自己的法院进行裁判”,但国会“并没有通过承认一些实体事项上的例外而推翻美国加入该公约的精神,国会也没有明示法院可以这么做。”(473 U. S. ,第 639 页,注释 21)

《麦凯伦——弗格森法》也没有包含这种明文指示。实际上,联邦最高法院告诉我们《麦凯伦——弗格森法》的目的并非仲裁或条约,而是“国内商事立法”。(Am. Ins. Ass'n v. Garamendi,539 U. S. at 428.)因此我们认为,《纽约公约法》作为实施一项条约的立法,不属于被取代的对象,因此保险争端并不能根据《麦凯伦——弗格森法》中的颠覆取代规则而被排除于《纽约公约法》之外。②

该法院还进一步指出,联邦政府“在调整涉外关系时必须用一个声音说话”,③而《纽约公约法》就是这个声音。它表明的是一个统一的政策,即在国际上支持仲裁协议的执行,“即使在国内环境下会产生相反的结果也不例外”。④ 尽管国会可能会把保险纠纷排除于该公约之外,“但国会并没有通过《麦凯伦——弗格森法》这么做”。⑤

---

① 685 F. 3d 376 (4th Cir. 2012). ESAB 集团案纠纷发生在一家外国人所有的位于南卡罗来纳州的焊接材料生产商与一家保险公司之间。被保险人控告保险公司在产品责任诉讼中拒绝承担保险赔偿。法院支持了保险公司要求仲裁的动议,认为南卡罗来纳州将保险纠纷排除于仲裁之外的法律并不能取代纽约州的公约法。

② 685 F. 3d 390.

③ 685 F. 3d 390,援引了 Michelin Tire Corp. v. Wages,423 U. S. 276,285 (1976).

④ 685 F. 3d 390,援引了 Mitsubishi Motors,473 U. S. at 629.

⑤ 685 F. 3d 390.

Aggarao诉MOL Ship Management有限公司案[①]是一起涉及纽约公约的海事人身伤害案件。在某家外国轮船经营者和菲律宾海员之间签订的一份海事雇佣合同包含一项在菲律宾依照菲律宾法律进行仲裁的仲裁条款。该海员在船上工作时遭受严重伤害,而船舶停泊在美国港口。第四巡回法院认为,原告依据《琼斯法》[②]提出的人身伤害请求以及他根据《海员工资法》[③]提出的工资请求根据《纽约公约法》都属于仲裁范围。原告援引了Mitsubishi Motors案[④]中法官作出的"预期弃权"意见(prospective-waiver),认为根据菲律宾法律选择条款,菲律宾仲裁员将会适用菲律宾法律从而可能剥夺他根据《琼斯法》和《海员工资法》所应享有的联邦法上的权利。第四巡回法院作出了一个与最高法院在Vimar Seguros y Reaseguros, A. A. v. M/V Sky Reefer案[⑤]中相同的"早熟的"答案:当仲裁裁决需要在美国执行时,原告可以在第二回合诉讼中提出公共政策保留抗辩以维护自己的权利。[⑥]

这个回答存在以下方面的问题:

1. 尽管法院认为地区法院应当拥有管辖权并且可以直接中止审查

---

① 675 F. 3d 355 (4th Cir. 2012).

② See 46 U. S. C. § 30104.

③ See 46 U. S. C. § 10313.

④ See Mitsubishi Motors Corp. v. Soler Chrysler-Plymouth, Inc., 473 U. S. 614 (1985). 该案中,法院支持了一项基于联邦立法的诉讼请求中的仲裁条款,但法院同时也认为,如果此种条款与一项法律选择条款相结合可能会剥夺当事人寻求法定救济的权利,那么这种条款就应当受到"谴责"。

⑤ 515 U. S. 528 (1995). 该案原告认为日本仲裁员会适用日本法而非美国法,最高法院认为该观点过于"早熟"。最高法院显然没有考虑日本法律选择条款,认为"外国仲裁员可能适用日本法,这只是一个推定",515 U. S.,第541页。但法院认为,由于地区法院已经拥有对执行仲裁裁决的管辖权,该法院也有权拒绝执行该裁决,只要该裁决违反美国公共政策。515 U. S.,第540页。

⑥ See Aggarao, 675 F. 3d at 373. 法院认为,原告无权基于弃权理论而援引公共政策抗辩,除非与仲裁有关的诉讼程序进入第二阶段,即裁决执行阶段。法院指出,菲律宾仲裁员有可能会适用美国法,包括琼斯法和海员工资法,尽管被告认为即使根据最高法院的法律选择理论,根据Lauritzen诉Larsen案,345 U. S. 571 (1953),美国法律也不应适用。

仲裁裁决的程序,[①]但纽约公约规定,只有仲裁裁决作出地国或者仲裁准据法所属国(本案中为菲律宾)法院才有权撤销仲裁裁决。[②]

2. 美国法院可以直接“同意”该仲裁裁决,或者根据公共政策理由(或者根据公约第五条列举的理由)拒绝执行仲裁裁决,但只有当胜诉的当事人试图在美国境内执行该裁决时才可以。

3. 更可能的情况是,菲律宾仲裁裁决拒绝适用《琼斯法》,胜诉方将是船东并且该船东也没有理由去美国执行该裁决。也就是说,不会再有“第二回合”。[③]

4. 即使在菲律宾的裁决在美国寻求执行的情况下,采用公共政策保留拒绝该裁决的门槛也很高;不太可能以法律选择错误作为拒绝的理由,尤其是当仲裁员的裁决是根据当事人的法律选择协议作出的情况下。

三、合同

(一)法律选择条款

法律选择条款如果制定得好的话,可以为制订者带来两方面好处:准据法的可预见性和有利性。可预见性来源于这样的事实,即在大多数案件中,美国法院都支持法律选择条款。有利性则依据这样一个推断,即一个理智的和勤勉的起草者会选择某一对其有利的特定州的法律。然而令人惊讶的是,在一些案件中,后一推断往往被证明是错误的。Maxim Crane Works,L. P. 诉 Tilbury Constructors 案[④]就是这样一起案件,该案中,法院执行了一份由 Maxim 自己起草的格式合同中的一项对其不利的法律选择条款,结果正如加州法院所说,该条款的起草人(Maxim)“搬起石头砸了自己的脚”。[⑤] 事实上,Maxim 是一家宾夕法尼亚公司,一开始就强烈要求适用合同中所选择的宾州法律,结果对

---

① See Aggarao,675 F. 3d at 375 – 377.

② See New York Convention Art. V(1)(e);Art. VI.

③ 在假定的情况下,仲裁裁决适用了琼斯法,该海员将会成为占优势的当事人,如果他寻求在美国执行裁决,船东就不能援引公共政策例外来抗辩美国法的适用。

④ 145 Cal. Rptr. 3d 406 (Cal. App. 3d Dist. 2012).

⑤ 145 Cal. Rptr. 3d 408 (Cal. App. 3d Dist. 2012).

方律师“找到一项宾州立法”,[①]该法对 Maxim 非常不利。不出所料,Maxim 马上改口说不能适用宾州法律,因为该法律违反了加州的基本公共政策,在没有法律选择的情况下应当适用加州法律。法院认为 Maxim 的主张没有道理并最终适用了宾州法律。

State exrel. McKeage 诉 Cordonnier 案[②]提供了另一个自食其果的法律选择条款的例证。被告是一家密苏里州公司,在其与多州消费者签订的合同中加入了一项密苏里州法律选择和法院选择条款。当消费者在密苏里州针对该被告提起集团诉讼之后,该公司试图推翻该法律选择条款以便驳回来自其他几个州的消费者提起的集团诉讼,其理由是另外几个州采用的基本政策与密苏里州的政策相背离。密苏里州最高法院并未接受其主张。法院指出,尽管该公司“选择在密苏里州由密苏里州法院适用密苏里州法律解决其诉讼纠纷”,但该公司现在反对适用密苏里州法律,理由是“会便利一些非密苏里州原告”。[③] 最终,法院得出结论认为,该公司的理由应被拒绝,理由是该公司“未能举证出有哪个州拥有这样一项基本政策,即拒绝其本州公民获得其他州……提供的救济”。[④]

在 Asset Acceptance 有限公司诉 Caszatt 案[⑤]中,法律选择条款具有同样效果。一家信用卡公司在其与所有纸卡人签订的协议中加入这样一项条款:“无论您居住于何处,本协议以及您的信用卡账户均受……新罕布什尔州法律支配。”[⑥]这一条款使得信用卡持卡人可以提起针对该信用卡公司委托的承兑人(一家债务担保代理公司)的集团诉讼,该

① 145 Cal. Rptr. 3d 409 (Cal. App. 3d Dist. 2012).

② 357 S. W. 3d 597 (Mo. 2012).

③ 357 S. W. 3d 600 (Mo. 2012). 法院指出:“被告起草了全部买卖协议,并要求任何诉讼都必须在 Greene 县起诉并适用密苏里州法律。被告选择在密苏里州起诉并适用密苏里州法律。被告现在试图否定它所起草的合同从而将原告仅限定为在密苏里州境内履行该买卖合同的当事人”。

④ 357 S. W. 3d 601 (Mo. 2012).

⑤ 2012 WL 1493884 (unpublished, Ohio App. 11th Dist. Apr. 30, 2012).

⑥ 2012 WL 1493884 at * 1.

公司正在起诉持卡人,而该诉讼依据新罕布什尔州法律被临时禁止。①

当然,法院并不总是会执行法律选择条款。比如,与其他国家的最新发展趋势不同,美国法院继续要求合同必须与被选择的州之间“有密切联系”。尽管在大多数案件中,该项要求总是很容易被满足,但偶尔也会有例外。Contour Design 公司诉 Chance Mold Steel 有限公司案②就是这少数案例之一。该案中,法院拒绝适用被选择的科罗拉多州法律,因为“与科罗拉多州之间唯一的联系是起草该合同的律师位于科罗拉多州”。③

此外,并非偶然的情况是,根据多数州都采用的《第二次冲突法重述》第187条,合同中的法律选择条款所选择的法律如果违反了某个州的基本政策,而该州对于适用其法律拥有更大利益,并且在没有法律选择的情况下本来就应该适用该州法律,则该项法律选择条款将不会获得执行。这项例外经常被援用,并且经常在雇佣合同案件中被采用。Ruiz 诉 Affinity Logistics 公司案④和 Drennen 诉埃克森美孚公司案⑤是2012年度的两个案例。

在 Ruiz 案中,被告是一家佐治亚州公司,原告是住所和工作地都位于加州的卡车司机,双方的合同包含了一项佐治亚州法律选择条款。根据加州法律,卡车司机可以被定性为受雇者,而这一定性可以使他们获得加州劳动法所提供的受雇者利益。根据《第二次冲突法重述》,第

---

① In CACV of Colorado, LLC v. Stevens, 274 P. 3d 859 (Or. App. 2012), review denied, 352 Or. 377 (Sept. 13, 2012),该案中,信用卡协议包含了一项特拉华州法律选择条款,特拉华州时效法会限制信用卡的收款诉讼。对公司而言幸运的是,特拉华州的收款法拯救了它。该案将在下文第四部分讨论。在 Price v. Unisea, Inc., 289 P. 3d 914 (Alaska 2012)案中,一个享有诉讼豁免的国际组织与该组织的一位在阿拉斯加州工作的雇员缔结的合同中包含有一项华盛顿州法律选择条款。该雇员认为该条款意味着取消了该组织的豁免权。阿拉斯加州最高法院驳回了该观点,认为一项法律选择条款与法院选择条款不同,并不意味着对诉讼豁免权的放弃。

② 693 F. 3d 102 (1st Cir. 2012) (decided under New Hampshire conflicts law).

③ 693 F. 3d 107.

④ 667 F. 3d 1318 (9th Cir. 2012).

⑤ 367 S. W. 3d 288 (Tex. App. Hous. 14th Dist. 2012), reh'g denied (June 19, 2012), petition for review filed (Sept. 4, 2012).

九巡回法院认为,按照加州法律选择原则,佐治亚州法律选择条款不可执行,因为:(1)佐治亚州法律“直接与加州保护其劳工的政策相抵触”;(2)在确定司机是否独立的订约人或受雇者时,加州“比佐治亚州拥有更大的实体上的利益”。①

在 Drennen 案中,被告埃克森美孚公司是总部位于得克萨斯州的公司,原告是德州长期居民,双方的雇佣合同中包含一项纽约法律选择条款和一项竞业禁止协议,该协议根据纽约法律是有效的,但根据德州法律是无效的。根据《第二次冲突法重述》,德州法院认为该条款不可执行。法院发现纽约法律与德州反对竞业禁止的基本公共政策相抵触,并且德州对于适用其法律拥有更大的利益,理由是:(1)合同在德州签订;(2)原告在德州生活并为被告工作已经长达 30 多年;(3)德州关于竞业禁止的法律是为了保护德州受雇者。

在 Credit Acceptance 公司诉 Chao Kong 案②中,明尼苏达州的一家汽车经纪人和一位威斯康星州汽车购买人之间签订的分期付款销售合同中有一项明尼苏达州法律选择条款,威斯康星州一家法院拒绝执行该条款。该合同将“违约”定义为未能在约定期间内进行支付,并且允许销售商催促对方付款并有权在书面通知后取回汽车。根据威斯康星州法律,只有当一个支付期的款项超过约定日期 10 天后仍未支付时才构成“违约”。如果买方未能支付,卖方的代理人可以在 10 天期限届满前在威斯康星州收回该汽车,并在威斯康星州法院起诉买方从而获得法院判决要求对方支付剩余款项。买方提起反诉,要求根据威斯康星州消费者法(WCA)获得损害赔偿。法院根据威斯康星州消费者法判决买方获得损害赔偿,卖方代理人提起上诉,认为法院应当根据法律选择条款适用明尼苏达州法律。上诉法院维持了判决并指出,威斯康星州消费者法规定,该法的相关部分适用于“在该州提起的、为了执行在消费者交易中产生的权利的诉讼或其他程序……无论该交易在哪里进行”。③

① Ruiz,667 F. 3d at 1324.

② 822 N. W. 2d 506 (Wis. Ct. App. 2012).

③ 822 N. W. 2d 508.

在 Hawk Enterprises 公司诉 Cash America Intern. 公司案[①]中,俄克拉何马州的特许方与德州的被特许方签订一份特许权协议,其中的法律选择条款规定,该特许权协议包括"所有与其有效性、解释、履行和执行有关的事项"均受德州法律支配。[②] 特许方在同一地域又颁发了另一项特许授权从而违反了该协议的排他性条款,被特许方于是以侵权损害为由对其提起诉讼。俄克拉何马州法院认为,法律选择条款的范围并不足以涵盖侵权赔偿请求,并认为该请求应当适用俄克拉何马州法律,因为该州法律与合同拥有最密切联系。

在 Southeast Floating Docks 公司诉 Auto-Owners Ins. 公司案[③]中,所涉问题是佛罗里达州关于律师费的裁判报价立法中的一个条款是属于实体性条款还是程序性条款。如果是程序性的,那么它就不被包括在密歇根州法律选择条款的范围之内。佛罗里达州最高法院认为,该条款是实体性条款,因此属于法律选择条款的适用范围。法院于是认为,律师费条款并不体现佛罗里达州的基本公共政策,因此也不妨碍依据法律选择条款适用密歇根州法律。就本案所涉问题,密歇根州法律并没有规定律师费。

在 Mutual Concepts 公司诉 Omaha 第一国民银行案[④]中,法院地州德州将违约案件中的律师费权利视为实体性权利。相反,内布拉斯加州法律则将律师费权利视为程序性权利,而且该州有一项强烈反对浮动收费的政策,而根据法律选择条款应适用内布拉斯加州法律。地区法院判决根据德州法律许可了律师费,但第五巡回法院推翻了该判决。该法院宣布,它不愿意"陷入一个从内布拉斯加到得克萨斯再往返回复的无限循环之中(所谓的反致)"[⑤]相反,该法院只关注内布拉斯加州的本地法或实体法,并得出结论如下:

如果我们审查内布拉斯加州本地法律而不包括其法律选择规则,

---

① 282 P. 3d 786 (Okla. Civ. App. 2012), cert. denied (June 25, 2012).

② 282 P. 3d 790 (Okla. Civ. App. 2012), cert. denied (June 25, 2012).

③ 82 So. 3d 73 (Fla. 2012).

④ 2012 WL 5295192 (unpublished, 5th Cir. Oct. 29, 2012).

⑤ 2012 WL 5295192 (unpublished, 5th Cir. Oct. 29, 2012).

我们会发现内布拉斯加州拥有一项强烈反对浮动收费的政策,它拒绝在其法院尊重选择姐妹州法律的法律选择协议,这些姐妹州法律支持律师费。根据内布拉斯加州法律,律师费具有程序性质,因此完全支持该项公共政策。由于内布拉斯加州没有判给律师费的立法,因此律师费不应被涵盖在内。[①]

在 IRB-Brasil Resseguros, S. A. 诉 Inepar Investments, S. A. 案[②]中,反致也是被讨论的问题之一。该案涉及一份财政代理协议,一方当事人是巴西的一家 3000 万全球债券发行人,一家纽约银行和另一家巴西公司为担保人,协议包含一项纽约法律选择条款,约定适用纽约普通债法第 5 - 1401(1)条。[③] 该条款规定,该协议及其担保都适用纽约州法律,"不包括冲突法原则"。[④] 在担保协议中的另一条款也规定该协议适用纽约法律,但没有上面提到的排除纽约冲突法的表述。在随后发生的担保人和部分债权人之间的诉讼中,担保人提出 a contrario 规则作为抗辩理由,认为担保协议中的法律选择条款的意思包含了纽约的全部法律,包括其冲突法,而根据纽约冲突法则应当适用巴西实体法。

纽约上诉法院简洁地驳回了该抗辩。法院援引了《第二次冲突法重述》中的规定,即"若无相反的意思表示,当事人选择适用某一州的法律仅指该州实体法"。[⑤] 法院总结道:

这容易让人产生一种印象,即当事人试图让应适用哪一实体法这一问题变得混乱不清并期望让法院卷入复杂的冲突法分析当中,从而拖延争端的解决并提高诉讼成本。因此我们认为,当事人在其法律选择条款中并未明确排除纽约的冲突法原则以便从纽约实体法中获益。实际上,在本案中,如果当事人希望采用纽约冲突法原则来确定应适用

---

① 2012 WL 5295192 (unpublished, 5th Cir. Oct. 29, 2012).

② ___ N. E. 2d ___, 2012 WL 6571286 (N. Y. Dec. 18, 2012).

③ 该法规定:"任何交易额超过 25 万美元的合同的当事人……应同意本州法律支配其权利和义务之全部或一部分,无论该合同、协议或承诺是否与本州有合理联系。"

④ IRB-Brazil, ___ N. E. 2d ___, 2012 WL 6571286 at ___.

⑤ IRB-Brazil, ___ N. E. 2d ___, 2012 WL 6571286 at ___.

的实体法,他们可以在其合同中明确加以指示。①

Jimenez 诉加拿大太阳生命保险公司案②涉及的是路易斯安那州一项保险立法[La. R. S. 22:868(B)],该法禁止在某些保险合同中选择加入非路易斯安那州法律选择条款。该立法规定:"任何……被保险人为本州居民的集体健康保险和事故保险合同,无论在哪里订立或交付,均不得包含任何交易条件、条款或协议以使该合同受其他州或国家的法律支配。"③

Jimenez 案涉及一份集体健康和事故保险合同,该合同在得克萨斯州投保,投保人为一家德州公司,该公司是原告的路易斯安那州雇员的母公司。保险单规定,该保单"在德州交付并受该州法律管辖"。④ 原告因醉驾在发生于路易斯安那州的一起事故中受伤。保险公司拒绝向其支付伤残保险金,保单中的一项条款也允许这种做法,而且该条款根据德州法律也有效。原告在路易斯安那州起诉保险公司,认为根据路易斯安那州上述立法,德州法律选择条款无效,因此其诉讼请求应适用路易斯安那州法律。

在一份全席法官意见书中,第五巡回法院驳回了原告的主张,理由是原告除了上述立法之外未能"援引任何权威观点"。⑤ 显然,法院并未把上述立法视为"权威"。法院认为,原告"未能提出任何合法论据以证明其所主张的与德州法律相冲突的路易斯安那州立法可以排除保

① IRB-Brazil, ___ N. E. 2d ___, 2012 WL 6571286 at ___. In Desarrollo Immobiliario y Negocios Industriales De Alta Tecnologia De Hermosillo, S. A. De C. V. v. Kader Holdings Co. Ltd., 276 P. 3d 1 (Ariz. Ct. App. 2nd Div. 2012), review denied (Sept. 25, 2012),该案中,一位墨西哥房东、一位墨西哥房客以及一家作为担保人的香港公司签订了一份在亚利桑那州的建筑合同,其中包含一项亚利桑那州法院选择条款,但担保合同本身只包含一项亚利桑那州法律选择条款。法院认为,法院选择条款也对担保人有约束力并可以执行。

② 2012 WL 3495259 (unpublished, U. S. 5th Cir. Aug. 15, 2012).

③ La. R. S. 22:868(B). 合同中的禁止性条款规定,该保险单应依他州法律解释,而该立法则禁止采用此类条款。

④ La. R. S. at *1.

⑤ La. R. S. at *7.

险单中的有效法律选择条款。”[①]实际上,一项立法凭什么可以排除保险公司的法律选择呢?

(二)法院(及法律)选择条款

1. 可执行性

除了仲裁条款之外,另一种使法律选择条款安装牙齿的有效手段是在其中加入一项排他性法院选择条款以便让诉讼在准据法所属州进行。[②] 这是因为美国法院对待法院选择条款的态度异常恭敬。比如,欧盟成员国法院根据《布鲁塞尔第一条例》并不会执行一项在争端发生前订立的对消费者和受雇者不利的法院选择条款。[③] 而美国法院则不同,通常会毫不犹豫地执行这样的条款。

Estate of Myhra 诉皇家加勒比游船公司案[④]就说明了这一点。该案的事实与联邦最高法院审理的声名狼藉的 Carnival Cruise Lines 公司诉 Shute 案[⑤]如出一辙,后者支持了一位华盛顿游客持有的一张游船票上的佛罗里达法院选择条款。而在 Myhra 案中,游船票上包含一项英国法律选择条款和一项英格兰和威尔士法院排他性管辖权条款。该游客居住于英格兰并在该地购买了从迈阿密到加勒比的游船票。在轮船旅游之后,该游客死于罗马军团病。其继承人认为他是在游船上感染该疾病的。其继承人在迈阿密起诉游船公司,认为法院选择条款无效,因为如果遵守该英格兰法律选择条款的话,将会限制游船公司的披露义务,而这违反了一项重要的联邦立法[46 U. S. C. §30509(a)]。

---

① La. R. S. at ∗10.

② 显然,一项非排他性条款不能产生此种结果。对于此种条款到底是排他性还是非排他性的讨论,见下文第三(二)2 部分。

③ 参见欧盟 2012 年 12 月 12 日关于民商事领域管辖权与判决承认与执行的第 1215/2012 号条例(布鲁塞尔 I)第 19 条,L 351/1 O. J. (20. 12. 2012)。第 19 条规定,在消费者合同中规定许可性管辖基础的条款“只能依据下列协议排除:(1)该协议在纠纷发生后才缔结;(2)该协议允许消费者在指定的法院以外的法院起诉”或者该协议选择消费者和其他当事人共同住所地国法院。第 23 条规定,在雇佣合同中规定许可性管辖基础的条款“只能依据些列协议排除:(1)该协议在纠纷发生后才缔结;(2)该协议允许受雇者在指定法院以外的法院起诉”。

④ 695 F. 3d 1233 (11th Cir. 2012).

⑤ 499 U. S. 585 (1991).

根据该立法,那些试图限制“在美国境内承运旅客”的轮船公司因旅客受伤或死亡而承担责任的条款,或者限制“当事人因人身伤害或死亡而向有管辖权的法院起诉的权利”的条款,均属无效。① 实际上,适用英格兰法律会限制船方的责任,因为英国是《关于海上旅客及其行李运输的公约》(雅典公约)的缔约国,该公约限制了船方的赔偿责任。②

第十一巡回法院驳回了继承人的主张。法院依据 Shute 案认为“国会在制定第 30509(a)号法律的时候关注的是禁止船方单方面强迫接受责任限制而不给予任何司法程序的救济”。③ 法院认为,

本案中则相反,法院选择条款只是将诉讼提交某一特定法院……该条款让该法院……通过适用其自身的法律选择规则或者通过执行合同中独立的法律选择条款来判断应适用的实体法。在任一情况下,都是由行使管辖权的法院的判决来确定应适用于案件的法律,而不是由船方的命令。④

法院也认识到,根据英格兰法律选择条款,英格兰和威尔士法院很可能会适用英格兰法律。“但是”,法院指出,“该判决并非是由当事人任一方作出的,而是由英格兰和威尔士法院作出的”,⑤因此它并非第 30509(a)号法律所禁止的“单方面”行为。

当然,第 30509(a)号法律并没有说明船方的“单方面”行为到底是什么。该立法只是禁止限制船方责任的合同条款,⑥也就是那些由当事人双方都同意(至少表面上同意)的条款。本案恰恰就是如此:英格兰法院将会根据法院选择条款裁判本案并会根据英格兰法律选择条款而是由英格兰法律。因为法院同时认为这些条款(至少是法院选择条

---

① 46 U. S. C. § 30509 (a).

② 美国不是该公约缔约国。

③ Estate of Myhra,695 F. 3d at 1243.

④ Estate of Myhra,695 F. 3d at 1243. 法院同时指出,第 30509(a)号并没提到法院选择条款,即便如此,根据 Shute 案,国会基于其他理由修订了该法。

⑤ Estate of Myhra,695 F. 3d at 1243.

⑥ “所有人……不得在一项条例或合同中加入一项限制……所有人责任的条款”。见 46 U. S. C. § 30509(a).

款)“已经合理通知了”旅客,不属于不公平条款,[①]因此它们不能被视为船方的“单方面”行为。不过,它们确实具有第 30509(a)号法律所禁止的效果。因此,对于为什么不适用第 30509(a)号法律,必须有一个更合理的解释。

当法院发现该旅客及其家庭是“英国公民并且是在英国的一家旅行社购买了船票”,而且被告公司“在该国有办公室而且经常在该地招徕生意”,[②]法院试图作出解释。法院也注意到该法院选择条款“允许美国法院尊重其他国家公民的权利和明示选择,同时也要尊重其他国家法院裁判争端的能力”,法院得出结论认为,在国会没有明文授权的情况下,法院不应“阻止其他国家在涉及其本国公民及其国内商业关系的案件中适用该国实体政策”。[③] 然而,第 30509(a)号立法却包含了这样一项有争议的授权,其中所要求的唯一联系是该载客船舶的出发港或目的港是美国港口。

Melia 诉 Zenhire 公司案[④]是一起与 Myhra 案类似的案例。被告是一家纽约公司,原告是马萨诸塞州居民,双方的雇佣合同中包含了一项纽约法律选择条款和法院选择条款。原告在位于波士顿的办公室工作。他在马萨诸塞州法院起诉被告,认为被告没有支付期薪水从而违反了《马萨诸塞州工资法》的规定。他主张,纽约法律选择条款以及纽约法院选择条款均剥夺了他应享有的马萨诸塞州工资法的保护从而不可执行,而该法禁止通过协议放弃该法所规定的权利。

马萨诸塞州最高法院“原则上”同意原告的主张,即(1)所采纳的法律选择条款“将会剥夺马萨诸塞州工资法提供给受雇者的实体权利,从而违反了公共政策,因此不可执行”;(2)马萨诸塞州公共政策“要求被选择的法院尽可能适用马萨诸塞州工资法”。[⑤] 然而本案中,法院却过于轻易地相信“纽约法院通过适用纽约法律选择规则会适用

① See Estate of Myhra,695 F. 3d at 1244 - 1247.

② See Estate of Myhra,695 F. 3d at 1244.

③ See Estate of Myhra,695 F. 3d at 1244.

④ 967 N. E. 2d 580 (Mass. 2012).

⑤ 967 N. E. 2d 590 (Mass. 2012).

马萨诸塞州法律”。[①] 该法院基于两点理由得出了这一结论。

第一点理由是:原告主张的违反马萨诸塞州工资法的诉讼请求并非合同上的请求,除非该法律选择条款有明文规定或者其用语足够达到该效果,否则纽约法院不会将该法律选择条款解释为非合同请求,而事实上该条款并没有达到该效果。因此,纽约法院将会依据侵权冲突规则解决该冲突,特别是那些与调整行为有关的冲突。[②] 根据该规则,法院得出结论认为,纽约法院将会适用马萨诸塞州法律,因为纽约冲突法“指引适用侵权行为发生地法律”,[③]而且因为原告所有工作都是在马萨诸塞州完成,所指控的行为——未支付工资——也发生于马萨诸塞州,而且马萨诸塞州“对诉讼结果拥有最大利益”。[④]

第二点理由是根据合同法律选择原则。法院在没有考虑法律选择条款的情况下再次得出结论认为,纽约法院将会根据纽约的“重力中心地方法”(Center of gravity approach)适用马萨诸塞州法律,因为“履行地位于马萨诸塞州,其他联系因素也没有指引适用其他任何州的法律,并且政府利益也集中于马萨诸塞州”。[⑤]

两起佐治亚州案例也涉及相同的法律选择和法院选择的组合条款。在第一起案例 Crump Ins. Services 诉 All Risks 有限公司案[⑥]中,佐治亚州的受雇者与其马里兰州的雇主之间订立的雇佣合同包含一项马里兰法律选择和法院选择条款以及一项限制性协议,该协议根据佐治亚州法律为无效。佐治亚州法院指出,如果原告能够证明马里兰州法院会执行该限制性协议的话,该法院选择条款将会被认为无法执行。然而,原告并未提供该证明。多数意见书于是认为,马里兰州法院将会

---

① 967 N. E. 2d 590 (Mass. 2012).

② 967 N. E. 2d 591 (Mass. 2012). (我们相信,纽约法院会对当下纠纷适用侵权的法律选择规则。原告的请求基于一项对所有雇主行为进行监管的立法,该立法不仅仅针对被告。因此,工资法实现了调整其境内行为的利益)

③ 967 N. E. 2d 593 (Mass. 2012). 援引了 Cooney v. Osgood Mach. , Inc. , 81 N. Y. 2d 66, 72, 612 N. E. 2d 277 (1993)。

④ 967 N. E. 2d 593 (Mass. 2012).

⑤ 967 N. E. 2d 594 (Mass. 2012).

⑥ 727 S. E. 2d 131 (Ga. Ct. App. 2012), reconsideration denied (Apr. 12, 2012).

适用马里兰州法律,但该法也会认为该限制性协议不可执行。一份协同意见书指出,马里兰州法院不会遵从马里兰州法律选择条款从而会适用佐治亚州实体法。因此,在任何情况下,实体结果都会是一样的。法院最终认为该法院选择条款不可执行。

第二起佐治亚州判例是 Carson 诉 Obor Holding 有限责任公司案①,该案中,一位佐治亚州受雇者和其佛罗里达州雇主之间的雇佣合同包含有佛罗里达法律选择和法院选择条款以及一项限制性协议,该协议根据佛罗里达州法律无效,但根据佐治亚州法律为有效。佐治亚州法院指出,佐治亚州先例"认为公共政策可以作为一个排除法院选择条款的强制性理由……至少在这样的情况下,即在该选定法院进行诉讼可能产生未被佐治亚州既定公共政策的结果"。② 法院认为本案就是这样一起案件,该法院选择条款不可执行,因为根据法律选择条款,佛罗里达法院将会适用佛罗里达州法律并会支持该限制性协议,而这会导致与佐治亚州公共政策相违背的结果。③

Pro-Football 公司诉 Tupa 案④是另一起雇佣案件,但该案涉及的是员工提起的赔偿问题。可以想象,该案中的法院选择条款同样不受待见。一位职业足球运动员 Charles Tupa 和他的球队华盛顿 Redskins 队之间的雇佣合同包含有弗吉尼亚法院选择和法律选择条款。⑤ 该足球队由一家马里兰州公司拥有,其比赛场地也位于马里兰州,但是其训练场位于弗吉尼亚。Tupa 在马里兰州的运动场受伤,并向马里兰州劳工赔偿委员会提起劳工赔偿请求。Redskins 球队以合同中的弗吉尼亚法院选择条款为由对该委员会的管辖权提出质疑。Tupa 则援引马里兰

① 734 S. E. 2d 477 (Ga. Ct. App. 2012).

② 734 S. E. 2d 481 (Ga. Ct. App. 2012).

③ 在 Becham v. Synthes USA,482 F. App'x 387 (11th Cir. 2012)案中,法院认为,一项雇佣合同中包含的限制性条款也包含一项宾夕法尼亚州法律选择条款(但没有法院选择条款),该条款违反了佐治亚州公共政策,因此不可执行。该案也讨论了佐治亚州在该政策上的宪法和立法变化,但并没有溯及适用。

④ 51 A. 3d 544 (Md. 2012).

⑤ 另一起涉及 Redskins 及其他运动员的案件见 Pro-Football,Inc. v. McCants,见下文四(二)的讨论。

州一项立法[第9－104(a)号法令],该法并未提及法院选择条款,但禁止任何取消受雇者权利或豁免雇主该法项下义务的协议并规定此类协议无效。①

马里兰州最高法院适用了该立法并支持了委员会的管辖权,法院指出:“如果认为法院选择条款构成了对第9－104号立法的例外,这就会违反对该项立法的基本解释原则。”②确实正如Larson教授在一份被法院援引的摘要中所言,那些条款,“无论其目的是用于扩大本州工人赔偿立法的适用范围”,还是用于“缩小他州立法的适用范围”,都是没有效果的。③ 这是因为工人的赔偿“并非双方当事人可以解决的私人事务,公众对该事务拥有深远的利益,这些事务不能被个人间协议所改变”。④ 这就是为什么“实践中所有工人赔偿立法都会强调禁止通过合同减损权利或利益”。⑤

2. 解释

在上述所有案例中,法院选择条款都包含有这样的用语,即授予所选择的州法院排他性管辖权。这一点很重要,因为在美国并没有这样一种推定,认为法院选择条款所赋予的是一种排他性管辖权。实际上,根据一些案例所反映的情况,在美国约定俗成的做法恰恰相反——一

① 该法规定:“相关雇员或雇主不得通过协议……(1)排除相关雇员或雇主彼此间根据本条所负之义务;或(2)放弃相关雇员或雇主根据本条所享有之权利”,任何相反之约定“违反规定者均为无效”。参见《马里兰州劳工赔偿法》第9－104(a)条。

② See 51 A. 3d at 549.(第9－104(a)条以简单明确的语言禁止通过协议排除雇主向劳工支付根据马里兰州法律应得的赔偿利益的义务。该条还禁止通过协议取消雇员依据马里兰州法律应当获得的赔偿利益。有观点认为,法院选择条款构成对第9－104条的例外,但该观点违反了立法解释的基本原则)

③ See 51 A. 3d at 549,援引了3 Larson, Workmen's Compensation Law, § 87.71 at 395 (1968 Supp.)。

④ See 51 A. 3d at 549.

⑤ See 51 A. 3d at 549. 在一起涉及类似事由和其他运动员的案件中,Redskins俱乐部决定放弃对弗吉尼亚州法院选择条款的选择。见Pro－Football, Inc. v. McCants, 51 A. 3d 586 (Md. 2012)。参见下文第四(二)部分。

项法院选择条款被认为仅仅具有许可性(permissive)而非排他性，除非其中包含有相反的用语。[①] 2012年的一个案例是Boland诉George S. May Intern.公司案。[②] 在该案中，法院选择条款规定"管辖权授予伊利诺伊州"。让该条款起草者失望的是，马萨诸塞州法院认为该条款只是"允许而非要求诉讼在伊利诺伊州法院进行"。[③] 相反，根据在大多数欧洲国家适用的《布鲁塞尔第一条例》和《卢加诺公约》规定的制度，约定俗成的做法是相反的——一项法院选择条款被认为具有排他性(exclusive)，除非其中包含相反用语。[④]

然而，如果上面所说的"相反用语"本身就模棱两可，那么上述约定俗成的做法也无济于事。这种情况的发生通常是因为该条款起草得比较草率。如果确实发生这种情况，那么该条款到底是排他性的还是许可性的，这个问题必须通过司法解释来回答。如果法院选择条款没有伴随着一个法律选择条款，那么就应当根据法院地法律来进行。如果法院选择条款同时伴随着一个法律选择条款，那么问题就演变为：司法解释应当根据法院地法律来进行还是根据法律选择条款所选定的法

---

① See, e. g., John Boutari & Son, Wines & Spirits, S. A. v. Attiki Imp. and Distrib., Inc., 22 F. 3d 51, 53 (2d Cir. 1994); Docksider, Ltd. v. Sea Technology, Ltd., 875 F. 2d 762, 764 (9th Cir. 1989); Hunt Wesson Foods, Inc. v. Supreme Oil Co., 817 F. 2d 75, 77 – 78 (9th Cir. 1987); Keaty v. Freeport Indonesia, Inc., 503 F. 2d 955, 956 – 57 (5th Cir. 1974); Citro Florida, Inc. v. Citrovale, S. A., 760 F. 2d 1231, 1231 – 1232 (11th Cir. 1985).

② 969 N. E. 2d 166 (Mass. App. Ct. 2012).

③ 969 N. E. 2d at 168. McDonald v. Amacore Group, Inc., 2012 WL 2327727 (unpublished, N. J. Super. Ct. App. Div. June 20, 2012)，该案提供了一个不同的但起草得同样不规范的条款的例证。该条款规定"本协议应受佛罗里达州法律支配，该州对本合同有关的事务引起的任何请求或纠纷具有排他性管辖权……"

④ 《布鲁塞尔第一条例》第25条规定："当事人无论住所位于何地，如果同意某一成员国法院解决他们之间特定法律关系引起的纠纷，该法院即拥有管辖权，除非该协议根据该成员国法律在实质上无效或失效。除当事人另有约定外，该管辖权具有排他性。"《卢加诺公约》第23条之规定也相同。

律来进行?美国法院的实践二者兼有,有些法院适用法院地法律,①有些法院则适用所选择的法律,前提是法律选择条款有效。②

Enquip Technologies Group 诉 Tycon Technoglass 案③是新近的一起涉及该问题的案例。④ 该案中,一位意大利厂商和一家设在佛罗里

① See,e. g. ,Wong v. PartyGaming Ltd. ,589 F. 3d 821,827 (6th Cir. 2009);Fru-Con Constr. Corp. v. Controlled Air,Inc. ,574 F. 3d 527,538 (8th Cir. 2009);Doe 1 v. AOL LLC,552 F. 3d 1077,1083 (9th Cir. 2009);Ginter ex. rel. Ballard v. Belcher,Prendergast & Laporte,536 F. 3d 439,441 (5th Cir. 2008);Phillips v. Audio Active Ltd. ,494 F. 3d 378,384 (2d Cir. 2007);P & S Bus. Machs. v. Canon USA,Inc. ,331 F. 3d 804,807 (11th Cir. 2003);Jumara v. State Farm Ins. Co. ,55 F. 3d 873,877 (3d Cir. 1995);Manetti-Farrow,Inc. v. Gucci America,Inc. ,858 F. 2d 509,513 (9th Cir. 1988);Golden Palm Hospitality,Inc v. Stearns Bank Nat'l Ass'n,874 So. 2d 1231,1234 - 1235 (Fla. Dist. Ct. App. 2004);Fendi v. Condotti Shops,Inc,754 So. 2d 755,757 - 758 (Fla. Dist. Ct. App. 2000);Yamada Corp. v. Yasuda Fire & Marine Ins. Co. ,Ltd. ,712 N. E. 2d 926 (Ill. App. Ct. 1999).

② See,e. g. ,Abbott Laboratories v. Takeda Pharmaceutical Co. Ltd. ,476 F. 3d 421,423 (7th Cir. 2007);Yavuz v. 61 MM,Ltd. ,465 F. 3d 418 (10th Cir. 2006);Jacobsen Constr. Co. v. Teton Builders,106 P. 3d. 719,723 (Utah 2005);Szymczyk v. Signs Now Corp. ,168 N. C. Ct. App. 182,606 S. E. 2d 728 (2005);Jacobson v. Mailboxes Etc. USA,Inc. ,646 N. E. 2d 741 (Mass. 1995);Cerami-Kote,Inc. v. Energywave Corp. ,773 P. 2d 1143 (Id. 1989);Simon v. Foley,W. D. N. Y. No. 07 - CV - 766S,2011 WL 4954790 (Oct. 18,2011);Lanier v. Syncreon Holdings,Ltd. ,E. D. Mich. No. 11 - 14780,2012 WL 3475680 (Aug. 14,2012);Global Link,LLC. v. Karamtech Co. ,Ltd. ,06 - CV - 14938,2007 WL 1343684 (E. D. Mich. May 8,2007);TH Agric. & Nutrition,LLC v. Ace European Group Ltd. ,416 F. Supp. 2d 1054 (D. Kan. 2006).

③ 2012 WL 6737839 (unpublished,Ohio App. 2nd Dist. ,Dec. 28,2012).

④ 在 Adams v. Raintree Vacation Exchange,LLC,702 F. 3d 436 (7th Cir. 2012)案中,合同条款规定:"当事人在此同意受墨西哥城法律之约束和联邦地区法院之管辖,并明确放弃任何其他法院基于现在或将来之住所对他们具有的管辖权"。同上,第 438 页。尽管该条款用语太粗糙,但该法院选择条款具有排他性,不过该案涉及的是一个不同的问题——该条款能否被一个非签字方援用。法院认为,因为上述条文中包含了一个墨西哥法律选择条款,因此该问题本来应由墨西哥法律决定。但是,双方当事人均未援用墨西哥法律且双方都援用了法院地法律。法院最终认为当事人的行为表明,他们放弃了法律选择问题并同意地区法院适用法院地法:"我们不明白,既然当事人双方均未提出要求,地区法院为什么要自寻烦恼地去寻求外国法律。合同当事人有充分自由去指定解释其合同的法律,也可以自由修改合同中做出的指定(视为修改合同)。由于当事人没有援用墨西哥法律且仅仅援引了联邦判例,他们已经放弃了对具有不同特点的墨西哥法律的信任,从而不能将其用于解释法院选择条款。"

达州的美国销售代理商签订的合同规定:"本协议应受意大利法律支配并依该法解释。威尼斯法院对任何争议拥有管辖权"。[①] 佛罗里达公司在俄亥俄州起诉该意大利生产商违约且未支付佣金,因为该意大利公司的母公司总部设在俄亥俄州。法院认为,由于法院选择条款附带有一个法律选择条款,该法院选择条款的含义应依据该法律选择条款所选定的法律予以确定,即意大利法律。法院认为:"法律选择条款可以被视为同一合同中的法院选择条款的含义的证据。正如被选择的法律用于解释该合同中任何其他条款的含义一样,它也应被用于解释该法院选择条款。"[②]

如前所述,意大利所遵守的《布鲁塞尔第一条例》规定,法院选择条款"具有排他性,除非当事人另有约定。"[③]鉴于该项规定以及意大利最高法院的一项判决,俄亥俄州法院认为,"该法院选择条款在意大利法律中的含义是:威尼斯法院拥有排他性管辖权"。[④] 法院接下来对其判决理由作了如下解释:

很清楚,对于"许可性——排他性"问题,我们没有将其作为法律选择问题处理。相反,我们只是将其作为合同解释问题。我们适用俄亥俄州合同解释法律来解释法院选择条款。俄亥俄州法律规定,法院选择条款的含义由当事人确定。根据当事人的法律选择条款的规定,当事人之间的协议应当由意大利法律来解释,我们认为,当事人希望的含义就是该法院选择条款在意大利法律中的含义。因此,我们确定了意大利法律对该条款用语所赋予的意义。然后,我们确定,意大利法律认为该法院选择条款具有排他性。[⑤]

但该案并未到此为止。其中一位原告的诉讼请求是被告违反了俄

---

① Enquip Technologies, 2012 WL 6737839 at *8.

② Enquip Technologies, 2012 WL 6737839 at *5.

③ 《布鲁塞尔第一条例》第25条规定:"当事人无论住所位于何地,如果同意某一成员国法院解决他们之间特定法律关系引起的纠纷,该法院即拥有管辖权,除非该协议根据该成员国法律在实质上无效或失效。除当事人另有约定外,该管辖权具有排他性。"《卢加诺公约》第23条之规定也相同。

④ Enquip Technologies, 2012 WL 6737839 at *9.

⑤ Enquip Technologies, 2012 WL 6737839 at *9.

亥俄州一项立法,该立法规定,如果未能向在俄亥俄州境内从事销售的代理商支付佣金,将会支付3倍赔偿金。该项立法同时禁止任何非俄亥俄州法律选择条款和法院选择条款,并宣布任何排除该法规定的行为无效。法院不得不指出,尽管就原告的合同诉讼请求而言,法律选择条款和法院选择条款具有可执行性,而就原告针对未支付佣金而提起的3倍赔偿的法定诉讼请求而言,这些条款不具有可执行性。但是,这一结论"并不意味着应依据俄亥俄州法律来确定损害赔偿"。[①] 法院解释道:

我们很不情愿地宣布,一份由意大利生产商和位于佛罗里达州的销售代理商在俄亥俄州境外谈判订立的合同要受俄亥俄州的一项立法的支配,该合同授权销售商在四个国家和所有美国州内进行销售——尤其是其中只有很小一部分销售涉及俄亥俄州,而且只有很少一部分销售对于所主张的法定诉讼请求有关联。的确,俄亥俄州对于该合同而言并不重要。[②]

在分析了《第二次冲突法重述》有关侵权冲突法的相关条文之后,法院认为,俄亥俄州并不具有最密切联系。的确,"在三个可能的选项——俄亥俄州、佛罗里达和意大利当中,到底应适用谁的法律?俄亥俄州与该案件和当事人具有最不显著的联系",[③]法院认为。法院指出,不需要在佛罗里达州和意大利法律之间进行选择,因为根据二者的法律,原告都不能获得3倍赔偿金。

(三)不包含法律选择条款的合同

Nordhues诉Maulsby案[④]是一个少见而有趣的案例,其中涉及5批次牛的销售。A是密苏里州居民,在内布拉斯加州购买了190头小母牛并将其托付给位于密苏里州的B照料。该托付行为的具体情形是——根据密苏里州法律而非内布拉斯加州法律——B有权出售该批小母牛。B将该批小母牛出售给密苏里州居民C,C将其出售给一家

① Enquip Technologies,2012 WL 6737839 at *10.

② Enquip Technologies,2012 WL 6737839 at *11.

③ Enquip Technologies,2012 WL 6737839 at *12.

④ 815 N. W. 2d 175 (Neb. Ct. App. 2012),review denied (June 27,2012).

内布拉斯加公司D。D将该批小母牛迁移到内布拉斯加州,然后出售给内布拉斯加居民E,E又将其出售给另一位内布拉斯加居民F。根据实际审判该案的内布拉斯加法院的说法,“这些交易看上去‘最好地反映了资本主义’,因为每一位当事人都从中获益”。[①]

A是链条中的第一位所有人,他针对链条中的最后一位买家F提起了一项返还财物的诉讼。在2010年的Norwood诉Nordhues案中,内布拉斯加州法院适用了内布拉斯加州法律,判决F向A返还该批小母牛。[②]

F又接着起诉向其出售小母牛的E,要求返还货款。E则接着起诉其前手卖家,依次向前溯及,直到B为止,因为B已经破产。这一次,同一家内布拉斯加法院认为应当适用密苏里州法律。法院承认,该案的核心问题是,B作为该批小母牛的最初的受托人是否有权出售它们。如果他有权,则所有随后的交易都有效,因为所有当事人都是合格的“商人”,销售是以正常的商业途径进行的,所有买方都是善意购买并支付了公平的价款。法院认为,B销售小母牛的权利由密苏里州法律支配,因为委托行为发生在密苏里州,委托人、受托人和C(第一位从受托人手中购买小母牛的人)都是密苏里州居民。由于根据密苏里州法律受托人有权出售小母牛,他的出售行为合法转让了所有权,所有随后进行的出售行为也同样如此,包括向最后一位买家F的出售。因此,F无权向E追索价款。可以预见,F以一事不再理原则为由提起抗辩,认为该判决违反了该法院先前在Norwood案中作出的判决,根据该判决,他必须向A返还小母牛,因为他并未取得合法所有权。然而,法院却拒绝考虑该项一事不再理抗辩,并认为其不合时宜。

在Forest Park Pictures诉Universal Television Network公司案[③]中,所涉问题是一份“事实合同”的存在与否。在加州好莱坞举行的一次会议上,原告“抛给”被告一个电视连续剧的主意并提供了一份纲要。

① 815 N. W. 2d at 184.

② See Norwood v. Nordhue, No. A - 09 - 1025, 2010 WL 2902345 (unpublished, Neb. Ct. App. July 13, 2010).

③ 683 F. 3d 424 (2d Cir. 2012) (decided under New York conflicts law).

后来被告开发出一部电视连续剧,该剧与原告当初的主意非常近似。原告于是起诉被告——一家纽约公司,向其索要赔偿。根据加州法律,“事实合同”可以被证明存在,即使无法证明存在价格协议。纽约法律对于该问题没有规定。通过运用纽约的重力中心地方法,第二巡回法院认为应当适用加州法律,因为加州与案件拥有密切联系。①

Colonial Presbyterian Church 诉 Heartland Presbytery 案②是一起发生于一家密苏里州本地教会(Colonial)和同一教派的全国教会之间的争端。该争端涉及的是在当地教会名下的不动产所有权,该不动产位于堪萨斯州和密苏里州。该当地教会并未签署全国教会章程,该章程规定,地方教会的所有财产都被视为供全国教会使用和受益的信托财产。堪萨斯州法律根据“服从规则”(rule of deference)会承认这样一种信托,根据该规则,世俗法院将会遵从一个“等级制教会”③作出的决定,比如本案所涉及的全国教会。密苏里州则不会承认这种信托,因为根据密苏里州所奉行的“中立原则”,本案中根本不存在明示或默示的信托。④

密苏里州法院适用了密苏里州法律支持了本地教会。法院指出,系争财产位于堪萨斯州境内对于本案而言并不重要,因为争端主要集中于两家教会之间的关系,因此“只有法律关系的所在地才是至关重要的”。⑤ 本案并不涉及“堪萨斯州教会”而涉及的是一家密苏里州教会和一家全国教会,该全国教会也被法院视为一家本地组织,因为它由一家当地神学院作为代理人。法院决定采用合同法律选择原则解决该争端,因为“尽管本地教会和全国教会之间的关系不是由合同约束的,但当事人都同意它们彼此之间具有伙伴关系,因此可以类推适用合同

---

① See id. at 434. [本案中,几乎所有密切联系点都在加州:原告与被告之间的单独面谈在加州;至少部分履行(原告对其观点的书面和口头表达)发生在加州;书面文件位于加州;3 个原告中的 2 个是加州居民;被告的营业地尽管位于纽约,但所有与合同有关的行为都发生在被告的加州办公室]

② 375 S. W. 3d 190 (Mo. Ct. App. W. D. 2012), transfer denied (Sept. 25, 2012).

③ 375 S. W. 3d at 197 - 198.

④ 375 S. W. 3d at 195 - 196.

⑤ 375 S. W. 3d at 199.

的冲突法原则"。[①] 根据《第二次冲突法重述》的合同法原则,法院认为应当适用密苏里州法律。[②]

Scholle公司诉农业保险公司案[③]是一起非常复杂的案件,争议当事人中,一方是一家加州被保险人及其澳大利亚分公司,另一方为一家拒绝赔偿的美国保险公司,案件涉及的是发生于澳大利亚的损失的保险。在该案的初期,加州法院曾根据《加州民法典》第1646条,认为应适用合同签订地伊利诺伊州法律支配被保险人针对保险公司提起的所有诉讼请求,包括其所主张的对方的恶意保险行为。[④] 此后不久,加州上诉法院在Frontier石油公司诉RLI保险公司案[⑤]中认为,《加州民法典》第1646条只适用于合同解释问题,其他冲突法问题应当根据加州的利益分析/比较损害方法予以解决。根据这一观点,Scholle案的审理法院同意了被保险人要求的重新审理其针对保险人的恶意保险行为所主张的赔偿请求,该请求根据法院的解释并非合同的解释问题。根据加州法律,被保险人有权提起侵权诉讼并要求损害赔偿和3倍赔偿以及律师费。根据伊利诺伊州法律,被保险人将获得律师费、其他费用和适当的罚金。

法院认为,应当适用加州法律,因为:(1)加州和伊利诺伊州都由支持被保险人的法律,因此在所产生的虚假冲突中加州对于适用其法律具有更大的利益;[⑥](2)如果伊利诺伊州有一项支持保险人的法律,

---

① 375 S. W. 3d at 200.

② 375 S. W. 3d at 200.("所有与本地的和国内的教会有关的事情都发生在密苏里州。从1940年代到现在,本地教会都是一家密苏里州法人,在密苏里州处理国内教务……导致当事人成立信托的所有事情都发生于密苏里州……确实有些争议财产位于堪萨斯州,但这并没有将当事人关系的所在地转移到堪萨斯州")

③ 2012 WL 4244157 (unpublished, Cal. Ct. App. 4th Dist. Sept. 21, 2012).

④ 第1646条规定:"一份合同应当依据履行地法律和惯例进行解释;如果没有履行地,则根据订立地法律和惯例解释。"法院认为,第1646条要求适用伊利诺伊州法律,因为合同在伊利诺伊州订立而且不存在特定的履行地。

⑤ 63 Cal. Rptr. 3d 816 (Cal. Ct. App. 2nd Dist. 2007), review denied (Nov. 14, 2007), discussed in Symeonides, 2007 Survey at 296 – 299.

⑥ See Scholle, 2012 WL 4244157 at *12. 法院注意到,加州相比伊利诺伊州而言与诉讼程序具有更密切联系,因为保险人和被保险人之间的所有协商都发生在那里。

则保险人未能证明伊利诺伊州对于在该案中适用其法律具有更高利益。①

(四)保险合同

在 NCR 公司诉 Transport 保险公司案②中,所涉问题是保险合同是否涵盖被保险人位于威斯康星州的工厂所造成的环境污染。该保险人总部位于加州,被保险人总部位于俄亥俄州和佐治亚州并在全球范围经营,而保险合同所包含的是其位于几个州的经营行为。保险人认为应适用俄亥俄州法律,而被保险人则主张适用威斯康星州法律。威斯康辛州法院适用了该州法律。

法院认为:"威斯康星州的法律选择理论……历经复杂演变",尤其是在所采用的方法论上,到底是采用组合联系分析方法、影响因素选择分析方法还是二者兼用,一直存在分歧。③ 法院最终认为应当二者兼用,第一步采用组合联系分析方法,第二步采用影响因素分析方法。如果与某个州的联系"如此有限和微不足道以至于适用该州法律显属多此一举",④那么就不需要再采取第二步了。此外,"由于存在一种微弱的支持适用法院地法的推定,根据第一步所确定的与非法院地州的联系必须明显地比其他州更密切"。⑤

在采取第一步之前,法院解释说,在保险案件中,相关联系除了《第二次冲突法重述》第 188 条对合同冲突所列举的那些以外,⑥还包括:(1)《重述》第 193 条所规定的"保险风险主要所在地";(2)对侵权冲突而言重要的两种联系(致害行为发生地和损害结果发生地)。

法院接下来审查了所有这些联系,并总结道:(1)保险风险所在地

---

① See Scholle,2012 WL 4244157 at *12. 法院注意到,保险人提出的欺诈指控是基于被保险人如何处理因澳大利亚发生的损失而提出的请求,而且"请求的任何方面都没有发生在伊利诺伊州或与该州有任何联系"。

② 823 N. W. 2d 532 (Wis. Ct. App. 2012).

③ 823 N. W. 2d 535 (Wis. Ct. App. 2012).

④ 823 N. W. 2d 535 (Wis. Ct. App. 2012).

⑤ 823 N. W. 2d 535 (Wis. Ct. App. 2012).

⑥ 这些连结点包括:(1)缔约地;(2)合同谈判地;(3)履行地;(4)合同标的所在地;(5)当事人住所地、居所地、国籍、成立地和营业地。

明显支持威斯康星州;[①](2)谈判和缔约地不具有重要意义,因为这两个行为是通过位于伊利诺伊州的经纪人完成的;(3)履行地也不具有重要意义或不明显支持威斯康星州;[②](4)当事人住所稍微偏向于俄亥俄州,因为被保险人在签订保险合同时总部位于该州;(5)行为和损害都发生于威斯康星州。通过上述分析,法院认为,与俄亥俄州的联系"如此有限和微不足道以至于适用该州法律显属多此一举……尤其是……当存在一种微弱的支持适用法院地法的推定的情况下"。[③]

在 Scottsdale 保险公司诉 Morrow Land Valley 有限责任公司案[④]中,所涉问题是:一份被保险人为阿肯色州公司的保险合同,保险标的是其位于田纳西州的家禽饲养场,该合同是否涵盖发生于田纳西州的环境污染?阿肯色州最高法院认为,该问题应依照阿肯色州法律确定(该法律支持被保险人),因为尽管被保风险位于田纳西州,但所有其他联系都指向阿肯色州:"缔约地位于阿肯色州;谈判地位于阿肯色州;履行地位于阿肯色州;双方当事人住所位于阿肯色州;家禽饲养场虽然位于田纳西州,但法院认为阿肯色州法律而非田纳西州法律应适用于合同。"[⑤]

在 re Liquidation of Integrity Ins. Co. /Sepco Corporation 案[⑥]中,争端发生于一家公司和一家保险公司之间,该公司的产品导致几个州的用户在很长时期内遭受严重损害,而该保险公司对该产品承担一段时期内的保险,但该保险公司正处于清算之中。当事人将其法律选择限于两个州:加州和新泽西州。其中,加州是作为被保险人的原告的住所

---

① 法院注意到,由于保险单涉及被保险人在多个州的业务,任何州都不能被视为被保险风险的主要所在地,但法院也注意到《第二次冲突法重述》的评论,其中指出,在这种情况下,每一风险应被视为由独立保险单所投保。参见《第二次冲突法重述》第193条,评论f。

② 《第二次冲突法重述》,第538页。

③ 《第二次冲突法重述》,第538页。

④ ___S. W. 3d ___,2012 WL 1950247 (Ark. May 31,2012).

⑤ ___S. W. 3d ___,2012 WL 1950247 (Ark. May 31,2012) at *3. 法院也注意到,在第一份保险单发出后而在田纳西州境内的风险发生前,该保险单被修改并包括了被保险人位于阿肯色州的家禽农场。

⑥ 49 A. 3d 428 (N. J. Super. Ct. App. Div. 2012).

地,而新泽西州是被告保险人的住所地。新泽西州采取的是一种按比例分摊方法(pro-rata approach),即保险人只对其所承担的保险期间内的风险负有赔偿责任。加州采取的是一种共同连带或“全额”方法,该方法允许被保险人从一家保险人那里获得整个保险期间内的所有损失赔偿,而该保险人然后再向其他有关保险人追索其应分担的赔偿。

新泽西州法院认为应当适用新泽西州法律。法院解释说,加州法律的适用会“严重违反新泽西州有关在清算程序中平等分配财产的政策”,而适用新泽西州法律则“不会严重破坏”加州的政策,因为被保险人还可以从其他保险人那里获得赔偿。① 法院还指出,尽管被保险人期望适用其本州法律,但被保险人无法预见到该保险合同签订很多年以后,该州会采用这种“全额”赔偿方法。②

One Beacon American Ins. Co. 诉 Huntsman Polymers Corp. 案③也是一起有关石棉肺病的案例,该案中被保险的工厂所在地位于得克萨斯州,受害者长期暴露于石棉环境下的行为也发生于该州。不过,保险合同同时覆盖了位于其他州的工厂。被保险人是位于犹他州的公司,该公司从前手卖家(德州一家公司)那里得到该工厂,而在此之前,暴露行为已经发生很久了。保险人认为应当适用犹他州法律,而被保险人要求适用德州法律。根据犹他州法律,保险人所应支付的被保险损失比例要比依据德州法律所应支付的比例低得多。

根据《第二次冲突法重述》第 188 条和第 193 条,犹他州法院认为应适用德州法律,因为德州比犹他州与该案具有更密切的联系。法院认为,谈判和缔约地都不具有决定意义;履行地和主要营业地这两个联系因素同时指向德州和犹他州,但它们最终更侧重于德州;被保风险更集中于德州。法院指出,被保风险所在地尽管不是完全决定性的,但具有明显的重要性,因为它至少主要位于一个州境内,并且鉴于没有其他州拥有更密切的联系,这种重要性就更显得突出了。尤其是犹他州并不具有更密切联系,因为尽管该州是被保险人主要营业地和实际履行

---

① 49 A. 3d 439 (N. J. Super. Ct. App. Div. 2012).

② 49 A. 3d 439 (N. J. Super. Ct. App. Div. 2012).

③ 276 P. 3d 1156 (Utah Ct. App. 2012), cert. denied, 285 P. 3d 1229 (Utah 2012).

地,但该两个联系因素是在保险合同签订和暴露事件发生很久以后以及被保险人从其前手那里获得该工厂之前才出现的。①

四、侵权

(一)产品责任

Anyango 诉 Rolls-Royce 公司案②牵涉一个令人难以置信的故事。一位肯尼亚学生在不列颠哥伦比亚道路上行走时,一家直升飞机坠落在他头上,导致其死亡。他的父母在印第安纳州针对生产该直升机发动机的印第安纳州公司提起产品责任诉讼。初审法院以不方便法院原则为由驳回了该诉讼,印第安纳州上诉法院认为该案可能适用不列颠哥伦比亚法律,并维持了下级法院的判决。法院指出,在印第安纳州审理将会"成本高昂而且浪费时间",而且会"不公平地给印第安纳州人带来陪审义务,因为印第安纳州与争端没有多大联系"。③

在印第安纳州最高法院,原告只对下级法院的一项不方便法院理由提出了抗辩——"不列颠哥伦比亚法院制度是有效而适当的,这一

① See 276 p. 3d at 1171 – 1172. 在 2012 年审理的很多涉及保险冲突法的上诉案件中,以下几起案件应值得关注: Pacific Employers Ins. Co. v. Global Reinsurance Corp. of America, 693 F. 3d 417 (3d Cir. 2012) (case involving the issue of timely notice of risk occurrence; decided under Pennsylvania conflicts law); West American Ins. Co. v. RLI Ins. Co., 698 F. 3d 1069 (8th Cir. 2012) (action for bad faith insurance practices; decided under Missouri conflicts law); American Guarantee and Liability Ins. Co. v. U. S. Fidelity & Guar. Co., 668 F. 3d 991 (8th Cir. 2012) (action for bad faith insurance practices; decided under Missouri conflicts law); Morgan v. AmEx Assur. Co., 287 P. 3d 1038 (Or. 2012) (attorney fees); FC Bruckner Associates, L. P. v. Fireman's Fund Ins. Co., 944 N. Y. S. 2d 84 (N. Y. A. D. 1st Dept. 2012) (timely notice); Higgins v. West Bend Mut. Ins. Co., 85 So. 3d 1156 (Fla. Dist. Ct. App. 5th Dist. 2012) (action for bad faith insurance practices); TIG Ins. Co. v. Monongahela Power Co., 58 A. 3d 497 (Md. App. 2012) (coverage for asbestos liability); Asklar v. Gilb, 979 N. E. 2d 664 (Ind. Ct. App. 2012) (uninsured motorist coverage); Collins v. Downes, 83 So. 3d 1177 (La. Ct. App. 4th Cir. 2012) (uninsured motorist coverage)。

② 971 N. E. 2d 654 (Ind. 2012).

③ Anyango v. Rolls-Royce Corp., 953 N. E. 2d 1147, at 1152 (Ind. Ct. App. 2011).

点毫无疑义。”[①]原告认为,如果诉讼在不列颠哥伦比亚进行的话,他们的过错致死诉讼本来应当“获得七位数的赔偿额”。[②] 法院将这一点理解为是对下级法院所做的以下结论的抗辩,即不列颠哥伦比亚法律可以适用于本案,但经受住了这一“诱惑”。[③] 最高法院认为,“总而言之,所争议的并非不列颠哥伦比亚法院的有效性和适当性,而是关于应当适用于原告所主张权利的实体法。”[④]法院广泛援引了 Piper Aircraft 公司诉 Reyno 案,[⑤]该案涉及的是同样的争议,最后法院得出如下结论:

> 尽管原告在加拿大可能获得的损害赔偿数额可能更小,尽管在那里的诉讼可能更昂贵和更困难,但法院认为不存在原告被剥夺获得救济的权利的危险……不列颠哥伦比亚是一个“适当”的法院。不列颠哥伦比亚法律允许原告在那里提起他们所主张的过错致死的诉因以获得实质性损害赔偿,尽管我们承认在数额上可能会少一些。[⑥]

Yelton 诉 PHI 公司案[⑦]是另一起直升机坠毁事故案件。一架直升机在运载工人去一个位于路易斯安那州海岸的石油平台时发生坠毁事故,大多数乘客丧生。该案所涉及的只是这样一个问题:谁有权代表一位丧生的佛罗里达州居民提起过错致死的赔偿诉讼?该死者遗留下一个孩子和他的父母,他们都是佛罗里达州居民。根据路易斯安那州法律,死者的父母只有在死者没有留下尚存的配偶和子女时才可以提起过错致死的赔偿诉讼请求。根据佛罗里达州法律,所有的尚存近亲属包括其父母都有权从过错致死诉讼中获益。死者的母亲以死者父母和孩子的名义在佛罗里达州提起了过错致死诉讼。该孩子的母亲(与死

---

① Anyango,971 N. E. 2d at 658.

② Anyango,971 N. E. 2d at 658.

③ Anyango,971 N. E. 2d at 658,注释 3。法院认为:“我们抵抗住了诱惑,即对法律选择问题进行裁决,因为如果我们与初审法院和上诉法院的同事们得出同样的结论,即适用不列颠哥伦比亚省的法律,那将是决定性的。”

④ Anyango,971 N. E. 2d at 658.

⑤ 454 U. S. 235 (1981).

⑥ Anyango,971 N. E. 2d at 661 - 663.

⑦ 669 F. 3d 577 (5th Cir. 2012) (decided under Florida conflicts law), cert. denied, Nelson v. Aeronautical Accessories, Inc. ,133 S. Ct. 191 (U. S. 2012).

者没有结婚)则在路易斯安那州以孩子的名义提起了一项并行的诉讼,并获得了赔偿。在佛罗里达州的诉讼被移交到路易斯安那州联邦地区法院并根据佛罗里达州冲突法进行了审理。

地区法院名义上依据《第二次冲突法重述》而实际上采用了纯粹的联系计算方法(contact-counting),并认为,路易斯安那州具有最密切联系并适用该州法律,最终驳回了该诉讼。第五巡回法院维持了地区法院的判决,但修改了地区法院的判决理由。该法院的判决理由值得在这里加以引用,因为该理论是一种令人厌恶的机械主义方法的典型例证:

正如被告指出的那样,几乎所有因素都倾向于适用路易斯安那州法律——除了死者Nelson及其家庭居住于佛罗里达州之外。被告PHI(直升机所有人)是一家路易斯安那州公司,总部位于路易斯安那州。该直升机在路易斯安那州维修和保养——任何过错行为都发生于这里。乘客在路易斯安那州登机,路易斯安那州也是直升机飞经的唯一州域,路易斯安那州也是预定的唯一飞行路径。证人也都居住于路易斯安那州,救援行动也在路易斯安那州进行。唯一的生存者Yelton先生也在路易斯安那州医院治疗。坠机事故中的每个人都是为一家路易斯安那州公司工作并居住于该州……①

基于上述理由,第五巡回法院认为:"事实非常清楚,路易斯安那州是唯一与坠机事故具有最密切联系的州。"②

同样"非常清楚"的是,这一判决理由是错误的。除了法院没有采纳的联系因素——即家庭住所位于佛罗里达州——以外,所有被法院采纳的联系因素都与法院所要解决的特定问题无关,该问题是:谁有权提起过错致死的诉讼?确定谁是过错致死诉讼受益人的规则反映的是特定社会对于谁与死者更亲密、谁依赖于死者以及谁需要更多保护这些问题所作的价值判断。这些价值判断应当由死者及其受益人所生活的那个社会来作出,而不是死亡发生地的那个社会。在本案中,死者及其所有受益人(以及其他争端当事人,即孩子的母亲)生活在佛罗里达

① 669 F. 3d at 584.

② 669 F. 3d at 584.

州。这是一起典型的虚假冲突,其中只有佛罗里达州对于适用其法律于特定案件拥有合法请求权。

在Pounders诉Enserch E & C公司案①中,导致损害和最终死亡的产品是受害者在新墨西哥州一家电厂进行电焊工作时接触到的材料中所含有的石棉。受害者从1969年到1974年和1977年到1983年一直在那里工作。在此期间他居住于新墨西哥州。后来他移居到亚利桑那州,在那里他被诊断出患上间皮瘤,病因是他长期接触石棉。他在亚利桑那州针对几位被告提起诉讼,包括电厂所有者、经营者和设计者以及含有石棉的材料生产商。他的诉讼受到新墨西哥州管辖权立法的阻碍,但根据亚利桑那州法律则可行。根据《第二次冲突法重述》,亚利桑那州上诉法院认为应适用新墨西哥州法律,从而驳回了诉讼。

法院分析了《第二次冲突法重述》第175条,其中规定,过错致死诉讼应适用伤害发生地州法律,除非其他州拥有更密切联系。法院对伤害发生地到底是位于新墨西哥州还是亚利桑那州这一问题进行了仔细考虑,其中新墨西哥州是受害者接触石棉的地方,而亚利桑那州是石棉导致的疾病症状第一次明显出现的地方。法院认为,伤害发生于新墨西哥州,因为"他在该地长期吸入石棉纤维"并且"当时原告所主张的侵权行为对他已经产生了影响,而不能以疾病发作的时间为准,因为当原告在最终诊断前从一个地方迁移到另一个地方的过程中,疾病也在慢慢发展"。②

法院认为,根据《重述》第6条,原告未能证明亚利桑那州具有更密切联系,因此无法推翻这样一种假定,即新墨西哥州法律应当适用。法院还指出:(1)受害者在接触石棉期间居住于新墨西哥州;(2)新墨

① 276 P.3d 502 (Ariz. Ct. App. Div. 1 2012) review granted in part (Sept. 25, 2012).

② 276 P.3d 508 (Ariz. Ct. App. Div. 1 2012) review granted in part (Sept. 25, 2012). 其他涉及长期辐射引发损害的产品责任案件参见: Gianvito v. Premo Pharmaceutical Laboratories, Inc., 93 A. D. 3d 546, 940 N. Y. S. 2d 272 (N. Y. A. D. 1st Dept. 2012), leave to appeal denied, 19 N. Y. 3d 812 (N. Y. 2012) (involving the estrogen drug Diethylstilbestrol or DES). See also Cornett v. Johnson & Johnson, 48 A. 3d 1041 (N. J. 2012) (discussed infra at VI; involving a drug-eluting arterial stent)。

西哥州是“侵权行为的显著部分”发生地;(3)适用新墨西哥州法律将会“促进该州对那些在其境内生产和销售有缺陷产品的企业进行管理并制止此类行为”(即使该州法律并不禁止该行为),同时也会“保护生产商和受害当事人双方的合理预期,即新墨西哥州法律对于发生于该州的行为和伤害引起的诉讼都会适用”。①

法院也承认,亚利桑那州也拥有利益,即希望该州居民对于其所受伤害也会得到赔偿。但是法院认为,新墨西哥州的利益“受到更深的影响”,因为如果新墨西哥州的管辖权立法“可以因为受害者在其疾病发作之前从一个州迁移到另一州从而轻易地被规避的话,即使侵权行为和伤害都发生于新墨西哥州,该立法的适用范围将会受到限制而仅适用于由立法所特别限定的那些类型的诉讼”。②

在 Mitchell ex rel. Mitchell 诉 McNeilus Truck and Mfg. 公司案③中,伤害发生地州俄亥俄州也有一项授权立法(statute of repose),该法禁止原告对生产商提起产品责任诉讼。原告是一位俄亥俄州居民,他在为其密歇根雇主从事卡车司机工作时受伤。伤害是由一台“XC 装载机”造成的,该机器用于向卡车尾部装卸集装箱。一家明尼苏达州公司在明尼苏达州生产该设备并向原告的密歇根雇主销售。明尼苏达州和密歇根州都没有 statute of repose,但法院只讨论了俄亥俄州和密歇根州法律。

法院根据密歇根州法律选择方法来解决法律冲突问题,根据该方法,密歇根法院“适用密歇根州法律,除非有‘合理原因’适用其他州法律”。④ 法院认为,有合理的理由“适用其他州法律”,并因此而适用了俄亥俄州 repose 立法,并禁止了该诉讼。法院的理由是,俄亥俄州“对

---

① 276 P. 3d 509 (Ariz. Ct. App. Div. 1 2012) review granted in part (Sept. 25, 2012).

② 276 P. 3d 509 – 510 (Ariz. Ct. App. Div. 1 2012) review granted in part (Sept. 25, 2012).

③ 2012 WL 5233630 (Mich. Ct. App. Oct. 23, 2012) (unpublished).

④ 2012 WL 5233630, at *3 [quoting Sutherland v. Kennington Truck Service, Ltd., 454 Mich. 274, 286, 562 N. W. 2d 466 (1997)].

于发生于其境内并造成该州居民受伤的事故拥有利益”。① 显然,法院并未意识到俄亥俄州法律并没有保护本案所涉及的唯一的俄亥俄州居民——受伤的原告。相反,法院以俄亥俄州的利益为名保护了明尼苏达州的生产商,该生产商“雇用了 15 名俄亥俄州人并向俄亥俄州受雇者支付 70 万美元的薪金”。② 法院解释说,俄亥俄州居民根本不会希望获得其雇主所属州(密歇根州)法律的保护,因为密歇根州并不愿意“向非本州居民提供比他们的母州所给予的更高的侵权赔偿权利”。③

异议意见书批评了多数意见书,认为其仅关注事故发生地,④而忽视了密歇根州适用该州产品责任法的利益,因为生产商是在密歇根州销售产品给一个该州公司,而该公司根据密歇根州法律授权和保险该产品,并且是向受害雇员支付密歇根州的劳工赔偿金。⑤ 异议书指出,俄亥俄州对于适用其 repose 立法并没有利益,因为该立法是“为了保护俄亥俄州产品生产商”而制定的,⑥并且“在本案中并没有一家俄亥俄州生产商承担责任风险”。⑦ 相反,密歇根州“拥有直接的绝对的利益”去“限制不安全产品向其境内的消费者销售”和“鼓励生产商涉及和销售安全产品”。⑧

Kolberg-Pioneer 公司诉 Belgrade Steel Tank 公司案⑨是一起产品销

---

① 2012 WL 5233630, at * 5.

② 2012 WL 5233630, at * 6.

③ 2012 WL 5233630, at * 7.

④ See 2012 WL 5233630, at * 11 (Gleicher, P. J., dissenting). (“多数意见将关注点集中于俄亥俄州的事故发生地,这是弄错了,因为事故发生地与俄亥俄州立法的目的毫不相关。由于原告的产品责任请求关注的是背后的装载机是否存在设计缺陷,因此损害发生地并不是一个重要因素。被告在密歇根向一位密歇根雇员交付了一辆垃圾车。该车拥有密歇根的许可牌照且须满足密歇根州的道路要求。该车同时在俄亥俄州被使用,但这并不能引起与产品责任诉讼有关的利益,因为该诉讼涉及的是设计、生产和销售。”)

⑤ 2012 WL 5233630, at * 10.

⑥ 2012 WL 5233630, at * 10.

⑦ 2012 WL 5233630, at * 12.

⑧ 2012 WL 5233630, at * 12.

⑨ 823 N. W. 2d 669 (Minn. Ct. App. 2012).

售商针对产品生产商提起的产品责任案件。[1] 被告是明尼苏达州公司,其所生产的一种水泥贮存仓被销售给原告,一家南达科他州公司。销售两批次之后,该产品在蒙大拿州造成使用者受伤。受害者在蒙大拿州对南达科他州公司提起诉讼,而南达科他州公司又接着在明尼苏达州对生产商提起赔偿诉讼。法院适用了蒙大拿州法律,根据该法律,销售商无权从生产商那里获得赔偿。上诉法院根据明尼苏达州的五点影响法律选择的考虑因素(five choice-influencing considerations)认为应当适用明尼苏达州法律,判决销售商有权获得赔偿。

法院认为,第一点考虑因素(结果的可预见性)支持明尼苏达州法律,理由是:

> 在涉及明尼苏达州生产商的产品责任案件中适用明尼苏达州法律可以让所有生产商和下游销售商都明了将会支配其交易的法律规则,无论他们是否位于明尼苏达州。这种可预见性可以鼓励下游销售商与明尼苏达州生产商进行交易。[2]

对于第二点考虑因素(维持州际秩序),法院驳回了生产商的观点,该观点认为,销售商从事了挑选法院行为。但法院同意说,该因素“稍微偏向于适用蒙大拿州法律”,[3]因为明尼苏达州法律的适用“将会明显忽视蒙大拿州的主权或妨碍人员和货物的州际流动”。[4] 第三点考虑因素(司法任务的简化)是中性的,因为明尼苏达州法律和蒙大拿

---

① 其他涉及同样问题的案例参见:National Union Fire Ins. Co. of Pittsburgh, Pa. v. American Eurocopter Corp., 692 F. 3d 405 (5th Cir. 2012)(根据得克萨斯州冲突法判决,根据《第二次冲突法重述》适用得克萨斯州法律,该案驳回了一家内华达公司的代位权人提起的分摊损失之诉,该公司的一架直升机在夏威夷坠毁,原告起诉被告得克萨斯公司,该公司为直升机提供配件和技术指导);Engine Components, Inc. v. A. E. R. O. Aviation Co., Inc., 2012 WL 666648 (Tex. Ct. App. - San Antonio Feb. 29, 2012, unpublished), review denied (Aug. 31, 2012)(针对得克萨斯州飞机发动机生产商提起的补偿之诉:原告是一家伊利诺伊州零售商,它向一家华盛顿州公司出售配件,飞机在华盛顿州坠毁,所有乘客遇难;根据《第二次冲突法重述》,法院适用了威斯康星州法律,该州法律与得克萨斯州法律不同,不允许提出补偿之诉)。

② Kolberg-Pioneer, 823 N. W. 2d at 673.

③ Kolberg-Pioneer, 823 N. W. 2d at 674.

④ Kolberg-Pioneer, 823 N. W. 2d at 674.

州法律都很方便适用。[①]

第四点考虑因素(促进法院地政府利益)支持明尼苏达州法律的适用,因为适用该法律将会促进明尼苏达州两项重大利益:(1)“促进和解……因为其赔偿规则鼓励下游销售商与产品责任原告达成和解,因为该原告知道该和解金额将由产品生产商予以支付”;[②](2)“促使产品生产商对有缺陷的产品的成本承担责任”而不是将这些成本转嫁给销售商,因为该销售商只是被动地参与了交易链。[③] 蒙大拿州法律的适用则会阻扰第二项利益的实现,因此会“与明尼苏达州的公平和公正的观念相抵触”。[④]

法院指出,第五点考虑因素(适用更好的法律规则)已经“过时了”,在任何情况下,它“只有在其他四点因素都不起作用时”才会被用上。[⑤] 法院得出结论认为,在本案中不必要采用此点考虑因素,因为“前两点因素,即可预见性和法院利益,已经清楚地支持适用明尼苏达州法律”并且其他两个因素是中性的。[⑥]

(二)劳动损害

Williams 诉 Leone & Keeble 公司案[⑦]是一起针对主合同人提起的侵权诉讼,原告是分合同商的雇员,该雇员在从事雇佣合同范围内的工作时在爱达荷州受伤。尽管分合同商位于爱达荷州,但雇员和主合同商住所都在华盛顿。该两个州的法律抵触严重:(1)爱达荷州法律(a)免除主合同商对雇员的侵权责任;(b)拒绝对承担 50% 以上过错的受害者提供侵权赔偿;(c)包含了一个总赔偿额的上限。(2)华盛顿法律则(a)不对主合同商提供豁免;(b)采用比较过失规则;(c)不包含损害

① Kolberg-Pioneer,823 N. W. 2d at 674.

② Kolberg-Pioneer,823 N. W. 2d at 675.

③ Kolberg-Pioneer,823 N. W. 2d at 675.

④ Kolberg-Pioneer,823 N. W. 2d at 675.

⑤ Kolberg-Pioneer,823 N. W. 2d at 676.

⑥ Kolberg-Pioneer,823 N. W. 2d at 676. 法院同时指出,由于生产商不能确定其他州适用了与蒙大拿州类似的补偿规则,这一因素如果予以考虑的话,将会有利于明尼苏达州法律的适用。

⑦ 285 P. 3d 906 (Wash. Ct. App. 2012).

赔偿上限。华盛顿上诉法院将这起案件定性为一起虚假冲突案件,其中只有华盛顿州对于适用其法律拥有利益,因此只有该州法律支配所有上述问题。

对于豁免问题,法院认为:

很清楚,爱达荷州法律提供的豁免保护的是在爱达荷州境内营业的第三方当事人利益。相反,如果适用没有上述豁免的华盛顿州法律,华盛顿州可以寻求获得完全赔偿的该州居民的利益,而且华盛顿州有能力监管该州公司。因此,尽管爱达荷州希望适用其本州法律于本案,但华盛顿州由更大的利益去监管一家华盛顿州公司以便对该州居民提供完全赔偿。①

至于赔偿金额,法院拒绝了被告的主张,该主张认为爱达荷州法律规定的赔偿上限是为了"鼓励像被告这样的公司到爱达荷州从事经营"。② 法院的驳回理由如下:

爱达荷州赔偿上限的目的是为了保护爱达荷州居民免于过高的责任保险费用。但本案的当事人是华盛顿州居民。爱达荷州法律并未体现出任何利益以保护在爱达荷州从事经营的华盛顿州公司。相反,华盛顿州对于保护该州公民获得充分法律救济的权利具有利益。③

最后,对于被告所提出的爱达荷州的 50% 规则是一项调整行为的规则的主张,法院也予以驳回:"该规则并未对行为予以解释,而只是简单地否决了原告在特定情况下获得的赔偿",④法院得出结论认为,华盛顿州"对于让华盛顿州原告获得完全赔偿和阻止华盛顿州被告的侵权行为方面具有更大的利益"。⑤

Rweichwein 诉 Jackson Purchase Energy 公司案⑥也是一起包含雇主豁免问题的案件。不过该案与 Williams 案不同,是由雇佣事故发生地州肯塔基州法院判决,该州实体法规定了该项豁免。此外,肯塔基州

① 285 P. 3d 912 (Wash. Ct. App. 2012).

② 285 P. 3d 913 (Wash. Ct. App. 2012).

③ 285 P. 3d 913 (Wash. Ct. App. 2012).

④ 285 P. 3d 914 (Wash. Ct. App. 2012).

⑤ 285 P. 3d 914 – 915 (Wash. Ct. App. 2012).

⑥ ___ S. W. 3d ___,2012 WL 4210050 (Ky. Ct. App. Sept. 21,2012).

冲突法还以支持法院地法而扬名。无论是否"与肯塔基州存在密切联系——不必是最密切联系"——肯塔基州法律都适用。[①] 本案中,受害雇员及其雇主都居住于明尼苏达州,但肯塔基州是被告主合同商的住所地,同时也是雇佣事故发生地。根据这些情况,法院适用了与明尼苏达州法律不同的肯塔基州法律并豁免了肯塔基州的主合同商,这一点也不让人奇怪。[②]

Harris 诉 Ballard 案[③]是一起代位求偿案件,发生在侵权人和受害雇员的损害赔偿保险人之间,该保险人已经向雇员支付了保险赔偿金。受害雇员和保险人都居住于新不伦瑞克州,但雇佣事故发生于纽约,该地同时也是侵权人的住所地。根据新不伦瑞克州法律,保险人在纽约起诉侵权人,要求其承担保险人向受害雇员支付的保险金。侵权人主张,一项纽约立法不允许此种赔偿请求。法院驳回了被告的主张,认为纽约立法虽然排除了这种赔偿请求,但同时也规定,在任何情况下,都应当适用新不伦瑞克州法律。法院指出:"本案中相冲突的法律并不涉及真实的损失分担,而只涉及保险人的追偿权",而且"与用于解决损失分担法律冲突问题的利益分析方法不同的是,雇主或保险人追偿支付给受雇者的工人赔偿保险金的权利应当适用保险金支付地法律,即法院地法律"。[④]

Liberty Mut 公司诉 Shoemake 案[⑤]是一起类似案件,涉及工人损害赔偿保险人向受害的雇员追索保险金,因为该雇员与侵权人达成了一份和解,该案也适用了雇佣关系发生地州(密西西比州)的法律,而不是事故发生地州(阿拉巴马州)法律。这两个州对于追偿的比例有不同的规定。法院认为,密西西比州拥有更密切联系并应适用该州法律,

---

① Foster v. Leggett,484 S. W. 2d 827,829 (Ky. 1972).

② 2012 年肯塔基州审理的适用肯塔基州劳工赔偿法的案例还有:Dallas Nat. Ins. Co. v. Board,___ S. W. 3d ___,2012 WL 1253277 (Ky. Ct. App. Apr. 13,2012)(该案事故发生于北卡罗来纳州,但肯塔基州是雇员住所地和雇佣关系发生地)。

③ 953 N. Y. S. 2d 366 (N. Y. A. D. 3rd Dept 2012).

④ 953 N. Y. S. 2d 367 (N. Y. A. D. 3rd Dept 2012).

⑤ ___So. 3d___,2012 WL 1925646 (Miss. Ct. App. May 29,2012), reh'g denied (Oct. 30,2012) cert. granted (Jan. 24,2013,Ms. Sup. Ct.).

该州法律规定了一个全额追偿比例。

有几起案件涉及相关州的劳工赔偿法令的地域或实体适用范围。[①] 在Pro-Football公司诉McCants案[②]中,雇员是一位职业足球运动员,名叫Darnerien McCants。他为“华盛顿Redskins”球队踢球,[③]该球队虽然名字上有华盛顿字眼,但其实是一家马里兰州公司,其主场也位于马里兰州,并且其总办公室和运营分部位于弗吉尼亚州。McCants在马里兰州法院提起一项劳工赔偿诉讼,理由是他在弗吉尼亚州、宾夕法尼亚州和纽约州受到的伤病。根据马里兰州劳工赔偿法[第9-203(a)号法],雇员在以下情况下属于该法地域适用范围之内:(1)在“本州内”也就是马里兰州内为雇主劳动;(2)雇主经常在本州内雇佣该雇员,但也偶尔、临时或不经常地在外州雇佣该雇员;[④]Redskins球队则主张,McCants不属于该立法的适用范围,因为他的大多数服务时间内都在弗吉尼亚州的训练营度过并且每年只在马里兰州运动场踢8场球。[⑤] 马里兰州上诉法院驳回了被告的观点,认为McCants属于该上述立法的适用范围,因为他“经常受雇于”马里兰州境内。法院指出:

足球运动员与一家职业足球队之间雇佣合同的目的是为了在一家职业足球队踢球,而不是像上诉人所说的那样是为了训练。足球训练是为了实现目的——更好进行足球比赛——的手段,其本身并非目的。

---

① 参见Knapp v. Hamm & Phillips Service Co., Inc., 824 N. W. 2d 785 (S. D. 2012)(认为一位在北达科他州受伤的为北达科他州雇主工作的工人60%的时间在北达科他州工作,35%的时间在南达科他州工作,因此不能适用南达科他州劳工赔偿法);Triad Transport, Inc. v. Wynne, 276 P. 3d 1013 (Okla. 2012)(认为卡车司机接受雇佣协议是在俄克拉何马州,当时他确定了自己的态度,而不是当他在其他州接到要约之时;由于该协议是在俄克拉何马州缔结,该司机受俄克拉何马州劳工赔偿法约束);Baron v. Genlyte Thomas Group, LLC, 34 A. 3d 423 (Conn. App. Ct. 2012), cert. denied, 303 Conn. 939 (2012)(认为康涅狄格州与雇佣关系没有密切联系故不能对劳工的赔偿请求适用康涅狄格州法律;尽管雇员住所位于康州,但雇佣合同在纽约缔结,损害也发生于纽约)。

② 51 A. 3d 586 (Md. 2012).

③ 另一起涉及Redskins俱乐部和其他运动员的案件见Pro-Football, Inc. v. Tupa,下文第三(二)1项将会讨论到。

④ West's MD. CODE ANN. LAB & EMPL., § 9-203(a)(2).

⑤ Redskins俱乐部撤销了他们早先对弗吉尼亚州法院的选择条款。

换句话说,职业足球团体并不会签下“已经训练好的队员”从而让他们可以练练举重和看看比赛录像就行了。足球队员签约以后就被要求参加在弗吉尼亚的训练以便他们能够在比赛中好好发挥并取得胜利并为球队赚取更多收益。雇佣足球队员的性质是由他所参加的比赛来决定的,而不是由他所参加的训练决定,尽管训练也是重要的但毕竟是附属性的。①

法院得出结论认为,因为 McCants“经常受雇于马里兰州”,他为了训练或比赛而在其他州的出现“只是偶然或临时的”。② 他在弗吉尼亚的训练时间是他在马里兰州受雇行为的“一个次要的、附属的结果”,用立法术语来说就是“附属于”雇佣行为。③

(三)海事侵权

Reino de Espana 诉 American Bureau of Shipping 公司案④是一起非常有趣的案例,它涉及的这样一个问题,即是否一家专门向船舶颁发适航证明的船级社对于船舶导致的第三人损害承担承认。该案中,第三人是西班牙政府,因为油船 Prestige 号在西班牙附近海域沉没,向海洋排放出大量石油,导致西班牙海岸遭受严重经济损失。Prestige 号是由美国船级社(ABS)进行审查并颁发适航证明的,美国船级社总部位于美国。西班牙在纽约联邦地区法院起诉美国船级社,要求适用美国海商法,并主张,根据该法,如果船级社的行为属于“鲁莽”(reckless)而不仅仅是疏忽大意(negligent),则它必须对第三人承担责任。⑤ 第二巡回法院认为,该案应当适用美国海商法,但美国船级社并不承担责任,因为并不能证明其行为构成鲁莽。

对于法律选择问题,该法院援引先例认为,联邦最高法院在

① 51 A. 3d at 595 - 596.

② 51 A. 3d at 596.

③ 51 A. 3d at 596.

④ 691 F. 3d 461 (2d Cir. 2012).

⑤ 西班牙认为,根据它进行的调查,船级社构成了海事安全链接的重要部分,通过这样的链接,无数当事人,从各个水手到世界各沿岸国,都受到保护以免受事故、海难、污染等类似事件的损害。正如西班牙所说,这些海岸国无法去检查每艘通过其海域的船舶是否适航,只有依赖于船级社以确保那些船舶的适航性。691 F. 3d,第 463 页。

Lauritzen 案和 Rhoditis 案中对于人身损害案件所考虑的 8 点因素也同样适用于所有海事侵权冲突(实际上甚至也适用于非侵权冲突)。[①] 法院认为其中三点因素不可适用或无关紧要,[②]并增加了第九点因素,即被告的住所。根据其他几点因素,法院得出结论认为,美国海商法应予适用。Prestige 悬挂的是巴哈马国旗,受害者是西班牙,船东居住于利比里亚,船舶经营者住所在利比里亚但成立于希腊。美国船级社总部位于美国。法院对船东和船舶经营者的联系因素没有予以看重,因为他们都不是本案的当事人,船旗国也一样。[③] 然后就只剩下过错行为地和被告住所地。

法院指出:(1)过错行为地“并非船舶沉没地,而是疏忽或鲁莽行为发生地”;[④](2)根据西班牙政府的主张,“被告在美国的过错行为导致了 Prestige 号的沉没”;[⑤](3)行为地“对管理当事人的行为具有最大利益”。[⑥] 法院因此认为:“由于 Lauritzen 案中所说的几个因素指向不同的方向,而被告的住所和过错行为地都明确倾向于美国法律的适用”。[⑦]

Vasquez 诉 YII Shipping 公司案[⑧]是一起海事人身伤害案件,该案导致了州和联邦法院的 5 份判决。原告住所位于多米尼加共和国,他

① See Lauritzen v. Larsen,345 U. S. 571 (1953);Hellenic Lines Ltd. v. Rhoditis,398 U. S. 306 (1970). 这 8 项因素是:(1)过错行为地;(2)船旗国法律;(3)受害当事人住所地;(4)船东住所地;(5)缔约地;(6)外国法院难以受理;(7)法院地法;(8)船东的运营基地。

② 法院排除了“缔约地”这一因素,因为该案不存在任何合同,另外“外国法院难以受理”和“法院地法”这些因素也不重要。

③ 参见 691 F. 3d at 697 (在船舶或其船东是当事人的案件中,无论船旗国法律多么重要……我们都找不到任何理由去适用船旗国法去替代那些与争议有更紧密联系的地区的法律,尤其是考虑到这样的事实,即船舶和船东都不是案件当事人的情况下)。该案援引了 Carbotrade S. p. A. v. Bureau Veritas,99 F. 3d 86,92 -93 (2d Cir. 1996)。

④ 691 F. 3d at 467.

⑤ 691 F. 3d at 467.

⑥ 691 F. 3d at 467.

⑦ 691 F. 3d at 467.

⑧ 692 F. 3d 1192 (11th Cir. 2012).

所服务的轮船在巴哈马停泊时他在船上受伤。该船归一家巴哈马公司所有,该公司主营业地位于巴哈马。原告首先在佛罗里达州法院根据《琼斯法》和联邦海商法控告船东。该法院根据佛罗里达的不方便法院理论驳回了该指控,但没有对是否适用《琼斯法》和联邦海商法作出判决。[①] 原告接着在联邦地区法院提起同一诉讼。该法院判定,根据一事不再理原则和并行的禁止反言原则以及 Rooker-Feldman 理论,[②] 原告无权提起联邦海事请求,并根据联邦不方便法院原则驳回了原告的诉讼。[③] 第十一巡回法院推翻了该判决并发回地区法院重审。

第十一巡回法院解释说,佛罗里达州不方便法院原则和联邦不方便法院原则所涉及的问题并不一样。因此,(1)原告的联邦法院诉讼并不是要推翻州法院的判决,因此 Rooker-Feldman 理论并不适用;(2)禁止反言原则也不适用。法院同时认为,一事不再理原则也不适用于本案,因为州法院判决并非对案件是非曲直问题的判决。

实际上,佛罗里达州的不方便法院原则理论与联邦不方便法院原则理论至少在以下两个方面有差别:

1. 根据联邦不方便法院理论,如果联邦海商法适用于案件,该案就不得以不方便法院原则为由被驳回,而根据佛罗里达州的理论,即使根据 Lauritzen-Rhoditis 案中的联系因素应当适用联邦海商法,也可以用不方便法院原则驳回该案;

2. 尽管联邦理论和佛罗里达州的理论都将船东的营业地作为判断是否适用美国法律的因素,但佛罗里达州只考虑船东在佛罗里达州的联系因素以及那些与原告所受伤害有关的因素。相反,联邦理论则考

---

① See Vasquez v. YII Shipping Co. ,46 So. 3d 1235 (Fla. Dist. Ct. App. 4th Dist. 2010).

② See Rooker v. Fidelity Trust Co. ,263 U. S. 413 (1923)(认为联邦地区法院没有管辖权去判断州法院的判决是否违反联邦宪法,正确的程序是将州法院的判决上诉到联邦);District of Columbia Court of Appeals v. Feldman,460 U. S. 462 (1983)(认为联邦地区法院和上诉法院都没有管辖权去审查哥伦比亚地区上诉法院是否错误地适用了该州有关律师准入的规则)。

③ See Vasquez v. YII Shipping Co. Ltd. ,2011 WL 5119006 (S. D. Fla. Oct. 28, 2011).

虑该船东在全国范围内的联系因素并包括那些与原告所受伤害无关的因素。

本案中,州法院只考虑了那些与船东有关并且对适用不方便法院理论有意义的因素,即只有佛罗里达州内的因素以及与原告所受伤害有关的因素,比如导致原告受伤的船舶进入佛罗里达州 。然而,法院并没有考虑那些对于适用联邦不方便法院理论具有重要意义的因素,"比如被告所拥有和租用的所有船舶往返于佛罗里达州的次数,或者被告是否在该地拥有雇员或办公室"。① 因此,法院总结道,联邦地区法院"对于这样一个显而易见的问题,即被告是否根据 Rhoditis 案在美国拥有'实际运营基地',赋予了佛罗里达州法院的判决以排除效果"。②

根据上诉法院的命令,地区法院认为,原告未能证明船东在美国境内拥有一个"实质性"运营基地,而且任何其他 Lauritzen 案所要求的联系因素都不能证明应当适用美国法律。该法院于是在"沿用了"此前的不方便法院分析之后驳回了原告的诉讼。③

(四)恐怖主义与侵权

Leibovitch 诉伊朗伊斯兰共和国案④是第一起对《外国主权豁免法》下的《2008 年外国国家管辖权反恐怖主义例外修正案》(28 U. S. C. A. § 1605A)进行解释的上诉案例。⑤ 该例外的最初文本于 1996 年通过,该例外仅仅免除了指定的支持恐怖主义的外国国家所享有的豁免权,但并未给恐怖主义受害者创设一个私法上的诉权。因此,受害者

---

① 692 F. 3d at 1198.

② 692 F. 3d at 1198.

③ Vasquez v. YII Shipping Co. ,Ltd. ,2012 WL 6114840 (S. D. Fla. Dec. 10,2012). 2012 年度其他涉及还是人身伤害的案件还有 In re BPZ Resources,Inc. ,359 S. W. 3d 866 (Tex. App. -Hous. 14th Dist. 2012), reh'g overruled (Mar. 9, 2012), mandamus denied (May 7,2012)(该案根据德州 FNC 立法驳回了一位秘鲁原告针对其在秘鲁所受伤害而提起的诉讼);Keller Foundation/Case Foundation v. Tracy 696 F. 3d 835 (9th Cir. 2012)(涉及海岸和港口工人赔偿法);ACE American Ins. Co. v. M-I, L. L. C. ,699 F. 3d 826 (5th. Cir. 2012)(涉及外部大陆架法)。

④ 697 F. 3d 561 (7th Cir. 2012).

⑤ See 28 U. S. C. A. § 1602 et seq.

只有在根据所适用的实体法享有一个诉因时才能求助于该例外。

2008 年的修正案改变了 1996 年例外的这一“转嫁”特征,它针对那些外国国家创设了一个联邦私法诉权。然而,根据第 1605A(c)号法律,该私法诉权只能由“美国公民”和三类其他与此不相关的人享有。① 与此相反,第 1605A(a)号法律是一项更一般性的规定,他排除了支持恐怖主义的外国国家的豁免权,并规定“法院可以根据本条之规定审理一项诉讼,只要……原告或受害者曾经……是美国国民”。②

Leibovitch 案起源于在以色列发生的由伊斯兰吉哈德组织实施的一起恐怖主义袭击事件。该袭击导致一位 7 岁儿童的死亡和她 3 岁大妹妹以及同一辆货车中其他家庭成员的严重受伤。该 3 岁大的儿童受害者是美国公民,但其他所有受害者都是以色列公民。该家庭根据《外国主权豁免法》的反恐怖主义例外条款针对伊朗提起了诉讼,理由是伊朗为伊斯兰吉哈德组织提供了物资上的支持和资金。联邦地区法院对该 3 岁儿童所遭受的伤害请求进行了审理,但以缺乏事项管辖权(subject matter jurisdiction)为由驳回了其他家庭成员提起的精神伤害请求,因为他们都不是美国公民。

第七巡回上诉法院对 1996 年例外及其司法解释和 2008 年的修正案进行了非常详尽的讨论,然后推翻了该判决的后一部分。法院声称,该家庭成员根据第 1605A(c)号条款并不具有私法诉权。不过,法院认为,如果原告根据所适用的实体法,即以色列法律,享有针对伊朗的精神损害赔偿私法诉权,那么地区法院根据第 1605A(a)号条款可以享有事项管辖权并审理该案件,因为只要受害者或原告是美国公民,第 1605A(a)号条款就取消了伊朗的豁免权。正如法院所指出的那样,“国会在大量牵涉美国受害者的案件中取消了主权豁免,从而为美国原告创设了一项私法诉权”。③

---

① See 28 U. S. C. § 1605A(c). 该案认为:“外国……应对以下人员承担责任……(1)美国公民;(2)军队人员;(3)美国政府雇员;(4)第(1)、(2)、(3)款中所指人员的法定代表人”。

② 28 U. S. C. § 1605A(a). 该款还包括军队人员和联邦雇员。

③ Leibovitch, 697 F. 3d at 561.

Licci ex rel. Licci 诉黎巴嫩加拿大银行案[1]是一起《外国人侵权法》(ATS)项下的诉讼,是由美国、以色列和加拿大公民针对黎巴嫩加拿大银行和美国快递(AmEx)公司提起的,原告在真主党对以色列发动的一系列火箭袭击事件中要么受伤,要么其家庭成员被杀害。原告主张,黎巴嫩加拿大银行有意地为真主党的一个分部沙希德基金开设银行账户,并以沙希德的名义进行了数十起国际转账交易,总额达到数百万美元。这些转账交易使用了黎巴嫩加拿大银行在纽约美国快递的代理行账户。该案的这一部分仅涉及美国快递。[2] 原告声称,美国快递代表黎巴嫩银行和沙希德促成了这些交易,违反了对原告应负的法定关注义务并导致了原告所受伤害。原告主张应适用以色列法律,而美国快递主张适用纽约法律。

审判庭认为,两个地方的法律之间没有差别,并适用了纽约法律,根据该法律,美国快递并不对非顾客承担保护其免受其顾客实施的国际侵权伤害的义务。该法庭也认为,原告未能证明美国快递的行为是其所受伤害的直接原因。

第二巡回法院维持了判决。法院认为,即使在纽约法律和以色列法律之间存在冲突,也应适用纽约法律,理由如下:

本案所提到的冲突涉及的是一条行为管理规则:银行保护第三人免受该银行客户实施的国际侵权行为伤害的义务。如果不同的行为调整规则确实存在冲突,行为发生地法律原则上应当适用,因为该地对于管理其境内的行为具有最大利益……

通过适用利益分析测试,我们认为纽约对于本案拥有最大利益。所有由美国快递实施的被指控的行为都发生在纽约,美国快递在纽约拥有总部并且在该地实施其代理行服务。尽管原告所受伤害发生于以色列并且以色列也是原告的住所地,但这些因素在冲突属于行为管理

[1] 672 F. 3d 155 (2012).

[2] 在一起并行诉讼中,第二巡回法院要求纽约上诉法院审查以下问题:根据纽约长臂法,纽约是否对 LCB 拥有管辖权。See Licci v. Lebanese Canadian Bank, SAL, 673 F. 3d 50 (2d Cir. 2012). 纽约法院对此作出了肯定回答。参见 Licci v. Lebanese Canadian Bank, ___ N. E. 2d ___, 2012 WL 5844997 (N. Y. Nov. 20, 2012)。

规则的情况下不起作用……我们认为,纽约而非以色列对于调整纽约银行在纽约从事的行为具有更强的利益。①

(五)其他侵权冲突

在其他涉及侵权冲突的案件中,最重要的一起是由路易斯安那州最高法院审理的Arabie诉Citgo石油公司案。② 由于作者曾卷入此案,故在这里不方便进行评价,而只是简要介绍一下基本案情和判决结果。Arabie案原告是路易斯安那州居民,被告未予路易斯安那州的炼油设备发生泄漏,导致原告受到有毒化学物质伤害。被告住所位于奥克拉荷马州,后来迁移到得克萨斯州。与路易斯安那州法律不同,奥克拉荷马和得克萨斯州法律都包含有对侵权行为的惩罚性赔偿。如果该行为也发生于后两个州境内,则路易斯安那州法院将会判罚惩罚性赔偿,因为根据路易斯安那州冲突法典(本文作者所起草),只要以下三个联系因素中任意两个因素位于某个州境内:(1)行为;(2)损害或(3)被告住所地,而该州法律包含有惩罚性赔偿规定,则可以施加惩罚性赔偿。路易斯安那州法院认为,被指控的行为是根据被告在俄克拉何马州和得克萨斯州的总部的命令而作出的,而不是根据其位于路易斯安那州炼油厂的下级雇员的命令作出的。法院根据俄克拉何马州和得克萨斯州法律判处了惩罚性赔偿。上诉法院维持了判决。

路易斯安那州最高法院不同意初审法院所认定的事实,即被指控的行为发生于路易斯安那州境外,并推翻了下级法院的判决。最高法院同时决定将被告公司作为一家路易斯安那州企业,因为根据路易斯安那州民法典的一项条款的规定,在特定情形下可以如此认定。这样一来,因为所有联系因素都位于路易斯安那州境内,原告无权获得惩罚性赔偿。

也许是作为对Arabie案判决的抗议,路易斯安那州原告针对发生于路易斯安那州的一起油井喷发事故在得克萨斯州法院而非路易斯安那州法院对德州被告提起了另一起类似诉讼In re Mantle Oil & Gas,

---

① Lichi,672 F.3d at 158 (quotations and citations omitted).

② 89 So.3d 307 (La.2012) reh'g denied (May 04,2012).

LLC 案。[1] 然而,原告希望获得惩罚性赔偿的希望再次破灭,因为德州法院以不方便法院原则为由驳回了该案诉讼,法院认为路易斯安那州是更方便的法院地。

五、法律选择方法

从法律选择方法角度来看,2012 年是一个平凡的年度,因为没有任何一家州最高法院改变或修正其观点。因此,有关方法论的一节可能会有点无关紧要,正如下文的表格一样。不过,读者已经习惯于看到每年一个表格,即使该表格与以前的别无二致,这样可以让他们不必去参看以前的综述。为了读者的便利,这里就把去年的方法论表格复制如下,需要提醒的是,其中包含了一些在以前的综述中详细论述过的说明。

表格　各州及其所遵循的法律选择方法列表

州	传统方法	密切联系	第二次重述	利益分析	法院地法	更好的法	综合的现代方法
阿拉巴马	T + C						
阿拉斯加			T + C				
亚利桑那			T + C				
阿肯色		C				T	
加利福尼亚				T			C
卡罗拉多			T + C				
康涅狄格			T + C				
特拉华			T + C				
哥伦比亚				T			C
佛罗里达	C		T				
佐治亚	T + C						

① __ S. W. 3d ___,2012 WL 5323584 (Tex. Ct. App. 1st Dist. Oct. 25,2012).

续表

州	传统方法	密切联系	第二次重述	利益分析	法院地法	更好的法	综合的现代方法
夏威夷							T + C
爱达荷			T + C				
伊利诺斯			T + C				
印第安纳		T + C					
爱荷华			T + C				
堪萨斯	T + C						
肯塔基			C		T		
路易斯安那							T + C
缅因			T + C				
马里兰	T + C						
马萨诸塞							T + C
密歇根			C		T		
明尼苏达						T + C	
密西西比			T + C				
密苏里			T + C				
蒙大拿			T + C				
内布拉斯加			T + C				
内华达		C	T				
新罕布什尔			C			T	
新泽西			T				C
新墨西哥	T + C						
纽约							T + C

续表

州	传统方法	密切联系	第二次重述	利益分析	法院地法	更好的法	综合的现代方法
北卡罗来纳	T	C					
南达科塔		T					C
俄亥俄			T+C				
俄克拉荷马	C		T				
俄勒冈							T+C
宾夕法尼亚							T+C
波多黎各		T+C					
罗德岛	C					T	
南卡罗莱纳	T+C						
南达科塔			T+C				
田纳西	C		T				
得克萨斯			T+C				
犹他			T+C				
佛蒙特			T+C				
弗吉尼亚	T+C						
华盛顿			T+C				
西弗吉尼亚	T		C				
威斯康星						T+C	
怀俄明	T+C						
总计52	T10 C12	T3 C5	T24 C23	T2 C0	T2 C0	T5 C2	T6 C10
T=侵权案件;C=合同案件							

六、诉讼时效

在过去几年里,继续把诉讼时效识别为程序问题并适用法院地法(除少数例外)的州的数量已经逐渐减少。现在已经下降到 27 个州,略微占多数。剩下的 24 个州已经放弃了传统的识别为程序问题的做法并通过其他方法来解决时效冲突。本节讨论这几个州的一些案例。①

1973 年,新泽西州成为第一个放弃将诉讼时效识别为程序问题的州。在 Heavner 诉 Uniroyal 公司案②中,新泽西州最高法院认为,诉讼时效冲突应当按照在特定案件中解决其他(实体)冲突法问题的同样方法来解决。③ 当时,法院在解决侵权冲突时采用的是利益分析方法。因此,在 Heavner 案中,由于该案是一起侵权案,法院也通过利益分析来解决诉讼时效冲突。30 多年来,该法院一直采用利益分析方法解决侵权案件中的诉讼时效冲突,包括产品责任案件。④ 然而,2008 年的 P. V. 诉 Camp Jaycee 案⑤是一起不涉及诉讼时效的侵权案件,新泽西州最高法院放弃了利益分析方法而改用《第二次冲突法重述》。

自从发生这一转向,新泽西州中级法院认为,新泽西州最高法院从此以后将遵循《第二次冲突法重述》以解决侵权案件中的诉讼时效问

---

① 各州根据传统程序识别方法判决的案件还有 Ennenga v. Starns,677 F. 3d 766 (7th Cir. 2012)(根据伊利诺伊州冲突法判决,适用了伊利诺伊州时效);In re Coudert Bros. LLP,673 F. 3d 180 (2d Cir. 2012)(根据纽约冲突法,依据纽约的借用立法适用了康涅狄格州时效);Muto v. CBS Corp. ,668 F. 3d 53 (2d Cir. 2012)(根据纽约冲突法,依据纽约的借用立法适用了宾夕法尼亚州时效);State ex rel. Old Dominion Freight Line, Inc. v. Dally,369 S. W. 3d 773 (Mo. Ct. App. 2012)(根据密苏里州借用立法适用了堪萨斯州时效);Mindlin v. Zell,2012 WL 3200718 (unpublished,Ohio Ct. App. 10th Dist. Aug. 7,2012)(适用了俄亥俄州时效)。

② 305 A. 2d 412 (N. Y. 1973).

③ 自 Heavner 案之后,其他 7 个州采用了类似方法:阿肯色州、加利福利亚洲、特拉华州、印第安纳州、密歇根州、罗德群岛和威斯康星州。

④ See, e. g. , Gantes v. Kason Corp. , 679 A. 2d 106 (N. J. 1996), discussed in Symeonides,1996 Survey at 468 – 470;Rowe v. Hoffman – La Roche, Inc. ,917 A. 2d 767 (N. J. 2007),discussed in Symeonides,2007 Survey,at 273 – 275.

⑤ 962 A. 2d 453 (N. J. 2008),discussed in Symeonides,2008 Survey,at 272 – 275.

题。在 Pitcock 诉 Kasowitz、Benson、Torres & Friedman 律师事务所案① 中,该中级法院认为:“根据在 P. V. 诉 Camp Jaycee 案中的观点,‘最密切联系’测试应被运用于解决侵权案件中的法律冲突问题,因此我们认为,本州最高法院将会适用第142条的‘最密切联系’测试以确定诉讼时效的准据法。”②

Pitcock 案是一起因恶意诉讼引起的案件,原告是一位新泽西州居民,他起诉其以前的律师事务所,原因是该事务所对他提起的违约之诉,他声称该律师事务所的女性职员对他构成性骚扰。除了原告的住所外,其他所有相关因素都位于纽约。原告的诉讼已经超过了纽约州的1年诉讼时效,但还未超过新泽西州的2年诉讼时效。

新泽西州法院根据《第二次冲突法重述》第142条认为,纽约州法律应予适用从而驳回了该诉讼。第142条规定,诉讼时效冲突应根据第6条所规定的一般原则解决,但同时规定了两项推定规则:

一般情况下,除非案件有特殊的情形使得以下结果不合理:

1. 法院将适用其自身的诉讼时效以阻止诉讼。

2. 法院将适用其自身的诉讼时效以允许诉讼,除非:

(1)继续诉讼不符合法院地的实体利益;

(2)该诉讼根据另一与当事人和案件有更密切联系的州的诉讼时效应被禁止。③

Pitcock 案属于上述第2项所规定的范围,因为新泽西州法院的诉讼时效规则允许该诉讼。该项规定有两个要求。第一,纽约的时效法律禁止该诉讼,因此需要看纽约是否比新泽西州具有更密切联系。根

① 46 A. 3d 586 (N. J. Super. Ct. App. Div. 2012).

② 46 A. 3d 590 (N. J. Super. Ct. App. Div. 2012). 法院同时注意到“该测试方法的适用与最高法院在 Heavner 案中采用的政府利益分析测试方法并无实质性差别”。另外一起适用了《第二次冲突法重述》(但不是第142条)解决时效冲突的新泽西案件是 Schmidt v. Celgene Corp. ,42 A. 3d 892 (N. J. Super. Ct. App. Div. 2012)。

③ Restatement (Second) § 142 (Rev. 1988). 以下8个州采用了第142条:亚利桑那州、佛罗里达州、爱达荷州、艾奥瓦州、马萨诸塞州、内布拉斯加州、俄亥俄州和西弗吉尼亚州。

据纽约的多元联系因素,法院很容易给出肯定回答。①

第二个要求是,在新泽西州允许该诉讼是否不符合新泽西州的"实体利益"。为了回答该问题,法院援引了《第二次冲突法重述》的注释,其中规定:"如果原告住所位于法院地州,而被告的住所位于其他与该案有最密切联系的州……法院只有在极端和不寻常的情况下才可以接受该诉讼。"②法院认为,"新泽西州保护其居民免受因其在其他州的职业行为而导致的金融伤害的利益本身并不构成《重述》第 142 条注释中所定性的'极端和不寻常情况',因此不以此为理由将新泽西州的诉讼时效规则适用于一起重心地位于纽约的复杂争端。"③

Pitcock 案几周后,新泽西州最高法院在 Cornett 诉 Johnson & Johnson 案④中审理了另一起诉讼时效冲突纠纷。但该法院并未采用《第二次冲突法重述》第 142 条。Cornett 案是一起产品责任案件,原告是一位肯塔基州居民的遗孀,她丈夫在使用了一个药物洗脱动脉支架后死于动脉血栓,该支架是由新泽西州被告生产。肯塔基州采用 1 年的诉讼时效,新泽西州是 2 年。尽管两州的立法都附有一项证据开示规则,但该诉讼还是被肯塔基州时效规则禁止,而不是根据新泽西州时效规则。

法院适用肯塔基州法律驳回了诉讼。该结果并没有什么非同寻常之处,尽管它也偏离了新泽西州此前的判例,此前的判例对于针对新泽

① 46 A. 3d 590 – 591 (N. J. Super. Ct. App. Div. 2012). 法院认为:"该公司的主要办公地位于纽约;原告是该办公室的合伙人;性骚扰发生在纽约;原告的诽谤行为和导致原告恶意提起诉讼的律所的违约行为都发生在纽约;上诉行为都因当事人在纽约的商业关系而引起。因此……纽约……相比新泽西而言明显地与当事人和事件有更密切联系。"法院援引了《第二次冲突法重述》第 142(2)(b)条。

② 46 A. 3d 590 (N. J. Super. Ct. App. Div. 2012). 法院援引了《第二次冲突法重述》第 142 条注释 g。

③ 46 A. 3d 590 (N. J. Super. Ct. App. Div. 2012). 法院同时援引了《重述》的另一条文以支持适用纽约法律。《重述》第 155 条规定,因恶意诉讼引起的诉讼适用"诉讼程序提起或发生地州法律,除非根据案件的特殊情况,其他州根据第 6 条所规定的原则与案件和当事人拥有更密切的联系。"该案中,"提起的诉讼程序"发生在纽约,而新泽西州并不拥有更密切联系。

④ 48 A. 3d 1041 (N. J. 2012).

西州生产商的产品责任的案件通常都会提供一个宽容的法院。① 不同寻常的是,尽管两个州的法律在结果上虽然存在根本差异,但法院认为,"在新泽西州和肯塔基州之间并不存在法律冲突",②至少是"真实的冲突"。③ 法院表面上以不同意义适用了该术语,而非其通常被接受的含义,法院指出,此种结果上的差异"并未产生这些州之间法律上的真实冲突,除非该差异与本州的公共政策发生严重抵触"。④ 法院解释说:

这里各州诉讼时效规则之间的差异是各州所允许的受害者提起一项人身伤害诉讼的时间长短。在肯塔基州,立法规定一年就足够了;而在新泽西州,该期限是两年。这一差异并不牵涉本州的基本公共政策。两州的诉讼时效期限都能确保人身伤害诉讼能够得到及时解决,同时能够阻止那些已经过时的诉讼。⑤

McGee 诉 Arkel Intern 律师事务所案⑥是根据路易斯安那州 1991 年《民法典》中的冲突规则进行审理的一起案件,该法典也取消了对诉讼时效的程序性识别。⑦ McGee 是一起过错致死诉讼,原告是得克萨斯州一位国民卫队队员的父母,该队员在美国军队驻伊拉克基地死于因路易斯安那州一位民间承包商的疏忽大意所导致的触电事故。该诉讼已经超过了路易斯安那州的 1 年诉讼时效,但尚未超过伊拉克的 3 年诉讼时效和附属的证据开示规则。

路易斯安那州《民法典》第 3549 条规定,在以下情况下,路易斯安那州法院对于已经超过诉讼时效的案件仍可进行审理:

1. 其他州的实体法可能适用于该案件,并且该诉讼在该州并未超过时效;

① See, e. g. , the Gantes case, 参见前注 353。

② 48 A. 3d 1049 (N. J. 2012).

③ 48 A. 3d 1050 (N. J. 2012).

④ 48 A. 3d 1050 (N. J. 2012).

⑤ 48 A. 3d 1050 (N. J. 2012).

⑥ 671 F. 3d 539 (5th Cir. 2012)(根据路易斯安那州冲突法判决)。

⑦ 关于路易斯安那州冲突法立法,参见 Symeon C. Symeonides, Louisiana Conflicts Law: Two "Surprises," 54 La. L. Rev. 497 (1994)。

2. 在路易斯安那州继续该诉讼“从救济正义上(remedial justice)具有正当的理由值得予以考虑”。①

根据该条规定,法院必须要进行三点考虑。1. 伊拉克法律是否支配该项诉讼。法院根据《民法典》第 3543 条对此作出了肯定性回答,该条规定,如果伤害行为和损害结果都发生于同一州(国)境内,该州法律将支配“与行为和安全标准有关的事项”。② 法院同时指出,伊拉克临时联合政府(CPA)发布的一项命令(第 17 号令)免除了美国的供应商受伊拉克法律程序的管辖,但并未免除被告供应商受美国法院的诉讼管辖。③

3. 该诉讼根据伊拉克法律是否超过诉讼时效。伊拉克的 3 年时效期限可能阻止该诉讼,但伊拉克还有一项证据开示规则,该规则可以让时效暂停计算,直到原告获知加害者的个人身份为止。法院认为,原告的诉讼根据该规则未过时效,因为他们未能获知该供应商牵涉到其子的事故,直到一份拖延很久的军事调查报告得出结论为止。

4. 在路易斯安那州进行该诉讼是否“从救济正义上具有正当的理由值得予以考虑”。根据《民法典》的官方注释,法院对该问题给出了肯定性回答。法院的回答建立在以下两个因素之上:(1)原告对事件的拖延没有责任。因为伊拉克的特殊情况,他们未能获知有关该供应商的信息,直到军事调查完成之后;(2)没有其他替代性法院。伊拉克法院无济于事,一方面是因为上面提到的临时联合政府第 17 号命令免除了伊拉克法院对美国供应商的管辖权,另一方面是因为安全上的考虑。正如法院指出的那样:“考虑到美国通过流血和牺牲在伊拉克获得的安全上的所有进展,有理由避免把该国作为一个美国人可以起诉的理想的法院地”。④

---

① La. Civ. Code Art. 3549(B)(1).

② La. Civ. Code Art. 3543.

③ See McGee, 671 So. 2d, at 543 – 544. 法院进一步认为,尽管第 17 号命令排除了缔约人在与其合同条款和条件有关的事项上适用伊拉克法律,但该项排除并不适用于侵权问题。

④ See McGee, 671 So. 2d, at 548.

CACV of Colorado 律师事务所诉 Stevens 案[1]是在俄勒冈州审理的一起案件,该州是七个采纳了《统一时效法律冲突法》(UCLLA)的州之一。[2] 该法采纳了这样一个前提,即诉讼时效期间是一个实体问题,该问题原则上应适用支配诉讼事实问题的同一法律。因此,该法规定,如果一项诉讼"实体上"受法院地以外的某州法律支配,该州的诉讼时效也应适用,[3]同时也包括其附属规则。[4] 然而,该法也规定了在例外情况下可以适用法院地法。该法第 4 条规定,如果外国时效期限"与法院地时效期限实质上不同且无法为当事人提供公平的诉讼机会,或者对该诉讼的辩护造成了一项不公平的负担",[5]则可以适用法院地法。

CACV 案涉及该项例外的适用。一家信用卡公司的代理人在俄勒冈州提起诉讼,要求一位俄勒冈州居民支付过期的信用卡债务。该诉讼根据俄勒冈州的 6 年诉讼时效尚未过期,但该信用卡协议包含一个特拉华州法律选择条款。法院认为,该条款使得特拉华州的 3 年诉讼时效也被包含在内,[6]而这会导致该诉讼超过时效期限。然而,特拉华州还有一项暂停法规(rolling statute),它可以使诉讼时效针对特定的被告暂停计算,而本案中的被告就属于此类,该被告住所位于特拉华州境外而且不属于当地的送达程序的主体。这意味着特拉华州的诉讼时效可以保持无限期地暂停。反过来,这就使得《统一时效法律冲突法》中的例外条款开始发挥作用,因为一项无限期暂停的时效期限"对该诉讼的辩护造成了一项不公平的负担"。经过认真而广泛的全方面讨

---

① 274 P. 3d 859 (Or. Ct. App. 2012), review denied, 352 Or. 377 (Sept. 13, 2012).

② 另外六个州是:科罗拉多州、明尼苏达州、蒙大拿州、内布拉斯加州、北达科他州和华盛顿州。

③ ORS 12.430 (根据 UCLLA 第 2 条)。

④ ORS 12.440(根据 UCLLA 第 3 条)。

⑤ ORS 12.450(根据 UCLLA 第 4 条)。

⑥ 对该问题的讨论参见:Symeonides, 2009 Survey at 276 – 277 (discussing Avery v. First Resolution Management Corp., 568 F. 3d 1018 (9th Cir. 2009), cert. denied, 130 S. Ct. 554 (U. S. 2009)。

论,法院认为应适用该例外条款。[1] 因此,原告的诉讼被认为应适用俄勒冈州6年诉讼时效,从而未超过时效期限。[2]

Whitney诉Guys公司案[3]是一起根据明尼苏达州冲突法审判的案件,第八巡回法院认为,在明尼苏达州的6年诉讼时效和特拉华州的3年诉讼时效之间的冲突中不适用上述例外条款。法院认为该例外条款是一项"不公平的例外",法院指出,"一项三年的诉讼时效与六年的诉讼时效相比,并没有什么不公平和不合理之处。"[4]法院认为,特拉华州时效适用于涉及一家特拉华州公司股份所有权的争端。法院指出,通过采纳《统一时效法律冲突法》,明尼苏达州已经放弃了"诉讼时效的家乡规则"并"明确表示该州对于适用其自身的诉讼时效规则并没有强烈的政府利益"。[5] 该法院也指出,明尼苏达州在解决其他法律冲突时运用更好法律方法并不会导致不同的结果。法院声称:

对于不同的诉因选择特定的诉讼时效期间这一问题,立法机关比法院更适合去评估相竞争的政策的比较优势。基于此,由于明尼苏达州和特拉华州立法机关自己已经对有关政策考量进行过权衡并采用了不同结论,我们不适合去评价这两种诉讼时效期限中哪一个代表了更好的法律规则。[6]

---

① See CACV,274 P. 3d at 86. 法院认为:"俄勒冈州与特拉华州的时效期限之间的差别是明显巨大的,特拉华州的时效可以是无期限的,因为被告可以在特拉华州一直不接受送达。另外,特拉华州对原告诉讼请求设置的时效期限可能会被无限期撤销,这对被告针对原告的抗辩施加了一种明显的不公平负担。"

② 另两起涉及同样事实和争议并获得同样判决结果的俄勒冈州案例参见 Unifund CCR Partners v. Porras, 275 P. 3d 992 (Or. Ct. App. 2012), review denied, 352 Or. 378 (Sept. 13, 2012); Unifund CCR Partners v. Deboer, 277 P. 3d 562 (Or. Ct. App. 2012), review denied, 352 Or. 378 (Sept. 13, 2012)。

③ 700 F. 3d 1118 (8th Cir. 2012)(根据明尼苏达州法律判决)。

④ 700 F. 3d 1126 (8th Cir. 2012)(根据明尼苏达州法律判决)。

⑤ 700 F. 3d 1126 (8th Cir. 2012)(根据明尼苏达州法律判决)。

⑥ 700 F. 3d 1124 (8th Cir. 2012)(根据明尼苏达州法律判决)。

七、家庭关系

(一)婚姻

1. 同性婚姻或同性结合(Same-Sex Unions)

2012 年有两起联邦上诉法院判例根据《宪法第五修正案》的平等保护条款判决《婚姻保护法》(DOMA)第 3 条违宪。第 3 条将联邦法上的"婚姻"定义为"只是一个男人和一个女人之间作为丈夫和妻子的法律结合"。[①] 这两个案例分别是 Massachusetts 诉美国健康与人类服务部案[②]和 Windsor 诉美国案[③]。两起案件都不涉及《保护婚姻法》第 2 条,该条免除了各州给予姐妹州承认同性婚姻或同性结合的法律或判决以充分诚信的义务。[④] 两起案件都是在奥巴马政府宣布"其将不再为《保护婚姻法》的合宪性而在法院进行辩护,尽管其将继续执行该法"之后作出的。一个由美国联邦众议院议员组成的"两党合作法律顾问小组"(BLAG)在两起案件中为《保护婚姻法》的合宪性进行辩护。

在 Massachusetts 案中,第一巡回法院确认,最高法院发展出来的关于合宪性的三项测试标准(严格审查、中间审查和合理基础)当中,对

---

① Pub. L. No. 104 – 199, § 3(a) (1996),110 Stat. 2419,codified as 1 U. S. C. § 7 ("在确定国会立法、规定或条例的意思时,或确定美国不同行政机关和机构的解释时,'婚姻'一词意味着只有男人和女人之间作为丈夫和妻子的法律结合,'配偶'一词仅指一个作为丈夫或妻子的异性人").

② 682 F. 3d 1 (2012). 该案由 8 个在马萨诸塞州提起的关联诉讼构成。其中 7 个案件中,原告是马萨诸塞州同性婚姻当事人,他们抗议自己享受不到联邦给予异性夫妻的利益。第八个案件是由马萨诸塞州提起,挑战的是同性婚姻享受不到联邦项目基金如医疗基金的利益,该项目基金以 DOMA 对婚姻的定义相关联。

③ 699 F. 3d 169 (2d Cir. 2012), cert. granted, 2012 WL 4009654 (U. S. Dec. 7, 2012). 该案中,诉讼由一位加拿大同性婚姻的幸存配偶在纽约提起,该配偶未能享受联邦遗产税法对配偶的减免。

④ See Pub. L. No. 104 – 199, § 2, codified as 28 U. S. C. § 1738C. 该条规定:"美国的任何州、领地或属地或印第安部落都不得被要求承认其他州、领地或属地或部落有关同性关系的公共立法、记录或司法程序,也不得承认根据该同性关系而主张的权利或提起的请求,即使该同性关系根据该其他州、领地或属地或部落法律被视为婚姻。"

于本案而言,适当性标准几乎介于后两者之间——该标准被幽默地定性为“合理基础+或中间审查-”。[①] 法院声称,根据合理基础标准,原告无法胜诉。然而,法院提出了让《保护婚姻法》服从于比理性基础标准所要求的高度服从于国会更严格的审查标准的两点理由。(1)《保护婚姻法》对少数群体具有完全不同的影响;(2)《保护婚姻法》“广泛侵入到一个自从建国时起就已经被授权给州管辖的领域——家庭关系”。[②] 法院认为,联邦最高法院在过去50年的判决“要求对涉及少数人群体利益的政府诉讼以及在传统上与州有关的联邦诉讼进行更严格的审查”。[③] 通过采用这种审查标准,法院审核并驳回了由《保护婚姻法》辩护者提出的各项理由:(1)“节省了珍贵的政府资源”;[④](2)“支持稳定婚姻背景下的子女抚养”;[⑤](3)“对同性恋在道德上的反对”。[⑥]

在Windsor案中,第二巡回法院援用了适用于可疑分类的中间审查标准。[⑦] 法院接着审查并驳回了《保护婚姻法》辩护者提出的四点理由。

---

① Windsor,699 F. 3d at 180.

② Massachusetts,682 F. 3d at 12.

③ Massachusetts,682 F. 3d at 16. 法院并没有依照联邦主义理论,而是认为,DOMA并不违反第十修正案。Massachusetts,682 F. 3d,第11~12页。法院认为:“无论是第十修正案还是开支条款(Spending Clause)都不能使DOMA失效;但最高法院此前依据联邦主义对联邦法律的挑战使得更有必要对DOMA的合法性进行更细致的审查并减少通常情况下对它们的服从。”

④ Massachusetts,682 F. 3d at 14. 法院指出,即使是真实的,这种节省也不能以一个历史上受到不公平待遇的团体的牺牲为代价。

⑤ Massachusetts,682 F. 3d at 14-15. 法院指出,DOMA不能阻止马萨诸塞州同性夫妻收养子女或阻止一位女性伴侣生养一个孩子并由同性伴侣二人共同抚养,它也不能提高异性夫妻的利益,因为他们之间的婚姻也可能无子女,或不稳定,或者二者兼有。法院认为,DOMA对待同性夫妻的态度与它所声称的加强异性婚姻的结合和利益这一目标之间不存在任何必然联系。

⑥ Massachusetts,682 F. 3d at 15. 法院认为,道德上的反对不能被援引来为立法上的歧视辩护。

⑦ See Windsor,699 F. 3d. at 181-182. 法院认为:“本案中,所有四点因素都证明需要进行详细审查:(1)同性恋者历史上遭受过虐待和歧视;(2)同性恋与贡献社会的智力和才能无关;(3)同性恋者是一个没有明显特异之处的可识别的群体,尤其是那些已经缔结同性婚姻的一部分人而言;(4)该群体仍然是政治上的弱势少数群体。”

第一点理由是维护婚姻统一定义的联邦利益。法院认为,这是一个没有说服力的理由,因为《保护婚姻法》是“对我们长期以来所信奉的联邦主义的史无前例的破坏,根据这种联邦主义,同性婚姻是唯一与州法不符的事情,而州法要求通过一项联邦规则以取得一致性。①

第二点理由是《保护婚姻法》通过限制政府婚姻补贴受益人从而节省了政府资源。法院驳回了该理由,认为“将任何随意挑选出来的人群排除在某一政府项目之外确实节省了政府资源”,但是这并不能为一种令人厌恶的歧视提供辩护。② 此外,《婚姻保护法》“如此宽泛,涉及超过一千部联邦法律,因此它在本质上已经不是与财政有关的事项”。③

第三点理由是《婚姻保护法》捍卫了传统的对婚姻的理解。法院驳回了该理由,认为“一个法律概念的古老血统并不能使一部法律免受缺乏理性基础的指责”,④而且在任何情况下,《保护婚姻法》也违反了另一项传统,即把这些事项交由各州处理。⑤

最后,法院驳回了第四点理由,即《保护婚姻法》鼓励“负责任地生育”。法院解释说,《保护婚姻法》并没有该功能:“《保护婚姻法》并没有提供更多的理由证明异性夫妻会‘负责任地生育’。《保护婚姻法》颁布之后,异性夫妻结婚和生育与否的动机与此前并无不同。”⑥

联邦最高法院发布了对 Windsor 案的调卷令并要求当事人对以下

---

① See Windsor,699 F. 3d. at 186.(“对于联邦法律中是否有关于婚姻的一致或统一规则这一问题,可以说,婚姻事实上是国家的专属领域”)

② See Windsor,699 F. 3d. at 186 – 187.

③ See Windsor,699 F. 3d. at 187.

④ See Windsor,699 F. 3d. at 187.

⑤ See Windsor,699 F. 3d. at 187.(“即使保留下来的传统本身是一个重要目的,但 DOMA 并非实现该目的的一种方式。正如地区法院所言,由于同性伴侣是否可以结婚应由州来决定,因此严格来讲,DOMA 并没有坚持将婚姻制度视为一个男人和一个女人之间的结合。”)

⑥ See Windsor,699 F. 3d. at 188. 认为 DOMA 违反宪法的下级法院判例,参见 Golinski v. U. S. Office of Personnel Management,824 F. Supp. 2d 968 (N. D. Cal. 2012), hearing in banc denied,680 F. 3d 1104 (9th Cir. 2012); Dragovich v. U. S. Dept. of Treasury,872 F. Supp. 2d 944 (N. D. Cal. 2012); Pedersen v. Office of Pers. Mngmt. ,881 F. Supp. 2d 294 (D. Conn. 2012)。

两个附加问题提交书状和答辩:(1)是否行政分支与法院之间达成的如下协议认为《保护婚姻法》违宪,从而排除了最高法院对该案的管辖权;(2)两党联合法律顾问小组是否拥有第三条上的诉权。①

① U. S. v. Windsor,2012 WL 4009654（U. S. ,Dec. 7,2012）. 关于这两个案例的讨论参见 Symposium：Defense of Marriage Act：Law,Policy,and the Future of Marriage,81 Fordham L. Rev. 537 et. seq.（2012）,包括由 Joseph Landau 所做的前言;另见以下文章：Charles Fried,The Solicitor General's Office,Tradition,and Conviction,81 Fordham L. Rev. 549（2012）; Saikrishna Bangalore Prakash, Missing Links in the President's Evolution on Same-Sex Marriage, 81 Fordham L. Rev. 553（2012）; Abner S. Greene, Interpretive Schizophrenia：How Congressional Standing Can Solve the Enforce-but-Not-Defend Problem, 81 Fordham L. Rev. 577（2012）; Dawn Johnsen, The Obama Administration's Decision to Defend Constitutional Equality Rather than the Defense of Marriage Act,81 Fordham L. Rev. 599（2012）; Joseph Landau,DOMA and Presidential Discretion：Interpreting and Enforcing Federal Law,81 Fordham L. Rev. 619（2012）; Douglas NeJaime, Cause Lawyers Inside the State,81 Fordham L. Rev. 649（2012）; David Luban, The Moral Complexity of Cause Lawyers Within the State, 81 Fordham L. Rev. 705（2012）; I. Bennett Capers, Enron, DOMA, and Spousal Privileges：Rethinking the Marriage Plot, 81 Fordham L. Rev. 715（2012）; Nancy D. Polikoff, "Two Parts of the Landscape of Family in America"：Maintaining Both Spousal and Domestic Partner Employee Benefits for Both Same-Sex and Different-Sex Couples, 81 Fordham L. Rev. 735（2012）; R. A. Lenhardt, Integrating Equal Marriage,81 Fordham L. Rev. 761（2012）; Lynn D. Wardle, Involuntary Imports：Williams, Lutwak, the Defense of Marriage Act, Federalism, and "Thick" and "Thin" Conceptions of Marriage,81 Fordham L. Rev. 771（2012）; Tobias Barrington Wolff, Collegiality and Individual Dignity, 81 Fordham L. Rev. 829（2012）. See also William Baude, Beyond DOMA：Choice of State Law in Federal Statutes,64 Stan. L. Rev. 1371（2012）; Alexander Maugeri, The Missing Ingredient：How Oft-Overlooked Modern Conflict of Laws Principles Will Dictate the Reach of Same-sex Marriage in America, 30 St. Louis U. Pub. L. Rev. 325（2011）; Robert E. Rains, A Minimalist Approach to Same-sex Divorce：Respecting States That Permit Same-sex Marriages and States That Refuse to Recognize Them, 2012 Utah L. Rev. 393（2012）; Steve Sanders, The Constitutional Right to（Keep Your）Same-sex Marriage,110 Mich. L. Rev. 1421（2012）; Kenji Yoshino, The Paradox of Political Power：Same-sex Marriage and the Supreme Court, 2012 Utah L. Rev. 527（2012）; Note（J. A. Fraioli）, Having Faith in Full Faith and Credit：Finstuen, Adar, and the Quest for Interstate Same-sex Parental Recognition,98 Iowa L. Rev. 365（2012）;（Note（Lauren Lombardo）, Does Heather Have Two Mommies? The Importance of Full Faith and Credit Recognition for Adoptions by Same-sex Couples,39 Fordham Urb. L. J. 1301（2012）.

在州法院有关同性婚姻的判例中,由马里兰州和马萨诸塞州最高法院审理的Port诉Cowan案①和Elia-Warnken诉Elia案②值得一提。马里兰州的Port案是在马里兰州投票人进行全民公投以表决同性婚姻的合法性之前作出判决的。Port案是一起由两位女士提出的无异议离婚而引发的案件,该两位女士是在加州允许同性婚姻时在加州结婚的。下级法院否决了离婚申请,理由是该婚姻违反了马里兰州公共政策。州最高法院推翻了该判决。

最高法院回避了原告提出了宪法上的辩护理由并以礼让原则作出了判决。该法院指出,根据标准的法律选择规则,一项在缔结地有效的婚姻在马里兰州得到承认,除非该婚姻与马里兰州的公共政策发生冲突。根据该项标准,马里兰州的判例已经承认了他州的普通法婚姻以及叔叔和侄女之间举行的被他州允许的婚姻。法院认为,同性婚姻也类似,本案并不满足被有意提高的"不一致"禁止标准,尤其是当我们看到近年来马里兰州通过的一系列成文立法已经给予了同性婚姻好几项其他方面的保护和利益。法院指出,在公民投票表决之前,马里兰州立法可能把同性关系"定性为一种复杂的人格失调"。③ 另外,该立法将马里兰州婚姻的定义限定为异性间的结合,它又通过了"一长串成文法律保护同性恋人士和同性伙伴免受雇佣、健康护理、遗产规划和其他方面(基于性取向和性关系上)的歧视"。④

Elia-Warnken案也是一起离婚诉讼,不过该案同时包含一起同性婚姻和一起同性伙伴关系。当事人是一对在马萨诸塞州结婚的同性夫妻。但是其中一人此前曾缔结了一项佛蒙特州的同性民事伴侣关系,而他在马萨诸塞州结婚时尚未取消该伴侣关系。该案的问题是,佛蒙特州的民事伴侣关系是否等同于一项婚姻,从而可以适用马萨诸塞州的多配偶婚姻(polygamy)立法。马萨诸塞州法院给出了肯定回答。

该法院认为,2000年的佛蒙特州承认民事伴侣关系的法律规定,

---

① 44 A. 3d 970 (Md. 2012).

② 972 N. E. 2d 17 (Mass. 2012).

③ Port, 44 A. 3d at 972.

④ Port, 44 A. 3d at 972 - 973.

该伴侣关系具有不同于婚姻的法律地位,而 2009 年允许同性恋人结婚的法律也没有将民事伴侣关系转化为婚姻。然而,法院认为,从实践角度考虑,一项佛蒙特州民事伴侣关系在功能上等同于婚姻,在马萨诸塞州,婚姻被定义为“两个人自愿结合为配偶而排除任何其他人”。[①] 一项民事伴侣关系“要求通过一项法律上命令而成立,并通过一项法律命令……解散它,就像婚姻一样”,所有与离婚有关的法律包括财产分割、配偶间的抚养以及子女监护等“都同等适用于民事伴侣关系”。[②] 该法院还增加了一项现实的理由支持其观点:

> 如果我们不承认原告的民事伴侣关系,他将拥有两个配偶,其中每一位都可以要求其承担同样的义务,比如配偶或子女的扶养,遗产继承和健康保险……同样,原告也可以要求每一位配偶承担同样的义务。防止此类纠纷也是多配偶婚姻立法的目的之一。[③]

法院认为,因为佛蒙特州民事伴侣关系是婚姻的等价物,并且该伴侣关系在马萨诸塞州婚姻举行时尚未解除,因此该婚姻自始无效。[④]

在分界线的另一边,亚利桑那州上诉法院在 Surnamer 诉 Ellstrom 案[⑤]中认为,一项加拿大同性婚姻违反了亚利桑那州的公共政策,因此可以根据亚利桑那州法律被宣布无效。法院曾驳回了一项要求取消该婚姻的无异议申请,理由是亚利桑那州法律禁止该婚姻:“不存在需要解除或宣布无效的对象”。[⑥] 实际上,亚利桑那州宪法规定:“只有一个男人和一个女人之间的结合才可以在本州内有效地成为或被承认为婚姻”。[⑦] 上诉法院指出,该项规定表明了亚利桑那州强烈的反对同性婚

---

① Elia-Warnken,972 N. E. 2d at 33.

② Elia-Warnken,972 N. E. 2d at 33.

③ Elia-Warnken,972 N. E. 2d at 34 – 35.

④ In Hunter v. Rose,975 N. E. 2d 857 (Mass. 2012);另一起同性离婚案件中,同一家法院根据礼让原则承认了加州一项同性伴侣关系等同于婚姻,它具有婚姻的所有附带事项,包括对伙伴存续期间所生子女的父母权。

⑤ 2012 WL 2864412 (Ariz. Ct. App. July 12,2012)(该案未出版并被指明不具有先例效果)。

⑥ 2012 WL 2864412,at *1.

⑦ 2012 WL 2864412,at *2.

姻的公共政策,但法院认为,发布一项无效宣告令符合而非违反该项政策。“从性质上看”,法院认为,“宣布一项婚姻无效的诉讼并不会承认其有效性;相反,它的前提假设就是该婚姻的无效性。”[①]法院同时认为,法院有管辖权分割当事人的财产并处理他们之间因婚姻无效而产生的财产请求权。

2. 传统婚姻

代理婚姻很少见,尽管有至少七个州和部分外国仍然承认该婚姻。[②] Tshiani 诉 Tshiani 案[③]就涉及此种婚姻。婚礼于 1993 年在刚果民主共和国(前扎伊尔)举行,男方和女方分别是 Noel 和 Marie-Louise。Noel 并未实际到场,他让其堂兄代表他出席,尽管 Noel 本人通过电话参与了婚礼。婚礼以传统的刚果方式举行并交换了嫁妆,包括一只活羊。之后不久,双方来到美国并作为夫妻在弗吉尼亚州和马里兰州一起生活了 18 年。Noel 在多个场合都将 Marie-Louise 视为他的妻子,包括在其申请移民、税收返还和填写各种保险表格时。当 Marie-Louise 起诉离婚时,Noel 则根据刚果法律否认该婚姻的有效性。

马里兰州法院认为该婚姻根据刚果法律有效,并认为,承认该婚姻并不违背马里兰州公共政策。法院指出:(1)与其他国外婚姻比如普通法婚姻或叔叔与侄女间的婚姻(马里兰州法院已经承认了该婚姻,尽管不允许他们在马里兰州结婚)不同的是,代理婚姻并没有在马里兰州被明文禁止;(2)“远程婚姻现在越来越普遍”,在有些情况下,比如与在军队人员举行的婚姻中,“可能是婚姻双方的唯一选择”;[④](3)代理婚姻“并不伤害夫妻任一方的自由权”。[⑤]

---

① 2012 WL 2864412, at *2.

② 代理婚姻在加利福尼亚州、科罗拉多州、蒙大拿州和得克萨斯州被承认,同样被《统一结婚和离婚法》第206(b)条接受,该法在亚利桑那州、佐治亚州、明尼苏达州、华盛顿州、科罗拉多州和蒙大拿州生效。该法参见 http:// uniformlaws. org/Act. aspx? title = Marriage and Divorce Act, Model。

③ 56 A. 3d 311 (Md. App. 2012).

④ 56 A. 3d 322 (Md. App. 2012). 法院也提到两位教授的建议,即各州应允许夫妻通过视频会议技术,比如 Skype 进行结婚。

⑤ 56 A. 3d 322 (Md. App. 2012).

在 Dion 诉 rieser 案①中,所涉问题是,被澳大利亚法院判决承认为“事实配偶”的原告是否可以被视为配偶,从而可以继承死者位于新墨西哥州的财产。澳大利亚法院判决被新墨西哥州法院称为“一份洋洋洒洒 48 页的重要文献”,该判决书非常详尽地阐明了澳大利亚的立法和判例以及原告与死者之间长达 20 年的关系:“一起生活和居住并经常一起旅游……已经在感情上相互依恋并彼此关心对方的健康和事业……相互卷入对方的商业和经济活动以及……他们相互之间及其朋友之间的公共关系之中”。② 这一描述听上去像是一起普通法上的婚姻,而该婚姻只要是在一个允许该婚姻的州缔结,即可得到新墨西哥州的承认。

事实上,原告确实认为她的事实上的关系应当被作为“有效的婚姻关系”而在新墨西哥州得到承认,该关系“至少已经达到普通法婚姻的程度”,并“具有普通法婚姻的所有特征”,并且完全“等同于一起普通法婚姻”以至于排除了在新墨西哥州承认它的任何障碍。③ 法院驳回了该主张,理由如下:

在确定某一关系是否属于普通法婚姻这一问题上,澳大利亚法院所进行的分析与美国很多州所采用的要素之间无论存在多少相似性,对我们的分析都无关紧要。礼让规则并不要求本法院去判断澳大利亚法院所面对的事实如果按照另一个地方的法律来衡量的话是否会导致得出这样一个结论,即在原告和死者之间存在普通法上的婚姻关系。相反,礼让原则要求我们承认普通法上的婚姻,只要其在缔结地有效……在本地,原告和死者之间并未结婚,这一事实毫无争议,我们在礼让基础上得不出他们已经结婚的结论。④

---

① 285 P. 3d 678 (N. M. Ct. App. 2012), cert. denied (N. M., June 14, 2012).

② 285 P. 3d 684 (N. M. Ct. App. 2012), cert. denied (N. M., June 14, 2012).

③ 285 P. 3d 685 (N. M. Ct. App. 2012), cert. denied (N. M., June 14, 2012).

④ 285 P. 3d 685 (N. M. Ct. App. 2012), cert. denied (N. M., June 14, 2012). 其他涉及外国婚姻的案例见:Bedard v. Corliss, 973 N. E. 2d 691 (Mass. Ct. App. 2012)(法院认为,尽管在墨西哥缔结的婚姻不应在马萨诸塞州被承认,但已故的妻子应当被禁止主张婚姻无效,因此其子女也同样被禁止提出该主张);Haltom v. Haltom, 2012 WL 1537839 (unpublished, Neb. Ct. App. May 1, 2012)(法院认为,丈夫无法证明其婚姻无效,因为其无法证明其妻子在墨西哥离婚的日期)。

(二)其他家庭关系冲突

在家庭关系领域的其他冲突法案件中,读者可以关注一下脚注中引用的那些案件。它们涉及亲子关系、[①]子女抚养、[②]夫妻扶养[③]和子女监护[④]等问题。

八、宪法案件

(一)反伊斯兰法律修正案

在去年的综述中我们讨论过对俄克拉何马州宪法的一项修正案,名为反伊斯兰法律修正案,该修正案在2010年11月的俄克拉何马州全民公决中以70%得票率被通过。[⑤] 该项所谓的"拯救本州修正案"规定,俄克拉何马州法院:

1. 不得寻求其他国家或其他文化的法律概念;

2. 不得考虑国际法或伊斯兰法律;

3. 只有在"必要时"并且只有当该法律"不包括伊斯兰法律"时,才可以适用美国其他州的法律。[⑥]

---

① DeBoer v. DeBoer,822 N. W. 2d 730 (S. D. 2012).

② Tisdale v. Bolick,978 N. E. 2d 30 (Ind. Ct. App. 2012); Klayman v. Luck,2012 WL 3040043 (Ohio Ct. App. 8th Dist. July 26,2012), stay denied, 133 Ohio St. 3d 1488 (Ohio,Nov. 28,2012); In re Marriage of Barth,147 Cal. Rptr. 3d 910 (Cal. Ct. App. 4th Dist. 2012),reh'g denied (Nov. 8,2012).

③ In re Marriage of Raymond,151 Cal. Rptr. 3d 608 (Cal. App. 4th Dist. 2012), as modified on denial of reh'g (Jan. 02,2013); Ya Mei Y. Chen v. Ming Chung Chen,2012 WL 5471449 (unpublished,W. Va. ,Nov. 9,2012).

④ In re T. L. B. ,272 P. 3d 1148 (Colo. App. 2012);In re A. S. C. H. ,380 S. W. 3d 346 (Tex. App. 2012);Fazzini v. Davis,98 So. 3d 98 (Fla. Dist. Ct. App. 2d Dist. 2012); Bates v. Bates,103 So. 3d 836 (Ala. App. 2012).

⑤ See Symeonides,2010 Survey at 320 – 323.

⑥ H. R. J. Res. 1056, Amending Oklahoma Constitution Art. 7, § 1 (Ariz. 2010). 该决议部分内容如下:法院……在行使其司法权力时,应当坚持和忠于美国宪法、俄克拉荷马宪法、美国法典、联邦政府依法制定的条例、已确立的普通法、俄克拉荷马成文法和依据该法制定的规则以及在必要情况下美国其他州的法律,前提是该其他州法律中不包括伊斯兰法律,并据此作出判决。法院不得寻求其他国家或文化的法律概念。尤其是,法院不能考虑国际法或伊斯兰法律。

该综述也讨论过 Awad 诉 Ziriax 案[1],该案中,联邦地区法院认为,该修正案违反了联邦宪法第一修正案中的结社和自由行使(Establishment and Free Exercise clauses)条款,并发布了一项初步禁令,禁止执行该修正案直到对该案作出判决为止。2012 年,第十巡回法院维持了该禁令。[2] 法院认为,为了确定俄克拉何马州修正案的合宪性,应适用 Larson 案中的严格审查标准,该标准规定,在宗教间进行歧视的法律只有当其"完全是为了促进一项强制性的州利益"时,才可以得到支持。[3] 因此,俄克拉何马州必须证明:(1)必须存在一项强制性政府利益;(2)该修正案"完全符合"该项强制性利益。接着,为了某一明显具有强制性的利益,该州必须确定一个该项修正案意图予以补救的"现实而具体的问题"。[4]

俄克拉何马州无法确定这样一个问题。俄克拉何马州官员"未能确定任何该修正案试图解决的现实问题,而且他们事实上也承认……他们知道任何一个例证,其中俄克拉何马州法院曾经适用过伊斯兰法律或适用过其他国家或其他文化的法律信条,更别提这种适用是否曾经在俄克拉何马带来具体问题"。[5] 他们只是规定了一个条文,简单地断言"俄克拉何马当然拥有一项强制性利益以确定在俄克拉何马法院该适用什么法律"。[6] 法院认为:"这种一般性声明本身并不足以建立一项强制性利益"。[7] 因此该修正案"说好听点是想当然",无法支持一项"强制性利益"。[8]

先折一阵之后,俄克拉何马州输掉了整个严格审查测试,该测试要求证明存在强制性利益,同时要求完全相符。"你不能去试戴一副手

---

① 754 F. Supp. 2d 1298 (W. D. Okla. 2010).

② See Awad v. Ziriax,670 F. 3d 1111 (10th Cir. 2012).

③ Larson v. Valente,456 U. S. 228,255(1982).

④ Awad,670 F. 3d at 1129.

⑤ Awad,670 F. 3d at 1130.

⑥ Awad,670 F. 3d at 1130.

⑦ Awad,670 F. 3d at 1130.

⑧ Awad,670 F. 3d at 1130.

套看它合不合手,而实际上该手套已经丢失了",法院说。① 不仅如此,法院还指出,该修正案肯定还会输掉第二局。法院认为:

计划中的修正案的目的远不只是阻止法院"适用"伊斯兰法律。该修正案禁止州法院"考虑"该法律……即使该州可以确定并证明一项理由以挑选出并在其法院限制伊斯兰法律,该修正案对伊斯兰法律的完全禁止很难说是一种狭义的修补。②

因为原告的反驳完全建立在第一修正案基础之上,法院的判决也局限于此。然而,正如在2010年综述中所说,毫无疑问,俄克拉何马的修正案会违反联邦宪法的至上条款和大量其他条款,包括条约条款和外交事务权力,以及充分诚信和正当程序条款。③

(二)其他宪法事务

因时间和空间的限制,本文无法讨论涉及其他宪法问题的案例,这些问题间接地与冲突法相关,比如联邦针对影响移民的州法的优先权,④商

---

① Awad,670 F.3d at 1120 – 1131.

② Awad,670 F.3d at 1131.

③ See Symeonides,2010 Survey at 322 – 323. 其他2012年发表的对俄克拉何马宪法修正案以及对Awad案和相关问题的评论,参见Robert E. Michael, The Anti-Shari'a Movement—Unconstitutional Discrimination or Homeland Security? 18 ILSA J. Int'l & Comp. L. 347 (2012); John T. Parry, Oklahoma's Save Our State Amendment: Two Issues for the Appeal, 64 Okla. L. Rev. 161 (2012); Asthma T. Uddin & Dave Pantzer, A First Amendment Analysis of Anti-Sharia Initiatives, 10 First Amend. L. Rev. 363 (2012); Comment (Yaser Ali), Shariah and Citizenship-How Islamophobia Is Creating a Second-Class Citizenry in America, 100 Cal. L. Rev. 1027 (2012); Comment (Raman Singh), A Holey Cause: Sharia as a Cultural Defense, 117 Penn St. L. Rev. 595 (2012); Note (Lee Tankle), The Only Thing We Have to Fear Is Fear Itself: Islamophobia and the Recently Proposed Unconstitutional and Unnecessary Anti-Religion Laws, 21 Wm. & Mary Bill Rts. J. 273 (2012)。

④ See Arizona v. U. S., 132 S. Ct. 2492 (U. S. 2012) (Arizona immigration law); U. S. v. Alabama, 691 F. 3d 1269 (11th Cir. 2012) (Alabama immigration law); Hispanic Interest Coalition of Alabama v. Governor of Alabama, 691 F. 3d 1236 (11th Cir. 2012) (same); Georgia Latino Alliance for Human Rights v. Governor of Georgia, 691 F. 3d 1250 (11th Cir. 2012) (Georgia immigration law); Dandamudi v. Tisch, 686 F. 3d 66 (2nd Cir. 2012) (New York pharmacists licensing law). See also Comment (Jonathan Futrell), Aliens in a Foreign Field: Examining Whether States Have the Authority to Pass Legislation in the Field of Immigration Law, 63 Mercer L. Rev. 10771 (2012).

业条款项下的优先权,①以及其他因国家在伊拉克②和阿富汗③的战争事务引发的大量宪法问题。

九、外国判决

Estate of Toland 诉 Toland 案④是一起涉及日本离婚判决和日本监护权判决的很有趣的案件。该案事实如下:Paul 是一位在日本服兵役的美国人,在日本娶了一位日本妻子 Etsuko,并有一个女儿名叫 Erika。Etsuko 获得了一项日本离婚判决,Paul 的律师出席了该判决的法庭审判。该离婚判决将其女儿 Erika 的监护权判给了 Etsuko 并命令 Paul 支付子女抚养费。后来 Etsuko 自杀身亡,一家日本法院指定 Erika 的外婆作为其监护人,但 Paul 并未得到该案的出庭通知。Etsuko 的继承人在 Paul 的现住所地提起诉讼,要求执行日本离婚判决中的子女抚养费。华盛顿法院拒绝承认该判决,理由并非该判决有问题,而是因为 Paul 未能收到后来的监护权诉讼的出庭通知。

法院指出,日本的离婚诉讼"允许进行充分和公平的审判并导致一项日本的离婚判决,该判决符合有效外国判决的要件"。⑤ 然而,法院解释说,承认该离婚判决将会"忽视该监护诉讼程序在实践中和宪法上的危害结果……该监护诉讼在效果上……否定了我国法律明确承

① See Mabey Bridge & Shore, Inc. v. Schoch, 666 F. 3d 862 (3rd Cir. 2012) (Pennsylvania's "Steel Act" vs. federal "Buy America Act"); American Beverage Ass'n v. Snyder, 700 F. 3d 796 (6th Cir. 2012) (Michigan's returnable "bottle bill").

② See Al Shimari v. CACI Intern., Inc., 679 F. 3d 205 (4th Cir. 2012)(阿布格莱布监狱囚犯针对参与审讯的军队承包人提起的诉讼); Vance v. Rumsfeld, 701 F. 3d 193 (7th Cir. 2012)(美国公民提起的针对在伊拉克军事囚禁期间的虐待审讯行为的诉讼)。

③ See U. S. v. Brehm, 691 F. 3d 547 (4th Cir. 2012), cert. denied, 2012 WL 5511064 (U. S., Dec. 10, 2012)(南非公民根据《军事域外管辖权法》对袭击英国驻阿富汗公民行为提起的诉讼); U. S. v. Siddiqui, 699 F. 3d 690 (2nd Cir. 2012)(保护美国官员和雇员免受伤害的成文法的域外适用问题); Hamdan v. U. S., 696 F. 3d 1238 (D. C. Cir. 2012)(2006 年《军事委员会法》对于 2006 年前发生的行为是否适用于关塔那摩囚犯)。

④ 286 P. 3d 60 (Wash. Ct. App. Div. 2 2012).

⑤ 286 P. 3d 66 (Wash. Ct. App. Div. 2 2012).

认的亲子关系"。[①] 该继承人提出,根据日本法律,Paul无权接收该监护程序的通知,但该监护判决并未排除Paul在日本法院寻求经常性探视权。即使如此,该法院仍指出:"Paul在日本获得探视权诉讼的机会'几乎为零',因为该监护诉讼已经造成了'既定事实'"。[②] 上诉法院补充说,日本法院"在探视权诉讼中从不提供这样一种可能,即生物学上的父母应当获得探视权,尽管日本法院也将此作为一个重要事实。"[③]此外,即使Paul从日本法院获得探视权,"毫无争议的证据显示,日本法院很可能不会执行"。[④] 法院得出结论认为:"执行日本的离婚判决将会侵犯Paul诉讼上获得送达的正当程序权利和听审的机会,以及华盛顿保护亲子关系的政策和Paul作为一个父亲的实质性正当程序权利。"[⑤]

可以确定的是,法院的判决意味着Paul不会被强制支付由日本离婚判决判处的子女抚养费。该法院承认这一事实但指出:"没人……阻止Paul自愿支付他应当为子女承担的部分或全部抚养费以及日本判决中的其他裁定。"[⑥]但是,即使Paul选择不支付,法院也肯定会认为这不是什么大不了的事情,因为它引用了广泛的证据显示在日本"支付子女抚养费是自愿的,因此并不指望人们会服从判决",[⑦]而且"将近66%的父母从不支付子女抚养费"。[⑧] 因此多一个不支付抚养费的案例又有什么大不了的呢!

Presley诉N. V. Masureel Veredeling案[⑨]涉及对比利时判决的承认,该判决命令美国被告偿还他们向比利时原告所借的金钱。当事人

---

① 286 P.3d 66 (Wash. Ct. App. Div. 2 2012).

② 286 P.3d 66 (Wash. Ct. App. Div. 2 2012).

③ 286 P.3d 66 (Wash. Ct. App. Div. 2 2012).

④ 286 P.3d 66 (Wash. Ct. App. Div. 2 2012).

⑤ 286 P.3d 67 (Wash. Ct. App. Div. 2 2012).

⑥ 286 P.3d 65 (Wash. Ct. App. Div. 2 2012).

⑦ 286 P.3d 67 (Wash. Ct. App. Div. 2 2012).(法院引用证据表明日本家庭法院无权执行子女抚养判决,并且日本家庭法院的命令被广泛承认为不可执行)

⑧ 286 P.3d 67 (Wash. Ct. App. Div. 2 2012).

⑨ 370 S.W.3d 425 (Tex. Ct. App. Houston 1st Dist. 2012).

曾签署了一份合资协议,其中包含一项比利时法律选择条款和 ICC 仲裁条款。他们同时约定:"在该合资协议框架范围内"并"根据"其术语,[①]两份贷款协议包含有比利时法律选择条款,但不包含仲裁条款。相反,该协议包含了一项比利时法院的排他性管辖权条款。当美国当事人未能偿还该贷款时,比利时当事人在比利时对其提起诉讼。被告出庭并对法院的管辖权提出了异议,并同时提出了反诉,指控对方违反了合资协议。被告提出的管辖权异议是以协议书中的仲裁条款为依据的,被告主张,该条款应优先于贷款协议中的法院选择条款。比利时地方法院和上诉法院在对贷款问题作出判决之前先审查了该项异议并予以驳回,同时给出了详细理由。法院还拒绝了被告的反诉,认为其指控属于仲裁的范围。

当比利时原告试图在得克萨斯州寻求执行比利时的判决时,被告以比利时法院没有管辖权为由提出了异议。得克萨斯州法院驳回了该异议,认为比利时法院根据对贷款协议中的法院选择条款的适当解释享有案件管辖权,无论是依据比利时法律还是得克萨斯州法律都是如此。得克萨斯州法院也驳回了被告的观点,即比利时法院拒绝接受他们提出的反诉是对他们程序上和实体上正当程序权利的否定。[②]

十、杂项冲突案件

篇幅的限制使得已经过长的本综述必须在此终止。不幸的是,这意味着我们无法讨论几起涉及其他问题的冲突法案件,比如外国法的

① 370 S. W. 3d 427 (Tex. Ct. App. Houston 1st Dist. 2012).

② 有关承认姐妹州法院判决的判例参见 Ya Mei Y. Chen v. Ming Chung Chen, 2012 WL 5471449 (unpublished, W. Va. Nov. 9, 2012)(子女抚养判决的时效);Fazzini v. Davis, 98 So. 3d 98 (Fla. Ct. App. 2nd Dist. 3, 2012)(探视权的修改);Weiss v. Weiss, 100 So. 3d 1220 (Fla. Ct. App. 2nd Dist. 2012)(婚姻财产的处分及法定利息);Master Finance Co. of Texas v. Pollard, 283 P. 3d 817 (Kan. Ct. App. 2012)(判决后利息);Thomson Inc. v. Continental Cas. Co., 976 N. E. 2d 763 (Ind. Ct. App. 2012)(礼让和争点阻却);C. H. Robinson Worldwide, Inc. v. Lobrano, 695 F. 3d 758 (8th Cir. 2012)(一事不再理)。

证明、[①]司法文书送达、[②]、证据、[③]律师费、[④]公司[⑤]和财产[⑥]等。出于同

① 参见 In re Griffin Trading Co. ,683 F. 3d 819 (7th Cir. 2012), reh'g and reh'g en banc denied (Aug. 7,2012)(传唤的及时性、形式和适当性以及根据《联邦证据规则》第44.1条适用外国法的意图;法院认为,由于存在大量显而易见的外国因素,初审法院否决被告要求适用外国法的抗辩是滥用其裁量权);Shoen v. Shoen,292 P. 3d 1224 (Colo. Ct. App. Div. V 2012)(认为原告无权要求适用亚利桑那州法律,因为原告一直未提出这一诉求,直到法庭根据法院地法对实质性问题作出裁决后才提出来);In re Estate of Pullen, 810 N. W. 2d 532 (Table),2012 WL 5871443 (Iowa Ct. App. Jan. 19,2012)(法院认为,由于原告未能证明内布拉斯加州法律,初审法院有权推定内布拉斯加州法律与爱荷华州法律相同,因此初审法院适用爱荷华州法律是正确的);Adams v. Raintree Vacation Exchange, LLC,702 F. 3d 436 (7th Cir. 2012)。

② See New York State Thruway Authority v. Fenech,94 A. D. 3d 17,938 N. Y. S. 2d 654 (N. Y. A. D. 3rd Dept. 2012)(涉及《海牙民商事司法和非司法文书域外送达公约》)。

③ See Washington v. State,822 N. W. 2d 745 (Iowa Ct. App. 2012)(谋杀嫌疑人在另一州接受审讯期间所做的有罪声明是否可被采纳);HealthTronics, Inc. v. Lisa Laser USA, Inc. ,382 S. W. 3d 567 (Tex. Ct. App. -Austin,2012)(证据是否足够支持律师费的权利)。

④ See Peace River Seed Co-Op. , Ltd. v. Proseeds Marketing, Inc. ,293 P. 3d 1058, 253 Or. App. 704 (2012);In re Volkswagen and Audi Warranty Extension Litigation,692 F. 3d 4 (1st Cir. 2012);HealthTronics, Inc. v. Lisa Laser USA, Inc. ,382 S. W. 3d 567 (Tex. Ct. App. -Austin,2012).

⑤ 参见 In re All Cases Against Sager Corp. ,967 N. E. 2d 1203 (Ohio 2012);Villari v. Mozilo,146 Cal. Rptr. 3d 556 (Cal. Ct. App. 2nd Dist. 2012);Lidow v. Superior Court, 141 Cal. Rptr. 3d 729 (Cal. Ct. App. 2nd Dist. 2012), review denied (Aug. 15, 2012); Anschutz Corp. v. Merrill Lynch & Co. , Inc. ,690 F. 3d 98 (2nd Cir. 2012);LaPlant v. Northwestern Mut. Life Ins. Co. ,701 F. 3d 1137 (7th Cir. 2012);Wachovia Securities, LLC v. Banco Panamericano, Inc. ,674 F. 3d 743 (7th Cir. 2012);Howell Contractors, Inc. v. Berling,383 S. W. 3d 465 (Ky. Ct. App. 2012)。

⑥ 参见 Solomon v. Spielberg,473 F. App'x 526,2012 WL 1008667 (9th Cir. Mar. 27, 2012) (a dispute over ownership of the Norman Rockwell painting Russian Schoolroom);In re Estate of San Miguel,2012 WL 425801 (unpublished, Tenn. Ct. App. Feb. 10, 2012), appeal denied (June 20, 2012) (rights and obligations of co-owners of immovable property)。

样的理由,本综述并不涵盖管辖权案件、[1]外国主权豁免[2]和联邦法律的域外适用。[3] 对上述问题感兴趣的读者可以参考脚注中所指引的案例。

(西蒙·C. 西蒙尼德斯,美国比较法学会主席,Willamette 大学法学院教授、前院长。杜涛,复旦大学法学院教授)

---

① 参见 Nuveen Mun. Trust ex rel. Nuveen High Yield Mun. Bond Fund v. WithumSmith Brown, P. C. , 692 F. 3d 283 (3d Cir. 2012); Tire Engineering and Distribution, LLC v. Shandong Linglong Rubber Co. , Ltd. , 682 F. 3d 292 (4th Cir. 2012), cert. filed (Oct. 09, 2012); Pervasive Software Inc. v. Lexware GmbH & Co. KG, 688 F. 3d 214 (5th Cir. 2012); Myers v. Casino Queen, Inc. , 689 F. 3d 904 (8th Cir. 2012), reh'g and reh'g en banc denied (Oct. 3, 2012); World Holdings, LLC v. Federal Republic of Germany, 701 F. 3d 641 (11th Cir. 2012); Licci v. Lebanese Canadian Bank, SAL, 673 F. 3d 50 (2d Cir. 2012); Licci v. Lebanese Canadian Bank, ___ N. E. 2d ___, 2012 WL 5844997 (N. Y. Nov. 20, 2012); Abelesz v. OTP Bank, 692 F. 3d 638 (7th Cir. 2012); Mendel v. Williams, 53 A. 3d 810 (Pa. Super. Ct. 2012); Telesur v. DOT (SR), Inc. , 100 So. 3d 1232 (Fla. Dist. Ct. App. 2nd Dist. 2012)。

② 参见 Terenkian v. Republic of Iraq, 694 F. 3d 1122 (9th Cir. 2012), reh'g en banc denied, 704 F. 3d 814 (9th Cir. 2013) (commercial activity exception); Rogers v. Petroleo Brasileiro, S. A. , 673 F. 3d 131 (2d Cir. 2012) (commercial activity exception); EM Ltd. v. Republic of Argentina, 695 F. 3d 201 (2d Cir. 2012) (immunity from attachment); Habyarimana v. Kagame, 696 F. 3d 1029 (10th Cir. 2012) (head of state immunity); Abelesz v. Magyar Nemzeti Bank, 692 F. 3d 661 (7th Cir. 2012), mandamus denied, 695 F. 3d 655 (7th Cir. 2012) (expropriation exception)。

③ 参见 Carrier Corp. v. Outokumpu Oyj, 673 F. 3d 430 (6th Cir. 2012), reh'g and reh'g en banc denied (Apr. 30, 2012) (Sherman Act); Global Reinsurance Corp. U. S. Branch v. Equitas Ltd. , 969 N. E. 2d 187, 18 N. Y. 3d 722 (N. Y. 2012) (New York antitrust statute (Donnelly Act)); Velez v. Sanchez, 693 F. 3d 308 (2d Cir. 2012) (Alien Tort Statute and Fair Labor Standards); Cedeno v. Castillo, 457 F. App'x 35 (2d Cir. Jan. 25, 2012) (RICO); U. S. v. Bellaizac-Hurtado, 700 F. 3d 1245 (11th Cir. 2012) (Maritime Drug Law Enforcement Act)。

试论国民待遇与中国海外投资的法律保护

乔雄兵

目　次

引言

国际直接投资是国际经济活动的一个重要部分,在过去几十年,国际直接投资已成为世界经济增长的重要部分。据统计,在1990年,全球直接投资额大约是1840亿美元,而到了1996年则增长到了3400亿美元。[①]2012年,尽管受世界经济不景气的影响,全球直接投资相比2011年下降18%,但是全球直接投资额依然达到13500亿美元。同时,联合国贸易发展会议还预测,到2015年,全球直接投资预计将达到

① See Steve Chan, Foreign Direct Investment in a Changing Global political Economy, 1995, p. 1.

18000 亿美元。①

而随着中国经济的发展,中国海外投资也是增长迅猛,据统计,2009 年,中国对外直接投资净额为 565.3 亿美元。②到了 2012 年,中国对外直接投资额达到 770 亿美元,比上年增长 14%。③据最新一期香港《经济导报》消息,美国亚洲协会的一份报告称,中国的海外直接投资正处在一轮指数级飙升的起点。这项新的研究显示,中国的海外投资还在快速增长,到 2020 年,投资总额将会增长 8~9 倍,达到 2 万亿美元。④随着中国海外直接投资的发展,海外直接投资的纠纷也日益增多。近年来,中国海外投资出现了大量投资受阻或受损的案例,先后有中海油竞购尤尼科失败案、中铝收购力拓毁约案、平安收购富通集团受损案以及 2013 年双汇集团收购美国史密斯菲尔德公司被审查案等。⑤大量的案例引发了如何加强中国海外投资法律保护的关注。在国际投资中,国民待遇是各国普遍接受的一项原则,因此,本文拟对国民待遇在国际投资中的适用进行探讨,希望能对提高中国海外直接投资保护有所裨益,并对完善我国的海外投资法律制度有所借鉴。

一、国际投资领域国民待遇概论

在国际法上,国民待遇是指条约的缔约国一方在本国领域内对缔约国另一方的自然人、法人、商船和产品等给予与本国自然人、法人、商船、产品相同的权利。⑥

国民待遇作为外国投资者待遇制度萌芽于中世纪后期。早在 17

---

① See world investment report 2013, United Nations, 2013.

② 参见《2009 年度中国对外直接投资公报》,资料来源于商务部官网,最后访问时间:2013 年 8 月 25 日。

③ 参见商务部官网:http://www.mofcom.gov.cn/,最后访问时间:2013 年 8 月 20 日。

④ 参见中国新闻网:http://m.chinanews.com,最后访问时间:2013 年 8 月 20 日。

⑤ 2013 年 5 月 29 日,双汇国际控股有限公司和美国最大生猪及猪肉生产商史密斯菲尔德食品联合公告:双方已经达成一份最终并购协议,双汇国际将收购史密斯菲尔德已发行的全部股份,价值约为 71 亿美元(约合人民币 437 亿元)。随后,美国外国投资审查委员会(CFIUS)开始对收购案进行审查。

⑥ 曾令良:《世界贸易组织法》,武汉大学出版社 1996 年版,第 159 页。

世纪时,有的国家就开始通过条约来相互给予对方特定人员与本国人员的待遇(最早的是1688年7月丹麦和荷兰的初步协议)。然而,国民待遇作为一项制度则是在资产阶级革命后才形成的,1804年法国《民法典》首次在国内立法上对国民待遇加以了规定。[①] 其后,越来越多的国家立法规定了国民待遇的问题。

有学者认为,投资领域的国民待遇原则最早起源于19世纪中叶的拉美国家,且被称为卡尔沃主义。[②]卡尔沃主义来源于南美国际法家卡尔沃(曾任阿根廷外长)的理论,在他所著的《国际法的理论与实践》一书中,他强调了本国人与外国人平等待遇的原则,他说:"……居住于一个国家内的外国人同该国国民有同等的受保护的权利。当受到任何侵害时,应依赖所在国政府解决,不应由外国人的本国出面要求任何金钱上的补偿……政府对外国人的责任不能超过其对本国国民的责任。"[③]卡尔沃主义为发展中国家及资本输入国所支持,拉丁美洲国家不仅把这一主义载入宪法及法律中,而且坚持它是一项美洲国际法原则。[④]正如学者所言,卡尔沃主义是以反对帝国主义、殖民主义干涉政策为目的的,特别是在反对外国人蔑视所在国法律和法院,企图依仗本国外交压力,满足个人非分要求这一意义上,是有其积极意义的。同时,从理论上讲,这一原则主要在维护国家主权,坚持外国人与本国国民平等待遇,反对外国人特权地位,坚持国家属地管辖的完整性,是完全符合国际法准则的。[⑤]此后,安第斯共同市场成员国采取了一个比卡尔沃更为严格的标准。在20世纪70年代,安第斯共同市场成员国禁止成员国授予外国投资者更优惠的待遇。[⑥]

---

① 法国《民法典》第11条规定,外国人在法国享有与其本国根据条约给予法国人的同样的民事权利。

② See Jian Zhou, National Treatment In Foreign Investment Law, 10 Touro Int'l L. 39 (2000).

③ 参见姚梅镇:《国际经济法概论》,武汉大学出版社2000年修订版,第390页。

④ 例如,墨西哥《1917年宪法》第27条;委内瑞拉1903年法律第11条。

⑤ 参见姚梅镇:《国际经济法概论》,武汉大学出版社2000年修订版,第392页。

⑥ See Jian Zhou, National Treatment In Foreign Investment Law, 10 Touro Int'l L. 39 (2000).

国民待遇适用于投资领域，可以使外国人与本国人在同等经济条件下竞争和取得利益。由于国民待遇的这一特点和作用，它往往成为跨国公司前来东道国投资时极力想取得的主要目标。东道国往往由于其经济发展水平和发展目标不同，对国民待遇采取不同的态度。[①]一个国家在不同时期，对国民待遇也可能会采取不同的态度。

不过，必须指出的是，国民待遇也并不完全排除东道国对外国投资施以特别的限制。对于外资国民待遇，国际上存在以下几方面公认的例外：

1. 在外资准入领域方面，东道国一般都可以对外国投资加以特殊的限制。近年来，尽管各国对外资的市场准入逐步放开，但是无论是发达国家还是发展中国家都保留了一定限度的外资市场准入限制权。只有美国等少数国家例外，其在双边投资条约谈判中往往要求市场准入的国民待遇。这种例外有时在双边投资条约中有明确规定，允许缔约一方根据其本国的有关法律与法规，决定对缔约另一方国民与公司在其境内投资的许可。但更多时候则表现为各国国内立法的具体规定。一般来说，发达国家禁止或限制外资准入的领域多为公用事业、交通、矿业、银行、保险、国防、原子能工业等。而发展中国家则多集中于公用事业、航空、内陆运输、电信、国防、武器弹药、印刷、无线电与电视等领域。例如，早在 1995 年，我国发布了《指导外商投资方向的暂行规定》[②]和《外商投资产业指导目录》[③]，具体列明了禁止、限制与鼓励外商投资的产业目录。该目录还规定，此三类所列之外的则全部为“允许类”的外商投资项目。其中关于禁止与限制外商投资的产业目录实质上就是外资准入方面的国民待遇例外的具体表现形式。

由于国民待遇，联合其他待遇标准决定了外国投资者在东道国的法律地位，直接影响到外国投资者在东道国的建立、运作和保护等问题。因此，世界上没有哪一个国家把所有的工业对外国投资者开放，即

① 参见姚梅镇主编：《比较外资法》，武汉大学出版社 1993 年版，第 299 页。

② 该暂行规定目前已经失效，取代的是 2002 年的《指导外商投资方向规定》。

③ 我国的《外商投资产业目录》也会定期修订，目前使用的是 2011 年修订、2012 年 1 月 30 日起施行的版本。

使是对外国投资最宽松的美国也是如此。例如,美国在 1988 年颁布《埃克森・弗洛尼奥修正案》(The Exon-Florio Amendment),授权美国总统重新评价和阻止所有可能威胁美国安全的交易。①

2. 公共秩序保留例外。即东道国可以以维护公共秩序(社会公共利益)与保证国家安全为由,对外国投资实行差别待遇。公共秩序例外在 GATT 第 20 条第 2 款以及 GATS 第 6 条都有类似的规定。例如,GATT 第 20 条第 2 款规定,协定的任何规定都不能阻止缔约国采取有关措施保护其公共利益。经合组织起草的《多边投资协议》(MAI)第 6 条第 3 款也对公共秩序的例外有规定,只不过其将公共秩序的范围限制更窄。②

3. 国家安全例外。国家安全例外产生于冷战时期,在冷战时期,GATT 允许各成员国去定义国家安全。然而,国家安全并非一成不变的,它随着国际关系的发展也会发生变化。正如学者所言,在今天,国家安全依然是合适的,但是它应该受到一定的限制,而不能随意的扩大。③经合组织起草的《多边投资协议》(MAI)草案也对国家安全例外有明确规定。其谈判文本第 6 条规定,MAI 的任何规定都不能:阻止任何缔约国采取任何必要的措施保护其基本的安全;要求缔约国披露与其基本安全相违背的信息;阻止缔约国采取任何措施履行联合国宪章所规定的维持国际和平和安全的基本义务。④2012 年 4 月,美国与欧盟共同发布的关于国际投资七项基本原则第七项也明确指出要对国家

---

① See James K. Jackson, The Exon-Florio National Security Test for Foreign Investment, available at http://digital. library. unt. edu/ark:/67531/metacrs9704/, Visited on August 25, 2013.

② See Don Wallace & David B. Baily, The Inevitability of National Treatment Direct Investment with of Foreign Increasingly Few and Narrow Exceptions, 31 Cornell Int'l L. J. 624 (1998).

③ See Jian Zhou, National Treatment In Foreign Investment Law, 10 Touro Int'l L. 39 (2000).

④ See Don Wallace & David B. Baily, The Inevitability of National Treatment Direct Investment with of Foreign Increasingly Few and Narrow Exceptions, 31 Cornell Int'l L. J. 615 (1998).

安全进行限制。①

在国际投资实践中,2005 年中海油收购尤尼科失败案就是以危及国家安全为由而否定的。在该案中,美国尤尼科公司,由于经营不善,连年亏损,被政府批准破产。随即美国另一家大型石油公司雪弗龙(Chevron)以 165 亿美元的价格向其发出要约予以收购。而这个时候,中国第三大石油企业即中国海上石油和天然气最大生产商的中海油,也看重了尤尼科现有油田的潜能以及庞大的国际市场,并希望以此完成在美国的“借壳上市”,便紧跟其后以高出对手 20 亿美元的报价予以竞购。由于这笔交易关联到了美国的国家利益,在中海油竞购要约进入审查期间,美国政府直接出面干预,迫使尤尼科最终接受了重新报价的本国雪弗龙公司,使中海油很尴尬的退出了竞争,宣布竞购案“夭折”。在该案中,美国外国投资审查委员会(CFIUS)对中海油竞购尤尼科计划提出了 5 条非常苛刻的审查标准,即“国内产品为国防所需要标准”、“国内产业满足国防需要的能力和力量标准”、“外国人对国内产业和商业活动的控制影响到美国满足国防需要的能力标准”、“将军工产品、设备、技术销售给敏感国家对美国国家安全的潜在影响标准”以及“涉及技术转让影响美国技术领先世界的问题的有关标准”,最后认定中海油竞购美国尤尼科公司会给美国国家安全带来潜在威胁。②

4. 文化例外。文化例外也是一种重要的例外。例如,NAFTA 就允许美国和加拿大之间在文化产业方面实行国民待遇的例外。文化产业包括生产、销售出版物、视频产品、音乐、广播等产品。③在经合组织进行 MAI 谈判的过程中,法国、加拿大试图在 MAI 框架内获得广泛的文化产业例外,但是大多数代表不支持。因此,最后的文本并没有对此作出规定。④

---

① See http://trade. ec. europa. eu/doclib/html/149331. htm, Visited on August 26, 2013.

② 张媛媛:“论中国海外投资问题的法律缺失与影响——兼评海外投资失败的‘三大典型案例’”,载求是理论网,最后访问时间:2013 年 8 月 10 日。

③ See Jian Zhou, National Treatment In Foreign Investment Law, 10 Touro Int'l L. 39 (2000).

④ *Id.*

二、现有国际文件对国民待遇的规定

(一)WTO中有关国际投资国民待遇的规定

WTO多边协定虽然主要是管制国际贸易的规则,但是不少协议与投资有着直接或间接的关系。国民待遇条款广泛存在于WTO法律体系的各个部分,包括《关税贸易总协定》(GATT)、《服务贸易总协定》(GATS)以及《与贸易有关的投资措施协定》(TRIMS)等。

GATT第3条第4款规定,任何缔约国产品进口至任何其他缔约方领土时,在有关影响其国内销售、标价出售、适用的法律等方面,所享受的待遇不得低于同类国产品所享受的待遇。

《服务贸易总协定》(GATS)将适用于货物贸易的国民待遇引入服务贸易。但是,与货物贸易不同,GATS并未将国民待遇作为一项基本原则,而是采取由成员国具体承诺给予的方式来规定的。第17条规定,在各成员国具体承诺表所列的领域内,除此表规定的条件和要求外,每一个成员国在有关服务供应的所有措施方面给予任何另一成员国服务和服务供应者的待遇,不低于给予其本国相同服务和服务供应者的待遇。GATS对国民待遇的规定,允许发展中国家在开放部门等方面存在一些优惠条件,具有较大的伸缩性,兼顾了经济主权与服务贸易自由化的双重目标。

《与贸易有关的投资措施协定》(TRIMS)第2条第1款规定:"在不妨碍1994年《关税贸易总协定》其他权利和义务的情况下,各成员国不应适用与1994年《关税贸易总协定》第3条规定不相符的任何与贸易有关的投资措施。"换言之,各成员国无论采取何种与贸易有关的投资措施,均不得违反国民待遇的义务。该条是概括性的规定,要求投资措施不得违反关税贸易总协定关于国民待遇的总要求。不过,因为TRIMS达成的条文简单,其也并非内容全面的投资条约,因此,作用有限。该协议是发达国家与发展中国家妥协的产物,虽然协议应发达国家要求将投资问题纳入了多边协定的范畴,但是纳入协定的投资措施范围是有限的,也没有取消发展中国家管理外资的必要措施。[①]

---

① 参见邹立刚主编:《国际经济法》,中国法制出版社1999年版,第235页。

TRIMS 协议是国际投资法中首次将国民待遇实体法的公约,统一规范了国民待遇的部分实体内容。但是 TRIMS 对国民待遇的规定有一定的局限性,它只对东道国采取的扭曲贸易的投资措施作了约束和规范,但是对其他与贸易有关的投资措施,如资本输出国的限制措施等并没有规定。

实际上,在国际层面,除了 WTO 的有关规则外,还有一些国际条约涉及国际投资领域的国民待遇问题。比如,1998 年的《能源宪章条约》第 10 条就规定了外国投资者在东道国进行能源投资涉及的国民待遇问题,该条第 2 款规定,每一个缔约国将尽力给予其他缔约国的投资者在该国的投资享有第 3 款规定的待遇。该条第 3 款规定,为了本条的目的,待遇意味着一个缔约国的投资者可以享有不低于东道国本国投资者或第三国投资者享有的待遇,以两者中更优惠者为准。①

(二)区域性投资条约对国民待遇的规定

由美国、加拿大、墨西哥三国签订的《北美自由贸易区协定》(NAFTA)于 1994 年正式生效,是一项堪称典范的区域贸易与投资协定。NAFTA 涉及外资国民待遇的内容分布于第十一章、第十二章、第十三章及第十四章。与 GATT 第 3 条对国民待遇的详细规定不同,NAFTA 在国民待遇问题的规定上比较简洁。NAFTA 第十一章第 1102 条第 1 款规定:"每一成员方应给予另一成员方的投资者的待遇,不得低于其在相同情况下给予其本国投资者在投资的设立、取得、扩展、管理、经营、销售或其他处置等方面的待遇。每一成员方应给予另一成员方投资者的投资的待遇,不得低于其在相同情况下给予其本国投资者的投资在投资的设立、取得、扩展、管理经营、销售或其他处置等方面的待遇。"

除了 NAFTA 以外,还有一些地区性的贸易协定也对国民待遇问题有规定。例如,2009 年《东盟与澳大利亚、新西兰建立自由贸易区的协议》第十一章关于投资部分第 4 条规定,每一方缔约国都给与另一缔约国投资者及投资在投资的设立、收购、扩张、管理、实施、运行、清

---

① See the Energy Charter Treaty and Related Documents, available at www. encharter. org, Visited on August 28, 2013.

算、出售、转让或以其他方式处置等方面的待遇不少于本国投资者及投资在相似情况下所享有的待遇。①

(三)双边投资条约对国民待遇的规定

20 世纪 50 年代之前,国际社会还没有专门的投资协定。直到 20 世纪 50 年代末,联邦德国与巴基斯坦签订了第一个专门处理投资保护问题的双边条约。②此后,很多发达国家争相仿效,迅速得到推广。一般而言,学者普遍认为双边投资条约可分两种,一种是以德国为代表的欧洲型,即促进和保护型。另一种是美国型。截至 2012 年,全球共签订了 3196 个双边 BIT(2857 个投资条约,339 个投资协议),虽然 2012 年仅仅签订了 20 个 BIT。③

1. 欧式的双边投资条约的规定

欧式的 BIT 是为了区别美式投资保证协定而出现的一种称谓。在德国同巴基斯坦签订 BIT 后,英国、法国、荷兰、比利时等均在 20 世纪 70 年代仿效德国方式签订了双边投资保护协定。欧式 BIT 对投资自由化的要求相对缓和,能够反映发展中国家的经济状况,对外资管辖权的限制也比较少,因此得到普遍的认可。

在欧式 BIT 中,有关外国投资者待遇的条款,最典型的是德国双边投资条约范本,其推出后经过修订,目前最新的版本为 2008 年版。关于国民待遇,德国《2008 年双边投资条约范本》第 3 条第 1 款规定,任何缔约国对于在本国境内的外国投资者都给予不少于本国投资者或第三国投资者的待遇。④除德国外,很多欧洲国家的双边投资条约范本都有类似的规定。如荷兰 BIT 范本规定,每个缔约国将保证公平对待其他缔约国投资者的投资,并且不被不合理的歧视性的规定所伤害。每个缔约国将授予这类投资足够的安全。更特别的是,每个缔约国在任何情况下将给予这类投资不少于自己本国人的待遇或给任何第三方的

① See Agreement Establishing The Asean-Australia-New Zealand Free Trade Area, Chapter 11, Article 4.

② 1959 年 11 月 25 日,德国与巴基斯坦签订了首个 BIT。

③ See World Investment Report 2013, United Nations Publication, 2013.

④ See German Model Treaty 2008, Article 3.

待遇。①

2. 美国式双边投资协议的规定

美国直到20世纪80年代,才开始BIT项目的谈判。在采纳现代BIT之前,美国一直采取的是《友好通商航海条约》(FCN)的方式。早期的《友好通商航海条约》与投资没多少关系,而主要是关注贸易的。②现代意义上的《友好通商航海条约》主要是在"二战"后发展起来的,主要是为保护美国的海外投资而建立的。直到1981年,美国才与埃及签订了第一个BIT。截至目前,美国已经与他国签订了42个BIT。③美国BIT的目的主要是鼓励和保护美国在发展中国家的投资。正如美国著名投资法学家范德菲尔教授指出,美式BIT的目的不仅在为美国投资者提供强有力的保护,还希望通过美式BIT的广泛实践支持和巩固美国倡导的关于投资保护的国际法标准。④从大多数国家的BIT来说,国民待遇仅仅适用于投资设立后的经营运作阶段,而美式的BIT要求将国民待遇扩大到投资设立前后的阶段,除非在条约附件中具体列明某些经济部门不受该规则的限制。⑤这种规定排除了东道国对外资进入领域和进入条件的普遍审查权,因此导致很多国家的反对。

1994年美国《双边投资条约范本》第2条规定:"每一缔约方应尽力为其境内的另一缔约方国民和公司提供较优惠的投资环境,这些投资的设立和运作的条件,应不低于该缔约方给予其本国国民和公司在相同情况下的待遇,或其给予任何当事国的国民和公司在相同情况下的待遇,以其中更优惠的待遇为准。"该范本第一次将国民待遇引入外

---

① See Jian Zhou, National Treatment In Foreign Investment Law, 10 Touro Int'l L. 39 (2000).

② See Todd S. Shenkin, Trade-Related Investment Measures in Bilateral InvestmentTreaties and the GATT: Moving Toward a Multilateral Investment Treaty, 55 U. Prrr. L. REv. 541, 546 (1994).

③ See www. ustr. gov/agreements, Visited on August 20, 2013.

④ See Kenneth J. Vandevelde, The Bilateral Investment Treaty Program of the United States, 21 Cornell Int'l L. J. 201 (1988).

⑤ 刘笋:《国际投资保护的国际法制——若干重要问题研究》,法律出版社2002年版,第134页。

资准入阶段,并且另一缔约国可以在东道国享有与其本国国民及与东道国缔约的任何第三国不同的待遇,只要这种待遇不低于后两者所享有的待遇。

2004年2月美国重新修订《双边投资条约范本》,反映了美国在外资保护立场的一些变化,外资准入时期国民待遇是《双边投资条约范本》的重要内容之一。《2004年双边投资条约范本》第3条规定:"缔约一方应当对缔约另一方投资者在其境内设立、并购、扩大、管理、运营、转让或其他投资处置方面,在同等情况下给予不低于本国国民享有的待遇。缔约一方应当对合格投资在其境内设立、并购、扩大、管理、运营、转让或其他投资处置方面,在同等情况下给予不低于本国国民投资享有的待遇。"

到2012年,美国再次修订《双边投资条约范本》,其在第3条对外资准入时期享有的国民待遇的描述,与《2004年双边投资条约范本》态度基本相同。①《2012年双边投资条约范本》在整体上对公共安全及公共利益有所偏薄,增加了为了健康、安全和环境保护所实施的措施作为例外条款的内容。

---

① 2012 U. S. BIT Article 3: National Treatment

1. Each Party shall accord to investors of the other Party treatment no less favorable than that it accords, in like circumstances, to its own investors with respect to the establishment, acquisition, expansion, management, conduct, operation, and sale or other disposition of investments in its territory.

2. Each Party shall accord to covered investments treatment no less favorable than that it accords, in like circumstances, to investments in its territory of its own investors with respect to the establishment, acquisition, expansion, management, conduct, operation, and sale or other disposition of investments.

3. The treatment to be accorded by a Party under paragraphs 1 and 2 means, with respect to a regional level of government, treatment no less favorable than the treatment accorded, in like circumstances, by that regional level of government to natural persons resident in and enterprises constituted under the laws of other regional levels of government of the Party of which it forms a part, and to their respective investments.

三、有关国际投资国民待遇制度统一化的努力

一直以来，国际法学界很多学者都在探讨如何发展一个新的国际投资的国际文件。美国国际法学会在20世纪70年代曾提出签订一个建立在GATT基础之上的扩张的世界贸易协定，以此包括直接投资条款的建议。①还有一些学者提出了修订GATT体系，增加直接投资的可能性。②但是，这些主张最终都没有能实现。尽管如此，此后一些国际组织甚至民间机构在此方面做了有益的尝试，并取得了有一定的效果。

（一）联合国《跨国公司行动准则》草案

1983年的联合国《跨国公司行动准则》草案也对国民待遇有规定。其第49条规定，根据国家的宪政制度和（保护国家基本的/经济的利益）维护公共秩序、保护国家安全的需要，（并尊重国家，尤其是发展中国家之间签订的协议的有关规定）跨国公司应享有其营业地所在国给予的（适当的待遇）（当它们与所在国本国企业的营业环境相似或相同时）（当它们与所在国本国企业处境相似时），跨国公司企业所享受的待遇（应不低于）（应相同于）其所在国本国企业依据国家法律、条例及行政管理制度所享受的待遇。（跨国公司的企业不应要求其营业地所在国本国企业所享受的优惠待遇、津贴或特许权）（为促进本国自力更生的发展能力，或为了保护重大的经济利益，本国企业所享有的优惠待遇或特许权无须让跨国公司分享）③

跨国公司行动准则草案可谓国际社会最早试图统一规制国民待遇的努力，但是由于发达国家与发展中国之间各自坚持的方案不同最终导致其未能生效。

（二）经合组织（OECD）多边投资协议草案

“二战”后，尽管双边投资条约和区域性的多边投资立法日益增

---

① See Thomas L. Brewer, International Investment Dispute Settlement Procedures: the Evolving Regime for Foreign Direct Investment, 26 Law & Pol'y Int'l Bus. 633 (1994).

② See Thomas L. Brewer, International Investment Dispute Settlement Procedures: the Evolving Regime for Foreign Direct Investment, 26 Law & Pol'y Int'l Bus. 633 (1994).

③ 括号内内容为当时讨论备选条文，参见陈安、刘智中编选：《国际经济法资料选编》，法律出版社1991年版，第677页。

多,但是国际社会还缺乏一个全球性、综合性的多边投资条约。作为主要资本输出国经合组织(OECD)于 1995 年发动了《多边投资协议》(Multilateral Agreement Investment,MAI)的谈判。MAI 草案主要反映了发达国家的主张,继承了美式双边投资条约和北美自由贸易区协定的许多规则和制度,具有典型的先进性和超前性。[①] MAI 具有许多突出的特性在一定程度上反映了国际投资规范的最新动向和趋势。MAI 协议意图建立高标准的多边国际投资框架法律体系,除了倡导的国民待遇和最惠国待遇的两项基本原则之外,提出具体适用时应以两者中较优惠的为准,同时扩大了国民待遇的适用范围。规定任何缔约方应给予来自另一缔约方的投资者及其投资不低于其在类似情况下给予自己的投资者及其投资在设立、获取、扩大、运营、管理、维持、使用、享用和销售或以其他方式处置资产的待遇,使得国民待遇全面适用于投资准入、设立时、设立后的各个阶段。

正如学者所言,从核心规则来看,MAI 草案的确可以堪称是迄今为止最高水平的多边投资条约文本。[②]不难看出,OECD 成员国历经几年的时间草拟的一个多边投资条约,实际上是为了在多边贸易体制之外营造一个国际投资的"富人俱乐部"。MAI 谈判方虽然信誓旦旦地宣称 MAI 决不是排他性条约并欢迎各非 OECD 成员国积极参加,但是,我们可以看出,MAI 谈判方最根本的出发点无非是进一步维护资本输出国及其跨国投资者的利益。[③]由于草案没有考虑发展中国家的实际情况,超越了发展中国家能够承受的市场开放程度,再加之发达国家内部对协议文本也存在分歧,最终在 1998 年被搁置。

2011 年 5 月,经济合作发展组织发布了《国际投资与跨国企业的宣言》,宣言由四个部分构成,其中第二部分为国民待遇的规定。明确将国民待遇指向"类似情形"下的外资企业,认为一国赋予国内企业的

---

① 参见刘笋:"从 MAI 看综合性国际投资多边立法的困境和出路",载《中国法学》2001 年第 5 期。

② 参见刘笋:"从 MAI 看综合性国际投资多边立法的困境和出路",载《中国法学》2001 年第 5 期。

③ 参见刘笋:"从 MAI 看综合性国际投资多边立法的困境和出路",载《中国法学》2001 年第 5 期。

待遇应该被同时赋予类似情形下的外资控股企业。同时,还要求成员国将适用国民待遇的例外告知 OECD。①

(三)其他民间机构的努力

除了政府间国际组织外,康奈尔大学有关投资的多边公约起草小组也曾经起草一个多边投资条约。条约第 1 条规定,每个缔约国都应该给予其他缔约国投资者在投资的设立、获取、扩张、管理、维护、出售及处置等方面不少于本国投资者享受的权利。每一个缔约国都将在相似情况下给予其他缔约国投资者国民待遇。②

综上所述,虽然国际社会一直尝试制定统一的多边投资条约,对国民待遇作出统一的规定,但是由于发达国家与发展中国家之间的经济差距依然存在,发达国家内部也存在利益的冲突,导致各国对国民待遇的立场存在很大差异,因此,国际投资多边立法还有很长的路要走。

四、国民待遇与中国海外投资的法律保护

近年来,随着中国经济的日益强盛,海外投资发展迅速。自 20 世纪 70 年代中国开始发展海外直接投资,40 多年来,中国的海外直接投资一直是稳步增长。根据商务部发布的数据显示,从 2002 年到 2012 年,我国非金融类对外直接投资从 27 亿美元跃增到 770 亿美元。③然而,尽管大部分中国企业通过对外投资取得了收益,提高了企业在国际上的影响力,但是也有大量企业因多种原因而投资受损。中国企业在国外投资受损,有的是因为政治风险,有的是因为外汇风险,还有的是因为法律风险而受损。

为了降低中国企业的海外投资风险,维护中国企业的利益,笔者认为,对外直接投资者和中国政府都应该有所作为。

---

① See OECD Website,http://www. oecd. org/daf/inv/mne/oecddeclarationanddecisions. htm,Visited on August 20,2013.

② See Don Wallace & David B. Baily,The Inevitability of National Treatment Direct Investment with of Foreign Increasingly Few and Narrow Exceptions,31 Cornell Int'l L. J. 615 (1998).

③ 资料来源于商务部官网:http://www. mofcom. gov. cn/,最后访问时间:2013 年 8 月 20 日。

(一)对投资者而言,应该做到以下几点

1. 充分利用BIT的国民待遇条款

在双边投资条约方面,我国目前已经签订有130多份BIT。目前,有越来越多的BIT规定了国民待遇。我国双边投资条约对于国民待遇条款的规定经历了一个从不认可到认可再到逐渐自由化的发展过程。据统计,自1982年3月29日中国签订的第一份BIT(中国—瑞典BIT)到2012,中国与其他国家已经签订130余份BIT。[①]分析我国缔结的有关BIT可发现,中国投资协定中的国民待遇原则经历了从"不规定"到"限制规定"再到"宽松规定"大致三个阶段。[②]

事实上,在1982年后的10多年,国民待遇很少在中国签署的BIT中出现。然而,近10年来,国民待遇原则被越来越多的BIT采纳。[③]不过,我国的国民待遇基本上采取的是准入后的国民待遇条款,在实体标准上采用"类似情况"或"不低于"等表述,其特点在于适用法律上和事实上的国民待遇、国民待遇与其他待遇条款并存等。[④]因此,当中国投资者在东道国因投资产生纠纷时,可以充分利用投资协定中的国民待遇条款来维护自己的权益。双边投资条约通常因国别而异,但主要条款包括诸如受保护的投资者与投资,投资者及其投资的待遇,政治风险的保证,风险发生的代位求偿权和投资争端的解决等方面。由此不难看出,双边投资保护协定对防范东道国政治风险,保证海外投资企业获得公正待遇,及时有效地解决投资争议并获得赔偿有着其他外资法不可替代的作用。

2. 加强对东道国法律的了解

一般而言,海外投资的政治风险、经济风险及法律风险都远远大于国内投资。对外投资者如果能够对东道国法律制度有很好的了解,可

① 资料来源于商务部官网:http://www.mofcom.gov.cn/,最后访问时间:2013年8月20日。

② 任强:"国际投资法国民待遇中的相似/相同情形考察",载《山西大同大学学报》(社会科学版)2012年第3期。

③ 如中英BIT(1986)、中国—斯洛文尼亚(1993)、中日BIT(1988)、中国—沙特BIT(1996)、中国—印度BIT(2006)、中韩BIT(2007)、中国—加拿大BIT(2012)等。

④ 王贵国主编:《区域安排法律问题研究》,北京大学出版社2004年版,第48页。

以减少投资的盲目性，避免潜在的法律风险。在了解东道国法律方面，对外投资者首先要对东道国投资法体系有所了解，还要考察该国是否与中国签订有双边投资保护条约，该国是否签署多边投资保护协议等。其次，对外投资者还要对东道国的公司法、反垄断法、知识产权法、产品责任法、劳动法、外汇管制法、税法以及消费者权益保护法等有足够的认识。这些东道国法律制度直接关系到企业的生存、关系到企业经营决策的有效性、关系到企业合法权益能否得到有效保护。如果处理不当，一些法律问题就会成为企业投资活动的障碍，从而有可能导致整个投资的失败并造成损失。此外，企业在选择投资东道国，考察市场的同时，对其法制情况要向熟悉国际法律的专家咨询，组织专家进行研究，使投资活动依法开展，降低投资风险，最大限度地获取投资权益。①只有加强对东道国法制环境的研究，才能得到东道国法律的保护，并最大限度地获取投资利益。

3. 积极利用各种合理的救济途径

在国际投资纠纷产生后，投资者既可以利用东道国法律规定的救济途径，还可以利用国际救济途径。国际仲裁是投资协定提供给投资者解决争议的重要渠道。国际上大多不对投资者提交国际仲裁附加条件。我国新近签署的协定中不再对可提交仲裁的争议范围做出限制，投资者可根据不同国家规定的具体情况行使提起国际仲裁的权利。根据协定，投资者可以直接将与东道国政府的投资争议诉诸包括国际仲裁在内的国际解决方式，并且可以根据裁决直接获得赔偿。一旦争议被提交国际仲裁庭，仲裁庭将按照投资保护协定、国际法等协议和法律进行裁判，作出的裁决东道国有义务执行。根据解决投资争端国际中心（ICSID）的统计，截至2013年，该中心已受理了382件仲裁案件，败诉的东道国政府基本都能履行仲裁庭的裁决。②我国企业如果在海外投资时遭到东道国政府的不法侵害时，援用有关条约规定的争议解决

① 参见王韧农："东道国法制环境对我国企业'走出去'的影响"，载《浙江工商大学学报》2007年第1期。

② See the ICSID Caseload Statistics (Issue 2013 – 2), available at https://icsid.worldbank.org/, Visited on August 28, 2013.

机制将争议提交ICSID国际投资仲裁中心进行国际仲裁将是有效的最终救济方式。《解决国家与他国国民间投资争端公约》第1款规定:“中心的管辖权适用于缔约国(或缔约国向中心指定的该国任何组成部分或机构)和另一缔约国之间直接因投资而产生并经双方书面同意提交给中心的任何法律争端。当事人表示同意后,任何一方不得单方面撤销其同意。”公约对“投资”这一术语并未作出解释,目的在于尽量不对提交中心仲裁的争议施加限制,使由于各种不同合同而引起的法律争议都可以提交中心仲裁。①

实际上,已有中国企业利用ICSID的仲裁来维护自己的权利。在此方面,第一案是2010年中国投资者黑龙江国际经济和技术合作有限公司、秦皇岛市泰龙国际实业有限公司和北京首钢矿业有限公司申请蒙古共和国矿业投资纠纷案。依据中国和蒙古签订的《双边投资条约》,该案是UNCITRAL仲裁,即按照联合国国际贸易法委员会仲裁规则进行的临时仲裁。②

2012年9月19日,中国平安人寿保险有限公司因比利时政府2008年处理欧洲富通银行的一系列措施向ICSID提出仲裁申请获得ICSID秘书处的登记(ICSID Case No. ARB/12/29)。这是中国投资者第一次作为申请人正式向ICSID提起国际投资仲裁。2013年2月26日,仲裁庭正式组成,案件进入实质审理阶段,目前该案的仲裁正在进行中。③

(二)对中国政府而言,应做到以下几点

1. 完善国内相关立法

一直以来,我国都以资本输入国自居,因此,在外资立法上和国际条约的订立上更关注如何吸引外资及对外资的保护,而对中国投资者海外投资保护的内容却鲜有涉及。然而,随着经济的发展,我国作为资

① 参见郭寿康、赵秀文主编:《国际经济贸易仲裁法》,中国法制出版社1999年版,第74页。

② 参见中国国际投资法律网:http://blog.sina.com.cn/s/blog_9dcb087f0101bfxk.html,最后访问时间:2013年8月25日。

③ See https://icsid.worldbank.org/, Visited on August 24, 2013.

本输出国的地位正在日益提升，在此情况下，原有法律制度已经远不能满足实践的需要。

在海外投资的法律制度方面，首先，在国内法方面，我国还没有专门的《海外投资保护法》，只有大量行政法规涉及海外投资的问题，自1981年以来，目前我国国务院各部门已经颁布了数十件关于海外投资的法规和管理办法。1981年，原对外经济贸易部颁发的《关于在国外开设合营企业的暂行规定》；1989年，财政部、原对外经济贸易部、中国银行发布的《境外贸易、金融、保险企业财务管理暂行办法》；1995年财政部颁布的《境外投资财务管理暂行办法》；1996年国务院发布的《外汇管理条例》；2009年《境外投资管理办法》等。虽然条文数量不少，然而这些法规最大的缺陷就是缺乏系统性和稳定性，很不利于海外投资企业的把握和遵循，也不利于国家的监管和保护。其次，在国际层面，我国目前是《多边投资机构担保公约》（MIGA）和《解决国家与他国国民间投资争端的公约》（简称华盛顿公约）的成员国。[①]此外，我国还与130多个国家签订有双边投资保护条约。但是，目前，我们国家最缺乏的就是有一整套比较完善的国际投资保护法律制度。金融危机过后，随着世界经济全球化的趋势明显加快，我国作为对外投资输出国的地位日益提升，据统计，2011年，中国已经成为全球第六大资本输出国，[②]因此，调整、规范我国海外投资的法规和行为显得尤为迫切。在此情况下，我国必须尽快制定一部统一的《海外投资保护法》，使中国企业在海外投资有法可遵，有规可循。笔者认为，我国在制定《海外投资保护法》时必须充分考虑西方发达国家，非洲资源国家、政治动荡国家等国外一切影响我国进行海外投资发展的不利因素，同时也要借鉴涉足国家的法律实际。并考虑中国与西方国家的意识形态、社会制度、文化传统的差异，使我国对外投资的法律法规更具有前瞻性和国际适用性。

除制定《海外投资保护法》以外，为维护海外投资者的利益，我国还应该完善海外投资保险的法律制度。当前，我国的海外投资保险合同主要是依据国家政策和中国出口信用保险公司的《投资指南》，海外

① 我国于1988年4月28日加入MIGA；1992年7月1日加入华盛顿公约。

② 参见《2011年度中国对外直接投资统计公报》。

投资保险缺乏系统性、稳定性和可预见性,这对海外投资者而言是十分不利的。[①]因此,我国应该尽快制定《海外投资保险法》。

2. 转变观念,加快BIT的谈判

目前,我国虽然已经签订了130多个BIT,但是大部分BIT未涉及国民待遇的问题,而且我国与一些主要经济交往国家还没有签订BIT(如美国),这必然会影响到我国海外投资者权益的保护。因此,我国应该继续推进BIT的谈判签订过程。在此方面,目前最主要的是推进与美国的BIT谈判。

自2008年6月,第四次中美战略经济对话中双方同意启动双边投资保护协定谈判以来,中美BIT谈判经历了诸多波折。2013年6月,第九轮中美双边投资保护协定谈判在青岛举行,但是谈判并未取得实质性的进展。在中美双边投资条约谈判过程中,双方争论最多的就是"国民待遇"问题。"国民待遇"问题包括投资准入和投资待遇两个方面,它是BIT中最为核心和敏感的问题。在此方面,美国BIT范本推行的是准入前国民待遇和负面清单的方式,其BIT范本将国民待遇覆盖至外资准入阶段,只要没有纳入负面清单的项目,东道国就必须给予外国投资者无歧视的国民待遇。而中国对外资实行的是准入后的国民待遇和混合清单,国民待遇只适用于外资在已经获准进入后的营运阶段,不适用于外资准入阶段。中国对外资实行的《外商投资指导目录》是混合列表,包括鼓励目录、限制目录和禁止目录。国民待遇成为双方谈判冲突的焦点。对此,笔者认为,对准入前国民待遇我们完全没有必要视其为洪水猛兽,原因如下:

(1)从国际趋势来看,准入前的国民待遇已经日益普及。纵观国际投资的演变史,在20世纪80年代以前,多数国家对外来资本持谨慎的态度,受此影响,国家间缔结的双边投资条约往往回避就外资准入问题作强制性规定,而将投资保护问题作为双边投资条约的主要任务。[②]

① 参见李嘉:"完善我国海外投资保障机制的法律研究",载《华东政法学院学报》2007年第3期。

② 参见刘笋:"浅析投资准入阶段推行国民待遇的条约法实践及其影响",载《天津政法管理干部学院》2003年第1期。

然而,在投资双边条约的晚近发展中,出现了一个明显的变化,就是美式的双边投资保护协定将国民待遇引入投资领域,扩大适用于投资设立前的阶段,而不仅仅是投资设立后的阶段。当前,准入前国民待遇已经被越来越多的国家所接受。在亚太地区,据不完全统计,截至2009年,已有26个自贸区的投资条款包含准入前国民待遇,涉及国家既有美国、加拿大、日本等发达国家,也有韩国、新加坡、泰国、马来西亚、越南等发展中国家。①

(2)承认准入前国民待遇有利于维护中国对外投资者的利益。目前,我国在所有投资协定和自贸协定中,都完全拒绝接受准入前国民待遇,包括2002年的《中国—东盟全面经济合作框架协议》以及2012年的《中国—加拿大双边投资保护协定》都没有纳入准入前国民待遇条款。这种一概拒绝的态度反而可能使得我国今后的压力会更大,也明显不利于我国对外投资者在国际投资市场上的竞争。② 受世界金融危机的影响,世界经济格局遭遇"洗牌",我国从资本输入大国一跃转为资本输出大国。然而,遭遇失败的对外投资案例依然占有很大比例。究其根源,是我国所签订的BIT在外资准入时期的国民待遇上并没有明确规定,致使在相同条件下第三国的投资能够顺利进入东道国,我国却不然。例如,"中坤集团冰岛投资案"中显示,从2007年至中坤集团申请时,冰岛政府共受理25起外国人购地申请,其中仅一起被拒绝。③

(3)承认准入前国民待遇并非意味着中国一定履行相关义务。美国BIT范本推行的是准入前国民待遇和负面清单的方式,只要纳入负面清单的部门,缔约国是不需要承担准入前的国民待遇义务的。因此,我国与其他国家的BIT谈判应该放弃以前的完全拒绝准入前国民待遇的立场,对于我国需要保护或涉及国计民生的部门,我们可以将其纳入负面清单的范畴,再与其他国家进行谈判。

---

① 参见赵玉敏:"国际投资体系中准入前国民待遇",载《国际贸易》2012年第3期。

② 参见崔凡:"美国2012年双边投资协定范本与中美双边投资协定谈判",载《国际贸易问题》2013年第2期。

③ 参见新浪新闻网:http://news.sina.com.cn/s/2011-11-27/040223531108.shtml,最后访问时间:2013年8月26日。

3. 提高在国际投资谈判中的话语权

目前,在全球经济治理框架中,国际贸易领域有世界贸易组织(WTO),国际金融领域有国际货币基金组织(IMF),但是投资领域尚无一个具有广泛约束力的全球投资协定,然而,建立全球性的多边投资协定已经成为国际社会大部分国家的共识,而且各种组织已经行动起来。2012年4月,美国与欧盟共同发布了关于国际投资的七项基本原则,直指发展中国家。①我国一开始就应该参加到全球投资治理体系的构建中去,发出自己的声音和利益需求。实际上,在多边投资规则的制定方面,中国已经有所作为。2002年,中国与东盟10国共同签署了《中国—东盟全面经济合作框架协议》。2009年8月15日,中国东盟正式签署自由贸易区《投资协议》。中国—东盟《投资协议》致力于在中国—东盟自由贸易区下建立一个自由、便利、透明的投资体制。互相给与对方投资者国民待遇、最惠国待遇等,为双方创造有力的投资条件和投资环境,并为双方投资者提供充分的法律保护。②除此之外,在亚太经合组织(APEC)方面,中国也是积极参与了有关规则的制定。因此,展望未来,中国政府应该主动的参与多边投资规则的制定,确保中国投资者能够跨越各种投资壁垒,降低海外投资的风险。

五、结论

国民待遇作为一种待遇标准,对于保护外国投资者,解决国际投资纠纷有一定的作用。在国际社会,国民待遇经历了从不规定要限制规定再到美国式的扩张式的规定,将其适用于外国投资这市场准入阶段。对我国投资者而言,国民待遇也是中国海外投资寻求保护的一种重要工具。但是我们也必须看到,其不是万能的,国民待遇在各国都有适用的例外。同时,除开法律方面的风险,中国投资者海外投资还有可能面临政治风险等,因此,中国投资者要想避免投资权益受到侵害,必须加

① See http://trade.ec.europa.eu/doclib/html/149331.htm, Visited on August 26, 2013.

② 参见王淑敏:“地缘政治视阈下中国海外投资准入国民待遇保护”,载《法商研究》2012年第2期。

强对东道国的法律的了解，还必须对政治风险有足够的认识。发生纠纷后，积极利用国民待遇原则保护自己的权益。而作为国家而言，在国内层面，我国应该尽快制定一部《海外投资保护法》、《海外投资保险法》等相关法律。在国际层面，变更思路，推出更新的国际投资协定范本，加强与美国等主要经济交往国家的谈判，签订双边投资条约，以维护我国对外投资者的合法权益。

（作者系武汉大学国际法研究所副教授，法学博士）

巴塞尔协议面临的金融创新产品规避监管困境

王远胜

目　　次

以创新产品规避监管是困扰金融市场的老问题。自巴塞尔协议确立以风险矫正为基础的资本充足率监管框架以来,发达市场为规避监管设计的创新产品目不暇接,监管与规避监管之间的角力没有片刻停歇。次贷危机让金融创新产品声名狼藉,各种复杂创新衍生品被公认为危机的罪魁祸首而广受诟病。我国金融市场建设起步晚,对待衍生品创新一直持谨慎态度。尽管相对简单的金融市场体系曾被很多业界人士批评创新不足,但也正因为没有复杂的创新产品,市场受危机的冲击比较小。金融危机一度减缓了我国处于起步阶段的金融产品创新步伐,但随着危机噩梦逐渐淡去,2010 年后,以理财产品为代表的金融产品创新开始大行其道。虽然理财产品样式繁多,但究其实质莫不与规避监管套利有关。2013 年 6 月,因大量短期理财产品到期导致银行间市场资金骤然紧绷,5 月初仅为 2.1% 的隔夜拆借利率一度飙升至创纪录的13.4%,中国是否遭遇“雷曼时刻”,一时间成为众多金融评论人士的热门话题。虽然进入7月后隔夜利率回复到正常水平,但金融创新引发系统风险的达摩克利斯之剑已然悬挂在我国金融市场的头顶。

以银监会2004年发布首个《商业银行资本充足率管理办法》为标志,巴塞尔协议逐渐成为我国金融市场监管的范本。尽管我国的创新理财产品与引发次贷危机的创新衍生产品结构有所不同,但在规避资本充足率监管方面是一样的。为什么巴塞尔协议没能阻止金融危机的发生?我国当前的金融产品创新有没有导致类似次贷危机的市场系统风险的可能?面对这些问题,有必要梳理巴塞尔协议通过以来市场监管与规避监管之间角力斗争的全貌,为我国监管层正确对待金融产品创新提供参考。

一、巴塞尔Ⅰ——自由主义哲学导致游戏规则更新

20世纪五六十年代,全球性金融市场尚未形成,稳定性问题不是各国政府关注的主要问题。在发达国家,30年代的大萧条使大多数国家采取分业经营模式以保障金融市场的安全。少数国家,如德国、瑞士等,虽然固守混业经营模式,但由于大陆法系民法传统上对非物权权利转让的保守态度,加上其证券市场不够发达,金融体系的系统风险并未出现。

与分业、混业相对应,发达国家传统金融市场模式逐渐形成了两种类型:银行主导模式和证券主导模式。道格拉斯·达蒙德指出,银行存在的最根本原因是因为信息不对称,其主要功能就是为了弥补存款人对借贷方信息掌握的不充分,在一个信息充分的市场,存款人可以直接或者通过共同基金向需要资金的企业提供贷款,而无须银行的参与。在银行主导的金融市场,全能银行是企业融资的主角,这些银行既向企业提供短期贷款,也向其提供长期贷款,既提供商业银行服务,也提供投资银行服务。这些全能银行保障安全的主要措施是与企业建立长期银企合作关系,监督银行信贷资金的安全使用。对于证券主导的金融市场,以吸收公众存款为主要资金来源的储蓄银行的业务大多局限在短期贷款及其他商业银行业务上,企业融资的主要渠道是证券市场。由于短期贷款对银行流动性、进而对其稳定性的风险远小于长期贷款,

证券主导金融市场安全性的主要问题在证券市场,而不在银行。

在新独立的发展中国家,金融市场基本为外国金融机构主宰。为尽快实现工业化和农业规模化,这些国家的政府奉行金融工具主义哲学,纷纷采取国有化措施控制本国金融机构。在具体政策上,政府往往通过主导信贷资金去向、严格控制利率等方式全面干预金融市场。银行纷纷在偏远地区开设分支机构,向政府提供信贷解决公共财政的不足,政府确定的优先产业得到大量资金扶持。国家严格控制的金融市场在初期并不存在安全性问题。

进入70年代后,随着信息技术的突飞猛进,国际资本市场向广度和深度发展,金融市场的传统游戏规则逐渐瓦解。在以美国为代表的证券主导的金融市场,由于证券市场日新月异,企业对商业银行的短期信贷依赖逐渐式微,加上受利率上限限制,商业银行在和投资银行的竞争中越来越处于不利地位,消除商业银行和投资银行间竞争制度障碍的呼声日渐高涨,并直接导致放松管制的1980年的《储蓄机构放松管制和货币控制法案》(DIDMCA),以及1982年的《加恩·圣吉尔蒙法案》(the Garn St. Germain Act)出台。奉行全能银行的欧洲国家也不例外,由于银行业国际间竞争加剧,企业选择贷款银行的余地越来越大,传统的银企关系市场模式逐渐让位于交易主导(transaction - based)市场模式,依赖银行—企业建立长期合作关系以保障资金安全的渠道渐次堵塞。在发展中国家,由政府严格主导的金融机构并不能催生一个有活力的金融市场,政府控制的低利率使大量民间资金流向国外或者直接投资实体资产(导致进一步的通胀,更加凸显政府控制利率之背离市场规律)。由于国内信贷的不足,大量的私人企业不得不把眼光投向国外。1982年,拉丁美洲国家外债危机爆发,很多跨国银行收紧银根,发展中国家的政府和公共企业不得不增加向国内金融机构融资的力度,这进一步恶化了本国私人企业的融资环境,进而导致经济衰退,通胀剧增。据世界银行1990年的报告,1983~1987年,发展中国家平均通货膨胀率达到51%。经济衰退导致的巨额坏账使发展中国家的银行资本大幅缩水,金融机构倒闭潮接踵而来。以严格监管为中心的金融工具主义思想受到前所未有的挑战。

与此同时,发达国家1970年代的滞胀使凯恩斯主义受到越来越多的质疑，大萧条前的自由市场理论重新受到追捧。1979 年和 1981 年，信奉自由资本主义的撒切尔和里根分别执掌英国、美国，金融市场分业经营、结构规制（structure regulation）的思想在两国的地位进一步下降。1987 年，里根政府撤换政绩显著但主张管制的美联储主席保罗·沃克，改由主张自由市场的格林斯潘代替。这一举措被认为是美国政府进一步对金融市场放松管制的象征性信号。

随着金融市场的传统游戏规则逐渐走入尽头，国际社会亟须建立新的游戏规则以保障稳定。1988 年的巴塞尔协议 Ⅰ——《关于统一国际银行的资本计算和资本标准的报告》，正是自由主义哲学导致游戏规则更新的产物。巴塞尔协议 Ⅰ 的最主要特征是放弃分业经营结构规制的传统监管模式，确立资本充足性作为维持金融机构稳定的首选工具。一般认为，结构规制的最大好处是监管相对容易，其不足是限制了银行通过规模经营追求更大效益。巴塞尔协议 Ⅰ 的通过，表明主张严格管制的金融工具主义以及分业经营结构规制的思想逐渐走入历史，金融业反管制的斗争取得了阶段性胜利。

二、从巴塞尔Ⅰ到巴塞尔Ⅱ——监管与反监管之间的猫鼠游戏

巴塞尔 Ⅰ 的核心内容是确立金融机构资本与风险资产比率的最低要求。对银行进行资本充足性监管不是新鲜事物，早在 20 世纪初，人们就已经知道商业银行破产倒闭的原因是无法应付存款户的提现。对资本充足性的衡量，起初采取的方法是"资本与存款比率"以及"资本与总资产"比率。这两种衡量方式的最大不足是忽视了银行不同资产间的风险差异，不能准确反映风险价值取向不同的金融机构的不同风险实际。巴塞尔 Ⅰ 一方面把银行表内资产按风险级别的不同分为五类并分别确定风险权数；另一方面视银行资本的不同性质把它们分为核心资本与附属资本。除此以外，协议还开创性地把表外资产通过信用转换系数纳入监督范围。与以往的资本负债管理相比，巴塞尔 Ⅰ 确立的风险加权资本管理方式明显更触及金融机构稳定问题的核心。

但是，对于监管对象来说，任何管制都是反效率的，理论上说所有金融机构都有尽可能缩小资本比率、高杠杆高风险经营的本能倾向。究其原因主要有二：一是有限责任制度。有限责任制度使高风险经营

的收益归属股东,而相应的高破产风险却由广大债权人或保险公司承担;二是政府承担成本对金融机构提供的潜在安全网。出于社会稳定的考虑,几乎所有国家对本国的有影响的金融机构都会提供潜在的保护措施(即所谓的“大而不能倒”潜规则——too big to fail)。因此,任何与资本充足率有关的强制法律要求在本质上都是与银行的逐利冲动相左的。规避监管是监管的孪生姐妹,巴塞尔Ⅰ通过后,以金融创新为名行逃避监管之实的金融衍生产品开始涌现,银行表外业务和交易账户资产猛增。

(一)信用衍生产品

信用衍生产品指的是以贷款或债券的信用状况为基础资产的衍生金融工具,如信用违约互换(CDS)、信用联结票据(CLN)、总收益互换等。其实质是一种交易合约,与保险相似,交易一方或双方对约定金额的支付取决于基础贷款或债券的信用状况。由于巴塞尔Ⅰ对不同种类的银行资产规定了不同的风险权数,如公司贷款的风险权重为100%,而由经合组织(OECD)国家内注册银行提供担保的贷款,其风险权数为20%,这就使得如果一家银行对自己持有的公司贷款资产通过信用衍生产品从OECD国家的银行购买信用保护,对其这笔贷款的法定资本要求便会减少4/5。因此,减少管制性资本要求被认为是银行进入信用衍生产品市场的最主要动机。

虽然银行通过保险性质的信用衍生产品交易,能够达到减少法定资本要求、扩大经营规模的目的,但显而易见的是,基础贷款或债券本身的信用风险并没有减少,银行通过互相持有信用衍生产品,所做的不过是将自身的单笔信用风险转化为整个金融系统的总体风险而已。信用衍生产品市场是全球场外衍生市场发展最快的部门之一,仅1997~2002年短短几年,全球信用衍生品交易总量就上涨了10倍多。2007年末,美国仅CDS的市值就达到45万亿美元。金融机构通过互相持有CDS形成资产安全的幻觉,而事实证明这些幻觉是靠不住的,它们的安全保证源于穆迪、标普等的AAA乐观评级,而不是来源于资产的真实状况。

(二)表外业务

表外业务是银行从事的不列入资产负债表,但能影响其当期损益的经营活动，又称为“或然资产或负债”。表外业务主要包括：(1)各种担保性业务；(2)承诺性业务，主要有回购协议、信贷承诺、票据发行便利；(3)金融衍生工具交易，主要有期货、期权、各种信用衍生产品的掉期合约(swaps)、资产证券化等。

表外业务纷繁复杂，对其进行风险评估异常困难。巴塞尔Ⅰ只是对传统的与表内业务相关的表外业务，如信用证、信贷授信等，采用信用转换系数的方式转化为表内业务，进行最低资本规制。大量的创新型表外业务游离在资本充足率监管之外。20世纪80年代末至90年代，商业银行表外业务突飞猛进。据统计，到1991年末，美国十家最大的商业银行承担的表外或然责任(contingent liabilities)是自身总资产的8倍。1997年末，美国10家最大的商业银行的帐外衍生品交易额达到惊人的24万亿美元。而在1983年，这些银行的表外业务规模还达不到自身资产规模。

美国银行表外业务猛增的一个重要原因是金融资产大量证券化。早期资产证券化采取的形式是不动产抵押债券(MBS)。1985年，资产证券化技术被首次运用到非不动产抵押领域——银行汽车信贷。1986年，完全摆脱实体财产支撑的信用卡应收账款证券化被市场和监管当局接受后，广大金融机构逐渐尝到了资产证券化的甜头：银行可以在从资产负债表中剔除风险资产、从而减少最低资本要求的同时，收取大量的证券化发起和服务佣金。20世纪80年代，资产证券化一直处于相对平稳的发展阶段，其在1990年代后的迅猛发展正是源于商业银行逃避资本充足率监管。

信用卡应收账款的成功证券化，使得在理论上一切银行资产都可以进行证券化运作，CDOs应运而生。CDOs是一种复杂的资产证券化形式，其基础资产不再是单一的风险资产，而是各种风险资产的组合。CDOs后，又出现了更加远离实体财产的ABS CDOs，这种证券的基础资产本身就是其他的MBS或者CDOs。1995~2004年，美国的年末未偿付证券化资产以年均19%的速度递增，而同期的不动产抵押债券以及公司债券市场的年均增长率只有9%。2004年，美国新发行的证券化资产达到空前的9000亿美元。

资产证券化曾被认为是银行进行风险管理的有效手段。特定目的实体(SPV)通过分层技术(tranching),把待发行的依附于同一资产池上的债券分成受偿优先性不同的几个部分,风险喜好不同的投资人可以根据自身的实际选择投资适合自己的债券品种。经济学认为,不同投资人的风险边际效益是不相同的,银行通过证券分层,可以把资产上的不同风险转移到相应的最有效率的风险承担者身上,这样做比由银行概括承担风险更有效率。但是,上述理论假设忽略了一个重要的事实,即银行与生俱来的逐利本能。由于资产证券化成功地逃脱了资本充足率监管,证券化过程中的丰厚佣金,诱使华尔街的金融大鳄通过一系列令人眼花缭乱的包装炒作,把逐渐脱离实体财产支撑的资产证券泡沫越吹越大,资产证券化市场逐渐沦为一个疯狂炒作的大赌场。在这个赌场里,传统上用来保证证券市场价格准确性的信息披露越来越难以捉摸,资产评级机构的信用评级也变得迷雾重重,最终酿成了祸及全球的次贷危机。

(三)交易账户

银行交易账户是银行为交易目的或规避交易账户其他项目的风险而持有的可以自由交易的金融工具和商品头寸。银行持有交易账户头寸的目的,是为了在短期内转手出售、从实际或预期的短期价格波动中获利或者锁定套利(lock in arbitrage profits)。常见的交易头寸有自营头寸、代客买卖头寸以及做市交易形成的头寸等。

与交易账户相对应,银行的其他业务归入银行账户,最典型的就是存贷款业务。与银行账户存在信用风险不同,交易账户项目上存在的主要是市场风险,即交易头寸价格波动以及流动性的风险。巴塞尔Ⅰ的资本充足率监管的主要目的是防范信用风险,因而其针对的对象主要是列入银行账户的项目,对交易账户头寸少有涉及。这给银行逃避资本充足率监管留下了可乘之机。由于持有交易账户头寸所需的自有资本比银行账户少得多,这使得银行可以不必增加自有资本投入而迅速扩大表内业务规模。20 世纪 90 年代后,发达国家银行的交易账户以惊人的速度递增。为应对银行大幅举债从事交易账户项目可能带来的市场风险,巴塞尔委员会于 1996 年推出了《资本协议关于市场风险的补充规定》。但由于这些规定过于笼统,并且缺乏可操作性,其实际效果十分有限。以 2008 年金融危机中陷入困境的比利时 Dexia SA 为例，当年6月，其按巴塞尔协议计算的核心资产充足率为11.4%（远大于要求的4%最低限额），但是，如果按其资本与总资产的比率（即杠杆率）计算，却只有1.6%。美国次贷危机发生后，人们发现这些短期交易头寸的流动性远没有想象得高，很多昔日受市场追捧的宠儿因鲜有问津而不得不待字闺中，许多持有巨额短期交易头寸的银行因此陷入流动性不足的泥潭。

2008年金融危机中，美国银行暴露的问题和欧洲银行并不相同，前者是资产证券化泡沫累积的大量表外不良资产，而后者却是失去流动性的巨额交易账户头寸。这种差异正是银行反监管游戏的结果。巴塞尔Ⅰ通过后，欧洲国家普遍采用协议中确立的风险资产模式作为监管资本充足率的工具，欧洲银行通过交易账户轻松逃过了监管。但是，美国在采用巴塞尔Ⅰ的同时，仍然坚持把杠杆率（即资本与总资产比率）作为监管银行的一个重要工具（不低于3%，监管当局希望达到4%～5%），因此美国银行逃避监管的主要方式就是开展表外业务。

三、巴塞尔Ⅱ——金融危机证明其不是灵丹妙药

世界金融市场并没有因巴塞尔Ⅰ而变得稳定。1990～1992年，全球性信用紧缩爆发。1995年初，百年老店巴林银行倒闭，引发亚洲、欧洲、美洲金融市场一连串剧烈波动。1997～1998年，东南亚金融危机爆发。2002～2004年，高科技泡沫破裂，全球证券市场进入大萧条后最熊的熊市时期。人们开始指责巴塞尔Ⅰ的单一化风险评估模式（one size fits all）太过武断，并且其风险权数的确定也不准确。20世纪90年代末，一些国际大银行开始采用自己的细化风险评估机制实施风险管理，巴塞尔Ⅰ的标准模式越来越被认为是银行的一个负担。在此背景下，《巴塞尔新资本协议》（巴塞尔Ⅱ）于2004年推出。

与巴塞尔Ⅰ相比，巴塞尔Ⅱ增加了对市场风险和操作风险的控制，其主要变化体现在三个方面，即通常所谓的新资本协议三大支柱：最低资本要求、监管当局对资本充足率的监督检查、市场信息披露。

最低资本要求——新的风险评估机制。新协议没有提高最低资本要求，但改变了老协议的单一化风险计量模式，即所谓的“打包式风险量化模式”（risk buckets），允许银行在满足一定会计标准和信息披露要

求的情况下采用内部评级法(Internal Rate Based approach,IRB),分别确定单笔资产的信用风险。对于表外资产证券化,新协议虽然认识到其规避资本充足性监管的本质,但同时认为其有助于实施风险的多样化、提高金融稳定性,因而要求在决定其资本要求时重视交易的经济本质,而没有强制要求其并入表内业务监管。

监管方式的改变。由于风险评估机制的改变,传统的“粗暴的比率方式”监管(即着眼于银行总体的资本充足率)已失去基础,因此巴塞尔Ⅱ要求各国监管当局把监管重点放在对金融机构内部风险评估系统上,强化对金融机构风险测量与管理的制度与程序的监管。

市场信息披露。巴塞尔委员会认为,基于新协议允许银行使用内部计量方法计算资本要求,公开的信息披露因而显得十分重要。通过强化信息披露,可以帮助银行和监管当局管理风险、提高稳定性。巴塞尔Ⅱ要求各国监管当局根据自身法律制定一套信息披露规定,使市场参与者掌握有关银行的风险轮廓和资本水平的信息。

修改巴塞尔Ⅰ的主要目的之一是增强风险评估模式对现实信用风险的敏感性(risk sensitivity)。从技术上看,这一目标达到了,IRB 内部评级法从表面上看比“打包式风险量化模式”无疑更加科学。巴塞尔Ⅱ的核心内容就是 IRB 内部评级法,其第二支柱“监管方式的改变”与第三支柱“市场信息披露”,在很大程度上是以 IRB 代替“打包式风险量化模式”的副产品。

如前所述,巴塞尔Ⅰ是自由主义哲学导致游戏规则更新的产物,以资本充足性监管取代分业经营监管是金融业反管制斗争的阶段性成果。巴塞尔Ⅱ确立的核心思想仍然是以风险资产为基础的资本充足性监管,试图通过复杂的 IRB 内部评级法跟上银行日新月异的创新步伐,通过对银行内部评级系统的程序监管规制银行的无节制逐利,以道术的创新控制魔术的翻新。对待眼花缭乱的衍生产品,其采取的态度是堵不如疏,把控制衍生品风险的希望寄托在强化信息披露带来的市场约束上。巴塞尔Ⅱ体现的监管哲学与巴塞尔Ⅰ相比并没有根本改变,监管跟在反监管后面跳舞的基本格局依然如故。

巴塞尔Ⅱ的道术创新,实践证明其效果并没有似预想中那样美好。协议确立的监管架构在 2006 年年底被大多数国家采用后,因美国次债危机引发的全球金融风暴旋即爆发。虽然危机的根源应该溯及协议修改前，但联想到巴塞尔Ⅱ2004年正式定案时委员会的良好愿望与此次金融混乱引发的灾难恐慌，人们不禁要问：巴塞尔Ⅱ因何没能有效拯救金融市场？

（一）IRB内部评级法：理性化设计如何实际操作？

IRB内部评级法依赖的主要工具是建立在银行以往经营数据基础上的风险模型（risk models），巴塞尔Ⅱ要求风险模型的建立依靠四个方面的数据，即违约概率、违约损失率、违约风险暴露、期限。巴塞尔Ⅱ确立的IRB法有两种：初级法和高级法，在高级法中，这四类数据完全由银行自身提供。但是，有学者质疑，"如果我们找不到正确的模型，怎么办？如果用以建立模型的数据被证明质量不高，怎么办？以往准确的模型，如何面对将来的情况变化？如果出现没有预料到的不能模式化的事件，怎么办？"

本轮金融危机暴露的一个重要问题就是市场过于依赖经济学家提供的数据和模型，而事实上经济学家在建立这些模型时对数据的选择都存在着无意的"选择性偏见"。早有学者指出，在绝大多数情况下，相信风险度量准确都只是一种幻觉，因为银行本身常常缺乏足以使他们通过满意的方法测量它们资产的风险的数据。退一步说，即使存在通过复杂的计算技术可以得到这些数据的可能，银行有没有投入巨额成本求得这些数据的动力？如前所述，银行喜欢冒险经营是由经营方式不可避免的外部性（externality）决定的，如果没有有效的外部监管，银行是不大可能有动力投入巨额成本建立准确的内部评级模式的。外部监管能否确保有效呢？这是值得怀疑的一个问题。

（二）程序监管：可能性能否转化成现实性？

监管行为的有效性总是同被监管对象的复杂程度成反比的，裁判足球比赛的错误总要比裁判拔河比赛多得多。要准确认定金融机构的内部评级法是否科学，监管当局不仅要审查银行每类风险暴露的经济本质，还要准确评价超复杂的整体评估模式是否恰当。不仅要评估用于模型计算的各项数据的质量，还要评估模型本身。由于没有统一的标准模式，以及被普遍接受的风险测量方法，作为一个银行外部人，监管机构要完成上述任务几乎是不可能的。监管机构凭什么判断某个模式是不恰当的？更有甚者,它们拿什么证明这个模式或某项风险评估是有问题的？一旦认定违法成了问题,银行很自然地就会抓住这个空子选择节约成本的评估模式。

(三)中介评级机构:雾里看花能否真切?

次贷危机的始作俑者资产证券化。针对这一问题,巴塞尔Ⅱ要求银行重视其交易的经济本质,寄希望于中介评估机构的外部评级确定其风险权重。但是,次贷危机中中介评级机构却成了众矢之的。穆迪的一位匿名执行董事在一次内部管理调查时说,(评级错误)“使我们看上去要么是对资产信用分析力不从心,要么是为钞票出卖了自己的灵魂,或者是二者兼有之”。对于中介评级的频频失准,有人指责是由于其为投资人服务却由被监督者(债券发行人)埋单。在中介评级初期,中介机构的服务确是由受益者埋单的——投资人购买评级机构定期发行的评级刊物间接支付评级佣金,但那种付费方式因不能保证中介机构有足够的收入雇用高端分析师而被淘汰。另外,即使今后能找到便捷而有效率的方式让投资人埋单,谁又能保证评级机构不转而向着投资人(埋单者)而故意低评债券级别呢?

有人则认为,问题的根本在于市场的复杂程度已经使所有的有限理性人无法准确预知未来。认识论上有个著名的经验偏见理论(availability heuristic),说的是当某一事件经常出现在我们的视线中时,我们总会过高地估计这一事件未来出现的频率。当市场上的资产支撑债券因投资人的追捧行情一再走高时,即使中介评级机构能够预见其必然下跌的趋势,但到底何时崩盘它是无法准确预见的。囿于经验偏见,评级机构倾向于根据既往的类似债券表现来确定待评债券的级别是自然的结果。

(四)信息披露:能否承担让投资人谨慎的重任?

巴塞尔Ⅱ第三支柱是信息披露,委员会希望通过详尽的信息披露促使投资人谨慎出手,但本轮金融风暴的爆发提醒我们重新审视信息披露对保证复杂的衍生品市场健康发展的作用。我们不妨设想,如果市场提供了足够充分的信息,为什么结果却是浩如烟海的投资人频频判断失误？答案可能是,他们没有足够长远的战略目光,他们会在意最近的房价变化,却不太可能总是考虑市场最坏的可能,有多少投资人会在脑子里总是念念不忘30年代的大萧条呢？另一答案可能是，市场信息足够充分，但大多数人没有耐心去细细研读，或者是信息的专业性复杂性已超越了大多数投资人的理解极限。很显然，这两类困难都是无法克服的。

还有一种可能是以往的市场没有向投资人提供充分的信息。造成这个结果的原因又可能有两种：第一种可能是市场无法在保证有效率（成本低于收益）的前提下向投资人提供充分的信息。以资产证券化为例，由于资产证券化是通过一系列的合同安排来操作的，并没有统一的模式，每只证券化产品往往都是自成一体的（sui generis），披露义务人无成例可循，要求其对纷繁芜杂的信息一一甄别以确定哪些属于披露的对象，并不总是有效率的（即高昂的信息披露成本可能致其入不敷出）。对于创新衍生产品，市场需要时间才能消化理解。第二种可能是监管机关的监管力度不够。这又会回到监管效率问题上来，对于市场一时都难以理解的衍生品，监管部门当然更需要时间来理解监管对象，要求监管部门先知先觉显然也是不现实的。

四、巴塞尔Ⅲ——能否阻止危机再次发生尚存疑问

次贷危机引发的金融风暴让巴塞尔Ⅱ的实践短板大白于天下，由创新产品引发的市场系统风险和金融大鳄的道德风险暴露无遗。让人眼花缭乱的创新产品，早已将金融大鳄串成一根绳子上的蚂蚱——一损俱损。出于对一家银行倒闭便可能导致市场整体灾难的担心，陷入危机的政府不得不再次伸出援手，拯救金融巨头于水火之中。这种慷纳税人之慨的做法招来了舆论的猛烈炮轰，加强市场监管成了各监管当局平抑公众愤怒的基本路径。在此背景下，2010年9月，巴塞尔银行监管委员会管理层会议在瑞士举行，27个成员国的中央银行代表就加强银行业监管达成一致，巴塞尔III正式登台。

巴塞尔III的核心内容是改革巴塞尔Ⅱ的第一支柱，主要有：（1）将商业银行的核心一级资本充足率下限从4%上调至6%，其中普通股资本比率下限由之前的2%上调到4.5%；同时将核心一级资本的范围严格限制在普通股、永久性优先股及已实现收益，商誉及其他无形资产、投资性资产的未实现收益等被剔除出核心一级资本；（2）重新引

入不考虑不同资产风险差异的传统杠杆率监管,要求其最低下限为3%;(3)引入流动性监管指标,包括“流动性覆盖率(Liquidity Coverage Ratio,LCR)”以及“净稳定资金比率(Net Stable Funding Ratio,NSFR)”,前者要求商业银行须持有足够的高质量流动资产以应对短期危机,后者要求增加银行长期稳定资金来源,减少流动性期限错配(liquidity mismatches)压力。

不难看出,上述措施(1)和(3)主要着眼于提高单个金融机构的抗风险能力。然而,根据上节分析,导致此次金融危机的根本原因是对复杂创新衍生产品的IRB内部风险评级很难准确、外部监管很难奏效、中介评级机构对创新衍生品的评级失真以及复杂衍生品信息披露上存在的悖论,单个金融机构资本不足只是引发危机的导火索。提高单个金融机构的资本充足水平,或许能够延缓发生类似次贷危机的金融风暴,让市场泡沫吹得更大,但能否杜绝危机的发生,则存在很大的疑问。比较而言,引入传统杠杠率监管(即上述措施(2))对遏制金融机构借助衍生创新产品扩大负债经营规模的作用要明显一些。但是,不考虑资产风险差别的杠杆率监管,很有可能促使银行增加持有高风险资产的比例(高风险资产意味着获取高收益),而银行持有的高风险资产比例过高,3%的杠杆率则很难应付。其实,巴塞尔III在维持巴塞尔I以来的风险加权资本充足性监管模式的同时引入简单杠杆率监管,本身即将自己置于一种尴尬境地:杠杆率要求低,则遏制银行高负债经营的效果有限,杠杆率要求高,则风险加权资本充足性监管失去意义。波恩大学经济学教授黑尔维希认为,巴塞尔Ⅰ、Ⅱ的风险加权资产规制模式不可能准确,应当彻底摒弃这种模式,降低金融机构通过衍生品交易规避资本监管的热情,完全回归巴塞尔Ⅰ之前的简单杠杆率监管,同时将资本充足率要求提高到10%以上,甚至20%~30%。经合组织的布兰德尔—维格纳尔等也批评新协议不仅没有对既往的风险加权评估模式作实质改动,而且杠杆率要求太低,因而并没有根除巴塞尔Ⅰ、Ⅱ的弊端。

尽管和黑尔维希等学者建议的回归传统监管思路相比,巴塞尔III已经足够宽松,但金融大鳄的反监管斗争并未停息。据《纽约时报》报道,巴塞尔III公布时,摩根大通集团总裁杰米·戴蒙曾主张应该考虑美国是否该从巴塞尔协议退出。当巴塞尔 III 中的“流动性覆盖率(LCR)规则”于2013年初正式公布时,戴蒙松了一口气。LCR的执行期限不仅从原计划的2015年推迟到2019年,而且相关规则远不如预期严厉:不仅通过新的计算方式大幅降低了金融机构必须持有的流动性缓冲资产的规模,而且不动产抵押债券(MBS)被许可作为流动性资产计入。委员会当然不会忘记正是MBS缺乏流动性导致了次贷风暴的爆发,但他们也难以抵御金融大鳄施加的巨大反监管压力。

事实上,金融衍生品市场在危机中经历短暂沉寂后很快复苏。2007年次贷危机爆发时,全球衍生品市场总值大约为500万亿美元,国际清算银行(BIS)统计,在2011年底,全球衍生品市场总值至少已达到648万亿美元,而国际掉期及衍生品工具协会(ISDA)则认为BIS的数字保守了,实际市场可能已达到707万亿美元,甚至更高(IMF公布的2012年全球GDP总量约为71.7万亿美元——本文注)。

除了市场规模屡创新高外,衍生品交易花样翻新的步伐也没有停歇。以美国市场为例,近年来一种被称为“特殊目的实体(SPV)升级版”的逃避资本监管工具——“可变利益实体(Variable Interest Entities,VIE)”大量涌现。美国财务会计准则委员会(FASB)前成员唐纳德·杨认为,尽管安然事件后FASB更新了财务会计准则,要求VIE在一定条件下(如果银行是VIE的首要受益人)必须并入表内,但这些新规则很容易被操控,“银行设立VIE不过是逃避履行资产并表和披露义务的一种财务花招”。一向以稳健著称的美国富国银行2011年度财务报表披露,该行2011年末“深度介入”的VIE的资产总额为1.46万亿美元,这还不包括其自认为“卷入不深、因而无须披露”的VIE交易。除了VIE,华尔街银行家们还设计了其他令人眼花缭乱的新产品规避监管,一个典型的例子是掉期产品期货化(futurization of swaps)。同为风险转移工具,金融期货和掉期的市场功能很相似,设计成掉期的衍生品大多也能设计成期货。在美国2010年颁布《多德—弗兰克华尔街改革和消费者保护法》之前,银行承担的期货监管成本大大高于掉期产品,后者因而受到青睐。金融危机将掉期产品的系统风险暴露无遗,为此《多德—弗兰克法》特设专章加强对掉期产品的监管力度(Title Ⅶ),比如要求银行为其持有的这类资产单独预备足够的现金储备、要求银行充分披露交易细节等,而对期货的监管基本维持原样。精明的华尔街银行家瞅准了这一监管套利商机,纷纷将原有的掉期产品重新设计成期货合约。据统计,到2013年初,美国洲际交易所(一家知名电子期货、掉期交易平台)有一半以上的掉期产品改头换面变成期货合约,另两家期货、掉期交易机构——芝加哥商业交易所和厄里斯交易所(Eris Exchange)的未平仓类掉期期货合约(swaps-like futures)分别为56亿美元、20亿美元。市场分析人士普遍认为,这只不过是刚刚开始。瑞银集团对掉期市场的一项调查显示,交易商预计会将他们1/5到1/4的掉期组合产品改造成期货合约。

通过规避监管套利是金融机构的本能。金融机构之所以热衷于高风险经营,归根结底是因为存在"大而不能倒"潜规则。尽管巴塞尔III专门就所谓"系统重要性金融机构(Systemically Important Financial Institutions,SIFIs)"制定了一系列的额外监管措施,但包括美联储主席伯南克在内的诸多业界人士承认,现有措施(包括巴塞尔III以及《多德—弗兰克法》)并不足以解决这一问题。事实上,由于有纳税人的救助,美国的大银行在危机后不仅没有瘦身,反而越做越大。据统计,美国最大的四家银行——摩根大通、美洲银行、花旗、富国,如今的规模比危机前增长了30%。不少人认为,要解决银行"大而不能倒"潜规则带来的道德风险,唯一可行的办法是重新回归分业经营模式。但这意味着彻底颠覆巴塞尔协议的监管思路。

五、中国式规避监管——变味的个人理财服务

巴塞尔协议放弃了传统的分业经营、结构规制监管模式,其风险资本监管模式给金融机构留下了极大的利用创新产品进行监管套利的空间。尽管我国《商业银行法》仍坚持分业经营模式,但在现实中这一规则早已被突破。只要有监管套利机会,就会有监管套利行为,我国金融市场同样不会例外。下文以变味的个人理财服务为例,简要分析我国银行利用产品创新规避监管的大致线条。

根据银监会2005年发布的《商业银行个人理财业务管理办法》,个人理财业务指的是商业银行为个人客户提供的财务分析、财务规划、投资顾问、资产管理等服务(第2条)。简单地说就是银行利用自身专

业优势为客户量身定做财富规划，受人之托，帮人理财。个人理财业务分为两类：理财顾问服务和综合理财服务，前者属于单纯的为客户提供咨询服务，后者则是代客投资，通常的形式是向客户发售理财产品。个人理财业务侧重于为客户提供个性化专业服务，在发达国家个人理财市场，理财顾问业务是主流，兜售标准化理财产品属于旁枝。我国理财市场的原初设计遵循的也是这条道路，《商业银行个人理财业务管理办法》规定，综合理财服务应当建立在银行向客户提供理财顾问服务的基础之上，接受客户的委托和授权，按照与客户事先约定的投资计划和方式进行投资和资产管理（第9条）。然而，现实理财市场的发展早已偏离管理层原初设计的路径，理财顾问服务甚是冷清，兜售标准化理财产品节节攀升，并且变异成银行规避监管的一种工具。

理财产品的变异开始于2008年前后，在此之前，尽管其个性化服务色彩不强，但也鲜有监管套利：非结构性产品资金投向主要集中于国债、央票、金融债，类似于货币市场基金和债券市场基金；结构性产品的挂钩标的明确，与国外理财产品相似。2008年后，刚刚起步的资产证券化市场因次贷危机突然止步，融资类理财产品大量涌现，部分银行开始通过发行融资类理财产品，利用银信合作进行监管套利。具体做法主要有两种：(1)利用信托中介，将产品资金直接投资于本行信贷产品和票据产品，将表内资产转移到表外；(2)银行间相互投资理财产品，通过“对敲”降低表内贷款资产，规避信贷规模管控。

2009年底，银监会发布《关于规范信贷资产转让及信贷资产类理财业务有关事项的通知》，叫停了上述两种做法。但银行随即通过产品结构创新，将信托机构楔入“对敲”游戏（对敲+信托），通过延长信贷资产转让链条，成功规避了《通知》的限制。具体做法通常是：甲银行将自己的信贷资产卖给信托机构，信托机构将其包装成信托计划，再由事先约好的乙银行发行理财产品，购买信托计划。如果乙银行也进行同样的反向操作，则形成了“信托加信托、理财套理财”的更让人眼花缭乱的结构。《通知》遏制理财产品风险的效果没有达到，越来越复杂的交易结构反而使得产品更加衍生化，风险也更加难以识别和监控。

随着上述“对敲”游戏愈演愈烈，2010年8月至2011年2月，银监会先后几次发布规范银信合作理财业务的通知,要求压缩银信合作理财产品中的信托贷款比例,将理财资金通过信托发放的信托贷款、受让信贷资产、票据资产转入表内,并严禁用理财资金直接购买信贷资产。但银行很快就将目光投向新的工具——信托受益权买入返售和资产池运作,通过资产腾挪规避资本监管的步伐继续高歌猛进,并且操作方式越来越复杂。

(一)信托受益权买入返售

最初的信托受益权买入返售的一般模式是:A银行通过信托平台发放一笔信托贷款计划,取得信托受益权,C银行再以理财产品资金从A银行手中购买信托受益权。不难看出,这种交易和之前的"对敲+信托"没多少区别,唯一不同的是C银行之前直接从信托手中买入信托计划,而现在变成了从其他银行买入信托受益权。监管部门禁止理财资金购买信托计划,但没有禁止其购买信托受益权,银行抓住这一漏洞,成功规避监管。

2011年第一季度,理财产品购买信托受益权明显增多。银监会意识到上述制度漏洞后,通过"窗口指导",理财产品购买金融机构信托受益权被制止。但银行很快又设计出交易的"升级版",在原交易链条上楔入所谓的"过桥企业"和"过桥银行",即A银行先将信托受益权转让给过桥企业a,a再转让给B银行(以自有资金购买),B银行再转让给C银行。尽管交易链条被拉长,但整个交易的实质仍然是C银行通过信托平台给企业做出一笔贷款。引入过桥企业是为了规避理财产品不得购买金融机构信托受益权的限制,而引入过桥银行,则是为了规避资本充足率监管:一般企业债权的风险权重为100%,而同业债权的风险权重是25%。为了更深地遮蔽交易本质,有些"升级版"交易在信托环节进一步做文章,采用"信托套信托"的方式(即所谓的"TOT",trust of trusts,成立新的信托购买实际融资的信托受益权),拉入更多的参与机构,让交易更加复杂难辨。

(二)资产池运作

所谓资产池运作模式,简单地说就是银行将理财产品资金汇集成一个资金池,专门用于投资特定的资产组合(资产池)。资产池运作模式与资产证券化很相似,资产池相当于后者的特殊目的实体(SPV)。

资产池运作模式在2011年后被大量采用,一个重要原因就是为了规避监管层将银信合作融资类理财产品并入表内的要求,组建资产池后,哪怕99%的资金仍投向信贷类资产,也不必并入表内。

简单的资产池运作——资金池稳定、资产池透明、二者一一对应,并不会增加金融市场的系统风险。次贷危机中,广受诟病的是交易“七弯八转”、信息不对称、风险高且评估困难的复杂资产证券化产品,汽车信贷证券化、信用卡应收账款证券化等结构简单、信息透明、风险度低的证券化产品,并没有受到多少指责。然而,高风险意味着银行的高利润,在逐利本能驱动下,美国银行热衷次贷支持证券,我国金融机构也热衷于不断创新,将资产池运作复杂化。主要表现在:(1)资金池复杂化。当前银行大多数理财产品的期限为3个月以内,年化收益率维持在4.5%左右。银行6月内短期贷款利率为5.6%。如果存贷期限一致,银行获得的利差只有大约1.1%,而普通3月期存贷款之间的利差是2.55%,1.1%的利差很难让银行获利。为解决这一问题,很多理财产品做起了“借新还旧,短借长贷赚取利差”的生意,把不同理财产品汇集到一个资产池,滚动发行新的理财产品来偿付到期产品的本息。(2)资产池隐秘化。早期的简单资产池理财产品都会详细指明资金的具体投向,但滚动型理财资金池出现后,资产池信息也变得混沌不清。当前大部分产品说明书只简单列举投资的范围及种类,并且还附上“以及其他资产”的“尾巴”,一些说明书还标明银行可以根据市场实际情况,对说明书中的投资种类和投资比例进行调整。

信托受益权买入返售和资产池运作,基本包含了引发此次金融危机的衍生品的所有阴影:表外运作、信息不透明、风险低估、监管困难。资金池滚动运作实际上就是一个击鼓传花游戏,在市场行情好、投资者信心足时,即使风险淤积,大家也能相安无事。但一旦市场出现波动,投资者失去信心,新发产品少人问津,则淤积的风险就会瞬间爆发。这一点和次贷危机何其相似。当规避监管产生的风险淤积到一定程度时,一些防范风险的局部监管措施,往往并不能奏效。2001年安然事件后,SPV表外融资的风险已经暴露,美国国会在2002年专门通过《萨班斯—奥克斯利法案》,但这并没有阻止次贷危机在2007年全面爆发。2013年3月,我国银监会发布《关于规范商业银行理财业务投资运作有关问题的通知》,对理财产品投资信托贷款、应收账款、各种受益权等非标准化债权的比例作出限制,并要求每个理财产品与所投资资产建立一一对应关系。受《通知》影响,4月份理财产品量价齐跌。然而这种势头并没有延续下去。由于资金池断水,一些银行纷纷将将目光投向银行间资金市场,这直接导致5月中旬以后隔夜拆解利率逐渐上扬,并在6月末冲到历史最高位。在这种情况下,很多银行重新做起借新还旧的买卖,新发市场再度火热,产品预期收益率稳步上升,而个人储蓄存款大幅度下降。《通知》的实际执行效果让人怀疑。

六、结语——对待金融产品创新,应当慎之又慎

梳理巴塞尔协议通过以来监管与规避监管之间的博弈,大体可以得出如下线索:协议催生了规避监管的产品创新,创新倒逼监管技术复杂化,增加了监管的难度,而新的更加复杂的创新产品又会在市场涌现,监管技术势必更加复杂,监管有效性更加难以保证。并且,在这一博弈过程中,由于创新源自于市场竞争,其总是争分夺秒、花样繁多,而金融机构对立法有强大的掣肘能力,监管立法不仅常常姗姗来迟,而且大打折扣。一旦风险淤积,积重难返,"头疼医头、脚疼医脚"式监管往往效果有限,危机仍然发生。加尔布雷斯在其《金融狂热简史》(1994)中说,金融无须借助创新,完全不必要,那些装扮成创新的东西,其实质不过是一些以资产作为担保的信贷,大家将其打包、切割(横向或者竖向)、再打包,然后起个新名字,但归根结底还是有人欠其他人的钱,一旦市场繁荣起来,你就可以下赌注,但繁荣的本身却依赖人们的狂热。加尔布雷斯的观点看似激进,但一次又一次循环爆发的市场乱局却证明其不无道理。

变味的个人理财服务表明,我国金融机构利用产品创新吸金的冲动正在向国外金融操盘手看齐。和发达市场一样,我们也不缺乏理性不足、热衷炒作的投资人,证券市场20余年的历史基本就是一部炒作史。但和发达国家的金融监管相比,我们的监管有效性更值得怀疑,这不仅有监管人员的水平问题,还有更深层次的体制问题,以及整体法治水平问题。与此同时,我国承担市场监管职能的中介市场还处于起步阶段,技术水准远比国外同行逊色,而道德风险有过之而无不及。美国

杜克大学法学院教授舒瓦茨将本轮金融危机的深层次原因归结为"3C":复杂衍生品交易中存在的大量代理利益冲突(Conflicts);人的自负本性(Complacency);市场的复杂难辨(Complexity)。除了人的自负本性,利益冲突的复杂化和市场的复杂难辨,都与巴塞尔协议改变金融市场传统监管思路导致大量产品创新有关。周期性爆发的市场乱局,让发达国家的很多学者呼吁重归传统简单监管方式以遏制规避监管的创新。对于监管机制尚待成熟的我国,对待各种规避监管的金融创新,应当慎之又慎。

(作者系安徽省社会科学院法学研究所助理研究员)

从“双重可诉”规则到“侵权行为地法”规则的演变及其法律问题

——英国的实践及其对中国的启示

甘　勇

目　　次

引言

2010年10月通过、2011年4月1日开始实施的《涉外民事法律关系适用法》对一般侵权行为的冲突规范有重大修正，引人注目的是将发生在外国的侵权行为的法律适用由重叠适用法院地法和侵权行为地法（学者亦称为“双重可诉”规则）改为适用侵权行为地法为一般规则，以共同经常居所地法、当事人协议选择的法律或者其他最密切联系地法为例外的规定。[①] 这一改变,与英国侵权冲突法上一般侵权行为冲突规范以“双重可诉”规则为核心的普通法规则转向以“侵权行为地法”为核心的成文法规则异曲同工。由于中国在相关法律适用问题上判例较少,本文试图就英国一般侵权行为的冲突法规则从“双重可诉”规则到“侵权行为地法”规则及其例外规定的演变所涉及的主要法律问题进行研究,以便对于经历同样演变的中国法适用有所帮助。

英国冲突法上关于涉外侵权行为的冲突规则在 1996 年 5 月 1 日发生变化。在 1996 年 5 月 1 日之前,侵权行为的冲突法规则主要是普通法规则,包括双重可诉规则以及其例外规定。之后,1996 年 5 月 1 日生效的《1995 年英国国际私法(多项规定)法》(The Private International Law (Miscellaneous Provisions) Act of 1995)(后文简称“《1995 年英国国际私法法》”)[②]成为了侵权行为法律冲突法的重要组成部分,与普通法规则共同构成了侵权冲突法的全部。2009 年 1 月 11 日,《关于非合同义务法律适用的罗马公约》(以下简称“《罗马公约 II》”)开始对英国生效。[③]《罗马公约 II》中关于侵权行为法律适用的规定也成为英国侵权行为法律冲突法的组成部分。但是《罗马公约 II》和《1995 年英国国际私法法》都将一般侵权行为的法律适用指向损害发生地的法律,法

---

① 《涉外民事法律关系适用法》第 44 条是有关一般侵权行为法律适用的规定,根据该条:侵权责任,适用侵权行为地法律,但当事人有共同经常居住地的,适用共同经常居住地法律。侵权行为发生后,当事人协议选择适用法律的,按照其协议。该条规定,根据《合同法》第 51 条规定,取代了《民法通则》第 146 条有关侵权行为的规定,该条规定:侵权行为的损害赔偿适用侵权行为地法律。当事人双方国籍相同或者在同一国家有住所的,也可以适用当事人本国法律或者住所地法律。中华人民共和国法律不认为在中华人民共和国领域外发生的行为是侵权行为的,不作为侵权行为处理。

② 1996 年 5 月 1 日生效的《1995 年英国国际私法法》涉及法院判决和仲裁裁决中的利息问题,根据允许一夫多妻的法律有效的婚姻在英国的效力,以及侵权行为的冲突法三个部分。侵权行为的冲突法规则规定在第 9 ~ 15 条。

③ See, Rome II Regulations (864/2007).《罗马公约 II》适用于在 2009 年 1 月 11 日及以后提起的诉讼并且只适用于发生在 2007 年 8 月 19 日以后的导致损害发生的事件。See, Robert Bacon v. Nacional Suiza Compañia de Seguros y Reaseguros S. A., [2010] EWHC 1941 (QB).

律规定上基本相同。[①]

本文介绍了“双重可诉”规则(Double Actionability Rule)产生发展中所涉及的法律问题,以及转变为侵权行为地法规则后英国法院在适用中遭遇的主要法律问题,并对经历同样法律转变的中国法院适用侵权行为地法规则应该注意的问题进行了探讨。本文分为四个部分。第一部分结合普通法阐述了“双重可诉”规则及其例外规定,分为三个小部分:首先阐述了“双重可诉”规则的确立以及在适用中产生的问题;其次阐述了“双重可诉”规则例外规定的发展及其在司法实践中产生的问题;最后总结了英国学者关于“双重可诉”规则及其例外规定的不足以及介绍了改革这一制度的努力。第二部分阐述了从英国法上从“双重可诉”规则向“侵权行为地法”规则的演变中的法律问题,分为四个小部分:首先介绍在《1995年英国国际私法法》通过以后,“侵权行为地法”规则适用涉及的法律问题;其次介绍“侵权行为地法”规则例外规定的适用涉及的法律问题;再次对“双重可诉”规则及其例外规定在涉外诽谤侵权中继续适用的相关问题进行了说明;最后讨论了根据《1995年英国国际私法法》法院地法在涉外侵权行为法律适用中涉及的法律问题。第三部分对于中国《涉外民事法律适用法》第44条有关一般侵权行为法律适用的相关规定进行了分析,重点指出了我国新的立法与英国有关侵权行为法律适用规范的差异,以及由于这种差异可能导致司法实践中对第44条以及最密切联系原则进行解释适用的困难,并探讨了法院在适用新法中应行注意的其他有关问题。文章在最后的结论部分第四部分中指出,“双重可诉”规则虽然为“侵权行为地法”规则所取代,由于法院地法依然通过冲突法的基本制度在涉外侵权行为的法律适用中起到作用,法院在审理案件中应该仔细斟酌法院地法的适用,否则表面上法律进行了修订,而实践中“双重可诉”规则却可能“借尸还魂”,通过一般冲突法制度的扩大解释而依然适用,从而违背修法以充分保护权利的目的。

本文认为,英国侵权冲突法上“双重可诉”规则的发展和向侵权行

---

① See, Art. 11, Private International Law (Miscellaneous Provisions) Act 1995; Art. 4, Rome II Regulation (864/2007).

为地法规则及其例外规定的转变涉及的法律问题，对中国一般侵权行为冲突法的解释适用也具有重要的借鉴意义；尽管中英两国法系不同，冲突法法理不尽一致，但是现代社会随着国际化全球化日益加深，人类生活益发相近，侵权冲突法实践中面临的问题日益趋同，英国规则所拟解决的问题，英国法院在实践中的困难，也将会为我国司法实践所遭遇，因此，了解英国规则在实践中的适用，对于我国法院的司法实践尤其具参考意义。尽管此前学者对于英国侵权冲突法也有过研究，[1]但是由于成文较早，对于法律的修改演变带来的解释适用问题的最新判例没有研究，也使得本文的研究具有现实意义。

一、英国普通法上“双重可诉”规则及其例外规定

（一）英国普通法上“双重可诉”规则的确立

英国普通法将涉外侵权行为区分为发生在英国领域内的涉外侵权行为（此时行为人可能为外国人或者有其他涉外因素）和发生在英国以外其他国家的侵权行为，相应地，普通法关于其法律适用规则也分为两部分：针对发生在英国国内的涉外侵权行为，一律适用英国法。[2] 针对发生在英国国外的涉外侵权行为的诉讼，英国法院在 Phillips v. Eyre[3] 一案中，确立了所谓的“双重可诉”规则。

1870 年 Phillips 在英国伦敦法院对前牙买加总督 Eyre 提起的一项基于故意伤害、非法拘禁（Assault，False Imprisonment）的诉讼。Eyre 在担任牙买加总督期间，为了镇压国内的人民起义（Moran Bay

---

① 参见王志文：“英国法上侵权行为冲突规范之变革”，载《华冈法粹》1998 年第 26 期。

② Szalatnay-Stacho v. Fink，[1947] KB 1 CA. 该案涉及两个捷克人在英国因为在英国发表的诽谤言论而涉讼，被告为流亡英国的捷克斯洛伐克政府官员，他在寄送给同样身在英国的捷克斯洛伐克总统的文件中，指控了原告——捷克在埃及的执行部长——的不当行为，这些文件在英国出版。原告对被告提起诽谤之诉，根据捷克法律，被告的行为具有合法的抗辩。但是英国法院认为诽谤行为发生在英国，适用了英国法，即法院地法，没有适用当事人的共同属人法。Also see Metall und Robstoff AG v. Donaldson Lufkin and Jenrette Inc [1990] 1 QB 391。在该案中英国法院再次重申了对发生在英国境内的侵权行为，适用英国法。

③ （1870）LR 6 QB 1.

Rebellion),命令下属逮捕和杀害了一批反政府人士。在他的总督任期结束之前,他通过了一部法律,规定禁止对他在担任总督期间所为的迫害杀戮行为提起诉讼。在他回到英国以后,在英国的牙买加人对他提起了诉讼。英国法院认为 Eyre 不应该因为他在牙买加的行为被诉。原因是 Eyre 的行为如果发生在英国,是可以构成侵权行为并可以被诉的,但是根据侵权行为发生地的法律,即 Eyre 通过的豁免其责任的牙买加法律,该行为已经得到正当化了。所以 Eyre 不需要在伦敦法院承担侵权责任。法官 Willes 在众所周知的附带意见中第一次阐述了“双重可诉”规则。他说:“作为一般规则,对于发生在外国被指控为侵权的行为如果要在英国法院起诉,必须满足两个条件。第一,该行为如果发生在英国也是可以被起诉的;第二,该行为根据行为地的法律是‘不正当的’。”[1]Willes 法官这一附带意见确立的规则为随后的法院所遵守,解释和适用,并被称为“双重可诉”规则。

“双重可诉”规则的第一个要件是:“发生在国外的侵权行为,如果是发生在英国将是可以作为侵权行为被诉的。”这实质上是在对于发生在外国的侵权行为适用法院地法。这一要件源自枢密院在 The Halley[2] 案中的判决。在 The Halley 案中,一挪威船东对一英国船东基于发生在比利时领海上的船舶碰撞提起诉讼,船舶碰撞源自比利时引航员在英国船舶上的过失行为。根据比利时法律,英国船东要对引航员的过失承担损害赔偿责任,但根据英国法律,船东不用承担责任。在该案中,英国法院判决适用英国法,认定英国被告不用承担责任。虽然这一要件一直饱受学者质疑,[3]但在司法实践中却为法院所广泛接受,而且法院也从没有提出 Halley 案以外的任何理由来说明为什么要适

---

① (1870) LR 6 QB 1, at 28 – 29. “As a general rule, in order to found a suit in England for a wrong alleged to have been committed abroad, two conditions must be fulfilled. First, the wrong must be of such a character that it would have been actionable if committed in England. Secondly, the act must not have been justified by the law of the place where it was done.”

② [1971] AC 356 HL.

③ See, LORENZEN, SELECTED ARTICLES ON THE CONFLICT OF LAWS 376 (1947). Also see, Moffatt Hancock, Canadian-American Torts in the Confict of Laws, 46 CAN. BAR REV. 226 (1968).

用英国法，在 Chaplin v. Boys① 案中，这一要件再次得到了上议院的所有法官的确认。②

“双重可诉”规则的第二个要件是发生在国外的行为根据行为地法律必须是“不正当的”(Not justifiable)。对于这一条件本身并没有太多的争议，但是对于怎么样才能构成“不正当”，英国的判例法在解释上先有后有三种标准。

第一项标准是所涉及的被告行为根据行为地的法律也应构成侵权行为，也应该承担侵权责任。在 The Mary Moxham③ 一案中，西班牙的一位原告对作为被告的英国船东提起诉讼，要求被告雇主赔偿其雇员对原告所有的位于西班牙的一处码头造成的损害，根据西班牙的法律即侵权行为发生地的法律，雇主对雇员的侵权行为不承担代负侵权责任(vicarious liability)，法院判决因为被告根据行为地法不需要承担侵权责任，所以在英国也无须承担侵权责任。

第二项标准是所涉及的行为根据行为地的法律只要“不是无辜的”(not innocent)，即在道德上或者刑事上具有可苛(归)责性(Morally or Criminally Culpable)，即使在民事上是不可诉的，该行为也将被视为依行为地法是“不正当的”。这一标准在 Machado v. Fontes 一案④中确立。在该案中，原告对被告提起了一桩诽谤之诉，诉称被告在巴西发表了侮辱攻击原告的言论。根据巴西法，即行为地法，被告在巴西并不承担民事责任，但是根据巴西法律其行为构成了犯罪行为。法院判决认定，该行为根据巴西法律应该承担刑事责任就意味着该项诽谤根据行为地法是不正当的，被告根据英国法应该承担对原告的赔偿责任。尽管这一标准在随后的一些案件中被援用，但最终在 Chaplin v. Boys 案中被明确推翻了。⑤ 学者也认为，此案中对“不正当的”解释已经和 Phillips v. Eyre 案中的相去甚远了。⑥

---

① [1971] A. C. 356.

② P. B. Carter, Torts in English Private International Law, (1981) 52 B. Y. B. I. L. 9, 24.

③ (1876) PD 107.

④ [1897] 2 QB 231 CA.

⑤ [1971] A. C. 356, at 357.

⑥ J. G. COLLIER, CONFLICT OF LAWS 233 (2001).

第三项标准是所涉及的行为根据行为地的法律是在“民事上可诉”(Civilly actionable)的行为。该标准为苏格兰法院在 McElroy v. McAllister① 一案中所采用并为 Chaplin v. Boys 一案所确认。在这一案件中,原告的丈夫在一起交通事故中受伤,事故发生在距英格兰和苏格兰边界线南部 40 英里的一个小镇——英格兰的谢普镇。事发当时,原告丈夫正在一辆同事驾驶的卡车上,为其雇主一家苏格兰公司出差。所有的当事人都是苏格兰人。原告以其丈夫的遗产管理人身份在苏格兰起诉,主张:(1)根据苏格兰法律(即法院地法),精神抚慰金;(2)和(3)根据英国 1934 年法律改革法以及致命事故法应该获得抚慰金,以及(4)苏格兰和英国法同时承认的丧葬费。由于原告所主张的第一项损害赔偿根据英国法,即行为地法是不可诉的;而第二项和第三项损害赔偿请求根据苏格兰法即法院地法又是不可诉的,只有丧葬费根据法院地法和行为地法都是可诉的,最后法院判决原告只能获得丧葬费赔偿,其他三项损害赔偿请求都被驳回。从而根据这一案件法院所确立的判断行为根据外国法是否正当的标准是根据侵权行为地法被告是否应该承担“民事责任”(civilly liable)。但是,此案判决结果之不公,引起对双重可诉规则的诸多批评。

在 Chaplin v. Boys② 案中上议院的多数法官意见重申了作为一般规则的“双重可诉”规则,即原告如就发生在国外的侵权行为主张损害赔偿,必须满足两个要件:(1)被告的行为在英国下可以作为侵权行为被诉;(2)被告根据行为地法应该承担民事责任,肯定了 McElroy 标准,明确否定了 Machado v. Fontes 所确定的“行为在道德和刑事上可苛责性”的标准。③

---

① 1949 SC 110. 正是这一案件促使莫里斯提出了侵权行为地法作为侵权行为的准据法这一理论。

② [1971] A. C. 356, at 377, 388. Hodson 法官和 Willberforce 法官都认为第二要件要求根据行为地法具有民事责任(Civil Liability),而不仅仅是侵权责任(Tortious Liability)。

③ [1971] A. C. 356, at 377, 381, 383, 389, 398. Donovan 法官和 Pearson 法官采用了 Machado v. Fontes 的标准,即只要行为根据行为地法具有道德上或者刑事上的可苛责性就可。这一标准被 Wilberforce 法官和 Hodson 法官所明确废弃, Guest 法官所默示废弃。Also see Yeo Tiong Min, Tort Choice of Law Beyond The Read Sea: Whither the Lex Fori? (1996) 1 SJICL 91, 95.

随后，在 Church of Scientology of California v. Commissioner of the Metropolitan Police 一案[①]中，原告声称被告在英国写作并在德国发表了一篇诽谤文章，在 Coupland v. Arabian Gulf Oil Co. 一案[②]中，所涉及的侵权行为发生在利比亚，上述两桩案件都援用了 Chaplin 一案的判决理由。对于行为根据行为地法的不正当性的判断，采用的是 McElroy v. McAllister 案的标准，即根据行为地的法律，该行为也可以成为受害人向侵害人请求承担侵权民事责任的基础。

因此，“双重可诉”规则可以概括为：一项侵权行为发生在国外时，必须该行为根据英国法是应该承担侵权责任的行为，同时该行为还需要根据行为发生地的法律是民事上可以起诉获得损害赔偿的行为（be civilly actionable in damages by the law of the place where it took place），[③]某一行为符合“双重可诉”规则时，法院最终根据英国法来确定行为人的侵权责任。

在“双重可诉”规则下面，举证责任并非全在原告一方。就举证责任的分配而言，“双重可诉”规则要求当事人之间按照下列顺序承担举证责任。即首先原告必须证明，根据法院地法——英国法，被告应该承担民事责任，否则，原告就要败诉。如果原告能够证明根据法院地法，被告应该承担民事责任，此时，举证责任转移到被告，被告须证明根据行为地法其行为不构成侵权或者根据行为地法有可以抗辩的理由；如果被告根据行为地法具有相应的抗辩权，那么原告必须进一步证明，即使是被告具有这一抗辩权，依然还是应该承担责任。如果原告能够证明这一点，则原告胜诉；否则被告胜诉。[④]

---

① （1976）120 Sol. Jo. 690. 该案在 Coupland 案中，为 Hodgson 法官全面检讨。

② ［1983］1 WLR 1136 Hodgson J and CA.

③ 承担民事责任的行为不一定是侵权行为，可以是因为合同、财产权等事项应该承担民事责任的行为。这一标准直到 Chaplin v. Boys 一案才得以明确，在 Phillips v. Eyre 案中，法官所确立的标准，是指控的违法行为必须根据行为地法是不正当的（Unjustifiable）。

④ See, Boys v. Chaplin, ［1971］ A. C. 356, 398, 406. Also see COLLIER, *supra* note 16, at 224.

(二)英国普通法上"双重可诉"规则的例外规定

"双重可诉"规则在 Chaplin v. Boys 案中得到了重要发展,Wilberforce 法官在该案中确立了"双重可诉"规则的例外情形。

在 Chaplin v. Boys 案中,原告与被告都是英国的驻外军人,驻扎在马耳他。原告骑着摩托车与被告驾驶的汽车碰撞,原告受伤。被告的汽车在英格兰注册保险。原告很快从军队退役。原告在英格兰起诉被告主张损害赔偿,被告承认其驾驶汽车时存在过失。争议的问题是原告可以获得的赔偿种类(范围)。无论根据英国法还是马耳他法,被告的行为都构成了侵权行为,原告可以就实际的金钱损害获得赔偿,而原告所受的实际的金钱损害不过53英镑;但是,根据英国法,原告还可因为其所受的精神损害和痛苦主张损害赔偿,为2250英镑。而马耳他的法律不承认此种赔偿。问题是原告能否获得包括精神损害赔偿在内的损害赔偿2303英镑?上诉法院的所有法官一致判决认定原告应该获得包括精神损害赔偿在内的全额赔偿2303英镑,但是他们的理由各不相同。①

首先,所有法官都一致认为根据 The Halley 案,一项侵权行为应该根据法院地法的实体规则来加以判断。对于是否应该给予原告精神损害赔偿,法官们理由各不一致。Pearson 法官②和 Donovan 法官③认为只要所涉及的行为根据侵权行为地法不是无辜的(not innocent by the law of the place where it occurred)对原告的精神损害赔偿就应该承认。Donovan 法官还进一步把赔偿范围问题视为程序问题,从而认为应该适用法院地法即英国法。Wilberforce 法官④、Hodson 法官⑤和 Guest 法官⑥都认为一项行为构成侵权行为必须根据行为地法是可诉的(actionable)。Wilberforce 法官和 Hodson 法官认为应该赔偿的理由是在"双重可诉"规则不能适用的例外情况下,可以法院地法取代侵权行为地法;Guest 法官则完全避开了是否适用"双重可诉"规则的问题,他将所涉及

---

① [1971] A. C. 356,356 -406.

② Id. at 393 -406.

③ Id. at 383 -384.

④ Id. at 384 -393.

⑤ Id. at 373 -380.

⑥ Id. at 380 -383.

的赔偿问题定性为程序问题,从而认为应该适用法院地法。

尽管法官们理由各不相同,使得本案确立的普通法规则难以确定。① 英国的权威学者意见认为 Wilberforce 法官的意见代表了普通法的立场。② 这一意见得到了随后的判例法的支持。

Wilberforce 法官创设的“双重可诉”规则的例外规定是:在存在“明显与合理的理由”(clear and satisfying grounds)时,可以不适用“双重可诉”规则(一般规则);针对特定问题,可以例外的适用与该特定问题和当事人有最密切关系的法律。

但是,直到《1995 年英国国际私法法》废除“双重可诉”规则及其例外规定时止,例外规定适用的例子并不太多,所以例外规定如何适用还存有很多没有解决的问题,③这也是为什么自 Wilberforce 法官创设例外规定时起就被批评为缺乏明确性和可预见性。④ 例外规定涉及的主要问题有如下几个方面。

1. 例外规定适用的条件

第一问题的实质是例外规定可以在什么情形下适用。尽管学者认为明确可以援用例外规定的情形既是不可能的也是不现实的,⑤归纳英国的判例和学者学说,⑥例外规则能够适用的情形主要有以下几种。

第一种比较多见的情形是当事人在侵权行为发生前具有某种关

---

① See, Carter, *Supra* note 12, at 24 – 25; Adrian Briggs, What Did Boys v. Chaplin Decide? 12 Anglo – Am. L. R. 237, 238 (1984).

② See, LAWRENCE COLLINS, DICEY & MORRIS ON CONFLICT OF LAWS 1478 (1993); also see P. M. NORTH & J. J. FAWCETT, CHESHIRE& NORTH ON PRIVATE INTERNATIONAL LAW 521 (1992).

③ Private International Law: Choice of Laws in Tort and Delict, para. 2. 5 (Law Com No. 193). Also see J. Fawcett, Policy Considerations in Tort Choice of Law, (1984) 47 M. L. R. 650, 665 – 669.

④ See, Consultation Paper, para. 2. 45 – 2. 46. also see J. Fawcett, *supra* note 32, at 665 – 669.

⑤ Carter, Decisions of British Courts During 1992 Involving Questions of Private International Law B. Private International Law, Survey, (1992) 63 B. Y. B. I. L. 519, 531.

⑥ See LAWRENCE, *supra* note 31, at 1499 – 1501. 在 Johnson v. Coventry Churchill International Ltd. 案中法院也提出了一些确立是否例外规则的原则。

系,如当事人为夫妇,或者当事人同为一个公司的雇员等。澳大利亚昆士兰法院判决的 Warren v. Warren 案①中,法院就因为当事人在侵权行为发生前具有夫妻关系而适用了例外规定。在这个案件中,原被告双方为一对夫妻,都在昆士兰拥有住所,并是那里的居民,昆士兰也是案件中发生交通事故的汽车的注册地和保险地。当丈夫驾驶汽车在新南威尔士行驶的时候,由于丈夫的过失驾驶行为导致妻子受伤。妻子在昆士兰对丈夫提起诉讼,主张损害赔偿。根据昆士兰的法律,妻子可以向丈夫主张损害赔偿;但根据新南威尔士的法律,则妻子不能向丈夫主张损害赔偿。法院判决,作为侵权行为地法的新南威尔士法律可以不予考虑,昆士兰的法律作为最为合适的法律应该适用。

应该注意的是,这种侵权行为发生前的关系并不是必须的。如果除侵权行为事实发生地以外的其他与侵权行为相关的事实都指向了某一特定法律的时候,例外规定就可以适用,因为在 Chaplin 案中当事人在侵权行为发生前没有任何联系。②

第二种情形是争议的特定问题不是关于侵权责任是否存在的问题,而是在侵权责任已经成立后,责任的种类或者当事人是否享有责任豁免或者一方当事人是否具有与有过失(Contributory Negligence)抗辩的情形。在 Johnson v. Coventry Churchill International Ltd. 案③中,英国法院适用了例外规定。在该案中,原告受英国公司的雇用,在德国工作,在德国工作时遭受人身伤害。根据德国法,原告无法获得损害赔偿,也不符合德国政府的工伤赔偿条件,但是根据英国法,他可以请求损害赔偿。法院判决,德国法可以不予考虑,原告可以根据英国法获得损害赔偿,因为当事人在侵权行为发生前具有联系(雇佣关系),被告系在英国投有保险,德国法对案件解决没有任何利益,案件显然与英国具有最密切联系,所以应该适用英国法,从而判决原告胜诉。

---

① [1972] QDR 386.类似的案件还有 Corcoran v. Corcoran [1974] VR 164。但是澳大利亚最高法院在 1991 年的 McKain v. RW Miller & Co. (SA) Pty Ltd (1991) 174 CLR1,宣布“双重可诉”的例外规则不再适用于澳大利亚的州际案件。

② See Private International Law: Choice of Law in Tort and Delict, Law Com. No. 193 (1990), para. 3.8; also see COLLIER, *supra* note 16, at 224.

③ [1992] 3 All ER 14.

2. 例外规定适用的法律效果

这一问题实质上是指根据最密切联系原则什么样的法律会得到适用。在Chaplin案中,法院根据当事人、案件与英国有最密切的联系,只适用了法院地法即英国法,而没有适用侵权行为地的法律——马耳他的法律,即舍弃了双重可诉规则的第二个要件——根据行为地法不具有正当性。那么,Chaplin案所确立的原则是否可以导致在特定情形下,针对特殊问题,排除法院地法而只适用行为地法;或者同时排除法院地法和行为地法而只适用第三国的法律呢?

对第一种情形,"双重可诉"规则的第一个条件——行为根据法院地法即英国法构成侵权行为——它的适用可否在有些侵权案件中忽略,而只适用作为行为地法的外国法来决定侵权责任?对此判例的立场并不一致。在Breavington v. Goldleman案①中,Toohey法官认为例外规则只能够适用于行为地法取代法院地法的情形,只有这样才能有利于法律的明确性。但是在Coupland v. Arabian Gulf Oil Co.案②中,Hodgson法官在附带意见中主张对于特定的问题应该只适用法院地法而不适用行为地法。学者也有持肯定主张的。③ 在Red Sea Insurance Co. v. Bouyges案④中枢密院对这个问题作出了肯定的回答。在该案中,上诉人是一家在香港设立但主要营业所在沙特阿拉伯的一家保险公司,因为一项位于沙特阿拉伯的在建建筑工程的质量问题被多名原告包括一家名为PCG的公司(所有的原告都不是香港人或在香港有住所)在香港法院起诉,建筑工程是基于在沙特签订的建筑合同进行的。保险公司对原告以及PCG提起反诉,主张建筑质量产生问题是由PCG过失提供有缺陷的预制构件所造成的,如果保险人要对其他原告承担赔偿责任的话,保险人则有权向PCG主张代位赔偿责任。PCG要求法院驳回保险公司的反诉,认为依据法院地法即香港法律,保险人在赔偿被保险人之前不享有代位权。保险人申请修改反诉主张,主张适用沙

---

① (1988) 62 ALR 447.

② [1983] 2 All ER 434.

③ See LAWRENCE, *supra* note 31, at 1499.

④ [1995] AC 190 PC.

特阿拉伯的法律,根据沙特的法律,保险人能够在保险赔偿以前就主张代位权。枢密院判决这项发生在沙特阿拉伯的侵权行为应该适用行为地法即沙特阿拉伯的法律,允许保险人根据沙特法律提起反诉请求,而没有适用法院地法律——即香港和英国的法律。①

第二种情形是指能否根据例外规定同时排除法院地法和行为地法而适用第三国的法律的情形。比如假定在 Chaplin 案中,双方当事人是法国军人在乍得服役时发生类似的侵权行为而在英国涉讼,按照"双重可诉"规则必须同时适用英国法和乍得法,但由于案件与法国有最密切联系,此时法国法既不是法院地法,又不是行为地法,英国法院可以适用法国法吗?学者认为,Wilberforce 法官创造的例外规则的用语非常宽泛,并没有特别指明只限于法院地法或者行为地法,所以解释上应该也适用于同时排除此两项准据法而适用第三国法的情形。②

3. 例外规定可否适用英国领域内的涉外侵权行为

这一问题产生在这样的情形下,假定两个法国军人在英国服役时发生侵权行为而在英国法院涉讼,根据"例外规定"法国法是具有最密切联系的法律,这时是否会考虑适用法国法,而不适用行为地法同时也不适用法院地法即英国法。学者认为,"双重可诉"规则仅适用于侵权行为地在英国以外的侵权行为,对于行为地在英国的侵权行为并不适用,作为"双重可诉"规则的例外规则当然也不适用于外国人之间发生在英国国内的侵权行为,所以在这种情形,依然按照传统的普通法规则,仍然应该适用英国法律。③

(三)英国"双重可诉"规则及其例外规定的不足与改革

"双重可诉"规则自1870年于普通法上确立,直至1979年英国法律委员会和苏格兰法律委员会考虑改革时止,行之110余年。这一涉外侵权行为法律适用的制度,被批评为有三大缺陷:

1. 涉外侵权领域的法律适用和其他领域相比显得偏狭(Parochial in appearance)而怪异(Anomalous)。首先在民事法律几乎所有的领域,除离婚、监护、抚养等涉及家庭法的领域外,英国法院无一例外都可以只适

---

① [1995] AC 190 PC,202.

② Yeo Tiong Min, *supra* note 19, at 100.

③ COLLIER, *supra* note 16, at 226.

用外国法,而排除法院地法的适用,从而让人难以理解为什么在侵权领域却一定要同时适用外国法和法院地法。其次作为适用法院地法的依据的 The Halley 案尽管从英国法律史上看具有合理性,这种合理性在现代社会已经不再具备。由于英国早期诉讼法关于法庭地的严格限制,英国法院最初不能直接受理基于发生在外国的侵权行为而生的诉讼,而只能通过法律拟制将英国视为法庭地,从而适用英国的法律。① 此外,早期侵权行为法更多地被认为与刑法类似,从而对侵权行为适用法院地法也更为合理。但是在现代社会中,侵权行为法的补偿性质与刑法的惩罚性质泾渭分明,这一理由也不再具有说服力。②

2. "双重可诉"规则导致不公。"双重可诉"规则实际上是有利于加害人,而不利于受害人的。因为受害人要向加害人求偿,必须同时满足法院地法和侵权行为地法的要求才能成功;而加害人只要能够利用任何一个法律所规定的抗辩,就能够免除责任。③ 典型的例子莫过于前述 MacElroy 案。

3. "双重可诉"规则及其例外规定具有很大的不确定性。如前所述,尽管"双重可诉"规则本身是明确的,但是 Chaplin 案所发展的例外规定则具有很大的不明确性,其援用的条件和援用的法律效果尚存在许多疑问。

但是,英国法律委员会关于修正侵权行为法律适用法的报告也认为,"双重可诉"规则及其例外规定这一制度也有其合理之处。④ 首先,"双重可诉"规则可以防止英国法院过分依赖和重视与英国法有较大差异甚至在目的上有本质区别的外国法。其次,"双重可诉"规则导致对受害人不公的情形在实践中较为少见,唯一为学者公认不公平的 McElroy v. McAllister 案,如果依据 Boys v. Chaplin 案所确立的例外规定,亦可获得合理的审判结果。最后,由于英国法院在涉外诉讼中引入

① See *supra* note 38, paras. 2.45 – 2.46.

② See *supra* note 38, para. 2.7.

③ See, *supra* note 38, para. 2.8.

④ See, *supra* note 38, papa. 2.10.

了“不方便法院原则”,[①]使得适用英国法会导致不公的涉外侵权案件在英国法院受理的可能性大为减少。[②]

尽管如此,英国大部分学者还是认为以“双重可诉”规则及其例外规定为核心的涉外侵权法律适用制度存在较大缺陷,于是从 1984 年侵权行为法律适用法改革咨询报告出版开始,经过多年讨论,在 1990 年形成了侵权行为法律适用法草案及报告。并于 1995 年通过法律草案,形成了现在的《1995 年英国国际私法法》。

二、英国成文法上“侵权行为地法”规则的确立及其例外

《1995 年英国国际私法法》第 10 条规定废除了在大多数的涉外侵权案件中“双重可诉”规则及其例外规定的适用,确立了侵权行为地法规则作为一般规则,同时以与特定问题有最密切联系地的法律作为其例外规定;[③]同时在第 13 条规定,在涉外诽谤侵权领域,“双重可诉”规则及其例外规定依然适用。[④] 值得注意的是,在“双重可诉”规则下,由

---

① The Spiliada [1987] A. C. 460.

② See *supra* note 38, para. 2. 10.

③ 第 10 条明确规定废除了“双重可诉”规则及其例外规定。See, Article 10 of The Private International Law (Miscellaneous Provisions) Act of 1995: The rules of the common law, in so far as they—

(a) require actionability under both the law of the forum and the law of another country for the purpose of determining whether a tort or delict is actionable; or

(b) allow (as an exception from the rules falling within paragraph (a) above) for the law of a single country to be applied for the purpose of determining the issues, or any of the issues, arising in the case in question,

are hereby abolished so far as they apply to any claim in tort or delict which is not excluded from the operation of this Part by section 13 below.

④ 第 13 条明确规定“双重可诉”规则依然适用于诽谤侵权案件。See, Article 13 of The Private International Law (Miscellaneous Provisions) Act of 1995.

(1) Nothing in this Part applies to affect the determination of issues arising in any defamation claim.

(2) For the purposes of this section “defamation claim” means—

(a) any claim under the law of any part of the United Kingdom for libel or slander or for slander of title, slander of goods or other malicious falsehood and any claim under the law of Scotland for verbal injury; and

(b) any claim under the law of any other country corresponding to or otherwise in the nature of a claim mentioned in paragraph (a) above.

于法院地法必须适用,所以国际私法上的特殊问题如定性、区分实体问题和程序问题,甚至适用公共秩序和强行规则的问题,在"双重可诉"规则下都没有产生的余地;但在排除了"双重可诉"规则以后,上述的国际私法上的特殊问题都重新呈现。因此根据新法理论上法院地法一般不会影响侵权行为的确立甚至赔偿责任的确定,但是在实践中,法院地法的影响并没有如想象一样仅仅在极为特殊的情形下适用,而是带来了一系列新的问题。① 一方面,《1995 年英国国际私法法》第 14 条明确规定法院地法依然在涉外侵权行为的定性、程序问题与实体问题的区分、公共政策和强行规则的适用等方面发挥作用。② 另一方面,由于《1995 年英国国际私法法》本身规定的不明确,导致对有些发生在英国领域内的侵权行为,以及一些衡平法上的危害行为(Equitable Wrongs)到底应该如何适用法律发生疑问。③ 因此"双重可诉"规则虽然式微,法院地法在涉外侵权行为法律适用中依然发挥重要作用。具体分述如下。

---

① Jonathan Harris, Choice of Law in Tort-Blending in with the Landscape of the Choice of Laws, (1998) 61 MLR 33, 33 - 34.

② 根据第 14 条的规定,在该法生效以前发生的侵权行为依然适用"双重可诉"规则;发生在外国的诽谤行为仍然适用"双重可诉"规则;公共秩序保留的例外,外国刑法、财政税收法律适用的例外、证据法和程序问题依照法院地法的情形,以及其他强行适用的法律规则。See Art. 14 Transitional provision and savings.

(1) Nothing in this Part applies to acts or omissions giving rise to a claim which occur before the commencement of this Part.

(2) Nothing in this Part affects any rules of law (including rules of private international law) except those abolished by section 10 above.

(3) Without prejudice to the generality of subsection (2) above, nothing in this Part—

(a) authorises the application of the law of a country outside the forum as the applicable law for determining issues arising in any claim in so far as to do so—

(i) would conflict with principles of public policy; or

(ii) would give effect to such a penal, revenue or other public law as would not otherwise be enforceable under the law of the forum; or

(b) affects any rules of evidence, pleading or practice or authorises questions of procedure in any proceedings to be determined otherwise than in accordance with the law of the forum.

(4) This Part has effect without prejudice to the operation of any rule of law which either has effect notwithstanding the rules of private international law applicable in the particular circumstances or modifies the rules of private international law that would otherwise be so applicable.

③ See A. Briggs, Choice of Law in Tort and Delict (1995) LMCLQ 519, 521. 值得注意的是,英国法院已经有判例确定即使是发生在英国国内的涉外侵权行为也应该依照《1995 年英国国际私法法》来适用法律。See, Morin v. Bonhams & Brooks Ltd, [2004] 1 Lloyd's Rep 681.

(一)侵权行为地法规则

确立侵权行为地法作为涉外侵权行为法律适用的一般规则是《1995年英国国际私法法》兼顾法律的灵活性与确定性的价值的体现。"双重可诉"规则显然对于希望求偿的涉外侵权的受害人来说太过僵化,从理论上说,侵权行为地法能够较好地克服这种僵化并且同样具有确定性;但是,由于法院地法依然要在确立侵权行为地法上起到作用,该法所追求的灵活性和确定性目标都受到了影响。①

1. 侵权行为的定性

根据"双重可诉"规则,某一行为必须根据英国国内法构成侵权行为,才能在英国法院被诉。但是根据1995年的法律,某一行为只要根据侵权行为地法构成侵权行为,即使该行为根据英国法不构成侵权行为,行为人也可以在英国法院被诉并要承担责任。这样在《1995年英国国际私法法》下就存在一个根据什么法律来初步判断该行为是否是侵权行为,从而决定是否适用该法的问题,即定性的问题。对此,《1995年英国国际私法法》第9(5)条规定,为国际私法的目的,对与侵权有关的诉讼请求的定性应由法院地法来确定。② 也就是说,是否是构成一项侵权行为从而应该适用《1995年英国国际私法法》这一问题需要根据英国法来进行初步的判断。但是到底应该依照什么法律来判断,有两种意见。一种意见认为从文义上解释,应该采用英国国内侵权法的标准。另一种意见则认为不能再适用英国国内侵权法来对侵权行为是否产生进行初步判断,因为"双重可诉"规则被明确废除,定性侵权行为依据的至少是比国内侵权法更为宽泛的侵权定义,或者说英国的"国际私法上的侵权行为概念"。比如在英国没有隐私权侵犯的侵权类型,当然也就没有办法根据英国国内法来确定某一被诉为侵犯隐私权的行为是否构成了侵权行为,而只能根据英国国际私法来确定该行

① Barry J. Rodger, Ascertaining the Statutory Lex Loci Delicti: Difficulties with the Private International Law (Miscellaneous Provisions) Act 1995, 47 ICLQ 205, 211, (1998).

② Art. 9 (5): The characterization for the purpose of private international law of issues arising in a claim as relating to tort or delict is a matter for the courts of the forum.

为是否构成侵权行为。①

2. 侵权行为地的确定

英国法院在处理涉外侵权案件时，无论适用"双重可诉"规则还是适用成文法所确定的一般规则——侵权行为地法规则，都要面临如何确定侵权行为地的问题。

在侵权行为地法规则下，确定侵权行为地是适用侵权行为地法的必然要求。对于侵权行为所有要件如侵权行为和损害后果都发生在一个国家的，其侵权行为地较易确定。对于某些跨国侵权行为，构成要件发生在不同国家时，《1995 年英国国际私法法》第 11 条第 2 款②提供了解决问题的办法。按照该条规定，人身伤害案件的侵权行为地是受害人受到人身伤害的地点；人身伤害致人死亡案件的侵权行为地则是死者受到致命伤害的地方；财产损害的侵权行为地是财产实际遭受损害的地方。

但是，对于人身伤亡和财产损害以外的侵权行为，如隐私权侵犯，第三人侵犯合同债权和其他经济侵权，其侵权行为地则通过第 12 条第 c 款规定确定，是与侵权行为相关事项有最为密切联系的地方。在如何判断与侵权行为有最密切联系从而成为侵权行为地时，传统的判例开始发挥作用。③

---

① See *supra* note 37, Appendix A, Explanatory Notes, Clause 1 Subsection 4; Jonathan Harris, *supra* note 53, at 33. Also see DAVID MCCLEAN & KISCH BEEVERS, THE CONFLICT OF LAWS 377 (2005).

② See Art. 11 (2) Where elements of those events occur in different countries, the applicable law under the general rule is to be taken as being—

(a) for a cause of action in respect of personal injury caused to an individual or death resulting from personal injury, the law of the country where the individual was when he sustained the injury;

(b) for a cause of action in respect of damage to property, the law of the country where the property was when it was damaged; and

(c) in any other case, the law of the country in which the most significant element or elements of those events occurred.

(3) In this section "personal injury" includes disease or any impairment of physical or mental condition.

③ Jonathan Harris, *supra* note 54, 39 (1998).

由于“双重可诉”规则只适用于发生在英国领域外的侵权行为,因此确定某一侵权行为发生在英国领域外是适用该规则的前提;而如果某一侵权行为发生在英国境外,英国法院首先要根据英国的民事诉讼规则确定能够对该项侵权行为主张管辖权。结果导致在传统的规则下,判断侵权行为是否发生在外国的标准有相当部分是在有关管辖权的判例中确立的,以至于有学者认为“双重可诉”规则是管辖权规则而不是法律选择规则。[①] 这些判例,在确定明文规定以外的侵权行为的侵权行为地时,还会发挥作用。[②]

目前普通法上所采用判断侵权行为地的标准就是由适用英国最高法院程序规则以确定法院管辖权的判例确立的。[③] 英国的民事程序法规定了法院对在外国的被告基于侵权行为决定是否进行域外送达(从而享有管辖权)具有自由裁量权。[④] 这一管辖依据的适用条件是:(1)诉讼请求是基于侵权行为而产生;以及(2)损害发生在英国领域内或者损害产生于在英国领域内所为的行为。法院需要确定侵权行为地从而确定某一侵权行为是否在英国领域内发生。法院确定“发生在英国领域内的行为”的重要判例是 Distillers Co. (Bio - chemicals) Ltd v. Thompson[⑤] 一案。在这样一个涉及确立管辖权的案件中,法院确立了一项原则,即确定侵权行为地的标准是“诉因实质上在哪里产生”

---

① Id. at 40.

② Barry J. Rodger, *supra* note 57, 209 - 210.

③ A. Briggs, *supra* note 56, at 524.

④ 英国法院需要根据英国最高法院规则(Rules of Supreme Court)第 11r1(1)(f)条来决定是否对某一外国被告进行送达。1987 年该条被修正,1998 年为英国最高法院民事程序规则 6.20(8)取代。其原文为:

Order 11 Rule 1(1)

Provided that the claim form is not a claim form to which paragraph of this rule applies, a claim form may be served out of the jurisdiction with the permission of the court if-

…

(f) the claim is founded on a tort and the damage was sustained, or resulted from an act committed, within the jurisdiction.

⑤ [1971] AC 458.

(where in substance cause of action accrued)。[①] 这一标准在 Metall und Rohstoff AG V. Donaldson, Lufkin and Jenrette Inc. 案[②]中既用于为管辖权的目的确定侵权行为地，还用于为法律选择的目的确定侵权行为地。在该案件中，一家瑞士公司在英国法院起诉两家美国公司，指控被告不当干涉合同引起合同另一方当事人违约。被指控的侵权行为发生在美国的一系列会议中，导致原告的经纪人违反了合同，致原告以损失。本案的问题是英国法院能否基于自由裁量权行使管辖权，为了解决这一问题，法院认为需要根据应该适用的准据法确定原告是否在表面上有请求权(a good arguable case)。尽管导致违约行为的共谋发生在纽约，但根据纽约法，该案的诉讼已经过了时效，法院判决侵权行为地在英国，而根据英国法，原告具有请求权，法院于是行使了管辖权。

显然在人身伤亡和财产损害以外的侵权行为发生时，基于管辖权目的而建立的确立侵权行为地的标准也会用来为了法律适用的目的而决定侵权行为地，从而影响着《1995 年英国国际私法法》关于侵权行为地法的适用。

3. 举证责任的分担

确定了行为地法以后，法院应该如何适用侵权行为地法决定侵权人的民事责任。一般来说，原告应该主张根据侵权行为地被告行为构成侵权行为。再由被告主张抗辩。被告如果根据行为地法具有合法的抗辩，也不构成侵权行为。对于什么样的情形能够构成合法的抗辩，普通法所发展的制度依然适用，如根据外国法只有刑事责任，[③]或者所指控的侵权行为是得到法律授权的，[④]或者事后承认的，[⑤]都能够解除被告的责任；或者被告根据行为地法不能够向被告主张损害赔偿，而只能主张工伤保险赔偿；[⑥]或者即使是被告的行为根据行为地法构成了侵

① C. M. V. Clarkson & Jonathan Hill, The Conflict of Laws, (3rd ed.), 2006, p. 232.

② [1990] 1 WLR 391 CA. see also Arab Monetary Fund v. Hashim [1996] 1 Ll. R 589 CA.

③ Mclean v. Petttigrew [1945] 2 DLR 65.

④ Philips v. Eyre (1870) LR 6 QB 128.

⑤ Carr v. Fracis Times & Co. [1902] AC 176 HL.

⑥ Johnson v. Coventry Churchill International Ltd [1993] 3 All ER 14.

权行为,但是如果特定的利益不受行为地法的承认,如精神损害赔偿,则原告也不能得到赔偿;①或者原告根据行为地法不能够向被告起诉,如当事人之间是夫妇,②或者有其他责任豁免规定的存在。

就与有过失而言,如果与有过失根据行为地法具有阻碍原告侵权之诉的效果,则原告根据行为地法应该败诉。但是如果与有过失根据行为地法只是在当事人之间产生损害赔偿数额分担的法律效果时,则原告在一定的情形下,依然能够获得全额的赔偿,理由是作为行为地法的外国法只决定是否应该承担侵权责任给予赔偿的问题,至于赔偿的额度,属于程序问题,应该按照法院地法即英国法来确定。③

(二)侵权行为地法的例外

受普通法关于涉外侵权行为法律适用的影响,成文法也规定涉外侵权行为法律适用的一般规则和例外规定的二元结构。《1995年英国国际私法法》第12条是第11条一般规则的例外规定。根据第12(1)条规定:如果根据案件的所有情况,通过比较:(1)将侵权行为与一般规则下该侵权行为准据法所属国相联系的连接因素的重要性和(2)将侵权行为与另一个国家相联系的其他任何连接因素的重要性,确定该另一国的法律是实质上更加适合决定案件所涉及的问题,或者任何其他问题的准据法,则一般规则可以不予考虑,决定案件所涉及法律问题的准据法就应该是该另一国的法律。④

和"双重可诉"规则的例外规定一样,这一规则也被批评为不具有

---

① McElroy v. McAllister 1949 SC 110.

② The Mary Moxham (1876) 1 P&D 107.

③ Kolsky v. Mayne Nickless Ltd [1970] 3 NSWR 511.,并参见《1995年英国国际私法法》第14(3)(b)的规定。

④ (1) If it appears, in all the circumstances, in comparison of-

(a) the significance of the factors that connect a tort or delict with the country whose law would be applicable law under the general rule; and

(b) the significance of any factors connecting the tort or delict with another country,

That it is substantially more appropriate for the applicable law for determining the issues arising in the case, or any of those issues, to be the law of the other country, the general rule is displaced and the applicable law for determining those issues or that issue (as the case may be) is the law of that other country.

明确性和可预见性。主要体现在下列两个方面：

1. 如何确定“实质上更适合”的法律

第12(1)条要求法官必须考虑将法律问题与侵权行为发生地相联系的因素，以及将法律问题与另外一个国家相联系的因素，并对他们的重要性进行比较，应该适用的法律要在“实质上更适合”(Substantially more appropriate)解决涉及的法律问题时，才能予以适用。第12(2)条规定了可以考虑因素，特别是：(1)和当事人有关的因素(如住所和惯常居所)；(2)和争议的侵权问题相关的事件方面的要素(如侵权发生的地点和损害结果发生的地点)；(3)其他任何和侵权行为相关的情势；(4)其他任何和侵权事件的后果相关的要素。这些要素并没有包括全部的内容，法院还可以考虑其他没有列举的要素，至于这些要素是什么并不明确。所以第12条的规定是开放性的列举，显然比Wilberforce法官所列举的要素要更多，不仅限于与行为和当事人有关的因素。

另外，在确定了这些要素以后，法院要确定根据对这些要素的比较，确定一个比行为地法“实质上更为合适”(substantially more appropriate)的法律，正如Waller法官在Roerig v. Valiant Trawler Ltd.案中说，“实质上更为合适”中的“实质上”才是这里的“关键词”。①这里的标准既不是“稍微更合适”(Slightly more appropriate)，也不是“明显更合适”(Overwhelmingly more appropriate)。

对于具体什么情形构成了“实质上更加合适”的准据法，有两则判例对此作出了一正一反的解释。

在Edmunds v. Simmonds案②中，法院确立了一项“实质上更加适合的法律”。在该案中，原告与被告都居住在英国，他们在西班牙度假时租用了一辆轿车，由于被告的过失驾驶致轿车和一辆卡车相撞，原告受伤。在该案中，Garland法官判决根据案件涉及的情况，认为《1995年国际私法法》的例外规则应该取代一般规则适用于本案，以确定案件的准据法。因为当事人双方都是英国人，事故由于被告的过失所招

---

① [2002] 1 WLR 2304, p. 2310.

② [2001] 1 WLR 1003.

致,西班牙的卡车跟本案没有关系。因此,英国法是“实质上更加适合”的准据法。

在 Harding v. Wealands 案[①]中,英国的原告在新南威尔度假时,在由于被告的过失所致的交通事故中身受重伤,被告是一位澳大利亚人,但和原告一起居住在英国。案件所涉及的问题是应该依第11条适用新南威尔士的法律,还是依第12条的规定来适用英国法即“实质上更加合适”的法律。上诉法院在该案中判决应该适用新南威尔士的法律。Waller 法官说道:如果当事人任何一方同侵权行为发生地国家具有紧密的联系时,很难想象这种情形下,适用另外一个国家的法律是“实质上更加合适的”。[②] 从而确立了一个不认为是“实质上更加合适”的标准。

和“双重可诉”规则下的例外规定相比,第12(1)条的规定明确了一点,即侵权行为地法不能适用的时候,法院可以适用第三国的法律。而在“双重可诉”规则“例外规定”下,根据普通法能够适用的法律只能或者为法院地法或者为行为地法。

2. 该规定是否适用于发生在英国领域内的涉外侵权行为

如前所述,学者们都认为,“双重可诉”规则的例外规定不适用于发生在英国领域内的涉外侵权行为。那么成文法规则中的例外规定是否适用于发生在英国领域内的涉外侵权行为呢?

根据第10条的规定,《1995年英国国际私法法》废除的只是普通法上的“双重可诉”规则及其例外规定,而普通法上的“双重可诉”规则及其例外规定又是只针对发生在英国以外的侵权行为的。根据该条的规定,显然对于发生在英国国内的涉外侵权行为,依然应该适用普通法规则,即只适用英国法,而不会因为该侵权行为与某一外国具有最密切联系而适用该外国的法律。但是该法的第9条第1款又明文规定,该

① [2005] 1 WLR 1539.

② [2005]1 WLR 1539, p. 1550.

法适用于所有涉外侵权行为的法律适用,①这当然也应该包括发生在英国领域内的涉外侵权行为。显然这两条在文义上相互矛盾。如何解决这一矛盾,有学者主张应该承认第9条第1款优先于第10条的效力,从而《1995年英国国际私法法》的相关规定应该适用所有的涉外侵权行为包括发生在英国领域内的涉外侵权行为。② 也有学者主张按照第10条的文义,该法不适用于发生在英国领域内的侵权行为以及某些衡平损害行为。③

在Roerig v. Valiant Trawlers Ltd. 案④中,这一问题被认为得到了解决。⑤ 原告以自己的名义并代表其子女,对在英国注册的拖网渔船的所有人提起诉讼,主张根据《1976年致命事故法》,请求被告过失致其丈夫死亡带来的损害赔偿。死者是荷兰人,在被告的(英国)渔船上因事故遇害(因此侵权行为视为发生在英国)。渔船所属的公司是荷兰公司的英国分公司。原告及其子女都居住在荷兰。拖船的船长是英国人,但船员都在一个荷兰大副的指导下作业。这艘渔船从荷兰出发并将所捕的鱼类带回荷兰。根据荷兰法,死者因死亡所获得的利益,如社会保险金需要从赔偿金中扣除;而根据英国《1976年致命事故法》,这些利益不用从赔偿金中扣除。法院需要决定的问题之一就是应该适用英国法还是荷兰法。根据《1995年英国国际私法法》第11(1)条,当侵权案件的所有要素发生在一个国家的时候,应该适用的准据法为侵权行为地的法律。法院认定在该案中所有的侵权行为的要素都发生在英国;法院认为第12条不应该取代第11(1)条适用于该案。法院最后适用了第11条,尽管在该案中侵权行为相关的所有要素都与荷兰有联

① See Article 9 (1) of Private International Law (Miscellaneous Provisions) Act of 1995. It reads: (1) The rules in this Part apply for choosing the law (in this Part referred to as "the applicable law") to be used for determining issues relating to tort or (for the purposes of the law of Scotland) delict.

② COLLIER, *supra* note 16, at 233; Also see C. Morse, Torts in Private International Law: A New Statutory Framework (1996) 45 ICLQ 888.

③ A Briggs, *supra* note 56, at 521.

④ [2002] 1 Lloyd's Rep 681.

⑤ RUTH HAYWARD, CONFLICT OF LAWS 144 (2006).

系。这表明,即使对于发生在英国境内的侵权案件,也不再按照普通法规则适用英国法,而是按照《1995年英国国际私法法》第11条或者第12条来加以适用。在该案中上议院法官Waller说道:"根据《1995年英国国际私法法》所确定的一般规则,毫无疑问应该适用英国法。"普通法规则的式微在Morin v. Bonhams & Brooks Ltd.案[①]中,得到了进一步的确认。Mance勋爵明确宣称:"有关侵权诉讼的准据法,现在应该根据《1995年英国国际私法法》来加以确定。"[②]

需要注意的是,在跨境侵权中,第12(1)条一般只是在人身伤亡和财产损害的案件中援用。其他种类的侵权,由于在确定侵权行为地的过程中就考虑了与侵权有关各要素的重要性从而来确定侵权行为地的所在,所以可以直接适用侵权行为地法,而一般不会援用第12条。

(三)"双重可诉"规则对于发生在外国的诽谤行为的适用

《1995年英国国际私法法》在废除"双重可诉"规则的同时,保留了一个重要的例外,即发生在外国的诽谤行为,依然采普通法规则,即"双重可诉规则"及其"例外规定"。

1. 诽谤案件中侵权行为地的确定

由于"双重可诉"规则只适用于发生在英国以外的诽谤行为所产生的侵权责任,所以确定诽谤行为的发生地具有重要的意义。如前所述,如果侵权责任的所有要件都发生一个国家,则侵权行为地比较容易确认。但是如果侵权行为责任的要件发生在不同的国家,如何确定侵权行为地就比较困难。普通法对于侵权行为地确定的标准并不一致,直到最近,英国法院开始较为一致地采用"侵权责任的实质要件发生地"标准来确定侵权行为地。关于诽谤侵权行为地确认的普通法,目

---

① [2004] 1 Lloy's Rep. 702.

② [2004] 1 Lloy's Rep. 702, at 706.

前绝大多数都是涉及是否域外送达以确立法院管辖权的。①

有关诽谤的涉外案件中，如果诽谤性言词在一个国家撰写或者口述，而在另外一个国家发表，法院都认定发表地就是侵权行为的发生地，因为发表是诽谤这一侵权行为的实质性行为。在 Church of Scientology of California v. Commissioner of Metropolitan Police 案②中，原告是住所在英国的加州山达基教会分支机构，对被告首都警察局局长提起了诽谤指控。指控警察局长属下的 4 位警官向西德的联邦警察机关提交的一份报告中对于原告活动的描述构成了诽谤。由于被控的诽谤言词包含在这份在英国撰写但被发表在德国的报告中，上诉法院判决认定侵权行为发生在德国，即诽谤侵权的实质性行为地。

2. “双重可诉”规则的适用和举证责任的分担

涉外诽谤侵权行为适用“双重可诉”规则的举证责任的分担是这样的。首先，根据英国法，如果被告的言论不是诽谤性的，或者不是针对原告的，或者没有传达给第三人，或者被告有合法的抗辩理由，如其言论具有正当性的理由（justification），例如其言论系基于绝对特权（Absolute Privilege）（如在议会中发表的言论），限制特权（Limited Privilege）（如受聘就某人的品行作出评价），或者是相对公正的评论（Fair Comment）而做出，或者在限制特权和公正评论的情形，被告没有恶意，总之，根据英国法被告不应该承担民事责任时，则原告败诉。如果被告根据英国法不应该承担第三人诽谤行为而引起的代付责任时，

① Bata v. Bata 案中，一封信件在瑞士写就后邮寄到英国，原告在英国居住，信件在英国阅读，法院认定侵权行为发生在英国。在 Shevill v. Press Alliance [1995] 2 A C 18，关于《1968 年布鲁塞尔公约》第 5 条第 3 款。加拿大案件 Jenner v. Sun Oil Co. [1952] 2 DLR 526，以及 CAPAC v. International Good Music Inc. [1963] 37 DLR (2d) 1. 在 Kroch v. Rossell [1937] 1 All ER 325 案中，一份外国报纸也在英国发行，但该份报纸的绝大多数发行都在法国和比利时，原告在英国并没有名誉受到侵害，英国法院判决拒绝对外国被告进行送达。在另一件与此情形相反的案件中，一篇诽谤居住在新西兰以外的人的文章在新西兰写就，但是在新西兰以外出版，新西兰法院拒绝对在外国的被告进行送达。See Richards v. McLean [1973] 1 NZLR 521. 最新的关于诽谤的案件参见 Berezovsky v. Michaels [2000] 1 WLR 1004 HL。

② [1976] 120 Sol Jo 690.

原告也要败诉。①

如果根据英国法原告对被告被指控为诽谤的言论可以起诉,举证责任转移至被告。如果被告证明根据外国的法律即行为地的法律,被告对原告没有民事责任,被告仍然不承担民事赔偿责任。例如,如果根据外国法,被告只承担刑事责任,或者根据该外国法被告不对第三人的行为承担代负责任,或者原被告双方为夫妻,根据外国法具有责任抗辩,或者根据该外国法被告有其他抗辩事由存在,原告都不能胜诉。②

3."双重可诉"规则"例外规定"在诽谤诉讼中的适用

"例外规定"在诽谤案件中的适用,目前还没有这方面的判例,但是对于可能发生的情形,如一位居住在英国的被告在意大利对另一位居住在英国的原告进行了诽谤,并在意大利将其诽谤的言辞传达给了第三人,另一位住所在英国的居民,即诽谤行为发生在意大利。在这种情形下,根据"例外规定",应该适用英国法,意大利法不必适用。如果3位当事人都为意大利人,根据 Red Sea Insurance v. Bouyges 一案的法律适用原则,英国法不适用,作为行为地法的意大利法适用。③

(四)"双重可诉"规则转变为"侵权行为地法"规则带来的法律问题

《1995年英国国际私法法》在废除"双重可诉"规则的同时,也在侵权行为法律适用中引入了各种适用法院地法而逃避适用外国法的机制,包括定性、程序与实体问题的区分、公共政策、强行规则等。④

1.定性的准据法问题

在普通法上,采用定性来操纵应该适用的准据法实践并不少见,尽管英国法院只是偶尔采用定性的方法来达到避免适用行为地法的目的。如夫妇之间能否基于侵权起诉对方也可以作为一个家庭法的问题,从而适用双方当事人的属人法,美国法院判决的 Haumschild v.

① COLLIER, *supra* note 16, at 227.

② COLLIER, *supra* note 16, at 227.

③ 类似的案例见 Scott v. Seymour,一个英国人在那不勒斯对另一位英国人进行了恐吓,根据英国法构成了侵权行为。See, Scott v. Seymour (1862) 1 HLC 219, 235.

④ Barry J. Roger, *supra* note 57, 205.

Continental Casualty Co. 案①就是示例，此外在 Emery v. Emery 案②中，涉及的问题是子女能否基于侵权行为起诉其父母，该问题也被作为家庭法问题而适用了当事人的属人法，没有作为侵权行为适用行为地法。此外，针对死去的侵权行为人的遗产能否提起诉讼在 Grant v. McAuliffe 案③中被作为遗产管理问题来决定法律适用，从而适用管理遗产的法院地的法律。此种定性对死去的受害人遗产的请求也可以适用。此外，侵权行为的受害人能否直接起诉侵权行为人的保险人也可以被当作一个合同来决定法律适用，例如，在 Plozza v. South Australian Insurance Co. 案中，④或者定性为准合同问题来决定法律适用，如在 Hodge v. Club Motor Insurance Agency 案⑤中。在英国法上也有类似的案件，在 Sayers v. International Drilling Co. 案⑥中，一家荷兰公司的英籍雇员在尼日利亚领海上一处海上钻井平台上工作时受伤，该英籍雇员对其雇主提起侵权诉讼。他们之间的合同根据荷兰法构成国际合同，合同中的责任豁免条款是有效的，根据英国法是无效的。英国法院案件定性为合同案件进行了法律适用，判决荷兰法为准据法（Proper Law），豁免条款为被告的合法的抗辩理由。正因为法院地法在定性上面的作用，有的学者认为应该将“双重可诉”规则的第一个要件即法院地法的要件解释成关于定性的规定。⑦由此可见，除了前文所述英国国内法在定性侵权行为从而援用《1995 年英国国际私法法》方面导致法院地法的适用以外，甚至可能以法院地法定性而操纵法律适用的可能性。

2. 通过援用公共政策来适用法院地法

在“双重可诉”规则下面，某一行为需要同时根据英国法和侵权行

---

① 7 Wis. 2d 130, 95 N. W. 2d 814 (Wis. 1959).

② 45 Cal. 2d 421 (1953).

③ 41 Cal. 2d 859, 264 P. 2d 944 (1953).

④ [1963] SASR 122.

⑤ (1974) 2 ALR 421.

⑥ [1971] 1 WLR 1176.

⑦ Hancock, "Torts in the Conflict of Laws: The First Rule in Phillips v Eyre," (1940) U of Tor. L. J. 400; P. B. Carter, Choice of Law in Tort and Delict (1991) 107 LQR 405.

为地法都可以作为侵权行为,才需要承担责任,在决定某一行为根据外国法是否构成侵权行为时,英国法院也需要确定该外国法是否违反公共政策,从而否定该外国法的适用。[①] 根据《1995年英国国际私法法》,侵权行为发生地的法律单独成为了侵权行为的准据法以后,利用公共政策在一定条件下排除外国法的适用的必要性依然存在。所以根据该法第14(3)(a)(i)的规定,"如果英国以外国家法律的适用会与公共政策的基本原则相违反,本法则不予认同。"尽管如此,公共政策的援用在学者看来必须是非常有限的,只有当应该适用的外国法非常令人讨厌的时候才能援用公共政策排除外国法的适用。比如,基于人的种族、政治信仰、宗教或者其他歧视性的理由禁止受害人起诉侵害人或者获得赔偿。单纯的因为某一外国法规则在英国法中不存在并不能成为排除外国法的理由,如在 Phrantzes v. Argenti 案中。[②] 或者某一外国法规则和英国法相应规定不同也不能成为排除外国法的理由。原告根据外国法会败诉,以及原告将获得较低的赔偿额,也不能成为适用公共政策排除侵权行为地法的理由。考虑到《1995年英国国际私法法》中关于侵权行为法律适用规定的主要目的就是取缔英国法的适用,法院如果通过公共政策来避免这一规定,很显然也有违该法的原意,因此对于在涉外侵权行为的法律选择中采用公共政策应该是非常克制的。

3. 程序问题和实体问题区分导致法院地法的适用

根据《1995年英国国际私法法》第14(3)(b)规定,第三部分的规定不影响任何证据规则,请求与抗辩以及其他诉讼规则、法律代理的程序问题由法院地的法律来决定。[③] 也就是说程序法问题还是应该由法

---

① Edwin Peel, The Scope of Double Actionability and Public Policy, 119 L. Q. R. 1, 1-8(2003).

② [1960] 2 QB 19.

③ Art. 14(3)(b): Without prejudice to the generality of subsection (2) above, nothing in this Part—

…

(b) affects any rules of evidence, pleading or practice or authorizes questions of procedure in any proceedings to be determined otherwise than in accordance with the law of the forum.

院地法来决定,尽管有时候确定一个问题是否是程序问题比较困难。

在涉外侵权中,常常产生程序与实体问题区分困难的主要有当事人的资格、损害赔偿的范围问题。

虽然一般认为当事人的适格是一个实体问题,应该由侵权行为的准据法来决定,但是在受害人是未成年人或其他限制行为能力人或无行为能力人如精神异常者时,应该由什么人来代表受害人提起民事诉讼就是一个程序问题。也有的问题具有程序和实体问题混合的两面性。比如个人的代表人能否代表死者行使诉权一般被作为实体问题处理,但是个人代表在特定诉讼程序中的身份又会成为一个程序问题。①

损害赔偿是另外一个涉及程序与实体问题区分的重要问题。过失侵权中,受害人可以请求损害赔偿的种类如实际损害赔偿、精神损害赔偿等在 Chaplin v. Boys 一案中被认为是实体问题。但是损害赔偿额的计算则一直被作为程序问题,这一问题包括计算对身体损害的赔偿额、精神损害的赔偿额、受害人获取收入能力减损的赔偿额等。这一问题在 Chaplin 案中得到了明确,并在适用《1995 年英国国际私法法》的 Roerig v. Valiant Trawlers Ltd. 案中得到适用。在 Roerig 案中,法院要决定的问题是是否应该将受害人家属获得的社会保险金额从损害赔偿额中扣除的问题。上诉法院认定这一问题是一个程序问题,因为这一问题不涉及责任是否存在的问题,而是确定赔偿数额的问题。英国法院甚至采取一个更为一般的观点,即任何不涉及责任的问题,包括赔偿的种类都应该是程序性的。② 因此在有些案件中法院也将有关责任限制的规定作为程序问题来对待。③

涉及责任问题的另一个案件是 Harding v. Wealands 案。④ 在这一

---

① See, DAVID MCCLEAN, *supra* note 34, at 386.

② [2002] EWCA Civ. 21;[2001] 1 W. L. R. 2304.

③ 这一原则在澳大利亚高等法院中得到了简单多数的确认。See, Stevens v. Head (1993) 176 C. L. R. 433. 在 Roerig 案的初审中这一原则被法院所采纳,但这一原则在 Pfeiffer Pty Ltd v. Rogerson (2000) 172 ALR 625 被法院重新考虑,在 Roerig 的上诉案中,上诉法院没有对这一原则进行考虑,所以这一原则是否能够成为确定的规则还有待进一步观察。

④ [2004] EWCA Civ. 1735;[2005] 1 All E. R. 415.

案件中,新南威尔士法律关于交通事故损害赔偿的规定中有责任限制条款,如限制非经济损失为309000澳元,并规定未来经济损失的贴现率为5%。法院确定不采纳Roerig案所确立的区分实体与程序问题的标准,认为划分实体与程序问题的标准不是Roerig案件判决理由的必要组成部分,因此也不适用"先例约束"原则(Stare Decisis),不能约束Harding案。这一判决理由遭到了Waller法官——Roerig判决撰写人——的反对。在Harding案中,Arden法官将新南威尔限制精神损害赔偿额,要求将保险赔偿计入损害赔偿等法律规定作为实体规定,而将损害赔偿的分期支付,特定法律问题应该由法官决定或者由法官和陪审团一起决定等问题作为程序问题。但是上议院的判决推翻了上诉法院的判决,明确损害赔偿的计算是程序问题,应该依照法院地法。①

4. 不能证明应该适用的行为地法导致法院地法的适用

当事人如果不希望法院适用外国法,可以在起诉的时候不以外国法为依据,而是以英国法为依据起诉,如果当事人没有以外国法为请求依据,则法院也不能主动适用外国法,这在涉外的侵权行为引起的诉讼当中,也不例外。②

5. 强行规则的例外导致法院地法的适用

《1995年英国国际私法法》同时也还保留的普通法上几种例外情形,除公共政策、涉及外国的刑事法律或者财政法,或者其他公法的情形,证据规则和程序问题适用法院地法的例外,还有强行规则的例外。尽管第14(4)条没有采用强行规则的用语,法律委员会在其法律草案中已经明确了此条规定是有关强行规则的。③ 对于什么样的英国法规则应该构成强行规则,则意见歧异。有一种意见认为,可以构成强行规则的主要有包含在制定法中具有"排他作用"(Overriding Effect)的条款,比如1948年法律改革(人身伤害)法,1977年不公平合同法中的某些条款。对于普通法规则(即判例法)是否具有强制规则的性质,则持否定态度,其理由是《1995年英国国际私法法》法律草案中只是规定了

---

① [2006] UKHL 32.

② See, DAVID MCCLEAN, *supra* note 34, at 9.

③ see *supra* note 37, Appendix A, Draft Tort and Delict (Applicable Law) Bill.

成文法上的强行规则;[①]但《1995 年英国国际私法法》最后则删去了草案中关于"成文法"(Enactment)字眼,而是使用了"任何法律规则"(any rule of law)。[②] 因而另一种意见认为这为实际上承认普通法上的强行规则也可能适用,也为发展普通法上强行规则铺平了道路。[③]

三、对中国相关法制的启示

(一)中国一般侵权行为冲突法的变化

按照《民法通则》第 146 条规定:侵权行为应该适用侵权行为地法,当事人有共同住所或者国籍的,适用共同住所地法或者共同国籍国法。中华人民共和国不认为发生在中华人民共和国领域外的行为是侵权行为的,不作为侵权行为处理。显然根据第 2 款的规定,中国法律对一般侵权行为的法律适用,可以区分为发生在中国以内的涉外侵权行为和发生在中国领域外的涉外侵权行为。对于后者,应该重叠适用侵权行为地法和法院地法(即中国法)来确定是否存在侵权行为。《民通意见(试行)》第 194 条进一步规定,侵权行为地法和损害结果发生地法有不同规定的,人民法院可以选择适用。

2011 年生效的《涉外民事关系法律适用法》第 44 条规定一般侵权

---

① 侵权行为冲突法的法律草案的原文为:Clause 4 Subsection3:

This Act shall be without prejudice to the application, in relation to any question to which any proceedings give rise, of any provision which—

is made by or under any enactment and has effect in the part of the United Kingdom where the proceedings are brought for requiring that question to be determined in accordance with that provision; and

falls to be construed in relation to that question either as having effect notwithstanding the rules of private international law applied by the courts of that part of the United Kingdom or as modifying those rules in relation to that question. See Law Commission Report No. 193 (1990) Appendix A.

② Art. 14(4) of The Private International Law Act of 1995 provides: This Part has effect without prejudice to the operation of any rule of law which either has effect notwithstanding the rules of private international law applicable in the particular circumstances or modifies the rules of private international law that would otherwise be so applicable.

③ Yeo Tiong Min, *supra* note 19, at 114.

行为适用侵权行为地法,在当事人有共同居所地时,适用共同居所地法;当事人侵权行为后就选法达成协议的,适用当事人协议选择的法律。同时根据该法的第2条第2款的规定,还有可能适用最密切联系原则来确定某些侵权行为的准据法。

显然,上述规定的变化表明,发生在中国领域外的一般侵权行为的准据法,已经从"双重可诉"规则转变为以"侵权行为地法"规则为一般规则,以共同居所地法、当事人协议选择的法律以及最密切联系地法为例外规定。这种变化,和英国普通法上的变化有很大的相似之处。相应的,从英国普通法上"双重可诉"规则及其例外规定到成文法《1995年英国国际私法法》的演变过程中所涉及的法律问题,对于中国《涉外民事关系法律适用法》来的解释适用,应该具有启示。

(二)英国法演变涉及的法律问题对中国的启示

1. 关于侵权行为的定性

(1)根据"双重可诉"规则,侵权行为成立必须同时符合法院地法和侵权行为地法的规定,这种规定下,采法院地法定性某一行为是否为侵权行为,是理所当然的。但在新法下面,关于侵权行为一般依侵权行为地法,是否还应该首先根据法院地实体法法进行定性,就产生问题了。① 举例来说,中国法不承认纯粹的精神损害为侵权行为而应承担损害赔偿责任,②而美国法上则在特定的条件下承认纯粹的精神损害可以作为侵权行为处理,侵害人应该对受害人承担损害赔偿责任,比如过失施以精神折磨(Negligent Infliction of Emotional Distress, NIED)。

---

① 《涉外民事关系法律适用法》第8条规定:涉外民事关系的定性,适用法院地法律。

② 在《侵权责任法》出台之前,我国精神损害赔偿制度鲜明地体现了这一态度。此前,我国调整精神损害赔偿的制度主要是《民法通则》、《最高人民法院关于确定民事侵权精神损害赔偿责任若干问题的解释》(法释[2001]7号)和《最高人民法院关于审理人身损害赔偿案件适用法律若干问题的解释》(法释[2003]20号)。《民法通则》第120条规定,被害人主张精神损害赔偿,以姓名权、肖像权、名誉权、荣誉权受到侵害为前提。法释[2001]7号和法释[2003]20号规定,在人格权、身份权、具有人格因素的某些财产权受到侵犯的情况下,受害人可以主张精神损害赔偿。参见鲁晓明:"论纯粹精神损害赔偿",载《法学家》2010年第1期。

如果一项涉及纯粹精神损害的侵权行为发生在美国,当事人在中国法院涉讼,此时中国法院如依中国侵权法进行定性,则纯粹精神损害的行为不构成侵权行为,从而也不产生涉外侵权应该适用侵权行为地法的问题,这种定性,事实上通过适用法院地的实体法,使得一项在侵权行为地可以合理主张的权利在法院地不能够主张,其不合理之处,显而易见,因为这实际上某种程度上又复活了“双重可诉”规则。这样既违反了修改法律的本意——即适用侵权行为地法来确定侵权责任,也不能够最大限度地保护私权。对于这个问题的解决方案,笔者赞同某些英国学者的解决方法,认为法院不应该完全生搬国内侵权法上的侵权行为的概念,而是应该以采用国际私法上的侵权行为概念来进行定性,这里的国际私法上的侵权行为概念并不完全等同于国内实体法上的侵权行为的概念,而是以比较法为基础建立的一个包括侵权行为一般特征的概念。这样理解的法院地法可以不至于使某些发生在外国,但是中国法律不承认的侵权行为的受害人不能得到救济。

(2)在司法实践中,法官是否可以中国实体法将某些涉及侵权行为的法律关系定性为其他法律关系,从而适用其他法律关系准据法,而不适用侵权行为地法,也值得注意。比如侵权行为受害人对有赔偿义务的保险人的是否有直接请求权问题,既可以定性为合同从而适用保险合同准据法,也可以定性为侵权适用侵权行为准据法,我国法院应该如何定性,即为问题之一。我国台湾地区“涉外民事关系法律适用法”对此作出明文规定,只要其中任意一个法律承认有直接请求权即适用该法,[①]有助于法律的明确性。中国大陆欠缺这一规定,可以预见在实践中将会出现不一致的判决,如果最高法院能就这一问题作出明确规定,无疑有助于促进法律的明确性。

此外,侵权法律冲突法上较为常见的定性问题,如在雇佣合同中包含有雇主对雇员因为其他雇员的过失造成的损害免责条款,在损害发生后,雇员以侵权行为起诉雇主,而雇主以合同的免责条款主张免责。关于此类情形,到底应该定性为侵权行为法律关系适用侵权行为的准

① 我国台湾地区的“涉外法律适用法”第29条对此作出了明文规定。我国大陆法律对此则未置一词。

据法,还是定性为雇佣合同关系而适用合同的准据法,亦为一显著的定性问题。还有将侵权法上特殊身份关系人之间的求偿定性为遗产管理或者家庭关系者如前所述也有所见。由于定性的采用关系判决结果甚巨,因而是法院在未来适用新法的过程中需要审慎考虑的。笔者认为,以我国法律关系适用法第8条规定的定性所应依据的法院地法,并不一定要解释为法院地的侵权实体法,而应该还可以解释为法院地的国际私法上的侵权行为概念。虽然这一概念含义不明,但可以由法院由判例逐步发展。

2. 侵权行为地之确定

新法第44条关于一般侵权行为法律适用的规定,以侵权行为地法及例外情形下当事人的共同经常居所地法或者当事人协议选择的法律,或者经由最密切联系确定的其他法律取代重叠适用法院地法和侵权行为地法规则,本意为顺应侵权法律适用时代潮流,兼顾法律适用稳定性、可预见性以及灵活性之价值追求。但在笔者看来,由于侵权行为地的确定在新法中未予明确,上述目标的实现将大受影响。

旧法规定,侵权行为地法既可以是侵权行为实施地的法律,也可以是损害结果发生地的法律,人民法院可以选择适用。[①] 在旧法下面,因为采重叠适用法院地法和侵权行为地法,至少有法院地法为必要条件之一,侵权行为地无论为侵权行为实施地还是损害结果发生地,其确定与否,影响尚不明显。

但在新法下面,侵权行为地的确定不仅关系唯一准据法的确定,同时还与最密切联系地法(包括共同经常居所地法)息息相关,因为只有"侵权行为地法"与"最密切联系地的法律"非属同一的情形,才有在侵权行为地法之一般规则外,适用当事人共同居所地法或者其他最密切联系地法律之例外规则的必要。

如果在新的立法下面侵权行为地法依然采用原有的司法解释,认为既可以是侵权行为实施地的法律,也可以是损害结果发生地的法律。表面看来,似乎是取得了法律适用的灵活性,但是如果比较英国的立法

---

① 参见《最高人民法院关于贯彻执行〈中华人民共和国民法通则〉若干问题的意见(试行)》第187条。

以及其他外国立法例,我们会发现,结果会适得其反,使得作为一般规则的侵权行为地法和作为例外规则的共同居所地法和最密切联系地的法律之间的区分模糊,最终将一般侵权行为的法律适用规则事实上变为最密切联系地的法律。事实上,侵权行为法律适用的灵活性应该体现在例外规定如共同经常居所地法、当事人选择的法律,以及根据最密切联系原则确定的其他法律上,而不应该表现在一般规则上。一般规则应该以确定性和可预见性作为主要的价值追求。如果侵权行为地既可以是侵权行为实施地,也可以是损害结果发生地,则产生一个问题,法院在选择适用的时候必须确定一个标准,否则有损法律的确定性,也容易使法院的选择陷于武断的指责中。如果法院希望在选择的时候斟酌相关因素加以选用时,则法院到底是在适用作为一般规则的侵权行为地法,还是在适用作为例外规定的最密切联系地的法律,很难确定。结果会导致事实上以最密切联系确定准据法的例外规定代替一般规则,立法上兼顾明确性和灵活性的目的在司法实践中统一为法院关于最密切联系的自由裁量权所否定。

比较外国立法例,这种侵权行为地规定既可以是侵权行为实施地,又可以是损害结果发生地的规定所存在的问题赫然彰显。如奥地利《国际私法》第 48 条第 1 项之规定为:“非契约损害求偿权,依造成此种损害的行为发生地国家的法律(the law of the State in which the conduct causing the damage occurred),”[①]明确规定侵权行为地为侵权行为发生地所在国家。又如德国《民法试行法》第 40 条第 1 款则规定:因侵权行为而产生的请求权,适用赔偿义务人行为地国家的法律。而只有在受害人指定时,才可以适用损害结果发生地的法律。[②] 而《罗马公约 II》第 4 条关于一般规定的第 1 款规定:除本法另有规定,因侵权行为而生的非合同之债的准据法为损害发生所在国的法律,不论产生

① See, Applicable Law, Austria, available on http://ec. europa. eu/civiljustice/applicable_law/applicable_law_aus_en. htm, visited on 12 of May of 2011.

② 德国《民法典施行法》第 40 条,载邹国勇译注:《外国国际私法立法精选》,中国政法大学出版社 2011 年版,第 13 页。

损害的侵权事件,以及侵权事件所造成的间接后果发生在其他国家。[①]明确规定以直接损害结果发生地作为一般规则。

比较新法第45条对于产品责任侵权[②]、经由网络进行的侵权[③]等类型侵权行为的行为地进行明文规定的情形,更可以看出一般侵权行为法律适用条款未对侵权行为地如何确定作出规定,将极大损害侵权行为地法的可预见性、确定性的目标,所谓的灵活性目标也难以实现。

因此,在新法适用过程中,最好的办法是最高法院不应该简单规定侵权行为地,既可以是侵权行为实施地或者损害结果发生地,而应该仅确定其中之一为侵权行为地,逐步实现侵权行为地确定的明确性、可预见性。如果能够参考英国法律,区分具体的侵权人身伤害、财产损害以及其他类型侵权行为分别确定其侵权行为地,则对法律适用之明确性和确定性,将大有助益。并通过法院判例的发展,更进一步在判例中对最密切联系地的确定加以类型化,明确化。

3.最密切联系地法律的确定和分割方法的适用

新法第2条第2款将通过最密切联系确定准据法上升为基本原则之一,[④]结合该条以及第44条规定,当侵权行为不适用侵权行为地法时,也无共同经常居所地法、当事人自己选择的法律可以适用时,应该适用与侵权行为有最密切联系地的法律。实际上,当事人的共同经常居所地也是与侵权行为有最密切联系的法律之一,可以视为法律推定的具有最密切联系的法律。在当事人没有经常居所地法律时,应该如何确定最密切联系地的法律,法律没有规定,应该留待司法实践发展。比较《民法通则》第146条规定,当事人共同属人法作为例外适用的准据法,在新法中仅规定了经常居所地法,而将共同国籍法删掉,这种修改是否合适,是否有充分理由,值得探讨。司法实践中,如果法院遭遇

---

① 该条的原文为:Unless otherwise provided for in this regulation,the law applicable to the non-contractual obligation arising out of a tort/delict shall be the law of the country in which the damage occurs irrespective of the country in which the event giving rise to the damage occurred or the country in which the indirect consequences of that event occur。

② 《涉外民事关系法律适用法》第45条。

③ 《涉外民事关系法律适用法》第28条。

④ 《涉外民事关系法律适用法》第2条。

有共同国籍的当事人,是应该以例外规定直接适用共同国籍国法,还是另外根据最密切联系原则来确定应该适用的法律,也值得注意。

就最密切联系而言,依什么标准确定"最密切联系地"也是一个重要问题,是指与整个侵权行为的成立与效力而言具有"最密切联系",还是仅指与某一个或几个特定问题如侵权行为的成立,或者侵权的赔偿而言具有"最密切联系"。这就涉及是否在侵权行为法律适用中承认分割方法(dépeçage)的采用。

比较外国立法例,如奥地利《国际私法》第48条第1项第2段,"如所涉及的人均与另外同一国家的法律有更密切联系时,适用该国家的法律。"①这是以侵权行为的当事人为判断最密切联系之依据。而前述英国法,则明文规定是就特定问题为依据判断最密切联系地的法律,显然是承认法院可以分割问题以定最密切联系地的法律;同时还要求"实质上更合适"(substantially more appropriate)。而《罗马公约II》则要求根据案件的所有情况考虑(all the circumstances of the case),并要求最密切联系法律是"明显关系更紧密的法律"(manifestly more closely connected)。② 这些规定,显然对法院适用相关规定有更为明确的指示。

新法既未就确定最密切的方法作出指示,只是笼统规定"适用与该涉外民事关系有最密切联系的法律",似乎既可以涉外关系的当事人也可以所涉及的特定问题作为判断最密切联系的标准;新法更未明文就分割方法作出规定,学者多认为分割方法在国际私法上具有特殊

---

① 该条的原文为:However, if, for the parties concerned, there is a stronger relationship to the law of one and the same different State, then the law of this State is decisive。

② See, Article 4 (3) of Regulation on the Applicable law to the Non-contractual Obligation, No. 864/2007, L 199/440. It reads: where it is clear from all the circumstances of the case that the tort/delict is manifestly more closely connected with a country other than that indicated in paragraph 1 or 2, the law that other country shall apply. A manifestly closer connection with another country might be based in particularly on a preexisting relationship between the parties, such as a contract, that is closely connected with the tort/delict in question. 同法有关产品责任法律适用的规则第5条第2款亦有类似规定。

作用,但对于如何分割,歧异甚巨,难以同一。法院在确定最密切联系法律时,应该采取什么标准,是未来司法判决发展法律的方向,也是在未来司法实践中值得注意的问题。

4. 程序问题和实体问题的区分

程序问题与实体问题的区分,一般来说较为明显,如管辖权问题,判决承认与执行问题,皆为程序问题,适用法院地法,是毫无疑义的。在过去侵权行为重叠适用法院地法和侵权行为地法的情形下,没有区分程序与实体的必要。新法施行后,侵权行为适用侵权行为地法,有关侵权的损害赔偿上是否完全没有区分程序问题与实体问题的必要,也是值得探讨的问题。笔者认为,在 2010 年新法生效后,侵权行为的成立和效力应该只依侵权行为地法。如英国法制发展所示,如将所有问题都委诸侵权行为地法,而只有在违背公共秩序①和强制性规定(法律规避)②情形时方能排除侵权行为地法之适用,法院审理案件之回旋余地大为减少。如根据侵权行为地法能够请求的非补偿性的损害赔偿(如惩罚性损害赔偿),如果总是援用公共秩序条款排除之,易造成滥用公共秩序制度,否定冲突法的倾向。如能采用程序问题与实体问题的区分方法将涉及侵权行为效力,尤其是赔偿的某些具体问题,如保险赔偿额是否应该计入赔偿范围从而相应减少侵害人的赔偿额度,受害人的亲属是否能够成为遗产的管理人并代为向死者侵害人主张损害赔偿等问题视为程序问题而适用法院地法,无疑会更加适当。此亦为法院在适用《涉外民事关系法律适用法》可以考虑的问题之一。

5. 公共秩序和强制性规定

在重叠适用法院地法和侵权行为地法的规则下,公共秩序和法院地的强制性规定虽然也可以适用,但是其重要性显然不如在单独采用侵权行为地法规则及其例外规定时突出。在新的法律下,只需要适用侵权行为地法或者是具有最密切联系的第三国法律(当然最密切联系地的法律也有可能是法院地法,但这里假设为第三国的法律),采公共秩序保留和强制性规则在一定情况下排除外国法的适用,或者直接适

① 《涉外民事关系法律适用法》第 5 条。

② 《涉外民事关系法律适用法》第 4 条。

用法院地的法律，以维护法院地的根本利益，势所必然。但是由于公共秩序保留在根本上有取消法律选择的倾向，其适用应该严格限制，是国际私法学者的共识。因此法院在以公共秩序条款排除侵权行为地法或者最密切联系地的法律时，应如何限制解释，也是需要注意的问题之一；而什么样的国内法上的强制性规定甚至能够排除侵权行为地法的适用，也是法院需要通过判例发展的。

四、结语

《1995 年英国国际私法法》规定的“侵权行为地法”规则基本取代“双重可诉”规则（涉外诽谤领域除外），由于普通法系固有的法律适用方法上的特点，适用“双重可诉”规则的判例在新法的适用中依然发挥一定的作用。即使是在适用“侵权行为地法”规则及其例外规定时，作为法院地法的英国法还因为定性，公共秩序保留、强行规则的援用，程序问题和实体问题的区分或者当事人没能依据外国法提出请求等原因适用于涉外侵权案件。但是应该何时适当适用法院地法才能真正实现立法意图，使一般侵权行为冲突法规则真正实现从重叠适用法院地法和侵权行为地法向侵权行为地法的一般规则及其例外规定的转变，有诸多问题需要解决。我国大陆的一般侵权行为冲突法也经历了从“双重可诉”规则到侵权行为地法以及例外规定的转化，与英国法的转变如出一辙，在法律适用上会产生类似的问题。由于法院法律适用判例的缺失，中国法院会如何适用侵权冲突法的相关规定，在诸如侵权行为的定性、侵权行为地的确定、最密切联系或者其他例外情形的确定、程序问题和实体问题的区分、公共政策和强制规则的援用等方面应该如何具体适用我国新法的相关规定，以进一步发展法律，英国普通法的实践和解释成文法的判例发展无疑为我们提供了有益的参考。

（武汉大学国际法研究所副教授，法学博士，美国匹兹堡大学法学硕士（LL. M））

资料

德国医疗合同法

夏昊晗　译

译者注：德国《改善病人权利法》于2013年2月26日正式生效。该法在德国《民法典》雇佣合同（Dienstvertrag）部分设专节以8个条文规定“医疗合同”，标志着医疗合同正式跻身有名合同之列。

§ 630a　Vertragstypische Pflichten beim Behandlungsvertrag

（1）Durch den Behandlungsvertrag wird derjenige, welcher die medizinische Behandlung eines Patienten zusagt（Behandelnder），zur Leistung der versprochenen Behandlung, der andere Teil（Patient）zur Gewährung der vereinbarten Vergütung verpflichtet, soweit nicht ein Dritter zur Zahlung verpflichtet ist.

（2）Die Behandlung hat nach den zum Zeitpunkt der Behandlung bestehenden, allgemein anerkannten fachlichen Standards zu erfolgen, soweit nicht etwas anderes vereinbart ist.

第630a条　医疗合同中的典型合同义务

1. 基于医疗合同，同意给与病人医学诊疗的一方（医疗机构）有义务提供承诺的诊疗，另一方（病人）则有义务支付约定的酬金，只要没有第三人对此负有支付义务。

2. 诊疗应该按照诊疗当时存在的得到普遍承认的专业标准进行，只要没有另行约定。

§ 630b Anwendbare Vorschriften

Auf das Behandlungsverhältnis sind die Vorschriften über das Dienstverhältnis, das kein Arbeitsverhältnis im Sinne des § 622 ist, anzuwenden, soweit nicht in diesem Untertitel etwas anderes bestimmt ist.

第630b条 可得适用的规定

关于并非第622条意义上的劳动关系的雇佣关系的规定适用于医疗关系，只要在本小节中没有另行规定。

§ 630c Mitwirkung der Vertragsparteien; Informationspflichten

(1) Behandelnder und Patient sollen zur Durchführung der Behandlung zusammenwirken.

(2) Der Behandelnde ist verpflichtet, dem Patienten in verständlicher Weise zu Beginn der Behandlung und, soweit erforderlich, in deren Verlauf sämtliche für die Behandlung wesentlichen Umstände zu erläutern, insbesondere die Diagnose, die voraussichtliche gesundheitliche Entwicklung, die Therapie und die zu und nach der Therapie zu ergreifenden Maßnahmen. Sind für den Behandelnden Umstände erkennbar, die die Annahme eines Behandlungsfehlers begründen, hat er den Patienten über diese auf Nachfrage oder zur Abwendung gesundheitlicher Gefahren zu informieren. Ist dem Behandelnden oder einem seiner in § 52 Absatz 1 der Strafprozessordnung bezeichneten Angehörigen ein Behandlungsfehler unterlaufen, darf die Information nach Satz 2 zu Beweiszwecken in einem gegen den Behandelnden oder gegen seinen Angehörigen geführten Straf-oder Bußgeldverfahren nur mit Zustimmung des Behandelnden verwendet werden.

(3) Weiß der Behandelnde, dass eine vollständige Übernahme der Behandlungskosten durch einen Dritten nicht gesichert ist oder ergeben sich nach den Umständen hierfür hinreichende Anhaltspunkte, muss er den Patienten vor Beginn der Behandlung über die voraussichtlichen Kosten der Behandlung in Textform informieren. Weitergehende Formanforderungen

aus anderen Vorschriften bleiben unberührt.

(4) Der Information des Patienten bedarf es nicht, soweit diese ausnahmsweise aufgrund besonderer Umstände entbehrlich ist, insbesondere wenn die Behandlung unaufschiebbar ist oder der Patient auf die Information ausdrücklich verzichtet hat.

第630c条　合同当事人的合作;告知义务

1. 医疗机构和病人应该为了诊疗的进行互相配合。

2. 在治疗开始时,如有必要,则在其进行过程中,医务人员有义务以可理解的方式向病人说明所有对诊疗重要的情况,尤其是诊断、预期的健康变化、治疗以及治疗当时和此后将采取的措施。如果医务人员得知可以证实诊疗错误的情况,根据要求或者为了防止产生健康危险,他有义务告知病人。如果医务人员或者他的在《刑事诉讼程序法》第52条第1款所规定的亲属发生了诊疗错误,那么只有在医务人员同意的情况下,第2句所规定的这种情况才可以出于证明目的,在针对医务人员或其亲属所进行的刑事或行政处罚程序中加以使用。

3. 如果医务人员知道治疗费用无法确保可由第三人全部承担,或者根据情况存在对此足够的依据,医务人员必须在诊疗开始之前以书面形式告知病人预期的诊疗费用。其他规定所要求的进一步的形式要求不受影响。

4. 只要基于特别情况告知在例外情形下成为不必要,则无须告知病人,尤其是在诊疗刻不容缓或者病人明确放弃此信息的情况下。

§ 630d　Einwilligung

(1) Vor Durchführung einer medizinischen Maßnahme, insbesondere eines Eingriffs in den Körper oder die Gesundheit, ist der Behandelnde verpflichtet, die Einwilligung des Patienten einzuholen. Ist der Patient einwilligungsunfähig, ist die Einwilligung eines hierzu Berechtigten einzuholen, soweit nicht eine Patientenverfügung nach § 1901a Absatz 1 Satz 1 die Maßnahme gestattet oder untersagt. Weitergehende Anforderungen an die Einwilligung aus anderen Vorschriften bleiben unberührt. Kann eine

Einwilligung für eine unaufschiebbare Maßnahme nicht rechtzeitig eingeholt werden, darf sie ohne Einwilligung durchgeführt werden, wenn sie dem mutmaßlichen Willen des Patienten entspricht.

(2) Die Wirksamkeit der Einwilligung setzt voraus, dass der Patient oder im Fall des Absatzes 1 Satz 2 der zur Einwilligung Berechtigte vor der Einwilligung nach Maßgabe von § 630e Absatz 1 bis 4 aufgeklärt worden ist.

(3) Die Einwilligung kann jederzeit und ohne Angabe von Gründen formlos widerrufen werden.

第630d条　同意

1. 在进行医疗措施,尤其是在对身体或健康进行干预之前,医疗机构有义务征求病人的同意。如果病人没有能力表示同意,则应该征求对此有权利的人的意见,只要依据第1901a条第1款第1句的病人处分没有允许或拒绝这种措施。其他规定对同意的进一步要求不受影响。如果无法为刻不容缓的诊疗措施及时征求意见,在符合病人可推知的意愿的情况下,可以未经同意进行。

2. 同意有效的前提是医疗机构在同意之前依据第630e条第1款至第4款的标准向病人,或者在第1款第2句的情形中,对有权利表示同意的人进行了说明。

3. 同意可随时并且无须表明理由地以任何形式撤销。

§ 630e　Aufklärungspflichten

(1) Der Behandelnde ist verpflichtet, den Patientenüber sämtliche für die Einwilligung wesentlichen Umstände aufzuklären. Dazu gehören insbesondere Art, Umfang, Durchführung, zu erwartende Folgen und Risiken der Maßnahme sowie ihre Notwendigkeit, Dringlichkeit, Eignung und Erfolgsaussichten im Hinblick auf die Diagnose oder die Therapie. Bei der Aufklärung ist auch auf Alternativen zur Maßnahme hinzuweisen, wenn mehrere medizinisch gleichermaßen indizierte und übliche Methoden zu wesentlich unterschiedlichen Belastungen, Risiken oder Heilungschancen

führen können.

(2) Die Aufklärung muss

1	mündlich durch den Behandelnden oder durch eine Person erfolgen, die über die zur Durchführung der Maßnahme notwendige Ausbildung verfügt; ergänzend kann auch auf Unterlagen Bezug genommen werden, die der Patient in Textform erhält,
2	so rechtzeitig erfolgen, dass der Patient seine Entscheidungüber die Einwilligung wohlüberlegt treffen kann,
3	für den Patienten verständlich sein.

Dem Patienten sind Abschriften von Unterlagen, die er im Zusammenhang mit der Aufklärung oder Einwilligung unterzeichnet hat, auszuhändigen.

(3) Der Aufklärung des Patienten bedarf es nicht, soweit diese ausnahmsweise aufgrund besonderer Umstände entbehrlich ist, insbesondere wenn die Maßnahme unaufschiebbar ist oder der Patient auf die Aufklärung ausdrücklich verzichtet hat.

(4) Ist nach § 630d Absatz 1 Satz 2 die Einwilligung eines hierzu Berechtigten einzuholen, ist dieser nach Maßgabe der Absätze 1 bis 3 aufzuklären.

(5) Im Fall des § 630d Absatz 1 Satz 2 sind die wesentlichen Umstände nach Absatz 1 auch dem Patienten entsprechend seinem Verständnis zu erläutern, soweit dieser aufgrund seines Entwicklungsstandes und seiner Verständnismöglichkeiten in der Lage ist, die Erläuterung aufzunehmen, und soweit dies seinem Wohl nicht zuwiderläuft. Absatz 3 gilt entsprechend.

第 630e 条　说明义务

1. 医疗机构有义务向病人说明所有对同意重要的情况。其中尤其是诊疗措施的类型、范围、实施、可期待的后果和风险及其必要性、紧迫性、适合性以及诊断或治疗的成功概率。在说明时也必须指明替代措施,如果医学上同样适合并且通行的多种方法有可能导致判然有别的负担、风险或治愈机会。

2. 说明必须

(1)由医务人员或对于所进行的诊疗措施具备必要的训练的人员口头进行;作为补充,也可以援引病人以书面形式获得的资料;

(2)及时进行,以便病人在深思熟虑之后作出同意的决定;

(3)对于病人来说是可以理解的。

与说明或者同意有关而由病人签字的文件的副本必须交给病人。

3. 只要基于特别情况说明在例外情形下成为不必要,则无须向病人进行说明,尤其是在诊疗措施刻不容缓或者病人已经明确放弃此种说明的情况下。

4. 如果根据第 630d 条第 1 款第 2 句的规定征求对此有权利的人的同意,则应依据第 1 款至第 3 款的标准向其进行说明。

5. 在第 630d 条第 1 款第 2 句的情形中,第 1 款规定的重要情况也应该根据病人的理解能力对其进行说明,只要基于其健康变化状态和理解可能性,他有能力理解该说明,并且只要这并不与其利益相违背。第 3 款与此相应适用。

§ 630f Dokumentation der Behandlung

(1) Der Behandelnde ist verpflichtet, zum Zweck der Dokumentation in unmittelbarem zeitlichen Zusammenhang mit der Behandlung eine Patientenakte in Papierform oder elektronisch zu führen. Berichtigungen und Änderungen von Eintragungen in der Patientenakte sind nur zulässig, wenn neben dem ursprünglichen Inhalt erkennbar bleibt, wann sie vorgenommen worden sind. Dies ist auch für elektronisch geführte Patientenakten sicherzustellen.

(2) Der Behandelnde ist verpflichtet, in der Patientenakte sämtliche aus fachlicher Sicht für die derzeitige und künftige Behandlung wesentlichen Maßnahmen und deren Ergebnisse aufzuzeichnen, insbesondere die Anamnese, Diagnosen, Untersuchungen, Untersuchungsergebnisse, Befunde, Therapien und ihre Wirkungen, Eingriffe und ihre Wirkungen, Einwilligungen und Aufklärungen. Arztbriefe sind in die Patientenakte aufzunehmen.

(3) Der Behandelnde hat die Patientenakte für die Dauer von zehn

Jahren nach Abschluss der Behandlung aufzubewahren, soweit nicht nach anderen Vorschriften andere Aufbewahrungsfristen bestehen.

第630f条　诊疗的记录

1. 基于记录的目的,在与诊疗存在直接的时间上关联的范围内,医疗机构有义务以纸质或电子形式制作病历。只有在原始内容以及何时进行更正或改变依然可以辨识的情况下,才允许更正或改变病历内容。这也适用于对以电子形式制作的病历进行维护。

2. 医疗机构有义务在病历中记录所有的从专业角度来看对当前和未来的诊疗重要的措施及其结果,尤其是既往病症、诊断、检查、检查结果、化验、治疗及其效果、手术及其效果、同意和说明。出院报告单应纳入病历之中。

3. 医疗机构应在诊疗结束后保存病历十年,只要依据其他规定不存在另外的保存期限。

§ 630g　Einsichtnahme in die Patientenakte

(1) Dem Patienten ist auf Verlangen unverzüglich Einsicht in die vollständige, ihn betreffende Patientenakte zu gewähren, soweit der Einsichtnahme nicht erhebliche therapeutische Gründe oder sonstige erhebliche Rechte Dritter entgegenstehen. Die Ablehnung der Einsichtnahme ist zu begründen. § 811 ist entsprechend anzuwenden.

(2) Der Patient kann auch elektronische Abschriften von der Patientenakte verlangen. Er hat dem Behandelnden die entstandenen Kosten zu erstatten.

(3) Im Fall des Todes des Patienten stehen die Rechte aus den Absätzen 1 und 2 zur Wahrnehmung der vermögensrechtlichen Interessen seinen Erben zu. Gleiches gilt für die nächsten Angehörigen des Patienten, soweit sie immaterielle Interessen geltend machen. Die Rechte sind ausgeschlossen, soweit der Einsichtnahme der ausdrückliche oder mutmaßliche Wille des Patienten entgegensteht.

第630g条 病历查阅

1. 只要没有重大的治疗原因或者第三人的其他重大权利排除查阅,医疗机构必须根据要求毫不迟延地确保病人查阅完整的、与其相关的病历。拒绝查阅必须说明理由。第811条与此相应适用。

2. 病人也可以索取病历的电子副本。他需向医疗机构支付由此产生的费用。

3. 在病人死亡的情况下,出于财产利益的享有,其继承人享有第1款和第2款所规定的权利。这也同样适用于病人的近亲属,一旦他们行使非财产性的利益。只要查阅病历违背病人明示的或可推知的意愿,这种权利被排除。

§ 630h Beweislast bei Haftung für Behandlungs-und Aufklärungsfehler

(1) Ein Fehler des Behandelnden wird vermutet, wenn sich ein allgemeines Behandlungsrisiko verwirklicht hat, das für den Behandelnden voll beherrschbar war und das zur Verletzung des Lebens, des Körpers oder der Gesundheit des Patienten geführt hat.

(2) Der Behandelnde hat zu beweisen, dass er eine Einwilligung gemäß § 630d eingeholt und entsprechend den Anforderungen des § 630e aufgeklärt hat. Genügt die Aufklärung nicht den Anforderungen des § 630e, kann der Behandelnde sich darauf berufen, dass der Patient auch im Fall einer ordnungsgemäßen Aufklärung in die Maßnahme eingewilligt hätte.

(3) Hat der Behandelnde eine medizinisch gebotene wesentliche Maßnahme und ihr Ergebnis entgegen § 630f Absatz 1 oder Absatz 2 nicht in der Patientenakte aufgezeichnet oder hat er die Patientenakte entgegen § 630f Absatz 3 nicht aufbewahrt, wird vermutet, dass er diese Maßnahme nicht getroffen hat.

(4) War ein Behandelnder für die von ihm vorgenommene Behandlung nicht befähigt, wird vermutet, dass die mangelnde Befähigung für den Eintritt

der Verletzung des Lebens, des Körpers oder der Gesundheit ursächlich war.

(5) Liegt ein grober Behandlungsfehler vor und ist dieser grundsätzlich geeignet, eine Verletzung des Lebens, des Körpers oder der Gesundheit der tatsächlich eingetretenen Art herbeizuführen, wird vermutet, dass der Behandlungsfehler für diese Verletzung ursächlich war. Dies gilt auch dann, wenn es der Behandelnde unterlassen hat, einen medizinisch gebotenen Befund rechtzeitig zu erheben oder zu sichern, soweit der Befund mit hinreichender Wahrscheinlichkeit ein Ergebnis erbracht hätte, das Anlass zu weiteren Maßnahmen gegeben hätte, und wenn das Unterlassen solcher Maßnahmen grob fehlerhaft gewesen wäre.

第630h条　基于诊疗和说明错误责任的举证负担

1. 如果医疗机构完全可控的一般诊疗风险实现,并导致病人的生命、身体或者健康受到损害,将推定医疗机构存在诊疗错误。

2. 医疗机构需证明,他依据第630d条征求了同意并根据第630e条的要求进行了说明。如果说明没有满足第630e条的要求,医疗机构可以援引,在按规定对诊疗措施进行说明的情况下,病人也会表示同意。

3. 如果医疗机构违反第630f条第1款或者第2款的规定未将医学上适当的重要诊疗措施及其结果记入病历,或者违反第630f条第3款的规定未对病历予以保存,则推定医疗机构没有实施这种措施。

4. 如果医务人员并无能力进行由其实施的诊疗,则推定能力的欠缺是导致出现生命、身体或健康损害的原因。

5. 如果存在重大诊疗错误,并且这种诊疗错误原则上适于造成已经实际出现的生命、身体或健康损害,则推定诊疗错误是造成损害的原因。如果医疗机构疏于及时采取或确保医学上适当的检查,只要检查极有可能带来推动进一步诊疗措施的结果,并且疏于采取这种措施构成重大失误,则这种推定也适用。

(甘勇,武汉大学国际法研究所副教授)

图书在版编目(CIP)数据

民商法论丛. 第55卷 / 梁慧星主编. —北京:法律出版社,2014.3
ISBN 978-7-5118-6158-0

Ⅰ. ①民… Ⅱ. ①梁… Ⅲ. ①民法—研究—文集②商法—研究—文集 Ⅳ. ①D913.04-53

中国版本图书馆CIP数据核字(2014)第045544号

民商法论丛(第55卷) | 梁慧星 主编 | 责任编辑 吕丽丽 装帧设计 李 瞻

开本 A5　　印张 23.125　　字数 684千
版本 2014年4月第1版　　印次 2014年4月第1次印刷
出版 法律出版社　　编辑统筹 学术·对外出版分社
总发行 中国法律图书有限公司　　经销 新华书店
印刷 三河市龙大印装有限公司　　责任印制 陶 松

法律出版社/北京市丰台区莲花池西里7号(100073)
电子邮件/info@lawpress.com.cn　　销售热线/010-63939792/9779
网址/www.lawpress.com.cn　　咨询电话/010-63939796

中国法律图书有限公司/北京市丰台区莲花池西里7号(100073)
全国各地中法图分、子公司电话:
第一法律书店/010-63939781/9782　　西安分公司/029-85388843
重庆公司/023-65382816/2908　　上海公司/021-62071010/1636
北京分公司/010-62534456　　深圳公司/0755-83072995

书号:ISBN 978-7-5118-6158-0　　定价:50.00元
(如有缺页或倒装,中国法律图书有限公司负责退换)